20
24

MARIA
LAURA
BOLONHA
MOSCARDINI
ORGANIZADORA

MARCOS COSTA **SALOMÃO**
LETÍCIA ARAÚJO **FARIA**
AUTORES

INVENTÁRIO EXTRAJUDICIAL

TEORIA E PRÁTICA

Dados Internacionais de Catalogação na Publicação (CIP) de acordo com ISBD

S174i Salomão, Marcos Costa

Inventário extrajudicial: teoria e prática / Marcos Costa Salomão, Letícia Araújo Faria ; organizado por Maria Laura Bolonha Moscardini. - Indaiatuba, SP : Editora Foco, 2024.

480 p. ; 17cm x 24cm.

Inclui índice e bibliografia.

ISBN: 978-65-6120-144-5

1. Direito. 2. Direito privado. 3. Inventário. I. Faria, Letícia Araújo. II. Moscardini, Maria Laura Bolonha. III. Título.

2024-2049   CDD 346   CDU 347

Elaborado por Odilio Hilario Moreira Junior - CRB-8/9949

Índices para CatálogAo Sistemático:

1. Direito privado 346

2. Direito privado 347

MARIA
LAURA
BOLONHA
MOSCARDINI
ORGANIZADORA

MARCOS COSTA **SALOMÃO**
LETÍCIA ARAÚJO **FARIA**
AUTORES

INVENTÁRIO EXTRAJUDICIAL

TEORIA E PRÁTICA

2024 © Editora Foco
Autores: Marcos Costa Salomão e Letícia Araújo Faria
Organizadora: Maria Laura Bolonha Moscardini
Diretor Acadêmico: Leonardo Pereira
Editor: Roberta Densa
Coordenadora Editorial: Paula Morishita
Revisora Sênior: Georgia Renata Dias
Capa Criação: Leonardo Hermano
Diagramação: Ladislau Lima e Aparecida Lima
Impressão miolo e capa: FORMA CERTA

DIREITOS AUTORAIS: É proibida a reprodução parcial ou total desta publicação, por qualquer forma ou meio, sem a prévia autorização da Editora FOCO, com exceção do teor das questões de concursos públicos que, por serem atos oficiais, não são protegidas como Direitos Autorais, na forma do Artigo 8º, IV, da Lei 9.610/1998. Referida vedação se estende às características gráficas da obra e sua editoração. A punição para a violação dos Direitos Autorais é crime previsto no Artigo 184 do Código Penal e as sanções civis às violações dos Direitos Autorais estão previstas nos Artigos 101 a 110 da Lei 9.610/1998. Os comentários das questões são de responsabilidade dos autores.

NOTAS DA EDITORA:

Atualizações e erratas: A presente obra é vendida como está, atualizada até a data do seu fechamento, informação que consta na página II do livro. Havendo a publicação de legislação de suma relevância, a editora, de forma discricionária, se empenhará em disponibilizar atualização futura.

Erratas: A Editora se compromete a disponibilizar no site www.editorafoco.com.br, na seção Atualizações, eventuais erratas por razões de erros técnicos ou de conteúdo. Solicitamos, outrossim, que o leitor faça a gentileza de colaborar com a perfeição da obra, comunicando eventual erro encontrado por meio de mensagem para contato@editorafoco.com.br. O acesso será disponibilizado durante a vigência da edição da obra.

Impresso no Brasil (7.2024) – Data de Fechamento (7.2024)

2024
Todos os direitos reservados à
Editora Foco Jurídico Ltda.
Rua Antonio Brunetti, 593 – Jd. Morada do Sol
CEP 13348-533 – Indaiatuba – SP

E-mail: contato@editorafoco.com.br
www.editorafoco.com.br

PREFÁCIO

Em tempos de inovações legislativas e busca por maior eficiência no sistema judiciário, o inventário extrajudicial emerge como uma ferramenta essencial para a desburocratização dos processos de sucessão. Ao debruçar-se sobre esta obra, torna-se evidente que sua concepção foi meticulosamente orientada com o propósito de guiar advogados, notários, estudantes e todos os operadores do direito por esse caminho extremamente promissor de resolução extrajudicial.

Os autores desta obra, Professor Marcos Salomão, registrador de imóveis há 27 anos no Estado do Rio Grande do Sul, e Professora Letícia Araújo Faria, tabeliã de notas na cidade de São Paulo/SP, são referências notáveis no campo jurídico, unindo suas vastas experiências práticas e acadêmicas para compor uma obra que transcende a mera transmissão de conhecimento. Ambos são reconhecidos não apenas por sua excelsa competência técnica, mas também por sua capacidade ímpar de humanizar o conhecimento jurídico, tornando-o acessível e compreensível a todos.

Este livro foi cuidadosamente estruturado para acolher o leitor em qualquer estágio de conhecimento sobre o tema. Partindo da premissa de que a busca pelo saber é contínua e universal, os autores oferecem uma abordagem que não exige prévio conhecimento, mas que ao mesmo tempo, garante ao leitor uma transformação completa ao final da leitura.

Ao longo dos capítulos, o leitor será conduzido por uma jornada detalhada da evolução normativa que possibilitou a escolha pela via extrajudicial, até as especificidades e desafios que este caminho apresenta na prática. A simbiose entre teoria e prática visa proporcionar uma compreensão holística e aplicável, equipando os profissionais com as ferramentas necessárias para enfrentar os mais diversos cenários encontrados no cotidiano.

O compromisso dos autores com a excelência acadêmica e a prática jurídica reflete-se na clareza e profundidade com que cada tema é abordado. Desde os alicerces teóricos até as nuances mais práticas, o leitor encontrará um conteúdo rico em detalhes e exemplos, decisivo para a formação de uma visão abrangente e aplicável do inventário extrajudicial.

Ao concluir a leitura, o operador do direito estará não apenas familiarizado, mas será um profundo conhecedor das complexidades e práticas do inventário extrajudicial. Esta obra é um verdadeiro companheiro na jornada do conhecimento jurídico, proporcionando não apenas informação, mas também a certeza de que a prática jurídica pode ser sempre aprimorada, com humanidade e excelência.

Maria Laura Bolonha Moscardini
Doutoranda e Mestra em Direito pela UNESP.
Advogada e Professora.

APRESENTAÇÃO

É com grande entusiasmo que compartilhamos esta obra dedicada ao inventário extrajudicial, resultado de anos de imersão prática e acadêmica no universo notarial e registral. Como registrador de imóveis há quase três décadas no Estado do Rio Grande do Sul, e tabeliã de notas em São Paulo/SP, unimos nossas trajetórias para oferecer não apenas um manual jurídico, mas uma verdadeira jornada de descoberta e aplicação do direito.

Este livro nasce da convicção de que o conhecimento deve ser acessível e transformador. Partimos da premissa de que cada leitor, seja iniciante ou experiente, encontrará aqui um guia que não apenas instrui, mas instiga a prática do inventário extrajudicial. Cada capítulo é estruturado para proporcionar uma compreensão profunda da evolução normativa sobre o tema e das nuances práticas que moldam sua aplicação cotidiana.

Ao longo das páginas, exploramos mais que as complexidades legais. Este compêndio transcende a mera teoria; ele é um convite à reflexão e à ação. A inclusão de exemplos práticos não apenas enriquece nosso propósito, mas também transforma este livro em um recurso dinâmico para todos que aspiram à excelência na prática jurídica.

Esperamos que esta obra não apenas informe, mas também inspire novas abordagens e perspectivas sobre o inventário extrajudicial. Que ela sirva como um farol para todos os operadores do direito que buscam ampliar seus horizontes profissionais e contribuir para um sistema jurídico mais ágil, inclusivo e eficiente.

DEDICATÓRIA

A todos os alunos, amigos, advogados e operadores do direito, cuja incansável busca por excelência nos inspira a transcender nossos próprios limites, fomentando uma prática jurídica mais ética, humana e modernizada.

SUMÁRIO

PREFÁCIO V

APRESENTAÇÃO VII

DEDICATÓRIA IX

1. O INVENTÁRIO EXTRAJUDICIAL 1
   1.1 Arcabouço legislativo 2
   1.2 Conceitos e finalidades 6
   1.3 Características principais trazidas pela Lei nº 11.441/07 10
      1.3.1 Partes capazes e concordes 10
      1.3.2 Assistência jurídica por advogado 17
      1.3.3 Facultatividade da via eleita 19
      1.3.4 (In)Existência de testamento válido 21
   1.4 Aspectos gerais 28
      1.4.1 Escolha do tabelionato 28
      1.4.2 Desnecessidade de homologação judicial 31
      1.4.3 Fixação de emolumentos e gratuidade do procedimento extrajudicial ... 35
      1.4.4 Possibilidade de buscas quanto às escrituras lavradas 39
   1.5 Atos referentes ao inventário e à partilha 40
      1.5.1 Nomeação de interessado para representar o espólio – O inventariante. 40
         1.5.1.1 Possibilidade de nomeação plúrima de inventariantes 42
      1.5.2 Retificação de Inventários e Partilhas – Judiciais e Extrajudiciais 44
      1.5.3 Verbas constantes da Lei 6.858/1980 48
      1.5.4 Recolhimento Antecipado dos Tributos Incidentes 50
      1.5.5 As cessões de direitos hereditários, dos direito de meação e a renúncia. 51
         1.5.5.1 Cessão de direitos hereditários de bem determinado 63
      1.5.6 Reconhecimento da meação e do direito sucessório do companheiro 66
         1.5.6.1 A prova do esforço comum para a meação do cônjuge sobrevivente – Súmula 377, STF 70
      1.5.7 Análise formal da escritura pública de inventário extrajudicial 73

		1.5.8	Sobrepartilha	76
		1.5.9	Escritura de adjudicação	80
		1.5.10	Existência de credores	81
			1.5.10.1 Credor como parte na escritura pública de inventário e partilha	84
		1.5.11	Inventário negativo	85
		1.5.12	Inventário e partilha referentes a bens localizados no exterior	87
		1.5.13	Aplicação retroativa da Lei 11.441/07 e fiscalização dos tributos	88
		1.5.14	Negativa pelo tabelião de lavrar o ato	89
	1.6	Reflexos patrimoniais e instrumentais do inventário extrajudicial – A partilha		90
		1.6.1	Colação	92
		1.6.2	Análise do título aquisitivo do bem arrolado	96
		1.6.3	Valores dos bens arrolados	97
		1.6.4	Reconhecimento da meação do viúvo no usufruto do imóvel	102
		1.6.5	Valores atribuídos aos bens	110
		1.6.6	Inventários sucessivos – Pós-morte	111
		1.6.7	Premoriência, comoriencia e representação	114
	1.7	Reticências		118
2. REGULARIZAÇÃO DE IMÓVEIS EM INVENTÁRIOS EXTRAJUDICIAIS				119
	2.1	Introdução ao registro de imóveis		119
	2.2	Aplicação dos princípios registrais ao inventário extrajudicial		125
		2.2.1	Princípio da legalidade	126
			2.2.1.1 Qualificação registral	129
		2.2.2	Princípio da continuidade	134
		2.2.3	Princípio da publicidade	140
		2.2.4	Princípio da disponibilidade	144
		2.2.5	Princípio da especialidade	145
		2.2.6	Princípio da cindibilidade	149
		2.2.7	Princípio da rogação	151
	2.3	Procedimentos para o registro de inventário extrajudicial		153
		2.3.1	Documentação necessária	153
		2.3.2	Passo a passo do processo	155
	2.4	Efeitos do registro do inventário extrajudicial		162
	2.5	Conclusões		164

3. DECISÕES MENCIONADAS NO LIVRO 167

3.1 CNJ. Consulta. Inventário e divórcio extrajudiciais. Filhos emancipados. Emolumentos. Base de cálculo. CNJ – Tributos – Competência 167

3.2 Pedido de alvará judicial para realização de inventário extrajudicial dos bens deixados pelo falecido, mesmo havendo herdeiros incapazes – Proteção aos interesses da pessoa incapaz – Impossibilidade de mitigação 176

3.3 CNJ. Escritura de inventário e partilha – Representação – Procuração pública com poderes especiais – Resolução 35/2007 – Alteração normativa – Permitida a cumulação de funções de mandatário e de assistente das partes 178

3.4 Inventário extrajudicial. Partilha. Advogado – Qualificação 184

3.5 Inventário – Via extrajudicial – Lei 11.441/2007 – Faculdade – Sentença cassada 184

3.6 Existência de testamento. Inventário extrajudicial. Possibilidade. Enunciados 600 da VII Jornada de Direito Civil do CJF; 77 da I Jornada sobre Prevenção e Solução Extrajudicial de Litígios; 51 da I Jornada de Direito Processual Civil do CJF; e 16 do IBDFAM 187

3.7 Escritura pública. Inventário. Partilha. Certidão – Traslado – Valor probante. NSCGJ – Alteração. Provimento CG 2/2019. Escritura pública – Autenticidade. Detran 189

3.8 Registro de imóveis. Formal de partilha – Registro parcial. Dúvida – Apelação – capacidade postulatória. Processos administrativos – Advogado 194

3.9 Formal de partilha. Continuidade 198

3.10 Separação. Divórcio extrajudicial. Emolumentos – Gratuidade 200

3.11 Tabelião de notas. Escritura pública – Lavratura. Emolumentos – Gratuidade. Representação. Embargos de declaração 206

3.12 Escritura de compra e venda – Promessa de compra e venda. Espólio. Alvará judicial – Poderes 207

3.13 Partilha extrajudicial. Promessa – Compromisso de compra e venda – Cumprimento. Espólio. Alvará judicial 214

3.14 Inventário. CPC/73, art. 982. NCPC, art. 610. Pedido que a inventariança seja exercida por duas – Determinação de emenda da inicial e indicação de apenas um inventariante. Possibilidade 216

3.15 Alvará judicial. Retificação de escritura pública 218

3.16 Partilha judicial – Retificação por escritura pública – Possibilidade 221

3.17 Sucessões. Pedido de alvará apenso ao processo de inventário. Existência de outros bens a partilhar e valor expressivo das diferenças remuneratórias devidas ao falecido 224

3.18 Cessão onerosa de quota hereditária à terceiro. Direito de preferência dos coerdeiros. Notificação prévia. Necessidade 226

3.19 Registro de imóveis – Dúvida – Recusa do registro de carta de adjudicação – Irresignação parcial, sem prova do cumprimento das exigências não impugnadas – Inadmissibilidade – Dúvida prejudicada 229

3.20 Civil. Cessão de direitos hereditários. Escritura pública. Necessidade. Dissídio jurisprudencial não comprovado 232

3.21 Cessão de direitos hereditários. Escritura pública. Necessidade. Indenização por benfeitorias. Boa-fé não comprovada 232

3.22 Carta de adjudicação – Inventário. Cessão de direitos hereditários – Escritura pública. ITBI. Qualificação registral. Título judicial – Reiteração da ordem 233

3.23 Cessão de direitos hereditários por termo nos autos. Possibilidade. Caráter público equiparável ao de escritura pública 238

3.24 Arrolamento de bens. Sobrepartilha. Herança – Renúncia abdicativa 242

3.25 Sucessões. Recurso especial. Meação. Ato de disposição em favor dos herdeiros. Doação. Ato inter vivos. Forma. Escritura pública 247

3.26 Cessão de quinhão hereditário e do direito de meação, com instituição de usufruto, por termo judicial 247

3.27 Renúncia de meação em favor de herdeira, com reserva de usufruto para viúvo. Desnecessidade de formalização por meio de escritura pública 250

3.28 Inventário – Partilha – Escritura. Meação – Cessão – Instituição de usufruto 252

3.29 Cessão de direitos hereditários. Negócio jurídico válido. Eficácia condicionada que não impede a transmissão da posse 256

3.30 Escritura pública de inventário e partilha. União estável. Companheiro supérstite – Único herdeiro 258

3.31 União estável. Companheiro sexagenário. Dissolução. Bens adquiridos onerosamente. Partilha. Necessidade de prova do esforço comum 266

3.32 Decisão interlocutória proferida com base no Art. 1.790 do CC/2002. Superveniência da declaração de inconstitucionalidade da regra pelo Supremo Tribunal Federal. Adequação à nova realidade normativa. Possibilidade 282

3.33 Inventário – Partilha – Escritura pública – Regime da separação obrigatória de bens. Súmula 377 do STF. Aquestos – Comunicabilidade 292

3.34 Escritura de inventário e partilha. Regime da separação obrigatória de bens. Aquisição onerosa. Súmula 377 do STF 297

3.35 Óbito – Averbação. Regime da separação obrigatória de bens. Partilha. Súmula 377 – Esforço comum – Aquestos. Qualificação registral – Exigências. Rogação – Instância 302

3.36 Provimento CG 18/2020. Inventário extrajudicial. Certidões – Prazo de validade 305

3.37 Inventário. Habilitação de crédito. Despesas médicas com o inventariado. Discordância 307

3.38 Escritura pública de inventário e partilha. Reserva de bens. Penhora – Fazenda nacional. Indisponibilidade – Cancelamento – Mandado judicial 311

3.39	Inventário e partilha extrajudicial. Reserva de bens..	315
3.40	Formal de partilha. Indisponibilidade. Penhora – INSS. Sucessão *causa mortis*.....	320
3.41	Colação de bens. Valor do bem ao tempo da liberalidade ou ao tempo da abertura da sucessão..	323
3.42	Escritura de inventário e partilha. Doação conjuntiva. Direito de acrescer............	324
3.43	Inventário. ITCD. Base de cálculo para avaliação de cotas sociais........................	327
3.44	Inventário. ITCD. Base de cálculo para avaliação de cotas sociais........................	330
3.45	Quinhão da meeira. Atribuição integral, salvo se houver renúncia ou cessão em favor dos filhos-herdeiros...	336
3.46	Inventário. Partilha. Meação. Usufruto vitalício – Instituição. ITCMD – Base de cálculo. Tributos – Fiscalização	342
3.47	Inventário conjunto. Partilha *per saltum*. Continuidade. ITCMD – Fiscalização – Homologação – Certidão..	347
3.48	Inventário. Partilha *per saltum*. Continuidade...	354
3.49	Tabelião de notas – Escritura pública de inventário e partilha – Espólio, que não detém capacidade, não pode ser parte na escritura, quanto mais diante da presença de interessados menores – Pena de repreensão bem aplicada – Sentença mantida..	357
3.50	Inventário – Partilha extrajudicial – Especialidade objetiva – CCIR. ITR. CND....	361
3.51	Sucessões. Adjudicação. Estado civil. Partilha – Registro prévio. Continuidade. Separação de fato...	365
3.52	Adjudicação. Inventário conjunto – Cumulativo – Partilha sucessiva – *Per saltum*. Continuidade. Título judicial – Qualificação registral......................................	369
3.53	Inventário conjunto. Partilha *per saltum*. Continuidade.......................................	372
3.54	Inventário extrajudicial – Partilha. Continuidade. Disponibilidade. Fideicomisso – Cancelamento	376
3.55	Tabelionato de notas – Inventário extrajudicial – Publicidade notarial – Limitação..	378
3.56	Tabelionato de notas. Notário. Tabelião. Certidão de atos notariais – Publicidade notarial – Inventários extrajudiciais. Segredo de justiça.....................................	381
3.57	Inventário extrajudicial – Partilha. Sucessão *causa mortis*. Georreferenciamento. Especialidade objetiva – Disponibilidade	385
3.58	Inventário extrajudicial – Partilha. Sucessão *causa mortis*. Georreferenciamento. Especialidade objetiva – Disponibilidade	390
3.59	Inventário extrajudicial. Partilha. Cadastro municipal. Especialidade objetiva – descrição lacunosa..	394
3.60	Inventário judicial – Partilha – Vocação hereditária. Qualificação registral – Limites. Estado civil. Especialidade subjetiva. Continuidade. ITCMD – Recolhimento. Fazenda do estado – Homologação. Tributos – Fiscalização	397

3.61 Inventário. Partilha – Meação – Totalidade dos bens. União estável. Título judicial – Qualificação registral – Limites. Título – Cindibilidade 400

3.62 Inventário extrajudicial. Partilha. Cadastro municipal. Especialidade objetiva – descrição lacunosa.. 407

3.63 Direito real de habitação. Emolumentos – Cobrança. Embargos de declaração 409

3.64 Inventário conjunto. Partilha *per saltum*. Continuidade. ITCMD – Fazenda do estado – Homologação. Tributos – Fiscalização.. 411

3.65 Escritura pública – Inventário – Partilha. Sucessão testamentária. Título – Cindibilidade. Quinhão – Atribuição – Excesso – Reposição. ITBI – Fato gerador. Qualificação – Exigências... 416

3.66 Inventário – Escritura pública. ITCMD – Base de cálculo – Valor venal. Qualificação – Tributos – Fiscalização 420

3.67 Inventário – Partilha – Escritura pública. Herança – Renúncia. Cessão hereditária. Indisponibilidade de bens. Qualificação registral – Limites............... 424

3.68 Escritura de inventário e partilha. Especialidade objetiva. Descrição – Desfalque. Remanescente – Apuração. Retificação.. 430

3.69 Inventário e partilha extrajudicial. Reserva de bens.. 433

3.70 Inventário extrajudicial. Partilha – Registro – Paralisação. Título hábil. Qualificação registral – obrigatoriedade 439

3.71 Inventário. Partilha. Cônjuge sobrevivente. Separação obrigatória de bens. Súmula 377/STF. Continuidade. Esforço comum. Qualificação registral.................. 442

REFERÊNCIAS.. 449

1
O INVENTÁRIO EXTRAJUDICIAL

Preliminarmente, faz-se necessário entender a linha do tempo das disposições normativas sobre o inventário extrajudicial para se chegar ao estado atual da arte e conseguir entender todas as minúcias, peculiaridades e requisitos do ato notarial de inventário e partilha.

Para tanto, iniciaremos com a análise dos requisitos trazidos pela lei que positivou a possibilidade de eleição da via extrajudicial. Em ato subsequente, o ato normativo editado pelo Conselho Nacional de Justiça será analisado, trazendo a esta obra as nuances práticas do ato notarial de inventário e partilha.

Em todos os subcapítulos, caso seja possível a análise de questões práticas, estas serão contextualizadas e analisadas com afinco, inclusive sobre atos como a renúncia de direitos hereditários e as cessões deles. Adicionalmente, a cessão do direito meatório do cônjuge/companheiro supérstite também será analisada neste trabalho.

O estudo seguirá com o ato da partilha, propriamente dita. É importante ressaltar que a adequada partilha dependerá do caso concreto, do regime de bens do casamento, se houver, do patrimônio deixado e de todas as intercorrências possíveis aqui estudas, ciente de que a vida em sociedade e, principalmente, a vida em família, não possui padrão rígido e uniforme, sendo impossível abarcar todas as formas de partilhas possíveis. Entretanto, a análise geral mostra-se pertinente e suficiente para que os mais diversos casos sejam analisados e resolvidos pelos operadores do direito que cuidam da área objeto de estudo.

Além disso, o livro trará uma análise aprofundada sobre a regularização de imóveis em inventários extrajudiciais, iniciando com os conceitos basilares do registro de imóveis e a aplicação dos princípios registrais ao inventário extrajudicial. Neste ponto, será de suma importância a análise do processo de registro do título, permeando temas como a qualificação registral e a suscitação de dúvida.

Na sequência, serão apresentadas, em sua integralidade, as decisões tratadas durante a obra, permitindo uma revisão detalhada sobre como o tema é julgado e analisado na prática. Isso proporcionará uma visão valiosa das tendências atuais e dos princípios jurídicos que orientam essas decisões.

Este livro foi meticulosamente elaborado para oferecer uma compreensão abrangente do inventário extrajudicial, abordando desde os fundamentos teóricos até as nuances práticas. Espera-se que esta obra seja uma fonte valiosa de conhecimento e informação para todos os profissionais do direito que lidam com o tema retratado.

Passa-se a esta missão, então.

1.1 ARCABOUÇO LEGISLATIVO

Entender a opção do legislador pela solução extrajudicial dos atos é compreender que a via administrativa, ao ser eleita, se veste muito mais como uma opção política do que propriamente, jurídica. O legislador brasileiro escolheu entregar a solução de situações não conflituosas aos serviços notariais, fixando alguns requisitos, em caráter facultativo ao cidadão que apenas se verá beneficiado por essa via eleita.

Como leciona Luiz Paulo Vieira de Carvalho, o inventário de priscas eras realizava-se com a assistência e a presença de um notário[1]. Dessa forma, pode-se dizer que a opção é propriamente política, pois existe menção às partilhas extrajudiciais datadas de anos atrás, mais especificamente, nas Ordenações Filipinas, em seu Livro IV, Título XCVI, parágrafo 18, senão, vejamos:

> 18. E quando a partilha for de todo feita e acabada entre os irmãos, ou outros herdeiros, se fôr feita em sua presença e de seu expresso aprazimento e consentimento, per mandado da Justiça, e per Partidores, e fôr concordada e assinada pelo Juiz (2) e Partidores, ou quando as partes fizerem partilha entre si sem auctoridade de Justiça (3), tanto que per elles for acabada, e o auto, que se della fizer, for per elles assinado em scriptura publica, ou aulos publicos (4), em cada hum destes casos (1) não se poderá jamais a partilha desfazer (2), postoque alguma das partes a contradiga. Porém, se disser que foi nella enganado além da ametade (3) do que justamente lhe pertencia haver, e o assi provar, as partilhas outrosi se não desfarão, mas os outros herdeiros lhe comporão (1) sómente a sua direita parte.

Interessante notar a menção à possibilidade, inclusive, de partilha por *scriptura publica*, com a informação de que esta jamais poderia ser desfeita. Já nesta época, era possível visualizar que a partilha extrajudicial só era permitida se consensual, o que é mantido até os dias atuais.

Apesar da sua menção nos idos de 1850[2], nas décadas seguintes, o legislador não seguiu por esse caminho. O Código Civil de 1916 faz breve menção a possibilidade de partilha amigável, procedimento realizado por escritura pública[3], mas levado, obrigatoriamente, a homologação nos autos do inventário, mencionando em vários

---

1. CARVALHO, Luiz Paulo Vieira De. *Direito Das Sucessões*. 4. ed. São Paulo: Atlas, 2019, p. 965.
2. Há também menção da possibilidade de partilha extrajudicial em instrumento público ou privado no decreto 681 de 10 de julho de 1850, em seu art. 14: "Art. 14. Os quinhões hereditarios, ainda que sejão havidos em virtude de partilhas feitas *extrajudicialmente por escripturas publicas ou particulares*, estão sujeitos ao mesmo sello que os das judiciaes". Disponível em: Https://Www2.Camara.Leg.Br/Legin/Fed/Decret/1824-1899/Decreto-681-10-Julho-1850-560008-Publicacaooriginal-82517-Pe.Html. Acesso em: 09. fev. 2021.
3. É o teor do art. 1.773 do CC/16 "Art. 1.773. Se os herdeiros forem maiores e capazes, poderão fazer partilha amigável, por instrumento público, termo nos autos do inventário, ou escrito particular, homologado pelo juiz.". Disponível em: Http://Www.Planalto.Gov.Br/Ccivil_03/Leis/L3071impressao.Htm. Acesso em: 09. fev. 2021.

outros artigos o "julgamento"[4] da partilha, o que se pode entender pela necessidade da via judicial para partilhar os bens deixados pelo falecido, mesmo se existente a consensualidade.

O Código Instrumental de 1939, no artigo 465[5], dispunha que mesmo se todos os interessados fossem capazes, a via judicial era a necessariamente eleita. Entretanto, a regressão legislativa nos coloca diante de um interessante acontecimento: o diploma posterior (Código de Processo Civil de 1973), que disciplinou as questões adjetivas até março de 2016, foi sancionado contemplando a possibilidade dos herdeiros fazerem uso do inventário extrajudicial, estampando-se na redação original do art. 982 daquele diploma.

Infelizmente, antes mesmo de entrar em vigor (*vacatio legis se encerrou em jan/74*) o art. 982 sofreu alterações pela Lei 5.925/73, que excluiu os parágrafos que tratavam da possibilidade de inventário extrajudicial e voltou a prever apenas o procedimento judicial para o ato. Vejamos como o texto original do CPC/73 previa a hipótese extrajudicial do inventário:

> Art. 982. Proceder-se-á ao inventário judicial, ainda que todas as partes sejam capazes. § 1º Se capazes todos os herdeiros, podem, porém, fazer o inventário e a partilha por acordo extrajudicial. § 2º O acordo pode constar de instrumento público ou ser feito por instrumento particular; qualquer que seja a sua forma, deverão os herdeiros requerer a homologação por sentença, depois de ratificado por termo nos autos. § 3º Do requerimento será intimada a Fazenda Pública, para os fins previstos nos arts. 1.033 e 1.034. § 4º Divergindo os herdeiros entre si, ou quanto aos valores, com a Fazenda Pública, o inventário e a partilha processar-se-ão judicialmente. § 5º Em qualquer fase do inventário e da partilha, ou do arrolamento, poderão os herdeiros, sendo maiores e capazes, mediante termo nos autos, proceder na forma dos parágrafos anteriores[6].

Cabe pontuar que a disposição original, apesar de disciplinar a possibilidade de inventário e partilha extrajudicial, entendia ser requisito de validade e eficácia da partilha, tanto entre as partes, quanto perante terceiros, a homologação judicial. Ou seja, apesar da tentativa do Poder Legislativo em implementar outra via a ser eleita pelas partes capazes e concordes, antes mesmo de findar sua *vacatio*, a redação do art. 982 foi alterada e seus parágrafos foram suprimidos, fixando a existência apenas da via judicial para o inventário.

Com o advento do Código Civil de 2002, nova polêmica se instaurou em relação à temática. Isso porque, o art. 2.015 do CC/02 trouxe a seguinte redação: "se os herdeiros forem capazes, poderão fazer partilha amigável, por escritura pública, termo nos autos do inventário, ou escrito particular, homologado pelo juiz".

---

4. É o que se encontra da leitura dos arts. 1.801 e 1.805, por exemplo.
5. Art. 465. O inventário será judicial, ainda que todos os herdeiros sejam capazes. Disponível em: http://www.planalto.gov.br/ccivil_03/decreto-lei/1937-1946/del1608.htm. Acesso em: 09. fev. 2021.
6. Redação original do Art. 982 no Código De Processo Civil sancionado em 1973. Disponível em: http://Www.Planalto.Gov.Br/Ccivil_03/Leis/L5869.Htm. Acesso em: 09. fev. 2021.

Pela leitura do dispositivo, que, em interpretação, fazia entender que a homologação judicial dizia respeito aos escritos particulares, o legislador trazia novamente a opção pela escritura pública de partilha amigável entre herdeiros capazes. Logo, restava instaurada a polêmica, uma vez que o Código Instrumental vigente nada disciplinava sobre essa alternativa e, quando a mencionava, fixava a necessidade de homologação judicial em qualquer hipótese.

Após referenciar algumas controvérsias relacionadas à efetiva existência anterior do inventário extrajudicial, Carlos Fernando Brasil Chaves e Afonso Celso F. Rezende disciplinam que "no ordenamento nacional faltava, na verdade, regramento autorizativo expresso da possibilidade de realização dos inventários de bens do *de cujus* e de suas consequentes partilhas pela via extrajudicial"[7].

O tão esperado regramento expresso autorizativo aconteceu em 2007, com a Lei nº 11.441/2007, que tornou realidade a possibilidade de escolher entre a via judicial e a extrajudicial quando cumpridos alguns requisitos no procedimento sucessório de inventário e partilha. A lei surgiu com o seguinte proposto: "Alterar dispositivos da Lei nº 5.869, de 11 de janeiro de 1973 – Código de Processo Civil, possibilitando a realização de inventário, partilha, separação consensual e divórcio consensual por via administrativa"[8].

A alteração do artigo de lei que regulamentava os inventários e partilhas merece aplausos por facilitar a vida do cidadão, cansado da morosidade do Judiciário, de forma a delegar aos Tabeliães de Notas o desempenho de função de suma importância para a regularização dos bens deixados pelo falecido.

Entende Roger Benites Pellicani que:

A inovação legislativa, à evidência, merece encômios. Claro está que o desiderato foi, de um lado, propiciar aos interessados a possibilidade da adoção de uma via mais simples e célere para a formalização da transmissão de bens "causa mortis", é dizer, a via da escritura pública junto ao tabelião de notas, dispensada a homologação judicial, e, de outro lado, afastar do Poder Judiciário procedimentos em que predominam interesses particulares desprovidos de litigio, objetivo que, aliás, deveria ser buscado pelo legislador em outros contextos, a exemplo do que fez a própria Lei nº 11.441/07 quanto às separações e divórcios consensuais[9].

A redação dada pela Lei nº 11.441/07 ao art. 982 confirma que a opção pela via extrajudicial trata-se de uma opção muito mais política do que jurídica ao incluir a possibilidade de lavratura de escrituras públicas de inventário e partilha, pelo Tabelião

---

7. CHAVES, Carlos Fernando Brasil; REZENDE, Afonso Celso F. *Tabelionato De Notas e o Notário Perfeito*. 7. ed. São Paulo: Saraiva, 2013. p. 318.
8. BRASIL. Lei nº 11.441, de 04 de janeiro de 2007. Altera dispositivos da Lei nº 5.869, de 11 de janeiro de 1973 – Código de Processo Civil, possibilitando a realização de inventário, partilha, separação consensual e divórcio consensual por via administrativa. Disponível em: https://www.planalto.gov.br/ccivil_03/_ato2007-2010/2007/lei/l11441.htm. Acesso em: 1º abr. 2024.
9. PELLICANI, Roger Benites. Aspectos Relevantes Do Inventário Extrajudicial. In: AHUALLI, Tânia Mara; Benacchio, Marcelo (Coord.); SANTOS, Queila Rocha Carmona Dos (Org.). *Direito Notarial e Registral*: Homenagem Às Varas De Registros Públicos da Comarca de São Paulo. São Paulo: Quartier Latin, 2016, p. 270.

de Notas, caso preenchidos alguns requisitos: a concordância e a capacidade jurídica para aquele ato de todos os interessados, e a presença de advogado assistindo-os.

Adiante, serão analisados outros requisitos necessários para a instrumentalização e perfectibilização do ato, inclusive mudanças jurisprudenciais, mesmo que *contra legem*, e posicionamentos dominantes em relações a questões polêmicas. Por agora, nos cabe apenas analisar a evolução histórico-legislativa do procedimento de inventário e partilha extrajudicial.

Após 17 anos da previsão legislativa expressa de possibilidade de opção pela via extrajudicial é possível visualizar o quão salutar foi essa regulamentação, não apenas em termos jurídicos, mas também econômicos. Conforme divulgado pela Associação dos Notários e Registradores do Brasil (ANOREG/BR) no informativo Cartório em Números[10], 5ª edição (2023), desde 2007, quando foi instituída a Lei nº 11.441/07, que autorizou a lavratura de divórcios consensuais em Tabelionatos mediante escritura pública, os Cartórios de Notas de todo o Brasil já realizaram mais de 2,3 milhões de inventários extrajudiciais, gerando uma economia histórica ao Estado no montante de R$5,6 bilhões.

Retornando a linha do tempo legislativa, após a edição da Lei 11.441/2007 era preciso regulamentar a lei com o fim de uniformizar o procedimento nos Tabelionatos de Notas de todo país. Por óbvio que em um país de proporções continentais várias interpretações surgiriam com a chegada no novo ato aos balcões do cartório.

Nesse desiderato, com vistas a prevenir e evitar conflitos, o Conselho Nacional de Justiça, CNJ, editou a Resolução 35, de 24 de abril de 2007 – vigente até hoje – uniformizando a aplicação do (então) novo art. 982 do CPC/73.

Vinda em boa hora, a Resolução 35/CNJ tratou de disciplinar o procedimento utilizado para o ato nos tabelionatos, uma vez que os requisitos para a lavratura já foram fixados pela lei. Dessa forma, ela traz quais documentos deverão ser apresentados, se é permitida a representação das partes e por qual documento, se o menor emancipado supre o requisito da capacidade das partes, se o cessionário dos direitos hereditários possui legitimidade para requerer e figurar no ato notarial, dentre outros detalhes que serão posteriormente analisados.

Apesar de ter sofrido alterações em seu texto (em 2010 pela Resolução nº 120, em 2013 pela resolução nº 179, em 2016, pela Resolução nº 220, em 2020, pela Resolução nº 326 que a atualizou em razão da entrada em vigor do CPC/15 e, mais recentemente, em 2022, pela Resolução nº 452[11]), a Resolução 35/CNJ ainda está em vigor e é a norma federal que disciplina a matéria na esfera administrativa nacional até os dias atuais.

---

10. Disponível em: https://www.anoreg.org.br/site/wp-content/uploads/2024/01/Cartorios-em-Numeros-5a-Edicao-2023-Especial-Desjudicializacao.pdf.
11. Trataremos das alterações citadas a seguir, quando será dissecado todos os requisitos e procedimentos afetos ao ato extrajudicial.

Finalmente, feito o regresso legislativo da matéria, chegamos ao estágio atual da disciplina legal do inventário extrajudicial. Com a entrada em vigor do Código de Processo Civil de 2015, que teve sua *vacatio legis* cumprida em março de 2016, a Lei 11.441/07 foi revogada (pois ela alterava um artigo do CPC/73) e os arts. 610 e seguintes do CPC/15 passaram a disciplinar a matéria. Cabe aqui colacionar o dispositivo legal:

> Art. 610. Havendo testamento ou interessado incapaz, proceder-se-á ao inventário judicial. § 1º Se todos forem capazes e concordes, o inventário e a partilha poderão ser feitos por escritura pública, a qual constituirá documento hábil para qualquer ato de registro, bem como para levantamento de importância depositada em instituições financeiras. § 2º O tabelião somente lavrará a escritura pública se todas as partes interessadas estiverem assistidas por advogado ou por defensor público, cuja qualificação e assinatura constarão do ato notarial.

Dessa forma, conforme acima explanado, será nessa obra analisado o passo a passo do inventário extrajudicial – do Tabelionato de Notas ao Registro de Imóveis – conforme o ordenamento até então vigente, anexando ao estudo jurisprudências sobre o tema.

1.2 CONCEITOS E FINALIDADES

Feita a linha do tempo da legislação de regência do ato notarial de inventário e partilha, cabe aqui neste capítulo conceituarmos os atos.

Inventariar significa relacionar, catalogar. Inserido no contexto aqui tratado, o procedimento de inventário se presta a relacionar, catalogar os bens deixados por uma pessoa em razão do seu falecimento.

Segundo Luiz Paulo V. Carvalho:

> Inventário por morte é o processo judicial (ou o procedimento extrajudicial) que se destina, principalmente, a apurar os bens deixados pelo finado, a fim de, sobre o monte líquido positivo proceder-se a partilha ou havendo sucessor único, adjudicação[12].

Ou, conforme disciplina Carlos Maximiliano, quando ainda não era possível a escolha da via para procedimentalizar o inventário:

> Inventário, no sentido restrito, é o rol de todos os haveres e responsabilidades patrimoniais de um indivíduo; na acepção ampla e comum no foro, é um processo sumaríssimo no qual se descrevem e avaliam os bens de pessoa falecida, e partilham entre os sucessores da mesma o que sobra depois de pagos os impostos, as despesas forenses e as dívidas passivas reconhecidas pelos herdeiros[13].

Ainda, quando vigorava o Código Civil de 1916, ensinou Clóvis Bevilaqua que:

---
12. CARVALHO, Luiz Paulo Vieira de. *Direito Das Sucessões*. 4 ed. São Paulo: Atlas, 2019, p. 966.
13. MAXIMILIANO, Carlos. *Direito Das Sucessões*. Rio de Janeiro e São Paulo: Freitas Bastos, 1958. v. III, p. 252.

A partilha deve ser antecedida do inventário dos bens da herança, e este deve ser minucioso e exato para que fique bem conhecido o complexo de bens que o de cujus transmite aos herdeiros, e tem de ser com igualdade distribuído entre os herdeiros, atendendo-se também, ao testamento, quando houver[14].

Rodrigo da Cunha Pereira[15] descreve o processo judicial como um ritual sob a liderança do juiz, que simboliza uma figura paternal e tem a função de encerrar conflitos, facilitando a transição para uma nova fase na vida das partes envolvidas. Assim como os rituais de luto, que ajudam as pessoas a aceitarem a perda e a seguirem em frente, o processo judicial de inventário tem a função simbólica de auxiliar na elaboração da morte e na superação do luto, sendo que muitos enfrentam dificuldades para concluir esses processos devido à dificuldade de aceitar a perda.

No contexto do inventário extrajudicial, essa simbologia se mantém, mas de maneira menos onerosa emocionalmente, em vista de inúmeros fatos, como a celeridade.

Com todas as lições acima expostas, é possível concluir pelo caráter antecedente que possui o inventário, umbilicalmente ligado à sua próxima fase, qual seja, a partilha, na eventualidade de existirem mais de um herdeiro, ou a adjudicação, quando há apenas um herdeiro que recolhe para si todo acervo hereditário.

Cabe aqui ressaltar que a segunda fase do procedimento, a partilha, pode não existir se os bens deixados pelo *de cujus* não forem suficientes para honrar suas obrigações. Nesse caso, haverá apenas a primeira fase do procedimento (o inventário), com o consequente pagamento dos credores, nada restando a ser partilhado aos herdeiros.

Assim, Humberto Theodoro Junior ensina que "a partilha é segundo estágio do procedimento e vem a ser a atividade desenvolvida para ultimar a divisão do acervo entre os diversos sucessores, estabelecendo e adjudicando a cada um deles um quinhão certo e definido sobre os bens deixados pelo morto"[16].

Nicolau Balbino Filho conceitua e especifica a partilha da seguinte maneira:

> A partilha, cujo fim principal é declarar a parte ideal dos herdeiros e legatários, nos bens da herança, muitas vezes também lhes atribui uma porção material em cousas que podem ser desde logo adjudicadas, integralmente, ou por partes distintas, ao quinhão de cada herdeiro ou legatário. Daí o apelidar-se partilha aritmética a que se faz por partes ideais e geométrica a que se faz por partes concretas, confundindo-se esta com a divisão propriamente dita.[17]

Humberto Pinho, ao comentar o tema já na vigência no CPC/15, explica o procedimento bifásico da ação de inventário e partilha feitos no âmbito judicial. A mesma lógica é seguida na esfera notarial:

---

14. BEVILÁQUA, Clóvis. *Código Civil Comentado*. Rio de Janeiro: Francisco Alves, 1919. v. VI, p. 241
15. PEREIRA, Rodrigo da C. *Direito das Famílias*. Rio de Janeiro: Grupo GEN, 2023. E-book. ISBN 9786559648016. Disponível em: https://app.minhabiblioteca.com.br/#/books/9786559648016/. Acesso em: 04 jul. 2024.
16. THEODORO JÚNIOR, Humberto. *Curso de Direito Processual Civil*: Procedimentos Especiais. 45. ed. Rio De Janeiro: Gen/Forense, 2013. v. III, p. 223.
17. BALBINO FILHO, Nicolau. *Registro De Imóveis: Doutrina, Prática, Jurisprudência*. 6. ed. São Paulo: Atlas, 1987, p. 344.

A ação de inventário e partilha compreende um procedimento bifásico e tem início toda vez que se abre uma sucessão de mortis causa, para determinar a totalidade dos bens e direitos pertencentes ao falecido, e tem natureza especial, adotando o rito previsto nos arts. 610 e ss., NCPC. Em um primeiro momento, proceder-se-á à apuração minuciosa do acervo patrimonial do de cujus, incluindo-se também as dívidas que tenha eventualmente contraído. Essa primeira etapa será vencida através do procedimento de inventário. Caso haja mais de um herdeiro, necessário será dividir-se o acervo, adjudicando um quinhão certo para cada um. Instaurar-se-á, então, a segunda etapa, o procedimento de partilha[18].

Neste diapasão, tanto o procedimento de inventário e partilha judicial, quanto o extrajudicial, possuem a mesma natureza e o mesmo fim, qual seja, individualizar os bens, direitos, dívidas e todo o patrimônio deixado pelo falecimento de alguém em uma minuciosa análise e, após o pagamento das dívidas, se existirem, iniciar a segunda etapa, a partilha.

Apesar de não ser o foco deste trabalho, cumpre aqui tecer breves considerações sobre o procedimento judicial de inventário e partilha. No âmbito judicial, o procedimento pode receber três nomenclaturas e ser regido por normas especificas, a depender de alguns acontecimentos.

Pode ser que o procedimento seja regido pelo art. 610, *caput*, e arts. 611 a 658, chamado de inventário judicial. O procedimento é de jurisdição contenciosa[19] e recebe o nome de inventário comum ou tradicional, sendo que nele existe controvérsia entre os herdeiros ou há a presença de incapaz.

Ainda, é considerado procedimento sucessório judicial, o arrolamento, que se divide em arrolamento sumário (art. 659 a 663 do CPC/15) e arrolamento comum ou simples (art. 664 do mesmo diploma).

O arrolamento sumário é procedimento de jurisdição voluntária em que há acordo entre os interessados, que são maiores e capazes, intentando uma partilha amigável. Já no arrolamento comum ou simples, não há consenso entre os herdeiros maiores, sendo, portanto, de jurisdição contenciosa. Há ainda mais um requisito para o enquadramento como arrolamento comum: que o valor da herança seja igual ou inferior a 1.000 (mil) salários-mínimos.

Importante ressaltar a novidade trazida pelo Código Adjetivo de 2015, que passou a permitir que o arrolamento comum seja categorizado como jurisdição voluntária quando os herdeiros estão de acordo com o plano de partilha, mesmo que haja incapazes, sendo, nesse caso, obrigatoriamente necessária a intervenção do Ministério Público (art. 665).

---

18. PINHO, Humberto Dalla Bernardina de. *Direito Processual Civil Contemporâneo*. 3. ed. São Paulo: Saraiva, 2016, p. 435.
19. Luiz P. V. de Carvalho explica que o procedimento é contencioso, apesar de haver defensores para a corrente que afirma ser um procedimento de jurisdição voluntária, outros afirmam ser um procedimento misto, de natureza administrativa e também contenciosa, uma vez que, *ex vi legis*, trata-se de procedimento que ao final produzirá sentença com autoridade de coisa julgada material que irá dirimir questões debatidas pelos sucessores. Explica, no mais, que isso não ocorre caso o juiz se limite a homologar eventual partilha amigável, quando a lei assim permitir (CARVALHO, Luiz Paulo Vieira De. *Direito das Sucessões*. 4. ed. São Paulo: Atlas, 2019, p. 974).

Aproveita-se o ensejo para destacar que o CPC/15 trouxe disposição que, por algum tempo, causou balbúrdia no meio registral. Isso ocorreu em razão do disposto no art. 659, parágrafo 2º que, tratando do procedimento do arrolamento sumário, trouxe a possibilidade de expedição do formal de partilha sem que houvesse qualquer manifestação do fisco no procedimento.

Sabe-se que a transmissão *causa mortis* é fato gerador do Imposto de Transmissão (ITCMD) de competência dos estados-membros. Dessa forma, o formal de partilha, logo após essa mudança procedimental segundo o disposto acima, ingressa no Registro Imobiliário sem qualquer recolhimento do imposto ou manifestação da Secretaria da Fazenda nos autos do processo. Cogitou-se, por um curto período, a possibilidade de registrar a partilha ali disposta, conforme disciplinou literalmente o CPC/15.

Entretanto, essa não é a melhor interpretação. Tendo em vista que os herdeiros, por vezes, demoravam para recolher o imposto devido, atrasando o andamento processual, o legislador resolveu por diferir a manifestação do fisco, emitindo o formal de partilha homologatório e delegando aos herdeiros que, caso quisessem ver seus direitos sendo concretizados, dirigissem até o órgão fazendário competente em busca da manifestação e recolhimento do ITCMD.

Aliás, no Estado de São Paulo, a Secretaria da Fazenda circulou um alerta enviado por endereço eletrônico aos Tabelionatos e Registro de Imóveis constando o seguinte texto:

> Com a entrada em vigor do Código de Processo Civil - CPC 2015 houve uma significativa alteração no rito processual do arrolamento, principalmente no que diz respeito ao pagamento do ITCMD. Na vigência do Código anterior, nos processos de arrolamento, o formal de partilha só era liberado após a comprovação do pagamento do imposto. A partir de 16 de março de 2016, data da entrada em vigor do novo CPC, por força do § 2º do artigo 659 do referido diploma legal, o Juiz não determina mais o recolhimento do imposto como condição para expedição do formal de partilha, limitando-se a intimar o Fisco para lançamento administrativo do ITCMD. Importante: Ocorre que a sistemática de lançamento do imposto não mudou! Para ficar em dia com suas obrigações tributárias, o contribuinte deve acessar o sistema da Secretaria da Fazenda, (...) preencher a declaração e apresentar no Posto Fiscal, instruída com os documentos referidos no Anexo VIII da Portaria CAT 15/2003, já com o imposto pago. Em caso de não apresentação da referida declaração, o Fisco poderá lançar o imposto de ofício, por meio de auto de infração e imposição de multa e a penalidade prevista no Artigo 21, inciso II, da Lei 10.705/00 é de 100% do valor do imposto, mais juros e multa, se for o caso. Ou seja, quem não apresentar a declaração no Posto Fiscal e não pagar o imposto espontaneamente poderá ter que pagar o dobro do valor. Além disso, os órgãos responsáveis pelo registro da transferência de bens, como os Cartórios de Registro de Imóveis não podem registrar a transmissão sem a prova de pagamento do imposto (artigo 25 da Lei 10.705/00). Não corra esse risco[20].

Após breves apontamentos sobre a conceituação do procedimento de inventário e sua fase posterior, seja partilha ou adjudicação, e inclusive após as considerações sobre

---

20. E-mail remetido pela dicar – Diretoria de Cobrança, Arrecadação e Recuperação de Dívidas, por meio do endereço eletrônico mailingitcmd@fazenda.sp.gov.br, assunto: Orientação ITCMD – Arrolamento, aos 21 jan. 2021.

os procedimentos judiciais, é possível concluir pela similitude de procedimentos tanto na via extrajudicial quanto na via judicial, que compartilham a mesma finalidade.

Nas próximas linhas e tópicos, será feito um estudo sobre a teoria e a prática do inventário extrajudicial, a subsequente partilha (ou adjudicação) e os detalhes que rondam esse procedimento.

A análise levará em conta a legislação federal e algumas normativas estaduais, bem como decisões dos tribunais estaduais, decisões na seara administrativa e também das Cortes Superiores.

Serão analisados os requisitos para que a via extrajudicial seja eleita e pontuar-se-ão algumas problemáticas vividas no dia a dia do Tabelionato de Notas, o que se mostra pertinente, uma vez que a prática demonstra que os casos podem ser muito mais complexos, quando comparados à teoria.

1.3 CARACTERÍSTICAS PRINCIPAIS TRAZIDAS PELA LEI Nº 11.441/07

Inicialmente, a Resolução CNJ 35 regulamentou a Lei 11.441/07 e inicia seus ditames pelas disposições de caráter geral aplicáveis na lavratura de inventários, partilhas, separações e divórcios extrajudiciais, partindo, mais adiante, a minuciar o procedimento a ser adotado nos Tabelionatos.

Para melhor compreensão do tema, é importante que alguns aspectos trazidos pela lei sejam primeiro analisados, a fim de que o ato seja compreendido em sua essência. Portanto, analisaremos os requisitos que foram trazidos pela lei ao alterar o art. 982 do CPC/73, replicados no art. 610 do CPC/15, quais sejam: partes capazes, concordância, assistência por advogados, facultatividade da via extrajudicial e (in)existência de testamento.

1.3.1 Partes capazes e concordes

É necessário que, para que a via extrajudicial seja eleita, todas as partes e interessados possuam plena capacidade civil e estejam de acordo com todos os termos da partilha e da instrumentalização por escritura pública.

Sobre a capacidade civil das partes comparecentes para o ato de inventário extrajudicial, no início, antes da edição da Resolução CNJ 35, surgiu dúvida quanto à possibilidade de instrumentalização caso houvesse herdeiros menores, porém emancipados. Sabe-se que a emancipação é ato jurídico que apenas adianta o momento de concessão da capacidade civil, mas o emancipado continua sendo menor de idade.

A emancipação é tratada no Código Civil (art. 5º, parágrafo único, incisos I a V) dispondo que cessará a incapacidade para os menores nas hipóteses elencadas em seus incisos, sendo que a doutrina as divide em hipóteses de emancipação legal ou voluntária.

No caso aqui tratado, a emancipação que gerou tal controvérsia foi a espécie voluntária, ou seja, a que é concedida pelos pais do maior de 16 anos de idade, exclusivamente por escritura pública.

Pois bem, tendo em vista que a Lei 11.447/2007, ao modificar o art. 982 do CPC/73 trouxe a expressão "se todos forem *capazes* e concordes", coube ao CNJ disciplinar se a capacidade seria apenas a advinda com a maioridade ou se aos emancipados também seria possível optar pela via extrajudicial.

Com a edição do texto original da Resolução CNJ 35, o art. 12 já trouxe a pá de cal para a celeuma, disciplinando expressamente que "admitem-se inventário e partilha extrajudiciais com viúvo (a) ou herdeiro(s) capazes, *inclusive por emancipação*, representado(s) por procuração formalizada por instrumento público com poderes especiais".

Para reforçar a possibilidade, em decisão unânime do plenário do CNJ, no julgamento do Pedido de Providências 0000409-15.2014.2.00.0000, julgado em plenário virtual em 2016, ficou ratificada a clara possibilidade pela participação de herdeiros emancipados no ato:

> Pedido de providências convertido em consulta. Tratamento uniforme quanto à realização de divórcio e de inventário extrajudiciais quando houver filhos emancipados. Disciplina dos emolumentos de serventias extrajudiciais. Espécie tributária cuja fixação requer lei estrita.
>
> (CNJ; Consulta: 0000409-15.2014.2.00.0000; Relator (a): Gustavo Tadeu Alkmim; Órgão Julgador: Conselho Nacional de Justiça; Localidade: Rio Grande do Sul; Data do Julgamento: 21.06.2016; Data de Registro: 24.06.2016).

A doutrina pouco debatia sobre a possibilidade de ser instrumentalizado o ato extrajudicialmente quando da existência de herdeiros menores ou incapazes, uma vez que a lei, taxativamente, o impedia nesse caso. Entretanto, como dito acima, a opção pela via extrajudicial dos atos em que inexistem conflitos é uma opção política. Isso quer dizer que não há óbice jurídico (vícios de anulabilidade ou nulidade) que pudesse fazer com que o ato padecesse. Mesmo nos casos em que há partes menores ou incapazes.

A exigência da lei de que não haja menores ou incapazes entre os interessados busca proteger os mais vulneráveis. No entanto, José Luiz Germano, José Renato Nalini e Thomas Nosch Gonçalves[21] argumentam que, em situações de partilha ideal, não há risco de prejuízo aos menores ou incapazes, citando uma decisão judicial em Leme, SP, que permitiu a realização de uma escritura de partilha em cartório, mesmo com um herdeiro menor de idade. Esta medida é vista como inovadora por desafogar o Judiciário sem desproteger o menor. Os autores propõem que a legislação seja ajustada para permitir inventários extrajudiciais com menores ou incapazes, desde que a partilha seja ideal e igualitária, o que poderia aumentar a eficiência do sistema judicial ao focar

---

21. GERMANO, J. L. et. al. Um passo adiante. *Migalhas*. Disponível em: https://www.migalhas.com.br/coluna/migalhas-notariais-e-registrais/349886/um-passo-adiante. Acesso em: 04 jul. 2024.

em litígios e permitir que os cartórios extrajudiciais continuem oferecendo um serviço rápido e eficiente.

Nesse sentido,, é possível visualizar norma que disponha que a partilha, caso haja interesse de incapaz, seja feita com o respeito aos quinhões e permanecendo todos os bens deixados em condomínio, por todos, o que se garante com absoluta certeza a divisão igualitária do monte-mor. Pode-se pensar também na remessa do ato findo ao membro do Ministério Público, que, se visualizar algum prejuízo pode requerer judicialmente a retificação do ato.

Ademais, se for feita uma analogia com o atual Projeto de Lei 731/2021, que visa possibilitar a lavratura de divórcios e dissoluções de uniões estáveis mesmo quando há filhos menores ou incapazes do casal, é imperioso que tal sistemática também venha a reger os inventários extrajudiciais.

O referido projeto de lei dispõe sobre a autorização prévia do Ministério Público em tais casos e, se tal entendimento for visto como uma solução, deve ser estendida também para os demais atos de regularização da herança deixada pelo falecido.

Sobre o tema, no Acre, o Tribunal de Justiça editou a Portaria 5914-12, em 09 de fevereiro de 2021[22], que dispõe sobre a realização de inventário extrajudicial, em tabelionato de notas, quando houver herdeiros interessados incapazes.

Segundo tal Portaria, levando em consideração os princípios implícitos nos artigos 2.015 e 2.016 do Código Civil e os artigos 665, 48, 8º e artigo 3º, § 2º e § 3º do Código de Processo Civil, bem como os precedentes jurisprudenciais, ficou determinado que os tabelionatos de notas do Estado do Acre agora têm permissão para lavrar escrituras públicas de inventários extrajudiciais, mesmo quando existem herdeiros incapazes.

No entanto, a nova regulamentação estabelece salvaguardas para proteger os interesses desses herdeiros, especificamente, que a minuta final da escritura, juntamente com a documentação relevante, deve ser submetida à aprovação do juízo competente. Além disso, o Ministério Público deve se manifestar sobre o caso.

Ainda, ficou estabelecido um procedimento simplificado para a aprovação judicial dos inventários extrajudiciais. Este procedimento é iniciado por um pedido de providência, que pode ser feito por herdeiros interessados ou pelo próprio cartório do inventário extrajudicial. Importante notar que não haverá cobrança de custas processuais para evitar duplicidade de cobrança, mas os emolumentos cartorários ainda serão devidos.

No entanto, falta consenso sobre o tema, como é possível verificar pela decisão do Tribunal de Justiça do Estado de São Paulo no processo nº 2174843-07.2023.8.26.0000. No referido caso, o Tribunal entendeu que o artigo 610 do CPC estabelece que, se houver um testamento ou um herdeiro incapaz, o inventário deve ser processado judicialmente,

---

22. BRASIL. Portaria 5914-12, de 08 de setembro de 2021. Dispõe sobre a realização de inventário extrajudicial, em tabelionato de notas, quando houver herdeiros interessados incapazes. Disponível em: https://www.camara.leg.br/proposicoesWeb/prop_mostrarintegra?codteor=2149995. Acesso em: 1º abr. 2024.

e não de forma extrajudicial, sendo que a razão para essa exigência está na necessidade de proteger os interesses do herdeiro incapaz.

Segundo o TJSP, a lei é clara em afirmar que não há exceções a essa regra, independentemente do valor dos bens deixados pelo falecido, sendo a proteção dos interesses do herdeiro incapaz considerada mais importante do que a simplificação do processo de inventário.

Portanto, a decisão destacou que a lei é inequívoca em sua determinação de que o inventário deve ser processado judicialmente em casos de testamento ou herdeiros incapazes, e que não existe previsão legal que permita a mitigação dessa proteção.

> AGRAVO DE INSTRUMENTO – Pedido de alvará judicial para realização de inventário extrajudicial dos bens deixados pelo falecido, mesmo havendo herdeiros incapazes – Impossibilidade – Vedação constante do art. 610 do CPC/2015 que caracteriza uma exceção expressa imposta pelo legislador à ampla possibilidade de realização do inventário extrajudicial – Proteção aos interesses da pessoa incapaz – Impossibilidade de mitigação – Recurso desprovido (TJSP; Agravo de Instrumento 2174843-07.2023.8.26.0000; Relator (a): Alcides Leopoldo; Órgão Julgador: 4ª Câmara de Direito Privado; Foro de Martinópolis – 2ª Vara Judicial; Data do Julgamento: 24.07.2023; Data de Registro: 24.07.2023).

No entanto, o tema segue em debate, tramitando atualmente, na Câmara dos Deputados, o Projeto de Lei nº 606/2022, que visa regulamentar a possibilidade de realização de inventário e partilha extrajudiciais através de escritura pública mesmo se existirem menores ou incapazes. O projeto de lei visa alterar o artigo 610 do CPC para que conste da seguinte forma:

> Art. 610 § 3º Ainda que haja interessado menor ou incapaz, o juiz poderá conceder alvará para que o inventário e partilha sejam feitos por escritura pública, após manifestação do Ministério Público, desde que:
>
> I – a partilha seja estabelecida de forma igualitária e ideal sobre todo o patrimônio herdado;
>
> II – os interessados estejam concordes;
>
> III – seja apresentada a minuta final da escritura, acompanhada da documentação pertinente, e;
>
> IV – caso haja testamento, que, tenha sido previamente registrado judicialmente ou haja expressa autorização do juízo competente.
>
> § 4º O procedimento previsto no parágrafo anterior será processado mediante pedido de providência ao juízo competente, provocado pelos herdeiros interessados ou pelo próprio cartório do inventário extrajudicial, isento de custas processuais, mas sem prejuízo do devido pagamento dos emolumentos cartorários.
>
> § 5º Na hipótese prevista no parágrafo 3º, a versão final e assinada da escritura de inventário deverá fazer menção expressa ao alvará emitido pelo juízo sucessório, e constituirá documento hábil para qualquer ato de registro, bem como para levantamento de importância depositada em instituições financeiras[23].

Dentre as justificativas para o referido projeto de lei, estão a celeridade comprovadamente gerada pela realização de inventários e partilhas extrajudiciais, as opiniões

---

23. BRASIL. Projeto de Lei nº 606/2022. Altera a redação do artigo 610 da Lei nº 13.105, de 2015, Código de Processo Civil, para dispor sobre inventário extrajudicial. Disponível em: https://www.camara.leg.br/proposicoesWeb/prop_mostrarintegra?codteor=2149383&filename=PL%20606/2022. Acesos em: 1º abr. 2024.

de doutrinadores sobre o tema e a experiência jurisprudencial, citando-se a Portaria 5914-12, que foi trabalhada alhures.

Ademais, o Brasil está passando por uma reforma significativa do Código Civil. Uma Comissão Temporária Interna do Senado, presidida por Luis Felipe Salomão, foi estabelecida com o objetivo de apresentar um anteprojeto de Lei para revisão e atualização da Lei nº 10.406, de 10 de janeiro de 2002, que é o atual Código Civil.

As mudanças propostas pela Comissão abrangem uma variedade de tópicos, são significativas e têm o potencial de modernizar e adaptar o Código Civil às mudanças sociais e tecnológicas recentes.

Em 26 de fevereiro de 2024, a Comissão apresentou o Relatório Geral, no qual consta a alteração no artigo 2.015 e o acréscimo de dois parágrafos[24]. O primeiro relaciona-se ao herdeiro incapaz, aduzindo que a eficácia da escritura pública do inventário extrajudicial dependerá da anuência do Ministério Público, e o segundo informa que se houver discordância do MP, não será lavrada a escritura.

Aqui, importa que a reforma do referido Código regulamenta a possibilidade de realização de inventário extrajudicial mesmo se houver herdeiro incapaz, condicionando a lavratura da escritura pública à análise e concordância do Ministério Público, de forma a resguardar os direitos do incapaz e ainda, garantir a possibilidade de realização de um procedimento célere e desburocratizado.

Assim, entendemos que a possibilidade de escolha pela via extrajudicial, mesmo nas situações em que os herdeiros são menores ou incapazes, é medida que se impõe e pode desafogar o Poder Judiciário, sem descuidar da tutela dos incapazes. O Tabelião é profissional do direito, dotado de fé-pública, ciente do papel que desempenha na sociedade como garantidor da segurança dos atos jurídicos, sempre observando o princípio da juridicidade.

Além do mais, o Tabelião possui toda prática e conhecimento do Direito Sucessório, e saberá instrumentalizar o ato de forma que não haverá prejuízo para os vulneráveis. Sabe-se, inclusive, que o CNJ por diversas vezes já editou provimentos recomendando a atenção dos notários em atos que dizem respeito ao patrimônio de idosos[25], o que mostra o respeito e a confiança transmitida pela atividade notarial.

Dessa forma, é possível que as normas se adequem a real e atual necessidade das partes, sendo que, impedir que os inventários sejam procedimentalizados e findos

---

24. SENADO FEDERAL. *Relatório Geral da Comissão de Juristas responsável pela revisão e atualização do Código Civil*. Disponível em: https://legis.senado.leg.br/comissoes/arquivos?ap=8019&codcol=2630. Acesso em: 04 abr. 2024.
25. Conforme Recomendação nº 46 Do CNJ, os cartórios notariais e de registro são os novos aliados no combate ao abuso financeiro e patrimonial contra as pessoas idosas. É o que estabelece a recomendação nº 46, publicada nesta terça-feira (23) pelo Conselho Nacional De Justiça (CNJ), com o objetivo de proteger o segmento que está especialmente vulnerável durante a pandemia do novo coronavírus (Covid-19). Veja notícia veiculada por site oficial do governo: https://www.gov.br/mdh/pt-br/assuntos/noticias/2020-2/junho/cartorios-atuarao-no-combate-a-violencia-financeira-e-patrimonial-contra-idosos. Acesso em: 30 mar. 2021.

no extrajudicial apenas pela existência de menores e incapazes não se sustenta com o argumento de necessária proteção aos vulneráveis.

Ainda no que diz respeito às partes, estas podem estar representadas por procuradores, em contrato de mandato instrumentalizado em forma pública, com poderes especiais e expressos para aquele ato.

Desde a redação original da Resolução 35 CNJ já era possível que os herdeiros e/ou o viúvo (a) comparecessem ao ato representados por um procurador, sendo o ato de representação instrumentalizado pela forma pública. Entretanto, originalmente, a norma, em seu art. 12, trazia uma disposição que não foi pacificamente aceita no meio jurídico, referente à vedação das funções de mandatário e de assistente das partes.

Cabe aqui apenas a informação de que há, obrigatoriamente, a necessária presença de advogado (assistente das partes) no procedimento de inventário feito perante o Tabelião. Tal requisito será minunciosamente analisado na sequência, sendo pontuado no presente momento para a análise específica da possibilidade de não comparecimento pessoal das partes no ato notarial.

Feito esse breve comentário, em 2007, quando da edição da Resolução CNJ 35, os herdeiros e/ou viúvo(a) poderiam instrumentalizar uma procuração pública que contivesse os poderes especiais e expressos para representá-los no ato a ser lavrado. Entretanto, por expressa vedação normativa, este procurador não poderia ser a mesma pessoa que o advogado da parte (ou comum das partes).

Aqui, importa recordar que todo escopo da lei foi pela facilitação do procedimento de inventário. Acertadamente, a Associação dos Advogados de São Paulo requereu a alteração do art. 12 no Pedido de Providências nº 0000227-63.2013.2.00.0000, endossado pela Ordem dos Advogados do Brasil a fim de que essa vedação fosse excluída.

Os argumentos da Associação foram que tal vedação não possuía respaldo na Lei 11.441/07 e afrontava o Estatuto do Advogado, pois criava entraves à atuação dos profissionais, encarecendo o procedimento e desvirtuando o próprio escopo da lei, que era retirar do Judiciário as demandas não contenciosas e simplificar o procedimento perante os cartórios extrajudiciais.

O requerimento foi aceito pelo plenário do CNJ em 2013, culminando na edição da Resolução CNJ 179 de 3 de outubro de 2013, que editou a Resolução CNJ 35 e deu nova redação ao art. 12, retirando a vedação originalmente existente. Com isso, tornou-se plenamente possível que os herdeiros sejam representados pelo advogado que atuará também como assistente jurídico das partes.

> CNJ. Escritura de inventário e partilha – Representação – Procuração pública com poderes especiais – Resolução 35/2007 – Alteração normativa – Permitida a acumulação de funções de mandatário e de assistente das partes (CNJ; Pedido de Providências: 0000227-63.2013.2.00.0000; Relator (a): Guilherme Calmon; Órgão Julgador: Conselho Nacional de Justiça; Localidade: São Paulo; Data do Julgamento: 23.09.2013).

Dessa forma, caso os herdeiros e/ou o viúvo (a) não possam ou não queiram estar fisicamente presentes no ato, a eles é dada a permissão de instrumentalizar sua representação por outra pessoa, inclusive terceiros alheios ao ato. Essa representação deve ser feita por instrumento público, específica para o ato e deve conter poderes expressos para tanto.

Isso quer dizer que o instrumento de procuração para a representação em inventários extrajudiciais deve ser, obrigatoriamente, feito em um Tabelionato de Notas. E mais, no corpo da procuração, os poderes para representação em inventário extrajudicial devem estar expressos e os dados do falecido, autor da herança a ser inventariada, devem estar minimamente descritos.

Carlos Fernando Brasil Chaves e Afonso Celso F. Rezende pontuam ainda que: "não há de se falar em utilização de procuração particular para esses fins, ainda que seja constituído procurador advogado. Trata-se de esfera extrajudicial, não se admitindo, portanto, a utilização de procuração particular *ad juditia*, como ocorre na esfera jurisdicional"[26].

Assim, apenas para reforçar o que deve constar no corpo da procuração, exemplifica-se a seguinte redação a constar do instrumento: "outorga poderes para representação no inventário extrajudicial, perante o Tabelionato de Notas escolhido para tanto (pode estar especificado, se já souberem), em decorrência do falecimento de (qualificação do autor da herança)".

Aqui, importa mencionar sobre o e-Notariado, uma plataforma que permite a realização de atos notariais de forma online, proporcionando a mesma segurança jurídica que um ato realizado presencialmente em um cartório de notas. Isso foi possível graças ao Provimento CNJ nº 100/2020, que foi incorporado ao Provimento CNJ nº 149/2023.

Através do e-Notariado, é possível realizar diversos atos, como escritura pública de divórcio, inventário e partilha, ata notarial, procuração, testamento, reconhecimento de firma digital e autenticação digital. Cada ato notarial online é realizado por meio de uma videoconferência entre o requerente e o tabelião, e a assinatura da parte é feita por meio de um certificado digital.

Para utilizar o e-Notariado, é necessário cumprir alguns requisitos jurídicos e técnicos. As partes devem possuir um certificado digital e-Notariado ou ICP-Brasil. Além disso, é recomendável possuir um documento de identidade eletrônico ou confirmável, como RG digital, CNH digital, CNH em papel com QR ou documentos emitidos por órgãos de classe com possibilidade de confirmação da foto e dados biográficos em site oficial da entidade.

Em relação à competência para a realização de atos notariais digitais e híbridos, existem algumas regras. Por exemplo, para escrituras públicas com imóvel, é compe-

---

26. CHAVES, Carlos Fernando Brasil; REZENDE, Afonso Celso F. *Tabelionato de Notas e o Notário Perfeito*. 7. ed. São Paulo: Saraiva, 2013. p. 322.

tente o Tabelião do local do imóvel ou o do domicílio do adquirente. No caso de uma escritura pública com mais de um imóvel em diferentes circunscrições, é competente o Tabelião de qualquer uma delas. Para uma ata notarial, é competente o Tabelião do local onde o fato é constatado ou, quando inaplicável este critério, o tabelião do domicílio do solicitante. Já para uma procuração, é competente o Tabelião do domicílio do outorgante. Se a procuração versar sobre imóvel, o Tabelião do domicílio do outorgante ou do local do imóvel.

Levando em consideração o ato aqui especificamente abordado, qual seja, o inventário extrajudicial, a competência territorial do Tabelião será fixado pela existência de imóveis ou aquele em que domiciliado qualquer dos herdeiros ou cônjuge sobrevivente.

Em suma, o e-Notariado é uma ferramenta segura que também pode ser usada caso as partes não possam ou não queiram comparecer pessoalmente no cartório.

1.3.2 Assistência jurídica por advogado

Como brevemente relatado acima, a atuação do advogado como assistente jurídico das partes é obrigatória. A nomeação carece de instrumentalização própria, ou seja, não é necessário que as partes nomeiem em ato separado o advogado para atuar naquele procedimento, nem mesmo que seja outorgado poderes a ele no corpo da escritura.

Nos dizeres de Ferreira e Rodrigues[27], trata-se da configuração da procuração *apud acta*. Assim autoriza o art. 8 da Resolução CNJ 35: "é necessária a presença do advogado, dispensada a procuração, ou do defensor público, na lavratura das escrituras decorrentes da Lei nº 11.441/07, nelas constando seu nome e registro na OAB".

No momento, será feita a qualificação do profissional como comparecente do ato, constando o número da sua carteira profissional e utilizando o termo "advogado".

Foi o dedicado Pedido de Providências nº 0005648-73.2009.2.00.0000, do Egrégio Conselho Nacional de Justiça, formulado pela Associação Campineira dos Advogados do Direito de Família em face do Tribunal de Justiça do Estado de São Paulo, em que foi pleiteado que os Tabeliães de Nota de São Paulo não qualificassem o advogado como "assistente jurídico" ou como "advogado assistente", em escrituras de inventário e partilha, de separação e divórcio, entendendo que referida qualificação denota hierarquia entre tabelião e advogado.

Ao final, ao ser atendido o pedido formulado, a Corregedoria Geral da Justiça de São Paulo editou o Comunicado CG Nº 2251/2010 e determinou aos Senhores Delegados de Unidades Notariais que qualifiquem o profissional assistente nos atos notariais apenas como "Advogado", sem qualquer adjetivação.

---

27. RODRIGUES, Felipe Leonardo, FERREIRA, Paulo Roberto Gaiger Ferreira. *Tabelionato De Notas*. Coordenado por Christiano Cassettari. 3. ed. Indaiatuba, SP: Editora Foco, 2020. p. 312.

Determinação aos Delegados de Unidades Notariais para que qualifiquem o profissional assistente nos atos notariais apenas como "Advogado", sem qualquer adjetivação (CGJSP; COMUNICADO: 2251/2010; Órgão Julgador: Corregedoria Geral da Justiça de São Paulo; Localidade: São Paulo; Data do Julgamento: 03.11.2010; Data de Registro: 03.11.2010).

O advogado é o profissional do direito, pessoa de confiança das partes, que possui papel fundamental no ato lavrado perante o tabelionato. Nas palavras de Felipe Leonardo Rodrigues e Paulo Roberto Gaiger Ferreira:

> O advogado não é mero coadjuvante no ato; tem a responsabilidade civil, penal e profissional sobre a sua atuação. Na escritura de inventário e partilha deve proceder à correção da partilha e de seus valores de acordo com a lei, verificar os aspectos legais e tributários sobre os bens imóveis e móveis, orientar os herdeiros sobre a necessidade de levar os bens recebidos à colação, exceto se houver a sua dispensa expressa[28].

Em razão do texto constitucional (art. 133), o advogado é considerado indispensável à administração da Justiça, de forma que sua presença harmoniza os interesses das partes, equilibrando a atribuição do Tabelião com a atividade de advocacia extrajudicial.

Com relação à nomeação dos advogados, é possível que ele seja comum, assistindo todas as partes. Podem ainda atuarem vários advogados quando os herdeiros escolhem os seus de confiança, como também é possível que, sendo o herdeiro advogado, que ele atue em causa própria e/ou assistindo os demais.

Caso as partes não possuam advogado de sua confiança, é vedado ao Tabelião de Notas realizar indicações. Isso porque o advogado deve ser assistente jurídico das partes. Como dito anteriormente, possuindo responsabilidades civis e criminais quanto ao ato instrumentalizado, não cabe a indicação do profissional pelo Tabelião. Nessas hipóteses, as partes serão instruídas a buscarem pela Defensoria Pública, se existente, ou pela Seccional da Ordem dos Advogados do Brasil.

As Normas Extrajudiciais da Corregedoria Geral da Justiça de São Paulo (NECGJ/SP) trouxeram, inclusive, previsão sobre quando há nomeação de advogado dativo para o ato, vejamos: "Sempre que nomeado advogado dativo em virtude do convênio Defensoria Pública-OAB, o Tabelião de Notas expedirá um segundo traslado do ato notarial, que servirá como certidão de verba honorária, nos termos do referido convênio"[29].

Trata-se de importante disposição constante das normas paulistas a fim de garantir o recebimento da verba honorária devida pelo profissional que atuou no âmbito extrajudicial nomeado dativamente para o ato.

Recentemente, o Ministro do Supremo Tribunal Federal, Luís Roberto Barroso, afirmou que o advogado do futuro não é aquele que propõe a ação judicial, mas aquele

---

28. RODRIGUES, Felipe Leonardo, FERREIRA, Paulo Roberto Gaiger Ferreira. *Tabelionato de Notas*. Coordenado por Christiano Cassettari. 3. ed. Indaiatuba, SP: Editora Foco, 2020, p. 319.
29. Disponível em: https://www.tjsp.jus.br/corregedoria/comunicados/normasextrajudiciais. Acesso em: 02 abr. 2024.

que resolve o problema sem a sua necessidade, negociando amigavelmente com as partes e resolvendo extrajudicialmente os conflitos[30].

Temos que a sistemática da Lei 11.441/07 permite confirmar que o ministro está correto. A facilidade trazida pela solução das demandas fora do judiciário mostra que, de fato, o futuro é pela desjudicialização das demandas, com trabalho conjunto de profissionais do direito, principalmente advogados, notários e registradores.

1.3.3 Facultatividade da via eleita

É em decorrência do procedimento de inventário judicial e extrajudicial buscarem a mesma finalidade, ultimando-se com o fim do estado de indivisão da herança deixada pelo falecido, que a Resolução 35 do CNJ e o CPC dispõem sobre a facultatividade da via eleita pelas partes.

Sobre ser uma opção das partes, desde que presentes os requisitos para ser eleita a via extrajudicial, o art. 2º da Resolução 35 diz que é possível suspender o procedimento judicial por 30 dias ou formular a sua desistência, caso este já tenha sido iniciado.

Da mesma forma, o art. 610 do CPC traz o verbo "poder", elucidando a escolha em eleger a via que melhor lhes aprouver.

Sobre o tema, Maria Berenice Dias[31] questiona a necessidade de manter a possibilidade de recorrer ao Judiciário quando existe uma alternativa extrajudicial viável e eficiente. A autora enfatiza que um dos principais objetivos da alteração que possibilitou a realização de certos procedimentos na via extrajudicial foi justamente aliviar a sobrecarga do sistema judicial. Portanto, permitir que se continue optando pelo caminho judicial, mesmo quando não há necessidade, contraria essa finalidade e perpetua a sobrecarga do Judiciário.

Entretanto, a facultatividade não se confunde com simultaneidade. Por questões de segurança jurídica[32], não é possível que as partes escolham dar andamento no procedimento em ambas as vias.

Sobre a facultatividade da via extrajudicial, colaciona-se o julgado do TJMG que elucida bem a questão:

APELAÇÃO – INVENTÁRIO – PROCESSO EXTINTO POR AUSÊNCIA DE INTERESSE PROCESSUAL – IMPOSSIBILIDADE – VIA EXTRAJUDICIAL – LEI 11.441/2007 – FACULDADE – SENTENÇA CASSADA. "Os interessados

---

30. A declaração foi dada em sessão plenária do STF aos 11 de março de 2021. Disponível em: https://www.migalhas.com.br/quentes/341649/ministro-da-receita-para-advogado-do-futuro--resolve-sem-propor-acao. Acesso em: 19 mar. 2021.
31. DIAS, Maria Berenice. Os alimentos nas separações e divórcios extrajudiciais. *Revista jurídica Consulex* – Ano XI, n. 252, 2007.
32. É o que também conclui Roger Benites Pellicani ao citar Adriano Jose Leal. Pellicani. BENITES, Roger. Aspectos Relevantes Do Inventário Extrajudicial In: AHUALLI, Tânia Mara; BENACCHIO, Marcelo (Coord.); SANTOS, Queila Rocha Carmona dos (Org.). *Direito Notarial e Registral*: Homenagem às Varas de Registros Públicos da Comarca de São Paulo. São Paulo: Quartier Latin, 2016, p. 272.

têm a faculdade de fazer o inventário por escritura pública, quando forem capazes e concordantes; a utilização do termo 'poderá' demonstra o objetivo do legislador de criar uma alternativa para evitar a instauração de processos no Judiciário, prestigiando a celeridade processual, sem, contudo, prejudicar o direito de ação das partes, uma vez que a norma não veda a utilização da via judicial" (TJMG – Apelação Cível 1.0105.08.285649-0/001, Relator(a): Des.(a) Alvim Soares, 7ª Câmara Cível, julgamento em 14.07.2009, publicação da súmula em 31.07.2009).

Não é necessário esperar pelo deferimento do pedido de desistência ou de suspensão pelo juízo. Ao protocolizar a petição de desistência ou de suspensão, estando o advogado em mãos do protocolo já é possível que as partes escolham o Tabelionato de sua confiança. Ao iniciar o procedimento extrajudicial, o Tabelião arquivará a petição, com o respectivo número do protocolo do pedido, fazendo de tudo menção no ato notarial.

Essa também é a posição de Christiano Cassetari ao explicar sistemática interessante que pode ser aplicada pelos Tabeliães de Notas:

> (...) para as partes desistirem do processo judicial de inventário em curso deverão assinar, conjuntamente, petição elaborada pelo advogado, requerendo a extinção do feito, que deve ser protocolizada no respectivo fórum, e apresentada ao tabelião para comprovar tal procedimento, que tem por objetivo garantir que não haja duas partilhas correndo, simultaneamente, em esferas distintas. Porém, esse procedimento não é recomendado, pois muitos problemas podem surgir durante o período em que o tabelião prepara a confecção da escritura, ou da espera pela resposta da fazenda estadual, que pode inviabilizar a realização do ato, como, por exemplo, a morte de algum herdeiro antes de assinar a escritura, que deixa filhos menores ou incapazes. Assim sendo, recomenda-se que as partes requeiram a suspensão do processo por 30 dias, por desejarem realizar o inventário extrajudicialmente. Após a escritura ser assinada, as partes protocolizariam uma petição assinada por todos os herdeiros requerendo a extinção do feito sem julgamento de mérito, juntando a cópia da escritura que já foi lavrada[33].

A questão acima mencionada pelo autor, sobre a demora na resposta da Fazenda Estadual quanto aos valores e cálculos do imposto devido, não é a realidade do Estado de São Paulo quando preenchidos alguns requisitos. Se o inventário disser respeito sobre bens situados em São Paulo e for instrumentalizado por Tabelião Paulista, não há necessidade de prévia homologação da declaração do imposto pela Secretaria da Fazenda, conferindo uma celeridade ao procedimento extrajudicial e cumprindo o intuito de agilidade e segurança da nova era.

Mas veja, os requisitos são cumulativos, ou seja, devem estar os bens localizados no Estado de São Paulo e o inventário deve ser lavrado por tabelião do referido Estado. Essa é a instrução encontrada nas Portarias CAT 15/2003, arts. 12-A e 12-B[34] e Portaria CAT 89/2020, art. 12, III e IV[35].

---

33. CASSETTARI, Christiano. *Separação, Divórcios e Inventário por Escritura Pública*: teoria e prática. 7. ed. São Paulo: Método, 2015. p. 176.
34. Disponível em: https://legislacao.fazenda.sp.gov.br/paginas/pcat152003.aspx. Acesso em: 13 abr. 2021.
35. Disponível em: https://legislacao.fazenda.sp.gov.br/paginas/portaria-cat-89-de-2020.aspx. Acesso em: 13 abr. 2021.

1.3.4 (In)Existência de testamento válido

Inicialmente, quando da edição da Lei 11.441/07, a existência de testamento válido atraia a obrigatoriedade da via judicial para o procedimento de inventário. O verbo acima está na conjugação do pretérito imperfeito pelos motivos abaixo expostos.

Não houve alteração legislativa mesmo com a edição do CPC/15, ou seja, a redação do art. 610, *caput*, expressamente dispõe pela obrigatoriedade da via judicial na existência de testamento. Entretanto, os Tribunais Estaduais foram interpretando de forma diversa o dispositivo.

Christiano Cassetari, inclusive, defende pela necessidade de inventário judicial apenas quando houver previsão testamentária que altere a sucessão legítima[36]. Tal posicionamento foi encampado por alguns tribunais, mas não com total liberdade.

A eleição pela via extrajudicial na hipótese de haver testamento válido passou a ser encarada como uma possibilidade, desde que, preliminarmente, houvesse a abertura e o registro do testamento perante a autoridade judiciária e a correspondente autorização para que o inventário fosse feito no Tabelionato de Notas, cumprindo ao Tabelião a observância das disposições testamentárias.

Essa é a posição da doutrina desde 2014 quando no XIX Congresso Brasileiro, o Colégio Notarial do Brasil aprovou enunciado dispondo sobre a possibilidade de opção pela via extrajudicial, desde que o juízo sucessório tenha expressamente autorizado.

Na mesma linha, em 2015, na VII Jornada de Direito Civil foi aprovado o Enunciado nº 600, e logo em seguida, foi editado o Provimento 37/2016 pela Corregedoria-Geral da Justiça de São Paulo, que, inovando nas normativas extrajudiciais, autorizou a realização de escritura pública de inventário e partilha com testamento, desde que expressamente autorizado pelo juízo sucessório competente, nos autos de abertura e registro do testamento[37]. A Corregedoria Geral da Justiça do Rio de Janeiro seguiu a mesma sistemática quando modificou o art. 297 da Consolidação Normativa por meio do Provimento 21/2017.

Nessa mesma linha de pensamento, decidiu em 2019 a 4ª turma do Superior Tribunal de Justiça no REsp 1.808.767/RJ:

> RECURSO ESPECIAL. CIVIL E PROCESSO CIVIL. SUCESSÕES. EXISTÊNCIA DE TESTAMENTO. INVENTÁRIO EXTRAJUDICIAL. POSSIBILIDADE, DESDE QUE OS INTERESSADOS SEJAM MAIORES, CAPAZES E CONCORDES, DEVIDAMENTE ACOMPANHADOS DE SEUS ADVOGADOS. ENTENDIMENTO DOS ENUNCIADOS 600 DA VII JORNADA DE DIREITO CIVIL DO CJF; 77 DA I JORNADA SOBRE PREVENÇÃO E SOLUÇÃO EXTRAJUDICIAL DE LITÍGIOS; 51 DA I JORNADA DE DIREITO PROCESSUAL CIVIL DO CJF; E 16 DO IBDFAM.

---

36. CASSETTARI, Christiano. *Separação, Divórcios e Inventário por Escritura Pública*: Teoria e Prática. 7. ed. São Paulo: Método, 2015. p. 150.
37. CGJ|SP: Provimento CGJ nº 37/2016 (permite a lavratura de escritura de inventário e partilha com testamento, desde que expressamente autorizado pelo juízo sucessório competente, nos autos do procedimento de abertura e cumprimento de testamento). Disponível em: https://www.26notas.com.br/blog/?p=12330. Acesso em: 22 mar. 2021.

1. Segundo o art. 610 do CPC/2015 (art. 982 do CPC/73), em havendo testamento ou interessado incapaz, proceder-se-á ao inventário judicial. Em exceção ao caput, o § 1º estabelece, sem restrição, que, se todos os interessados forem capazes e concordes, o inventário e a partilha poderão ser feitos por escritura pública, a qual constituirá documento hábil para qualquer ato de registro, bem como para levantamento de importância depositada em instituições financeiras.

2. O Código Civil, por sua vez, autoriza expressamente, independentemente da existência de testamento, que, "se os herdeiros forem capazes, poderão fazer partilha amigável, por escritura pública, termo nos autos do inventário, ou escrito particular, homologado pelo juiz" (art. 2.015). Por outro lado, determina que "será sempre judicial a partilha, se os herdeiros divergirem, assim como se algum deles for incapaz" (art. 2.016) – bastará, nesses casos, a homologação judicial posterior do acordado, nos termos do art. 659 do CPC.

3. Assim, de uma leitura sistemática do caput e do § 1º do art. 610 do CPC/2015, c/c os arts. 2.015 e 2.016 do CC/2002, mostra-se possível o inventário extrajudicial, ainda que exista testamento, se os interessados forem capazes e concordes e estiverem assistidos por advogado, desde que o testamento tenha sido previamente registrado judicialmente ou haja a expressa autorização do juízo competente.

4. A mens legis que autorizou o inventário extrajudicial foi justamente a de desafogar o Judiciário, afastando a via judicial de processos nos quais não se necessita da chancela judicial, assegurando solução mais célere e efetiva em relação ao interesse das partes. Deveras, o processo deve ser um meio, e não um entrave, para a realização do direito. Se a via judicial é prescindível, não há razoabilidade em proibir, na ausência de conflito de interesses, que herdeiros, maiores e capazes, socorram-se da via administrativa para dar efetividade a um testamento já tido como válido pela Justiça.

5. Na hipótese, quanto à parte disponível da herança, verifica-se que todos os herdeiros são maiores, com interesses harmoniosos e concordes, devidamente representados por advogado. Ademais, não há maiores complexidades decorrentes do testamento. Tanto a Fazenda estadual como o Ministério Público atuante junto ao Tribunal local concordaram com a medida. Somado a isso, o testamento público, outorgado em 2/3/2010 e lavrado no 18º Ofício de Notas da Comarca da Capital, foi devidamente aberto, processado e concluído perante a 2ª Vara de Órfãos e Sucessões.

6. Recurso especial provido (REsp n. 1.808.767/RJ, relator Ministro Luis Felipe Salomão, Quarta Turma, julgado em 15.10.2019, DJe de 03.12.2019).

A decisão do STJ teve como bases legislativas tanto o art. 610 do CPC/15 quanto o art. 2015 do CC/02. Em uma leitura sistemática, o STJ conjugou os requisitos do ato extrajudicial e apenas anexou a eles uma preliminar quando da existência de testamento válido.

A decisão prestigiou a atividade extrajudicial – primeiro escopo da Lei 11.441/07 – desafogando o Poder Judiciário, mantendo a segurança jurídica e exaltando a eficiência dos cartórios extrajudiciais:

> A mens legis que autorizou o inventário extrajudicial foi justamente a de desafogar o Judiciário, afastando a via judicial de processos nos quais não se necessita da chancela judicial, assegurando solução mais célere e efetiva em relação ao interesse das partes. Deveras, o processo deve ser um meio, e não um entrave, para a realização do direito. Se a via judicial é prescindível, não há razoabilidade em proibir, na ausência de conflito de interesses, que herdeiros, maiores e capazes, socorram-se da via administrativa para dar efetividade a um testamento já tido como válido pela Justiça.

Conforme ensina Ferreira e Rodrigues,[38] o herdeiro testamentário, o testamenteiro ou qualquer um dos herdeiros (lembrando que para optarem pela via extrajudicial é neces-

---

38. RODRIGUES, Felipe Leonardo, FERREIRA, Paulo Roberto Gaiger Ferreira. *Tabelionato de Notas*. Coordenado por Christiano Cassettari. 3. ed. Indaiatuba, SP: Editora Foco, 2020, p. 318.

sário consenso unânime), por seu advogado, peticionará ao juízo sucessório requerendo a abertura, ou registro e cumprimento para o testamento cerrado, ou registro e cumprimento para o testamento público ou, ainda, confirmação, registro e cumprimento para o testamento particular (inclusive para as espécies especiais). Também será necessário que haja o pedido expresso para a realização do inventário e partilha na via notarial, informando, ao menos, que todos os herdeiros estão de acordo em assim proceder.

Em relação ao testamento cerrado, não havendo nenhum vício externo que o torne suspeito de nulidade ou falsidade, o juiz o abrirá e mandará o escrivão ler na presença do apresentante que, em seguida, fará o termo de abertura e eventuais notas circunstanciais. O Ministério Público será ouvido e após a autorização do juiz para cumprimento das deixas testamentárias, o tabelião estará pronto para atuar.

Questão que gera controvérsia é sobre a necessidade de trânsito em julgado da decisão que autoriza a lavrar o ato extrajudicial. A doutrina pouco aborda essa temática e ao pensar na sistemática, verifica-se ser interessante que o advogado da(s) parte(s) já manifeste em petição a renúncia do prazo recursal, requerendo a certificação do trânsito em julgado da decisão judicial, não havendo controvérsia posterior sobre o assunto. Ademais, convém ressaltar que a consensualidade deve rodear toda a questão, presumindo-se, pois, que, estando todos de acordo por findar o procedimento na via extrajudicial, não haverá motivos para interposições de recurso.

O Tabelião arquivará o ato judicial autorizatório e deverá cumprir com as disposições testamentárias como feitas pelo falecido, sendo que o ato será fiscalizado pelo testamenteiro (se existente) e por todos os interessados na partilha.

Questão que também pode surgir é sobre a possibilidade de nomeação de inventariante diverso do testamenteiro. Ainda não abordamos o assunto da nomeação obrigatória do inventariante, mas a Resolução CNJ 35 trouxe expressamente essa obrigatoriedade de nomeação do inventariante (chamando-o de interessado), entretanto dispensando a observância da ordem trazida pelo art. 617 do CPC/15.

Primeiramente convém distinguir as funções exercidas por eles. O inventariante possui a função de administrar a sucessão, seja ela legítima ou testamentária, representando o espólio, prestando contas, e inclusive, conforme art. 618 do CPC/15, juntando aos autos a certidão de testamento, se houver. Dessa forma, vê-se que a atribuição do inventariante é procedimental.

Já o testamenteiro, conforme art. 1.976 do CC/02, terá a função de dar cumprimento às disposições de última vontade, podendo ser, inclusive, em números acima de um. Interpreta-se que a função do testamenteiro é de guarda do testamento, sendo indicado pelo testador como pessoa da sua confiança, incumbida de levá-lo até o judiciário a fim vê-lo sendo cumprido.

Cabe trazer o disposto no art. 1.981 do CC para auxiliar na resolução da pergunta, que dispõe que: "Compete ao testamenteiro, com ou sem o concurso do inventariante e dos herdeiros instituídos, defender a validade do testamento".

Analisando os dispositivos acima expostos e a ordem trazida pelo art. 617 do CPC/15, que dispõe ser o testamenteiro o quinto na ordem de nomeação, visualiza-se que o testamenteiro e o inventariante não irão, necessariamente, se confundir. Aliás, é possível que o testamenteiro seja um legatário que não possui as condições fáticas de indicar os bens a serem inventariados, não possuindo meios práticos necessários ao desenrolar do procedimento.

Aqui, importa destacar que o artigo 1.990 do Código Civil prevê que se o testador tiver distribuído toda a herança em legados, exercerá o testamenteiro as funções de inventariante.

O termo legatário se refere a uma pessoa que recebe bens específicos de um testamento, ou seja, bens que foram claramente identificados e destinados a ela. Isso é chamado de legado.

Os legatários só podem tomar posse dos bens se o inventariante permitir (conforme o artigo 1.923, § 1º). Se não houver outros herdeiros, o testamenteiro também assume o papel de inventariante, que é a pessoa responsável por administrar os bens deixados. Os legatários são considerados proprietários dos bens, mas não têm posse imediata deles.

No entanto, se houver um cônjuge sobrevivente ou um herdeiro necessário (como um filho, por exemplo), eles têm prioridade para assumir a inventariança e consequente posse e administração dos bens (conforme o artigo 1.977).

Em complementação ao tema, importa ressaltar que, no Relatório Geral da Reforma no Código Civil, a Comissão Temporária Interna do Senado propôs a inclusão do artigo 1.990-A. Este artigo tratará do processo de abertura e execução de um testamento, estabelecendo que, se todos os herdeiros e legatários concordarem, a abertura do testamento, sua apresentação, registro, cumprimento, a nomeação de um testamenteiro e a prestação de contas podem ser feitos por meio de uma escritura pública. No entanto, para que isso seja eficaz, o Ministério Público deve concordar.

A abertura do testamento ou a apresentação do testamento público deve ocorrer na presença de um tabelião de notas, que pode ser de forma física ou virtual. O tabelião irá preparar uma escritura pública específica, atestando os fatos e indicando se há ou não algum vício externo (problema) que possa tornar o testamento nulo ou suspeito de falsidade. Se houver algum vício, o tabelião não lavrará a escritura pública.

Se não houver vício, o tabelião de notas submeterá a cédula à anuência do Ministério Público. Se o Ministério Público discordar, o tabelião não lavrará a escritura.

Resolvido esse questionamento, uma questão interessante é sobre a possibilidade de negativa de lavratura do ato notarial, mesmo após a autorização do juízo sucessório. Ferreira e Rodrigues[39] entendem pela possibilidade, uma vez que, caso

---

39. RODRIGUES, Felipe Leonardo, FERREIRA, Paulo Roberto Gaiger Ferreira. *Tabelionato de Notas*. Coordenado por Christiano Cassettari. 3. ed. Indaiatuba, SP: Editora Foco, 2020, p. 319.

o Tabelião visualize alguma inconsistência no testamento, possui independência funcional para negar o ato, ou levá-lo à apreciação do Juiz Corregedor Permanente. A autorização judicial para levar o ato até a esfera extrajudicial não possui natureza de ordem judicial e nem tampouco de obrigatoriedade de escolha por essa via e exclusão da via judicial. O que dispõe o juízo sucessório é que os requisitos de validade do testamento estão presentes e que, caso queiram os herdeiros e interessados, a via extrajudicial é uma opção.

Entretanto, por não se tratar de ordem, a qualificação para lavratura do ato continua sendo de livre atribuição do notário. Entendendo, por qualquer motivo, pela impossibilidade da realização do ato notarial, poderá negá-lo e não cometerá qualquer ilícito funcional.

Em seguida, parte-se para a análise da existência de testamento inválido, que possui sentido amplo, ou da ocorrência de revogação do testamento.

O *caput* do art. 610 do CPC/15 diz que havendo testamento, o inventário será processado pela via judicial. Entretanto, além da situação acima relatada, é possível que a simples existência de um testamento não obstaculize a opção pela via extrajudicial. São os casos (além do acima citado, qual seja, autorização do juízo sucessório) de testamentos revogados, caducos ou inválidos.

Como cautelas iniciais e obrigatórias, o tabelião deverá requerer a expedição da Certidão Negativa de Testamento, expedida pelo Colégio Notarial do Brasil – Conselho Federal via CENSEC, que foi nacionalmente instituída pelo Provimento 18 de 28 de agosto de 2012. A emissão é feita em ambiente on-line, com a apresentação da certidão de óbito do falecido. Sendo obrigatória a remessa pelos tabeliães de notas de todo Brasil quando da lavratura de testamentos públicos ou cerrados, e na lavratura de revogações, a informação trazida se refere apenas àquelas espécies. Quanto ao testamento particular, haverá a declaração expressa e obrigatória no ato de que o falecido não deixou testamento particular conhecido.

Em se tratando de testamento particular revogado, ou de revogação particular feita pelo testador ainda vivo, não há qualquer polêmica. Frisa-se que seria uma revogação particular, pois a notícia de revogação pública constará da certidão emitida pela CENSEC.

Conrado Paulino Da Rosa e Marco Antônio Rodrigues, ao analisarem a possibilidade de inventário extrajudicial na existência de testamento, mesmo ele não sendo revogado ou declarado nulo ou anulado, dispõem que:

> Há situações em que o testamento não dispõe sobre questões relativas à herança, mas, por exemplo, apenas sobre quem será o inventariante, ou outra questão não patrimonial. Em tais casos, não se justifica uma obrigatoriedade de realização do inventário judicialmente, considerando que não há uma necessidade de controle de obediência a disposições testamentárias sobre a partilha dos bens. Por isso, se não houver no testamento previsões sobre a partilha dos bens, entendemos que pode ser realizada a partilha por escritura pública, como forma de dar efetividade ao direito fundamental de acesso à justiça, constante do artigo

5º, inciso XXXV, da Constituição da República, que representa o direito de acesso à solução justa, mas não uma imposição de que a solução justa para uma questão ou conflito se dê pelo Judiciário[40].

Ao lado da revogação, a doutrina também se inclina a aceitar a lavratura do ato extrajudicial em havendo testamento caduco ou inválido. Porém, algumas cautelas devem ser tomadas.

Cabe aqui pontuar a disposição trazida na normativa paulista, que dispõe expressamente sobre a possibilidade de serem feitos o inventário e a partilha por escritura pública nos casos de testamento revogado ou caduco, ou quando houver decisão judicial, com trânsito em julgado, declarando a invalidade do testamento, observadas a capacidade e a concordância dos herdeiros[41].

Da leitura do dispositivo acima constata-se a necessária apresentação ao tabelião da sentença transitada em julgado que declarou a invalidade do testamento. Dessa forma, tendo sido anulado ou declarado nulo, o documento que será apresentado pelas partes ao tabelião será a sentença com certificado de trânsito.

Quanto à caducidade do testamento, Ferreira e Rodrigues[42] dizem que quando houver testamento manifestamente caduco é necessária a intervenção judicial para que o inventário seja promovido extrajudicialmente.

Elza de Faria Rodrigues, 4ª Tabeliã de Notas de Osasco, afirma que a caducidade do testamento deve ser provada documentalmente, devendo ainda, a cláusula testamentária ser caduca em sua totalidade[43].

Entende-se correta a posição que em sendo possível a constatação documental da ocorrência da caducidade do testamento, ou da cláusula testamentária, pelo tabelião, torna-se desnecessária a manifestação da esfera judicial.

Cita-se como exemplo, a caducidade por inexistência do imóvel deixado como legado, por ato de alienação, ainda em vida, pelo testador, presente no art. 1.939, inciso II do Código Civil. Nesse caso será de fácil constatação, pelo tabelião, a ocorrência da caducidade do legado ao analisar a matrícula do imóvel e visualizar que ele não é de propriedade do falecido/testador.

É o que ensina Andrea Gigliotti e Jussara Mondaneze:

> O testamento caduco subjetivamente, por pré-falecimento do beneficiário, ou objetivamente, por perda do objeto, não impedem a lavratura da escritura de arrolamento. Esses fatos devem ser declarados na escritura

---

40. ROSA, Conrado Paulino da; RODRIGUES, Marco Antônio. *Inventário e Partilha*. 3 ed. rev. atual. e ampl. Salvador: JusPodivm, 2021. p. 405.
41. Normas Extrajudiciais da Corregedoria Geral da Justiça de São Paulo (NECGJ/SP), t. II, Cap. XVI, Item 130.
42. RODRIGUES, Felipe Leonardo, FERREIRA, Paulo Roberto Gaiger Ferreira. *Tabelionato de Notas*. Coordenado por Christiano Cassettari. 3. ed. Indaiatuba, SP: Editora Foco, 2020. p. 318.
43. RODRIGUES, Elza De Faria. *Inventário e Partilha em Cartório com Testamento Caduco ou Revogado*. Disponível em: https://www.migalhas.com.br/depeso/179637/inventário-e-partilha-em-cartorio-com-testamento-caduco-ou-revogado. Acesso em: 29 mar. 2021.

e comprovados, por exemplo, com a certidão de óbito do único beneficiário ou certidão da matrícula do imóvel comprovando sua alienação pelo Testador[44].

Nesses casos, em que a caducidade do legado é constatada pela análise documental, vislumbra-se ser possível a lavratura do ato independentemente de alvará judicial. Entretanto, recomenda-se a análise detida das decisões administrativas e das normas de serviço extrajudicial vigentes em cada Estado.

Segue disciplinando as NSCGJ/SP, que nas hipóteses de revogação, caducidade ou declaração de invalidade do testamento, deverá o tabelião exigir a exibição da certidão do testamento e, constatada a existência de disposição reconhecendo filho ou qualquer outra declaração irrevogável, a lavratura de escritura pública de inventário e partilha ficará vedada, e o inventário far-se-á judicialmente.

Aqui, notadamente, respeitada a cautela que as normas paulistas recomendam ao tabelião, qual seja, analisar o testamento, mesmo que invalido ou ineficaz, a fim de constatar a presença de disposições irrevogáveis, como o reconhecimento de filho.

Outro ato irrevogável que o tabelião deve analisar quando se deparar com revogações testamentárias é a existência de perdão do herdeiro indigno. Conforme leciona José Fernando Simão ao comentar o art. 1.818 do Código Civil:

> A revogação do testamento (plano da eficácia) em que há o perdão não implica que o perdão deixou de existir ou produzir efeitos. Uma vez perdoado o indigno, não é possível o direito de arrependimento do testador. (...) Concedido o perdão, este produz efeitos imediatos e, ainda que, o testamento seja revogado e o testador faça outro, não é necessário que o novo testamento novamente mencione o perdão já concedido anteriormente[45].

Entretanto, o mesmo autor adverte que se o testamento for considerado nulo ou anulável, o perdão terá a mesma sorte.

Dessa forma, é importante ressalvar a necessidade de requisitar a apresentação dos testamentos e revogações existentes, a fim de que o tabelião possa qualificar pela lavratura do ato ou para a negativa e remessa das partes ao Poder Judiciário.

Antes de concluir o presente tópico, é necessário revisitar tema já retratado, referente ao projeto de Lei nº 606/2022, que visa alterar o artigo 610 do CPC para que o referido artigo tenha uma nova redação.

O projeto de lei propõe que, no caso da existência de um testamento, o inventário e a partilha dos bens possam ser feitos por meio de uma escritura pública. Esta escritura seria um documento oficial suficiente para qualquer ato de registro, bem como para o levantamento de fundos depositados em instituições financeiras.

---

44. GIGLIOTTI, Andrea, MODANEZE, Jussara. In: GENTIL, Alberto. *Registros Públicos*. Rio de Janeiro: Forense; São Paulo: Método, 2020. p. 835.
45. SIMÃO, José Fernando. *Código Civil Comentado* – Doutrina e Jurisprudência – Anderson Schreiber et al. Rio de Janeiro: Forense, 2019, p. 1446.

No entanto, para que isso seja possível, duas condições devem ser atendidas: I – O testamento deve ter sido previamente registrado judicialmente ou deve haver uma autorização expressa do juízo competente; II – Os interessados (ou seja, os herdeiros e legatários mencionados no testamento) devem ser capazes e concordes.

Essa proposta de alteração tem o potencial de simplificar o processo de inventário e partilha, tornando-o mais eficiente. No entanto, também exige o cumprimento rigoroso das condições estabelecidas para garantir a justiça e a legalidade do processo.

Após a análise dos requisitos presentes na lei para a instrumentalização do inventário no tabelionato de notas, passar-se-á aos comentários sobre o procedimento trazido pela Resolução nº 35 do CNJ, que, no intuito de uniformizar o ato perante os diversos tabelionatos espalhados pelo país, trouxe algumas regras de necessária observação.

1.4 ASPECTOS GERAIS

1.4.1 Escolha do tabelionato

A Resolução inicia seu art. 1º com a ratificação do que dispõe o art. 8º da Lei 8.935/94 (Lei dos Notários e Registradores, que regulamentou o art. 236 da CF/88) ao preceituar que a escolha do Tabelião responsável pela lavratura do ato é livre.

Tal regra já é de conhecimento notório dos operadores do direito e aqui não nos cabe analisá-la com robustez. Os atos físicos podem ser lavrados por qualquer tabelião, desde que as partes se desloquem até o município em que aquele recebeu a delegação, independentemente de domicílio das partes ou localização do imóvel.

Entretanto, para tratar sobre uma questão atual, de forma singela, é apropriado o tratamento sobre a atribuição territorial dos tabeliães de notas na lavratura de inventários extrajudiciais feitos eletronicamente, via e-notariado – o que fizemos brevemente em tópico anterior.

A plataforma hospedeira dos atos notariais eletrônicos, batizada de e-notariado, introduzido no ordenamento jurídico via Provimento CNJ nº 100/2020, que revolucionou a maneira como lavramos os atos na era tecnológica, trouxe algumas regras de atribuição notarial diferentes do que dispõe a lei.

Inicialmente, em seu art. 6º, o Prov. 100/2020 trouxe como sendo absoluta a competência (termo utilizado pelo próprio Provimento) para a prática dos atos eletrônicos, com remissão ao art. 9º da Lei 8935/94, que dispõe sobre a delegação municipal[46] para a prática dos atos notariais. Além de fixar competência absoluta, o Provimento traz as disposições sobre quais seriam os únicos tabeliães normativamente aptos a lavrar ato eletrônico no arts. 19 e seguintes.

---

46. Art. 9º O Tabelião de Notas não poderá praticar atos de seu ofício fora do município para o qual recebeu delegação. Lei 8.935/94. Disponível em: planalto.Gov.Br/Ccivil_03/Leis/L8935.Htm. acesso em: 31 mar. 2021.

Tal Provimento foi anexado pelo de nº 149/2023, o qual passou a cuidar do tema em seus artigos 284 e seguintes, mantendo a estipulação quanto à competência absoluta para a prática dos atos eletrônicos, observada a circunscrição territorial em que o tabelião recebeu sua delegação.

O estabelecimento da competência absoluta pelo CNJ visou evitar a concorrência predatória entre tabeliães de notas de todo país – em razão da discrepância nos valores fixados a título de emolumentos – demonstrando a impossibilidade de modificação da atribuição pela vontade das partes.

Em regra, não se aplicam os conceitos processuais de competência nos atos praticados no Tabelionato de Notas. Entretanto, ao dispor sobre *competência absoluta*, perpetrando uma interseção analógica com o Direito Processual Civil, seria possível entender pela nulidade do ato caso desrespeitada a regra fixada. Essa questão quanto a validade do ato não é uníssona na doutrina.

Priscila Agapito, em artigo tratando sobre a competência para lavratura dos atos eletrônicos, dispõe que:

> A grande preocupação reside no fato de que o mesmo Provimento 100 em seu artigo 6º. diz que a competência para a lavratura do ato é absoluta, o que fulminaria de nulidade o ato lavrado por tabelião de notas incompetente. Do mesmo jeito que o Provimento no art. 37, parágrafo único, fala em nulidade do ato lavrado sem o selo digital, nos Estados em que existem tal selo[47].

Karin Rick Rosa, assessora jurídica do Colégio Notarial do Brasil – Seção Rio Grande do Sul (CNB/RS), também entende pela nulidade do ato lavrado sem a observância das regras de competência fixadas pelo Provimento CNJ nº 100, agora presentes no Provimento CNJ nº 149/2023.

Sendo o CNJ o órgão censor de última instância responsável por regulamentar a atividade extrajudicial, e tendo ele fixado uma normativa de observância obrigatória, cumulado com o dever de instrução jurídica que possui o notário, o ato lavrado em inobservância à regra proposta seria nulo.

Assim, ao serem analisadas pelos receptores do título as regras trazidas pelos Provimentos citados, e em havendo imóveis no monte partilhável, essa questão será analisada pelo Registrador Imobiliário da circunscrição do imóvel, que deverá devolver o título por nulidade expressa.

Essa corrente filia-se à aplicação dos Provimentos, combinada com o art. 9º da Lei 8.935/94 e o art. 166, VII do Código Civil, entendendo que os atos estariam sendo praticados fora do município de delegação do tabelião. Isso porque coube ao ato normativo regulamentar a lavratura dos atos eletrônicos, e se ele o fez a fim de fixar competências absolutas, não haveria ofensa à ordem jurídica e estar-se-ia, apenas, dando concretude a norma geral federal.

---

47. AGAPITO, Priscila. *Um Divórcio Nulo?* Disponível em: https://www.blogdodg.com.br/artigo.php?id=903. Acesso em: 31 mar. 2021.

Entretanto, há corrente que entende que macular o ato com vício de nulidade poderia colocar em risco a segurança jurídica e a confiabilidade dos atos notariais, uma vez que a sociedade é totalmente leiga no que diz respeito a essa questão, que é tão específica. Seria penalizar o terceiro que em nada contribuiu para o vício.

Ademais, a fixação de requisitos de validade dos negócios jurídicos é matéria de Direito Civil, competência legislativa privativa da União (art. 23, I, CF/88), e a matéria de fixação de competências também seria, uma vez que legislar sobre Processo Civil também é privativamente matéria do legislativo federal.

Não apenas por isso, mas também pela finalidade em que foi editada a norma, uma vez que o próprio CNJ trouxe em seus considerandos que ela se deu a fim de evitar a concorrência predatória por serviços prestados remotamente[48], a questão de desrespeito ao imposto em ato normativo não pode vincular terceiros, alheios a tutela administrativa, causando-lhes prejuízo.

É certo que incorre em infração administrativa o tabelião que não observar as regras de competência abaixo analisadas. Entretanto, entender pela nulidade ou pela devolução do título devido à falta de observância de uma normativa, que inovou no ordenamento jurídico e trouxe hipótese diversa da legal, entendendo ser um novo requisito de validade para o ato, maculando-o com nulidade, parece não ser a melhor posição para nós.

Passando à análise das regras fixadas de competência, Provimento CNJ nº 149, temos o seguinte: (1) Regra Geral: as partes escolherão o tabelião da circunscrição do imóvel ou do domicilio do adquirente[49]; (2) Se na escritura houver mais de um imóvel em circunscrições diferentes, as partes podem escolher os tabeliães com atribuição para as referidas circunscrições; (3) Se o imóvel estiver no território estadual de domicilio do adquirente (por exemplo, o comprador possui domicilio em São Paulo, Capital e o imóvel está localizado em Ribeirão Preto, SP), as partes podem escolher qualquer tabelião do Estado.

Em sentença expedida pelo Corregedor Geral da Justiça do Rio de Janeiro, em 07 de julho de 2020, no Processo Administrativo nº 2020-0626853[50], o MM. Desembargador pontuou que a norma federal (Prov. 100) não previu obrigatoriedade de todos as partes terem domicílio no mesmo município para o qual o tabelião recebeu a sua delegação, entendendo que ao menos uma delas teria que estar domiciliada no mesmo município do tabelionato.

Em síntese, é importante saber que é possível a lavratura de inventários de forma remota, utilizando a plataforma do e-notariado.

---

48. Considerando Constante da Edição do Provimento CNJ nº 100/2020: "Considerando a necessidade de evitar a concorrência predatória por serviços prestados remotamente que podem ofender a fé pública notarial".
49. O provimento traz qual é a definição de adquirente: "art. 302, § 3º Para os fins desta Seção, entende-se por adquirente, nesta ordem, o comprador, a parte que está adquirindo direito real ou a parte em relação à qual é reconhecido crédito".
50. Disponível em: https://www.oabrj.org.br/sites/default/files/sei_2020_0626853.pdf. Acesso em: 06 abr. 2021.

Sendo assim, as questões de territorialidade e competência irão variar conforme o ato seja físico e/ou eletrônico (uma vez que é possível a lavratura de atos híbridos – com assinaturas físicas e eletrônicas).

Por todo exposto, a interpretação da regra trazida pelo art. 1º da Resolução CNJ nº 35, que a princípio parecia simplória, merece um pouco mais de cuidado a depender de qual será a forma escolhida pelas partes para lavratura do ato.

1.4.2 Desnecessidade de homologação judicial

Ao findar o procedimento de inventário e partilha no tabelionato de notas, o título expedido, chamado de traslado (primeira via entregue para as partes) ou a certidão, será o título hábil para transferência de qualquer dos direitos, obrigações, créditos, imóveis etc., que o falecido detinha até a data do óbito.

O intuito da Resolução nº 35 ao disciplinar em seu art. 3º, expressamente, que o título expedido se basta em si, sendo desnecessário, portanto, qualquer ato posterior, veio com o intuito de espancar qualquer polêmica que porventura a leitura do Código Civil pudesse trazer.

Isso porque o art. 2.015 do CC/02 não foi alterado, permanecendo com a expressão "homologado pelo juiz" ao final da regra. Entretanto, há que se pontuar, conforme explicado no início deste capítulo, que a homologação judicial deve ser lida apenas como necessária caso a partilha seja feita por instrumento particular, levado ao procedimento de arrolamento a fim de que seja homologado judicialmente.

Agora, com a reforma do Código Civil, será alterado o art. 2.015, passando a constar que "se o inventário for negativo ou se todos os herdeiros forem concordes, poderão fazer o inventário ou a partilha amigável, por escritura pública, no tabelionato de notas, independente de homologação judicial e desde que as partes estejam assistidas por advogado ou defensor público, cuja qualificação e assinatura constarão do ato notarial"[51].

Dessa forma, por exemplo, se o falecido era sócio de uma sociedade limitada, suas quotas serão inventariadas e partilhadas conforme for convencionado pelos herdeiros. Finalizando o inventário, observadas as disposições do contrato social em relação à sucessão do sócio falecido ou a necessidade de liquidação e dissolução parcial da sociedade, o título hábil para alteração do contrato social e subsequente registro no órgão competente, seja Junta Comercial, seja Registro Civil das Pessoas Jurídicas, será o traslado da escritura pública, finalizada pelo Tabelião de Notas.

Essa sistemática funciona em todas as transferências necessárias para dar efetividade à disponibilidade do direito recebido pelos herdeiros. Sabe-se que a transferência, em si, é automática, dada pela própria lei, mas a disponibilidade do direito recebido

---

51. SENADO FEDERAL. *Relatório Geral da Comissão de Juristas responsável pela revisão e atualização do Código Civil*. Disponível em: https://legis.senado.leg.br/comissoes/arquivos?ap=8019&codcol=2630. Acesso em: 04 abr. 2024.

carece de regularização. O objetivo do procedimento, seja judicial ou extrajudicial, é cessar o estado de indivisão do monte mor, trazendo a possibilidade dos herdeiros regularmente disporem do seu quinhão recebido.

Interessante questão quanto ao título que será levado aos órgãos competentes é a previsão de expedição de certidão conforme quesitos, em resumo, conforme indicações dos bens pelo interessado, contido no item 78.3 das NSCGJ/SP. A íntegra do dispositivo é a seguinte:

> 78.3. A certidão da escritura pública da partilha promovida em inventário, separação e divórcio, expedida na forma de traslado, em inteiro teor, em resumo, ou em relatório conforme quesitos, abrangendo a totalidade ou contendo a indicação de bens específicos conforme for solicitado pelo interessado, servirá para a transferência de bens e direitos, bem como para a promoção de todos os atos necessários à materialização das transferências de bens e levantamento de valores (DETRAN, Junta Comercial, Registro Civil de Pessoas Jurídicas, instituições financeiras, companhias telefônicas etc.).

Tal norma foi editada pelo Provimento nº 02/2019 da Corregedoria Geral da Justiça de São Paulo, após parecer no Processo CG 177.912[52], em 23/01/2019. O processo teve início com a finalidade de aperfeiçoamento das Normas Paulistas, uma vez que a sugestão apresentada se justifica para possibilitar o levantamento de valores que o autor da herança mantinha depositados em instituições financeiras, sem que fosse violada a intimidade do falecido, seus herdeiros e/ou do viúvo.

> TABELIÃO DE NOTAS – Escritura pública de inventário e partilha de bens – Possibilidade de expedição de traslado, de certidão de inteiro teor, de certidão por extrato ou por quesitos, todas com igual valor probante – Certidões que fazem prova para efeito de levantamento de importância depositada em instituição financeira, como previsto no art. 610, § 1º, do Código de Processo Civil e no item 77 do Capítulo XIV do Tomo II das Normas de Serviço da Corregedoria Geral da Justiça (CGJSP; Processo: 177.912/2018; Órgão Julgador: Corregedoria Geral da Justiça de São Paulo; Localidade: São Paulo; Data do Julgamento: 23.01.2019).

Vale ressaltar que o parecer aprovado trouxe inclusive a possibilidade de expedição de certidões em resumo nos casos de partilha efetivadas em divórcios e separações extrajudiciais.

Assim, mesmo que não haja sigilo quanto aos atos praticados no Tabelionato de Notas, em regra, é possível resguardar o mínimo de privacidade dos interessados quanto aos bens que foram partilhados nos inventários e que integrarão o patrimônio dos herdeiros/cônjuge supérstite.

Essa disposição justifica-se na hipótese de o *de cujus* deixar um vasto patrimônio a ser inventariado e partilhado, bem como quando foi realizada a partilha em bens individuais aos herdeiros, sendo possível, então, acomodar os bens nos quinhões, evitando que com a partilha se forme um condomínio geral entre os herdeiros.

---

52. Disponível em: http://kollsys.org/oti. Acesso em: 07 abr. 2021.

Quanto à primeira hipótese, a certidão em quesitos tem escopo de evitar a entrega do título constando o rol de todo patrimônio inventariado, sendo que a preservação da intimidade é seu maior escopo.

Já no que se refere à segunda hipótese, surge o debate quanto à possibilidade de registro parcial do título, requerendo, pois, a cindibilidade dele quando o autor da herança deixou imóveis no monte mor. E essa questão será, a seguir, desmembrada em duas situações:

(1) se os imóveis foram partilhados em sua totalidade para um único herdeiro/legatário/cônjuge ou

(2) se os imóveis foram partilhados em frações ideais, formando um condomínio geral.

Caso seja possível acomodar os quinhões em bens singulares[53] (mesmo que por meio de cessões de direitos hereditários, se necessário) o requerimento e expedição da certidão em resumo, ou em quesitos, já encerra a discussão sobre a possibilidade de requerimento de registro daquele bem específico feito por quem foi aquinhoado por ele.

Caso não seja expedida a certidão em resumo, ainda assim será possível que o herdeiro requeira apenas o registro do título na matrícula do imóvel que foi a ele pago em partilha, bastando apresentar o requerimento dirigido ao Oficial de Registro de Imóveis competente. Essa discussão possui maior interesse quando alguns dos herdeiros não querem despender os valores relativos aos registros dos bens partilhados. Dessa forma, aquele que quer regularizar a disponibilidade e continuidade registral do seu imóvel não é prejudicado pela inércia alheia.

A questão que fomenta maior debate diz respeito à possibilidade de cindibilidade do título quando os quinhões são acomodados em frações ideais dos imóveis.

Exemplificando, tomemos por base um imóvel que foi partilhado metade para o irmão A e metade para o irmão B. O irmão A quer que seja registrado o título que instrumentalizou a partilha, mas o irmão B diz que não possui recursos e que não o fará agora. Seria possível que o irmão A requeresse ao Registrador Imobiliário que efetuasse o registro da sua fração ideal apenas?

Há aqueles que defendem a possibilidade de registro parcial, da fração ideal de um herdeiro que quer ver seu direito publicizado na matrícula respectiva quando os outros condôminos se opõem ao registro.

---

53. Será ainda analisada as possibilidades de partilha, mas cabe aqui enfatizar que a partilha que prioriza a não constituição de condomínio geral voluntário entre os herdeiros deve ser buscada, sempre que possível. Isso porque o art. 2.019, CC/02 dispõe que: os bens insuscetíveis de divisão cômoda, que não couberem na meação do cônjuge sobrevivente ou no quinhão de um só herdeiro, serão vendidos judicialmente, partilhando-se o valor apurado, a não ser que haja acordo para serem adjudicados a todos. Essa é a mesma redação do art. 649 CPC/15.

Fazendo analogia à alienação de frações ideais de um imóvel em condomínio geral voluntário, essa corrente defende que não há vedação para os registros das frações ideais quando feitas em pagamento à herança. Ademais, defendem que a transmissão efetuada com o falecimento é automática, sendo que a partilha põe fim ao estado de indivisão, dando espaço para o condomínio que poderá ser publicizado parcialmente pelo herdeiro diligente, que não poderia ficar à mercê da (não) vontade dos outros sucessores.

Entretanto, há também a corrente que dispõe sobre a incindibilidade do título que instrumentaliza a partilha, justificando a negativa pois não há como manter um bem em estado de indivisão (frações) limitado, restando parcela do bem atribuída ao sucessor e o restante permanecendo fictamente como se o monte mor tivesse sido desfeito.

Enquanto existente o sistema de transcrições, era possível aceitar o registro da partilha da fração ideal transmitida para o herdeiro, mas com o advento da Lei 6.015/73, em decorrência do princípio da unitariedade matricial e da continuidade registral, há a necessidade do registro ser feito abarcando a totalidade do imóvel após desfeito o estado de indivisão patrimonial.

Essa última posição foi a encampada pela CGJ/SP no Pedido de Providências nº 104.221/2010 no ano de 2010, que faz menção ao decidido pelo Conselho Superior da Magistratura de São Paulo (CSM/SP) na Apelação Cível nº 096477-0/3 no ano de 2003, sendo que as duas decidiram pela impossibilidade de registro parcial em relação a quinhões pagos em frações ideais do imóvel.

> REGISTRO DE IMÓVEIS – Pedido de providências – Formal de partilha que atribui a propriedade de imóvel único a quatro herdeiros – Registro da fração ideal de apenas um deles – Impossibilidade de registro parcial quando o objeto do formal é bem único – Título novamente apresentado, apenas para exame e cálculo – Exigências oriundas de leis supervenientes ao registro e que, por isso, não são aplicáveis - Recurso provido (CGJSP; Processo: 104.221/2010; Órgão Julgador: Corregedoria Geral da Justiça de São Paulo; Localidade: Itapeva; Data do Julgamento: 16.09.2010).
>
> Registro de Imóveis – Dúvida julgada improcedente – Formal de Partilha – Pretendido registro parcial e relativo ao quinhão de apenas um herdeiro – Não há como manter um estado de indivisão limitado – Registro inviável – Recurso desprovido (CSMSP; Apelação Cível: 096477-0/3; Órgão Julgador: Conselho Superior de Magistratura de São Paulo; Localidade: Catanduva; Data do Julgamento: 13.03.2003).

As decisões analisaram o título judicial expedido quando findo o inventário judicial, qual seja, o formal de partilha, sendo que a mesma lógica se aplica ao inventário extrajudicial.

Cabe a transcrição de trecho da decisão proferida no ano de 2003, repetida no corpo da decisão de 2010:

> A inscrição analisada ostenta, por isso, natureza múltipla, não se admitindo o registro isolado de apenas uma das transmissões, ainda que só um dos sucessores requeira o registro. Há, em outras palavras, uma interdependência das estipulações constantes do título judicial de maneira que todas devem ser levadas, acopladamente, ao fólio real. O registro isolado poderia ser admitido se um mesmo formal reunisse atos não conjugados pelo seu vínculo de interrelacionamento, mas justapostos, independentes entre

si e separáveis um do outro. Tal hipótese, na espécie, porém, não se materializa, em se cuidando de um formal de partilha relativo a partes ideais de um mesmo imóvel. É preciso ter em mente que, caso um formal de partilha diga respeito a vários imóveis, atribuindo, individualizadamente, cada um deles a um sucessor diferente, remanesce presente a cindibilidade proposta pelo apelante. Situação diversa, porém, se concretiza quando a inscrição é considerada com respeito a um único bem (CSMSP; Apelação Cível: 096477-0/3; Órgão Julgador: Conselho Superior de Magistratura de São Paulo; Localidade: Catanduva; Data do Julgamento: 13.03.2003).

Dessa feita, no Estado de São Paulo, não é possível que seja feito o registro de frações ideais dadas em pagamento ao sucessor, sendo que não será possível, da mesma forma, que seja emitida uma certidão em resumo de um pagamento efetuado com a fração ideal do imóvel partilhado.

Aconselha-se que as normativas estaduais sejam analisadas, sendo possível encontrar determinados estados que preveem o registro das frações ideais de forma isolada, independentemente do registro total dos quinhões partilhados.

Encerrada a discussão acima, cabe apenas ratificar aqui que o título expedido ao final do procedimento pelo Tabelião de Notas, seja na forma de traslado, certidão em inteiro teor ou certidão em resumo, é o título hábil para a efetiva regularização da disponibilidade dos bens recebidos em decorrência da sucessão.

1.4.3 Fixação de emolumentos e gratuidade do procedimento extrajudicial

No tocante aos emolumentos, conforme o art. 236, § 2º da Constituição Federal, é de competência da União, por lei ordinária federal, estabelecer normas gerais de fixação dos emolumentos devidos pelas práticas dos atos notariais e registrais.

Tal lei foi editada no ano de 2000 e tomou o número 10.169, disciplinando em seu art. 1º, parágrafo único que o valor fixado para os emolumentos deverá corresponder ao efetivo custo e à adequada e suficiente remuneração dos serviços prestados.

A Resolução 35 CNJ trouxe idêntica reprodução do parágrafo único da Lei Geral de Emolumentos, fazendo remissão também a outros dispositivos de fixação de emolumentos, vedação de base percentual de cálculo.

Em sendo os emolumentos tributos, da natureza taxa, e sendo de competência estadual sua fixação em tabelas, a depender do Estado em que localizado o Tabelionato escolhido para lavrar o ato, os emolumentos serão calculados de maneiras distintas.

Em São Paulo, as NSSCGJ dispões em seu item 79.2 e 79.3, Cap XVI, sobre como será feita a cobrança dos atos de inventário, partilha, separações e divórcio enquanto a Lei Paulista de Emolumentos (Lei 11.331/02) não contiver previsão específica dos atos atribuídos aos tabelionatos pela Lei 11.441/07.

No que se refere aos inventários os emolumentos possuirão como base de cálculo o maior valor dentre aquele atribuído pelas partes e o venal da herança deixada, sendo excluída da base de cálculo o valor da meação do cônjuge sobrevivente. Isso quer dizer que os emolumentos incidirão no monte partível referente a herança, apenas. Os bens que pertencem ao cônjuge supérstite que em razão do regime de bens do casamento possua meação a ser reconhecida, ela não comporá a base de cálculo dos emolumentos.

Em outros Estados, entretanto, sabe-se que o cálculo pode englobar todo acervo arrolado – não distinguindo o que é reconhecido como meação daquilo que é partilhado entre os herdeiros.

Será analisada a questão dos bens a serem arrolados no procedimento, sendo necessário destacar que, se conforme o regime de bens escolhido pelo casal houver bens comuns, mesmo que adquiridos apenas em nome de um deles, a totalidade do bem deve ser trazido para o arrolamento dos bens, reconhecendo-se a meação do cônjuge supérstite no mesmo bem ou em outro(s) que acomode(m) seu quinhão.

Dessa forma, para que seja feito o cálculo dos emolumentos, é de suma importância verificar se o cônjuge é meeiro e/ou herdeiro.

Imagine o caso concreto em que o falecido era casado na comunhão parcial de bens, possuindo bens comuns (adquiridos onerosamente na constância do casamento) e bens particulares (adquiridos a título gratuito na constância do casamento ou adquiridos em momento anterior, p. ex.). Nesse caso, em concorrendo com os descendentes, o cônjuge viúvo terá direito à meação dos bens comuns e à herança dos bens particulares. Mostra-se assim, de suma importância a análise detida do regime de bens e da data de aquisição do patrimônio.

Outro ponto importante diz respeito à concessão de gratuidade para aqueles que se declararem hipossuficientes, no termo legal, nos atos de inventários extrajudiciais.

Quando da edição da Lei 11.441/07, o dispositivo que conferiu a gratuidade para os declaradamente pobres era o art. 1.124-A, inserido pela lei no CPC/73. Esse dispositivo dizia respeito às separações e aos divórcios consensuais feitos no âmbito extrajudicial.

Entretanto, alargando o dispositivo acima citado, a Resolução CNJ nº 35 disciplinou em seu art. 6º, redação original, que "a gratuidade prevista na Lei nº 11.441/07 compreende as escrituras de inventário, partilha, separação e divórcio consensuais". Com isso, houve uma extensão do alcance da norma que disciplina uma isenção de uma taxa.

Não analisaremos a existência de uma isenção heterônoma, uma vez que a taxa dos emolumentos é de competência dos Estados, e a norma isentiva veio da União. O que será ponderado é se os Tabeliães de Notas ainda devem isentar os emolumentos quando os herdeiros se declararem pobres, sob as penas da lei. Tal discussão se faz pertinente, pois com a edição do CPC/15, essa regra, que estava no artigo regulamentando as separações e os divórcios, não foi repetida.

O Colégio Notarial do Brasil, Seção São Paulo, se manifestou ao editar um enunciado sobre a cobrança de emolumentos dos atos notariais, que tomou o número 10, dispondo que essa norma de isenção já não possui aplicabilidade na atual circunstância.

Cabe aqui transcrever o teor do enunciado:

Enunciado nº 10: Não há gratuidade nas escrituras relativas aos atos decorrentes da Lei 11.441/2007, salvo para os casos de atos praticados em cumprimento de mandados judiciais expedidos em favor da parte beneficiária da justiça gratuita, sempre que assim for expressamente determinado pelo Juízo (art. 98, §1º IX do Novo Código de Processo Civil c/c Item 76 do Capítulo XIII das NSCGJ/SP). Justificativa: a gratuidade nas escrituras públicas relativas aos atos decorrentes da Lei 11.441/2007 encontrava amparo legal no § 3º, do art. 1.124-A, do Código de Processo Civil de 1973. Todavia, com a edição do atual Código de Processo Civil, Lei n. 13.105, de 16 de março de 2015, que entrou em vigor no dia 18 de março de 2016, houve a ab-rogação do diploma normativo anterior e a fixação de novo arcabouço jurídico para a matéria, que passou a ser assim disciplinada: "Art. 733 (...). Pela leitura do dispositivo acima transcrito podemos concluir que a nova legislação não contemplou qualquer hipótese de concessão de gratuidade para as escrituras de separação e divórcio. E, diante da ausência de previsão legal expressa que imponha a gratuidade no atual ordenamento pátrio, deve o Tabelião exigir o pagamento dos emolumentos devidos pelos atos, bem como promover os repasses aos entes respectivos, exceto para os casos de atos praticados em cumprimento de mandados judiciais expedidos em favor da parte beneficiária da justiça gratuita, sempre que assim for expressamente determinado pelo Juízo, conforme o artigo 98, §1º IX do Novo Código de Processo Civil c/c Item 76 do Capítulo XIII das NSCGJ/SP (...)[54].

Vê-se que pela leitura conjugada do novo diploma adjetivo com o item da normativa paulista acima citada, não haveria que ser aplicado a isenção nos casos de inventários, sendo que as partes deveriam ser remetidas ao judiciário.

Entretanto, o enunciado acima foi cancelado e no site do CNB-SP há a seguinte ressalva: "Prejudicado em razão do Acórdão publicado pelo Conselho Nacional de Justiça (CNJ) no dia 27 de abril de 2018". O acórdão citado adveio da Consulta de nº 0006042-02.2017.2.00.0000 que possui a seguinte ementa:

EMENTA: 1. Consulta. 2. Tribunal de Justiça da Paraíba. 3. A consulta é respondida no sentido que "a gratuidade de justiça deve ser estendida, para efeito de viabilizar o cumprimento da previsão constitucional de acesso à jurisdição e a prestação plena aos atos extrajudiciais de notários e de registradores. Essa orientação é a que melhor se ajusta ao conjunto de princípios e normas constitucionais voltados a garantir ao cidadão a possibilidade de requerer aos poderes públicos, além do reconhecimento, a indispensável efetividade dos seus direitos (art. 5º, XXXIV, XXXV, LXXIV, LXXVI e LXXVII, da CF/88), restando, portanto, induvidosa a plena eficácia da Resolução nº 35 do CNJ, em especial seus artigos 6º e 7º (CNJ; Consulta: 0006042-02.2017.2.00.0000; Relator (a): Arnaldo Hossepian Junior; Órgão Julgador: Conselho Nacional de Justiça; Localidade: Paraná; Data do Julgamento: 25.04.2018).

A interpretação dada pelo CNB/SP parece fazer sentido mesmo depois do acórdão acima citado, principalmente quando se trata de inventários com bens a serem partilhados. Mesmo que o *de cujus* tenha deixado um patrimônio imobilizado em bens, os herdeiros possuem meios legais para levantar as quantias necessárias e proceder ao inventário extrajudicialmente.

Entende-se, portanto, que a Resolução nº 35, após a alteração de 2020, manteve a redação dos arts. 6º e 7º, e que as normas paulistas, que também foram revisadas e reformuladas no início do ano de 2021, nos itens 80 e subitens, ainda fazem referência a

---

54. CNBSP. *Enunciado 10*. Disponível em: https://cnbsp.org.br/enunciados/#:~:text=Enunciado%20n%-C2%BA%2010&text=N%C3%A3o%20h%C3%A1%20gratuidade%20nas%20escrituras,expressamente%20 determinado%20pelo%20Ju%C3%ADzo%20(art. Acesso em: 08 abr. 2024.

concessão de gratuidade nos atos de inventário no âmbito extrajudicial em decorrência do decidido pelo CNJ.

Inclusive a doutrina ainda explica sobre o tema, nos dizeres de Rosa e Rodrigues:

> Um possível benefício que se poderia apontar para o inventário judicial é a gratuidade da justiça, decorrente do direito fundamental à assistência judiciária gratuita, consagrado no artigo 5º, inciso LXXIV, da Constituição da República. No entanto, também na esfera notarial é possível obter a gratuidade para a realização da escritura, conforme se pode extrair do artigo 7º da Resolução n. 356 do CNJ. Destaque-se, nesse sentido, a que tal qual num processo judicial, basta aos interessados declarar impossibilidade de arcar com os emolumentos[55].

Apesar de existir corrente favorável a aplicação da concessão da gratuidade dos inventários feitos pelos Tabeliães de Notas com a simples declaração de pobreza firmada pelas partes, sem qualquer averiguação da veracidade da declaração prestada, recente decisão proferida pela 2ª Vara de Registros Públicos da Capital de São Paulo[56] decidiu pela possibilidade de se averiguar o status de pobreza declarado, destacando-se, assim, o caráter não absoluto de tal declaração.

Na decisão acima citada encontra-se menção à jurisprudência dominante no TJSP no seguinte sentido:

> (...) Com efeito, a gratuidade da justiça é devida apenas àqueles com comprovada insuficiência de recursos para pagar as custas, as despesas processuais e os honorários advocatícios, conforme vigente regramento do NCPC, art. 98. Mesmo na plena vigência da Lei 1.060/50, os requisitos ali estabelecidos eram avaliados à luz do que dispõe a CF – art. 5º, LXXIV, que determina que a assistência jurídica integral e gratuita é devida aos que efetivamente comprovarem insuficiência de recursos. Assim, é lícito ao Juízo tanto exigir a apresentação de documentos comprobatórios quanto denegar o benefício se os elementos dos autos desde logo indicarem a ausência dos requisitos para a concessão do benefício. No caso concreto, o que se verifica é que um dos agravantes têm valores expressivos em aplicações financeiras (fls. 155), marcadas pela fácil liquidez, situação a elidir a declaração de pobreza apresentada. Disso tudo decorre que os agravantes não são pobres na acepção jurídica do termo, de modo que foi bem o juízo monocrático ao indeferir os benefícios da justiça gratuita (...) (TJSP, Agravo de Instrumento 2118797-42.2016.8.26.0000, 1ª C. de Direito Privado, Rel. Durval Augusto Rezende, j. 09.09.2016).

Em razão da autonomia e liberdade na qualificação, e em São Paulo, conforme o item 80.2 das NSCGJ/SP, se motivadamente, o Tabelião suspeitar da verossimilhança da declaração de pobreza, será feita comunicação do fato ao Juiz Corregedor Permanente, por escrito, com exposição de suas razões, para as providências pertinentes.

Por fim, sabe-se da importância dos cartórios no acesso à justiça e aqui não se nega àqueles que a necessitam. Apenas entende-se por bem que a concessão de gratuidades possua um parâmetro concreto, e não que seja indistintamente conferida a qualquer um, ceifando a possibilidade de obtenção daqueles que realmente fazem jus ao benefício.

---

55. ROSA, Conrado Paulino Da; RODRIGUES, Marco Antonio. *Inventário e Partilha*. 3. ed. rev. atual. e ampl. Salvador: JusPodivm, 2021, p. 402-403.
56. Tabelião de Notas. Escritura pública – Lavratura. Emolumentos – Gratuidade. Representação. 2VRPSP – Pedido de Providências: 1156991-75.2023.8.26.0100. Localidade: São Paulo Data de Julgamento: 14.03.2024. Data DJ: 14.03.2024.

1.4.4 Possibilidade de buscas quanto às escrituras lavradas

A análise deste item nos remete ao último artigo disposto na Resolução CNJ nº 35 das questões gerais.

O art. 10, foi modificado pela Resolução CNJ nº 326/2020 para excluir a referência a Lei 11.441/2007, e no que se refere aos inventários, possui relevância apenas na sua parte final, já que não se cogitaria a necessidade de levar o traslado/certidão do ato ao Registro Civil das Pessoas Naturais, visto que nenhum reflexo se vislumbra naquela seara.

A relevância para o ato aqui tratado está na disposição de que "o Tribunal de Justiça deverá promover, no prazo de 180 dias, medidas adequadas para a unificação dos dados que concentrem as informações dessas escrituras no âmbito estadual, possibilitando as buscas, preferencialmente, sem ônus para o interessado".

Já é realidade, em âmbito nacional, a consulta das escrituras públicas de inventário e partilha pela Central Notarial de Serviços Eletrônicos Compartilhados – CENSEC, instituída pelo Provimento CNJ nº 18 de 28 de agosto de 2012. Em um dos considerandos, verifica-se a remissão a Lei 11.441/2007 ao criar a Central de Escrituras de Separações, Divórcios e Inventários – CESDI, viabilizando sua rápida e segura localização.

A Resolução CNJ nº 35 disciplinou que, preferencialmente, a pesquisa deveria ser viabilizada sem ônus para os interessados, e foi o que aconteceu. Atualmente, é possível que todos tenham acesso, em âmbito nacional, acessando o site eletrônico www.censec.org.br, clicando no ícone "consulta CESDI" e informando qualquer dos dados ali dispostos (nome, documento, tipo do ato, e escolhendo a unidade federativa, se quiser) de forma gratuita a informação de existência do ato lavrado em qualquer tabelionato de notas.

Caso o interessado queira saber sobre atos que foram lavrados no Estado de São Paulo a consulta é feita pela Central de Atos Notariais Paulista – CANP (www.canp.org.br), sendo a pesquisa realizada na mesma sistemática, sem custas ao interessado.

A pesquisa abrange os atos lavrados a partir de 2012 e não é necessário que seja efetuado qualquer cadastro prévio. Basta o acesso ao site e a inclusão das informações para que o resultado seja a negativa de lavratura do ato ou a informação positiva. Caso o resultado seja positivo, a CESDI informa ao interessado as informações do número do Livro, página e data em que o ato foi lavrado, juntamente com a indicação sobre qual foi o Tabelionato responsável pela lavratura, possibilitando o requerimento da certidão do ato, caso assim deseje o cidadão.

Por fornecer uma consulta rápida, segura e confiável, as centrais eletrônicas devem ser exaltadas em seu trabalho social realizado. Ajudam os profissionais do direito a terem informações confiáveis, criam banco de dados propícios para pesquisas acadêmicas, auxiliando no aprimoramento tecnológico dos serviços extrajudiciais, tudo com o intuito de prestar um serviço público de excelência.

Conforme dito alhures, encerra-se aqui a análise dos artigos da Resolução CNJ nº 35 que disciplinavam os aspectos gerais dos atos lavrados em decorrência da Lei 11.441/2007.

No próximo capítulo, os assuntos analisados estão relacionados exclusivamente à lavratura dos inventários extrajudiciais.

1.5 ATOS REFERENTES AO INVENTÁRIO E À PARTILHA

Do artigo 11 ao artigo 32, a Resolução trata do ato ora estudado, de forma que serão analisados a seguir os pontos específicos na lavratura do inventário, ultimando-se na partilha, ou lavrando-se o inventário negativo, relacionando os temas práticos vividos no dia a dia do Tabelionato. No próximo capítulo o tema será abordado com viés ao Registro de Imóveis.

1.5.1 Nomeação de interessado para representar o espólio – O inventariante

O primeiro artigo aqui analisado, o art. 11, impõe a obrigatoriedade de nomear um interessado (nomenclatura utilizada no texto da Resolução) para que represente o espólio.

Os poderes do inventariante vão muito além dos poderes de representação do espólio, seja judicial ou extrajudicialmente. O inventariante possuirá poderes para administrar os bens deixados pelo falecido e, conforme já analisamos em tópico anterior, pode ser o responsável por fazer cumprir o testamento, situação em que ocorre a junção das funções de inventariante e testamenteiro.

Quanto ao momento em que o inventariante será nomeado pelos herdeiros e, em sendo o caso, pelo cônjuge/companheiro supérstite, dependerá da normativa estadual cuja qual o Tabelião está vinculado.

Sobre o tema, a resolução nº 452, de 22 de abril de 2022 acrescentou três parágrafos ao artigo 11 da Resolução nº 35 do CNJ, determinado que o meeiro e os herdeiros poderão nomear inventariante através de escritura pública anterior à partilha ou à adjudicação.

Além disso, tal alteração prevê que, neste caso (nomeação anterior), o inventariante poderá representar o espólio e buscar informações bancárias e fiscais necessárias à conclusão de negócios essenciais para a realização do inventário e no levantamento de quantias para pagamento do imposto devido e dos emolumentos do inventário, assim como também passou a prever que a nomeação do inventariante será considerada a data inicial do procedimento de inventário extrajudicial.

Entretanto, cabe pontuar que a normativa estadual deve sempre ser analisada pelo Tabelião e, em caso de lacuna legislativa, aplica-se a resolução federal citada alhures.

A escritura pública autônoma de nomeação de inventariante é necessária quando os herdeiros não possuem a real noção de todo patrimônio deixado pelo autor da herança ou quando os herdeiros desejem que seja efetuado os pagamentos dos credores eventualmente existentes do falecido e os pagamentos de impostos e taxas, possibilitando a partilha dos bens livres de ônus tributários, por exemplo.

É o que dispõe Andrea Gigliotti e Jussara Modaneze:

> Pode ser lavrada também uma escritura autônoma de nomeação de inventariante, seja para quitar o imposto de transmissão, com o saldo bancário deixado pelo autor da herança, desde que esse saldo integre a base de cálculo do imposto, ou para "cumprir obrigação de fazer: outorgar escritura definitiva de imóvel compromissado à venda pelo autor da herança e quitado antes de seu falecimento[57].

Em São Paulo, o item 106.1 das NESCGJ/SP, dispõe que a nomeação do inventariante extrajudicial pode se dar por escritura pública autônoma, assinada por todos os herdeiros para cumprimento de obrigações do espólio e levantamento de valores. O inventariante nomeado poderá reunir todos os documentos e recolher os tributos, viabilizando a lavratura da escritura de inventário.

No Rio Grande do Sul, a Consolidação Normativa Notarial e Registral, reformulada em 2020, também traz semelhante regramento em seu artigo 902, veja:

> O meeiro e os herdeiros poderão, antes da confecção de escritura pública definitiva de partilha, prestarem declarações por meio de instrumento público, nomeando representante ao espólio com poderes para representar este perante estabelecimentos bancários e instituições fiscais, seja para possibilitar o acesso a dados bancários e fiscais que possam ser relevantes à partilha, seja para tornar viável a transferência de titularidade de conta bancária da pessoa falecida[58].

O Provimento Conjunto nº 93/2020 de Minas Gerais, que instituiu o reformulado Código de Normas da Corregedoria-Geral de Justiça do Estado, também dispõe, em seu art. 208[59], sobre a possibilidade de lavrar a escritura autônoma de nomeação de inventariante assinada por todos os interessados.

Um dos poderes interessantes e expressamente mencionados no parágrafo único do art. 902 da Consolidação do Rio Grande do Sul, que a doutrina já consagrou como sendo passíveis de ser exercidos pelo inventariante, diz respeito à possibilidade de "representar o espólio para dar cumprimento às obrigações assumidas e quitadas em vida pelo de cujus, em especial assinar escrituras públicas de efetivação de promessa de compra e venda".

Essa possibilidade não consta expressamente nas Normas Paulistas, mas o Conselho Superior da Magistratura já se manifestou pela possibilidade, em 2015, na Apelação

---

57. GIGLIOTTI, Andrea, MODANEZE, Jussara In: GENTIL, Alberto. *Registros Públicos*. Rio de Janeiro: Forense; São Paulo: Método, 2020. p. 835.
58. Consolidação Normativa Notarial E Registral. Provimento nº 001/2020. Disponível em: https://www.tjrs.jus.br/export/legislacao/estadual/doc/2020/consolidacao_normativa_notarial_registral_prov_001_2020_v2.pdf. Acesso em: 11 abr. 2021.
59. Art. 208. Quando se fizer necessário qualquer ato preparatório ao inventário, poderá ser nomeado inventariante extrajudicial para o cumprimento de obrigações do espólio, mediante escritura pública declaratória autônoma assinada por todos os interessados. Disponível em: http://www8.tjmg.jus.br/institucional/at/pdf/vc00932020.pdf. Acesso em: 11 abr. 2021.

Cível nº 0000228-62.2014.8.26.0073, fazendo remissão ao decidido em 2012 pela 1ª Vara de Registros Públicos de São Paulo no Processo nº 0011976-78.2012.8.26.0100, quando disse que o escopo da Lei 11.441/2007 foi agilizar e facilitar o procedimento de transferência do patrimônio em razão da morte.

> Registro de Imóveis – Dúvida – Escritura pública de compra e venda de imóvel prometido à venda pelo falecido – Exigência de alvará judicial autorizando a outorga – Desnecessidade, em razão da lavratura de escritura pública em que se nomeou pessoa com poderes de inventariante para cumprir as obrigações pendentes do de cujus – Recurso provido (CSMSP; Apelação Cível: 0000228-62.2014.8.26.0073; Órgão Julgador: Conselho Superior de Magistratura de São Paulo; Localidade: Avaré; Data do Julgamento: 03.03.2015).
>
> PARTILHA – REPRESENTANTE. Desnecessário alvará judicial para a lavratura da escritura por representante do espólio nomeado por ocasião da lavratura da escritura de inventário e partilha, devendo constar da escritura de partilha o nome do promissário comprador (1VRPSP; Processo: 0011976-78.2012.8.26.0100; Órgão Julgador: 1ª Vara dos Registros Públicos de São Paulo; Localidade: São Paulo; Data do Julgamento: 11.04.2012).

Dessa forma, em ambas as decisões, restou estipulado pela não necessidade de expedição de alvará para o cumprimento da obrigação de outorgar escritura pública definitiva quando a quitação da promessa de compra e venda se deu quando o vendedor ainda estava vivo, falecido na atual situação.

Doutrina especializada no tema, dispõe que:

> (...) poderá acontecer de ter o autor da herança deixado apenas obrigações a serem cumpridas, como, por exemplo, a outorga de escritura de venda e compra, cujo preço já foi integralmente pago quando do compromisso particular anteriormente firmado pelo falecido. Em situações como esta, mostra-se indispensável a indicação de um inventariante que, em nosso sentir, pode ser realizado através do procedimento extrajudicial, muito mais simples, e ágil. Neste caso, os interessados nomearão, na própria escritura pública uma pessoa que ficará responsável pelo cumprimento dessas obrigações[60].

É importante frisar, como já explanado, que todos os atos que possuem seu fundamento jurídico baseado na Lei 11.441/07 devem contar, obrigatoriamente, com a presença de um advogado. E aqui, na nomeação autônoma de inventariante, isso não é diferente. Todos os herdeiros e/ou cônjuge/companheiro supérstite devem participar possuindo advogado comum ou individual para o devido aconselhamento jurídico.

1.5.1.1 Possibilidade de nomeação plúrima de inventariantes

Aqui a hipótese é a seguinte: é possível nomear mais de uma pessoa como inventariante, atuando conjuntamente ou até mesmo, isoladamente?

Para respostas afirmativas é possível defender dois argumentos: (1) a existência de bens em mais de uma localidade, sendo que a nomeação de mais de um inventariante facilitaria o levantamento de contas bancárias deixadas pelo falecido em Estados dife-

---

60. CAHALI, Francisco José; HERANCE FILHO, Antônio; ROSA, Karin Regina Rick; FERREIRA, Paulo Roberto Gaiger. *Escrituras Públicas*: Separação, Divórcio, Inventário e Partilhas Consensuais. 2. ed. São Paulo: Ed. RT, p. 99.

rentes, e (2) a necessidade de diligências outras que demandam conhecimentos técnicos que apenas um não os domina.

Além disso, soma-se a não existência de vedação legal para tanto. Apesar da Resolução CNJ nº 35 utilizar a palavra "interessado" e o art. 617 do CPC/15 disciplinar a nomeação de "inventariante", não há vedação para que, querendo, os herdeiros nomeiem extrajudicialmente mais de um interessado encarregado das diligências iniciais necessárias.

Como estamos no campo da consensualidade, em sendo todos maiores e capazes, sabedores das responsabilidades firmadas, não há motivo para cercear a liberdade das partes em uma situação que em nada prejudicaria qualquer interessado.

Apenas cabe uma ressalva: na sistemática do Estado de São Paulo, quando do preenchimento da declaração do Imposto de Transmissão *Causa Mortis,* no portal eletrônico disponibilizado pela Secretaria da Fazenda para tanto, há, no referido sistema, apenas um campo para preenchimento dos dados do inventariante. Dessa forma, em São Paulo, caso o Tabelião resolva por entender pela possibilidade de nomeação de vários inventariantes (atuando conjunta ou isoladamente), deverá indicar no ato qual deles é o responsável pela declaração fazendária.

Parece salutar também, que sejam delimitados os poderes dos inventariantes na escritura autônoma, como qual deles responderá o espólio judicialmente, qual deles ficará responsável pelos pagamentos tributários, e assim discriminadamente todos os poderes bem delimitados, até mesmo para evitar futuros questionamentos.

Entretanto, também encontramos vozes pela negativa de nomeação de mais de um inventariante entendendo que a divisão de confiança pode contribuir para o tumulto do ato. Cite-se o teor da decisão monocrática da Ministra do Superior Tribunal de Justiça, Maria Isabel Galloti, no Agravo em Recurso Especial nº 1.375.702 – PR (2018/0258039-4), julgado em 2018, que negou seguimento ao recurso especial em face de acórdão do Tribunal de Justiça do Paraná por esse motivo, possuindo a seguinte ementa:

> PROCESSUAL CIVIL. AGRAVO DE INSTRUMENTO. INVENTÁRIO. CPC/73, ART. 982. NCPC, ART. 610. PEDIDO DOS HERDEIROS QUE A INVENTARIANÇA SEJA EXERCIDA POR DUAS (2) PESSOAS. INDEFERIMENTO PELO JUÍZO MONOCRÁTICO. DETERMINAÇÃO DE EMENDA DA INICIAL E INDICAÇÃO DE APENAS UM (1) INVENTARIANTE. POSSIBILIDADE. CONDUÇÃO DO PROCESSO A CARGO DO PRUDENTE ARBÍTRIO DO MAGISTRADO, MESMO NOS PROCEDIMENTOS DE JURISDIÇÃO VOLUNTÁRIA. HIATO LEGISLATIVO QUANTO AO RITO QUE NÃO IMPORTA ENTREGÁ-LO AO ARBÍTRIO DAS PARTES. CPC/73, ART. 1.109. NCPC, ART. 723, PARÁGRAFO ÚNICO. NECESSIDADE DE INVENTARIANÇA CONJUNTA, ADEMAIS, NÃO SUFICIENTEMENTE JUSTIFICADA. RECURSO CONHECIDO E DESPROVIDO, COM REVOGAÇÃO DA ANTECIPAÇÃO DA TUTELA RECURSAL (AREsp n. 1375702/PR, relator Ministra Maria Isabel Gallotti, DJE de 04.12.2018).

Pois bem, a decisão monocrática não reformou o acórdão do TJPR que por sua vez manteve o que decidiu o juiz de primeiro grau que disciplinou pela desnecessidade, naquele caso concreto, de serem nomeados dois inventariantes.

Utilizando a própria decisão do juiz de primeiro grau, consegue-se extrair que o Tabelião, sendo o autor do ato notarial, possuindo independência funcional e conhecimentos jurídicos para tanto, pode visualizar no caso concreto a justificativa plausível para serem nomeados inventariantes plúrimos.

O caso que bateu às portas do Tribunal Superior dizia respeito exatamente aos poderes do Juiz, presidente do processo[61], em deferir ou não a nomeação de inventariantes em conjunto. Em analogia, portanto, sendo o Tabelião o presidente do ato, instrumentalizando a vontade das partes, qualificando a situação concreta posta, pode entender pela conveniência e necessidade de nomeação de mais de um inventariante.

Entretanto, há que se saber que existem ambas as correntes, igualmente defensáveis e que prestigiam a liberdade de atuação e interpretação do Direito pelo Tabelião de Notas responsável pelo ato.

Finalizando a análise do art. 11 da Resolução nº 35, o citado dispositivo expressamente prevê a desnecessidade de seguir a ordem de nomeação dos inventariantes existente no art. 617 do CPC/15. Isso porquê o artigo do CPC/15 disciplina a observância pelo juiz da ordem trazida pelo legislador. Aliás, a menção ao necessário respeito a ordem proposta consta não apenas do art. 617, mas também pode ser visualizada no art. 624, parágrafo único, do mesmo diploma legal[62], quando decidir pela remoção do inventariante primeiramente nomeado.

Importa esclarecer que o art. 12 da Resolução CNJ nº 35 já foi tratado neste capítulo, quando analisada a capacidade das partes para o ato, no subcapítulo 8.3.1 a qual remete-se o leitor.

1.5.2 Retificação de Inventários e Partilhas – Judiciais e Extrajudiciais

O art. 13 da Resolução 35/2007 traz expressamente a possibilidade de, em havendo erros, ocorra a lavratura de retificação da escritura pública, desde que todos os interessados estejam de acordo.

O dispositivo acima citado possui uma vagueza permissiva de interpretações diversas, a depender de qual linha de raciocínio segue o Tabelião de Notas. Isso porque, ele não explicita se a possibilidade de retificação por escritura pública também abarcaria os processos judiciais de inventário e partilha, ou apenas as escrituras públicas de inventário e partilha.

Que uma escritura pública pode retificar outra escritura já lavrada, não há dúvidas ou debates. Aliás, a maneira correta de retificar uma escritura pública é por outra, não cabendo retificação do ato notarial por decisão judicial, salvo exceções confirmadas pelo caso concreto, como por exemplo, na apelação cível nº 1002200-58.2017.8.26.0004:

---

61. Termo utilizado no acórdão recorrido.
62. Art. 624, parágrafo único do CPC/15 – Decorrido o prazo, com a defesa do inventariante ou sem ela, o juiz decidirá. parágrafo único. se remover o inventariante, o juiz nomeará outro, observada a ordem estabelecida no art. 617.

> ALVARÁ JUDICIAL. RETIFICAÇÃO DE ESCRITURA PÚBLICA. Pedido de retificação do endereço do imóvel em escritura pública de venda e compra de bem imóvel, a fim de viabilizar o registro de formal de partilha. Juiz que não pode substituir as partes e o notário, interferindo na vontade manifestada por meio do instrumento. Hipótese, contudo, em que é praticamente impossível a renovação do ato, dado o falecimento do comprador e desconhecimento do paradeiro dos vendedores. Escritura pública lavrada há quase 40 anos. Pretensão deduzida nos autos não é de alta indagação, tratando-se de erro material evidente. Possibilidade de retificação, sem prejuízo à vontade dos contratantes. Documentos que comprovam que houve equívoco no nome da rua em que localizado o imóvel, de acordo com a transcrição imobiliária e cadastro de contribuinte do IPTU. Retificação determinada. Precedentes. Sentença reformada. APELO PROVIDO (TJSP; Apelação Cível 1002200-58.2017.8.26.0004; Relator (a): Donegá Morandini; Órgão Julgador: 3ª Câmara de Direito Privado; Foro Central Cível – 1ª Vara de Registros Públicos; Data do Julgamento: 11.12.2017; Data de Registro: 11.12.2017).

Defendendo pela possibilidade indistinta de retificação, mesmo em partilhas judiciais, Ferreira e Rodrigues[63] dispõem que se houverem erros ou inconsistências em partilhas judiciais, as partes podem retificar a partilha e ratificar os demais elementos do formal judicial, desde que todos os requisitos para a opção pela via extrajudicial estejam presentes, e observadas as incidências tributarias, se existirem.

Na obra dos autores acima citado, encontra-se um julgado de improcedência da dúvida (Processo nº 0005467-28.2014.8.26.0338) de lavra do juiz corregedor permanente de Mairiporã, Estado de São Paulo, em que foi permitido o registro do formal de partilha retificado por escritura pública. O registrador de imóveis havia obstado o registro do título por entender não haver permissivo legal para retificações extrajudiciais de formais de partilha judiciais.

Por ser deveras interessante e correta a interpretação do magistrado, coloca-se aqui trecho da decisão:

> Com respeito à opinião exarada pelo Sr. Oficial Registrador, a qual foi acompanhada pelo Ministério Público, não vejo nos autos razão para a não efetivação do registro da retificação do formal de partilha judicial por meio da escritura pública encartada aos autos. Sabidamente, é possível, e de ocorrência comum, uma situação de erro, omissão, ou imperfeição presente em partilha homologada em processo de inventário ou arrolamento. Em tal situação, quando o respectivo Formal de Partilha ou Carta de Sentença for efetivamente apresentado ao oficial de registro de imóveis, no processo de qualificação registrária, a imperfeição pode vir a ser percebida e, diante de tal situação, enquanto não superada, não será permitido o acesso ao registro imobiliário e a efetiva transmissão da propriedade do bem imóvel partilhado. A situação assume maior gravidade quando, por desídia do interessado ou outra causa, o registro do título somente for buscado muito tempo depois da conclusão do processo judicial. Nesta ocasião o processo poderá estar arquivado o que dificulta ainda mais o movimentar da máquina judiciária para a correção dos erros ou omissões verificados tardiamente. De regra, a necessidade de alteração do formal pode ser caracterizar como sobrepartilha ou mera retificação. O legislador previu no artigo 1.040 do Código de Processo Civil a possibilidade da realização de sobrepartilha para o acréscimo de bens ou direitos ao inventário. No uso de suas atribuições, o Conselho Nacional de Justiça, por meio da Resolução nº 35, definiu claramente a competência do tabelião para realizar sobrepartilhas. Por sua vez, para retificação dos erros verificados na descrição dos bens, previsão do artigo 1028 do CPC, o instrumento adequado, de regra, é o aditamento retificativo, que sempre se fez no seio do processo, sob a exclusiva dependência da tutela do juiz do feito. Resta analisar, tão somente, a forma como

---

63. RODRIGUES, Felipe Leonardo, FERREIRA, Paulo Roberto Gaiger Ferreira. *Tabelionato de Notas*. Coordenado Por Christiano Cassettari. 3. ed. Indaiatuba, SP: Editora Foco, 2020, p. 327.

esta deverá ocorrer para adquirir a eficácia necessária. Trata-se de uma questão fundamental, pois o respeito à forma prescrita para o ato é requisito de validade do mesmo. Ao meu sentir, por analogia à possibilidade da sobrepartilha por escritura pública, é razoável, a partir do início da vigência da Lei nº 11.441, de 04 de janeiro de 2007, admitir-se a possibilidade de retificação da partilha do mesmo modo que se faz a própria partilha, ou seja, por escritura pública que, em caso de retificação, será de aditamento retificativo à partilha realizada. Se, a partir da vigência da Lei nº 11.441/07, que inegavelmente tem caráter procedimental, a escritura pública lavrada em tabelionato é forma capaz de efetivar partilha entre maiores e capazes, quando entre todos os interessados existir consenso, ela também será apta à realização de sobrepartilhas, como expressamente afirma o Conselho Nacional de Justiça (art. 25 da Resolução 35), e também para retificações de partilhas. Na medida em que a Lei nº 11.441/07 conferiu ao tabelião, por meio da realização de escritura pública, capacidade para praticar atos tipicamente processuais, conferindo-lhe competência para a realização de Inventários e separações, exigindo, entretanto, em exceção à regra geral da atividade notarial, como condição de validade do ato e para maior segurança jurídica, a assistência de advogado, implicitamente atribuiu à escritura pública capacidade de rescindir e, evidentemente, de alterar e retificar partilhas e atos em que a sentença existente seja meramente homologatória da vontade dos interessados. Contrariamente a tais argumentos, seria possível argumentar que, a teor do disposto no já citado artigo 1028 do Código de Processo Civil, toda e qualquer emenda deve ser feita, necessariamente, nos mesmos autos de inventário e que, portanto, não seria possível o uso de escritura pública para qualquer espécie de retificação de inventário ou partilha. Este dispositivo, entretanto, deve ser interpretado de maneira flexível e em consonância com os objetivos da Lei nº 11.441/07 e de todo esforço que se realiza na atualidade para tornar a justiça mais ágil e acessível ao cidadão. Esta foi a interpretação do Conselho Nacional de Justiça, e do Grupo de Estudos criado pela C. G. J. de São Paulo, ao fazer constar expressamente que sobrepartilha é possível ser realizada por meio de escritura pública (TJSP; Processo: 0005467-28.2014.8.26.0338; Relator(a): Cristiano Cesar Ceolin; Órgão Julgador: 3ª Câmara de Direito Privado; Foro Central Cível – Tribunal de Justiça do Estado de São Paulo; Data do Julgamento: 10.12.2014).

O 2º Tabelião de Notas da cidade de Matão, em São Paulo, Marco Antonio de Oliveira Camargo, publicou nesse mesmo sentido. Cabe aqui colacionar um trecho do trabalho escrito pelo Tabelião que justifica sua posição pela possibilidade ao fazer uma leitura analógica do art. 25 da Resolução 35 CNJ:

> Por analogia à possibilidade da sobrepartilha por escritura pública, é razoável, a partir do início da vigência da Lei nº 11.441, de 04 de janeiro de 2007, admitir-se a possibilidade de retificação da partilha do mesmo modo que se faz a própria partilha, ou seja, por escritura pública; que, em caso de retificação, será de aditamento retificativo à partilha realizada. Se, a partir da vigência da Lei nº 11.441/07, que inegavelmente tem caráter procedimental, a escritura pública lavrada em tabelionato é forma capaz de efetivar partilha entre maiores e capazes, quando entre todos os interessados existir consenso, ela também será apta à realização de sobrepartilhas, como, expressamente afirma o Conselho Nacional de Justiça (art. 25 da Resolução 35) e também para retificações de partilhas, embora não exista, até a presente data, decisão em caráter administrativo, jurisprudência firmada, ou doutrina conhecida afirmando expressamente tal possibilidade. Inequivocamente escritura pública, lavrada sob a fé e responsabilidade do tabelião de notas, que acolhe e formaliza a vontade livremente manifestada pelas partes, é forma apta para rescindir atos jurídicos em que as mesmas pessoas são os únicos interessados. Aplicável, na espécie, o princípio de atração da forma, que exige para o desfazimento do ato a mesma forma pela qual ele se fez, ou, no dizer do artigo 472 do Código Civil: O distrato se faz pela mesma forma exigida para o contrato. Na medida em que a Lei nº 11.441/07 conferiu ao tabelião, por meio da realização de escritura pública, capacidade para praticar atos tipicamente processuais, conferindo-lhe competência para a realização de Inventários e Separações, exigindo, entretanto, em exceção à regra geral da atividade notarial, como condição de validade do ato e para maior segurança jurídica, a assistência de advogado, implicitamente atribuiu à escritura pública capacidade de rescindir e, evidentemente, de alterar e retificar partilhas e atos em que a sentença existente seja meramente homologatória da vontade dos interessados.

Há menção que a retificação de partilhas somente caberia em processos cuja sentença é homologatória da vontade dos interessados. E nos casos em que não ela não for meramente homologatória, sendo que o juiz decidiu pela partilha em inventários não consensuais, ainda assim, seria possível retificar os erros que obstam a efetividade da decisão judicial por escritura pública?

Aqui, será feito um recorte da seguinte maneira: os erros e inexatidões interferem/modificam o mérito decidido no processo judicial? Se a resposta for positiva, está-se diante de uma impossibilidade de retificação administrativa do ato judicial, sob pena de incorrer em modificação da coisa julgada judicial pelo Tabelião de Notas[64].

Entretanto, se a resposta for negativa, e os erros referirem-se aos aspectos formais, procedimentais, sendo que o resultado obtido pelo juiz não se alterará, não haveria motivo para se negar a retificação por escritura pública de um formal de partilha, o que viabiliza o seu registro e efetiva regularização dos bens deixados pelo falecido, nos diversos órgãos competentes. O ato a ser lavrado será uma escritura pública de retificação e ratificação, assinado por todos os herdeiros e pelo inventariante já nomeado no processo judicial.

A parte final do art. 13, ora tratado, menciona que "os erros materiais poderão ser corrigidos, de ofício ou mediante requerimento de qualquer das partes, ou de seu procurador, por averbação à margem do ato notarial ou, não havendo espaço, por escrituração própria lançada no livro das escrituras públicas e anotação remissiva".

No Estado de São Paulo, convencionou-se pela denominação desse ato como "ata retificativa"[65], sendo aquele feito para corrigir erros materiais (de digitação, principalmente).

Em Minas Gerais, o Tabelião fará uma escritura de aditamento, de ofício, a fim de suprir omissões e corrigir erros evidentes cometidos em escritura pública[66].

Cabe frisar que a possibilidade de se fazer a retificação de ofício só existe se não houver qualquer alteração na substância do ato, mas apenas correções de elementos transpostos para o livro notarial de forma relapsa. Em vislumbrando que não se trata

---

64. Interpretando analogicamente as decisões administrativas de dúvidas registrais que impedem a qualificação negativa dos oficiais de registro de imóveis querendo modificar o mérito da decisão judicial. Para usar as palavras do desembargador Adriano Marrey, ao relatar a apelação cível 87-0, de São Bernardo Do Campo, "não cabe ao serventuário questionar ponto decidido pelo juiz, mas lhe compete o exame do título à luz dos princípios normativos do registro de imóveis, um dos quais o da continuidade mencionada no art. 195 da lei de registros públicos. Assim, não cabe ao oficial exigir que este ou aquele seja excluído da partilha, assim como não pode exigir que outro seja nela incluído. Tais questões, presume-se, foram já examinadas no processo judicial de inventário. (Processo nº 973/81). Logo não se permite, conforme a jurisprudência do C. Conselho Superior da Magistratura, é que a qualificação registrária reveja o mérito da sentença judicial que já transitou em julgado: registro de imóveis – dúvida julgada procedente – formal de partilha – inobservância do princípio da continuidade – inocorrência – qualificação registral que não pode discutir o mérito da decisão judicial – recurso não provido (Apelação Cível Nº 0909846-85.2012.8.26.0037).
65. Disciplinada nos itens 54 e seguintes do CAP. XVI, das NESCGJ/SP.
66. É o que dispõe o art. 317 Do Provimento Conjunto 93/2020.

de retificação de erros evidentes, não deverá o Tabelião proceder a retificação de Ofício, mas poderá requerer a presença de todos àqueles que participaram do ato para lavrar uma escritura de retificação e ratificação, sendo por todos assinada.

1.5.3 Verbas constantes da Lei 6.858/1980

O art. 14 da Resolução 35/2007 traz a expressa possibilidade da utilização do procedimento extrajudicial para o recebimento das verbas previstas na Lei 6.858/1980, que dispõe sobre o pagamento, aos dependentes ou sucessores, de valores não recebidos em vida pelos respectivos titulares.

É preciso que os dispositivos desta Lei e o art. 14 da Res. 35/2007 sejam interpretados em conjunto com o art. 666 do CPC/15 que diz que "independerá de inventário ou de arrolamento o pagamento dos valores previstos na Lei nº 6.858, de 24 de novembro de 1980", repetindo a parte final do art. 1º da Lei.

Numa primeira leitura pode-se visualizar uma antinomia, uma vez que a Resolução 35 dispõe pela possibilidade de utilização do inventário extrajudicial para recebimento das verbas decorrentes da Lei 6.858/80, ao mesmo tempo em que o CPC/15 diz que para o recebimento das mesmas verbas não é necessário o procedimento de inventário ou arrolamento. Como compatibilizar os dispositivos?

A citada lei possui apenas quatro artigos e disciplina como será feito o recebimento de algumas verbas, créditos do falecido, não recebidos em vida, especificamente quanto aos valores devidos pelos empregadores aos empregados, aos montantes das contas individuais do Fundo de Garantia do Tempo de Serviço (FGTS) e do Fundo de Participação PIS-PASEP, à restituição do Imposto de Renda e outros tributos, recolhidos pela pessoa física, e aos saldos bancários de pequena monta. Para esse último, o art. 2º da Lei diz que apenas será dispensado o inventário se não existirem outros bens sujeitos a inventário.

Especificamente quanto ao levantamento de pequenos valores não recebidos em vida pelo titular do direito, o STJ, no recurso especial nº 2013/0179059-2, aduziu que, nestes casos, é necessário que estejam presentes dois requisitos. O primeiro é que exista a condição de dependente inscrito junto à previdência, e o segundo é a inexistência de outros bens a serem inventariados.

RECURSO ESPECIAL. DIREITO CIVIL. SUCESSÕES. LITÍGIO ENTRE PENSIONISTA E HERDEIROS DE SERVIDOR PÚBLICO FALECIDO EM TORNO DE VERBAS REMUNERATÓRIAS ATRASADAS (PAE). PEDIDO DE ALVARÁ APENSO AO PROCESSO DE INVENTÁRIO. DIFERENÇAS CORRESPONDENTES A ABONO VARIÁVEL, ADICIONAL POR TEMPO DE SERVIÇO E DÉCIMO TERCEIRO SALÁRIO. NÃO INCIDÊNCIA DA LEI N. 6.858/80. EXISTÊNCIA DE OUTROS BENS A PARTILHAR E VALOR EXPRESSIVO DAS DIFERENÇAS REMUNERATÓRIAS DEVIDAS AO FALECIDO.

1. Litígio entre pensionista de Procurador de Justiça e seus herdeiros em torno de diferenças de vencimentos, reconhecidas como devidas ao falecido após sua morte, retroativamente, pelo Ministério Público do Estado do Rio de Janeiro, a título de décimo terceiro salário, adicional por tempo de serviço e abono variável (PAE), que fazia jus no tempo em que atuou como Promotor de Justiça.

2. Controvérsia em torno de quem tem direito a receber essas verbas remuneratórias não auferidas em vida pelo titular do direito (a viúva e/ou os herdeiros).

3. A Parcela Autônoma de Equivalência (PAE) constitui verba integrante da remuneração do servidor, que, não tendo sido paga na época oportuna, passa a configurar crédito não recebido em vida pelo titular do direito, integrando os bens e direitos da herança.

4. Solução da controvérsia a ser definida pelas regras do direito sucessório, cabendo aos herdeiros o direito à partilha de tais verbas.

5. A Lei n. 6.858/80, ao pretender simplificar o procedimento de levantamento de pequenos valores não recebidos em vida pelo titular do direito, aplica-se estritamente a hipóteses em que atendidos dois pressupostos: (a) condição de dependente inscrito junto à previdência; (b) inexistência de outros bens a serem inventariados.

6. Não reconhecimento do implemento desses requisitos pelo acórdão recorrido (Súmula 07/STJ).

7. Dissídio jurisprudencial não demonstrado.

8. RECURSO ESPECIAL DESPROVIDO (REsp n. 1.537.010/RJ, relator Ministro Paulo de Tarso Sanseverino, Terceira Turma, julgado em 15.12.2016, DJe de 07.2.2017).

O procedimento necessário para o levantamento das verbas acima relacionadas, ensina Rosa e Rodrigues, é o alvará judicial, procedimento muito mais simples, bastando que os herdeiros requeiram a expedição de alvará de modo a receber tais importâncias[67].

Mas então, qual seria a necessidade de utilização do inventário extrajudicial nesses casos? No que se refere a última parte do art. 2º acima transcrito, caso o falecido tenha deixado outros bens além dos saldos em contas bancárias, mesmo que de pequena monta, esses valores deverão constar do inventário/arrolamento, obrigatoriamente.

Quanto aos outros levantamentos, mesmo que a existência de outros bens a serem inventariados e partilhados obstem a utilização do simples alvará judicial, sendo feito o inventário para a partilha do patrimônio, parece de bom tom que tais verbas sejam arroladas e partilhadas no mesmo procedimento, até mesmo por economia e comodidade das partes. Seria ilógico que as partes, juntamente com o advogado, iniciassem um procedimento perante o Tabelião e outro perante o Judiciário, requerendo o alvará judicial para levantamento das verbas referidas na Lei 6.858/80.

Dessa forma, entende-se que o que o art. 14 da Resolução 35 disciplinou foi a possibilidade de também serem arroladas as verbas tratadas pela lei no inventário extrajudicial, não necessitando de dois procedimentos (inventário extrajudicial e alvará judicial) para a divisão de um único patrimônio. Isso porque a Lei, de 1980, não contempla a possibilidade de levantamento com a apresentação do traslado da escritura pública porque, por óbvio, naquela época, essa possibilidade não existia.

Frise-se aqui que as instituições financeiras, responsáveis pela maioria das verbas citadas na Lei 6.858/80, não autorizarão o levantamento das verbas indiscriminadamente, por simples declaração dos interessados. Será necessária a apresentação do alvará judicial ou do inventário extrajudicial, título hábil por expressa disposição da Resolução nº 35, tendo constado na partilha a menção as verbas relatadas.

---

67. ROSA, Conrado Paulino Da; RODRIGUES, Marco Antonio. *Inventário e Partilha*. 3. ed. rev. atual. e ampl. Salvador: JusPodivm, 2021, p. 519.

1.5.4 Recolhimento Antecipado dos Tributos Incidentes

O principal tributo incidente sobre a transmissão causa mortis é de competência estadual, denominado de Imposto de Transmissão Causa Mortis e Doação, ITCMD.

O art. 15 da Resolução 35 exige que o recolhimento dos tributos incidentes deve anteceder a lavratura da escritura pública de inventário e partilha, mas deve-se ressalvar as questões atinentes as isenções elencadas na lei estadual.

Não adentrando na questão tributária com afinco, mas com o intuito apenas de aclarar a conduta do Tabelião de Notas e dos operadores do direito envolvidos na sistemática, esse subcapítulo analisará apenas as questões da prática extrajudicial que possuem um toque tributário.

A primeira análise que deve ser feita é quanto à legislação aplicável, observando a data do óbito e a data do procedimento. Isso se deve posto que a Lei 11.441/07, leia-se art. 610 do CPC/15 c/c a Resolução 35, mais precisamente o art. 30, possibilitam a lavratura da escritura pública de inventário e partilha aos casos de óbitos acontecidos antes da sua vigência.

Dessa forma, a depender da data do óbito, fato gerador do imposto devido, será aplicada a lei diversa da atualmente em vigor.

A sistemática de declaração e recolhimento do tributo também se difere de Estado para Estado. Como já mencionado, há Estados em que o cálculo e expedição da guia de recolhimento ou da certidão de isenção podem demorar meses, enquanto há estados que a declaração e o recolhimento podem ser feitos sem a manifestação prévia da Secretaria da Fazenda.

Não nos cabe aqui analisar a dogmática tributária, pois não é esse o foco do trabalho, mas apenas ressaltar que o recolhimento antecipado do tributo deve ser observado, sob pena de responsabilidade subsidiária do Tabelião.

Exemplificando a prática deste dispositivo, sob aspecto da normativa do Estado de São Paulo, caso o contribuinte escolha por parcelar o crédito tributário, mesmo estando com a exigibilidade do referido crédito suspenso, não é possível que seja lavrada a escritura pública de inventário.

Essa interpretação decorre da análise do art. 12-A e art. 12-B, conjuntamente com o Anexo VIII[68] da Portaria CAT 15/2003 da SEFAZ/SP, e, em casos em que existam imóveis no monte partível[69], o art. 12, inciso III da Portaria CAT 89/2020.

---

68. Disponível em: https://portal.fazenda.sp.gov.br/servicos/itcmd/paginas/downloads.aspx. Acesso em: 16 abr. 2021.
69. O exemplo utilizado fazendo referência aos imóveis não é o único que comporta essa sistemática. Isso porque a CAT 89/2020 disciplina a apresentação dos documentos perante vários órgãos como: junta comercial, registro civil das pessoas jurídicas, instituições financeiras, instituições bancárias e corretoras de investimentos quanto às alterações de titularidade dos bens ou direitos relativos ao *de cujus*.

Isso porque os dispositivos acima citados obrigam a apresentação da respectiva declaração do imposto juntamente com o comprovante do recolhimento do ITCMD. Em casos de parcelamento, o Tabelião visualizará que o valor do imposto devido constante na declaração apresentada não corresponderá ao valor apresentado nas primeiras parcelas quitadas, ou, não receberá qualquer comprovante de recolhimento do ITCMD devido, posto que o contribuinte o parcelou.

Outro reflexo da devida antecipação do recolhimento do imposto, no tocante ao procedimento de inventário extrajudicial, diz respeito às cessões de direitos hereditários e de direito de meação. Em subcapítulo próprio será analisada a sistemática desses negócios jurídicos que podem acontecer anterior ou concomitantemente ao inventário. Aqui, cabe pontuar apenas a necessidade de fiscalização do recolhimento do imposto devido quando o Tabelião verifica a ocorrência de partilhas desiguais.

Assim, da mesma forma, deve-se exigir o devido recolhimento do ITCMD, se a cessão desses direitos se deu de forma gratuita, uma vez que se assemelham e possuem os requisitos de uma doação, ou exigir o recolhimento do ITBI (imposto de transmissão de bens imóveis), se a cessão se deu de forma onerosa, pois aqui há semelhança com a compra e venda.

Possuindo, então, responsabilidade quanto aos tributos devidos pelos seus atos, devendo fiscalizar o seu efetivo recolhimento, o Tabelião e o advogado devem instruir as partes quanto ao montante que deve ser recolhido para viabilizar a instrumentalização administrativa do procedimento sucessório.

1.5.5 As cessões de direitos hereditários, dos direito de meação e a renúncia

O próximo artigo tratado pela Resolução do CNJ dispõe sobre a possibilidade de promoção do inventário extrajudicial pelo cessionário dos direitos hereditários. O art. 16 diz que "é possível a promoção de inventário extrajudicial por cessionário de direitos hereditários, mesmo na hipótese de cessão de parte do acervo, desde que todos os herdeiros estejam presentes e concordes".

Esse artigo ficou com redação incompleta, pois não deixou claro a possibilidade de o cessionário total do acervo promover, sozinho, o inventário extrajudicial. Pela redação do dispositivo, restaria necessária a concordância de todos os cedentes. Entretanto, não é essa a melhor interpretação.

A promoção do inventário pelo cessionário com a concordância e participação de todos os herdeiros se daria apenas quando o acervo foi cedido parcialmente. Em caso de cessão da totalidade do acervo, o cessionário, sozinho, poderá promover o inventário perante o Tabelionato de Notas.

Veja a redação da Normativa Paulista a respeito do tema, no item 111.1, Cap. XVI: "Na hipótese de cessão integral do acervo, não há necessidade da presença e concordância dos herdeiros cedentes".

A cessão dos direitos hereditários é o negócio jurídico adequado e necessário quando se quer transferir o direito decorrente da sucessão antes da individualização do quinhão recebido, quando o acervo ainda estiver sob a condição de universalidade. Essa transmissão requer alguns cuidados a serem analisados, como a observância do direito de preferência entre os condôminos, a necessidade de anuência dos cônjuges e dos herdeiros, o recolhimento do imposto devido e a forma prevista em lei.

A cessão de direitos hereditários está disposta nos arts. 1.793 a 1.795 do Código Civil de 2002. Carlos Roberto Gonçalves define a cessão aqui tratada da seguinte forma:

> Pode-se dizer que a cessão de direitos hereditários, gratuita ou onerosa, consiste na transferência que o herdeiro, legítimo ou testamentário, faz a outrem de todo o quinhão ou de parte dele, o qual lhe compete após a abertura da sucessão. Sendo gratuita, equipara-se à doação; e à compra e venda, se realizada onerosamente[70].

Segundo César Fiúza, "cessão de herança é a alienação gratuita ou onerosa da herança a terceiro, estranho ou não ao inventário. A cessão pode ser total ou parcial, quando envolver todo o quinhão do cedente ou parte dele"[71]. Nesse caso, o cessionário receberá a herança assim como se encontra, ou seja, em estado de indivisibilidade, devendo, então, promover o inventário, seja judicial ou extrajudicial, se perfeito estiverem os outros requisitos exigidos para exercer sua opção.

José Fernando Simão, no Código Civil Comentado, dispõe que:

> Na qualidade de bem imóvel, a transmissão da herança exige escritura pública sob pena de nulidade absoluta do ato de disposição, pois preterida uma solenidade que a lei considera essencial para a validade do ato (art. 166, IV, do CC). (...) Se o herdeiro desejar transferir o seu quinhão hereditário (parte da universalidade), que significa transferir as dívidas e os bens recebidos, deverá fazê-lo por forma pública, não necessitando de autorização judicial para que essa disposição produza efeitos[72].

Quanto ao direito de preferência entre os herdeiros, a regra está inserida no art. 1.794 do CC/02 e complementada no art. 1.795, ao dispor sobre a possibilidade do herdeiro, depositando o preço, haver para si a quota cedida sem o seu conhecimento.

O direito de preferência entre coerdeiros gerava maior debate na vigência do Código Civil de 1916, por não possuir regra própria nesse sentido, mas esse direito vinha sendo reconhecido pela doutrina[73] e jurisprudência[74].

---

70. GONÇALVES, Carlos Roberto. *Direito Das Sucessões*. São Paulo: Saraiva, 2017. v. 4, p. 48.
71. FIUZA, Cezar. *Direito Civil, Curso Completo. De acordo com o Código Civil de 2002*. Belo Horizonte: Del Rey, 2003, p. 856.
72. SIMÃO, José Fernando. *Código Civil Comentado Doutrina e Jurisprudência*. In: SCHREIBER, Anderson et. al. Rio De Janeiro: Forense, 2019, p. 1418.
73. Veja posição de Nelson Nery Junior e Rosa Maria de Andrade Nery. *Novo Código Civil e Legislação Extravagante Anotados*. São Paulo: Ed. RT, 2002, p. 204; ANTONINI, Mauro. *Código Civil Comentado*: Doutrina e Jurisprudência. In: GODOY, Claudio Luiz Bueno de et al; PELUSO, Cezar (Coord.). 14. ed. São Paulo: Manole, 2020. p. 2189.
74. GAGLIANO, Pablo Stolze; PAMPLONA FILHO, Rodolfo. *Manual de direito civil*: volume único 3. ed. São Paulo: Saraiva Educação, 2019, p. 565 cita a seguinte decisão proferida pelo STJ em 1999: "Em que pese a controvérsia existente sobre o tema, merece ser prestigiado o entendimento segundo o qual a venda e a cessão de direitos

A regra, portanto, diz respeito a relação interna entre coerdeiros, uma vez que, se aplicado analogicamente o art. 504 do CC/02, o herdeiro preterido teria o prazo de 180 (cento e oitenta) dias para depositar o preço e reaver a coisa para si.

Não se faz objeto do presente estudo verificar quando se iniciaria a contagem do prazo para o herdeiro preterido e nem mesmo a polêmica sobre se o vício que macula o negócio jurídico quando da inobservância do direito de preferência trata-se de anulabilidade ou ineficácia, mas apenas verificar a prática tabelioa desse negócio jurídico.

Como já informado anteriormente, está em pauta a reforma do Código Civil. Em vista do Relatório Geral liberado em fevereiro de 2024[75], se a redação da Relatoria-Geral for aprovada, os artigos 1.793 e 1.795 sofrerão algumas alterações.

Quanto ao artigo 1.795, se aprovado, passará a constar que o coerdeiro, a quem não se der conhecimento da cessão, poderá depositar o preço atualizado monetariamente para adquirir a quota cedida a um estranho, sendo que, o prazo para o exercício do direito de preferência é de cento e oitenta dias, contados a partir do registro da cessão – leia-se inventário – ou do conhecimento da cessão, o que ocorrer primeiro.

Sobre como deverá ser dado a notícia do cedente aos coerdeiros, como se dará a notificação para exercício de preferência, o Superior Tribunal de Justiça, STJ, no REsp 1.620.705/RS, em sua ementa, decidiu que o conhecimento dado ao coerdeiro da futura cessão onerosa deve conter o detalhamento da transação entre herdeiro cedente e terceiro cessionário:

> RECURSO ESPECIAL. DIREITO CIVIL E PROCESSUAL CIVIL. SUCESSÕES. VIOLAÇÃO DO ART. 535 DO CPC/1973. NÃO OCORRÊNCIA. INVENTÁRIO. AGRAVO DE INSTRUMENTO. ART. 522 DO CPC/1973. CESSÃO ONEROSA DE QUOTA HEREDITÁRIA À TERCEIRO. DIREITO DE PREFERÊNCIA DOS COERDEIROS. ARTS. 1.794 E 1.795 DO CÓDIGO CIVIL. AQUISIÇÃO TANTO POR TANTO. NOTIFICAÇÃO PRÉVIA. NECESSIDADE. INDICAÇÃO DE PREÇO E CONDIÇÕES DE PAGAMENTO. IMPRESCINDIBILIDADE. 1. É permitido ao herdeiro capaz ceder a terceiro, no todo ou em parte, os direitos que lhe assistem em sucessão aberta. 2. A alienação de direitos hereditários a pessoa estranha à sucessão exige, por força do que dispõem os arts. 1.794 e 1.795 do Código Civil, que o herdeiro cedente tenha oferecido aos coerdeiros sua quota parte, possibilitando a qualquer um deles o exercício do direito de preferência na aquisição, "tanto por tanto", ou seja, por valor idêntico e pelas mesmas condições de pagamento concedidas ao eventual terceiro estranho interessado na cessão. 3. À luz do que dispõe o art. 1.795 do Código Civil e em atenção ao princípio da boa-fé objetiva, o coerdeiro, a quem não se der conhecimento da cessão, poderá, depositado o preço, haver para si a quota cedida a estranho, se o requerer até 180 (cento e oitenta) dias após ter sido cientificado da transmissão. 4. No caso, apesar de o recorrente ter sido chamado a se manifestar a respeito de eventual interesse na aquisição da quota hereditária de seu irmão, não foi naquele ato cientificado a respeito do preço e das condições de

---

hereditários, em se tratando de 20 bem indivisível, se subordinam à regra do CC/16 1.139, que reclama seja dada preferência ao condômino coerdeiro. Em linha de princípio, a orientação legal é no sentido de evitar o ingresso de estranho no condomínio, preservando-o de futuros litígios e inconvenientes. A interpretação meramente literal deve ceder passo quando colidente com outros métodos exegéticos de maior robustez e cientificidade" (STJ), REsp 50.226/BA, DJU 17.12.1999, p. 24700, Rel. Min. Sálvio de Figueiredo Teixeira, v.u., 4ª Turma, julgado em 23.08.1994).

75. SENADO FEDERAL. *Relatório Geral da Comissão de Juristas responsável pela revisão e atualização do Código Civil*. Disponível em: https://legis.senado.leg.br/comissoes/arquivos?ap=8019&codcol=2630. Acesso em: 04 abr. 2024.

pagamento que foram avençadas entre este e terceiro estranho à sucessão, situação que revela a deficiência de sua notificação por obstar o exercício do direito de preferência do coerdeiro na aquisição, tanto por tanto, do objeto da cessão. 5. Recurso especial provido (REsp n. 1.620.705/RS, relator Ministro Ricardo Villas Bôas Cueva, Terceira Turma, julgado em 21.11.2017, DJe de 30.11.2017).

O Tabelião, portanto, poderá instrumentalizar o ato de cessão mesmo que o cedente não tenha noticiado seus coerdeiros de tal negócio, devendo apenas fazer constar na escritura pública a ciência do cessionário do direito dos coerdeiros em reaver a quota cedida a ele, em inobservância ao direito de preferência. Caso seja analisada sob a ótica da corrente que defende a anulabilidade do ato ou a ineficácia, o Tabelião de Notas não estará obstado de praticar o ato cabível, devendo apenas dar conhecimento dos efeitos jurídicos ao cessionário.

Outro assunto pertinente, trazido pela Resolução CNJ nº 35 e que possui íntima ligação com o que está sendo tratado é o disposto no art. 17, quando disciplina o comparecimento necessário dos cônjuges dos herdeiros ao ato de lavratura da escritura pública de inventário e partilha quando houver renúncia ou algum tipo de partilha que importe em transmissão, exceto se o casamento se der sob o regime da separação absoluta.

Isso quer dizer que, em casos normais de partilha, em que é feito o seu pagamento respeitando o que aquele herdeiro de fato recebeu com o falecimento do autor da herança, os cônjuges dos herdeiros não precisarão comparecer no tabelionato no ato da escritura pública. Isso não significa a desnecessidade de qualificação do cônjuge do herdeiro, pelo contrário, a qualificação pessoal dele, do casamento, regime de bens e da existência de pacto antenupcial é requisito indispensável. O que está aqui se dispensando é o comparecimento do cônjuge do herdeiro nas partilhas ordinárias.

Em sentido oposto, em havendo transmissão, portanto, cessões de direitos hereditários, o cônjuge do herdeiro cedente deverá comparecer ao ato, anuindo com tal disposição patrimonial.

O não comparecimento do cônjuge do herdeiro não torna o ato inválido *de per si*, mas em analogia ao art. 1.647 c/c art. 1.649, ambos do Código Civil, poderá o cônjuge requerer que o ato seja anulado, no prazo de dois anos, contados após o término da sociedade conjugal. Aqui, novamente, o Tabelião não estará impedido de lavrar o ato, mas deverá advertir as partes caso não compareça o cônjuge do herdeiro para anuir com a cessão.

A despeito de não possuir a intenção de esgotar o assunto, cabe pontuar sobre a forma em que deve ser instrumentalizada a cessão de direitos hereditários. Isso porque o *caput* do art. 1.793 é claro ao dizer que o direito à sucessão aberta poderá ser cedido por escritura pública.

Isso quer dizer que a forma do negócio jurídico foi determinada pela lei, e dessa forma, caso não siga o disposto no Código Civil, o ato não terá validade. Isso porque a forma quando prescrita em lei deve ser observada, por estar inserida na análise dos planos de validade do negócio jurídico.

Entretanto, a questão que se sugere aqui é: seria possível que a cessão de direitos hereditários fosse instrumentalizada em instrumento particular, ou mesmo por termo nos autos do inventário, ou arrolamento, sendo homologada pelo juiz da causa, dispensando assim a escritura pública?

Essa questão gera debates e não há consenso. Mauro Antonini, concordando com a posição de Sebastião Amorim e Euclides de Oliveira, diz que:

> Não obstante a redação literal do artigo, impondo como forma da cessão a escritura pública, parece ainda ser possível, na vigência do atual Código, tal como ocorria perante o CC/1916, a cessão por termo nos autos, pois, tendo tal termo caráter público, equipara-se à escritura; e, além disso, para a renúncia à herança, ato que exige a mesma solenidade, permite o art. 1.806, expressamente, que se faça por termo judicial[76].

Exemplifica-se a questão com as decisões do Conselho Superior da Magistratura de São Paulo e do Superior Tribunal de Justiça:

No ano de 2010, na Apelação Cível: 990.10.248.048-8[77], o CSMSP decidiu que "a despeito das posições doutrinárias que consideram possível a cessão por termo nos autos, consagrou o entendimento de que a cessão só é válida se celebrada por escritura pública". Inclusive, essa decisão foi tomada conforme decisão do STJ, no REsp 1.027.884/SC, cujo relator foi o Ministro Fernando Gonçalves, da Quarta Turma, publicado aos 24.08.2009.

> REGISTRO DE IMÓVEIS – RECUSA DECORRENTE DA NECESSIDADE DE LAVRATURA DE ESCRITURA PÚBLICA PARA CESSÃO DE DIREITOS HEREDITÁRIOS – AUSÊNCIA DE RECOLHIMENTO DO TRIBUTO DEVIDO – IRRESIGNAÇÃO DO APELANTE APENAS CONTRA A EXIGÊNCIA DE ESCRITURA PÚBLICA – IRRESIGNAÇÃO PARCIAL – RECURSO NÃO CONHECIDO (CSMSP; Apelação Cível: 990.10.248.048-8; Relator(a): Antonio Carlos Munhoz Soares; Órgão Julgador: Conselho Superior de Magistratura de São Paulo; Localidade: São João da Boa Vista; Data do Julgamento: 14.12.2010).
>
> CIVIL. CESSÃO DE DIREITOS HEREDITÁRIOS. ESCRITURA PÚBLICA. NECESSIDADE. DISSÍDIO JURISPRUDENCIAL NÃO COMPROVADO.
>
> 1 – A cessão de direitos hereditários deve ser formalizada por escritura pública, consoante determina o artigo 1.793 do Código Civil de 2002.
>
> 2 – Não há identidade fática entre os arestos apontados como paradigma e a hipótese tratada nos autos.
>
> 3 – Recurso especial não conhecido (REsp n. 1.027.884/SC, relator Ministro Fernando Gonçalves, Quarta Turma, julgado em 06.08.2009, DJe de 24.08.2009).

Cabe ressaltar que essa decisão vem sendo recorrentemente citada como precedente da corte quando a matéria tratada discute a forma do ato de cessão de direitos hereditários. A confirmar a afirmação, veja o decidido no Agravo em Recurso Especial nº 947.708/PR, julgado aos 27 de junho de 2016, proferida pelo Ministro Ricardo Villas Bôas Cueva:

---

76. ANTONINI, Mauro. *Código Civil Comentado*: Doutrina E Jurisprudência. In: GODOY, Claudio Luiz Bueno de et al.; PELUSO, CEZAR (Coord.). 14. ed. São Paulo: Manole, 2020. p. 2185.
77. Disponível em: http://kollsys.org/dtn. Acesso em: 16 abr. 2021.

> AGRAVO INTERNO NOS EMBARGOS DE DECLARAÇÃO NO AGRAVO EM RECURSO ESPECIAL. CESSÃO DE DIREITOS HEREDITÁRIOS. ESCRITURA PÚBLICA. NECESSIDADE. AUSÊNCIA DE CONHECIMENTO DO NEGÓCIO JURÍDICO. FUNDAMENTO NÃO ATACADO. SÚMULA N° 283/STF. INDENIZAÇÃO POR BENFEITORIAS. BOA-FÉ NÃO COMPROVADA. REVISÃO. IMPOSSIBILIDADE.
> SÚMULA N° 7/STJ. 1. Recurso especial interposto contra acórdão publicado na vigência do Código de Processo Civil de 1973 (Enunciados Administrativos n°s 2 e 3/STJ).
> 2. A cessão de direitos hereditários deve ser formalizada por escritura pública. Precedentes.
> 3. A ausência de impugnação dos fundamentos do aresto recorrido enseja a incidência, por analogia, da Súmula n° 283 do Supremo Tribunal Federal.
> 4. Rever as conclusões do tribunal de origem acerca do não cabimento da indenização pelas benfeitorias em virtude da má-fé na posse exigiria a análise das circunstâncias fático-probatórias, procedimento inviável em recurso especial, haja vista o óbice da Súmula n° 7/STJ. 5. Agravo interno não provido (AgInt nos EDcl no AREsp n. 947.708/PR, relator Ministro Ricardo Villas Bôas Cueva, Terceira Turma, julgado em 21.08.2018, DJe de 27.08.2018).

Inclusive, a decisão acima foi confirmada em 2018, no Agravo Interno nos Embargos de Declaração no Agravo Em Recurso Especial de mesmo número.

Entretanto, na contramão do decidido pela Corte Superior, o Conselho Superior da Magistratura e o Tribunal de Justiça de São Paulo vêm decidindo pela possibilidade de instrumentalização da cessão de direitos hereditários nos autos do processo judicial.

No ano de 2016, na Apelação Cível: n° 0000418-72.2015.8.26.0531, o CSMSP decidiu que a cessão de direitos hereditários pode ocorrer dentro dos autos do inventário, com dispensa da escritura pública.

> Registro de Imóveis – carta de adjudicação expedida nos autos de ação de inventário – título não imune à qualificação registral – impossibilidade, porém, de a qualificação invadir o mérito da decisão judicial – cessão de direitos hereditários homologada nos autos do inventário – falta de recolhimento de ITBI reconhecida de ofício – recurso provido para reconhecer a improcedência das exigências feitas pelo registrador, mantida, porém, a recusa do registro por motivo diverso (CSMSP; Apelação Cível: 0000418-72.2015.8.26.0531; Relator(a): José Carlos Gonçalves Xavier de Aquino; Órgão Julgador: Conselho Superior de Magistratura de São Paulo; Localidade: Santa Adélia; Data do Julgamento: 09.11.2015).

Essa premissa de possibilidade de se instrumentalizar a cessão por termo nos autos, justificando o "caráter público equiparável à escritura pública" vem sendo recorrente no Tribunal de Justiça de São Paulo. Veja recente decisão, proferida no ano de 2020 pelo órgão citado, no Processo n° 2227101-33.2019.8.26.0000:

> AGRAVO DE INSTRUMENTO. ALVARÁ JUDICIAL. TRANSFERÊNCIA DE ÚNICO VEÍCULO DEIXADO PELO FALECIDO. DESNECESSIDADE DE CONVERSÃO EM INVENTÁRIO OU ARROLAMENTO DE BENS. HERDEIROS MAIORES, CAPAZES E CONCORDES COM A EXPEDIÇÃO DO ALVARÁ. MITIGAÇÃO DO DISPOSTO NO ART. 666 DO CPC. INTERPRETAÇÃO EXTENSIVA. PRESTÍGIO À CELERIDADE, ECONOMIA PROCESSUAL E INSTRUMENTALIDADE DAS FORMAS. CESSÃO DE DIREITOS HEREDITÁRIOS POR TERMO NOS AUTOS. POSSIBILIDADE. CARÁTER PÚBLICO EQUIPARÁVEL AO DE ESCRITURA PÚBLICA. ART. 1.806 DO CC. RECURSO PROVIDO. 1. ADMITE-SE A TRANSFERÊNCIA DO ÚNICO BEM DEIXADO PELO FALECIDO A QUEM DE DIREITO, INDEPENDENTEMENTE DE INVENTÁRIO OU ARROLAMENTO, POR INTERMÉDIO DE ALVARÁ JUDICIAL, SE OS SEUS HERDEIROS FOREM MAIORES E CAPAZES E NÃO CONFLITAREM ENTRE SI. PRECEDENTES DESTE TRIBUNAL. 2. É POSSÍVEL A CESSÃO DE DIREITOS HEREDITÁRIOS POR TERMO NOS AUTOS, CONSIDERANDO SEU CARÁTER PÚBLICO EQUIPARÁVEL AO DE ESCRITURA PÚBLICA. INTELIGÊNCIA DO ARTIGO 1.806 DO CÓDIGO CIVIL.

PRECEDENTES DESTE TRIBUNAL (TJSP; Agravo de Instrumento 2227101-33.2019.8.26.0000; Relator (a): Maria do Carmo Honorio; Órgão Julgador: 3ª Câmara de Direito Privado; Foro Regional VIII – Tatuapé – 3ª Vara da Família e Sucessões; Data do Julgamento: 24.01.2020; Data de Registro: 24.01.2020).

A decisão acima faz referência ao art. 1.806 do Código Civil que disciplina a forma que deve tomar o ato de renúncia dos direitos hereditários, que será adiante retratada.

Antes, porém, cabe aqui ressaltar que, a reforma do Código Civil[78] busca alterar a redação do artigo 1.793, passando a constar que a cessão do direito à sucessão aberta e do quinhão do coerdeiro poderá ser feita não apenas por escritura pública, mas também por instrumento particular subscrito por duas testemunhas ou termo judicial. Além disso, a cessão feita pelo coerdeiro de um bem ou direito específico da herança será ineficaz, a menos que todos os herdeiros sejam cessionários ou, se não forem, todos tenham participado do instrumento de cessão, concordando com ela.

Ademais, a promessa de alienação, por qualquer herdeiro, de um bem integrante do acervo hereditário será válida, mesmo pendente a indivisibilidade. No entanto, só será eficaz se o bem vier a ser atribuído, por partilha, ao cedente.

Quando a análise se volta para a renúncia dos direitos hereditários, os efeitos são diversos. O herdeiro renunciante, em face da herança renunciada, é considerado inexistente, o que acarreta consequências como, por exemplo, seus filhos não herdam por representação[79].

Outro efeito da renúncia é a sua não tributação, em regra. Há legislações estaduais que desvirtuam o instituto tributando a renúncia realizada após certo lapso de tempo. A renúncia opera efeitos retroativos, como se aquele herdeiro nunca o tivesse sido.

Outra diferença diz respeito à quantidade daquilo que pode ser cedido ou renunciado. Isso porque é possível que seja instrumentalizada a cessão parcial dos direitos hereditários, entretanto a renúncia não comporta tal possibilidade, pois é expressamente vedado pelo ordenamento jurídico, conforme art. 1.808 do Código Civil.

Aqui, vale enfatizar que no relatório final da Comissão de Juristas responsável pela revisão do Código Civil, o artigo 1.808 figura com nova redação.

Na redação atualizada do referido artigo, a renúncia não abrange bens e direitos desconhecidos pelo herdeiro na data do ato de repúdio. Assim, se o herdeiro renunciar à herança, mas posteriormente descobrir que havia bens ou direitos dos quais não tinha conhecimento no momento da renúncia, esses bens ou direitos não serão considerados como parte da renúncia.

---

78. SENADO FEDERAL. *Relatório Geral da Comissão de Juristas responsável pela revisão e atualização do Código Civil*. Disponível em: https://legis.senado.leg.br/comissoes/arquivos?ap=8019&codcol=2630. Acesso em: 04 abr. 2024.
79. ANTONINI, Mauro. *Código Civil Comentado*: Doutrina e Jurisprudência. In: GODOY, Claudio Luiz Bueno de et al.; PELUSO, CEZAR (Coord.). 14. ed. São Paulo: Manole, 2020. p. 2201.

Além disso, o texto passa a prever ser ineficaz a renúncia de todos os direitos sucessórios, quando o renunciante, na data de abertura da sucessão, não possuir outros bens ou renda suficiente para a própria subsistência. No caso, o renunciante interessado pode pedir ao juiz que fixe os limites e a extensão da renúncia, de modo a assegurar a sua subsistência.

A atualização do artigo 1.808 do Código Civil, no que diz respeito à renúncia de bens e direitos desconhecidos pelo herdeiro renunciante está em conformidade com a jurisprudência sobre o tema.

Em recente decisão, o Conselho Superior da Magistratura de São Paulo julgou a apelação cível nº 1006686-02.2021.8.26.0019, que tinha como discussão principal a interpretação da renúncia feita pelos herdeiros ascendentes durante o arrolamento de bens e se essa renúncia se aplica também a bens que foram descobertos e sobrepartilhados posteriormente.

A recorrente argumentou que a renúncia, feita à época do arrolamento de bens, era sobre a totalidade da herança e, portanto, deveria incluir o bem que foi objeto da sobrepartilha. No entanto, o CSMSP não concordou com essa interpretação e concluiu que a renúncia feita pelos herdeiros ascendentes era mais próxima de uma renúncia abdicativa, ou seja, uma renúncia em favor do monte partível, sem indicação de um beneficiário específico.

Nesse caso, a renúncia se aplica apenas aos bens que eram conhecidos no momento da renúncia. A decisão também se baseou no artigo 1.808 do Código Civil, que estabelece que a renúncia não pode ser parcial e deve se aplicar a toda a herança. No entanto, o tribunal interpretou que isso se aplica apenas ao herdeiro que conhece o que está aceitando ou recusando. Portanto, um herdeiro não pode renunciar a um patrimônio do qual não tinha conhecimento no momento da renúncia.

> Registro de imóveis – Dúvida – Escritura pública de sobrepartilha – Renúncia dos herdeiros ascendentes realizada por termo nos autos do arrolamento de bens judicial – Renúncia que não se aproveita aos bens desconhecidos e posteriormente sobrepartilhados – Apelo improvido (CSMSP; Apelação Cível: 1006686-02.2021.8.26.0019; Relator(a): Fernando Antônio Torres Garcia. Órgão Julgador: Conselho Superior de Magistratura de São Paulo; Localidade: Americana; Data do Julgamento: 15.12.2023).

Além disso, a decisão também fez menção ao artigo 1.793, § 1º, do Código Civil, que estabelece que a cessão feita pelo herdeiro não alcança os direitos que eventualmente lhe sejam atribuídos no futuro, em virtude de substituição ou de direito de acrescer.

Portanto, a conclusão foi que, se após o encerramento do arrolamento de bens for descoberta a existência de um novo bem do falecido, a renúncia anterior não pode ser estendida a este bem sobre o qual os renunciantes não tinham conhecimento.

Quanto à forma, a renúncia obedecerá ao que está insculpido no art. 1.806 do CC/02, sendo necessariamente feita por escritura pública, ou, expressamente previsto, por termo nos autos.

No ato de cessão, foi tratado sobre a necessidade de outorga conjugal, inclusive expressamente prevista na Resolução 35 CNJ em seu art. 17. Esse mesmo dispositivo faz menção ao ato de renúncia e, de igual forma, impõe a necessidade de comparecimento do cônjuge do herdeiro renunciante.

Entretanto, a doutrina não é pacífica nesse ponto. Veja a opinião explanada por José Francisco Simão, que traz ensinamentos sobre ambas as posições doutrinárias, mas concorda com a posição trazida pela Res. 35, qual seja, pela necessidade de autorização conjugal no ato da renúncia, trazendo o cônjuge do herdeiro renunciante para o ato notarial:

> Questão relevante é saber se a renúncia da herança exige a vênia conjugal para a sua validade. Há duas correntes. A primeira entende que não é necessária a outorga, pois o art. 1.647, ao exigi-la, o faz para alienar bens imóveis. A renúncia não é alienação, pois alienar é tornar alheio, deixar de ser meu para ser de outrem, e na renúncia o bem nunca foi do renunciante (ver art. 1.804). Só precisa de outorga conjugal para alienar aquele que é proprietário (por todos José Luiz Gavião de Almeida). Essa interpretação da literalidade da lei não é a melhor. O objetivo do art. 1.647 ao se exigir a outorga é a proteção da família. É não permitir que um dos cônjuges pratique um ato que seja ruim para toda a família. É por isso que a renúncia necessita da outorga conjugal para ser válida (ver art. 1.649), pois implica deixar de receber bens, deixar de aumentar o patrimônio do renunciante em possível prejuízo à família (por todos, Zeno Veloso). Há, ainda, sobre o tema da necessidade de outorga conjugal para a validade da renúncia que se mencionar que a outorga é desnecessária para as pessoas casadas pelo regime de separação absoluta de bens (ver art. 1.647, *caput*) que decorre do pacto antenupcial (separação convencional de bens)[80].

Essa divisão da doutrina também é explicitada por Mauro Antonini:

> Diverge-se sobre a necessidade de outorga uxória ou autorização marital para a renúncia. Os que entendem desnecessária tal providência argumentam tratar-se de ato unilateral, por quem não se tornou titular de direito e, portanto, não há disposição patrimonial. A corrente contrária sustenta que o direito à sucessão aberta é bem imóvel por equiparação e, por essa razão, ao abdicar da herança por meio da renúncia, o herdeiro está dispondo de patrimônio[81].

Visualiza-se que, conforme a resolução e parte da doutrina, o tabelião deverá exigir a presença tanto do cônjuge do herdeiro que cede suas quotas quanto daquele que a renunciará. O cônjuge do herdeiro cessionário não precisa comparecer no ato, uma vez que o é de recebimento e não disposição patrimonial.

Por todas as diferenças acima citadas, algumas conclusões sobre esses atos específicos podem ser traçadas. Uma delas é quanto à nomenclatura por vezes utilizada para se referir aos atos de cessão de direitos hereditários e de renúncia, como "renúncia translativa" e "renúncia abdicativa", respectivamente. Essas expressões mostram-se equivocadas, por todo já exposto, carecendo de técnica jurídica. O termo renúncia pressupõe, por óbvio, a não aceitação, não havendo como se transmitir direitos renun-

---

80. SIMÃO, José Fernando. *Código Civil Comentado*: Doutrina e Jurisprudência. In: SCHREIBER, Anderson et. al. Rio de Janeiro: Forense, 2019. p. 1431.
81. ANTONINI, Mauro. *Código Civil Comentado*: Doutrina e Jurisprudência. In: GODOY, Claudio Luiz Bueno de et al.; PELUZO, Cezar (Coord.). 14. ed. São Paulo: Manole, 2020. p. 2201.

ciados. Assim, a terminologia renúncia abdicativa se mostra pleonástica, pois ela será, sempre, abdicativa.

Outra conclusão, agora no que diz respeito ao campo propriamente notarial, é quanto a diferença de procedimentos que o tabelião deve seguir e documentos que deve analisar a depender de qual ato será instrumentalizado, principalmente no que tange ao recolhimento tributário prévio nos atos de cessão e a não tributação do ato de renúncia.

Deve também atentar-se para o correto pagamento dos quinhões, caso esteja diante de uma cessão parcial, uma cessão total ou uma renúncia. O ato de renúncia faz com que a partilha seja paga de forma a excluir o herdeiro renunciante, enquanto a partilha decorrente das cessões dependerá de como e sobre quanto ela foi feita.

Outra questão de interessante apontamento se refere a forma de cobrança dos atos, sendo a normativa paulista o referencial analisado neste parágrafo. Os emolumentos a serem cobrados pelo ato de renúncia são aqueles referentes ao ato sem valor declarado, cobrando-se um ato por herdeiro renunciante.

Quanto às cessões de direitos hereditários, por possuírem natureza de negócios jurídicos, onerosos ou gratuitos, e possuírem reflexo econômico, a cobrança será conforme a Tabela 1, encontrando a alínea referente ao maior valor existente, cobrando-se por quinhão cedido[82].

---

82. Há inclusive enunciados sobre a cobrança de emolumentos desse ato, expedido pelo colégio notarial do brasil – seção São Paulo, que se utiliza das expressões com as quais não se concorda: enunciado 8: pela renúncia de direitos hereditários cobrar-se-á um ato sem valor declarado, por cada herdeiro que renunciar, mesmo que a renúncia seja feita no mesmo instrumento do inventário. Já a chamada renúncia translativa ou "in favorem" os emolumentos serão cobrados segundo a tabela 1. Justificativa: na renúncia pura e simples ou abdicativa não há transferência de direitos, sendo o renunciante considerado como se nunca existisse. Tratamento diverso recebe a renúncia dirigida ou translativa, em que o herdeiro aceita seu quinhão e depois o transfere a beneficiário determinado. Nessa hipótese, a cobrança da transferência deve ser feita sobre o valor do quinhão transferido, sem prejuízo da cobrança pela escritura de inventário.

Considerando-se o caráter abstrato da cessão de meação ou de quinhão, o fato gerador dos emolumentos incidentes se dá sobre a relação tributária estabelecida entre cada cedente e cada cessionário, individualmente considerados. Na hipótese de haver pluralidade de cedentes ou cessionários, haverá tantos fatos geradores quantos forem as relações individualmente discrimináveis entre as partes, ainda que a redação da disposição seja agrupada ou indistinta.

Justificativa: O critério utilizado para cobrança dos emolumentos se baseia na quantidade de negócios jurídicos celebrados. Assim, no caso dos inventários sem partilha simples serão cobradas tantas cessões quantos são os direitos transmitidos/recebidos.

Exemplo 1 – Inventário com diversos bens móveis e imóveis no valor total de 4.000.000,00 e com 4 irmãos. Cada irmão faz jus a um quinhão de R$ 1.000.000,00. A partilha ficou assim.

Irmão A com 1.500.000,00

Irmão B com 500.000,00

Irmão C com 750.000,00

Irmão D com 1.250.000,00

Pouco importa como os bens são divididos, bastando a análise dos quinhões que cada irmão recebeu e quantas cessões foram feitas para que a partilha seja viabilizada.

Cobrança: irmão B ficou com 500.000,00 a menos, logo será cobrada uma cessão de 500.000,00 em favor do irmão A.

Irmão C ficou com 250.000,00 a menos, logo será cobrada uma cessão de 250.000,00 em favor do irmão D.

Ainda, é pertinente a este subcapítulo a análise da cessão dos direitos de meação do cônjuge/companheiro supérstite.

Apesar de ser possível encontrar posições diversas, abaixo explanadas, não se mostra adequado nomear o instituto como renúncia de meação, uma vez que a renúncia sucessória pressupõe a abertura da sucessão que só pode ser realizada por aqueles que possuem a condição de herdeiros.

O cônjuge/companheiro já possui em seu patrimônio o seu direito de meação, independentemente do evento morte. O que se busca com o inventário e a partilha é cessar o estado de indivisão do patrimônio, e nessa circunstância ocorre apenas o reconhecimento e destaque daquilo que já é seu.

Inclusive, foi essa conclusão que chegou o STJ ao julgar o REsp 1.196.992/MS, de relatoria da Ministra Nancy Andrighi:

> SUCESSÕES. RECURSO ESPECIAL. MEAÇÃO. ATO DE DISPOSIÇÃO EM FAVOR DOS HERDEIROS. DOAÇÃO. ATO INTER VIVOS. FORMA. ESCRITURA PÚBLICA.
>
> 1. Discussão relativa à necessidade de lavratura de escritura pública para prática de ato de disposição da meação da viúva em favor dos herdeiros.
>
> 2. O ato para dispor da meação não se equipara à cessão de direitos hereditários, prevista no art. 1.793 do Código Civil, porque esta pressupõe a condição de herdeiro para que possa ser efetivada.
>
> 3. Embora o art. 1.806 do Código Civil admita que a renúncia à herança possa ser efetivada por instrumento público ou termo judicial, a meação não se confunde com a herança.
>
> 4. A renúncia da herança pressupõe a abertura da sucessão e só pode ser realizada por aqueles que ostentam a condição de herdeiro.
>
> 5. O ato de disposição patrimonial representado pela cessão gratuita da meação em favor dos herdeiros configura uma verdadeira doação, a qual, nos termos do art. 541 do Código Civil, far-se-á por Escritura Pública ou instrumento particular, sendo que, na hipótese, deve ser adotado o instrumento público, por conta do disposto no art. 108 do Código Civil.
>
> 6. Recurso especial desprovido (REsp n. 1.196.992/MS, relatora Ministra Nancy Andrighi, Terceira Turma, julgado em 06.08.2013, DJe de 22.08.2013).

Como foram feitas duas cessões e 1 partilha a cobrança será da seguinte forma:
1 ato de R$ 4.000.000,00 (partilha)
1 Cessão de R$ 500.000,00
1 Cessão de R$ 250.000,00
Exemplo 2 – Inventário com patrimônio de R 3.000.000,00 (representado por 1 imóvel) com viúva (meeira 50% patrimônio – R$ 1.500.000,00) e dois filhos (quinhão de 25% cada – R$ 750.000,00).
Viúva fica com o usufruto deste patrimônio no valor de R$ 1.000.000,00.
Filhos ficam com a nua propriedade no valor de R$ 1.000.000,00 cada.
Para que a partilha seja possível desta forma, a viúva teve que ceder R$ 250.000,00 para cada um dos filhos, de modo que a cobrança do inventário será:
1 Ato integral da partilha do inventário de R$ 1.500.000,00 (exclui-se a meação)
2 Atos integrais de R$ 250.000,00 referente a cessão feita a cada um dos filhos (Disponível em: https://cnbsp.org.br/enunciados/. Acesso em: 24 jun. 2024).

Entretanto, o Tribunal de Justiça de São Paulo, por diversas vezes, não aplicou a mesma interpretação da Corte Superior. Em 2004, no julgamento do Agravo de Instrumento nº 344.999-4/1-00, citando a doutrina de Euclides de Oliveira e Sebastião Amorim restou decidido que:

> A propósito do tema, lecionam Euclides de Oliveira e Sebastião Amorim que a renúncia à meação, "embora inconfundível com a renúncia à herança, dela se aproxima ao ponto em que se implica efetiva cessão de direitos, de modo que utilizáveis os mesmos instrumentos para sua formalização. Com efeito, o direito de cada herdeiro, a título de posse ou propriedade, sobre sua parte ideal na herança, antes da partilha, é juridicamente equivalente ao do cônjuge sobrevivo sobre a metade ideal do patrimônio a partilhar. Um e outro são titulares de direitos hereditários, nada lhes obstando a cessão de tais direitos, antes de partilhado o monte. Assim decidiu a 2ª Câmara Civil do Tribunal de Justiça de São Paulo (rel. Carlos A. Ortiz, in RJTJSP XIV/57), embora entendendo como imprescindível a formalização da cessão por escritura pública, com invocação de precedente julgado nesse sentido (RT 268/284). Essa restrição, no entanto, não se coaduna com a equivalência do termo judicial, como sucedâneo da escritura, para fins de cessão de direitos hereditários, nos termos do artigo 1.581 do Código Civil de 1916 e artigo 1.805 do novo Código Civil" (v. "Inventários e Partilhas – Direito das Sucessões", 16ª edição, Leud: São Paulo, 2003, p. 64-65). Bem de ver que, na esteira de precedente desta Corte, invocado pelos doutrinadores supra-aludidos, "a mesma fé pública de que se revestem as declarações de ofício do tabelião de notas, têm-na igualmente as declarações dos escrivães e, anteriormente, dos denominados tabeliães do judicial. Uns e outros lavram 'escrituras públicas'. Diferentes eram os atos que se compreendiam na competência de cada serventuário. Igual, porém, a fé pública que lhes dava autenticidade. Compreende-se, pois, a afirmação corrente, relativa a valer como escritura pública um termo judicial (TJSP; Agravo de Instrumento 0085283-55.2004.8.26.0000; Relator (a): Paulo Dimas Mascaretti; Órgão Julgador: 10ª Câmara de Direito Privado; Foro Regional V – São Miguel Paulista – 2. Vara Fam. e Sucess; Data do Julgamento: N/A; Data de Registro: 04.06.2004).

E na mesma esteira, o TJSP, novamente em Agravo de Instrumento, nos autos nº 2127188-49.2017.8.26.0000, decidiu em 2018, citando outras decisões do órgão, pela desnecessidade de escritura pública para instrumentalizar a renúncia de meação do cônjuge com a reserva para si do usufruto do imóvel. Nesse caso citado, o juiz de primeira instância requereu a apresentação da escritura pública de cessão de direitos, tendo sua decisão sido reformada pelo Tribunal em sede de agravo.

> Inventário. Renúncia de meação em favor de herdeira, com reserva de usufruto para viúvo. Desnecessidade de formalização por meio de escritura pública. Ato translativo que pode ser tomado por termo nos autos. Inteligência do artigo 1.806 do Código Civil. Agravo provido (TJSP; Agravo de Instrumento 2127188-49.2017.8.26.0000; Relator (a): Natan Zelinschi de Arruda; Órgão Julgador: 4ª Câmara de Direito Privado; Foro de Praia Grande – 1ª Vara de Família e Sucessões; Data do Julgamento: 19.09.2018; Data de Registro: 19.09.2018).

Cabe aqui destacar que, em recente decisão, o Conselho Superior da Magistratura de São Paulo determinou, nos autos da apelação cível nº 1001328-44.2020.8.26.0584, que a meação do cônjuge supérstite não se confunde com a herança, e que a cessão respectiva configura um ato *inter vivos* e não uma renúncia.

Dessa forma, compreende-se que o STJ, como Corte Superior responsável por resolver questões infraconstitucionais em última instância, tem consistentemente decidido pela necessidade de formalização da escritura pública quando o negócio jurídico em questão é a cessão dos direitos de meação em processos de inventário ou arrolamento.

Esta interpretação é apropriada, pois a renúncia mencionada pelo legislador, que pode ser formalizada por termo nos autos, refere-se aos direitos hereditários, e não à meação.

Isso porque, a cessão dos direitos de meação não é equivalente à cessão de direitos hereditários, uma vez que a última requer a condição de herdeiro para ser efetivada. Assim, a cessão gratuita da meação em favor dos herdeiros, que é um ato de disposição patrimonial, é na verdade uma doação e deve ser formalizada por meio de Escritura Pública. A decisão do STJ enfatiza a importância da formalização da escritura pública para a cessão dos direitos de meação, diferenciando-a claramente da renúncia de direitos hereditários.

1.5.5.1 Cessão de direitos hereditários de bem determinado

A cessão de direitos hereditários sobre bem determinado, deve ser mais bem explicada, principalmente na ótica da possibilidade ou não de se lavrar a escritura pública assim requerida.

Inicialmente, não há dúvida pela possibilidade de lavrar o ato notarial, seja ele feito por um ou por todos os herdeiros. Isso porque o que o art. 1.793, § 2º do CC/02 dispõe que poderá ser ineficaz a cessão, pelo coerdeiro, de seu direito hereditário sobre qualquer bem da herança considerado singularmente. A possível ineficácia não obsta a lavratura da escritura pública requerida pelo coerdeiro nesses termos, e isso ocorre porque ela poderá ser eficaz, caso o bem cedido, na ocasião da partilha, for pago ao herdeiro cedente.

Essa ineficácia se justifica pela leitura do art. 1.791 do CC/02 que dispõe que a herança se defere como um todo unitário, sendo assim considerado até a partilha. Se, por ocasião da partilha houver a possibilidade de individualização do bem no quinhão do herdeiro cedente, a cessão sobre o bem singular terá sido eficaz e o cessionário receberá o que adquiriu.

Dessa forma, o cuidado que deve tomar o Tabelião ao instrumentalizar a escritura pública de cessão de bem determinado, é informar o cessionário que o negócio jurídico possui um risco maior que os próprios riscos de uma cessão de direitos hereditários. Isso porque a natureza jurídica da cessão de direitos hereditários é aleatória[83] por excelência, sabendo que o cessionário pode nada receber quando da partilha, nos casos em que as dívidas do *de cujus* suplantam o patrimônio deixado[84]. Se a cessão ordinária

---

83. Pela aleatoriedade da cessão de direitos hereditários, Veja ANTONINI, Mauro. *Código Civil Comentado*: Doutrina e Jurisprudência. In: GODOY, Claudio Luiz Bueno de et al.; PELUSO, CEZAR (Coord.). 14. ed. São Paulo: Manole, 2020. p. 2185: o cessionário adquire o direito hereditário do herdeiro cedente em sua integralidade, incluindo o passivo deixado pelo cujus. Nessa hipótese, as dívidas podem suplantar o ativo recebido pelo cessionário. por conta dessa possibilidade, considera-se a cessão como negócio aleatório, não respondendo o cedente pela solvência do espólio, nem pela evicção.
84. O Código De Normas De Minas Gerais traz em seu art. 192 a necessidade de constar esse alerta no corpo da escritura pública: art. 192. Para a lavratura de escritura pública de cessão de direito à sucessão aberta, o tabelião de notas deve cientificar o adquirente e nela consignar que a cessão compreende não só o quinhão ou a quota

dos direitos hereditários já se mostra aleatória, a cessão de bem determinado possui um risco, quiçá, dobrado, assumido pelo cessionário.

Assim, o fato de ser aleatório não macula o ato notarial, mas deve o Tabelião, como consultor jurídico das partes, imparcialmente, alertar o cessionário sobre os riscos que está correndo. Pode-se pensar que o risco valeria o negócio ultimado e isso não está na esfera de análise do Tabelião.

Outra questão interessante, que inclusive consta do Código de Normas de Minas Gerais, consubstanciado no Provimento nº 93/2020 da Corregedoria Geral da Justiça, já citado nesse trabalho, é o teor do art. 193 § 1º, colacionado a seguir pela lucidez do diploma:

> É válida, independentemente de autorização judicial, a cessão de bem da herança considerado singularmente se feita, em conjunto, por todos os herdeiros e pelo cônjuge meeiro, ou ainda pelo único herdeiro, hipótese em que deve constar da escritura que o cessionário está ciente dos riscos de a cessão ser absorvida por dívidas pendentes.[85]

A única ressalva a esse dispositivo é quando é feita remissão à validade do ato. Bem se vê aqui que não se trata de análise de validade do ato, que não deixa de ser válido mesmo se a cessão for feita por um único herdeiro. Aqui o plano tratado é o da eficácia. Ressalvado esse aspecto terminológico, a saída encontrada pela normativa mineira, que já é consagrada na doutrina, resolveria a ineficácia da cessão singular de bem determinado feito pelo coerdeiro.

Inclusive, o STJ já reconheceu esse ato como eficaz quando a cessão de bem determinado é instrumentalizado por todos os herdeiros e pelo cônjuge/companheiro supérstite, se existente no caso. Veja trecho do julgado em Embargos de Terceiro, no REsp 1.809.548/SP que firmou que:

> A cessão de direitos hereditários sobre bem singular, desde que celebrada por escritura pública e não envolva o direito de incapazes, não é negócio jurídico nulo, tampouco inválido, ficando apenas a sua eficácia condicionada a evento futuro e incerto, consubstanciado na efetiva atribuição do bem ao herdeiro cedente por ocasião da partilha (REsp n. 1.809.548/SP, relator Ministro Ricardo Villas Bôas Cueva, Terceira Turma, julgado em 19.05.2020, DJe de 27.05.2020).

É importante salientar que essa interpretação do § 2º em nada afronta o que dispõe o parágrafo subsequente do mesmo art. 1.793 do CC/02, uma vez que os casos tratados pelos dispositivos são distintos.

O art. 1.793 pontua, em seu § 3º, que será ineficaz a disposição, sem prévia autorização do juiz da sucessão, por qualquer herdeiro, de bem componente do acervo hereditário, pendente a indivisibilidade. Aqui, trata-se sobre a própria alienação de

---

ideal atribuível ao cedente nos bens, mas também, proporcionalmente, as dívidas do espólio até o limite das forças da herança. Disponível em: http://www8.tjmg.jus.br/institucional/at/pdf/vc00932020.pdf. Acesso em: 19 abr. 2021.

85. Provimento nº 93/2020 Da Corregedoria Geral da Justiça de Minas Gerais. Disponível em: http://www8.tjmg.jus.br/institucional/at/pdf/vc00932020.pdf. Acesso em: 19 abr. 2021.

um bem, ainda pendente a indivisibilidade da herança. Pois veja que, quando feita a cessão de direitos hereditários, por todos e por escritura pública, o cessionário será parte legítima integrante do procedimento de inventário, podendo inclusive promovê-lo extrajudicialmente. Nesse caso, há quotas cedidas por todos os interessados que se voltaram a individualizar um único bem, na medida que, como o bem está indiviso, todos possuem sua quota também naquele bem singular, que, cedida, integrará a esfera de direitos do cessionário.

Ocorre que, se o Código Civil for reformado como consta o atual relatório apresentado, o art. 1.973 passará a constar no §3º que a promessa de alienação é válida, por qualquer herdeiro, de bem integrante do acervo hereditário, mesmo pendente a indivisibilidade, mas somente será eficaz se o bem vier a ser atribuído, por partilha, ao cedente[86].

Entretanto, como pontuado, no caso do § 2º, pode o cessionário nada receber. O que disciplina o § 3º do art. 1.793 do CC/02 é a própria alienação, disposição, ou mesmo, venda do bem integrante do acervo. Nesse caso, será necessária a autorização do juiz para que o patrimônio seja vendido, e não integre a partilha quando da ultimação do inventário. Se autorizado pelo juiz, e se feito apenas por um herdeiro, o valor convertido na venda do bem integrará a quota parte do herdeiro cessionário. Caso seja feita a alienação por todos os herdeiros, em sendo autorizado judicialmente, o valor da alienação substituirá o bem e integrará o patrimônio partilhável.

Para resumir o que dispõe o importante art. 1.793 do CC, principalmente para a correta instrumentalização dos atos pelos Tabeliães de Notas e o correto aconselhamento jurídico feito pelos advogados e operadores do direito como um todo, colaciona-se o que ensinou José Fernando Simão:

> Pois bem, dessas conclusões, podemos chegar ao seguinte resumo: a) Se o herdeiro desejar transferir o seu quinhão hereditário (parte da universalidade), que significa transferir as dívidas e os bens recebidos, deverá fazê-lo por forma pública, não necessitando de autorização judicial para que essa disposição produza efeitos. b) Se o herdeiro resolver transferir apenas seu direito sobre um bem determinado, a cessão será ineficaz até a partilha, produzindo efeitos se o bem tocar ao herdeiro que fez a disposição. c) Se o herdeiro resolver alienar o bem em si, poderá fazê-lo desde que obtenha autorização judicial, não se tratando de cessão de herança, mas de venda de um bem determinado do acervo patrimonial[87].

Para finalizar, na ótica da cobrança de emolumentos quanto à cessão de direitos hereditários sobre bem determinado, não há consenso entre os Tabeliães de Notas.

Observa-se que há aqueles que cobram como um ato de cessão para cada quota hereditária cedida, ou seja, por herdeiro, calculando-se qual percentual foi cedido e qual sua relação com o preço acordado. Esse é o entendimento exposto pelo Colégio

---

86. SENADO FEDERAL. *Relatório Geral da Comissão de Juristas responsável pela revisão e atualização do Código Civil*. Disponível em: https://legis.senado.leg.br/comissoes/arquivos?ap=8019&codcol=2630. Acesso em: 04 abr. 2024.
87. SIMÃO, José Fernando. *Código Civil Comentado*: Doutrina e Jurisprudência. In: SCHREIBER, Anderson et al. Rio de Janeiro: Forense, 2019. p. 1418.

Notarial do Brasil – Seção São Paulo no enunciado nº 9 e 41 que dizem "Nos inventários, divórcios e separações, quando houver excesso de quinhão ou meação, cobra-se um ato integral por cessão, sem prejuízo da cobrança pela partilha"[88], e " Considerando-se o caráter abstrato da cessão de meação ou de quinhão, o fato gerador dos emolumentos incidentes se dá sobre a relação tributária estabelecida entre cada cedente e cada cessionário, individualmente considerados. Na hipótese de haver pluralidade de cedentes ou cessionários, haverá tantos fatos geradores quantos forem as relações individualmente discrimináveis entre as partes, ainda que a redação da disposição seja agrupada ou indistinta." E o critério utilizado para embasar o enunciado foi a quantidade de negócios jurídicos celebrados.

De igual modo, em Minas Gerais, segundo a Lei estadual 15.424/2004, em nota explicativa XVII consta que será feita uma única cobrança de emolumentos por cedente, sobre o quinhão de cada um, independentemente de serem móveis ou imóveis os bens indicados[89].

Entretanto, há posições que entendem ser a cessão um único ato, independentemente de quantos forem os herdeiros cedentes, encontrando nas tabelas a alínea correspondente ao valor total da cessão.

Não havendo consenso na interpretação das tabelas, nem tampouco sendo os enunciados vinculantes, cabe a cada Tabelião de Notas encontrar sua interpretação, sendo utilizada a que entender mais pertinente, sem que com isso, conceda descontos ou promova uma concorrência desleal.

Tendo por encerrada a análise dos arts. 16 e 17 da Resolução 35, o próximo subcapítulo analisa interessante questão sobre o reconhecimento da meação do companheiro no bojo do inventário, e até mesmo a (im)possibilidade de promoção do ato quando o falecido deixou não deixou herdeiros necessários, mas apenas o companheiro.

1.5.6 Reconhecimento da meação e do direito sucessório do companheiro

O reconhecimento da meação ou do direito sucessório no inventário, seja judicial ou extrajudicial ainda fomenta debates. A Resolução 35 do CNJ tentou apaziguar os ânimos e disciplinou pela possibilidade nos arts. 18 e 19, com alguns requisitos.

Repetiu a norma, em ambos os artigos[90], a necessidade de consenso entre as partes quanto ao reconhecimento da posição de companheiro do falecido. Por óbvio que se não houver consenso, as partes não podem, sequer, optar pela via extrajudicial. O art. 19

---

88. Disponível em: https://cnbsp.org.br/enunciados/. Acesso em: 24 jun. 2024.
89. Disponível em: http://www.fazenda.mg.gov.br/empresas/legislacao_tributaria/leis/l15424_2004.html#:~:text=disp%c3%b5e%20sobre%20a%20fixa%c3%a7%c3%a3o%2c%20a,federal%20e%20d%c3%a1%20outras%20provid%c3%aancias. Acesso em: 19 abr. 2021.
90. No art. 18, a resolução diz que deverá ser observada a necessidade de ação judicial caso não houver consenso de todos os herdeiros, e no art. 19, novamente, o texto preceitua "desde que todos os herdeiros e interessados na herança, absolutamente capazes, estejam de acordo".

é redundante e desnecessário, posto que o direito de meação poderia estar inserido no texto do art. 18 em nada perdendo na técnica ou na compreensão, evitando redundâncias.

Esse dispositivo visou regulamentar a situação existente na maioria dos casos de inventário com união estável: a falta de documento que formalizou, em vida, a união dos conviventes, e agora, pela morte de um deles, não há qualquer manifestação documental do intuito de constituir família pela união pública, contínua e duradora.

Sabe-se que por expressa opção do legislador a formalização documental da união estável é dispensável. Pela própria natureza jurídica do instituto, o documento apenas faz prova da manifestação, em vida, do casal e do intuito de constituir família. Mas mesmo se documentada, é possível que ela não ocorra, uma vez que, tomando ares de ato-fato jurídico, basta a conduta humana ser praticada para gerar os efeitos jurídicos advindos da lei, independentemente da vontade das partes, não sendo o documento que fixará os efeitos decorrentes da relação convivencial.

Pode o documento não ser o formador ou o requisito necessário para constituir a união estável, mas sua força no campo das provas é relevante, ainda mais se tomar forma de uma escritura pública, ou se for reconhecida judicialmente. Mas mesmo na existência de um casamento, solenemente formalizado, caso haja discordância entre os herdeiros e o cônjuge supérstite, o inventário extrajudicial não será opção. Dessa forma, pode-se dizer que, até mesmo de maneira cômica, que o consenso é requisito duplamente obrigatório, como trazido pela Resolução do CNJ.

O consenso possibilita o reconhecimento tanto extrajudicial, quanto judicial, não sendo, nessa última hipótese, necessário remeter as partes para outra via processual própria, pela limitação cognitiva no procedimento de inventário imposta pelo art. 612 do CPC.

Não há, portanto, maiores indagações quanto a essa questão. Visualizando que todos os herdeiros (que normalmente) são os filhos ou os sogros do sobrevivente, aceitam a existência da união estável e concordam, seja com o reconhecimento da meação ou com o direito sucessório, a depender do regime de bens e do patrimônio adquirido pelo casal durante o relacionamento.

A questão se torna mais tormentosa caso os herdeiros sejam de outro relacionamento, ou a relação afetiva da família não esteja devidamente acertada. Nesses casos, não restam opções a não ser a via judicial.

A previsão da Resolução que traz, atualmente, uma discussão com repercussão prática, diz respeito ao texto do art. 18 e disciplina pela necessidade de se propor o inventário perante o Judiciário caso o autor da herança não tenha deixado outro sucessor.

Indaga-se: a expressão "outro sucessor" seria no sentido de inexistência de sucessor nas classes precedentes (ascendente ou descendente), ou seria no sentido de não ter deixado qualquer outro parente elencado no rol do art. 1.829, IV do CC/02, inexistindo, portanto, inclusive colaterais?

Essa questão envolve certo debate, principalmente após a declaração de inconstitucionalidade do art. 1.790 do CC/02, sendo que a sucessão do companheiro seguirá as regras sucessórias do cônjuge, e dessa forma, caso o falecido não tenha deixado descendentes ou ascendente vivo, a próxima classe a ser chamada a sucessão universal do patrimônio é o companheiro. Aqui não se entrará no mérito da questão sobre o companheiro ser ou não herdeiro necessário, mas apenas se, nos casos em que, não havendo testamento ou qualquer herdeiro nas classes precedentes, como deve ser instrumentalizado esse inventário no âmbito extrajudicial.

A resposta para essa indagação inicia-se novamente na questão do consenso entre as partes, que nesse caso, seriam o companheiro e os colaterais do falecido. Posto que são considerados "outro" sucessor, além do companheiro sobrevivente, caso os colaterais concordem em reconhecer a união estável entre o falecido e o companheiro, aqueles ficarão sem qualquer direito sucessório, e novamente, isso acontece porque o regime sucessório do companheiro segue a mesmo regime do cônjuge, e sendo ele a terceira classe de herdeiros, haverá a exclusão da classe dos colaterais.

Vislumbramos que esse reconhecimento da união estável pelos colaterais, que ao assim procederem estarão por se autoexcluírem da partilha da herança deixada pelo falecido, mesmo sabendo que essa é a solução final caso o judiciário tenha que intervir, não será visualizada na prática com frequência.

Mas, apesar de ser pouco provável seu acontecimento, ele é juridicamente possível.

Nesses casos, as situações tratadas levam em consideração a inexistência de documento robusto que formalizou a união estável enquanto vivos os conviventes, necessitando, portanto, da confirmação da relação mantida em vida entre eles pelos "outros sucessores".

Agora a questão toma outra solução se tratar de uma união estável formalizada por escritura pública outorgada por ambos, em vida, ou em casos de decisão judicial que reconheceu a existência de união estável do casal. Questiona-se: se existentes os documentos mencionados, seria ainda necessária a remessa da parte para a solução judicial em caso de não confirmação da união estável pelos outros sucessores, no caso, colaterais?

Há decisões em São Paulo que já entendem pela possibilidade de lavrar o inventário extrajudicial com a participação apenas do companheiro supérstite, em havendo escritura pública lavrada em vida por ambos ou decisão judicial que reconheceu a união estável do casal.

Veja a ementa da decisão julgada no final do ano de 2019 para análise posterior:

REGISTRO DE IMÓVEIS – Procedimento de dúvida – Inventário extrajudicial por companheira sobrevivente que é qualificada como única herdeira – União estável declarada em escritura pública – Recusa de registro fundada exclusivamente na condição de única herdeira da companheira, com base na regulação administrativa do ato, prevista no item 112, do Cap. XVI das NSCGJ, e art. 18, da Resolução CNJ 35/2007 – Regime sucessório dos companheiros igualado ao dos cônjuges, a partir da declaração de inconstitucionalidade material do art. 1.790, CC, com repercussão geral (RE 646.721/RS) – Impossibilidade de se dar tratamento distinto ao companheiro em relação ao cônjuge em matéria sucessória, incluindo-se aí regras limitativas do procedimento de inventário judicial ou extrajudicial – Ausência de norma legal a indicar a impossibilidade de inventário extrajudicial ao companheiro sobrevivente caso não existam herdeiros concorrentes, considerando o teor do art. 1.829, CC e do art. 610, § 1º, CPC, desde que comprovada a união estável por escritura pública ou por sentença declaratória anterior – Eficácia da escritura de união estável para comprovar a continuidade da união estável até sua extinção pela morte, cabendo a eventual interessado em demonstrar sua inexistência ou cessação a iniciativa de derrubar a presunção decorrente da declaração, por meio de ação judicial, em homenagem ao princípio da boa-fé – Registro da declaração de união estável que só é necessário para se impor seus efeitos a terceiros, o que não ocorre quando a parte interessada adere aos efeitos da declaração dos companheiros – Declaração do inventariante sobre a inexistência de outros herdeiros que produz efeitos tanto na esfera judicial quanto na extrajudicial, não havendo perquirição ativa de demais legitimados à sucessão ante a declaração limitada – Impossibilidade de se imobilizar a transmissão sucessória a aguardar manifestação de possíveis interessados em recolher a herança que, por presunção decorrente da declaração de união estável, é do companheiro sobrevivente – Recurso provido para determinar o registro do título (CSMSP; Apelação Cível: 0005393-17.2018.8.26.0634; Relator(a): Geraldo Francisco Pinheiro Franco. Órgão Julgador: Conselho Superior de Magistratura de São Paulo; Localidade: Tremembé; Data do Julgamento: 24.09.2019).

Não há como discordar da decisão acima proferida. Ela confere efetividade à declaração de inconstitucionalidade do art. 1.790 do CC/02, pois aplica a mesma regra de sucessão do cônjuge ao companheiro, que possui documentação robusta de prova da união estável mantida em vida com o falecido. Quando a decisão faz menção ao princípio da boa-fé, há a resolução de eventual argumento que pugne pela inexistência da relação fática quando do falecimento do autor da herança. É essa alegação que deverá ser provada, e não o companheiro que deve provar a constância e existência da relação mantida em vida.

Dessa forma, os colaterais não comparecerão para confirmar a união estável que já fora confirmada pelo falecido, em vida. Apenas as uniões estáveis em que não haja prova pré-constituída é que será exigida o reconhecimento pelos "outros herdeiros", nesse caso, os colaterais, ou será encaminhada à solução judicial caso os outros sucessores sejam desconhecidos ou inexistentes.

É necessária a menção de trecho explicativo da decisão citada acima no corpo deste trabalho para evidenciar que o extrajudicial também é local de efetividade dos direitos das famílias, tão plúrimas e singulares existentes na sociedade atual:

> As consequências da decisão, afastando do ordenamento jurídico o regramento diverso dado ao companheiro pelo art. 1.790, do Código Civil, vai além da simples regulação unificada do regime sucessório. Passa, a meu sentir, pela vedação de distinção do exercício de tais direitos para os companheiros, inclusive com regras distintas para fins de realização do inventário e partilha, quando haja prova suficiente da existência da união estável. Limita-se, assim, eventual redução do direito à realização do inventário extrajudicial por companheiros sobreviventes a casos em que não haja prova pré-constituída da união estável ou nos casos de impedimento legal aplicável também ao cônjuge sobrevivente. Impor ao companheiro sobrevivente regras para realização de inventário e partilha distintas do cônjuge, por força de norma infralegal de natureza administrativa, é desrespeitar o comando constitucional da igualdade, reconhecido como prevalente pelo Supremo Tribunal Federal na decisão indicada. Por consequência, o companheiro tem tratamento idêntico em tudo ao cônjuge supérstite para fins sucessórios, embora se reconheça diferenças entre a

união estável e o casamento (CSMSP; Apelação Cível: 0005393-17.2018.8.26.0634; Relator(a): Geraldo Francisco Pinheiro Franco. Órgão Julgador: Conselho Superior de Magistratura de São Paulo; Localidade: Tremembé; Data do Julgamento: 24.09.2019).

Apesar dos ótimos e sólidos argumentos cedidos pela corrente acima analisada, é sabido que essa não é a posição majoritária. A decisão é recente no Estado de São Paulo e, apesar da decisão do STF ao julgar os Recursos Extraordinários 646.721/RS e 878.694/MG, ambos com repercussão geral reconhecida, tendo sido fixada a tese de inconstitucionalidade do art. 1.790 do CC/02[91], passando a prever, expressamente, que o regime sucessório do companheiro deve seguir o art. 1.829, a Resolução 35 do CNJ não foi alterada. E inclusive, em São Paulo, as Normas do Extrajudicial não foram alteradas, o que gera intenso debate entre tabeliães e registradores.

Dessa forma, caberá a cada operador do direito verificar se há disposição normativa dispondo de modo diverso, se há decisão administrativa que regule a matéria e se o entendimento e a interpretação do ordenamento jurídico são similares entre tabeliães, advogados e registradores que atuarão nos casos concretos.

Quanto à cobrança de emolumentos, no Estado de São Paulo há enunciado que dispõe o seguinte: "Nas escrituras de inventário, haverá cobrança adicional pelo fato de eventual reconhecimento da existência de união estável do de cujus." A justificativa é que de acordo com a Lei nº 11.331/2002 (Lei de Emolumentos Paulista), a incidência dos emolumentos se dá por cada ato formalizado, seja em mesmo instrumento ou em instrumento apartado, sendo certo que não existe caráter de acessoriedade entre união estável e inventário.[92]

1.5.6.1 A prova do esforço comum para a meação do cônjuge sobrevivente – Súmula 377, STF

Uma questão que merece ser destacada diz respeito à Súmula 377, que foi editada ainda pelo STF e está em vigor desde a década 1960, tendo passado por uma reinterpretação pelo Superior Tribunal de Justiça (STJ).

A versão original e literal da Súmula 377 afirmava que, sob o regime de separação legal de bens, os bens adquiridos durante o casamento eram considerados propriedade comum do casal. Esta comunhão de bens era vista como absoluta, sendo o resultado de um esforço presumido entre os cônjuges.

Letícia Franco Maculan Assumpção e Paulo Hermano Soares Ribeiro[93] ressaltam que tal súmula, aprovada em 1964, suavizou a previsão contida no artigo 1.641 do

---

91. A tese fixada foi a seguinte: "é inconstitucional a distinção de regimes sucessórios entre cônjuges e companheiros prevista no art. 1.790 do CC/2002, devendo ser aplicado, tanto nas hipóteses de casamento quanto nas de união estável, o regime do art. 1.829 do CC/2002".
92. Enunciado 42 CNB/SP. Disponível em: https://cnbsp.org.br/enunciados/. Acesso em: 24 jun. 2024.
93. ASSUMPÇÃO, L. F. M.; RIBEIRO, P. H. S. Releitura pelo STJ da súmula 377/STF – Necessidade de prova do esforço comum para que o cônjuge sobrevivente seja meeiro. *Migalhas*. Disponível em: https://www.migalhas.com.br/arquivos/2024/3/4914805B2960E1_releiturastj.pdf. Acesso em: 11 abr. 2024.

Código Civil de 1916, relacionado às hipóteses em que seria obrigatório o regime de separação de bens no casamento, de forma a prever que no regime de separação legal, os bens adquiridos na constância do casamento comunicavam-se.

Os autores também evidenciam que essa súmula não é uma súmula vinculante, posto que na época de sua criação, sequer existia tal instituto, que foi inserido no ordenamento jurídico pela Emenda Constitucional 45/2004. Assim, não sendo de caráter vinculante, tal súmula pode não ser aplicada caso haja fundamento para tanto com base em dispositivo legal.

Como cedido, anteriormente, a interpretação dada pela Súmula 377 presumia que ambos os cônjuges contribuíram para a aquisição de bens durante o casamento, surgindo dúvida sobre a necessidade de provar o esforço comum na aquisição de bens adquiridos.

Então, em última interpretação, foi decidido pelo Superior Tribunal de Justiça que a divisão de bens onerosos adquiridos durante o casamento sob a separação legal depende da prova do esforço comum na aquisição desses bens, ou seja, a presunção é relativa.

Essa nova interpretação feita pelo STJ implica que, para que um bem seja considerado propriedade comum do casal, é preciso demonstrar que ambos os cônjuges contribuíram para a sua aquisição. Se não restar comprovado o esforço comum, quanto à sucessão em caso de concorrência com os descendentes, não haverá herança ou meação se o regime adotado foi da separação obrigatória de bens. Esta alteração diminui consideravelmente o escopo da Súmula 377.

EMBARGOS DE DIVERGÊNCIA NO RECURSO ESPECIAL. DIREITO DE FAMÍLIA. UNIÃO ESTÁVEL. COMPANHEIRO SEXAGENÁRIO. SEPARAÇÃO OBRIGATÓRIA DE BENS (CC/1916, ART. 258, II; CC/2002, ART. 1.641, II). DISSOLUÇÃO. BENS ADQUIRIDOS ONEROSAMENTE. PARTILHA. NECESSIDADE DE PROVA DO ESFORÇO COMUM. PRESSUPOSTO DA PRETENSÃO. EMBARGOS DE DIVERGÊNCIA PROVIDOS. 1. Nos moldes do art. 258, II, do Código Civil de 1916, vigente à época dos fatos (matéria atualmente regida pelo art. 1.641, II, do Código Civil de 2002), à união estável de sexagenário, se homem, ou cinquentenária, se mulher, impõe-se o regime da separação obrigatória de bens. 2 – Nessa hipótese, apenas os bens adquiridos onerosamente na constância da união estável, e desde que comprovado o esforço comum na sua aquisição, devem ser objeto de partilha. 3. Embargos de divergência conhecidos e providos para negar seguimento ao recurso especial (EREsp n. 1.171.820/PR, relator Ministro Raul Araújo, Segunda Seção, julgado em 26.08.2015, DJe de 21.09.2015).

CIVIL. PROCESSUAL CIVIL. AÇÃO DE INVENTÁRIO. (...) REGIME DA SEPARAÇÃO DE BENS ENTRE OS SEPTUAGENÁRIOS. APLICABILIDADE À UNIÃO ESTÁVEL. COMUNICAÇÃO DE BENS ADMITIDA, DESDE QUE COMPROVADO O ESFORÇO COMUM. INOCORRÊNCIA NA HIPÓTESE. DISSÍDIO JURISPRUDENCIAL PREJUDICADO. ACÓRDÃO RECORRIDO CONFORME JURISPRUDÊNCIA DESTA CORTE. SÚMULA 83/STJ. (...) 7 – A regra do art. 1.641, II, do CC/2002, que estabelece o regime da separação de bens para os septuagenários, embora expressamente prevista apenas para a hipótese de casamento, aplica-se também às uniões estáveis. Precedentes. 8 – No regime da separação legal, comunicam-se os bens adquiridos na constância do casamento ou da união estável, desde que comprovado o esforço comum para sua aquisição. Precedentes. 9 – Na hipótese, o acórdão recorrido, soberano no exame da matéria fático-probatória, concluiu que não houve prova, sequer indiciária, de que a recorrente tenha contribuído para a aquisição dos bens que pretende sejam partilhados e que pudesse revelar a existência de esforço comum, a despeito de à parte ter sido oportunizada a produção das referidas provas, ainda que em âmbito de cognição mais restritivo típico das ações de inventário. 10 – Prejudicado o exame do alegado dissídio jurisprudencial, na medida em que a orientação do acórdão recorrido está em plena sintonia com a jurisprudência firmada nesta Corte.

Aplicabilidade da Súmula 83/STJ. 11 – Recurso especial conhecido e não provido (REsp n. 2.017.064/SP, relatora Ministra Nancy Andrighi, Terceira Turma, julgado em 11.04.2023, DJe de 14.04.2023).

Aqui, importa colacionar parte do acórdão do EREsp 1.171.820/PR, no qual o relator, Ministro Raul Araújo, trouxe explicação clara e linear sobre os motivos que determinaram tal mudança na leitura da Súmula 377:

> Cabe definir, então, se a comunicação dos bens adquiridos na constância do casamento ou da união depende ou não da comprovação do esforço comum, ou seja, se esse esforço deve ser presumido ou precisa ser comprovado. Noutro giro, se a comunhão dos bens adquiridos pode ocorrer, desde que comprovado o esforço comum, ou se é a regra.
>
> Tem-se, assim, que a adoção da compreensão de que o esforço comum deve ser presumido (por ser a regra) conduz à ineficácia do regime da separação obrigatória (ou legal) de bens, pois, para afastar a presunção, deverá o interessado fazer prova negativa, comprovar que o ex-cônjuge ou ex-companheiro em nada contribuiu para a aquisição onerosa de determinado bem, conquanto tenha sido a coisa adquirida na constância da união. Torna, portanto, praticamente impossível a separação dos aquestos.
>
> Por sua vez, o entendimento de que a comunhão dos bens adquiridos pode ocorrer, desde que comprovado o esforço comum, parece mais consentânea com o sistema legal de regime de bens do casamento, recentemente confirmado no Código Civil de 2002, pois prestigia a eficácia do regime de separação legal de bens. Caberá ao interessado comprovar que teve efetiva e relevante (ainda que não financeira) participação no esforço para aquisição onerosa de determinado bem a ser partilhado com a dissolução da união (prova positiva).

Dessa forma, o esforço não é mais presumido. Agora, é responsabilidade do cônjuge que busca participação no patrimônio provar a contribuição, o esforço, mesmo que indireto. Esta mudança é relevante, pois muda a maneira como os bens adquiridos durante o casamento são divididos em caso de sucessão.

Ocorre que o Estado de São Paulo tem entendimento jurisprudencial que diverge do entendimento da Corte Superior, mantendo em suas decisões que o esforço comum é presumido, devendo ser feita prova em contrário para demonstrar que o bem não foi adquirido com esforço comum.

> Registro de Imóveis – Proprietária casada no regime da separação obrigatória de bens – Bem adquirido na constância da união – Cônjuges falecidos – Escritura de inventário da falecida esposa por meio da qual a totalidade do imóvel é partilhada – Impossibilidade de registro – Aplicabilidade da Súmula 377 do STF – Comunhão que se presume – Necessidade de prévia inscrição do formal de partilha extraído do inventário do falecido marido, no qual sua parte no imóvel será dividida – Alegação de prescrição da ação de sonegados – Matéria estranha ao procedimento de dúvida – Apelação desprovida (CSMSP; Apelação Cível: 1027173-17.2016.8.26.0100; Órgão Julgador: Conselho Superior de Magistratura de São Paulo; Localidade: São Paulo; Data do Julgamento: 02.02.2017).

Em recente decisão (apelação cível nº 1004185-35.2022.8.26.0506), o CSMSP reconheceu a releitura feita pelo STJ, mas manteve seu entendimento sob a seguinte justificativa: "não se desconhece a releitura conferida pelo C. Superior Tribunal de Justiça, no sentido de que não se presume o esforço comum. Contudo, *in casu*, considerando as datas do casamento e da aquisição dos bens imóveis, ocorridas na vigência do Código Civil de 1916, há de prevalecer o entendimento da Súmula nº 377, do Supremo Tribunal Federal, presumindo-se o esforço comum".

> Registro de imóveis – dúvida – negativa de registro de escritura pública de inventário e partilha – imóveis que foram adquiridos a título oneroso e na vigência do Código Civil de 1916, por pessoa casada em regime de separação obrigatória de bens – Súmula nº 377 do Supremo Tribunal Federal – presunção de comunicação dos aquestos – dúvida procedente – apelação não provida (CSMSP; Apelação Cível: 1004185-35.2022.8.26.0506; Órgão Julgador: Conselho Superior de Magistratura de São Paulo; Localidade: Ribeirão Preto; Data do Julgamento: 05.05.2023).

Pelo entendimento firmado no Estado de São Paulo, apenas não será considerado aquesto quando restar comprovado que os bens não foram adquiridos em comum esforço, como no recurso administrativo nº 1041586-80.2022.8.26.0114, em que a Corregedoria Geral de Justiça de São Paulo reconheceu que estava demonstrado que os bens em questão não eram aquestos, pois ficou expressamente declarado pela viúva e pelos herdeiros que os imóveis em questão não tinham sido adquiridos pelo finado:

> ÓBITO – AVERBAÇÃO. REGIME DA SEPARAÇÃO OBRIGATÓRIA DE BENS. PARTILHA. SÚMULA 377 – ESFORÇO COMUM – AQUESTOS. QUALIFICAÇÃO REGISTRAL – EXIGÊNCIAS. ROGAÇÃO – INSTÂNCIA. Registro de imóveis – Pedido de providências – Recurso administrativo – Requerimento de averbação de óbito – Desnecessidade de prova de partilha – Existência, entretanto, de demonstração de que os bens em questão não são aquestos – Observância, ademais, do limite da rogação registral – Parecer pelo provimento do recurso, para permitir os averbamentos requeridos (CGJSP; Recurso administrativo: 1041586-80.2022.8.26.0114; Órgão Julgador: Corregedoria Geral de Justiça de São Paulo; Localidade: Campinas; Data do Julgamento: 13.12.2023).

Assim, observa-se que ocorreu uma mudança na interpretação da Súmula 377. Agora, o entendimento do STJ é que a comprovação do esforço comum é necessária, podendo ser realizada por meio de declaração dos herdeiros, do viúvo ou das partes quando adversárias. Caso não haja manifestação, o bem adquirido onerosamente durante o casamento é considerado particular, de forma que, se houver concorrência com descendentes, não há herança, sendo o bem particular apenas daquele que o adquiriu e consta na escritura pública.

Esta é a interpretação atual do STJ, adotada por vários Estados, com exceção do estado de São Paulo que, como visto alhures, ainda presume o esforço comum, diferentemente do Tribunal Superior, que afirma que o esforço comum deve ser comprovado. Contudo, em São Paulo, é possível afastar a presunção de esforço comum por meio de declaração dos herdeiros. Se esse afastamento não ocorrer, presume-se o esforço comum.

1.5.7 Análise formal da escritura pública de inventário extrajudicial

Os próximos artigos trazidos pela Resolução 35 do CNJ dizem respeito aos aspectos formais que deverão conter a escritura pública de inventário extrajudicial.

O art. 20 trata da qualificação completa das partes e dos respectivos cônjuges. Como já analisado em momento precedente, os cônjuges dos herdeiros, em regra, não são partes do ato. Apenas tomarão esse posto se houver renúncia ou cessão dos direitos hereditários. Mas a sua qualificação é devida, para que a especialidade subjetiva seja respeitada quando do ingresso do título no fólio real.

A qualificação das partes é aquela sabida por todos, constando na escritura os dados individualizadores da pessoa natural. Uma observação é pela menção na Resolução 35 de se constar a idade das partes e dos cônjuges. Não há qualquer justificativa lógica desse dado qualificativo constar no corpo da escritura. Não é elemento que aparece em outra lei ou normativa, mas apenas na Resolução 35 CNJ. E essa menção não é reproduzida fielmente na prática notarial. Normalmente, é um dado que passa desapercebido pelos tabeliães e que não importa em prejuízo para a higidez e segurança do ato. Apenas para fins de provas de concurso público essa informação pode ser exigida para confundir as respostas dos candidatos.

A qualificação do autor da herança também se faz imprescindível, afinal, o ato todo diz respeito a sua vida patrimonial. A sua qualificação será feita minunciosamente descrita na escritura, assim como os dados do falecimento constantes da certidão de óbito, documento que deve obrigatoriamente ser apresentado.

O art. 21 faz menção a seguinte declaração que deve estar no corpo do ato: "a menção ou declaração dos herdeiros de que o autor da herança não deixou testamento e outros herdeiros, sob as penas da lei". A declaração de únicos herdeiros também é requerida no inventário judicial, feita pelo inventariante nomeado, nas primeiras declarações apresentadas, não havendo perquirição efetiva da veracidade da declaração prestada, mas possibilidade de impugnação por eventual interessado. E sendo mera declaração, por óbvio, não prejudica eventuais herdeiros preteridos ou desconhecidos em reclamar seus direitos nas vias próprias.

Quanto a declaração de inexistência de testamento, desde 2016 há regulamentação expressa do CNJ, pelo Provimento nº 56 pela obrigatoriedade de consulta ao Registro Central de Testamentos On-Line (RCTO) para processar os inventários e partilhas judiciais e lavrar escrituras públicas de inventários extrajudiciais.

É obrigação do Tabelião consultar a CENSEC, no módulo de Registro Central de Testamentos On-line (RCTO), a fim de requerer a expedição da certidão positiva ou negativa de testamento lavrados e/ou revogados. O Provimento CNJ nº 56/16 dispõe que o cumprimento dessa obrigação é dos Juízes de Direito e do Tabelião de Notas. Dessa forma, além da declaração das partes de que não há testamento, e nesse caso, principalmente, que inexiste testamento particular, a consulta, expedição e menção no corpo do ato da certidão de inexistência de testamento é requisito do ato de inventário e partilha.

Ao requerer a certidão da central, caso a busca retorne com resultado positivo, o procedimento extrajudicial deverá ser obstado até a resolução dessa controvérsia, conforme já analisada em subcapítulo acima.

Os documentos apresentados para a confecção do ato estão disciplinados no art. 22 da Resolução 35 que faz referência a todos os documentos pessoais e comprobatórios dos direitos a serem arrolados no inventário. Os documentos serão apresentados, preferencialmente em seus originais, mas o próprio CNJ disciplinou a possibilidade do Tabelião aceitar a apresentação de cópias autenticadas, salvo as de identificação das partes.

Quanto aos prazos dos documentos apresentados, sua existência dependerá da normativa extrajudicial de cada Estado da federação. A Resolução 35 não faz menção aos prazos de validade da documentação, restando a cargo da normativa específica tratar sobre o tema.

A exceção à regulamentação normativa diz respeito às certidões de propriedade dos imóveis arrolados no inventário, que por própria disposição legal, advinda do Decreto 93.240/86, que regulamentou a Lei 7.433/85, e em seu art. 1º, inciso IV, dispõe que para a lavratura de atos notariais relativos a imóveis, será apresentada a certidão de ações reais e pessoais reipersecutórias, relativas ao imóvel, e a de ônus reais, expedidas pelo Registro de Imóveis competente, cujo prazo de validade, para este fim, será de 30 (trinta) dias. A Lei é federal, sendo, portanto, o mesmo tratamento encontrado em todos os tabelionatos do Brasil.

A celeuma está encrustada nas certidões pessoais a serem apresentadas, certidões de nascimento e de casamento dos herdeiros. Em Minas Gerais, o Provimento nº 93/2020 em seu Art. 189, inciso V e alíneas disciplina o prazo de 90 (noventa) dias para as certidões pessoais apresentadas para a lavratura do ato notarial.

Em São Paulo, por diversas vezes, já se tentou incluir prazos máximos de expedição das certidões comprobatórias do estado civil das partes. Na reformulação da Normativa Paulista que entrou em vigor no dia 06 de janeiro de 2020, o item 118.1 do Cap. XVI trouxe a fixação de prazo de 90 (noventa) dias a partir, retroativamente, da respectiva data de celebração do ato notarial de sucessão, inclusive, a de óbito.

Essa disposição não vingou por muito tempo. A Corregedoria Geral da Justiça suprimiu o prazo após a decisão proferida no Processo 2020/00027424, que se originou em uma consulta.

O autor da consulta justificou o pedido com base na Lei de Liberdade Econômica, Lei 13, que em seu art. art. 3º, inciso XII, § 11 prevê o direito do cidadão da não exigência pela administração pública direta ou indireta de certidões não previstas em lei, disciplinando ser ilegal a delimitação de prazo de validade de certidão emitida sobre fato imutável, inclusive sobre óbito.

O Colégio Notarial do Brasil – Seção de São Paulo manifestou-se pela alteração das Normas de Serviço do Estado de São Paulo a fim de que as certidões do registro civil das pessoas naturais apresentadas para as escrituras públicas de inventário e partilha sejam posteriores à data da abertura da sucessão, com exceção das certidões de casamento dos herdeiros que renunciarem, ou que cederem a herança. A manifestação do CNB/SP foi acatada em parte.

O juiz José Marcelo Tossi Silva, relator do parecer, decidiu com fundamentação legal diferente da proposta pelo autor da consulta. O fez de forma correta posto que não há que os Tabelionatos de Notas não integram a administração pública direta ou indireta. O respaldo legal utilizado no parecer foi a não previsão de prazo de expedição das certidões no art. 610 do CPC/15 e tampouco na Resolução 35 do CNJ.

O item 118.1 foi alterado com suprimento do prazo e foi incluído novo subitem, o 118.2, explicando a necessidade de comprovação do estado civil dos herdeiros quando da abertura da sucessão:

> 118.1. As certidões de nascimento, casamento e óbito, destinadas a comprovar o estado civil das partes e do falecido, assim como a qualidade dos herdeiros, não terão prazo de validade, salvo em relação aos herdeiros maiores que se declararem solteiros, caso em que as certidões de nascimento deverão ser posteriores à data do óbito do autor da herança.
>
> 118.2. As certidões de casamento dos sucessores deverão comprovar o seu estado civil na data da abertura da sucessão, bem como o estado civil na data da escritura pública de inventário quando for promovida a renúncia, ou cessão da herança no todo ou em parte.

O parecer foi aprovado pelo Corregedor Geral da Justiça de São Paulo, e a alteração acima citada foi incluída na Norma pelo Provimento 18/2020 em julho de 2020.

> Dispõe sobre o prazo de validade das certidões de óbito, nascimento e casamento apresentadas para as escrituras públicas de inventário e partilha de bens. (ODS 16) (CGJSP; Processo: 27.424/2020; Órgão Julgador: Corregedoria Geral da Justiça de São Paulo; Localidade: São Paulo; Data do Julgamento: 20.07.2020; Data de Registro: 20.07.2020).

No Rio Grande do Sul, não há menção aos prazos das certidões pessoais apresentadas ao Tabelião, sendo inclusive emitido uma circular pela Corregedoria Geral da Justiça no sentido de que deve o Tabelião se abster de requerer as certidões atualizadas, por onerar a parte[94].

Os documentos comprobatórios das propriedades móveis também serão apresentados ao Tabelião, bem como qualquer documento pertinente para o ato, como alvarás, autorizações, cotações, balanços, extratos bancários etc. Todos os documentos apresentados, se pertinentes, serão mencionados no ato, conforme dispõe o art. 24 da Resolução, o que é repetido na maioria das normativas estaduais.

1.5.8 Sobrepartilha

Antes de adentrar no tema da sobrepartilha, uma menção importante relativa ao tema é falar sobre a possibilidade de partilha parcial. No estado de São Paulo consta expressamente no item 121 do Cap. XVI o que segue: "121. É admissível o inventário com partilha parcial, embora vedada a sonegação de bens no rol inventariado, justificando-se a não inclusão do(s) bem(ns) arrolado(s) na partilha".

Tal dispositivo é interessante por prever a possibilidade de arrolamento do patrimônio total do falecido com a opção das partes pela partilha parcial. A razão de existir desse dispositivo pode ser encontrada em diversas razões práticas da vida cotidiana: pode ser que os herdeiros tenham alguma urgência em partilhar o montante financei-

---

94. Of. Circular nº 412/2008: Processo Nº 10-08/001395-0 Parecer nº 552/2008 – Jat – Disponível em: https://www.colegioregistralrs.org.br/cgj_rs_oficios/of-circular-n-412-2008-processo-n-10-08-001395-0-parecer-n-552-2008-jat/. Acesso em: 21 abr. 2021.

ro, ou partilhar algum imóvel que queiram vender com rapidez, ou mesmo, pendente alguma questão de difícil solução, desejam deixar a partilha do bem problemático para um momento futuro.

Mas veja, o inventário conterá todo arrolamento e especificação do que foi deixado pelo falecido, sendo que os herdeiros serão informados da necessidade de sobrepartilha futura.

A questão do imposto na partilha parcial gera debates. Seria devido o recolhimento total ou apenas daquilo que está sendo partilhado nesse primeiro momento? Entende-se que a melhor técnica será o recolhimento total do patrimônio mensurado e conhecido pelos herdeiros, pois há vezes em que se sabe da existência do bem, mas se ignora seu valor. Dessa forma, a fim de evitar a aplicação de juros e multas pela intempestividade no recolhimento do tributo, o melhor será que tudo que puder ser mensurado nesse momento faça constar da declaração do imposto com seu devido recolhimento.

Ao ser instrumentalizada uma partilha parcial, restará para os herdeiros, em ato posterior, realizar a sobrepartilha daquilo deixado para um momento futuro.

Nesse momento nos cabe, então, pontuar o conceito e a abrangência do instituto da sobrepartilha, tratada pela Resolução do CNJ, mencionada no art. 2.022 do CC/02 e mais especificada no art. 669 do CPC/15.

O conceito de sobrepartilha é intuitivo, levando a considerá-la como ato posteriormente lavrado ao principal (partilha), por algum óbice no arrolamento e divisão do bem que só agora será dividido aos herdeiros.

Como dispõe Rosa e Rodrigues, "a sobrepartilha é a realização de nova partilha, em virtude de a anterior não ter contemplado bem componente do acervo hereditário. Trata-se de um complemento à partilha anteriormente realizada"[95].

O Código Civil faz menção a possibilidade de sobrepartilha apenas dos bens sonegados, enquanto o art. 669 do CPC/15 traz outras hipóteses, abarcando, além dos sonegados, os descobertos após a partilha; os litigiosos, assim como os de liquidação difícil ou morosa; os situados em lugar remoto da sede do juízo onde se processa o inventário.

Conforme bem explica Chaves e Rezende:

> É admissível a realização por escritura pública de inventário com partilha parcial e de sobrepartilha. Estão sujeitos à sobrepartilha os bens eventualmente sonegados ou aqueles cujo conhecimento se deu após a realização da partilha. A sobrepartilha é admitida por instrumento público ainda que o inventário anterior tenha sido realizado e já concluído junto ao Poder Judiciário. Nos casos em que existia menores ou incapazes à época do primeiro inventário, será permitida a sobrepartilha na esfera extrajudicial, desde que todos sejam maiores e capazes no momento de sua efetivação[96].

---

95. ROSA, Conrado Paulino Da; RODRIGUES, Marco Antonio. *Inventário e Partilha*. 3. ed. rev. atual. e ampl. Salvador: JusPodivm, 2021. p. 501.
96. CHAVES, Carlos Fernando Brasil; REZENDE, Afonso Celso F. *Tabelionato de Notas e o Notário Perfeito*. 7. ed. São Paulo: Saraiva, 2013. p. 325.

Dessa forma, verifica-se que a Resolução 35 trouxe expressamente a possibilidade de lavratura de escritura pública de sobrepartilha em seu art. 25, mencionando os atos já findos e realizados perante o Judiciário, para que não houvesse dúvidas, como ocorreu com a omissão quando tratou das retificações das partilhas.

Outra importante referência trazida pela resolução é a possibilidade de ser feita a sobrepartilha mesmo se os herdeiros fossem menores na data do falecimento ou do processo judicial.

Os requisitos para lavratura do ato de sobrepartilha seguem os mesmos acima já comentados, inclusive devendo o Tabelião fazer menção ao ato primário de inventário lavrado, com descrição da data, livro e página do Tabelionato responsável.

Questão interessante se visualiza sobre a necessidade de apresentação de nova certidão comprobatória de inexistência de testamento, emitida pelo CNB/CF por meio da CENSEC/RCTO. Entende-se que não será necessário um novo pedido, uma vez que, por impossibilidade lógica, o resultado não seria diferente daquele já obtido quando do inventário. Mas essa resposta apenas se dará caso a certidão tiver sido expedida quando do ato principal.

Verificou-se no subcapítulo anterior que a obrigatoriedade de constar essa informação, com o pedido da certidão respectiva, é recente. Em se tratando de sobrepartilha de um ato anterior a normativa, entende-se que é necessário que seja, no momento da sobrepartilha, feita a busca e o pedido da certidão de inexistência de testamento via CENSEC.

Quanto aos requisitos que deve conter o ato de sobrepartilha, dispõe Andrea Gigliotti e Jussara Modaneze:

Pode ser realizada por escritura pública a "sobrepartilha" de bens do autor da herança. Alguns bens deixam de ser arrolados no primeiro ato de inventário, ou porque os herdeiros não sabem de sua existência, ou porque o imóvel depende de regularização perante o Registro de Imóveis ou possui débitos tributários que impedem a partilha, ou porque são recebidos em outros inventários ainda não encerrados. Na sobrepartilha é necessário observar se não houve renúncia no primeiro ato, se o imposto de transmissão foi recolhido sobre todo o patrimônio ou se há necessidade de recolher imposto complementar quanto ao bem sobrepartilhado necessário também mencionar na sobrepartilha o primeiro ato, seja ele judicial ou extrajudicial[97].

Uma dupla referência trazida pelas autoras citadas merece uma discussão mais aprofundada. A primeira diz respeito a impossibilidade de lavrar a escritura de inventário quando há débitos tributários que impeçam a partilha.

Essa interpretação, em São Paulo, advinha da conjugação de dois dispositivos normativos, quais sejam, o art. 22 da Resolução 35 e os itens 116.2 e 118, alínea "i"

---

97. GIGLIOTTI, Andrea, MODANEZE, Jussara. In: GENTIL, Alberto. *Registros Públicos*. Rio de Janeiro: Forense; São Paulo: Método, 2020. p. 835.

do Cap. XVI das Normas Paulistas. Os itens citados da norma de São Paulo tinham a seguinte redação: "Item 116.2. Os débitos tributários municipais e da receita federal (certidões positivas fiscais municipais ou federais) impedem a lavratura da escritura pública". Já o item 118, alínea "i" dizia que a certidão negativa conjunta da Receita Federal do Brasil e da Procuradoria Geral da Fazenda Nacional era um documento a ser apresentado quando da lavratura do ato de inventário. Dessa forma, caso o Tabelião, ao requerer a documentação necessária, observasse a existência de débitos municipais referentes aos imóveis que compunham o monte e débitos federais quando da busca pelo CPF do falecido, o ato deveria ser obstado, até que os herdeiros procedessem a regularização.

Entretanto, por vezes esse dispositivo das NESCGJ/SP foi criticado. Há a possibilidade de dispensa da certidão negativa da RFB/PGFN[98] em alienações imobiliárias entre particulares, e o fisco possui seus meios próprios, legais, para a cobrança e recuperação de seus bens[99]. Entretanto, há normativas que ainda insistem em requerer a apresentação das certidões negativas de débitos tributários para os atos lavrados perante os Tabelionatos de Notas.

Após as diversas críticas, a normativa paulista foi alterada por meio dos Provimentos CG 08/2021 (que suprimiu o item 118, aliena "i") e CG 13/2021 (que suprimiu o item 116). Mas lembre-se sempre, o Brasil possui um código de normas por Estado da federação, então é possível que em algum Estado ainda haja essa interpretação restritiva.

Voltando a análise do que as autoras pontuaram no trecho colacionado acima, ele diz respeito à necessidade de recolhimento do tributo devido em relação a esse bem que será sobrepartilhado, sendo verificável que a prática nos remete a situações que a teoria normalmente não explica.

A depender do caso concreto, é possível que o patrimônio deixado pelo *de cujus*, de conhecimento dos herdeiros num primeiro momento, que deu ensejo ao inventário e a partilha, tenha se amoldado as hipóteses de isenção do ITCMD. Com o descobrimento desse novo patrimônio a ser sobrepartilhado, mostra-se possível que a hipótese de isenção deixe de existir, sendo que, se isso acontecer, os herdeiros terão que recolher o imposto devido sobre todo monte, inclusive sobre aquilo que já foi objeto de partilha.

O que se verifica na prática é que o desconhecimento de todo o patrimônio deixado pelo *de cujus* enseja o ato de sobrepartilha. Normalmente, os herdeiros não sabem de contas bancárias, imóveis em outras localidades e esse patrimônio não integra o inventário. Para reforçar, nas palavras de Pellicani:

---

98. A dispensa consta do item 60, alínea "h" do Cap. XVI das Normas de São Paulo e também em relação às pessoas jurídicas, Vide Portaria Conjunta Rfb/Pgfn N 1751/2014, Art. 17.
99. Sobre as "sanções políticas", que acontecem quando o fisco procura receber seus créditos impedindo que o contribuinte exerça outros direitos, Veja em: https://www.migalhas.com.br/depeso/82124/stf-declara-inconstitucional-a-obrigacao-de-apresentacao-de-cnd.

A escritura pública de sobrepartilha, em tais hipóteses, deve ser igualmente admitida, mesmo que ligada a inventário judicial já terminado e ainda que um herdeiro, agora capaz, fosse incapaz à época do óbito ou do procedimento em juízo. Nesse sentido, o artigo 25 da Resolução nº 35 do CNJ[100].

Sobre as contas bancárias desconhecidas, uma importante ferramenta pode ser utilizada pelo Tabelião de Notas para evitar que isso continue no limbo. Pela Lei 10.701/2003, restou determinado que o Banco Central mantivesse um "cadastro geral de correntistas e clientes de instituições financeiras, bem como de seus procuradores", denominado cotidianamente de CCS. O Cadastro permite que, por ofício eletrônico, sejam requisitados às instituições financeiras os dados de agência, número e tipos de contas do cliente. As regras relativas ao sigilo bancário e ao direito à privacidade são observadas em toda a operação do CCS. Haverá o encaminhamento de um e-mail, ofício emitido pelo Tabelião de Notas, para a CCS que retornará com o relatório com dados negativos ou positivos, informando em quais instituições financeiras, com indicação da agência, aquela pessoa possui contas em aberto. Veja, não haverá informação de valores depositados ou qualquer outro dado que seja sigiloso, mas com a indicação de quais agências o falecido era correntista, se torna possível a diligência dos herdeiros a fim de levantar todo patrimônio deixado, evitando futuras sobrepartilhas.

É importante pontuar que a não partilha do bem no primeiro momento do inventário não induz a partilha a qualquer vício. Não há ilegalidade, nulidade, ou anulabilidade a ser debatida. O procedimento correto é o ato de sobrepartilha, seguindo todos os requisitos trazidos pela ordem jurídica.

Assim afirma Antonini:

> Não importa o motivo da ignorância desses outros bens. Em qualquer hipótese, preserva-se a partilha anterior e é feita a sobrepartilha nos mesmos autos, observando-se o procedimento de inventário ou arrolamento, com partilha judicial ou amigável (art. 670 do CPC[101]). A omissão de um ou mais bens na partilha, portanto, não acarreta sua nulidade, impondo, tão somente, a sobrepartilha[102].

Apenas para que não restem dúvidas, evidencia-se que a escritura de sobrepartilha deverá conter os mesmos dados e recolhimento da documentação e tributos necessários de um inventário comum, citando que o ato trata-se de uma sobrepartilha, mencionando os dados do ato precedente.

1.5.9 Escritura de adjudicação

Conforme já explicado no capítulo que tratou dos conceitos e finalidades, a escritura de inventário e adjudicação possui diferença apenas terminológica.

---

100. PELLICANI, Roger Benites. Aspectos Relevantes do Inventário Extrajudicial. In: AHUALLI, Tânia Mara; BENACCHIO, Marcelo (Coord.); SANTOS, Queila Rocha Carmona dos (Org.). *Direito Notarial E Registral*: Homenagem às Varas de Registros Públicos da Comarca de São Paulo. São Paulo: Quartier Latin, 2016. p. 286.
101. Refere-se ao CPC/73.
102. ANTONINI, Mauro. *Código Civil Comentado*: Doutrina e Jurisprudência. In: GODOY, Claudio Luiz Bueno de et al.; PELUSO, CEZAR (Coord.). 14. ed. São Paulo: Manole, 2020. p. 2389.

A adjudicação acontece quando a herança for deferida totalmente para apenas um herdeiro, não havendo, nesse caso, uma partilha. Dessa forma, se o falecido deixou um filho único, ou se o seu herdeiro é apenas seu cônjuge, haverá a lavratura do ato de inventário e adjudicação do patrimônio todo àquele beneficiário.

A adjudicação também será instrumentalizada se houver a renúncia de tantos herdeiros até que apenas um recolha a totalidade da herança, ou se todos os outros forem premortos, sem direitos de representação, ou se foram excluídos da sucessão, até que apenas um, daquela classe, seja o único herdeiro apto a receber tudo que deixou o falecido.

É isso que disciplina a doutrina especializada:

> Quando o falecido deixa somente um herdeiro, seja ele legítimo ou testamentário, já o dizemos, não é necessário fazer a partilha dos bens inventariados. Dessa forma, findo o inventário, reafirmamos, no inventário judicial, o juiz limitar-se-á a homologar a adjudicação, com expedição, se for o caso, de Carta de Adjudicação, quando, então, aquele herdeiro único passará a ter ampla disposição do acervo inventariado[103].

Assim, ao final do inventário judicial, haverá a expedição da Carta de Adjudicação e não do Formal de Partilha, assim como no extrajudicial, o traslado será emitido da Escritura Pública de Inventário e Adjudicação dos bens deixados pelo falecido.

1.5.10 Existência de credores

Por vezes, pode acontecer que o *de cujus* deixe dívidas vincendas ou vencidas e não pagas quando do seu falecimento. A análise que cabe neste tópico é a possibilidade de o credor ser considerado parte/interessado a integrar o inventário extrajudicial, se penhoras e indisponibilidades constantes nas matrículas dos imóveis integrantes do patrimônio do falecido seriam considerados empecilhos à partilha ou se haveria vedação de escolha pela via administrativa nos casos acima descritos. Ou seja, a questão central a ser discutida é se a existência de credores do falecido, agora credores do espólio, impediria o inventário extrajudicial.

A resposta trazida pela Resolução é negativa, dispondo que a existência de credores não impedirá a escolha pela via extrajudicial, sendo que, em seu art. 27, já é possível localizar uma resposta perfunctória, superficial.

Sabe-se, portanto, que não há vedação. Agora, é preciso analisar como instrumentalizar o ato em que há a manifestação dos credores na intenção de receber seus créditos, com ou sem a concordância dos herdeiros.

Na esfera judicial, a matéria é tratada pelos arts. 642 e 646 do CPC/15 e pelos arts. 1.997 a 2001 do Código Civil. Da leitura dos artigos citados, verifica-se que o credor do espólio deve requerer a sua cobrança antes da partilha, em procedimento que será apensado aos autos do inventário, e em havendo concordância de todos os herdeiros, os

---

103. CARVALHO, Luiz Paulo Vieira de. *Direito das Sucessões*. 4. ed. São Paulo: Atlas, 2019. p. 1046.

bens para saldar a dívida serão separados. Caso algum dos herdeiros discorde do crédito habilitado, o juiz remeterá o processo para os meios ordinários e mandará reservar em poder do inventariante os bens suficientes para pagar o credor.

Conforme ensina Luiz Paulo Vieira de Carvalho:

> Importante distinguir separação e reserva de bens. Enquanto a separação de bens pressupõe a dívida não impugnada, com o escopo de indicar os bens do espólio que se destinam ao pagamento da dívida do credor, a reserva pressupõe a dívida impugnada que conste de documento comprobatório da obrigação[104].

Essa também é a ressalva feita por Cristiano Chaves de Farias e Nelson Rosenvald, trazendo elucidativo exemplo sobre uma dívida líquida e certa deixada pelo falecido que pode se habilitar no processo para ser saldada:

> No que tange aos créditos em geral, uma vez procedida a habilitação do crédito no inventário, havendo prova documental do valor da dívida e do vencimento, bem como inexistindo impugnação dos interessados, o juiz mandará que se separe o dinheiro ou alienar os bens necessários ao pagamento ou, se optar o credor, determinará que eles venham a adjudicá-los. Um bom exemplo é a dívida condominial deixada pelo extinto. As taxas condominiais vencidas e não pagas podem ser habilitadas diretamente no inventário, com vistas à sua quitação. Não havendo dinheiro suficiente no espólio para o pagamento, será caso de expropriação de bens – mas, não necessariamente, do imóvel de onde derivou o débito. Note-se, no ponto: "a remessa das partes aos meios ordinários não decorre de ser ou não de alta indagação a matéria. O requisito da remessa aos meios ordinários é objetivo: a simples discordância. Desse modo, ainda que o juiz entendesse que a questão se resolveria à vista dos documentos, sem necessitar de outras provas – não sendo, portanto, de alta indagação, não poderá decidir sobre o pedido de habilitação de crédito nos autos do inventário se houver discordância das partes". Nessa levada, consta do art. 643 do Código de Ritos: "não havendo concordância de todas as partes sobre o pedido de pagamento feito pelo credor, será o pedido remetido às vias ordinárias".[105]

E esse também é o entendimento do Tribunal de Justiça do Rio Grande do Sul, ao julgar em 2005 o Agravo de Instrumento nº 70010714004, decidindo que basta a discordância de um herdeiro para que as partes sejam remetidas para as vias ordinárias.

> INVENTÁRIO. HABILITAÇÃO DE CRÉDITO. DESPESAS MÉDICAS COM O INVENTARIADO. DISCORDÂNCIA. 1. BASTA QUE NÃO SE VERIFIQUE A CONCORDÂNCIA DE UM DOS HERDEIROS APENAS QUANTO AO CRÉDITO A SER HABILITADO, PARA QUE AS AB02 PARTES SEJAM REMETIDAS ÀS VIAS ORDINÁRIAS, MESMO QUE SE TRATE DE DESPESAS MÉDICAS OU ATÉ FUNERÁRIAS COM O INVENTARIADO (TJ/RS, Ac. 7ª Câmara Cível, Aginstr. 70010714004 Comarca de Porto Alegre, Rel. Des. Sérgio Fernando de Vasconcellos Chaves, J. 18.05.2005).

A conclusão que se chega é que o litígio desloca a solução do problema para as vias ordinárias, não sendo o juízo sucessório competente para dirimir o dissenso. Dessa forma, como o primeiro pressuposto para a escolha da via administrativa é o consenso, não há como vislumbrar a integração dos credores como parte em um inventário extrajudicial se não houver consenso entre os herdeiros sobre a separação dos bens para saldar a dívida.

---

104. CARVALHO, Luiz Paulo Vieira de. *Direito Das Sucessões*. 4. ed. São Paulo: Atlas, 2019. p. 1046.
105. FARIAS, Cristiano Chaves de; ROSENVALD, Nelson. *Curso de Direito Civil*: Sucessões. 2. ed. rev., ampl. e atual. Salvador: JusPodivm, 2016. p. 566.

Mas mesmo que eles não estejam de acordo com a separação do patrimônio no bojo do inventário extrajudicial, que se ultimará com a partilha, a eventual existência de um crédito, conhecido por eles, mas não declarado no inventário, não os impede de continuar na via administrativa, nem tampouco prejudicará o credor.

Em caso que se mostra interessante analisar, o Conselho Superior da Magistratura de São Paulo julgou improcedente a dúvida e reformou a sentença do Juiz Corregedor Permanente, ao analisar um inventário extrajudicial ultimado, tendo como objeto imóveis que constavam averbações de penhora em ação de execução movida pela Fazenda Nacional nas matrículas. Veja trecho da decisão:

> Contudo, as penhoras incidentes sobre os imóveis que são objeto das matrículas nºs 13.568 e 45.669 não impedem o registro da escritura pública de inventário e partilha decorrente de sucessão "causa mortis". Assim, porque a reserva de bens em procedimento de inventário, para garantir o pagamento de credor, depende do reconhecimento da existência da dívida pelo espólio, ou de pedido de habilitação de crédito instruído com documentos suficientes para comprovar a obrigação e a inexistência de sua anterior quitação, como previsto no art. 643 do Código de Processo Civil.(...) Neste caso concreto, as apelantes negaram a existência de dívidas do espólio e, mais, informaram que o Juízo da ação de execução determinou o cancelamento das penhoras que incidiram sobre dois dos imóveis partilhados. Diante disso, as averbações das penhoras não implicavam em obrigatória reserva de bens na escritura pública de inventário e partilha. Ademais, as averbações das penhoras constituíram direito de sequela que permite à credora perseguir os imóveis em poder de quem se encontrarem, isto é, da viúva e dos sucessores que os receberam na partilha (...) (CSM/SP – Apelação Cível: 1013716-93.2018.8.26.0019. Localidade: Americana Data De Julgamento: 02.12.2019 Data Dj: 11.03.2020 Relator: Geraldo Francisco Pinheiro Franco).

E arremata:

> Destarte, é de se presumir que a suposta obrigação está garantida pelas penhoras que não se extinguem em razão da transmissão à viúva e aos filhos do executado. Outrossim, a herança se transmite aos herdeiros com a abertura da sucessão, como previsto no art. 1.784 do Código Civil, tendo a inscrição da partilha natureza declaratória da divisão dos bens entre o cônjuge sobrevivente e os herdeiros (...). Por esse motivo, a indisponibilidade que decorreu das penhoras promovidas pela Fazenda Nacional ficou sub-rogada em relação à viúva e aos herdeiros que receberam os imóveis. E essa restrição somente prevalecerá até que as averbações das penhoras sejam canceladas, para o que já foi expedido mandado pelo Juízo da execução, com seu protocolo no Registro de Imóveis (fls. 128/133 e 215/216). Ante o exposto, pelo meu voto dou provimento ao recurso para julgar a dúvida improcedente (CSM/SP – Apelação Cível: 1013716-93.2018.8.26.0019. Localidade: Americana Data De Julgamento: 02.12.2019 Data Dj: 11.03.2020 Relator: Geraldo Francisco Pinheiro Franco).

Outro julgado que, recentemente, analisou o tema, foi a decisão do Conselho Superior da Magistratura de São Paulo na apelação cível nº 1002083-97.2022.8.26.0584. Restou definido que a presença de credores do espólio não impede a realização do inventário e partilha por escritura pública, bem como não é possível exigir reserva de bens para o registro do título nesse caso, sendo que, se a partilha já foi concluída, os herdeiros são responsáveis pelas dívidas do falecido, proporcionalmente aos seus quinhões.

> Dúvida – Registro de imóveis – Partilha extrajudicial – Existência de credores do espólio não impede a realização do inventário e partilha por escritura pública, nos termos do item 125, cap. XVI, das NSCGJ – Impossibilidade de se exigir reserva de bens para registro do título – Partilha já ultimada – herdeiros

respondem pelas dívidas da falecida na proporção dos seus quinhões – Inteligência do artigo 1.997 do Código Civil e artigos 642 e 796 do Código de Processo Civil – Recurso provido (CSMSP; Apelação Cível: 1002083-97.2022.8.26.0584; Órgão Julgador: Conselho Superior de Magistratura de São Paulo; Localidade: São Pedro; Data do Julgamento: 26.02.2024).

Assim, é possível extrair uma dupla conclusão: a primeira é que as dívidas conhecidas e mesmo publicizadas nas matrículas dos imóveis (devendo essa análise estendida para quaisquer bens, sejam também móveis) não obstam a escolha administrativa pelos herdeiros na procedimento de inventário; a segunda é que, nem mesmo no caso de indisponibilidade (uma vez que se sabe que as penhoras em execuções fiscais promovidas pela Fazenda Nacional possuem característica própria de tornarem os bens indisponíveis) o inventário extrajudicial será obstado e tampouco seu registro será negado.

Quanto a questão de possibilidade de registro de título advindo do procedimento sucessório, havendo ordem de indisponibilidade averbada na matrícula, cabe colacionar aqui trecho da decisão da Primeira Vara de Registros Públicos de São Paulo, proferida pelo Juiz Marcelo Martins Berthe, no ano de 2007:

> Mesmo que a lei determine a indisponibilidade do imóvel penhorado nos casos previstos, é imperioso reconhecer que ela não se aplica na sucessão causa mortis. Assim, desnecessário o cancelamento da penhora registrada *(sic)* sob o nº 2 na referida matrícula, por inaplicável a hipótese prevista em lei, no caso concreto, de indisponibilidade do imóvel. Necessário salientar que a penhora continuará em vigor, produzindo todos os seus efeitos, até sua execução ou contraordem do Juízo competente. Vale dizer que o bem permanecerá indisponível, mas registrado em nome de seu dono, ou seja, em nome dos sucessores do autor da herança, sem que, desse modo, qualquer prejuízo acerca para a indisponibilidade inscrita. Avulta deixar claro que, com a transmissão da propriedade "ex vi legis", como ocorreu por motivo da abertura da sucessão, não se dará qualquer ato de disposição da propriedade, que estava defeso pela ordem de indisponibilidade. Dá-se, outrossim, transmissão automática aos herdeiros apenas, como acima examinado. Por todo o exposto julgo improcedente a dúvida suscitada pelo 2º Oficial de Registro de Imóveis (...) (1VRPSP; Processo: 583.00.2007.158823-8; Órgão Julgador: 1ª Vara dos Registros Públicos de São Paulo; Localidade: São Paulo; Data do Julgamento: 04.09.2007).

Enfrentada essa questão, resta analisar a possibilidade do Tabelião aceitar o credor como parte na escritura pública de inventário e partilha, merecendo o assunto um subtópico que propicie o debate apartado sobre a temática.

1.5.10.1 Credor como parte na escritura pública de inventário e partilha

A escassez de doutrina jurídica sobre o tema proposto exigirá algumas construções próprias dos autores deste estudo, apoiadas na análise sistemática do direito, principalmente da norma processualista, e nos princípios que permeiam o Direito Notarial, sobretudo o consensualismo, com o escopo de defender a possível resolução extrajudicial do tema, evitando conflitos futuros, pedra de toque do Tabelionato de Notas.

Entende-se possível que, com a concordância dos herdeiros, assim como acontece no procedimento judicial, o credor do espólio seja parte qualificada pelo Tabelião na escritura pública de inventário, o que alterará a partilha/adjudicação no seu final.

Essa possibilidade pode ser defendida em duplo aspecto: tanto para que os herdeiros não sejam demandados no futuro, o que gerará um gasto futuro de tempo e dinheiro, quanto para o credor, que também economizará ao não precisar do judiciário e terá mais um documento, e dessa vez público, confirmando a existência, certeza e liquidez do seu crédito.

Estando, portanto, todos os herdeiros de acordo com o que requer o credor, abrir-se-á um tópico na escritura pública, antes da partilha, para que seja descrita a dívida e seu credor, com o abatimento do valor no montante a ser partilhado em ato subsequente. O credor apresentará os documentos que comprovam a dívida (contrato, títulos de crédito, confissões de dívida) na maioria das vezes formalizada por documentos particulares, sendo que ao final, possuirá um título executivo extrajudicial público, qual seja, o traslado da escritura pública, que poderá ser protestado ou executado caso a separação dos bens não se transforme em real pagamento do acordado.

O abatimento da dívida no patrimônio do falecido gera substanciais modificações no reconhecimento da meação do viúvo sobrevivente e no cálculo dos quinhões partilháveis/adjudicado dos herdeiros. Nesse aspecto, o cálculo do devido aos herdeiros e/ou cônjuge/companheiro será realizado após o abatimento do valor da dívida descrita no tópico próprio.

Essa é também a opinião de Cristiano Chaves de Farias e Nelson Rosenvald, citando a mesma posição de Maria Berenice Dias:

> Há uma ponderação fundamental quanto ao tema: o cálculo da meação do cônjuge ou do companheiro somente é possível depois do pagamento das dívidas do finado. É dizer: somente é possível estabelecer a extensão da meação (metade do patrimônio líquido) após a quitação das dívidas do falecido, sob pena de evidente prejuízo social[106].

Para que não restem dúvidas, a existência de credores não é impeditiva de óbice à opção extrajudicial, sendo que, caso haja concordância de todos os herdeiros, poderá inclusive integrar a escritura pública pertinente, sendo que, nesse caso, o cálculo da meação e dos quinhões dos herdeiros será realizado com o abatimento do débito reconhecido, uma vez que a partilha é feita do patrimônio líquido deixado pelo autor da herança.

Com essas considerações, fixadas as premissas acima, passa-se para a análise do inventário negativo, que possui relação com o tema aqui debatido.

1.5.11 Inventário negativo

Ao analisar os artigos dispostos no CPC/15 e no CC/02 quanto ao pagamento das dívidas deixadas pelo falecido, extrai-se a regra que os herdeiros, mesmo após a

---

106. FARIAS, Cristiano Chaves De; ROSENVALD, Nelson. *Curso de Direito Civil*: Sucessões. 2. ed. rev., ampl. e atual. Salvador: JusPodivm, 2016. p. 566.

partilha, respondem perante os credores, nos limites exatos do que receberam. Essa regra encontra-se guarida expressa no art. 1.792 do CC, confirmando que, havendo confusão entre o patrimônio do falecido e dos herdeiros, estes não respondem pelos encargos da sucessão *ultra vires hereditatis,* ou seja, além daquilo que receberam pelas forças da herança.

O inventário negativo não possui expressa previsão legal, mas é encontrado na Resolução CNJ 35/2007 como uma possibilidade de ser lavrado perante o Tabelionato de Notas. Num primeiro momento, pode-se pensar que nenhuma utilidade prática possui esse procedimento, mas essa conclusão é falaciosa.

Isso porque, de plano, pelo exposto no início deste subtópico, já seria possível visualizar uma utilidade aos herdeiros para requerer a lavratura do ato negativo, qual seja, comprovar que o falecido não deixou patrimônio para saldar suas dívidas, de modo a excluir a responsabilidade se algum dos herdeiros for demandado indevidamente.

Além da questão patrimonial acima descrita, o inventário negativo também pode ser um instrumento útil ao cônjuge supérstite que deseje se casar novamente e não seja obrigado a adotar o regime da separação obrigatória de bens. Essa opção de apresentação do inventário negativo para que o cônjuge possa escolher livremente seu regime de bens de novo casamento, pelo menos no Estado de São Paulo, não é utilizada com frequência. E assim o é pela expressa previsão normativa de que a mera declaração elisiva do cônjuge viúvo de que não havia bens a serem partilhados, quando do processo de habilitação, já afasta a causa suspensiva trazida pela lei civil[107].

Para finalizar, visualiza-se uma terceira finalidade de utilização do inventário negativo. É possível que, quando da declaração do óbito, o declarante diga que o falecido possuía bens a partilhar. Sabe-se que essa informação, no ato do registro de óbito, é feita por mera declaração do portador da Declaração de Óbito, não sendo necessária a apresentação de documentos comprobatórios perante o Registrador Civil das Pessoas Naturais.

Entretanto, por vezes o declarante do óbito não conhece, ainda, as reais condições do patrimônio do falecido. Quando descobre que tal situação inexiste, ou seja, que o falecido não deixou bens a serem partilhados, a retificação do registro de óbito já lavrado deverá seguir a sistemática dos arts. 109 ou 110 da Lei 6.015/73 (Lei de Registros Públicos).

Assim, caso o requerente deseje efetuar a retificação do registro de óbito na esfera administrativa, haverá a necessidade de apresentar o documento comprobatório de tal erro, documento esse que possibilitará ao Registrador Civil a comprovação de ser um erro evidente, passível de seguir a sistemática do art. 110 da LRP. Nesses casos, o documento necessário a ser apresentado perante o RCPN é o inventário negativo.

---

107. NESCGJ/SP, Cap. XVII, item 55.

1.5.12 Inventário e partilha referentes a bens localizados no exterior

Os casos de interconexão entre o Direito Internacional Privado e o Direito Registral e Notarial estão mais frequentes. Isso deve-se à globalização e ao avanço tecnológico dos diversos ramos societários, que facilitando o cruzamento das fronteiras físicas e possibilita a troca de experiências dos cidadãos para além da seu país de origem.

O estatuto legal sucessório a ser aplicado na sucessão internacional merece obra específica para o tema, posto que possui a análise detida de princípios e regras próprias a depender do caso concreto analisado.

A Lei de Introdução às Normas do Direito Brasileiro (Decreto-lei 4.657/1942 – LINDB) deve ser conjugada com os arts. 1.785 do Código Civil e art. 23, II, do Código de Processo Civil para extrair-se uma dupla regra no que diz respeito ao direito sucessório internacional.

Pela leitura do dispositivo da LINDB, extrai-se a opção pelo sistema da unidade sucessória, segundo a qual, uma só lei é que deve reger a sucessão hereditária. Como regra, para nós, a sucessão por morte ou por ausência, obedece à lei do país em que era domiciliado o defunto ou o desaparecido, qualquer que seja a natureza ou a situação dos bens (art. 10 da LINDB).

A segunda regra, vinculada ao conceito de soberania, trazida pelo CPC, regulamenta que em matéria sucessória, tendo o falecido deixado bens situados no território brasileiro, compete à autoridade judiciária brasileira, com exclusão de qualquer outra, decidir sobre o inventário e a partilha dos bens deixados pelo falecido, seja ele nacional ou estrangeiro (art. 23, II, do CPC). Essa regra também se aplica aos Tabeliães de Notas, nacionais ou estrangeiros, caso a opção seja pelo inventário extrajudicial.

Dessa forma, analisa Luiz Paulo Vieira de Carvalho que:

> Destarte, não é de produzir consequências em nosso país a decisão proferida por juiz ou tribunal estrangeiro a respeito. Portanto, permite-se o denominado duplo domicílio sucessório através do princípio da pluralidade dos juízos sucessórios, como exceção ao princípio da universalidade da sucessão. Nessa perspectiva, quanto aos bens hereditários aqui situados, só o juiz brasileiro deve decidir; quanto aos bens hereditários situados no estrangeiro, mesmo que o *de cuius* fosse brasileiro, é o juiz estrangeiro o encarregado de resolver as questões sucessórias e negociais pertinentes, e só o notário estrangeiro deve funcionar no inventário e partilha administrativos[108].

Percebe-se que a conjugação dessas duas regras pode fazer com que a autoridade brasileira julgue questões sucessórias obedecendo a legislação estrangeira. Para elucidar, usa-se o exemplo de um americano, que possuindo bens no Brasil e falece em seu domicílio localizado na Alemanha. Com a sua morte, em relação aos bens situados no Brasil, apenas a autoridade brasileira será competente para decidir as questões de inventário e partilha. Mas a lei a ser aplicada quanto à transmissão hereditária (quem

---

108. CARVALHO, Luiz Paulo Vieira de. *Direito das Sucessões*. 4. ed. São Paulo: Atlas, 2019, p. 123-4.

são seus herdeiros legais, facultativos, necessários, por exemplo) obedecerá à lei do país em que ele era domiciliado, ou seja, a lei alemã.

Após ter sido feita apenas uma análise superficial, e não sendo objeto do presente estudo a análise das polêmicas que porventura venham a surgir, cabe agora analisar, apenas, a vedação trazida pela Resolução em seu art. 29, que proíbe a lavratura de escritura pública de inventário e partilha referente aos bens localizados no exterior.

Dessa forma, por ser uma questão complexa que envolve o conceito de soberania de Estados Estrangeiros, não cabe ao Tabelião de Notas proceder à partilha de bens localizados no exterior.

A questão que merece ser analisada aqui diz respeito à possibilidade de os bens estrangeiros serem arrolados, mencionados e acordados sobre seu destino no procedimento extrajudicial.

Entende-se que é perfeitamente possível e salutar que os bens existentes e conhecidos pelos herdeiros sejam mencionados quando da descrição daquilo que deixou o falecido. Sendo possível fazer a menção de tudo que o falecido possuía, até visualizando uma possível prevenção de conflitos vindouros, o Tabelião poderá fazer constar no ato notarial a descrição dos bens existentes pertencentes ao falecido que se encontram fora do Brasil.

Nesse caso, far-se-á sua descrição completa, com os valores convertidos em moeda nacional, mas a partilha daquele patrimônio estrangeiro não será realizada pelo Notário Brasileiro. Como já dito, por envolver questões de soberania entre nações, e por expressa vedação, a partilha de bens localizados no exterior não será objeto do ato lavrado.

Entretanto, apesar de não ser passível de divisão ou adjudicação, não há vedação para que se conste a declaração das partes sobre o destino que aquele bem levará, ou quem será o responsável por regularizar a situação posta.

Essa conduta poderá prevenir conflitos futuros sobre quem seria o responsável por procurar a solução do que será feito em relação ao bem deixado no exterior, e sendo uma das funções do tabelionato, qual seja, prevenir litígios, a menção e fixação de responsabilidades no inventário lavrado aqui no Brasil é medida que se impõe.

1.5.13 Aplicação retroativa da Lei 11.441/07 e fiscalização dos tributos

Já foi analisada a questão da necessidade de observância, pelo Tabelião de Notas, da legislação pertinente a ser aplicada, qual seja, aquela em vigor na data do falecimento do *de cujus*. Não apenas no que se refere ao Direito Sucessório, mas também ao Direito Tributário.

Como há a previsão expressa na Resolução CNJ 35, (e isso não podia ser diferente) pela possibilidade de opção pela via administrativa mesmo que o óbito tenha acontecido antes de 2007, o Tabelião e os operadores do direito como um todo, devem ter conhecimento das regras sucessórias aplicadas quando o óbito ocorreu na vigência do Código Civil de 1916, assim como deve ter conhecimento das Leis Estaduais do ITCMD do Estado de atuação.

Isso significa, por exemplo, aplicar a não concorrência do cônjuge supérstite na sucessão do falecido quando este deixou descendentes, independentemente da natureza jurídica dos bens deixados (art. 1.603 do CC/16), regra diversa, a depender do regime de bens na atual sistemática do Código Civil de 2002.

Outro reflexo importante, já mencionado, além da aplicação da lei tributária que estava em vigor na data da morte, diz respeito aos cálculos de multas e juros pelo não recolhimento tempestivo do imposto devido.

A aplicação retroativa da Lei 11.441/07 diz respeito apenas a possibilidade de escolha das partes pelo procedimento extrajudicial, independentemente do momento em que ocorreu o evento morte. Ante essa permissão normativa, o Tabelião, por vezes, irá se deparar com a necessidade de instrumentalizar diversos atos de inventários, a fim de regularizar um imóvel, por exemplo. É possível que já tenha acontecido o óbito de diversas gerações sendo que nenhum inventário tenha sido iniciado.

Assim, pela permissão do art. 30 da Resolução CNJ 35, e caso todos os requisitos para opção pela via administrativa, já mencionados, estejam presentes, o Tabelião estará apto a instrumentalizar tantos inventários e partilhas quantos forem necessários até que a disponibilidade dos herdeiros ainda vivos seja publicizada, possibilitando o registro dos atos em ordem cronológica de acontecimentos e regularizando aquele bem imóvel a fim de que ele possa ser transmitido a terceiros, se essa for a vontade dos proprietários atuais.

1.5.14 Negativa pelo tabelião de lavrar o ato

Por fim, é o momento de analisar o último dispositivo normativo que regulamenta o ato de inventário e partilha trazida pela Resolução CNJ 35/2007. Em seu art. 32, a normativa federal prestigia a autonomia profissional do Tabelião de Notas ao consignar que ele poderá se negar a lavrar a escritura de inventário ou partilha se houver fundados indícios de fraude ou em caso de dúvidas sobre a declaração de vontade de algum dos herdeiros, fundamentando a recusa por escrito.

Esse artigo não precisaria estar expresso na normativa pelo simples fato de que, como profissional do Direito, dotado de fé pública, com autonomia funcional para qualificar os atos requeridos pelos usuários do sistema notarial, e acima de tudo, como guardião da juridicidade, ao visualizar qualquer indício de fraude à lei ou aos princípios que norteiam todo ordenamento jurídico, o Tabelião tem o dever de negar a lavratura do ato notarial. E assim o é pela própria ontologia do notariado brasileiro.

Tendo o Brasil adotado o notariado do tipo latino, que, conforme conceituação trazida por Leonardo Brandelli, inegavelmente, deve contemplar a atividade de assessoria jurídica imparcial das partes, conclui o autor com maestria que:

O notário latino é, no dizer de Adriana Abella, 'um profissional do direito encarregado de uma função pública, que consiste em receber, interpretar e dar forma legal à vontade das partes, redigindo os documentos adequados a este fim, conferindo-lhes autenticidade, conservando os originais destes e expedindo cópias que dão fé de seu conteúdo. Pode-se dizer que sob a qualificação de *notariado latino* foram reunidas todas as características necessárias à existência de uma *instituição notarial* robusta, e que seja, de acordo com a experiência já acumulada nesse campo, o que há de melhor. Indicam-se quais são as características que devem permear o notariado para que possa ele bem desempenhar os intentos de certeza e segurança jurídica, que são o sustentáculo da função notarial. São, de certa maneira, os *princípios do bom notariado*[109].

Dessa forma, a qualificação do Tabelião, que é operador do Direito, decidindo sobre a lavratura do ato notarial, perpassa por sua análise autônoma, imparcial, a fim de encontrar adequação do ato requerido segundo as normas do Direito. E acaso visualize algum empecilho, algum indício de fraude à lei ou de manifestação coagida de vontade, deverá negar a instrumentalização com a pertinente fundamentação embasa em critérios legais e normativos.

Aqui, arremata-se o trabalho sobre a análise da técnica de lavratura do inventário extrajudicial. Como explanado no começo, o inventário se desenrola para um ato subsequente, vinculado, qual seja, a adjudicação, caso exista apenas uma pessoa que receberá todo monte ou a partilha.

A adjudicação não nos demanda uma análise tão detida, porque, pelo simples fato de ser uma única pessoa a receber todo patrimônio, a matemática é simples. Caso exista algum credor que requereu a separação do patrimônio para saldar a dívida, e estando o herdeiro único de acordo, far-se-á o desconto do devido pelo falecido e adjudicará o patrimônio líquido restante.

Assim, o próximo capítulo analisará as questões patrimoniais e instrumentais da partilha, ato final do inventário quando da existência de dois ou mais herdeiros. Os pontos serão curtos e diretos a fim de que o capítulo possua um viés mais pragmático que dogmático.

1.6 REFLEXOS PATRIMONIAIS E INSTRUMENTAIS DO INVENTÁRIO EXTRAJUDICIAL – A PARTILHA

A partilha possui principal função de liquidar e dividir os quinhões hereditários, sejam herdeiros legítimos ou testamentários, individualizando os bens e direitos cabíveis a cada um, conforme disposto pelas regras de Direito Sucessório.

O Código Civil disciplina diretrizes a serem observadas quando da partilha, inseridas no art. 2.017, e o Código de Processo Civil faz o mesmo em seu art. 648, nominando as regras, fixando a maior igualdade possível quanto ao valor, natureza e qualidade dos bens, visando a prevenção de litígios e uma maior comodidade aos herdeiros.

---

109. BRANDELLI, Leonardo. *Teoria geral do direito notarial*. 4. ed. São Paulo: Saraiva, 2011. p. 61.

Extrai-se da leitura das regras acima expostas alguns princípios que são passíveis de serem observados quando da instrumentalização da partilha. Luiz Paulo Vieira de Carvalho elenca três princípios: igualdade, comodidade e prevenção de litígios[110].

Abstraindo os conceitos dogmáticos e partindo para o viés mais prático, a análise dos artigos acima citados nos remete em ato subsequente ao art. 649 do CPC/15, que, se analisado *a contrario sensu*, possibilita o estudo da partilha de forma tão cômoda a possibilidade o cabimento de um bem individualizado na quota parte do herdeiro ou no reconhecimento da meação do cônjuge.

Veja, o artigo citado dispõe o seguinte: "Art. 649. Os bens insuscetíveis de divisão cômoda que não couberem na parte do cônjuge ou companheiro supérstite ou no quinhão de um só herdeiro serão licitados entre os interessados ou vendidos judicialmente, partilhando-se o valor apurado, salvo se houver acordo para que sejam adjudicados a todos". Dessa forma, a conclusão que se impõe é que a partilha mais cômoda é aquela que defere ao herdeiro ou ao cônjuge/companheiro supérstite a singularidade do bem, evitando-se o condomínio geral entre eles.

Dessa forma, apenas se não for possível a acomodação ideal do patrimônio do falecido na quota hereditária ou meatória é que os bens serão divididos em frações ideais para cada interessado, formando um condomínio entre eles.

No inventário extrajudicial não se analisa a licitação ou venda em hasta pública do imóvel, caso os herdeiros não estejam de acordo com a partilha. Isso porque, conforme exaustivamente dito, não há litígio que seja resolvido pelo Tabelião de Notas, pois o pressuposto da escolha pela via administrativa é o consenso.

É possível imaginar uma situação em que os herdeiros e o cônjuge/companheiro meeiro estão de acordo com a divisão não igualitária, sendo que o quinhão recebido por alguns deles seja maior do que o devido por lei. Nesses casos, conforme já analisado, restará configurada a cessão dos direitos hereditários ou de meação, e isso deverá ser analisado e fiscalizado pelo Tabelião de Notas e pelo advogado das partes.

Dessa forma, a fim de concluir a discussão sobre a partilha mais cômoda, temos a possibilidade de acomodação dos quinhões em bens singulares, instrumentalizando a partilha com o pagamento do bem em si para aquele herdeiro qualificado, ou que o reconhecimento e pagamento da meação seja feita em relação ao bem singular, amoldado no devido pelo interessado. A outra possibilidade de partilha será a formação de condomínio geral entre eles, pagando os quinhões em frações ideais dos bens deixados pelo falecido.

Dúvida surge em relação a como descrever o bem imóvel adquirido pelo falecido, casado em algum dos regimes de bens com regras de comunicabilidade. Vamos analisar tal questão a partir de um exemplo para que a visualização seja íntegra: João, casado com Maria na comunhão universal de bens, adquiriu um imóvel, assinando a escritura como

---

110. CARVALHO, Luiz Paulo Vieira de. *Direito das Sucessões*. 4. ed. São Paulo: Atlas, 2019, p. 1105-1109.

comprador, sem a participação de Maria, constando na matrícula que João, casado com Maria adquiriu o referido imóvel. Caso Maria faleça, como o bem deverá ser levado a inventário? A resposta correta é pela descrição do imóvel como um todo. A totalidade do imóvel é arrolada no inventário, e não apenas a meação já destacada de Maria.

E isso é dessa forma porque enquanto casados e após o falecimento, até que se ultime o inventário e seja feito o pagamento por meio da partilha, o patrimônio é considerado um todo unitário e não há quota parte individualizada. Arrola-se, portanto, o imóvel como um todo, e a individualização da meação será feita quando do pagamento final, com a partilha, momento em que será reconhecida e paga em fração ideal de 1/2 (ou se possível, com todo o imóvel), a meação do cônjuge/companheiro.

1.6.1 Colação

Outro reflexo prático abarcado pelo princípio da igualdade diz respeito ao dever do herdeiro que, sendo beneficiado por uma doação, possui de colacionar o bem no procedimento de inventário.

O instituto da colação, ou conferência, é conceituado por Farias e Rosenvald com maestria, fazendo menção ao princípio já citado, veja:

> Chama-se colação, ou como preferem os clássicos *collatio*, o ato pelo qual o descendente, cônjuge ou companheiro beneficiado pela transferência gratuita feita pelo de cujus, em vida, promove o retorno da coisa, ou do seu valor, excepcionalmente, ao monte partível, para garantir a igualdade de quinhões entre os herdeiros necessários. O desiderato evidente da colação, por conseguinte, é garantir a igualdade das legítimas, obstando que um dos herdeiros necessários prejudique os demais, por conta de benefícios exercidos em vida[111].

É o art. 2002 do CC/02 que traz a obrigação e as balizas a serem utilizadas para os casos de inventário e partilha com colação de bens. Com um resumo do todo exposto, Rosa e Rodrigues dispõe:

> (...) o inventário tem por finalidade reunir todo o acervo hereditário do falecido, a indicação de seus herdeiros, legatários e credores, de modo a realizar o pagamento de eventuais dívidas e a partilha dos bens de acordo com as proporções legalmente estabelecidas e com as disposições testamentárias válidas e eficazes. Por isso, a fim de evitar que algum dos herdeiros legítimos receba valor superior ao outro, o Código Civil impôs, em seu artigo 2.002, que os descendentes que concorrerem à sucessão do ascendente comum são obrigados, para igualar as legítimas, a conferir o valor das doações que dele em vida receberam, sob pena de sonegação. Isso porque parte-se da premissa que todos os descendentes devem ser tratados igualmente[112].

E para finalizar, cabe a citação da obra de Vieira de Carvalho, pelo arcabouço legislativo por ele citado:

---

111. FARIAS, Cristiano Chaves De; ROSENVALD, Nelson. *Curso De Direito Civil*: Sucessões. 2. ed. rev., ampl. e atual. Salvador: JusPodivm, 2016. p. 571.
112. ROSA, Conrado Paulino Da; RODRIGUES, Marco Antonio. *Inventário e Partilha*. 3. ed. rev. atual. e ampl. Salvador: JusPodivm, 2021. p. 459.

Entre nós, modernamente, o instituto da colação tem como finalidade igualar as quotas partes legítimas (ou quotas partes legitimárias) de determinados herdeiros necessários, isto é, dos descendentes e, nos tempos atuais, do cônjuge sobrevivente, quando concorrerem entre si, levando-se em conta as liberalidades que o falecido, em vida, deferiu a um ou alguns deles (art. 544 do CC: "A doação de ascendentes a descendentes, ou de um cônjuge a outro, importa adiantamento do que lhes cabe por herança").(...) Tal determinação obedece ao princípio da igualdade de tratamento que deve ocorrer entre tais sucessores, mais próximos afetivamente do *de cuius*, com a consequente inclusão, na partilha, dos valores ou bens adiantados em vida, com o fito de que esta se realize de modo igualitário (princípio da igualdade, art. 2.017 do CC) entre eles, sob pena de sonegação, nos moldes do arts. 2.002, parágrafo único; 2.003, parágrafo único; e 2017 do Código Civil em vigor, bem como o arts. 648, 639 a 641 do Código de Processo Civil[113].

Abstraindo toda polêmica em torno do instituto, duas questões serão analisadas por possuírem maior interesse quanto à instrumentalização do ato no Tabelionato de Notas, quais sejam, o valor que será computado do bem colacionado e como a partilha será instrumentalizada em relação ao herdeiro que cumpriu o dever de colação.

Quanto ao valor e como serão levados os bens à colação no procedimento de inventário, mais uma vez ressalta-se a necessidade de observar a data em que ocorreu o óbito. Essa observância é necessária posto que, ao longo dos anos, a lei civilista e a lei processualista disciplinaram a matéria de forma diversa.

Em breve resumo, a matéria foi sendo tratada e modificada desde o Código Civil de 1916, passando pelos Código de Processo Civil de 1973 e pelo Código Civil de 2002 (que passará por uma reforma), e finalmente chegando no Código de Processo Civil de 2015. E a lei aplicada para reger a matéria dependerá de quando o autor da herança faleceu, observando a linha do tempo de alterações legislativas.

Por qual valor e de que modos a colação será feita, dependerá da legislação analisada. Os bens podem ser colacionados em substância ou por valores estimados, e os valores poderão ser do ato da liberalidade (doação) ou do momento da abertura da sucessão.

Na vigência do Código Civil de 1916, a doutrina já abordava a existência de ambas, *in natura* ou em substância, isto é, através do próprio bem objeto da liberalidade, ou por estimação (imputação) ou *in valorem*, trazendo-se o valor estimado do bem objeto da liberalidade. Mas a leitura dos arts. 1.786 e 1.787 do CC/16 concluía que a forma ordinária de colacionar os bens seria pela substância, sendo que somente se faria pelo valor se o bem doado já houvesse sido alienado.

O Código de Processo Civil de 1973, em seu artigo 1.014, seguiu a mesma sistemática ao determinar que a colação deveria ser feita em substância, só permitindo a estimação através do valor correspondente se o herdeiro não mais ostentasse a titularidade do bem.

O Código Civil de 2002, em seu art. 2.002, revogou a disposição do Código de Processo Civil de 1973, adotando parcialmente o modelo do seu antecessor. Trouxe, pois, como regra, a colação por estimação do correspondente valor. Mas a regra

---

113. CARVALHO, Luiz Paulo Vieira de. *Direito das Sucessões*. 4. ed. São Paulo: Atlas, 2019. p. 1049.

comporta a exceção trazida pelo § 1º do artigo 2.004, que disciplina pela colação *in natura* dos bens, se do ato de doação não constar valor certo, nem houver estimação feita naquela época.

Aqui, importa destacar, ao concluir o anteprojeto de reforma do Código Civil, optou-se por incluir no referido §1º a necessidade de correção monetária até a data da abertura da sucessão[114].

Pelo resumo trazido por Luiz Paulo Vieira de Carvalho:

> Em resumo, nossa primeira opção legislativa (CC/1916, arts. 1.786, 1.787, c/c art. 1.792) consistiu na colação ou conferência ser realizada in natura (em substância) por meio do próprio objeto da doação. Não sendo isso possível, devido à sua alienação ou por outro motivo, feita seria a colação in valorem. O donatário, então, competia conferir o valor da doação de acordo com o estimado na época da liberalidade. Posteriormente, o Código de Processo Civil de 1973 determinou a conferência, também em regra, em substância, todavia pelo valor que os bens tivessem à época da abertura da sucessão, conforme o disposto no parágrafo único do art. 1.014.152. Com a vigência do apontado Código Civil de 2002, impôs o Codex substantivo ser a colação ou conferência realizada por meio do valor do bem doado atribuído ao bem no tempo da liberalidade – in valorem (art. 2.004, caput e § 1º, do CC/2002), salvo o caso de redução da doação e se tais bens não mais pertencessem ao sucessor-donatário, sendo, então, o valor praticado aquele apurado por ocasião da abertura da sucessão.

E para finalizar, o Código de Processo Civil de 2015, novamente, disciplinou a matéria de modo diverso do disposto no Código Civil de 2002. Mais uma vez, a sistemática processual retornou ao disposto no seu antecessor, reportando que será feita a colação em substância, pelos bens que o herdeiro recebeu, salvo se não os possuir mais, trazendo, nessa hipótese, o seu valor. É o que dispõe o art. 639 do CPC/15: "No prazo estabelecido no art. 627, o herdeiro obrigado à colação conferirá por termo nos autos ou por petição à qual o termo se reportará os bens que recebeu ou, se já não os possuir, trar-lhes-á o valor".

Dessa forma, nas sucessões abertas a partir da vigência da lei adjetiva em vigor, as colações, novamente, deverão ser feitas por substância, isto é, declarando-se os próprios bens recebidos, salvo se o herdeiro não for mais o proprietário do bem recebido.

Nesse diapasão, é de suma importância que o Tabelião e o advogado, como profissionais do direito que são, verifiquem qual era a lei que disciplinava o instituto da colação quando do falecimento do *de cujus,* a fim de proceder de maneira correta na redação do que será objeto de colação, a fim de igualar a legítima dos herdeiros.

Na mesma linha de raciocínio, indaga-se qual seria o valor atribuído ao bem quando da colação, se seria aquele atribuído quando do ato de liberalidade ou se corresponderia ao valor atualizado quando da abertura da sucessão. Esse tema também sofreu mutações com o advento das legislações acima citadas.

---

114. SENADO FEDERAL. *Tabela comparativa de emendas e destaques ao Relatório Geral da Comissão de Juristas responsável pela revisão e atualização do Código Civil*. Disponível em: https://legis.senado.leg.br/comissoes/arquivos?ap=8032&codcol=2630. Acesso em: 08 abr. 2024.

Nos moldes do art. 1.792, parágrafo único do CC/16, a conferência far-se-ia pelo valor que os referidos bens tivessem ao tempo da doação. A norma civilista, entretanto, restou parcialmente revogada pelo parágrafo único do art. 1.014 do Código de Processo Civil/1973 pois determinou de maneira diversa que o cálculo deveria ser realizado pelo valor apurado ao tempo da abertura da sucessão.

O Código Civil de 2002, em seu art. 2.004, *caput*, determinou que o valor da colação dos bens será aquele, certo ou estimado, atribuído no ato da doação. Como se não bastasse toda celeuma já citada, o art. 639 do CPC/15 passou a novamente regulamentar a matéria de modo diverso, impondo o cálculo do valor dos bens como sendo aquele apurado na época da morte do autor da herança, e não mais o da época do negócio jurídico *inter vivos*.

Essa divergência já é de longa data conhecida pela doutrina. Abstraindo as questões dogmáticas, como acima já dito, cabe aqui situar o notário, ou qualquer operador do direito, sobre qual posição tomar diante desse instituto deveras polêmico.

Entendendo pela necessidade de pacificação entre a doutrina civilista e a doutrina processualista, que debatiam qual seria a natureza jurídica do instituto da colação, se de direito material ou processual, o Superior Tribunal de Justiça, em 2019, por entender a antinomia existente, assim resolveu a questão no julgamento do Recurso Especial nº 1.698.638/RS julgado aos 14 de maio de 2019:

CIVIL. PROCESSUAL CIVIL. AÇÃO DE INVENTÁRIO. COINCIDÊNCIA DE QUESTÕES DECIDIDAS EM DOIS DIFERENTES ACÓRDÃOS. MATÉRIAS DISTINTAS. INOCORRÊNCIA DE PRECLUSÃO. COLAÇÃO DE BENS. VALOR DO BEM AO TEMPO DA LIBERALIDADE OU AO TEMPO DA ABERTURA DA SUCESSÃO. ANTINOMIA ENTRE O CÓDIGO CIVIL E O CÓDIGO DE PROCESSO CIVIL. INDISCUTIBILIDADE ACERCA DAS SUCESSIVAS REVOGAÇÕES PROMOVIDAS PELA LEGISLAÇÃO. COLAÇÃO QUE É TEMA DE DIREITO MATERIAL E DE DIREITO PROCESSUAL. SOLUÇÃO DA ANTINOMIA EXCLUSIVAMENTE PELO CRITÉRIO DA TEMPORALIDADE. IMPOSSIBILIDADE DE APLICAÇÃO DO CRITÉRIO DA ESPECIALIDADE. AUTOR DA HERANÇA FALECIDO ANTES DA ENTRADA EM VIGOR DO CC/2002. APLICAÇÃO DO CPC/73.

1 – Ação distribuída em 24.01.2002. Recurso especial interposto em 26/03/2015 e atribuído à Relatora em 25/08/2016.

2 – Os propósitos recursais consistem em definir se há coincidência entre as questões decididas em dois diferentes acórdãos apta a gerar preclusão sobre a matéria e se, para fins de partilha, a colação do bem deve se dar pelo valor da doação ao tempo da liberalidade ou pelo valor ao tempo da abertura da sucessão.

3 – Inexiste questão decidida e, consequentemente, preclusão, quando o acórdão antecedente somente tangencia a matéria objeto de efetivo enfrentamento no acórdão posterior, referindo-se ao tema de *obiter dictum* e nos limites da matéria devolvida pela parte que é distinta da anteriormente examinada.

4 – É indiscutível a existência de antinomia entre as disposições do Código Civil (arts. 1.792, *caput*, do CC/1916 e 2.004, caput, do CC/2002), que determinam que a colação se dê pelo valor do bem ao tempo da liberalidade, e as disposições do Código de Processo Civil (arts. 1.014, parágrafo único, do CPC/73 e 639, parágrafo único, do CPC/15), que determinam que a colação se dê pelo valor do bem ao tempo da abertura da sucessão, de modo que, em se tratando de questão que se relaciona, com igual intensidade, com o direito material e com o direito processual, essa contradição normativa somente é resolúvel pelo critério da temporalidade e não pelo critério de especialidade. Precedentes.

5 – Na hipótese, tendo o autor da herança falecido antes da entrada em vigor do CC/2002, aplica-se a regra do art. 1.014, parágrafo único, do CPC/73, devendo a colação se dê pelo valor do bem ao tempo da abertura da sucessão.

6 – Recurso especial conhecido e desprovido (REsp n. 1.698.638/RS, relatora Ministra Nancy Andrighi, Terceira Turma, julgado em 14.05.2019, DJe de 16.05.2019).

Resumidamente, até o atual momento, temos que a resolução da questão será feita pelo Tabelião de Notas, ou pelo advogado, da seguinte maneira: há que se verificar qual foi a data do óbito para, como em uma linha do tempo, verificar qual será a legislação aplicável no instituto da colação, e encontrar, seja pela colação em substância ou seja em valores estimados, e se será colacionado com atribuição do valor conforme a data da liberalidade ou a data da abertura da sucessão.

A colação, portanto, tendo como finalidade a igualdade das quotas hereditárias, será computada no cálculo daquilo que por lei seria devido pelo herdeiro, a fim de que aquele bem doado permaneça no patrimônio do herdeiro/donatário.

1.6.2 Análise do título aquisitivo do bem arrolado

Após a análise dos princípios afetos a partilha, e dando prosseguimento na análise dos reflexos práticos do inventário extrajudicial, surge questão interessante a ser tratada quanto aos bens que irão ser arrolados e integrarão o corpo do inventário. Nesse aspecto, a análise do título aquisitivo daquele imóvel toma substancial importância.

Veja o trecho da decisão do Conselho Superior da Magistratura de São Paulo que analisou a questão, em dúvida julgada procedente, pois foi feito um inventário e partilha extrajudicial de bem recebido pelo falecido por doação conjuntiva, conforme dispõe o art. 551 do Código Civil:

> Preceitua o artigo 551 do Código Civil: Art. 551. Salvo declaração em contrário, a doação em comum a mais de uma pessoa entende-se distribuída entre elas por igual. Parágrafo único. Se os donatários, em tal caso, forem marido e mulher, subsistirá na totalidade a doação para o cônjuge sobrevivo. O caput do artigo acima transcrito trata da doação conjuntiva, que, salvo estipulação em contrário, entende-se distribuída igualmente entre os donatários. Já o parágrafo único cuida de hipótese mais específica: doação conjuntiva em favor de marido e mulher. Nesse caso, ao contrário do disposto no caput, em caso de morte de um dos donatários, a lei civil estabelece o direito de acrescer em benefício do cônjuge sobrevivo. Ou seja, se marido e mulher forem beneficiados com a doação de um bem, ocorrendo a morte de um deles, o outro receberá o bem inteiro, independentemente de inventário, simplesmente em virtude do direito de acrescer. Desse modo, correta a recusa do título no caso em análise, uma vez que, com a morte de Elizabeth Aparecida, o bem doado passou a pertencer integralmente a seu marido, de modo que não poderia ter sido inventariado e muito menos partilhado entre os herdeiros (CSMSP; Apelação Cível: 1012088-83.2016.8.26.0037; Órgão Julgador: Conselho Superior de Magistratura de São Paulo; Localidade: Araraquara; Data do Julgamento: 15.08.2017).

O que a decisão nos leva a concluir é que não pode haver descuido na análise do título aquisitivo do bem arrolado no inventário, uma vez que tal situação pode ensejar além do não registro do título, o recolhimento equivocado do tributo devido.

Outro caso que cabe aqui ser analisado refere-se ao caso do falecido possuir o usufruto de algum imóvel quando do seu falecimento. Nesse cenário, o ordenamento jurídico veda a transmissão do direito real de usufruto, conforme art. 1.393 do CC/02.

Com o falecimento do usufrutuário, haverá o cancelamento desse direito real por simples requerimento ao registrador de imóveis, com a apresentação da certidão de óbito original.

Dessa forma, mesmo que o exercício do direito de usufruto seja de grande valor econômico para o usufrutuário, não haverá sua transmissão para os herdeiros. Equivocado, portanto, o arrolamento no inventário extrajudicial do direito real de usufruto que detinha o falecido.

A questão acima pode não parecer interessante se analisada sob a ótica dos casos concretos em que o usufrutuário é ascendente dos nu-proprietários. Por óbvio, nesses casos, com o cancelamento do usufruto a propriedade se consolidará no domínio daqueles. Mas partindo do pressuposto que nem sempre haverá relação de parentesco entre usufrutuário e nu-proprietário, o reflexo econômico gerado com o falecimento daquele será impactante em ambas as famílias envolvidas.

Para ilustrar, interessante pensar em um imóvel na Avenida Paulista, na Capital de São Paulo, gravado com direito real de usufruto em que não há relação de parentesco sucessório entre os detentores dos poderes desmembrados da propriedade. Enquanto vivo, o usufrutuário recolherá para si todos os frutos civis do imóvel locado há vários escritórios ou salas comerciais. Nessa perspectiva, o ganho econômico gerado pelo recolhimento dos frutos pelo usufrutuário e sua família é considerável. Quando do seu falecimento, o nu-proprietário é que será o novo proprietário pleno e detentor de todo proveito econômico gerado pelo referido imóvel. Nada caberá aos herdeiros do falecido, quanto ao direito de usufruto.

1.6.3 Valores dos bens arrolados

Ainda quanto aos bens arrolados no inventário, passa-se a análise dos valores a eles atribuídos. Por óbvio que não se conseguirá esgotar o assunto, isso porque a gama de bens e coisas passíveis de compor o acervo hereditário é vasta. Mas algumas questões serão analisadas, observada a prática tabelioa.

A questão necessita de um recorte. A sucessão de ações de sociedades anônimas e do patrimônio do empresário individual não se mostra complexa. Na primeira situação, as ações são transferíveis, em regra, por meio de endossos. Os valores utilizados serão aqueles de apuração para a comercialização daquelas ações na data do falecimento. No segundo caso, o patrimônio do empresário individual é o patrimônio da pessoa física. Nos imóveis, móveis e bens em geral, constarão como titular a própria pessoa natural, que faleceu.

O caso se mostra um pouco mais complexo quando se trata do falecimento de sócio em sociedades empresárias ou simples, que na maioria das vezes estará sob a forma de sociedade limitada.

Conforme escreve Douglas Philips Freitas, em artigo veiculado pelo sítio eletrônico do IBDFAM, em 2012:

Nas sociedades limitadas a situação torna-se mais complexa, pois, pela natureza desta forma de constituição empresarial há terceiros (sócios) envolvidos e, não necessariamente há possibilidade de inclusão destes cônjuges e herdeiros serem incluídos na sociedade em casos de divórcio ou morte, pois a regra vigente no caso concreto é àquele regulado pelo contrato social, a disposição de vontade e lei entre as partes – sócios envolvidos[115].

A assunção dos herdeiros na sociedade não se dá de forma imediata, com o falecimento do sócio, pois os herdeiros e o cônjuge/companheiro supérstite não fazem parte do quadro social, e os demais sócios não são obrigados, em regra, a aceitá-los.

Os contratos sociais devem reger essas situações, sobre a possibilidade de os herdeiros integrarem ou não os quadros sociais. E a depender de como foi redigido o ato constitutivo da pessoa jurídica, os valores declarados no inventário alterarão.

Há corrente que defende a dupla possibilidade de determinação do valor a ser arrolado no inventário a depender da disposição contratual permissiva de ingresso dos herdeiros nos quadros sociais ou de resolução e dissolução parcial da sociedade em relação ao sócio falecido[116]. Se houver a previsão de alteração do quadro social com a inclusão dos herdeiros (ou do herdeiro que receber as quotas em seu quinhão), por previsão contratual, como não haverá retirada ou recebimento *in natura*, os herdeiros apenas pagam pelo valor nominal das cotas, ou pelo valor de avaliação de mercado dessas quotas, feito em balanço patrimonial específico para tal.

Na segunda opção, se houver resolução da sociedade em relação ao sócio, por previsão contratual, as quotas serão liquidadas e os herdeiros receberão em dinheiro, sendo o valor apurado de acordo com a situação patrimonial da empresa, em seu patrimônio líquido a ser recebido.

Entretanto, essa não é a opção entendida pelas Secretarias da Fazenda e Tribunais dos Estados.

Em São Paulo, por exemplo, cabe transcrever o que dispõe os Agentes Fiscais de Renda do Estado de São Paulo, Eduardo Moreira Peres e Jefferson Valentin, em livro especializado sobre a legislação tributária do ITCMD Paulista:

> A própria Lei 10.705/00, nos §§ 2º e 3º do art. 14, detalha a apuração da base de cálculo para participações societárias: § 2º O valor das ações representativas do capital de sociedades é determinado segundo a sua cotação média alcançada na Bolsa de Valores, na data da transmissão, ou na imediatamente anterior, quando não houver pregão ou quando a mesma não tiver sido negociada naquele dia, regredindo-se, se for o caso, até o máximo de 180 (cento e oitenta) dias. (Redação dada pelo inciso II do art. 1º da Lei 10.992 de 21.12.2001; DOE 22.12.2001; efeitos a partir de 1º.01.2002). § 3º. Nos casos em que a ação, quota, participação ou qualquer título representativo do capital social não for objeto de negociação ou não tiver sido negociado nos últimos 180 (cento e oitenta) dias, admitir-se-á o respectivo valor patrimonial. (Redação dada pelo inciso II do art. 1º da Lei 10.992 de 21.12.2001; DOE 22.12.2001; efeitos a partir de 1º.01.2002).

---

115. FREITAS, Douglas Philips. *Partilha e Sucessão das Quotas Empresariais*. Disponível em: https://ibdfam.org.br/artigos/833/Partilha+e+sucess%C3%A3o+das+quotas+empresariais. Acesso em: 30 abr. 2021.
116. STANGRET, R. Herança de cotas societárias: Qual o valor correto da avaliação (e do imposto). *Jusbrasil*. Disponível em: https://rodela.jusbrasil.com.br/artigos/496332621/heranca-de-cotas-societarias-qual-o-valor-correto-da-avaliacao-e-do-imposto. Acesso em: 1º maio 2021.

Quanto às ações representativas do capital de sociedades que são negociadas em bolsa de valores não restam dúvidas. O § 2º transcrito acima é autoexplicativo. Quanto às participações societárias (ação, quota, ou qualquer outro título representativo do capital social) não for objeto de negociação ou não tiver sido negociado nos últimos 180 (cento e oitenta) dias, temos que buscar o valor patrimonial. Valor patrimonial de uma ação ou quota é o quociente entre o patrimônio líquido da empresa e o número de ações ou quotas que compõem seu capital social, ou seja, para obtermos esse valor temos que dividir o total do Patrimônio Líquido indicado no balanço patrimonial da empresa pelo número de ações ou quotas que compõe o capital social da mesma. A base de cálculo de uma participação societária será o valor patrimonial do título (ação ou quota) multiplicado pelo número de ações ou quotas transmitidas[117].

E em exemplo esclarecedor os autores ensinam:

Exemplo: uma pessoa (A) é casada com outra (B) em regime de comunhão total de bens e falece deixando quotas de uma empresa para um único herdeiro (C). O contrato social da empresa, com suas alterações, indicam que o Capital Social é formado da seguinte forma:

5.000 quotas, no valor de 1 real, pertencentes a A;

4.000 quotas, no valor de 1 real, pertencentes a B;

1.000 quotas, no valor de 1 real, pertencentes a D.

Total: 10.000 quotas.

Valor do Capital Social: R$ 10.000,00

Valor do Patrimônio Líquido constante do Balanço Patrimonial: R$ 55.200,00

Uma vez que o regime de casamento é comunhão total de bens, o patrimônio comum do casal é composto por 9.000 quotas, ou 90% do total da empresa o que corresponde a um total de R$ 49.680,00 (quarenta e nove mil, seiscentos e oitenta reais). Excluindo a meação pertencente ao cônjuge supérstite temos que a transmissão será de 50% de 9.000 quotas da empresa, no valor total de R$ 49.680,00, ou seja, o valor da base de cálculo será R$ 24.840,00.

Questão interessante ocorre quando o balanço patrimonial possuir valor negativo. Os mesmos autores respondem à questão, afirmando que "como a empresa apresenta Patrimônio Líquido negativo, a base de cálculo será o valor nominal das quotas transmitidas", ou seja, será o valor constante do contrato como de subscrição do sócio falecido.

Esse mesmo raciocínio, de utilização da base de cálculo como sendo aquela encontrada no balanço patrimonial específico para tal fim é encontrado em decisões do Tribunal de Justiça do Rio Grande do Sul:

AGRAVO DE INSTRUMENTO. INVENTÁRIO. ITCD. BASE DE CÁLCULO PARA AVALIAÇÃO DE COTAS SOCIAIS. AVALIAÇÃO PELA FAZENDA NACIONAL COM BASE EM BALANÇO CONTÁBIL EMPRESARIAL MAIS PRÓXIMO A DATA DA ABERTURA DA SUCESSÃO. 1. O valor de cotas sociais, objeto de transmissão causa mortis, deve ser apurado por avaliação da "fazenda estadual" ou avaliação "judicial" [...] 2. A avaliação mais condizente com as cotas sociais corresponde ao balanço contábil encerrado no mesmo ano de abertura da sucessão, motivo pelo qual deve ser efetiva a avaliação da Fazenda Estadual utilizando o referido parâmetro e não o valor nominal das cotas e, havendo discordância dos herdeiros, poderá ser nomeado perito. Recurso desprovido (Agravo de Instrumento, nº 70074446527, Sétima Câmara Cível, Tribunal de Justiça do RS, Relator: Sérgio Fernando de Vasconcellos Chaves, Julgado em: 24.10.2017).

---

117. PERES, Eduardo Moreira, VALENTIN, Jefferson. *Manual do ITCMD-SP* [recurso eletrônico]: imposto sobre transmissão "causa mortis" e doação ou quaisquer bens ou direitos. São Paulo: Letras Jurídicas, 2020. Cap. 9º da versão eletrônica.

E em outra oportunidade, também mencionando o balanço contábil como sendo utilizado para fixação da base de cálculo no inventário de quotas sociais:

> AGRAVO DE INSTRUMENTO. INVENTÁRIO. ITCD. BASE DE CÁLCULO PARA AVALIAÇÃO DE COTAS SOCIAIS. HOMOLOGAÇÃO DO CÁLCULO DO PERITO JUDICIAL. BALANÇO CONTÁBIL EMPRESARIAL MAIS PRÓXIMO À DATA DA ABERTURA DA SUCESSÃO. [...] Por outro lado, tratando-se de cotas sociais deixadas pela autora da herança – com efetiva participação e valoração das cotas, decorrente da gestão empresarial empreendida pela falecida a avaliação mais condizente às referidas corresponde ao balanço contábil encerrado naquele mesmo ano de abertura da sucessão, tal como identificado pelo perito. Portanto, como a lei de regência também possibilita que seja acolhida avaliação judicial [não se limitando a avaliação da "Fazenda"), correta a decisão que homologou avaliação do perito do juízo. NEGARAM PROVIMENTO (Agravo de Instrumento, nº 70070064050, Oitava Câmara Cível, Tribunal de Justiça do RS, Relator: Rui Portanova, Julgado em: 25.08.2016).

Dessa forma, acredita-se que a melhor corrente a ser seguida é a que dispõe pelo arrolamento das quotas com a atribuição do valor como sendo o do balanço contábil com a data base como sendo a data do óbito, feito por profissional técnico habilitado (contador, perito judicial, empresa de auditoria contábil etc.). Essa solução é a que melhor reflete a realidade patrimonial deixada pelo falecido e prestigia o princípio da igualdade a fim de que o cálculo da legítima, bem como dos quinhões dos herdeiros, seja feito com o objetivo de não prestigiar ou prejudicar quem quer que se diga interessado, sejam herdeiros, cônjuges/companheiros e/ou credores.

Continuando com a prática notarial, questão que pode gerar alguma dúvida refere-se a quando o *de cujus* deixou em seu patrimônio imóvel gravado com alienação fiduciária.

Imagine o exemplo em que o falecido deixou imóvel dado em garantia fiduciária para a Caixa Econômica Federal. Nesse caso, temos que a CEF é a proprietária do imóvel (propriedade resolúvel), o falecido era, à data da abertura da sucessão, proprietário de um direito decorrente do contrato de alienação fiduciária. Possuía o *de cujus* o direito real de aquisição do imóvel, e é esse direito, e não a propriedade do bem, que será transmitido aos herdeiros.

A base de cálculo a ser utilizada nessa situação será o valor de mercado do bem apurado na data do óbito, sendo subtraído o valor indicado pela instituição financeira como suficiente para a quitação das obrigações do devedor.

É importante salientar que não se trata da soma simples das parcelas pagas, subtraindo o valor das parcelas ainda vincendas.

Esse entendimento é o aceito pela SEFAZ/SP, e consta na Resposta à Consulta Tributária nº 7629/2015. Veja trecho da resposta:

> 11. Sendo assim, analisaremos, em primeiro lugar, a hipótese de transmissão causa mortis de bem móvel ou imóvel objeto de contrato de alienação fiduciária não quitado, a respeito da qual se verifica, consoante restou explanado na RC 686/2003, que, com a abertura da sucessão, o que se transmitiu aos herdeiros foram os direitos decorrentes do contrato de alienação fiduciária e não a propriedade do bem. Dessa forma, como ao fiduciante (de cujus) cabia a posse direta do bem (móvel ou imóvel) e o direito à propriedade

superveniente, após adimplidas todas as obrigações contratuais, são esses os direitos transferidos aos herdeiros, que também assumem as obrigações não cumpridas do contrato.

12. Nesse contexto, consigne-se que as parcelas não vencidas até o falecimento do autor da herança (data do fato gerador) não se constituem em dívida a onerar o bem transmitido nesta hipótese (que é o direito decorrente do contrato), na forma prevista pelo artigo 14 do Decreto 46.655/2002 (RITCMD), uma vez que, como já assinalado, não houve, nesse caso, a transmissão do próprio bem (móvel ou imóvel) aos herdeiros.

14. Dessa maneira, como a hipótese é de transmissão de direito relativo a bem (móvel ou imóvel) objeto de contrato de alienação fiduciária, em que somente parte das parcelas foram quitadas até a data do fato gerador, trata-se, dessa forma, de se estabelecer qual é o valor venal do direito que está sendo transmitido (valor da base de cálculo).

15. Nesse ponto, observe-se que, caso tomemos, como valor do direito transmitido, a simples somatória das parcelas pagas pelo transmitente até a data do fato gerador, corremos o risco de quantificar esse direito desproporcionalmente ao valor venal do próprio bem (móvel ou imóvel) na mesma data.

16. Assim, para fins do ITCMD, para se determinar o valor venal desse direito, que já traz para aquele que o recebeu a obrigação de pagar as parcelas não vencidas do contrato, deve-se, em relação à data do fato gerador:

16.1. Levantar o valor venal do próprio bem (móvel ou imóvel), cujo direito está sendo transmitido (A);

16.2. Calcular o valor total que seria necessário para quitar as obrigações do contrato (valor presente à data do óbito) (B);

16.3. Obtidos tais valores (A e B), o valor venal do direito transmitido será o resultado positivo da subtração entre esses dois valores, ou seja:

Valor do direito = A – B; desde que positivo (A > B)

17. Caso o valor total de quitação das obrigações contratuais seja superior ao valor venal do bem – móvel ou imóvel (B > A), não há que se falar em valor venal do direito, já que, em princípio, o valor da obrigação relativa ao bem é maior que o valor do próprio bem (móvel ou imóvel). Portanto, nesse caso, não há imposto a pagar[118].

A questão decorrente de compromissos de compra e venda de imóveis requer uma análise um pouco diferente dos imóveis gravados com alienação fiduciária.

Nos compromissos de compra e venda de bem imóvel, o falecido pode ser o promitente vendedor ou o promissário comprador. E essa posição contratual faz total diferença quanto a qual bem ou direito será arrolado.

No viés do promitente vendedor, o Supremo Tribunal Federal editou súmula que se aplica para o cálculo do ITCMD. A Súmula 590 do Supremo Tribunal Federal diz que "calcula-se o imposto de transmissão *causa mortis* sobre o saldo credor da promessa de compra e venda de imóvel, no momento da abertura da sucessão do promitente vendedor".

Veja, a súmula apenas fixa a base de cálculo utilizada para o cálculo do ITCMD, que também poderá ser aquele atribuído pelos interessados como sendo o valor do bem a ser arrolado no inventário. Isso significa que o que será arrolado no inventário é o próprio imóvel, isso porque a compromisso de compra e venda, mesmo que registrado

---

118. SEFAZ. Resposta à Consulta Tributária nº 7629/2015, de 27 de junho de 2016. Disponível em: https://legislacao.fazenda.sp.gov.br/Paginas/RC7629_2015.aspx. Acesso em: 1º maio 2021.

na matrícula, não altera a natureza jurídica do bem pertencente ao patrimônio do falecido. A propriedade se esvaziará na medida em que o promissário comprador paga as parcelas acordadas. Mas o promitente vendedor ainda possui a propriedade do imóvel.

Dessa forma, a base de cálculo do ITCMD será o saldo credor do compromisso, que poderá corresponder ao valor declarado pelas partes como sendo o valor do bem transferido.

A análise se altera quando o foco é o promissário comprador, que é titular apenas de um direito real sobre o imóvel, se registrar o contrato na matrícula do imóvel (art. 1.418 do Código Civil), ou um direito pessoal de requerer a adjudicação do imóvel quando o contrato não possui registro, mas ele não é o proprietário do imóvel.

Em São Paulo, o art. 16 do Decreto 46.655/02 define: Art. 16 – O valor da base de cálculo, no caso de bem imóvel ou direito a ele relativo será (Lei 10.705/00, art. 13): III – o valor do crédito existente à data da abertura da sucessão, quando compromissado à venda pelo "de cujus".

Nesse caso, o que é transmitido para os herdeiros é o direito de aquisição, o crédito, o valor pago até a data da transmissão, que será arrolado no inventário como "direitos do promissário comprador".

1.6.4 Reconhecimento da meação do viúvo no usufruto do imóvel

Uma questão interessante que se pauta no dia a dia refere-se a possibilidade de ser reconhecida a meação do viúvo ou a quota parte de algum herdeiro na instituição do direito real de usufruto.

Em uma primeira análise, o intérprete tende a pensar pela negativa, uma vez que, utilizando a base de cálculo do ITCMD disposta em algumas legislações tributárias estaduais, o usufruto corresponderia a 1/3 do valor total do imóvel. Em São Paulo, há essa disposição quanto a considerar a nua propriedade com valor referente a 2/3 do valor do bem e o usufruto sendo considerado como o restante.

Entretanto, parece que essa não seria a melhor interpretação. Houve, inclusive, consulta à Secretaria da Fazenda de São Paulo, no ano de 2019, abordando exatamente essa questão. A Consulta foi feita por um substituto de um Tabelionato de Notas, e tomou o nº 19598[119], e o ponto central da resposta pela SEFAZ foi que deverão ser considerados os valores de mercado dos bens/direitos atribuídos a cada uma das partes interessadas, em relação ao valor total do patrimônio partilhado, independentemente da forma como tais bens ou direitos forem divididos.

Dessa forma, a falta de outros elementos probatórios no sentido de atribuição correta do valor de cada um dos direitos desmembrados do imóvel (usufruto e nu-

---

119. SEFAZ. Resposta à Consulta nº 19598 DE 29.05.2019. Disponível em: https://www.legisweb.com.br/legislacao/?id=379714. Acesso Em: 03 maio 2021.

a-propriedade), e na valoração dos quinhões atribuídos, pela partilha, ao usufruto e à nua-propriedade do imóvel transmitido, devem ser levadas em consideração, respectivamente, as proporções de 1/3 e 2/3 da propriedade plena do imóvel objeto da sucessão, conforme dispõe a Lei Estadual nº 10.705/2000, em seu artigo 9º, § 2º, de forma subsidiária, portanto.

E mesmo sendo assim atribuído, o Fisco pode não concordar com a atribuição ou com a avaliação feita e arbitrar o valor da base de cálculo do imposto.

Dessa forma, os valores de 1/3 e de 2/3 trazidos pela lei como base de cálculo em casos de desdobramento, possuem o caráter subsidiário, quando outro valor, condizente com as práticas imobiliárias, não for levado em consideração para o cálculo da meação e dos quinhões hereditários.

Caso seja utilizado como base de cálculo o valor que traz a lei tributária, o Tabelião terá que observar a consequente cessão de meação ou de direitos hereditários a fim de equalizar as quotas devidas com aquilo efetivamente recebido, conforme já explanado em tópico anterior.

Vale a ressalva quanto àquilo que dispõe as diversas legislações do imposto devido nos outros Estados do Brasil. A depender de como a Secretaria da Fazenda interpreta o instituto e como se dá a instituição ou o reconhecimento da meação em usufruto, esse cálculo sofrerá modificações.

Entretanto, cabe pontuar que no Tribunal de Justiça de São Paulo, há voto proferido pelo Desembargador Luiz Antonio Costa, voto de nº Voto nº 14/16892, no Agravo de Instrumento nº 2231994-72.2016.8.26.0000, que muito bem aclara a questão. Cabe colacionar nesta obra algumas passagens do decidido pelo Desembargador, a começar pela ementa de seu voto:

> Inventário de bens. Atribuição à viúva meeira de parcela da nua-propriedade e do usufruto vitalício sobre a totalidade dos bens. Inexistência de óbice à manutenção do usufruto como parte da meação da viúva, com atribuição de parte da nua propriedade aos filhos. Diferenciação entre condomínio civil e aquisição conjunta. Nesta última, que decorre do regime de bens ou convivência, a especialização da meação só ocorre na ruptura do vínculo: morte, divórcio, separação. Não há óbice para que esta especialização se faça de forma a recair o usufruto sobre a totalidade de bens, com atribuição aos herdeiros, concordes, da nua-propriedade. Recurso, por meu voto, provido[120].

Visualiza-se pela ementa que já é possível concluir pela possibilidade de se realizar a partilha dessa maneira: reconhecimento de meação para a viúva e partilha do usufruto para os herdeiros. A questão mais interessante relatada no voto acima exposto diz respeito aos valores atribuídos ao usufruto, qual seja, metade do valor do bem, e ao valor de metade, restante, para a nua-propriedade, de maneira que não houve o que se reconhecer de excesso de meação.

---

120. TJSP. Voto nº 14/16892. Desembargador Luiz Antonio Costa. Agravo de Instrumento nº 2231994-72.2016.8.26.0000. Disponível em: https://www.26notas.com.br/blog/?p=13228. Acesso em: 03 maio 2021.

Cabe colacionar toda a decisão dada pelo desembargador uma vez que a leitura feita por ele do instituto, inclusive do que se entende por meação, sendo que sua individualização é instrumentalizada no inventário, é tecnicamente mais correta.

O Direito Civil não se confunde com o Direito Tributário, especialmente na conceituação e enquadramento dos institutos jurídicos. Essa celeuma inclusive é abordada no voto abaixo transcrito:

> Na partilha, foi atribuída à viúva meeira parcela da nua-propriedade e usufruto vitalício sobre a totalidade dos bens. Não há qualquer óbice à manutenção do usufruto como parte da meação da viúva, com atribuição de parte da nua propriedade aos filhos. A meação, enquanto não especificada, pela morte ou separação do cônjuge, é um direito inespecífico, sendo possível a sua especificação nos direitos de usufruto entre partes maiores e capazes. (...)Quando ocorre, então, na propriedade conjunta, o que costumo chamar de especialização da meação? Ela ocorre na ruptura do vínculo: morte, separação, divórcio, fim da convivência. Neste momento, examinando os bens comuns (ou conjuntos), os interessados decidirão, ou em caso negativo, se fará por partidor judicial, a especialização da meação devida a cada um dos cônjuges ou conviventes, ou ao cônjuge supérstite; separando-a da parte que será partilhada aos herdeiros, no caso de inventário ou arrolamento de bens, quando este for o caso. Não há atribuição da propriedade e por isto mesmo não há reflexo tributário porque cada um deles já é dono em conjunto, mas a sua parte somente será especializada o que lhe permitirá disposição como a do condômino no momento da ruptura do laço que determinava esta natureza jurídica (bens em conjunto por força do regime de bens do casamento ou união estável). E se assim o é, a especialização pode se dar em qualquer parte deste patrimônio em comum, o que equivale a dizer, em um único bem, ou em vários, bastando apenas que guarde proporcionalidade, o que os outros interessados (ex-cônjuge ou herdeiros) fiscalizarão, pois a solução final, em regra, depende das respectivas anuências à especialização planejada. Também já se reconheceu que não há nenhuma irregularidade na especialização ao cônjuge supérstite da totalidade do usufruto de todos os imóveis, com atribuição aos herdeiros da nua-propriedade dos mesmos imóveis, bastando o consenso entre eles. Nem se diga porque se trata de argumento fazendário, sem nenhuma base legal que neste caso haveria certa compensação financeira a ser tributada, porque o usufruto valeria um terço da propriedade. A utilização deste montante (um terço) para facilitar tabela de recolhimento de tributos em negócios imobiliários de compromisso de compra e venda, ou atribuição de usufruto, é aleatória e não possui racionalidade legal ou econômica. A bem da verdade, esta proporção nem mesmo guarda consonância econômica com o proveito que cada um destes institutos proporciona em relação à propriedade plena. Tratando-se, como se trata, de direitos reais que representam uma parcela, ou desdobramento, da totalidade de poderes insertos na titularidade plena, o juízo de valor representativo destes poderes somente pode ser aferido, rigorosamente, pelo interesse das partes. Não se vislumbrando, nem mesmo em tese, qualquer fraude, deve prevalecer o consenso entre as partes interessadas e que arcariam com eventual prejuízo, se ele houvesse –, que expressamente concordam sobre a paridade de valores ali representados (usufruto e nua-propriedade); de forma que não há que se falar em necessidade de qualquer cessão de direitos, doação ou em possibilidade de cobrança tributária. Cobrar-se-á nos autos de inventário dos herdeiros apenas o valor correspondente ao imposto *causa mortis* sobre a metade dos bens (em tese transmitida aos herdeiros) que o finado possuía em conjunto com a viúva e cuja especialização acabou atribuindo, agora, separadamente, a nua-propriedade e usufruto, respectivamente, aos herdeiros e à viúva[121].

---

121. TJSP. Voto nº 14/16892. Desembargador Luiz Antonio Costa. Agravo de Instrumento nº 2231994-72.2016.8.26.0000. Disponível em: https://www.26notas.com.br/blog/?p=13228. Acesso em: 03 maio 2021.

A explicação trazida no voto do desembargador paulista é deveras clara. Inclusive, no corpo do voto são colacionadas jurisprudências da corte bandeirante[122] entendendo pela possibilidade de aceitar o arranjo desejado pelos interessados.

Apenas a título ilustrativo, no mesmo voto acima relatado, há explicação sobre a natureza jurídica da meação e quando da extinção da sociedade conjugal, qual seria a sua natureza jurídica:

> Vale a pena relembrar, em face da confusão sobre o tema, que há muita diferença entre condomínio civil e propriedade conjunta e que a meeira, embora titular da propriedade em conjunto, já era proprietária do bem, nada recebendo pela morte do companheiro. O que se dará é a simples especialização de sua parte nos bens, o que pode ocorrer de forma livre, em parte dos bens, em um só, móvel ou imóvel ou até no usufruto dos bens. O primeiro (condomínio civil ou voluntário) decorre da aquisição, por ato oneroso ou não, de determinado bem indivisível, por várias pessoas. Cada um deles, de forma presumida ou explicitada, é, desde já, titular de sua quota parte (parte ideal), que embora não localizada geodesicamente (no caso de imóvel), lhes garante poder de disposição imediato, obedecida a necessária oferta em preferência aos demais condôminos. Diferentemente, é a propriedade conjunta que emerge da comunicabilidade da titularidade do bem, por força do regime de bens do casamento (e porque não dizer da união estável, embora neste caso o controle seja mais dificultado), na aquisição onerosa posterior ao casamento, ou do início daquilo que se reconhecerá, no futuro, como união estável, ou por força da comunicação que decorre do próprio regime de bens convencionado nos casos em que os bens teriam esta propriedade (serem aptos à comunicabilidade). Nestes casos, as duas pessoas casadas, por exemplo, no regime de comunhão parcial de bens (ou por união estável, sem convenção diversa), que tiverem adquirido quatro imóveis, não terão suas meações em cada um dos quatro imóveis atribuídos no momento da aquisição. Serão proprietários em conjunto, tanto que nem mesmo se imagina a alienação isolada da parte de um deles a terceiro, com a manutenção da outra parte com exclusividade ao outro cônjuge. Pelo mesmo motivo, é possível, sem qualquer dificuldade, atribuir a meação do cônjuge, quando esta especialização se tornar necessária, por exemplo, em uma determinada aplicação financeira de valor equivalente ao dos imóveis, com atribuição destes aos herdeiros filhos.

As questões mais tormentosas quando o desejo das partes for atribuir o usufruto como meação do cônjuge supérstite, dizem respeito aos valores atribuídos aos bens e consequentemente ao direito real e a necessidade de ser instrumentalizado o negócio

---

122. Veja as decisões citadas no voto acima citado: "Inventário e partilha. Decisão que determinou que fosse dada vista à Fazenda Estadual para manifestação sobre o "inter vivos". Insurgência. Alegação de inexistência de doação. Renúncia de meação e instituição de usufruto vitalício em favor da viúva meeira. Partilha amigável. Usufruto que pode ser destacado da nua propriedade, já que possui expressão econômica. Doação não configurada. Jurisprudência deste E. Tribunal. Não incidência do tributo 'inter vivos'. Recurso provido. (Agravo de Instrumento 2103742-51.2016.8.26.0000; Relator(a): Fábio Quadros; Comarca: São Paulo; Órgão julgador: 4ª Câmara de Direito Privado; Data do julgamento: 21.07.2016; Data de registro: 1º.08.2016)". "Inventário. Renúncia da meação por parte da viúva em prol do monte em troca da instituição de usufruto vitalício pelos herdeiros. Transação que não incide o ITCMD. Precedentes. Recurso provido (Agravo de Instrumento 2072203-72.2013.8.26.0000; Relator(a): Paulo Alcides; Comarca: Piracicaba; Órgão julgador: 6ª Câmara de Direito Privado; Data do julgamento: 18.02.2014; Data de registro: 21.02.2014)". "Agravo de Instrumento. Arrolamento de bens. Determinação para retificação do plano de partilha e verificação do imposto devido junto ao Posto Fiscal do Estado. Afastamento. Atribuição de usufruto vitalício à viúva meeira, com reserva da nua propriedade aos herdeiros. Doação não caracterizada. Não incidência do imposto. Decisão reformada. Recurso provido. (Agravo de Instrumento 0288792-63.2011.8.26.0000; Relator(a): João Pazine Neto; Comarca: Paraguaçu Paulista; Órgão julgador: 3ª Câmara de Direito Privado; Data do julgamento: 03.04.2012; Data de registro: 04.04.2012)". Disponível e acessado conforme nota de rodapé anterior.

jurídico referente ao excesso de meação/direitos hereditários, não existindo, portanto, vedação quanto a ser essa a forma de reconhecimento e partilha no âmbito do inventário.

Sobre o tema, na resposta à consulta tributária 20595/2019, de 19 de novembro de 2019[123], apesar de tratar de divórcio consensual e partilha de bens com atribuição de usufruto vitalício, a Secretaria da Fazenda de São Paulo explicou o excesso de meação e a incidência do ITCMD, destacando que, o fato gerador deste imposto ocorre quando, em separação, um dos cônjuges, que detinha a meação sobre metade dos bens do casal, passa a ter, gratuitamente, uma fração maior do que a quota que lhe cabia, caracterizando transmissão não onerosa de bens e/ou direitos.

Importa destacar que isso não quer dizer que os bens devem ser igualmente divididos, mas que deve ser dividido o valor total do patrimônio e, se os valores partilhados forem iguais, não há excesso de meação e não ocorrerá o fato gerador do ITCMD.

A decisão também destaca que, se os bens foram partilhados de forma desigual, mas houver compensação equivalente ao excesso, não ficará configurada a doação e não haverá, portanto, que se falar em excesso de meação da partilha.

> (...)
>
> 9. Assim dispõe o §5º do artigo 2º da Lei 10.705/2000, reproduzido a seguir:
>
> "Artigo 2º O imposto incide sobre a transmissão de qualquer bem ou direito havido:
>
> (...)
>
> § 5º Estão compreendidos na incidência do imposto os bens que, na divisão de patrimônio comum, na partilha ou adjudicação, forem atribuídos a um dos cônjuges, a um dos conviventes, ou a qualquer herdeiro, acima da respectiva meação ou quinhão."
>
> 10. Nessa perspectiva, ocorre o fato gerador do ITCMD quando, em uma separação, um dos cônjuges, que era proprietário de metade do patrimônio da sociedade conjugal, recebe, graciosamente, uma parcela maior do que o quinhão a que tinha direito, configurando transferência não onerosa de bens e/ou direitos (doação).
>
> 11. Note-se que não são os bens, individualmente tomados, que deverão ser divididos igualmente, mas sim o valor total do patrimônio.
>
> 12. Dessa forma, para saber se ocorre ou não a incidência do ITCMD na divisão do patrimônio comum, deverão ser considerados os valores dos bens e direitos que couberam a cada um dos consortes, em relação ao valor total do patrimônio partilhado e à meação originariamente devida, de forma que, ao final da partilha, a cada um caiba metade do valor atribuído ao patrimônio comum do casal, além do patrimônio particular que eventualmente cada um possua.
>
> 13. Se os valores partilhados forem iguais, independentemente da forma como os bens foram divididos, não há excesso de meação (por doação) e, portanto, não haverá incidência do ITCMD.
>
> 14. Havendo diferença, em favor de um dos cônjuges, na partilha de bens do patrimônio comum do casal, há que se averiguar se tal diferença ocorreu gratuitamente, por liberalidade do cônjuge desfavorecido, ou de forma onerosa.
>
> 15. No caso em exame, depreende-se do relato apresentado que os bens foram partilhados de forma desigual, em favor do marido, caracterizando-se, assim, o excesso de meação.

---

123. SEFAZ. Resposta à Consulta nº 20595 DE 19.11.2019. Disponível em: https://legislacao.fazenda.sp.gov.br/Paginas/RC11711_2016.aspx. Acesso em: 10 abr. 2024.

16. Contudo, o marido realizará a compensação dessa diferença pela instituição de usufruto sobre seu imóvel particular, equivalente ao valor do excesso de meação da partilha.

17. Assim, havendo compensação equivalente ao excesso de meação, não há que se falar em gratuidade (doação) em tal ato de disposição ocorrido na partilha do patrimônio comum, motivo pelo qual não há que se falar em incidência do ITCMD, nos termos do § 5º do artigo 2º da Lei nº 10.705/2000.

18. Observe-se, contudo, que a análise quanto à simetria pecuniária de cada quinhão, quando a universalidade do patrimônio se compõe de bens e direitos diversos entre si, deve ser realizada adequadamente, principalmente no que se refere à avaliação de cada bem (atribuição de valores).

19. Essa tarefa, que foge à competência deste órgão consultivo, na forma estabelecida pelos artigos 510 e seguintes do RICMS/2000, combinado com os artigos 31-A da Lei 10.705/2000 e 104, "caput", da Lei 6.374/1989, está, a princípio, afeta à área executiva da Administração Tributária (Posto Fiscal), observado o disposto no artigo 11, § 2º, da Lei 10.705/2000 (c/c artigos 14 e 15 da Lei 10.705/2000).

20. Com esses esclarecimentos, consideram-se dirimidas as dúvidas apresentadas na consulta[124].

A resposta à consulta tributária 2319/2013, de 06 de dezembro de 2013[125], traz para a discussão importante exemplo, uma vez que se trata de um caso no qual houve a transmissão "causa mortis" de patrimônio, que era composto por mais de um bem. No caso, a SEFAZ destacou que era necessária a concretização de duas situações: que fossem atribuídos corretamente os valores relacionados ao usufruto (1/3 do valor do imóvel) e da nua-propriedade (2/3 do valor do imóvel), e que, ao final, a viúva-meeira ficasse com metade do patrimônio, e a outra metade ficasse com os herdeiros. Tendo ocorrido tais situações, não incide ITCMD e não ocorre excesso de meação.

O CSM/SP, em recente decisão reforçou que é pacífico na jurisprudência paulista o entendimento de que a divisão entre a meação e a herança pode ser realizada por meio da constituição de usufruto e transmissão da nua propriedade do bem, com recolhimento do imposto que for devido se o valor da meação superar o valor do usufruto.

A decisão também esclareceu que não há impedimento para que o acerto patrimonial entre a viúva-meeira e os herdeiros necessários seja resolvido na própria partilha de bens. Para isso, bastaria imputar a nua-propriedade dos imóveis no pagamento dos quinhões dos herdeiros e o usufruto vitalício na meação da viúva, independentemente de qualquer outro negócio jurídico de doação.

Além disso, a decisão destacou que é possível ajustar, consensualmente, que a meação da viúva recaia sobre o usufruto do todo, desde que seja apresentada a guia com o recolhimento do ITCMD. Portanto, o órgão entendeu que a cessão da meação pode ser operada na escritura de inventário e partilha, e esta pode atribuir, como pagamento da meação da viúva, o usufruto vitalício sobre os bens do monte.

Registro de imóveis – Escritura pública de inventário e partilha – Cessão da meação da viúva meeira e instituição de usufruto – Divisão entre meação e herança por meio de constituição de usufruto e transmissão

---

124. SEFAZ. Resposta à Consulta nº 20595 de 19.11.2019. Disponível em: https://legislacao.fazenda.sp.gov.br/Paginas/RC11711_2016.aspx. Acesso em: 10 abr. 2024.
125. SEFAZ. Resposta à Consulta nº 11711 de 13.12.2016. Disponível em: https://legislacao.fazenda.sp.gov.br/Paginas/RC11711_2016.aspx. Acesso em: 10 abr. 2024.

da nua propriedade – Apresentação de guia de recolhimento do ITCMD – Dúvida improcedente – Recurso provido para afastar a exigência (CSMSP; Apelação Cível: 1001328-44.2020.8.26.0584; Relator(a): Ricardo Mair Anafe; Órgão Julgador: Conselho Superior de Magistratura de São Paulo; Localidade: São Pedro; Data do Julgamento: 02.12.2021).

A questão que surge quanto ao valor atribuído ao usufruto e à nua-propriedade e a possibilidade de cessão gratuita de direitos hereditários ou de meação também é possível de ser analisada na apelação cível nº 1016723-60.2022.8.26.0405, na qual O Conselho Superior da Magistratura de São Paulo analisou caso em que a viúva ficou com o usufruto do bem (correspondente a 1/3 do valor do bem), enquanto os herdeiros ficaram com a nua-propriedade (correspondente a 2/3 do valor do bem), o que ensejou a discussão quanto a terem os herdeiros recebido na partilha, valor acima dos seus quinhões, o que, como vimos anteriormente, seria fato gerador de tributação por ato entrevivos, em vista da configuração de transmissão de direitos.

> No caso concreto, insurge-se a apelante contra a exigência de recolhimento do ITCMD, apurado a partir do valor venal proporcional à nua propriedade recebida por cada herdeiro, ao argumento de que a partilha, feita entre maiores e capazes, apenas cuidou de atribuir as porções ideais conforme ajustado entre os interessados, não sendo devido qualquer outro imposto senão o que foi recolhido em razão da sucessão "causa mortis".
>
> Ocorre que, com a atribuição da nua-propriedade sobre a totalidade dos bens levados a inventário, os três herdeiros de Mitsuo Kohigashi receberam mais que a força da herança, em detrimento da meação da viúva. Na verdade, recebendo a viúva-meeira apenas o direito real de usufruto, forçoso admitir-se que ela transmitiu, por ato "inter vivos", sua meação sobre a nua-propriedade, ainda que tenha sido compensada em parte, quando se lhe atribuiu usufruto sobre o todo de cada um dos imóveis inventariados. De qualquer modo, inegável que receberam os herdeiros mais do que houveram na qualidade de sucessores "causa mortis" e, pelo que excedeu, é devido o imposto por ato entrevivos porque configurada a transmissão de direitos imobiliários.
>
> Relevante destacar, neste ponto, os ensinamentos dos já citados Sebastião Amorim e Euclides de Oliveira: "Hipótese bastante comum é a do cônjuge viúvo, com direito à meação nos bens da herança, concorrendo com herdeiros filhos. Atribui-se ao viúvo o direito de usufruto sobre determinados bens e faz-se a partilha da nua-propriedade aos herdeiros. Cumpre ressalvar, no entanto, que o valor do usufruto corresponde a uma fração do valor dos bens, que no Estado de São Paulo, por força da Lei n. 10.775/2000, seria de 1/3. Sobre a diferença entre esse terço e o valor da meação, pelas cotas atribuídas aos herdeiros, incidirá o imposto de transmissão, que pode ser o ITCMD no caso de liberalidade, ou o ITBI se houver pagamento ou reposição do valor." (in "Inventário e Partilha: teoria e prática", 26ª edição, São Paulo: Saraiva, 2020, Capítulo 10, n. 2.2).
>
> Logo, considerando que a atribuição de quinhões aos herdeiros ultrapassou a força da herança em detrimento da meação da viúva, o que caracteriza transmissão "inter vivos", por ato gracioso, sem compensação patrimonial na partilha, mostra-se configurada a hipótese de incidência do ITCMD (Lei Estadual nº 10.705/2000, art. 2º, § 5º e art. 9º, § 2º, itens 3 e 4 c.c. art. 1º, § 5º do Decreto 46.655/2002).
>
> Ressalte-se que, diferentemente do quanto entende a apelante, o precedente referido em suas razões recursais (TJSP; Apelação Cível 1001328-44.2020.8.26.0584; Relator Des. Ricardo Anafe (Corregedor Geral); Órgão Julgador: Conselho Superior da Magistratura; Foro de São Pedro – 2ª Vara; Data do Julgamento: 02.12.2021; Data de Registro: 15/12/2021), na verdade confirma o acerto do óbice ora apresentado pelo registrador, na medida em que se refere à efetiva apresentação, naquele caso, da guia de recolhimento do ITCMD devido em razão do valor da meação superar o valor do usufruto (CSMSP; Apelação Cível: 1016723-60.2022.8.26.0405; Relator(a): Fernando Antônio Torres Garcia. Órgão Julgador: Conselho Superior de Magistratura de São Paulo; Localidade: Osasco; Data do Julgamento: 29.09.2023).

A partir do que foi analisado, percebe-se que o Direito Tributário buscou mensurar o usufruto, um direito real sob coisa alheia que desmembra os poderes do proprietário, considerando que o seu valor seria inferior ao valor da nua-propriedade, tendo a Lei de Emolumentos do Estado de São Paulo determinado que tal valor corresponderia a 1/3 do valor do imóvel.

A consequência prática de tal determinação tributária atinge o direito de meação, uma vez que, é comum, nas partilhas, que o meeiro fique com o usufruto a título de meação e os herdeiros fiquem com a nua-propriedade. No entanto, em vista do valor inferior atribuído ao usufruto em relação ao percentual que é atribuído por lei ao meeiro, abriu-se a discussão quanto à cessão de direitos entrevivos.

Assim, a partir da questão gerada, as decisões proferidas no Estado de São Paulo determinaram ser possível reconhecer o usufruto como meação, existindo dois problemas a serem solucionados: a questão tributária e a possibilidade ou não de reconhecer o usufruto como 50% do patrimônio.

Quando as decisões do Estado de São Paulo passam a prever ser possível reconhecer o usufruto como meação, porém seguindo o valor atribuído a ele pelo Direito Tributário, decide-se pela incidência do ITCMD quanto à cessão da meação.

Ocorre que esse imposto incide sob transmissão. Logo, se há uma transmissão, há um negócio jurídico e, portanto, seria preciso instrumentalizar uma cessão de meação, não sendo possível dissociar o recolhimento de ITCMD da existência do negócio jurídico, o qual não pode ser presumido.

Assim, verifica-se a existência, nos casos concretos, de planejamento sucessório, e passa-se a questionar: é preciso instrumentalizar o negócio jurídico de cessão de meação dentro do inventário? A decisão da SEFAZ na consulta tributária 2319/2013, citada anteriormente, determinou que, independentemente de outro negócio jurídico, entende-se que dentro do inventário, a divisão não precisa seguir os 50% de meação, desde que haja a compensação dos quinhões e a repartição proporcional dentro do próprio inventário.

Ou seja, é certo que existe um negócio jurídico (cessão de meação) e, conforme decisão do STJ ao julgar o REsp 1.196.992/MS (trabalhada anteriormente), o ato de disposição patrimonial representado pela cessão gratuita da meação em favor dos herdeiros configura uma verdadeira doação. Diante desse entendimento, o ITCMD é aplicável nesses casos, que devem ser formalizados dentro dos inventários.

Apesar disso, os autores deste trabalho adotam uma linha de pensamento distinta, que diverge do entendimento predominante no Estado de São Paulo. Eles defendem que as partes têm a liberdade de atribuir valor ao usufruto, sem estarem restritas à determinação do Direito Tributário, que é de 1/3 do valor do imóvel. Portanto, não se trata de uma cessão, especialmente considerando a declaração da parte de que o usufruto corresponde a 50% da meação.

1.6.5 Valores atribuídos aos bens

Aproveitando que o assunto tratado no tópico anterior possuiu como cerne as atribuições de valores àquilo que compõe o patrimônio do falecido, apenas para chamar a atenção para esse ponto, adentra-se agora, na questão de quais seriam os valores que os herdeiros podem atribuir aos bens para compor a partilha ao findar o inventário.

Esse tópico deverá ser analisado sistematicamente com o Direito Tributário, uma vez que os reflexos nas Declarações de Imposto de Renda, principalmente quando da venda pelo herdeiro do bem adquirido por sucessão, pode ser fato gerador do imposto de renda sobre o lucro imobiliário.

O decreto regulamentador do Imposto de Renda, Decreto 9.580/2018, em seus art. 136, § 4º c/c art. 130 disciplina a matéria quanto ao que será considerado como custo de aquisição de bens transmitidos a título de herança.

Para melhor ilustrar, veja a letra dos dispositivos citados:

> Art. 136. O custo de aquisição dos bens ou dos direitos será o valor pago na sua aquisição: § 4º Na hipótese de imóvel e de outros bens adquiridos por doação, herança ou legado ou meação, deverá ser observado o disposto no art. 130 ou art. 140, conforme o caso.

O art. 140 é utilizado subsidiariamente, caso não seja atribuído nenhum valor ao bem transmitido. Já o art. 130, disposto em subseção única, tratando da herança, do legado ou da doação em adiantamento da legítima e da dissolução da sociedade conjugal, disciplina o seguinte:

> Art. 130. Na transferência de direito de propriedade por sucessão, nas hipóteses de herança, legado ou doação em adiantamento da legítima, os bens e os direitos poderão ser avaliados a valor de mercado ou pelo valor apresentado na declaração de bens do de cujus ou do doador (Lei nº 9.532, de 1997, art. 23, *caput*).
>
> § 1º Se a transferência for efetuada a valor de mercado, a diferença a maior entre o referido valor e o valor pelo qual constavam da declaração de bens do de cujus ou do doador ficará sujeita à apuração do ganho de capital e à incidência de imposto sobre a renda, observado o disposto no art. 148 ao art. 153 (Lei nº 9.532, de 1997, art. 23, § 1º).
>
> § 2º O herdeiro, o legatário ou o donatário deverá incluir os bens ou os direitos na sua declaração de bens correspondente à declaração de ajuste anual do ano-calendário da homologação da partilha ou do recebimento da doação pelo valor pelo qual houver sido efetuada a transferência (Lei nº 9.532, de 1997, art. 23, § 3º).
>
> § 3º Para fins de apuração de ganho de capital na alienação dos bens e dos direitos de que trata este artigo, será considerado pelo herdeiro, pelo legatário ou pelo donatário como custo de aquisição, o valor pelo qual houverem sido transferidos (Lei nº 9.532, de 1997, art. 23, § 4º).
>
> § 4º As disposições deste artigo aplicam-se, também, aos bens ou aos direitos atribuídos a cada cônjuge, na hipótese de dissolução da sociedade conjugal ou da unidade familiar (Lei nº 9.532, de 1997, art. 23, § 5º).

Observe que o art. 130, em seu *caput*, utiliza o verbo "poder", dando opção aos herdeiros pela atribuição de valores que entenderem melhor no caso concreto.

Da leitura subsequente dos parágrafos, é possível analisar quem será o contribuinte de um possível imposto de renda sobre o ganho de capital. Se houver a atualização do valor que o *de cujus* informou em sua declaração de renda, poderá dar causa para a tributação de ganho de capital em nome do falecido, a ser de responsabilidade do espólio, o que fará com que todos os herdeiros arquem com o rateio do imposto devido, posto que será dívida do espólio, passível de divisão por todos antes de ultimar a partilha.

Caso o valor atribuído seja idêntico aquele constante na declaração do falecido, esse será o valor que irá integrar o patrimônio do herdeiro, em seu ajuste anual.

Perceba que o Tabelião também deverá observar o valor venal, atribuído pela municipalidade para fins de cobrança do IPTU. E os herdeiros poderão entender que o valor real de mercado suplanta todos esses existentes, uma vez que possuem a intenção de alienar o imóvel após a partilha ser efetuada.

Enfim, os cálculos deverão ser feitos de forma a atender as exigências e expectativas das partes, que, na maioria das vezes, são leigas no assunto. Dessa forma, cabe uma análise conjunta, feita pelo Tabelião, pelo advogado e pelo contador das partes.

1.6.6 Inventários sucessivos – Pós-morte

Caminha-se para o final do livro, e este próximo assunto pertinente à partilha e seus reflexos patrimoniais diz respeito aos inventários conjuntos e sucessivos que são frequentes no dia a dia do tabelionato de notas, por alguns motivos abaixo relacionados.

Primeiramente, há que se reconhecer o pouco interesse dos herdeiros em regularizar o patrimônio do falecido. Nesse ínterim, os herdeiros do primeiro falecido podem também falecer, sem que qualquer procedimento de inventário tenha iniciado.

Em sequência, a própria Resolução CNJ nº 35 permitiu a utilização da Lei 11.441/07 em óbitos ocorridos antes da sua vigência, o que facilitou sobremaneira a regularização dos imóveis encravados em sua disponibilidade por várias e várias gerações.

Como se não fosse suficiente, o CPC/15 também trouxe expressamente essa sistemática, ao dispor em seu art. 672, que está inserido na Seção X – Disposições Comuns a Todas as Seções, ou seja, também aplicável ao procedimento extrajudicial, o que segue:

> Art. 672. É lícita a cumulação de inventários para a partilha de heranças de pessoas diversas quando houver: I – identidade de pessoas entre as quais devam ser repartidos os bens; II – heranças deixadas pelos dois cônjuges ou companheiros; III – dependência de uma das partilhas em relação à outra. Parágrafo único. No caso previsto no inciso III, se a dependência for parcial, por haver outros bens, o juiz pode ordenar a tramitação separada, se melhor convier ao interesse das partes ou à celeridade processual.

Com a expressa previsão legal no estatuto processual civil, resta livre de dúvidas a possibilidade de instrumentalização de inventários conjuntos e sucessivos. Normalmente, o que se verifica na prática é que essa situação acontecerá quando os ascendentes forem falecendo, até que a necessidade de regularizar e alienar o imóvel apareça.

Ao instrumentalizar um inventário conjunto e sucessivo, duas regras são de extrema importância: respeitar a sequência temporal dos óbitos e não omitir ou simplesmente saltar da primeira para a última partilha.

Isso quer dizer que não é permitida a partilha *per saltum*, qual seja, aquela em que arrolado o imóvel deixado pelo primeiro falecido, o resultado seja pela partilha direto aqueles que estão vivos ainda.

Para visualizar melhor a situação, veja o seguinte exemplo: Antônio falece em 2010 e deixa como filhos Benedito, Carlos e Daniel. Benedito falece em 2012, sem que se tenha iniciado o inventário de Antônio, e deixa Eunice, Flávia e Gilberto como seus filhos (netos de Antônio, portanto). Nesse caso, é equivocado fazer o inventário de Antônio e partilhar os bens deixados para seus dois filhos ainda vivos, Carlos e Daniel, e para os seus três netos, Eunice, Flávia e Gilberto. Essa sistemática não respeita a ordem de óbitos e partilhas, realizando o que a jurisprudência e doutrina denominam como partilha *per saltum*.

Em respeito ao princípio da continuidade, as partilhas devem seguir a ordem de falecimento, com o pagamento sucessivo dos quinhões a que cada herdeiro tem direito por ocasião de cada óbito acontecido. Apenas a título ilustrativo, conceitua Afrânio de Carvalho o princípio acima exposto:

> O princípio da continuidade, que se apoia no de especialidade, quer dizer que, em relação a cada imóvel, adequadamente individuado, deve existir uma cadeia, de titularidade à vista da qual só se fará a inscrição de um direito se o outorgante dele aparecer no registro como seu titular. Assim, as sucessivas transmissões, que derivam umas das outras, asseguram a preexistência do imóvel no patrimônio do transferente[126].

Veja recente decisão da 1ª Vara de Registros Públicos de São Paulo que ilustra o tema:

> Embora a partilha tenha sido feita em inventário conjunto, e não obstante o pouco intervalo de tempo entre os dois falecimentos, os bens dos falecidos deveriam ter sido paulatinamente partilhados quanto ao seu ingresso no registro de imóveis, conforme a ordem de falecimentos, ressalvada a hipótese de comoriência, o que não ocorreu no caso concreto. Assim, pelo princípio da continuidade registrária, haveria que se prever a transmissão da propriedade ao espólio herdeiro, e posteriormente aos filhos, não sendo possível a transmissão da propriedade diretamente aos herdeiros filhos. Note-se que, embora a cumulação de inventários tenha como objetivo a economia processual, não se dispensa, sob o ponto de vista registrário, a previsão de partilhas distintas, sucessivas e sequenciais (CSMSP; Apelação Cível: 1019035-22.2020.8.26.0100; Relator(a): Ricardo Mair Anafe. Órgão Julgador: Conselho Superior de Magistratura de São Paulo; Localidade: São Paulo; Data do Julgamento: 20.10.2021).

Essa é a posição do Conselho Superior da Magistratura de São Paulo, em diversas passagens, afirmando que ainda que inventariados de modo conexo e por instrumento conjunto, os bens dos falecidos deveriam ter sido paulatinamente partilhados quanto ao seu ingresso no registro de imóveis, conforme a ordem de falecimentos.

> REGISTRO DE IMÓVEIS – Inventário – Ofensa ao princípio da continuidade – Necessidade de partilhas sucessivas – Impossibilidade de registro – Óbice – mantido – Recurso não provido (CSMSP; Apelação Cível: 1013445-56.2019.8.26.0114; Relator(a): Geraldo Francisco Pinheiro Franco. Órgão Julgador: Conselho Superior de Magistratura de São Paulo; Localidade: Campinas; Data do Julgamento: 10.12.2019).

---

126. CARVALHO, Afrânio. *Registro de Imóveis*. 4. ed. Rio de Janeiro: Forense, 1997, p. 254.

Dessa forma, no exemplo acima citado, do falecimento de Antônio e Benedito, a ordem de falecimento deverá ser observada, instrumentalizando as partilhas de forma individual. A instrumentalização perfeita levará em conta que Benedito recebeu, pela transmissão legal que acontece com o falecimento de Antônio, e que em seu patrimônio foi incorporado à quota parte dos bens deixados por este. Dessa forma, após ser inventariado o que deixou Antônio, será feita a partilha da quota parte recebida em vida por Benedito, que com o seu falecimento, será partilhada aos herdeiros deste último.

Quanto a essa instrumentalização, surge dúvida sobre a qualificação de Benedito no inventário de Antônio. Isso porque, ele não estará presente, por óbvio. E sabe-se que espólio não detém capacidade jurídica para os atos da vida civil.

Inclusive, abordando essa questão, a decisão proferida pela Corregedoria Geral da Justiça de São Paulo, no Processo nº 2015/50558, disse que é incorreto qualificar a parte como espólio, dando o entendimento de que deveria ser qualificado o inventariante devidamente nomeado para representar o falecido, que antes de morrer, recebeu seu direito à sucessão.

Veja o que diz o trecho da decisão, inclusive citando doutrina que aborda a matéria aqui exposta:

> Em primeiro lugar, Espólio não pode figurar como parte, herdeiro, em escritura pública de inventário e partilha, por conta de falta de capacidade. Isso contrariaria o art. 982, do Código de Processo Civil. A questão é respondida com clareza pela Professora Juliana da Fonseca Bonates, especialista no tema:
>
> 'Se algum herdeiro falecer antes de ultimada a partilha extrajudicial, esta só continuará possível se a partilha desse herdeiro pós-morto for realizada anteriormente, de modo que os herdeiros do herdeiro possam participar em nome próprio. Também pode ser lavrada a escritura de partilha extrajudicial da sucessão que primeiro abriu, desde que o segundo inventário também possa ser resolvido dessa maneira, e todos os que houvessem de participar deste último concordem com aquele que estava pendente. Embora o espólio possa transigir com autorização judicial (Código de Processo Civil, art. 992, II) não poderá ser considerado 'capaz' (Código de Processo Civil, art. 982, com a nova redação dada pela Lei 11.441/2007, e Código Civil, art. 2.016) para a partilha amigável extrajudicial. É da essência da via administrativa que não seja necessário suprir a incapacidade de nenhum interessado, muito menos obter autorização judicial. De qualquer modo, os herdeiros do herdeiro são interessados, e sem sua participação a escritura não poderá ser lavrada.' (in Separação, divorcio, partilhas e inventários extrajudiciais — Questionamentos sobre a Lei 11.441/2007, coord. António Carlos Mathias Coltro e Mário Luiz Delgado, p. 321).

O espólio é nada mais do que uma universalidade de bens, uma entidade sem personalidade jurídica, representada, judicial e extrajudicialmente, pelo inventariante ou, antes dele, pelo administrador provisório. Não se enquadra, portanto, no conceito de "agente capaz" previsto no art. 982, da Código de Processo Civil (CGJSP; Processo: 2015/50558; Órgão Julgador: Corregedoria Geral da Justiça de São Paulo; Localidade: São Paulo; Data do Julgamento: 28.04.2015).

A decisão acima colacionada, além de explicar a não capacidade jurídica do espólio, também informa uma segunda alternativa para que os inventários sejam lavrados na ocorrência da morte de um dos herdeiros, sem que o primeiro inventário tenha se iniciado, ou esteja em curso.

O caso propõe que seja feito, primeiro, o inventário do pós morto, levando-se a arrolamento os direitos referentes ao falecimento do seu antecessor. Entretanto, pode ser que os herdeiros não saibam o que será inventariado e qual seria o valor desse quinhão primário. Dessa forma, vislumbra-se aqui, mais uma opção de inventário e partilha parcial com a futura sobrepartilha a ser realizada, quando se findar o inventário e a partilha daquele que primeiro faleceu.

É o que se extrai do seguinte trecho, citado acima: "se algum herdeiro falecer antes de ultimada a partilha extrajudicial, esta só continuará possível se a partilha desse herdeiro pós-morto for realizada anteriormente, de modo que os herdeiros do herdeiro possam participar em nome próprio". Dessa forma, os herdeiros nomearão o inventariante para que compareça no ato e resolva essa pendência, qual seja, representar o espólio no primeiro inventário.

A opção acima citada, apesar de correta, pode ser simplificada, sem a necessidade de recorrer a partilha parcial e a posterior sobrepartilha. É possível que, em instrumento separado, em escritura pública de nomeação de inventariante, todos os herdeiros concordem que a representação do falecido no primeiro inventário será feita pelo inventariante, e ao fim, será feita a partilha do segundo falecido, pós morto.

Além da questão do espólio e sua representação, a decisão também traz importante questão que deve ser observada pelos Tabeliães e advogados quando forem instrumentalizar os inventários conjuntos e sucessivos, qual seja, a necessidade de que todos os herdeiros, de todos os inventários e partilhas que serão instrumentalizados, serem maiores e capazes. Se o herdeiro do herdeiro for menor, a via extrajudicial não poderá ser eleita para resolver nem primeira sucessão, tampouco a segunda, devendo todos os interessados serem remetidos para a via judicial.

1.6.7 Premoriência, comoriencia e representação

A análise dos herdeiros premortos na sistemática do inventário extrajudicial não é das mais custosas. Não há um procedimento diferente daquilo que já seria observado ordinariamente.

O Tabelião e o advogado das partes deverão observar, sempre, os requisitos gerais para a opção da via administrativa. Logo após, verificará qual a data dos óbitos e, caso encontrem a situação de herdeiros premortos, seguirá o que dispõe o Código Civil em relação ao direito de representação.

Se constatado que no caso concreto há o direito de representação, a certidão de óbito do herdeiro que faleceu em primeiro lugar, juntamente com as certidões dos seus herdeiros, deverão ser apresentadas a fim de que a constatação da existência do instituto (representação) possa ser feita sem maiores problemas.

Nessa seara, os herdeiros que comparecerão por direito de representação, serão qualificados e receberão o quinhão que era de direito do seu antecessor, dividido em quantos existirem nessa classe de herdeiros. Todos os operadores do direito devem se atentar às regras do direito de representação, dispostas nos arts. 1.833, 1.840, 1.851 até o art. 1.856[127], todos do Código Civil de 2002.

Entretanto, questão interessante diz respeito a existência de direito de representação em casos de comoriência.

Nos termos do art. 8º do Código Civil: "Se dois ou mais indivíduos faleceram na mesma ocasião, não se podendo averiguar se algum dos comorientes precedeu ao outro, presumir-se-ão simultaneamente mortos".

Nas palavras de Luiz Paulo Vieira de Carvalho:

> Verificada a figura jurídica da comoriência, nosso legislador presume que os óbitos ocorreram no mesmo instante, não havendo transmissão sucessória entre os comorientes (*commoriens*), isto é, um não sucede ao outro. Não importa que as mortes tenham ocorrido em lugares distintos, até em países diversos, sendo mister que tenha havido identidade temporal no óbito.
>
> Veja-se o clássico exemplo: A é casado com B e ambos não possuem descendentes ou ascendentes, nem testaram validamente. Falecendo os dois no mesmo acidente, a determinação da premoriência ou comoriencia será imprescindível para a aferição do fenômeno sucessório. Se A morreu antes de B, este será seu herdeiro universal, na qualidade de herdeiro necessário, conforme estabelece o art. 1.829, inciso III, do Código Civil. Por outro lado, não havendo premoriência entre ambos, não ocorrerá a transmissão da herança entre eles e os herdeiros de cada um serão os respectivos colaterais sucessíveis, na conformidade do disposto no art. 1.829, inciso IV, e no art. 1.839, ambos do Código Civil[128].

A verificação da comoriência pelo Tabelião de Notas, ou por qualquer profissional do direito, será feita pela análise da certidão de óbito dos falecidos, no campo apropriado onde consta a data e a hora do falecimento. O registro de óbito possui como documento principal a Declaração de Óbito, lavrada pelo funcionário que atestou o evento morte e consequentemente qual horário teria acontecido.

Caso o horário seja ignorado, ou não seja possível verificar com precisão se realmente as mortes ocorreram na mesma ocasião, os herdeiros e interessados deverão

---

127. Art. 1.833. Entre os descendentes, os em grau mais próximo excluem os mais remotos, salvo o direito de representação.
Art. 1.840. Na classe dos colaterais, os mais próximos excluem os mais remotos, salvo o direito de representação concedido aos filhos de irmãos.
Art. 1.851. Dá-se o direito de representação, quando a lei chama certos parentes do falecido a suceder em todos os direitos, em que ele sucederia, se vivo fosse.
Art. 1.852. O direito de representação dá-se na linha reta descendente, mas nunca na ascendente.
Art. 1.853. Na linha transversal, somente se dá o direito de representação em favor dos filhos de irmãos do falecido, quando com irmãos deste concorrerem.
Art. 1.854. Os representantes só podem herdar, como tais, o que herdaria o representado, se vivo fosse.
Art. 1.855. O quinhão do representado partir-se-á por igual entre os representantes.
Art. 1.856. O renunciante à herança de uma pessoa poderá representá-la na sucessão de outra.
128. CARVALHO, Luiz Paulo Vieira de. *Direito das Sucessões*. 4. ed. São Paulo: Atlas, 2019. p. 114.

manifestar sua concordância com a existência de tal situação, caso contrário, deverão ser remetidos às vias judiciais.

Entretanto, para além da discussão sobre natureza e efeitos jurídicos, aqui será verificado os aspectos práticos do instituto.

Em sendo possível atestar a ocorrência da morte na mesma ocasião, no mesmo momento temporal, os efeitos práticos são a não transmissão dos direitos sucessórios entre eles, ou seja, um não sucede o outro, sendo que a partilha será feita em pagamento aos herdeiros de cada um deles. Nesses casos, será possível visualizar um inventário conjunto entre marido e esposa se findando com a partilha total do patrimônio para os descendentes.

Diferentemente da partilha sucessiva e conjunta quando há pós morte, ou seja, quando o segundo falecido recebeu em seu patrimônio os direitos sucessórios advindos do primeiro falecimento, em que será necessária a instrumentalização de tantos inventários, partilhas e pagamentos quantos forem os óbitos ocorridos nesse ínterim, a fim de cumprir o que dispõe o princípio da continuidade, no caso da comoriência, o patrimônio será repartido diretamente aos herdeiros de cada um deles, que podem ser comum e recolherão o patrimônio total em única partilha.

Outra questão de interessante debate diz respeito ao direito de representação quando da comoriência. Isso se verifica na seguinte situação: Arnaldo, pai, e Bento, filho, falecem simultaneamente, em um mesmo acidente, sendo certo que Bento tinha dois irmãos, Clarice e Diego, bem como um filho, Evaristo, neto de Arnaldo. Nessa hipótese, se a medicina não conseguir comprovar qual dos mortos faleceu em primeiro lugar, não tendo sido feita a prova em contrário de que houve a premoriência, tecnicamente, não se daria a transmissão de direitos hereditários de um para o outro porquanto um não sucederia o outro, sendo chamados à sucessão de cada qual, os respectivos herdeiros legais.

No caso acima relatado, o neto Evaristo nada receberia em representação a seu avô, pois como os comorientes não sucedem entre si, não haveria herança como o neto de Arnaldo representar seu pai, Bento, na sua sucessão.

Nesses termos, quem recolheria a herança de Arnaldo seriam os seus filhos, Clarice e Diego, não havendo direito de representação de Bento em favor de Evaristo, pois, esse direito pressupõe a premorte do herdeiro legal. Assim, Evaristo nada receberia da herança de Arnaldo, seu avô, mas somente em relação à herança de Bento, seu pai.

Contudo, há doutrina de peso, por exemplo Luiz Paulo Vieira de Carvalho[129], citando José Maria Leoni Lopes de Oliveira, Orlando Gomes e Inocêncio Galvão Telles, que entendem que para se evitar a injusta situação acima, é mister excepcionar-se a regra da presunção da simultaneidade dos óbitos (até mesmo por tratar-se de presunção relativa), acolhendo-se a premoriência de Arnaldo em relação a Bento, exsurgindo, à

---
129. CARVALHO, Luiz Paulo Vieira de. *Direito das Sucessões*. 4. ed. São Paulo: Atlas, 2019. p. 116.

obviedade, que a vontade deste último, em falta de Bento, seria no sentido de também beneficiar sucessoriamente seu neto, Evaristo.

Veja o que colaciona Luiz Paulo Vieira de Carvalho sobre a situação e sua solução:

> Na mesma direção, temos o magistério de Orlando Gomes, apud Inocêncio Galvão Telles: 'O direito de representação pressupõe a morte do representado antes do de cujos, admitindo-se, porém, quando ocorre a comoriência, visto não se poder averiguar, nesse caso, qual dos dois sobreviveu ao outro. Observe-se que solução diversa conduziria ao absurdo dos netos nada receberem da herança do avô quando o pai tivesse morrido juntamente com ele e existissem outros filhos daquele" Assim, repisamos, deve o magistrado presumir que B premorreu A, para que E possa representá-lo na sucessão do avô, aplicando-se, então, os precisos termos dos arts. 1.851, 1.852, 1.854 e 1.855, todos do Código Civil, disciplinadores do direito de representação.

Nessa mesma direção, dispõe o Enunciado nº 610 aprovado na VII Jornada de Direito Civil (STJ/CEJ, 2015): "Direito de representação na comoriência. Nos casos de comoriência entre ascendente e descendente, ou entre irmãos, reconhece-se o direito de representação aos descendentes e aos filhos dos irmãos"[130].

A justificativa do enunciado acima citado é de clareza solar:

> Parece claro que o direito de representação é concedido aos filhos de herdeiros premortos. Nasce, no entanto, a dúvida se o direito de representação deve ser concedido aos filhos do herdeiro que falece simultaneamente ao autor da herança, em casos de comoriência. Maioria da doutrina não tem admitido o direito de representação, mas a jurisprudência tem se mostrado no sentido de concedê-lo aos filhos de herdeiros mortos em comoriência. Da leitura do art. 1851 do Código Civil, vê-se a possibilidade de se reconhecer o direito de representação em casos de comoriência, uma vez que o artigo não faz menção à necessidade de premorte, estabelecendo apenas que os parentes do falecido podem suceder em todos os direitos em que ele sucederia se vivo fosse. Significa então, que ele pode ter morrido conjuntamente com o autor da herança, não havendo necessidade de ter morrido antes. Não reconhecer o direito de representação aos filhos de herdeiro falecido em concomitância com o autor da herança gera uma situação de verdadeira injustiça.

Entretanto, sabe-se que essa não é uma posição pacífica, e pode gerar litígio principalmente em relação àqueles que, pensando que a divisão se daria de uma forma, veem sua quota diminuir em razão de um direito de representação, que, literalmente, pela dicção legal, não existiria.

Sendo verificado o litígio, como já exaustivamente tratado neste trabalho, a via administrativa encontra-se proibida.

Mas, caso os herdeiros estejam de acordo com a interpretação acima exposta, que parece ser a mais justa e de entendimento defensável, o Tabelião de Notas poderá aplicar o instituto da representação mesmo verificando a ocorrência das mortes simultâneas.

Dessa forma, entende-se que será de bom tom que se faça constar no instrumento público a menção ao enunciado acima transcrito.

---

130. CJF. Enunciado nº 610 aprovado na VII Jornada de Direito Civil (STJ/CEJ, 2015). Disponível em: https://www.cjf.jus.br/enunciados/enunciado/846. Acesso em: 05 abr. 2024.

1.7 RETICÊNCIAS...

Encerra-se aqui os aspectos patrimoniais do inventário e da partilha, com os pontos que geram não apenas discussão acadêmica, mas também questionamentos práticos do dia a dia do tabelionato. Sabe-se da vasta gama de assuntos que podem ser tratados neste tópico, mas foram escolhidos temas que seriam mais interessantes neste primeiro momento, de acordo com a experiência dos profissionais que redigiram a obra.

O subtópico possui denominação lúdica, a fim de evidenciar que aqui não se esgotam todas as possibilidades de uma partilha decorrente do Direito Sucessório e que a depender do caso concreto, vários serão os institutos inter-relacionados aplicados.

Ressalta-se que o não esgotamento das opções não torna a obra de menor valia, mas apenas afirma o quão importante é o domínio do Direito pelo Tabelião de Notas, pelo advogado, e por todos que militam na área do Direito Sucessório e Familiar.

2
REGULARIZAÇÃO DE IMÓVEIS EM INVENTÁRIOS EXTRAJUDICIAIS

Este capítulo abordará um aspecto crucial do processo de inventário extrajudicial: o registro da escritura pública do inventário no Registro de Imóveis. Inicialmente, será apresentada uma introdução ao Registro de Imóveis, destacando sua importância no contexto do inventário extrajudicial e da organização da propriedade no Brasil.

Em seguida, discutiremos a aplicação dos princípios registrais ao inventário extrajudicial. Dentre os princípios, optamos por destacar o da legalidade, da continuidade, da publicidade, da disponibilidade, da especialidade, da cindibilidade e da rogação, que são fundamentais para entender como o inventário extrajudicial é registrado na prática.

Depois, exploraremos os procedimentos específicos para o registro de inventário extrajudicial, incluindo a documentação necessária e o passo a passo do processo. Também discutiremos os efeitos do registro do inventário extrajudicial.

Durante todo o texto, serão apresentados casos práticos e exemplos para ilustrar os conceitos e procedimentos discutidos. O capítulo será concluído com uma síntese dos pontos-chave abordados, no intuito de fornecer uma compreensão clara e abrangente do registro do inventário extrajudicial no Registro de Imóveis.

2.1 INTRODUÇÃO AO REGISTRO DE IMÓVEIS

O registro de imóveis é o repositório fiel de todos os dados relativos ao imóvel e às pessoas que detêm direitos sobre ele. A Lei n° 6.015/73 introduziu no Brasil o sistema do fólio real, com a utilização da matrícula como um espelho do imóvel, refletindo todas as informações importantes sobre ele.

Nicolau Balbino Filho define a matrícula como "o ingresso de um imóvel na vida tabular do registro"[1]. Isso significa que, quando um imóvel é matriculado, ele passa a ter uma representação oficial nos registros imobiliários.

Antes da matrícula existir, as informações sobre o imóvel eram descritas no corpo de uma transcrição de um título, que ficava no Livro 3, conhecido como Livro da Transcrição das Transmissões. Quando a nova lei entrou em vigor, essas informações foram

---

1. BALBINO FILHO, Nicolau. *Registro de Imóveis*: doutrina, prática e jurisprudência. 16. ed. rev. e atual. São Paulo: Saraiva, 2012, p. 118.

transferidas para a matrícula. Assim, a matrícula passou a ser o documento oficial que conta a história do imóvel, criando um sistema que gravita em torno do próprio imóvel.

Quando há o ingresso do título para registro, ou seja, é apresentado para o registrador, ele tem o dever de protocolá-lo no Livro 1, chamado Protocolo. Tal protocolo apenas não será realizado no caso descrito no artigo 12 da Lei nº 6.015/73: quando houver requerimento expresso para exame e cálculo.

A inscrição do título no Livro 1 não significa que ele será, obrigatoriamente, registrado ou averbado, uma vez que o seu protocolo tem a finalidade de assegurar a prioridade do direito e a preferência, caso colida com outros títulos no mesmo dia.

A análise sobre se o título está apto para ingressar nos livros do serviço ou não vem no ato subsequente ao protocolo é conhecido como qualificação registral. Trata-se da análise do título pelo Registrador para verificar se ele pode ser registrado ou averbado.

Se o registrador verificar que o título não preenche os requisitos, será lavrada uma nota devolutiva com a fundamentação da recusa, podendo a parte que discordar da análise feita pelo registrado solicitar que ele suscite dúvida para ser solucionada pelo juiz de direito competente.

Como citado alhures, no sistema do fólio real, cada imóvel tem uma matrícula própria, na qual serão lançados, em ordem cronológica, todos os registros e averbações referentes ao bem, o que torna pública a sua história. As transcrições que ainda não foram concluídas continuam válidas, esperando a ocasião adequada para sua conclusão e, por consequência, o início de um novo registro para aquele bem imóvel.

Dentre as funções do registro de imóveis, uma das principais é tornar público e efetivo os atos que envolvem imóveis, criando, extinguindo ou declarando os direitos que recaem sobre eles, seja de natureza real ou pessoal com efeito real. Esse é o entendimento que se extrai do artigo 172 da Lei nº 6.015/73 e do artigo 1.227 do Código Civil:

> Artigo 172, Lei nº 6.015/73. No Registro de Imóveis serão feitos, nos termos desta Lei, o registro e a averbação dos títulos ou atos constitutivos, declaratórios, translativos e extintos de direitos reais sobre imóveis reconhecidos em lei, "*inter vivos*" ou "*mortis causa*" quer para sua constituição, transferência e extinção, quer para sua validade em relação a terceiros, quer para a sua disponibilidade[2].
>
> Artigo 1.227, Lei nº 10.406/02. Os direitos reais sobre imóveis constituídos, ou transmitidos por atos entre vivos, só se adquirem com o registro no Cartório de Registro de Imóveis dos referidos títulos (arts. 1.245 a 1.247), salvo os casos expressos neste Código[3].

---

2. BRASIL. Lei nº 6.015 de 31 de dezembro de 1973. Dispõe sobre os registros públicos, e dá outras providências. Disponível em: http://www.planalto.gov.br/ccivil_03/leis/l6015compilada.htm. Acesso em: 15 nov. 2021.
3. O Relatório Geral da Comissão de Juristas responsável pela revisão e atualização do Código Civil acrescentou quatro parágrafos ao referido artigo. Foi adicionado um novo parágrafo que permite a qualquer interessado ter acesso à certidão de inteiro teor da matrícula. Isso ajuda a comprovar a propriedade, os direitos, os ônus reais e as restrições sobre o imóvel. Além disso, ficou determinado que se for detectado que o registro não representa a verdade dos fatos, os órgãos da corregedoria dos serviços registrários notificarão os interessados para as retificações necessárias, e se a incorreção não puder ser corrigida, o juiz corregedor determinará a ciência daqueles que serão atingidos pela retificação ou pelo cancelamento do registro. Por fim, a alteração feita no referido artigo determina também que se o registro for cancelado, o proprietário poderá reivindicar

Sobre os direitos reais, Flávio Tartuce[4], argumenta que a lista de direitos reais no artigo 1.225 do Código Civil não é definitiva, mas sim exemplificativa, mencionando decisões do STJ que reconhecem o direito real sobre a multipropriedade. Ele sugere que, embora os direitos reais dependam da lei (tipicidade), a lista no artigo 1.225 do Código Civil não é exaustiva (não é taxativa), mas apenas exemplificativa.

Não obstante, é importante evidenciar a posição adotada por Leonardo Brandelli[5], que argumenta que os direitos reais são limitados em número, um conceito conhecido como "*numerus clausus*". Isso ocorre porque esses direitos afetam terceiros que não participaram da criação da relação jurídica. Para proteger esses terceiros, são necessárias normas imperativas que limitam a liberdade de criação e configuração desses direitos. Isso evita a proliferação de fenômenos e técnicas que poderiam causar desordem.

Por outro lado, os direitos meramente obrigacionais, que só têm eficácia entre as partes envolvidas, permitem uma maior liberdade de autorregulação. Isso ocorre porque esses direitos são de interesse apenas das partes envolvidas, e não afetam terceiros.

Quanto aos direitos pessoais com eficácia real, Silvio de Salvo Venosa[6] explica que, em alguns casos, a lei protege relações contratuais contra terceiros, permitindo que o contrato seja registrado na matrícula do imóvel. Isso cria uma obrigação pessoal com eficácia real, ou seja, que vale contra todos (erga omnes). Um exemplo é o registro da cláusula de vigência do contrato de locação de imóvel (artigo 167, I, 3 da Lei 6.015/73) e a averbação do direito de preferência na matrícula do imóvel (artigo 167, II, 16 da Lei 6.015/73). Esses são direitos pessoais que têm eficácia real.

Com a inscrição, o registro de imóveis desempenha dois papéis principais. Em alguns casos, certos acordos legais são formalizados, ou seja, tornam-se oficiais, no momento do registro. Um exemplo disso é a compra e venda de um imóvel. O acordo se torna oficial no momento em que é registrado na matrícula do imóvel. Portanto, o registro é o que cria o direito real e dá a ele eficácia contra todos (*erga omnes*).

Em outros casos, o registro serve apenas para dar publicidade a acordos que já foram formalizados anteriormente, garantindo assim sua continuidade e disponibilidade, como no caso da usucapião e da herança, por exemplo.

Se o registro não for feito, não há penalidade. No entanto, sem o registro, o direito real sobre o imóvel não será adquirido, conforme ensina o artigo 1.245 do Código Civil, que prevê que "enquanto não se registrar o título translativo, o alienante continua a ser havido como dono do imóvel"[7].

---

o imóvel, independentemente da boa-fé ou do título do terceiro adquirente. Isso significa que o proprietário original ainda tem direitos sobre o imóvel, mesmo que o registro tenha sido cancelado (SENADO FEDERAL. *Relatório Geral da Comissão de Juristas responsável pela revisão e atualização do Código Civil*. Disponível em: https://legis.senado.leg.br/comissoes/arquivos?ap=8019&codcol=2630. Acesso em: 04 abr. 2024).

4. TARTUCE, Flávio. *Direito Civil*: direito das coisas. 13. ed. Rio de Janeiro: Forense, 2021, p. 9-16.
5. BRANDELLI, Leonardo. *Registro de imóveis*: eficácia material. Rio de janeiro: Forense, 2016, p. 5.
6. VENOSA, Silvio de Salvo. *Lei do Inquilinato Comentada*. Doutrina e prática. 15. ed. São Paulo: Atlas, 2020, p. 58.
7. Artigo 1.245. Transfere-se entre vivos a propriedade mediante o registro do título translativo no Registro de Imóveis. § 1º Enquanto não se registrar o título translativo, o alienante continua a ser havido como dono do

Ademais, no caso dos atos "*mortis causa*", como no caso da sucessão, em que os herdeiros recebem a herança pelo direito de suceder, o registro desses atos não cria um direito, mas apenas reconhece um direito que já existe. No caso do exemplo da sucessão, o registro da partilha (judicial ou extrajudicial) serve apenas para manter a ordem das transmissões de forma declarativa e garantir o direito de alienar o bem.

De todo modo, o artigo 167 da Lei nº 6.015/73 abarca as hipóteses de registro e averbação na matrícula, que, a partir da Lei nº 14.711/23, deixou de constituir um rol taxativo em vista do acréscimo do item 48[8], que trouxe a possibilidade do registro de outros negócios jurídicos de transmissão do direito real de propriedade sobre imóveis ou de instituição de direitos reais sobre imóveis, que não os previstos expressamente no referido artigo.

A Lei nº 13.097/15, conhecida como Lei da Concentração de Atos na Matrícula do Imóvel reforça o sistema criado pela Lei de Registros Públicos ao determinar em seus artigos 54, 55 e 56[9] que todas as informações relativas ao imóvel e que são relevantes

---

imóvel (BRASIL. Lei nº 10.406, de 10 de janeiro de 2002. Institui o Código Civil. Disponível em: http://www.planalto.gov.br/ccivil_03/leis/2002/l10406compilada.htm. Acesso em: 15 nov. 2021).

8. "Artigo 167. No Registro de Imóveis, além da matrícula, serão feitos: I – o registro: 48. de outros negócios jurídicos de transmissão do direito real de propriedade sobre imóveis ou de instituição de direitos reais sobre imóveis, ressalvadas as hipóteses de averbação previstas em lei e respeitada a forma exigida por lei para o negócio jurídico, a exemplo do art. 108 da Lei nº 10.406, de 10 de janeiro de 2002 (Código Civil)" (BRASIL. Lei nº 6.015 de 31 de dezembro de 1973. Dispõe sobre os registros públicos, e dá outras providências. Disponível em: http://www.planalto.gov.br/ccivil_03/leis/l6015compilada.htm. Acesso em: 15 fev. 2023).

9. "Artigo 54. Os negócios jurídicos que tenham por fim constituir, transferir ou modificar direitos reais sobre imóveis são eficazes em relação a atos jurídicos precedentes, nas hipóteses em que não tenham sido registradas ou averbadas na matrícula do imóvel as seguintes informações: I – registro de citação de ações reais ou pessoais reipersecutórias; II – averbação, por solicitação do interessado, de constrição judicial, de que a execução foi admitida pelo juiz ou de fase de cumprimento de sentença, procedendo-se nos termos previstos no art. 828 da Lei nº 13.105, de 16 de março de 2015; III – averbação de restrição administrativa ou convencional ao gozo de direitos registrados, de indisponibilidade ou de outros ônus quando previstos em lei; e IV – averbação, mediante decisão judicial, da existência de outro tipo de ação cujos resultados ou responsabilidade patrimonial possam reduzir seu proprietário à insolvência, nos termos do inciso IV do caput do art. 792 da Lei nº 13.105, de 16 de março de 2015; V – averbação, mediante decisão judicial, de qualquer tipo de constrição judicial incidente sobre o imóvel ou sobre o patrimônio do titular do imóvel, inclusive a proveniente de ação de improbidade administrativa ou a oriunda de hipoteca judiciária. § 1º Não poderão ser opostas situações jurídicas não constantes da matrícula no registro de imóveis, inclusive para fins de evicção, ao terceiro de boa-fé que adquirir ou receber em garantia direitos reais sobre o imóvel, ressalvados o disposto nos arts. 129 e 130 da Lei nº 11.101, de 9 de fevereiro de 2005, e as hipóteses de aquisição e extinção da propriedade que independam de registro de título de imóvel. § 2º Para a validade ou eficácia dos negócios jurídicos a que se refere o *caput* deste artigo ou para a caracterização da boa-fé do terceiro adquirente de imóvel ou beneficiário de direito real, não serão exigidas: I – a obtenção prévia de quaisquer documentos ou certidões além daqueles requeridos nos termos do § 2º do art. 1º da Lei nº 7.433, de 18 de dezembro de 1985; e II – a apresentação de certidões forenses ou de distribuidores judiciais. Artigo 55. A alienação ou oneração de unidades autônomas integrantes de incorporação imobiliária, parcelamento do solo ou condomínio edilício, devidamente registrada, não poderá ser objeto de evicção ou de decretação de ineficácia, mas eventuais credores do alienante ficam sub-rogados no preço ou no eventual crédito imobiliário, sem prejuízo das perdas e danos imputáveis ao incorporador ou empreendedor, decorrentes de seu dolo ou culpa, bem como da aplicação das disposições constantes da Lei nº 8.078, de 11 de setembro de 1990. Artigo 56. A averbação na matrícula do imóvel prevista no inciso IV do art. 54 será realizada por determinação judicial e conterá a identificação das partes, o valor da causa e o juízo para o qual a petição inicial foi distribuída. § 1º Para efeito de inscrição, a averbação de que trata o caput é considerada sem valor

para a sociedade devem ser inscritas e concentradas na sua respectiva matrícula, em prol da segurança jurídica das transações imobiliárias.

Assim, registram-se e averbam-se na matrícula todas as informações, alterações, complementações e ocorrências sobre os imóveis, ficando tais matrículas no registro de imóveis. É importante destacar que nas transcrições que ainda estão ativas, é possível realizar averbações, devendo ser aberta a matrícula do imóvel quando não houver mais espaço para averbar ou quando for necessário lavrar um registro.

Além de ser o local onde se concentram todos os direitos e informações relevantes sobre os imóveis, o registro de imóveis também é competente para registros de outros atos, que não dizem respeito diretamente com algum imóvel matriculado, mas são registros previstos expressamente em lei. Neste caso, atribuem-se estes registros ao Livro 3, Registro Auxiliar, conforme artigo 178 da Lei nº 6.015/73, *in verbis*:

> Artigo 178. Registrar-se-ão no Livro nº 3 – Registro Auxiliar:
>
> I – a emissão de debêntures, sem prejuízo do registro eventual e definitivo, na matrícula do imóvel, da hipoteca, anticrese ou penhor que abonarem especialmente tais emissões, firmando-se pela ordem do registro a prioridade entre as séries de obrigações emitidas pela sociedade[10];
>
> II – as cédulas de crédito industrial, sem prejuízo do registro da hipoteca cedular[11];
>
> III – as convenções de condomínio[12] edilício, condomínio geral voluntário e condomínio em multipropriedade[13];

---

declarado. § 2º A averbação de que trata o caput será gratuita àqueles que se declararem pobres sob as penas da lei. § 3º O Oficial do Registro Imobiliário deverá comunicar ao juízo a averbação efetivada na forma do caput, no prazo de até dez dias contado da sua concretização. § 4º A averbação recairá preferencialmente sobre imóveis indicados pelo proprietário e se restringirá a quantos sejam suficientes para garantir a satisfação do direito objeto da ação" (BRASIL. Lei nº 13.097, de 19 de janeiro de 2015. Reduz a zero as alíquotas da Contribuição para o PIS/PASEP, da COFINS, da Contribuição para o PIS/PASEP – Importação e da COFINS – Importação incidentes sobre a receita de vendas e na importação de partes utilizadas em aerogeradores [...]. Disponível em: http://www.planalto.gov.br/ccivil_03/_ato2015-2018/2015/lei/l13097.htm. Acesso em: 15 abr. 2024).

10. A doutrina entende que este inciso I está revogado pela Lei nº 10.303/2001 que transferiu a competência deste registro para as juntas comerciais (Registro Público de Empresas Mercantis da sede da sociedade emissora, que deve ter um livro próprio para este fim. Se a debênture tiver garantia real, então esta garantia será registrada no livro 2 (BRASIL. Lei nº 10.303, de 31 de outubro de 2001. Altera e acrescenta dispositivos na Lei nº 6.404, de 15 de dezembro de 1976, que dispõe sobre as Sociedades por Ações, e na Lei nº 6.385, de 7 de dezembro de 1976, que dispõe sobre o mercado de valores mobiliários e cria a Comissão de Valores Mobiliários. Disponível em: http://www.planalto.gov.br/ccivil_03/leis/leis_2001/l10303.htm. Acesso em: 15 nov. 2021).
11. Alterado pela Lei nº 13.986/2020 que retirou o registro da Cédula de Crédito Rural do Livro 3. (BRASIL. Lei nº 13.986, de 7 de abril de 2020. Institui o Fundo Garantidor Solidário (FGS); dispõe sobre o patrimônio rural em afetação, a Cédula Imobiliária Rural (CIR), a escrituração de títulos de crédito e a concessão de subvenção econômica para empresas cerealistas [...]. Disponível em: http://www.planalto.gov.br/ccivil_03/_ato2019-2022/2020/lei/L13986.htm. Acesso em: 15 nov. 2021).
12. A convenção de condomínio possui caráter estatutário, atingindo a todos que ingressam no condomínio. Seu registro é constitutivo e gera efeitos erga omnes. O STJ publicou a Súmula nº 260. (BRASIL. Superior Tribunal de Justiça. Súmula nº 260. A convenção de condomínio aprovada, ainda que sem registro, é eficaz para regular as relações entre os condôminos. Disponível em: https://www.stj.jus.br/docs_internet/revista/eletronica/stj-revista-sumulas-2011_19_capSumula260.pdf. Acesso em: 15 nov. 2021).
13. Alterado pela Lei nº 13.777/2018 que inseriu no Código civil os artigos 1358-B a 1358-U e alterou os artigos 176 e 178 da Lei nº 6.015/73. (BRASIL. Lei nº 13.777, de 20 de dezembro de 2018. Altera as Leis nº 10.406, de 10 de janeiro de 2002 (Código Civil), e 6.015, de 31 de dezembro de 1973 (Lei dos Registros Públicos), para

IV – o penhor[14] de máquinas e de aparelhos utilizados na indústria, instalados e em funcionamento, com os respectivos pertences ou sem eles;

V – as convenções antenupciais[15];

VI – os contratos[16] de penhor rural[17];

VII – os títulos que, a requerimento do interessado, forem registrados no seu inteiro teor, sem prejuízo do ato, praticado no Livro nº 2[18].

Depois de lavrados os atos, matrículas, registros e averbações, o registrador mencionará isso nos seus fichários, chamados de indicadores, sendo um deles acessível pelo imóvel (lote, gleba etc.), denominado de Livro 4[19], e outro pela pessoa (física ou jurídica), sendo denominado Livro 5[20]. Atualmente, o sistema é informatizado, possibilitando

---

dispor sobre o regime jurídico da multipropriedade e seu registro. Disponível em: http://www.planalto.gov.br/ccivil_03/_ato2015-2018/2018/lei/L13777.htm. Acesso em: 15 nov. 2021).

14. O penhor industrial está previsto no Código Civil, artigo 1.447 e no Decreto-lei nº 413 de 1969. (BRASIL. Lei nº 10.406, de 10 de janeiro de 2002. Institui o Código Civil. Disponível em: http://www.planalto.gov.br/ccivil_03/leis/2002/l10406compilada.htm Acesso em: 15 nov. 2021; BRASIL. Decreto-lei nº 413, de 09 de janeiro de 1969. Dispõe sobre títulos de crédito industrial e dá outras providências. Disponível em: http://www.planalto.gov.br/ccivil_03/decreto-lei/1965-1988/del0413.htm. Acesso em: 15 nov. 2021).

15. O artigo 244 da Lei nº 6.015/73 prevê que as escrituras públicas de pacto antenupcial serão registradas no Livro 3 do cartório do domicílio conjugal sem prejuízo da averbação na matrícula. A escritura pública é da essência do pacto antenupcial, sob pena de nulidade. Lavrada escritura, pública de pacto antenupcial, e não ocorrendo o casamento ela é ineficaz (artigo 1.653 do Código Civil). O STJ entendeu que a escritura pública de pacto antenupcial, mesmo não tendo sido realizado o casamento, gera efeitos se depois dela ocorrer a união estável (BRASIL. Superior Tribunal de Justiça (4ª Turma). Ag. REsp 1.318.249/GO, Rel. Min. Luis Felipe Salomão, j. 22.05.2018, DJe 04.06.2018). Disponível em: https://stj.jusbrasil.com.br/jurisprudencia/595920943/agravo--interno-no-recurso-especial-agint-no-resp-1318249-go-2011-0066611-2/inteiro-teor-595920951. Acesso em: 15 nov. 2021).

16. O registro do contrato de penhor rural independe da anuência do credor hipotecário (artigo 219 da Lei nº 6.015/73 e artigo 1.440 do Código Civil). Seus requisitos estão no artigo 2º da Lei nº 492/37 (BRASIL. Lei nº 492, de 30 de agosto de 1937. Regula o penhor rural e a cédula pignoratícia. Disponível em: http://www.planalto.gov.br/ccivil_03/leis/1930-1949/l0492.htm. Acesso em: 15 nov. 2021).

17. O penhor rural pode ser pecuário ou agrícola. Considera-se Penhor Rural o Penhor Pecuário previsto nos artigos 1.444 a 1.446 do Código Civil e o previsto na Lei nº 492/37 e refere-se a animais que integram a atividade agrícola, pastoril ou de laticínios. Fora destas hipóteses o Penhor de Animais é registrado no cartório de registro de títulos e documentos (artigo 127, IV da Lei nº 6.015/73). Considera-se penhor agrícola aquele previsto nos artigos 1.442 a 1.442 do Código Civil.

18. A lei abre a porta do Livro 3 para quaisquer títulos, assemelhando-se ao cartório de registro de títulos e documentos. Deve haver requerimento expresso para registro, sendo ele realizado de forma integral, ou seja, sendo transcrito, e não por extrato.

19. "Artigo 179. O Livro 4 – Indicador Real – será o repositório de todos os imóveis que figurarem nos demais livros, devendo conter sua identificação, referência aos números de ordem dos outros livros e anotações necessárias. § 1º Se não for utilizado o sistema de fichas, o Livro nº 4 conterá, ainda, o número de ordem, que seguirá indefinidamente, nos livros da mesma espécie. § 2º Adotado o sistema previsto no parágrafo precedente, os oficiais deverão ter, para auxiliar a consulta, um livro-índice ou fichas pelas ruas, quando se tratar de imóveis urbanos, e pelos nomes e situações, quando rurais" (BRASIL. Lei nº 6.015 de 31 de dezembro de 1973. Dispõe sobre os registros públicos, e dá outras providências. Disponível em: http://www.planalto.gov.br/ccivil_03/leis/l6015compilada.htm. Acesso em: 15 nov. 2021).

20. "Artigo 180. O Livro nº 5 – Indicador Pessoal – dividido alfabeticamente, será o repositório dos nomes de todas as pessoas que, individual ou coletivamente, ativa ou passivamente, direta ou indiretamente, figurarem nos demais livros, fazendo-se referência aos respectivos números de ordem. Parágrafo único. Se não for utilizado o sistema de fichas, o Livro nº 5 conterá, ainda, o número de ordem de cada letra do alfabeto, que seguirá indefinidamente, nos livros da mesma espécie. Os oficiais poderão adotar, para auxiliar as buscas, um livro-índice

buscas rápidas pelos dados informados, mas ainda existem os fichários físicos antigos, os quais são de suma importância para a história da propriedade imobiliária no país.

Em conclusão, o registro de imóveis desempenha um papel fundamental como ferramenta essencial para a formalização e publicidade de direitos sobre imóveis, contribuindo para a segurança jurídica e a ordem das transações imobiliárias. Através do sistema de matrícula, cada imóvel tem uma representação oficial nos registros imobiliários, tornando públicas todas as informações, alterações, complementações e ocorrências sobre o imóvel, cumprindo com o objetivo e a função social do registro.

2.2 APLICAÇÃO DOS PRINCÍPIOS REGISTRAIS AO INVENTÁRIO EXTRAJUDICIAL

Os princípios são a base ampla que estrutura e orienta todo o sistema jurídico. A Lei de Introdução às Normas do Direito Brasileiro (LINDB) estabelece que, na ausência de uma lei específica, o juiz deve decidir o caso concreto de acordo com os princípios gerais do direito, além de considerar a analogia e os costumes.

O termo princípio indica a origem, o principal e mais importante, sendo aquilo que precede o conhecimento. Eles não têm vida própria, mas estão estruturados de forma que toda a obrigatoriedade jurídica repousa neles, cabendo ao julgador descobri-los no caso concreto, atribuindo-lhes força e vida.

Além dos Princípios Gerais do Direito, cada ramo do direito tem seus próprios princípios, o que ocorre naturalmente com o Direito Registral Imobiliário, carinhosamente chamados de princípios do registro de imóveis.

Como regra, é no momento em que o título entra na serventia e será objeto de qualificação pelo registrador, que os princípios serão evocados e aplicados ao caso concreto. A leitura do título, pela mente do registrador é organizada com base nos princípios e regras que orientam o sistema. Ao passar os olhos, o registrador já identifica os diplomas legais aplicáveis ao título e, ao confrontar com a matrícula ou transcrição, ele aplica mentalmente os princípios. Depois, ele se debruça sobre o título e sobre o seu acervo, analisando as bases do negócio jurídico, mirando na segurança jurídica das partes e da sociedade. O título, então, está qualificado, o filtro foi aplicado e, sendo deferido, o seu registro será lavrado. No entanto, se o registrador entender que a segurança jurídica está em risco, ele lavrará uma nota devolutiva, mesmo que a contragosto.

Apesar de ser difícil enumerar todos os princípios que orbitam em torno do registro de imóveis, é possível apontar os princípios mais discutidos e mencionados na doutrina e na jurisprudência, o que serve de guia para o nosso estudo.

---

ou fichas em ordem alfabética" (BRASIL. Lei nº 6.015 de 31 de dezembro de 1973. Dispõe sobre os registros públicos, e dá outras providências. Disponível em: http://www.planalto.gov.br/ccivil_03/leis/l6015compilada.htm Acesso em: 15 nov. 2021).

Além disso, em vista do foco do estudo ser sobre inventário extrajudicial, optamos por realizar uma filtragem dos princípios para abarcar o estudo daqueles que mais influenciam na regularização de imóveis em inventários extrajudiciais, levando-se em conta, especialmente, o conhecimento prático e jurisprudencial.

A sequência dos princípios a serem abordados foi idealizada dentro de uma lógica prática, simbolizando o caminho do título no registro de imóveis e a aplicação dos princípios necessários para garantir a segurança jurídica do procedimento.

2.2.1 Princípio da legalidade

O artigo 5º, inciso II, da Constituição Federal diz que "ninguém será obrigado a fazer ou deixar de fazer alguma coisa senão em virtude de lei"[21]. Tal inciso é a previsão constitucional do princípio da legalidade, que determina que toda atividade está sujeita à lei.

Especificamente sobre Direito Imobiliário Registral, o princípio está implicitamente determinado no artigo 198 da Lei nº 6.015/73, que confere ao registrador a autoridade para formular exigências que a parte interessada deve satisfazer. Assim, o registrador, amparado pelo princípio da legalidade, tem o dever de garantir que todos os requisitos legais sejam atendidos antes de efetivar o registro, promovendo a segurança jurídica e a regularidade dos atos registrais.

É certo que o princípio da legalidade representa um alicerce essencial no campo registral, orientando a atuação dos registradores na análise e aceitação dos títulos apresentados para registro.

Marinho Dembinski Kern[22] enfatiza a importância do princípio da legalidade no contexto dos registros cartoriais e destaca que não basta apenas apresentar um título ao cartório para que seja registrado. É essencial que o documento esteja em total conformidade com a legislação vigente.

O registrador tem a responsabilidade de examinar todos os títulos apresentados para garantir que estejam de acordo com a lei. Se a verificação for positiva, o registrador procede com os registros e averbações. Se não, o ato é recusado e uma nota de devolução é emitida, indicando as exigências necessárias e os motivos da impossibilidade de registro.

O princípio da legalidade, portanto, não só garante que os registros estejam em conformidade com a lei, mas também assegura a validade e eficácia dos direitos reais, promovendo a confiança no tráfico jurídico.

---

21. BRASIL. Constituição da República Federativa do Brasil de 1988. Disponível em: https://www.planalto.gov.br/ccivil_03/constituicao/constituicao.htm. Acesso em: 23 abr. 2024.
22. KERN, Marinho Dembinski; COSTA JUNIOR, Francisco José de Almeida Prado Ferraz. *Princípios do Registro de Imóveis brasileiro*. São Paulo: Thomson Reuters Brasil, 2020, v. II. (Coleção de Direito Imobiliário), p. 195-274.

Kern[23] também destaca que o registro de imóveis vai além de ser apenas um arquivo de documentos ou um repositório de negócios jurídicos, ele deve ser preciso, correto e em conformidade com a lei, publicizando apenas informações confiáveis. O direito registral brasileiro, com esse objetivo, promove a observância rigorosa do princípio da legalidade, estabelecendo um filtro para garantir que apenas atos e fatos jurídicos que estejam em conformidade com a lei sejam registrados.

Tanto é que o artigo 221 da Lei nº 6.015/73[24] estabelece quais documentos são admitidos para registro, dentre eles, as escrituras públicas, que incluem aquelas lavradas em consulados brasileiros. Além disso, são aceitos escritos particulares autorizados em lei, que devem ser assinados pelas partes e testemunhas, com as firmas reconhecidas. No entanto, o reconhecimento de firma é dispensado quando se trata de atos praticados por entidades vinculadas ao Sistema Financeiro da Habitação.

O artigo também admite para registro atos autênticos de países estrangeiros, que possuem força de instrumento público, desde que sejam legalizados e traduzidos conforme a lei, e registrados no cartório do Registro de Títulos e Documentos. Isso também se aplica a sentenças proferidas por tribunais estrangeiros, desde que sejam homologadas pelo Supremo Tribunal Federal.

Além disso, são admitidos para registro cartas de sentença, formais de partilha, certidões e mandados extraídos de autos de processo. Por fim, o artigo permite o registro de contratos ou termos administrativos, assinados com a União, Estados, Municípios ou o Distrito Federal, no âmbito de programas de regularização fundiária e de programas habitacionais de interesse social. Nesses casos, o reconhecimento de firma é dispensado. Assim, o artigo define as categorias de documentos que são aceitos para registro, bem como as condições específicas para cada categoria.

No caso do inventário extrajudicial, a Resolução nº 35 do CNJ evidencia que o mesmo gera uma escritura pública que não depende de homologação judicial e é um título hábil "para o registro civil e o registro imobiliário, para a transferência de bens e direitos, bem como para promoção de todos os atos necessários à materialização das

---

23. KERN, Marinho Dembinski; COSTA JUNIOR, Francisco José de Almeida Prado Ferraz. *Princípios do Registro de Imóveis brasileiro*. São Paulo: Thomson Reuters Brasil, 2020, v. II. (Coleção de Direito Imobiliário), p. 195-274.
24. "Artigo 221. Somente são admitidos registro: I – escrituras públicas, inclusive as lavradas em consulados brasileiros; II – escritos particulares autorizados em lei, assinados pelas partes e testemunhas, com as firmas reconhecidas, dispensado o reconhecimento quando se tratar de atos praticados por entidades vinculadas ao Sistema Financeiro da Habitação; III – atos autênticos de países estrangeiros, com força de instrumento público, legalizados e traduzidos na forma da lei, e registrados no cartório do Registro de Títulos e Documentos, assim como sentenças proferidas por tribunais estrangeiros após homologação pelo Supremo Tribunal Federal; IV – cartas de sentença, formais de partilha, certidões e mandados extraídos de autos de processo; V – contratos ou termos administrativos, assinados com a União, Estados, Municípios ou o Distrito Federal, no âmbito de programas de regularização fundiária e de programas habitacionais de interesse social, dispensado o reconhecimento de firma" (BRASIL. Lei nº 6.015 de 31 de dezembro de 1973. Dispõe sobre os registros públicos, e dá outras providências. Disponível em: http://www.planalto.gov.br/ccivil_03/leis/l6015compilada.htm. Acesso em: 15 nov. 2023).

transferências de bens e levantamento de valores (DETRAN, Junta Comercial, Registro Civil de Pessoas Jurídicas, instituições financeiras, companhias telefônicas etc.)"[25].

Portanto, tratando-se de escritura pública abarcada pelo artigo 221 da Lei nº 6.015/73, a lavratura deste ato permite o seu registro no cartório de Registro de Imóveis, quando competente.

É o que prevê, também, o artigo 167, inciso 25, que determina o registro dos atos de entrega de legados de imóveis, dos formais de partilha e das sentenças de adjudicação em inventário ou arrolamento quando não houver partilha. No caso, prevendo o artigo 610 do CPC e a Resolução nº 35 da CNJ a possibilidade de realização do inventário e da partilha amigável através de escritura pública, a lavratura de tal ato constitui título hábil para registro.

Para realizar o registro, o registrador irá analisar o título, verificando se o mesmo segue todos os requisitos legais, como por exemplo, a necessidade de partes maiores e capazes, consenso, a presença de advogado para assistência das partes, não houver testamento etc.

Essa análise é conhecida como qualificação registral, que consiste no processo no qual o Oficial de Registro verifica e avalia os documentos apresentados para registro com a finalidade de decidir se eles estão de acordo com os requisitos legais para poderem ingressar no registro público, tema que será tratado a seguir.

Assim, nota-se que o princípio da legalidade é um pilar fundamental no Direito Imobiliário Registral, orientando a atuação dos registradores e garantindo a conformidade dos registros com a lei.

Este princípio assegura que apenas os direitos expressamente previstos na lei possam ser inscritos no registro de imóveis, e que todos os títulos apresentados para registro passem pela qualificação registral, um exame preliminar de legalidade que desempenha um papel crucial no processo de registro, garantindo a legalidade, a validade e a eficácia dos direitos reais.

Em caso prático, o Conselho Superior da Magistratura de São Paulo julgou a apelação cível nº 0000063-04.2016.8.26.0539, tendo o julgado em questão, ligação direta com o princípio da legalidade, que, como citado alhures, determina que nenhuma ação pode ser realizada sem que haja uma lei que a permita.

No caso em questão, o Oficial de Registro de Imóveis recusou o registro de uma escritura pública de inventário e partilha devido a várias irregularidades identificadas, que violavam os princípios da legalidade e da especialidade objetiva. Entre as irregularidades estavam dados desatualizados no Certificado de Cadastro de Imóvel Rural (CCIR), que estava em desacordo com uma retificação averbada na matrícula do imóvel há mais de quatro anos.

---

25. BRASIL. Lei nº 6.015, de 31 de dezembro de 1973. Dispõe sobre os registros públicos, e dá outras providências. Disponível em: https://www.planalto.gov.br/ccivil_03/LEIS/L6015compilada.htm. Acesso em: 23 abr. 2024.

Ao basear a sua decisão no princípio da legalidade, o Oficial de Registro de Imóveis estabeleceu a necessidade de atualização do CCIR e a apresentação de uma declaração atualizada do Imposto sobre a Propriedade Territorial Rural (ITR), bem como a comprovação do pagamento do ITR.

O julgado demonstra a aplicação do princípio da legalidade no registro de escritura pública de inventário, onde todas as ações e decisões devem estar em conformidade com as leis e regulamentos existentes. Isso inclui a verificação da validade e da conformidade dos documentos apresentados para registro, bem como a recusa em registrar documentos que não estejam em conformidade com as leis e regulamentos aplicáveis.

> REGISTRO DE IMÓVEIS – Escritura Pública de inventário e partilha – Ofensa aos princípios da legalidade e da especialidade objetiva – CCIR com dados desatualizados, em desacordo com o resultado de retificação averbada na matrícula do bem imóvel há mais de quatro anos – Exigência de atualização pertinente – Erros pretéritos não justificam outros – Reconhecimento do desacerto das exigências ligadas ao ITR – Desnecessidade de exibição de certidões negativas de débitos relativas a tributos despegados do ato registral intencionado – Dúvida procedente – Recurso desprovido, com observação (CSMSP; Apelação Cível: 0000063-04.2016.8.26.0539; Órgão Julgador: Conselho Superior de Magistratura de São Paulo; Localidade: Santa Cruz do Rio Pardo; Data do Julgamento: 23.03.2017).

Casos práticos, como o julgado analisado, ilustram a aplicação do princípio da legalidade no registro de imóveis e evidenciam que o princípio da legalidade, ao garantir a conformidade com a lei, promove a segurança jurídica, a confiança no sistema e a regularidade dos atos praticados.

2.2.1.1 Qualificação registral

A qualificação registral é uma avaliação que visa garantir a legalidade dos atos registrados, favorecendo a segurança jurídica e a confiabilidade nas transações imobiliárias e em outros registros públicos. Durante a qualificação, o oficial verifica se o documento cumpre com as leis, se possui dados fundamentais e se preenche os requisitos para o registro durante a qualificação registraria.

É crucial que seja assegurada, através da qualificação, a compatibilidade entre a situação jurídica expressa no pacto de vontade jurídico-obrigacional e os direitos e elementos presentes no registro, sendo papel do Oficial de Registro o dever-poder de recusar o registro de títulos que não cumpram os requisitos legais, independentemente de sua origem[26].

Marinho Dembinski Kern[27] enxerga a qualificação registral como um exame preliminar de legalidade conduzido pelo Oficial de Registro de Imóveis. Este exame

---

26. RODRIGUES, M. *Tratado de registros públicos e direito notarial*. São Paulo: JusPodivm, 2022, 4 Ed.
27. KERN, Marinho Dembinski; COSTA JUNIOR, Francisco José de Almeida Prado Ferraz. *Princípios do Registro de Imóveis brasileiro*. São Paulo: Thomson Reuters Brasil, 2020, v. II. (Coleção de Direito Imobiliário), p. 195-274.

verifica se o título ou documento apresentado é elegível para registro, concedendo-lhe os benefícios estabelecidos por lei, principalmente a entrada no domínio dos direitos reais.

O resultado deste exame pode ser afirmativo, sinalizando a legalidade e conformidade do título, ou negativo, indicando a existência de falhas corrigíveis, defeitos documentais ou falhas irremediáveis.

E essa função registral é uma das mais desafiadoras do registrador imobiliário, sendo ela indelegável e indo além da mera consideração formal, sendo essencial a análise do conteúdo do título, a fim de verificar sua legalidade e conformidade com os princípios de continuidade e especialidade[28]. O registrador imobiliário, ao exercer essa função, assume o papel de guardião da segurança jurídica, sendo a garantia essencial para o crescimento econômico e a paz social.

A qualificação registral é um ato pessoal e exclusivo do delegatário que deve ser feita com cuidado, critério e bom-senso. Se resultar em exigência, deve ser clara, lógica e coerente, cobrindo todos os motivos que podem impedir a aceitação do título protocolado, sem fazer questionamentos parciais.

Ela pode ser positiva ou negativa (parcial ou total). Se a qualificação for positiva, o Registrador realiza as medidas necessárias na matrícula, pois o título está em condições de registro. Em contrapartida, se a qualificação for negativa por causa de vícios que possam ser corrigidos ou defeitos documentais, o Oficial emite uma nota devolutiva, indicando os impedimentos ao registro e como resolvê-los. Durante o prazo da prenotação, a parte pode atender às exigências para reinscrever o título sob o mesmo número de prenotação, mas, depois do trintídio de vigência da prenotação, se o título for reapresentado, será feita uma nova prenotação.

Se os vícios forem insanáveis, a qualificação será negativa e a nota devolutiva indicará a impossibilidade de realização do ato. Neste caso, o apresentante tem o direito de pedir a revisão da qualificação por meio do procedimento de dúvida, no qual o Juiz Corregedor Permanente examinará novamente o título. Em casos específicos, como a apresentação de títulos que não se podem registrar, o Oficial nega a realização do ato apontando a falta de previsão legal, e a solução para superar o defeito irreparável envolve um novo negócio jurídico válido[29].

Como cedido, também é possível que ocorra a qualificação negativa parcial, na qual o Registrador verifica que existem defeitos que impossibilitam o registro somente em certos aspectos do título. Nestas situações, o princípio da cindibilidade permite que a parte válida, se autônoma, possa obter o registro, desde que o interessado solicite a cisão do título por escrito.

---

28. BERTHE, M. M. Da inscrição. In: NETO, José Manuel de Arruda A.; CLÁPIS, Alexandre L.; CAMBLER, Everaldo A. *Lei de Registros Públicos Comentada*. 2. ed. São Paulo: Grupo GEN, 2019. E-book. ISBN 9788530983468. Disponível em: https://app.minhabiblioteca.com.br/#/books/9788530983468/. Acesso em: 13 fev. 2024.
29. KERN, Marinho Dembinski; COSTA JUNIOR, Francisco José de Almeida Prado Ferraz. *Princípios do Registro de Imóveis brasileiro*. São Paulo: Thomson Reuters Brasil, 2020, v. II. (Coleção de Direito Imobiliário), p. 195-274.

Ana Paula Almada[30] se posiciona contra a devolução de títulos por insegurança ou medo, enfatizando a importância de evitar demandas excessivas ou detalhadas, especialmente quando se trata de pequenos erros no título que não afetam o direito expresso ou partes cruciais do negócio. Ela argumenta que, mesmo diante de erros como um número de CPF digitado incorretamente, o prejuízo resultante da não realização do registro é muito maior do que a correção do erro em si, ressaltando a importância de considerar a razoabilidade como princípio, de forma a evitar que se transforme o Registro de Imóveis em uma entidade especializada em devolução de títulos. Em vez disso, ela enfatiza o papel do registro em garantir a segurança e a publicidade das transações imobiliárias.

Para Ricardo Dip[31], a qualificação é mais do que analisar ou verificar, é um juízo de prudência, uma operação mental de forma reflexiva e abstrata, que leva a uma decisão, que pode ser positiva, de registrar o título no livro imobiliário, ou negativa, de impedir o seu ingresso com os efeitos pretendidos.

Essa ideia é reforçada por Marinho D. Kern[32], que argumenta que a qualificação registral tem natureza *sui generis*, pois se distingue dos serviços públicos em geral porque é exercida com autonomia pelo registrador. No entanto, destaca o autor que não se trata de função judicial, pois não soluciona conflitos e nem sua decisão tem caráter de definitividade. Não sendo judicial, poderia se cogitar o seu enquadramento como atividade administrativa, o que também não se verifica, pois predominam interesses privados (direitos reais). Assim, sua natureza especial possui uma mistura destas características, ora judicial, ora de jurisdição voluntária ou com traços administrativos.

Existem duas características importantes da qualificação registral. A primeira é que ela é personalíssima, ou seja, o Registrador tem total responsabilidade pelo ato, ainda que contrate prepostos, pois é o Oficial de Registro quem deve bater o martelo sobre a qualificação, uma vez que o artigo 22 da Lei nº 8.935/1994 aduz que "os notários e oficiais de registro são civilmente responsáveis por todos os prejuízos que causarem a terceiros, por culpa ou dolo, pessoalmente, pelos substitutos que designarem ou escreventes que autorizarem, assegurado o direito de regresso"[33].

A segunda característica é a necessidade da qualificação analisar o título por completo, ou seja, integralmente, posto que o usuário tem direito de obter, por escrito e de forma fundamentada, todas as exigências do título[34].

---

30. ALMADA, A. P. P. L. Registro de imóveis. In: GENTIL, Alberto. *Registros Públicos*. Rio de Janeiro: Grupo GEN, 2022. E-book. ISBN 9786559644773. Disponível em: https://app.minhabiblioteca.com.br/#/books/9786559644773/. Acesso em: 15 dez. 2023.
31. DIP, Ricardo. *Registro de Imóveis*: vários estudos. Porto Alegre: Sérgio Fabris Editor, 2005, p. 168.
32. KERN, Marinho Dembinski; COSTA JUNIOR, Francisco José de Almeida Prado Ferraz. *Princípios do Registro de Imóveis brasileiro*. São Paulo: Thomson Reuters Brasil, 2020, v. II, (Coleção de Direito Imobiliário), p. 195.
33. BRASIL. Lei nº 8.935, de 18 de novembro de 1994. Regulamenta o art. 236 da Constituição Federal, dispondo sobre serviços notariais e de registro. (Lei dos cartórios). Disponível em: https://www.planalto.gov.br/ccivil_03/leis/l8935.htm. Acesso em: 02 maio 2024.
34. ALMADA, A. P. P. L. Registro de imóveis. In: GENTIL, Alberto. *Registros Públicos*. Rio de Janeiro: Grupo GEN, 2022. E-book. ISBN 9786559644773. Disponível em: https://app.minhabiblioteca.com.br/#/books/9786559644773/. Acesso em: 15 dez. 2023.

Um exemplo de qualificação registral encontra-se na apelação cível nº 1047164-66.2022.8.26.0100, que trata de dúvida suscitada devido à negativa de registro de uma partilha de bens. No caso, o Oficial recusou o registro porque o imóvel foi comunicado ao patrimônio do cônjuge sobrevivente com quem o falecido foi casado sob o regime de separação obrigatória de bens quando da aquisição (conforme a súmula n. 377/STF), o que não foi observado na partilha.

O Oficial realizou a qualificação registral e baseou sua recusa no princípio da continuidade, argumentando que a partilha não poderia ter abrangido o imóvel integralmente, pois pertencia ao casal. Ele também mencionou que, embora esteja ciente do atual posicionamento do STJ, a qualificação observou acórdãos do Conselho Superior da Magistratura (CSM) que estabelecem a presunção do esforço comum.

No entanto, a decisão final julgou a dúvida improcedente e determinou o registro do título. A decisão destacou que os títulos judiciais não estão isentos de qualificação para ingresso no fólio real, cabendo ao oficial qualificá-los conforme os princípios e as regras que regem a atividade registral. Além disso, a decisão ressaltou que, embora a interpretação da súmula 377 do STJ quanto à necessidade de prova do esforço comum seja um tema extremamente controverso, a corte superior já analisou a questão em duas oportunidades para uniformização, concluindo que o reconhecimento do esforço comum do casal na aquisição onerosa de bens depende de prova. Portanto, o Oficial Registrador não deve qualificar negativamente o título com base na presunção do esforço comum.

Em resumo, a decisão destaca o papel crucial da qualificação registral na garantia da legalidade e continuidade dos registros imobiliários, ao mesmo tempo que enfatiza a necessidade de alinhamento com as interpretações jurídicas atuais, como as do STJ, para garantir a correta aplicação da lei.

Em outro exemplo, houve a recusa do Oficial em paralisar o processo de inventário extrajudicial dos bens deixados pelo pai do recorrente, do qual ele alega ter sido injustamente excluído da herança por sua irmã.

No caso, o Oficial de Registro de Imóveis apenas recebeu o título – uma escritura pública de inventário e partilha – e procedeu à sua qualificação, conforme estipulado no art. 188 da Lei de Registros Públicos. A escritura pública de inventário e partilha é um título hábil para o registro imobiliário e para a transferência de bens e direitos.

Vale colacionar parte da decisão que demonstra a obrigação do Tabelião de Notas e a obrigação do Oficial de Registro perante um inventário extrajudicial:

> Ao Tabelionato de Notas compete a lavratura da escritura pública de inventário e partilha (art. 610 do Código Civil).
>
> As Normas da Corregedoria Geral da Justiça, nos itens 76 e 78 do Capítulo XVI, prescrevem:
>
> "76. O Tabelião de Notas será livremente escolhido pelas partes, não se aplicando as regras processuais de competência, nas hipóteses legais em que admitida a realização de separação e divórcio consensuais, inventário e partilha por via administrativa, mediante escritura pública".

78. As escrituras públicas de inventário e partilha, separação e divórcio consensuais não dependem de homologação judicial e são títulos hábeis para o registro civil e o registro imobiliário, para a transferência de bens e direitos, bem como para a promoção de todos os atos necessários à materialização das transferências de bens e levantamento de valores (DETRAN, Junta Comercial, Registro Civil de Pessoas Jurídicas, instituições financeiras, companhias telefônicas etc.)".

Na hipótese em testilha, lavrada a escritura pública de inventário e partilha dos bens deixados por Edna Maria Morgado de Sousa e Rui Batista de Sousa a fls. 37/ 47 do livro 2.674, aos 27 de novembro de 2020, do 4º Tabelião de Notas da Comarca de Ribeirão Preto, o título foi apresentado para registro perante o 1º Oficial de Registro de Imóveis da Comarca de Ribeirão Preto, o qual recebeu qualificação negativa, sendo reapresentado (fls. 58).

O Oficial de Registro de Imóveis apenas recepcionou o título – escritura pública de inventário e partilha – procedendo à sua qualificação, a teor do disposto no art. 188 da Lei de Registros Públicos.

A escritura pública de inventário e partilha é título hábil para o registro imobiliário, para a transferência de bens e direitos (item 78, acima transcrito).

Bem evidenciado então que os pedidos deduzidos, nos seus exatos termos, foram equivocadamente endereçados, posto que o Oficial de Registro de Imóveis não tinha como expedir a pretendida certidão, tampouco paralisar procedimento extrajudicial de inventário, o qual, ademais, já estava findo com a lavratura da escritura pública pelo Tabelionato.

Se o desejado era obstar a qualificação e o consequente registro do título apresentado, o Oficial de Registro de Imóveis não estava obrigado a atender tal pedido, ainda que advindo do inventariante judicial.

O art. 188 da Lei nº 6.015, de 31 de dezembro de 1973, na redação dada pela Media Provisória nº 1.085, de 27 de dezembro de 2021, preleciona:

"Art. 188. Protocolizado o título, se procederá ao registro ou à emissão de nota devolutiva, no prazo de dez dias, contado da data do protocolo, salvo nos casos previstos no § 1º e nos art. 189 a art. 192.

§ 1º Não havendo exigências ou falta de pagamento de custas e emolumentos, deverão ser registrados, no prazo de cinco dias:

I – as escrituras de compra e venda sem cláusulas especiais, os requerimentos de averbação de construção e de cancelamento de garantias;

II – os documentos eletrônicos apresentados por meio do SERP; e

III – os títulos que reingressarem na vigência da prenotação com o cumprimento integral das exigências formuladas anteriormente.

§ 2º A inobservância ao disposto neste artigo ensejará a aplicação das penas previstas no art. 32 da Lei nº 8.935. de 18 de novembro de 1994, nos termos estabelecidos pela Corregedoria Nacional de Justiça do Conselho Nacional de Justiça".

Aliás, qualificar e registrar os títulos apresentados (se preenchidos os requisitos legais e normativos) são deveres ínsitos à função delegada exercida pelo Oficial de Registro de Imóveis, os quais, se violados, configuram infrações disciplinares sujeitas às penalidades legais.

Em suma, escorreito o agir do Oficial de Registro de Imóveis, não há qualquer providência disciplinar a ser adotada.

O Tabelião de Notas é responsável pela lavratura da escritura pública de inventário e partilha, que não depende de homologação judicial e é título hábil para o registro civil e o registro imobiliário.

Por outro lado, o Oficial de Registro de Imóveis é responsável por receber o título – neste caso, a escritura pública de inventário e partilha – e proceder à sua qualificação ao registro dos títulos apresentados, que são deveres inerentes à função delegada exercida pelo Oficial de Registro de Imóveis. Se esses deveres forem violados, podem configurar infrações disciplinares sujeitas a penalidades legais.

A decisão destaca que o Tabelião de Notas e o Oficial de Registro de Imóveis têm papéis distintos e complementares no processo de inventário extrajudicial. O Tabelião de Notas é responsável pela lavratura da escritura pública de inventário e partilha, enquanto o Oficial de Registro de Imóveis é responsável pela qualificação e registro do título. Ambos devem cumprir seus deveres de acordo com as leis e normas aplicáveis.

Assim, a decisão final negou provimento ao recurso, afirmando que o Oficial de Registro de Imóveis agiu corretamente e destacando a importância da qualificação registral na garantia da legalidade e continuidade dos registros imobiliários.

> Pedido de Providências – Escritura pública de inventário e partilha lavrada pelo Tabelião de Notas – Título hábil para o registro imobiliário – Qualificar e registrar os títulos apresentados, se preenchidos os requisitos legais e normativos, são deveres ínsitos à função delegada ao Oficial de Registro de Imóveis – Deveres, se violados, caracterizadores de infração disciplinar – Recurso não provido (CGJSP; Processo: 1042620-49.2020.8.26.0506; Órgão Julgador: Corregedoria Geral de Justiça de São Paulo; Localidade: Ribeirão Preto; Data do Julgamento: 03.02.2022).

Em conclusão, a qualificação registral é um processo meticuloso e essencial que garante a legalidade e a segurança jurídica dos registros imobiliários. Este processo, que é pessoal e exclusivo do Oficial de registro, envolve uma análise detalhada para verificar se o título ou documento apresentado cumpre com as leis e preenche os requisitos para o registro.

A qualificação pode resultar em uma decisão positiva, permitindo o registro do título, ou negativa, indicando a existência de falhas ou defeitos. Em todos os casos, o Oficial de registro desempenha um papel crucial como guardião da segurança jurídica. Portanto, a qualificação registral não é apenas um exame preliminar de legalidade, mas um juízo de prudência que contribui significativamente para a confiabilidade das transações imobiliárias e a paz social.

2.2.2 Princípio da continuidade

O princípio da continuidade também pode ser chamado de princípio do trato consecutivo, uma vez que representa uma cadeia ininterrupta de inscrições que refletem o histórico jurídico do imóvel[35].

Segundo Afrânio de Carvalho[36], esse princípio implica que deve existir uma sequência de proprietários do imóvel, onde só se fará nova inscrição se na matrícula constar

---

35. Para Ricardo Dip, consecutivo é mais apropriado que sucessivo, pois sucessivo pode ter sido interrompido, mas consecutivo é algo ininterrupto (DIP, Ricardo. *Registro de Imóveis (princípios)*. Registros Sobre Registros. Campinas: Editora PrimVs, 2017, t. I. p. 183-185).
36. CARVALHO, Afrânio de. *Registro de Imóveis*: comentários ao sistema de registro em face da Lei 6.015 de 1973, com alterações da lei 6216 de 1975, lei 8.009 de 1990 e lei 8935 de 18.11.1994. 4. ed. Rio de janeiro: Forense, 2001, p. 253.

que o outorgante é o titular de direitos, de forma que as transmissões subsequentes observem a titularidade anterior, o que gera o efeito de continuidade ininterrupta.

Álvaro Melo Filho[37] traz uma conceituação parecida, afirmando que o princípio da continuidade vincula todos os assentos registrais, estando o subsequente sempre ligado ao anterior, o que cria uma conexão causal ininterrupta na transmissão dos direitos imobiliários.

Um exemplo prático: João possuía um imóvel registrado em seu nome e ele faleceu, deixando como herdeiros seus dois filhos, Maria e José. Os filhos de João decidiram fazer um inventário extrajudicial para resolver a questão da herança. No inventário, foi decidido que o imóvel seria dividido igualmente entre eles.

Aqui, o princípio da continuidade entra em jogo. De acordo com este princípio, a cadeia de titularidade do imóvel deve ser contínua e ininterrupta. Isso significa que, no registro de imóveis, deve haver uma sequência lógica e cronológica de titulares (proprietários) do imóvel.

Portanto, após a conclusão do inventário extrajudicial, Maria e José devem registrar a mudança de propriedade no Cartório de Registro de Imóveis competente. Esse registro deve mostrar que João era o proprietário do imóvel, e após sua morte, o imóvel passou para Maria e José, garantindo a continuidade do registro do imóvel.

Respeitar o princípio da continuidade é essencial na garantia da confiança no sistema registral imobiliário, sendo considerado por Francisco José de Almeida Prado Ferraz Costa Junior[38] uma norma de caráter formal que exerce um papel importante na moralização da transferência da propriedade imobiliária.

Dentre as funções do princípio da continuidade, uma das principais é permitir a análise sobre quem é o real proprietário do imóvel, fiscalizando-se a disponibilidade jurídica e a certeza de que, em caso de transferência de propriedade, o disponente é realmente o titular do direito transmitivo.

O princípio da continuidade é resguardado pela Lei nº 6.015/73[39] e pelo Código Civil, que estabelecem a obrigatoriedade do registro do título para a transferência de propriedade inter vivos (registro constitutivo), enquanto mantêm o registro declaratório para fins de disposição nas transferências causa mortis.

Vários artigos abordam a continuidade nos registros. O artigo 195 salienta que, se o imóvel não estiver matriculado ou registrado em nome do outorgante, o oficial

---

37. MELO FILHO, A. Princípios do Direito registral imobiliário. In: DIP, Ricardo; JACOMINO, Sérgio. (Org.). *Registro Imobiliário*: temas atuais. 2. ed. São Paulo: Ed. RT, 2013, v. 2, (Coleção doutrinas essenciais). p. 88-89.
38. KERN, Marinho Dembinski; COSTA JUNIOR, Francisco José de Almeida Prado Ferraz. *Princípios do Registro de Imóveis brasileiro*. São Paulo: Thomson Reuters Brasil, 2020, v. II. (Coleção de Direito Imobiliário), p. 183-193.
39. BRASIL. Lei nº 6.015 de 31 de dezembro de 1973. Dispõe sobre os registros públicos, e dá outras providências. Disponível em: http://www.planalto.gov.br/ccivil_03/leis/l6015compilada.htm. Acesso em: 15 nov. 2021.

solicitará a matrícula e o registro prévios do título anterior para preservar a continuidade do registro.

> Artigo 195. Se o imóvel não estiver matriculado ou registrado em nome do outorgante, o oficial exigirá a prévia matrícula e o registro do título anterior, qualquer que seja a sua natureza, para manter a continuidade do registro[40].

O artigo 196[41] acrescenta que a matrícula será efetuada com base nos elementos do título apresentado e no registro anterior existente no mesmo cartório, enquanto o artigo 197[42] determina que, se o título anterior estiver registrado em outro cartório, o novo título deve ser apresentado com uma certidão atualizada que ateste o registro anterior e indique a presença ou ausência de ônus.

No âmbito de escrituras, atos relacionados a imóveis, cartas de sentença e formais de partilha, o artigo 222[43] enfatiza a responsabilidade do tabelião ou escrivão de referenciar a matrícula ou registro anterior, incluindo seu número e cartório. O artigo 228[44] discute a realização da matrícula durante o primeiro registro feito sob a vigência da Lei, utilizando os elementos do título e referenciando o registro anterior mencionado no mesmo.

Finalmente, o artigo 237[45] destaca que, mesmo que o imóvel esteja matriculado, não será efetuado o registro que dependa da apresentação de título anterior, a fim de garantir a continuidade do registro.

Assim, a legislação deixa claro que o princípio da continuidade deve ser respeitado tanto sobre o imóvel, quanto sobre os titulares de direitos, ou seja, o imóvel descrito no título deve corresponder ao imóvel presente no registro, e as pessoas citadas no título devem

---

40. BRASIL. Lei nº 6.015 de 31 de dezembro de 1973. Dispõe sobre os registros públicos, e dá outras providências. Disponível em: http://www.planalto.gov.br/ccivil_03/leis/l6015compilada.htm Acesso em: 15 fev. 2024.
41. "Artigo 196. A matrícula será feita à vista dos elementos constantes do título apresentado e do registro anterior que constar do próprio cartório" (BRASIL. Lei nº 6.015 de 31 de dezembro de 1973. Dispõe sobre os registros públicos, e dá outras providências. Disponível em: http://www.planalto.gov.br/ccivil_03/leis/l6015compilada.htm. Acesso em: 15 fev. 2024).
42. "Artigo 197. Quando o título anterior estiver registrado em outro cartório, o novo título será apresentado juntamente com certidão atualizada, comprobatória do registro anterior, e da existência ou inexistência de ônus" (BRASIL. Lei nº 6.015 de 31 de dezembro de 1973. Dispõe sobre os registros públicos, e dá outras providências. Disponível em: http://www.planalto.gov.br/ccivil_03/leis/l6015compilada.htm. Acesso em: 15 fev. 2024).
43. "Artigo 222. Em todas as escrituras e em todos os atos relativos a imóveis, bem como nas cartas de sentença e formais de partilha, o tabelião ou escrivão deve fazer referência à matrícula ou ao registro anterior, seu número e cartório" (BRASIL. Lei nº 6.015 de 31 de dezembro de 1973. Dispõe sobre os registros públicos, e dá outras providências. Disponível em: http://www.planalto.gov.br/ccivil_03/leis/l6015compilada.htm. Acesso em: 15 fev. 2024).
44. "Artigo 228. A matrícula será efetuada por ocasião do primeiro registro a ser lançado na vigência desta Lei, mediante os elementos constantes do título apresentado e do registro anterior nele mencionado" (BRASIL. Lei nº 6.015 de 31 de dezembro de 1973. Dispõe sobre os registros públicos, e dá outras providências. Disponível em: http://www.planalto.gov.br/ccivil_03/leis/l6015compilada.htm. Acesso em: 15 fev. 2024).
45. "Artigo 237. Ainda que o imóvel esteja matriculado, não se fará registro que dependa da apresentação de título anterior, a fim de que se preserve a continuidade do registro" (BRASIL. Lei nº 6.015 de 31 de dezembro de 1973. Dispõe sobre os registros públicos, e dá outras providências. Disponível em: http://www.planalto.gov.br/ccivil_03/leis/l6015compilada.htm. Acesso em: 15 fev. 2024).

corresponder as pessoas presentes no registro. Portanto, deve-se observar a continuidade como um encaixe entre os dados do título e os direitos que o registrador protege.

É possível analisar como o Conselho Superior da Magistratura de São Paulo aplica o princípio da continuidade a partir do julgamento da apelação cível nº 1000704-89.2020.8.26.0100, que se refere a um caso de sucessão e adjudicação de um imóvel.

No caso, o apelante tentou registrar uma carta de sentença extraída dos autos de um inventário. A autora da herança estava listada como viúva e tinha adquirido o imóvel enquanto casada sob o regime da comunhão universal de bens. No entanto, a matrícula do imóvel indicava erroneamente que ela estava separada judicialmente.

Essa discrepância entre o título apresentado para registro e a matrícula do imóvel viola o princípio da continuidade, pois há uma quebra na cadeia de titularidade do imóvel.

O relator, Ricardo Anafe, determinou que:

> A existência de erro pretérito, agora esclarecido, não permite o ingresso do título em questão sem a correção da irregularidade existente no registro, concernente ao estado civil da titular de domínio, mediante apresentação de documentos que comprovem que era casada sob o regime da comunhão universal de bens quando adquiriu o bem imóvel.
>
> E havendo comunicabilidade do bem ao cônjuge em virtude do regime de bens do casamento, faz-se igualmente necessária a apresentação do formal de partilha dos bens deixados por Carlos Astrogildo Correa, premorto, com inclusão do imóvel em questão, em atenção ao princípio da continuidade registrária, ou reconhecimento, em ação própria, da incomunicabilidade do bem.
>
> Portanto, no modo como foi apresentado o título não preenche o requisito da continuidade, que é essencial para o seu registro, pois como esclarece Afrânio de Carvalho:
>
> "O princípio da continuidade, que se apoia no de especialidade, quer dizer que, em relação a cada imóvel, adequadamente individuado, deve existir uma cadeia de titularidade à vista da qual só se fará a inscrição de um direito se o outorgante dele aparecer no registro como seu titular. Assim, as sucessivas transmissões, que derivam umas das outras, asseguram sempre a preexistência do imóvel no patrimônio do transferente. Ao exigir que cada inscrição encontre sua procedência em outra anterior, que assegure a legitimidade da transmissão ou da oneração do direito, acaba por transformá-la no elo de uma corrente ininterrupta de assentos, cada um dos quais se liga ao seu antecedente, como o seu subsequente a ele se ligará posteriormente. Graças a isso o Registro de Imóveis inspira confiança ao público" ("Registro de Imóveis", 4ª edição, 1998, Forense, p. 253).
>
> Ressalte-se que o cumprimento das exigências formuladas para o registro, diferentemente do quanto alegado pelo apelante, não é impossível porque, comprovado o erro referente ao estado civil da titular de domínio, basta que sua qualificação seja retificada.

Para corrigir essa irregularidade e preservar a continuidade, a decisão determinou a necessidade de retificação da escritura de compra e venda registrada e de partilha da meação do imóvel pertencente ao cônjuge premorto.

Portanto, a decisão enfatiza a importância do princípio da continuidade no registro de imóveis, garantindo que a cadeia de titularidade do imóvel seja contínua e ininterrupta. Isso ajuda a evitar confusões e disputas sobre a propriedade do imóvel e aumenta a confiança do público no sistema de registro de imóveis.

> Registro de Imóveis – Adjudicação de bem imóvel em favor do apelante – Carta de sentença extraída dos autos da ação de inventário – Autora da herança falecida no estado civil de viúva – Casamento realizado sob o regime da comunhão universal de bens – Matrícula do imóvel em que está equivocadamente qualificada como separada judicialmente – Ofensa ao princípio da continuidade – Necessidade de retificação da escritura de compra e venda registrada e de partilha da meação do imóvel cabente ao cônjuge premorto – Dúvida julgada procedente – Nega-se provimento ao recurso (CSMSP; Apelação Cível: 1000704-89.2020.8.26.0100; Órgão Julgador: Conselho Superior de Magistratura de São Paulo; Localidade: São Paulo; Data do Julgamento: 05.06.2020).

Por fim, a decisão negou provimento ao recurso, mantendo a sentença proferida, que julgou procedente a dúvida suscitada e manteve a recusa ao registro. Isso significa que as exigências para a retificação devem ser cumpridas para que o registro possa ser realizado sem infringir o princípio da continuidade.

Em outro julgado, relacionado a sucessão em caso de falecimento de um casal sem comoriência e com um único herdeiro, restou verificado que o princípio da continuidade foi violado porque a propriedade foi transmitida diretamente à filha, quando sua mãe ainda estava viva no momento da morte de seu pai, configurando uma partilha *per saltum*.

Apesar de ser um título judicial (carta de adjudicação), ele está sujeito à qualificação registral. Isso significa, como visto no tópico anterior, que o registrador deve examinar as formalidades extrínsecas da ordem e a conexão dos dados do título com o registro.

O recurso foi negado porque a forma de transmissão dos quinhões hereditários segue uma disciplina diferente da apresentada à partilha. Portanto, é necessário retificar os termos da partilha para evitar a violação do princípio da continuidade registral.

> REGISTRO DE IMÓVEIS – Carta de Adjudicação – casal falecido com único herdeiro – inexistência de comoriência – necessidade da realização de partilhas sucessivas – violação do princípio da continuidade – necessidade de retificação do título judicial para acesso ao fólio real – Recurso não provido (CSMSP; Apelação Cível: 0051003-05.2011.8.26.0100; Órgão Julgador: Conselho Superior de Magistratura de São Paulo; Localidade: São Paulo; Data do Julgamento: 30.08.2012).

Como cedido, neste caso, a decisão não emitiu um juízo de valor sobre a validade ou invalidade da decisão jurisdicional, ela apenas coloca a impossibilidade do acesso ao fólio real por meio do exame formal do título, que fere o princípio da continuidade registral.

Sobre a partilha *per saltum*, que foi trabalhada no tópico "1.6.6 Inventários Sucessivos – Pós Morte", foi explicado que essa modalidade de partilha não é permitida. Assim, é importante que o operador do direito que esteja diante de tal situação, saiba como agir, pois trata-se de uma questão comum no direito notarial e registral.

Recentemente, o Conselho Superior da Magistratura de São Paulo analisou um caso em que a apelante contestou a decisão do Oficial de Registro de Imóveis, que manteve um obstáculo ao registro de uma partilha judicial causa mortis, sendo a questão central relacionada à aplicação do princípio da continuidade, que exige que cada transmissão de propriedade seja registrada de forma autônoma e sequencial.

No caso em questão, houve duas transmissões de propriedade devido à morte: a primeira em 2012, e a segunda em 2018. Cada uma dessas transmissões deveria ter sido registrada separadamente, mas na partilha judicial, ambas foram combinadas em um único ato, o que caracteriza a partilha *per saltum*.

A apelante argumentou que a partilha judicial seguiu estritamente os trâmites previstos no art. 672 do Código de Processo Civil, que permite a cumulação de inventários quando há dependência de uma das partilhas em relação à outra. No entanto, o relator destacou que, embora os inventários possam ser acumulados, ainda são necessárias partilhas distintas, e destacou que "considerada a atual compreensão do princípio do trato consecutivo, permanece a exigência de partilhas distintas, sucessivas e encadeadas, o que não pode ser atalhado pela invocação dos princípios da celeridade e da economia processual"[46].

> REGISTRO DE IMÓVEIS. DÚVIDA. PARTILHA CAUSA MORTIS. INVENTÁRIO JUDICIAL. Ofensa ao princípio da continuidade. Necessidade de partilhas sucessivas. Impossibilidade de registro. Óbice mantido. Apelação a que se nega provimento (CSMSP; Apelação Cível: 1001379-87.2021.8.26.0562; Órgão Julgador: Conselho Superior de Magistratura de São Paulo; Localidade: Santos; Data do Julgamento: 03.11.2021).

Um ponto que merece destaque na decisão é que o relator também determinou que o fato de outro ofício de registro de imóveis ter registrado o mesmo título em violação ao princípio da continuidade não serve para justificar que o mesmo erro se repita, tendo extraído cópias do processo para que seja feita apuração pela Corregedoria Geral da Justiça.

Ademais, como foi falado, a continuidade diz respeito tanto ao imóvel, quanto à pessoa, o que significa que a realidade do imóvel deve corresponder com o registro. Em um julgado particularmente distinto, processo nº 100.09.336102-4, analisou-se o caso de recusa no registro da escritura de inventário e partilha lavrado, pois o Oficial de Registro de Imóveis alegou que o princípio da continuidade não foi respeitado porque uma construção realizada no imóvel e sua subsequente demolição não foram registradas e isso poderia ser visto como uma interrupção na cadeia de titularidade do imóvel.

No entanto, a 1ª Vara de Registros Públicos de São Paulo entendeu que como a construção nunca foi oficialmente registrada, a demolição da mesma não quebraria a continuidade registraria, afirmando que como nunca houve averbação de construção no terreno, a continuidade registrária permanece intacta, mesmo após a demolição. Portanto, a exigência de averbação da construção e demolição foi considerada desnecessária, e o registro da Escritura Pública de Inventário e Partilha foi permitido.

> Escritura de inventário e partilha. Continuidade. Disponibilidade. Fideicomisso – Cancelamento. Vias ordinárias (1VRPSP; Processo: 1056727-89.2019.8.26.0100; Órgão Julgador: 1ª Vara de Registros Públicos de São Paulo; Localidade: São Paulo; Data do Julgamento: 18.12.2020).

---

46. CSMSP; Apelação Cível: 1001379-87.2021.8.26.0562; Órgão Julgador: Conselho Superior de Magistratura de São Paulo; Localidade: Santos; Data do Julgamento: 03.11.2021.

Em conclusão, o princípio da continuidade, também conhecido como princípio do trato consecutivo, é fundamental para a confiabilidade e a eficácia do sistema registral imobiliário. Ele garante uma cadeia ininterrupta de inscrições que refletem o histórico jurídico do imóvel, assegurando uma sequência lógica e cronológica de titulares do imóvel.

A violação do princípio da continuidade pode levar a confusões e disputas sobre a propriedade do imóvel, o que justifica a sua proteção, uma vez que ele ajudar a evitar disputas futuras e garante a confiança no sistema de registro de imóveis.

2.2.3 Princípio da publicidade

O artigo 37 da CF/88[47] prevê o princípio da publicidade como uma exigência de eficácia e moralidade administrativa. A publicidade implica a ampla divulgação dos atos realizados pela Administração Pública[48] e embora esse princípio se aplique a vários ramos do Direito, o importante para este livro é a análise da sua aplicação no registro imobiliário e os efeitos que dele resultam.

Segundo Leonardo Brandelli[49], a publicidade imobiliária relaciona-se diretamente com a cognoscibilidade, isto é, a possibilidade de todos conhecerem as informações que estão públicas no registro de imóveis e, por isso, são oponíveis a todos.

A publicidade tem como objetivo trazer segurança jurídica, tanto do direito que está inscrito (segurança estática), quanto do tráfico imobiliário (segurança dinâmica). Ela funciona como uma barreira contra a ilegalidade e garante que toda situação capaz de afetar terceiros que não integram a relação, deverá ser publicizada para que esses terceiros tomem conhecimento.

Sendo a propriedade um direito cujo conhecimento a todos interessa, por uma questão de ordem pública, a publicidade registral atende ao bem comum, sendo o sistema de registro imobiliário aberto para que todos possam consultar o seu conteúdo e saber o início dos efeitos de certos atos, pois nos negócios jurídicos imobiliários há dois vínculos distintos que importam a todos: o vínculo do proprietário e os que negociam com ele, e o vínculo do proprietário e toda sociedade[50]. Segundo Nicolau Balbino Filho:

---

47. "Artigo 37. A administração pública direta e indireta de qualquer dos Poderes da União, dos Estados, do Distrito Federal e dos Municípios obedecerá aos princípios de legalidade, impessoalidade, moralidade, publicidade e eficiência e, também, ao seguinte" (BRASIL. [Constituição (1988)]. Constituição da República Federativa do Brasil de 1988. Brasília, DF: Presidência da República, [2021]. Disponível em: http://www.planalto.gov.br/ccivil_03/Constituicao/Constituiçao.htm Acesso em: 15 nov. 2021).
48. MEIRELLES, Hely Lopes. *Direito administrativo brasileiro*. 16. ed. atual. pela Constituição de 1988. São Paulo: Ed. RT, 1991, p. 81.
49. BRANDELLI, Leonardo. *Registro de imóveis*: eficácia material. Rio de Janeiro: Forense, 2016, p. 80.
50. GARCIA, Lysippo. *O registro de Imóveis*: A Transcrição. São Paulo: Livraria Francisco Alves, 1922, v. I, p. 25.

A publicidade é a alma dos registros públicos. É a oportunidade que o legislador quer dar ao povo de conhecer tudo o que lhe interessa a respeito de determinados atos. Deixa-o a par de todo o movimento de pessoas e bens[51].

Como ensina Marcelo Augusto Santana de Melo, "as situações jurídicas publicizadas no registro de imóveis são de transcendência real"[52], ora constituindo o direito real ora permitindo a disponibilidade. Nos negócios jurídicos intervivos o registro constitui o direito real. Na sucessão hereditária e nas aquisições originárias o registro permite a disposição da propriedade.

Apesar da sua relevância, existem normas especiais que mitigam o princípio da publicidade em prol da proteção da dignidade da pessoa humana, como no caso do Provimento nº 73 do CNJ, referente a pessoa transexual. Tal provimento prevê, em seu artigo 5º que "a alteração de que trata o presente provimento tem natureza sigilosa, razão pela qual a informação a seu respeito não pode constar das certidões dos assentos, salvo por solicitação da pessoa requerente ou por determinação judicial, hipóteses em que a certidão deverá dispor sobre todo o conteúdo registral"[53].

Ainda que o Provimento nº 73 não aborde a questão da emissão de certidões pelo registrador de imóveis, há uma discussão sobre a viabilidade de averbar a mudança do prenome e gênero na matrícula e depois encerrá-la, transferindo todos os atos válidos para uma nova matrícula, em que não se fará referência à alteração, emitindo-se, então, uma certidão dessa nova matrícula. Quanto à possibilidade de certidão da matrícula anterior, para efeito de conhecimento da história vintenária do imóvel, será necessária a autorização judicial.

A publicidade registral divide-se em formal e material, sendo que a formal também pode ser dividida em duas categorias: direta e indireta. A publicidade formal direta permite o exame direto dos livros de registro, enquanto a publicidade formal indireta ocorre por meio de certidões emitidas pelo registrador[54].

A publicidade formal direta é a exceção à regra, sendo permitida em casos específicos, como o procedimento de loteamento e a transparência nas transações imobiliárias, conforme estipulado pela Lei nº 6.766/9 e o artigo 32, §4º da Lei nº 4.591/1964[55], respectivamente.

---

51. BALBINO FILHO, Nicolau. *Registro de Imóveis*: doutrina, prática e jurisprudência. 16. ed. rev. e atual. São Paulo: Saraiva, 2012, p. 42.
52. MELO, Marcelo Augusto Santana de. *Teoria Geral do registro de Imóveis*. Estrutura e Função. Porto Alegre: Sergio Antonio Fabris Editor, 2016, p. 118.
53. BRASIL. Conselho Nacional de Justiça. Provimento nº 73, de 28 de junho de 2018. Dispõe sobre a averbação da alteração do prenome e do gênero nos assentos de nascimento e casamento de pessoa transgênero no Registro Civil das Pessoas Naturais (RCPN). Disponível em: https://www.anoreg.org.br/site/2018/06/29/provimento--no-73-do-cnj-regulamenta-a-alteracao-de-nome-e-sexo-no-registro-civil-2/. Acesso em: 15 nov. 2021.
54. KERN, Marinho Dembinski; COSTA JUNIOR, Francisco José de Almeida Prado Ferraz. *Princípios do Registro de Imóveis brasileiro*. São Paulo: Thomson Reuters Brasil, 2020, v. II. (Coleção de Direito Imobiliário), p. 275-283.
55. "§ 4º O Registro de Imóveis dará certidão ou fornecerá, a quem o solicitar, cópia fotostática, heliográfica, termofax, microfilmagem ou outra equivalente, dos documentos especificados neste artigo, ou autenticará

Por outro lado, a publicidade formal indireta é a norma predominante. Nesse caso, qualquer pessoa pode solicitar uma certidão ao registrador, que, após consultar seu acervo, emitirá a certidão do ato registrado. Essa forma de publicidade é considerada legítima, segura e transparente, conforme reconhecido pelo artigo 16 da Lei nº 6.015/73.

> Não se diga que a falta de publicidade direta poderia importar alguma diminuição à publicidade registral ou algum risco à transparência dos serviços, pois os oficiais de registro têm fé pública – quer naquilo que certificam, quer naquilo que informam –, e, para verificação da regularidade (inclusive do que publicam com fé pública), estão sujeitos à fiscalização do Poder Judiciário, que se realiza de ofício ou por provação de qualquer interessado... Deste modo, impõe-se concluir que, não se admitindo a sistemática de "consulta visual de alguma das matrículas de imóveis" em Serventia Predial, uma vez que o sistema de publicidade registrária é, em regra, indireto, por certidão. Distinção entre publicidade direta e indireta, observando que aquela, antes prevista no Decreto nº 4.857/39 (art. 19), não é acolhida pela Lei nº 6.015/73 (art. 16), que, em regra, segue o sistema da publicidade indireta (via certidões e informações, que não se confundem com exibição direta de ou fichas) – Consulta prejudicada[56].

As certidões são o meio principal de manifestação da publicidade formal indireta. Elas podem ser emitidas em inteiro teor, resumo ou relatório, conforme os quesitos, e devem ser autenticadas pelo oficial ou seus substitutos legais. O prazo para a emissão de uma certidão não deve exceder cinco dias.

Quanto à publicidade material, ela se refere aos efeitos jurídicos do registro imobiliário, como a constituição, declaração, modificação ou extinção de direitos. No direito brasileiro, a situação jurídica do imóvel é tornada pública por meio do registro de negócios jurídicos, e o princípio da publicidade material, também conhecido como fé pública registral, pressupõe que as informações divulgadas nos registros são congruentes com a realidade jurídica e estão em conformidade com as normas legais. Portanto, a publicidade material está intrinsecamente ligada aos efeitos jurídicos do registro.

Sobre a aplicação do princípio da publicidade nos inventários e partilhas extrajudiciais, por vezes questionou-se sobre a possibilidade de limitar a publicidade das informações relativas aos inventários extrajudiciais, como nos processos nº 137.937/2017 e 2015/189848, ambos de competência da Corregedoria Geral da Justiça de São Paulo.

O processo nº 137.937/2017 refere-se a sugestão para atenuar a publicidade dada às escrituras de inventário realizadas em serventias extrajudiciais. No entanto, a sugestão foi rejeitada pela Corregedoria Geral da Justiça do Estado de São Paulo, que destacou que a lavratura de escritura de inventário é uma opção das partes interessadas, de forma que se os herdeiros não têm interesse na divulgação de determinada informação, eles podem optar pelo inventário judicial e solicitar a decretação do segredo de justiça.

---

cópia apresentada pela parte interessada" (BRASIL. Lei nº 4.591, de 16 de dezembro de 1964. Dispõe sobre o condomínio em edificações e as incorporações imobiliárias. Disponível em: https://www.planalto.gov.br/ccivil_03/leis/L4591compilado.htm. Acesso em: 15 nov. 2023).

56. TJSP, Protocolado 42.249/2005, Corregedoria-Geral da Justiça do Estado de São Paulo, com parecer em 26.01.2006.

CARTÓRIO DE NOTAS – Sugestão de limitação à publicidade de informações relativas a inventários extrajudiciais – descabimento – Publicidade que rege toda a atividade notarial – Aplicação analógica dos itens 93 e 152 do Capítulo XIV das Normas de Serviço – Via extrajudicial que constitui mera opção dos interessados – Parecer desta E. Corregedoria Geral da Justiça – Proposta novamente rejeitada (CGJSP; Processo: 137.937/2017; Órgão Julgador: Corregedoria Geral de Justiça de São Paulo; Localidade: São Paulo; Data do Julgamento: 11.08.2017).

Já o processo n° 2015/189848 refere-se a uma proposta que sugeriu limitar a publicidade de informações relativas a inventários extrajudiciais sob o argumento de que os inventários realizados de forma extrajudicial podem ser facilmente rastreados, expondo indevidamente o patrimônio dos envolvidos. Foi proposto que tanto o conteúdo da escritura do inventário quanto sua própria existência fossem divulgados apenas mediante preenchimento de um formulário com todos os dados da pessoa a ser pesquisada.

A proposta foi analisada e rejeitada, posto que a publicidade é um princípio que rege toda a atividade notarial, não havendo razão para um tratamento diferente para as escrituras de inventário. Nas palavras do julgador:

Desse modo, se a publicidade é absoluta para as escrituras de separação, divórcio e testamento – essa última com uma única e compreensível exceção – não há razão para tratamento diverso em se tratando de escrituras de inventário. Em todos esses casos, a intimidade e a vida privada dos envolvidos são, em algum grau, expostas. Nem por isso resolveu-se limitar a publicidade desses atos a aqueles que demonstrem interesse na obtenção da informação. No confronto entre publicidade e intimidade, optou-se pelo resguardo da primeira.

E assim deve ser também para as escrituras de inventário. Embora sem previsão expressa, a ampla publicidade decorre dos princípios que regem a atividade de notas e da aplicação analógica dos itens 93 e 152 do Capítulo XIV das Normas de Serviço.

Convém ressaltar, por fim, que a lavratura de escritura de inventário era (artigo 982 do antigo Código de Processo Civil) e continua sendo (artigo 610,§ 1°, do novo Código de Processo Civil) opção das partes interessadas. Assim, se os herdeiros não têm interesse na divulgação de determinada informação, que optem pelo inventário judicial e requeiram a decretação do segredo de justiça (artigo 189 do novo Código de Processo Civil).

O que não se admite é a criação de um sigilo sui generis, sem autorização legal, dentro de uma atividade que tem a publicidade como característica essencial.

Por todo o exposto, opino pela rejeição da proposta formulada, cientificando-se todos os interessados.

CARTÓRIO DE NOTAS – Sugestão de limitação à publicidade de informações relativas a inventários extrajudiciais – descabimento – Publicidade que rege toda a atividade notarial – Aplicação analógica dos itens 93 e 152 do Capítulo XIV das Normas de Serviço – Via extrajudicial que constitui mera opção dos interessados – Proposta rejeitada (CGJSP; Processo: 2015/189848; Órgão Julgador: Corregedoria Geral de Justiça de São Paulo; Localidade: São Paulo; Data do Julgamento: 1°.04.2016).

Portanto, a proposta de limitar a publicidade de informações relativas a inventários extrajudiciais foi rejeitada, mantendo-se a publicidade como um princípio fundamental da atividade notarial.

Em conclusão, o princípio da publicidade é um pilar fundamental na atividade notarial e no registro imobiliário. Ele garante a transparência, a segurança jurídica e a cognoscibilidade, permitindo que todos tenham acesso às informações públicas no registro de imóveis.

2.2.4 Princípio da disponibilidade

O Princípio da Disponibilidade é um conceito jurídico que se baseia na ideia de que ninguém pode transferir mais direitos do que possui. Isso é expresso pelo ditado latino *"nemo dat quod non habet"*, que significa "ninguém pode dar o que não possui".

A disponibilidade quanto à pessoa está prevista no artigo 1.228 do Código Civil[57], que estabelece os direitos e limitações do proprietário sobre sua propriedade. O proprietário tem a prerrogativa de usar, gozar e dispor da coisa, além do direito de reavê-la de quem injustamente a possua ou detenha. Contudo, o exercício desse direito deve observar as finalidades econômicas e sociais, visando a preservação da flora, fauna, belezas naturais, equilíbrio ecológico, patrimônio histórico e artístico, além da prevenção da poluição do ar e das águas.

Já a disponibilidade quanto ao imóvel refere-se à sua capacidade de ser alienado ou onerado. Esta avaliação abrange tanto a perspectiva física quanto a jurídica. Por exemplo, se alguém é proprietário de um terreno urbano de 5.000m² e já alienou 3.500m², não pode registrar uma escritura de venda referente a uma área de 2.800m² do mesmo imóvel[58].

E por fim, a disponibilidade jurídica implica que o proprietário de um imóvel tem o direito de vendê-lo, alugá-lo ou transferi-lo, desde que esteja em conformidade com as leis e normas aplicáveis. Restrições legais, como cláusulas de inalienabilidade, podem limitar essa disponibilidade, exigindo que o proprietário cumpra determinadas condições antes de realizar certas transações.

O princípio da disponibilidade, no contexto do registro de imóveis, refere-se à ideia de que ninguém pode transferir mais direitos do que possui. Isso implica que a capacidade de dispor de um bem está condicionada à existência de um direito legítimo sobre ele, vinculando-se ao princípio da especialidade, que será tratado no tópico subsequente.

---

57. "Artigo 1.228. O proprietário tem a faculdade de usar, gozar e dispor da coisa, e o direito de reavê-la do poder de quem quer que injustamente a possua ou detenha. § 1º O direito de propriedade deve ser exercido em consonância com as suas finalidades econômicas e sociais e de modo que sejam preservados, de conformidade com o estabelecido em lei especial, a flora, a fauna, as belezas naturais, o equilíbrio ecológico e o patrimônio histórico e artístico, bem como evitada a poluição do ar e das águas. § 2º São defesos os atos que não trazem ao proprietário qualquer comodidade, ou utilidade, e sejam animados pela intenção de prejudicar outrem. § 3º O proprietário pode ser privado da coisa, nos casos de desapropriação, por necessidade ou utilidade pública ou interesse social, bem como no de requisição, em caso de perigo público iminente. § 4º O proprietário também pode ser privado da coisa se o imóvel reivindicado consistir em extensa área, na posse ininterrupta e de boa-fé, por mais de cinco anos, de considerável número de pessoas, e estas nela houverem realizado, em conjunto ou separadamente, obras e serviços considerados pelo juiz de interesse social e econômico relevante. § 5º No caso do parágrafo antecedente, o juiz fixará a justa indenização devida ao proprietário; pago o preço, valerá a sentença como título para o registro do imóvel em nome dos possuidores (BRASIL. Lei nº 10.406, de 10 de janeiro de 2002. Institui o Código Civil. Disponível em: http://www.planalto.gov.br/ccivil_03/leis/2002/l10406compilada.htm Acesso em: 15 fev. 2024).
58. MELO FILHO, A. Princípios do direito registral imobiliário. In: DIP, Ricardo; JACOMINO, Sérgio. (Org.). *Registro Imobiliário*: temas atuais. 2. ed. São Paulo: Ed. RT, 2013, v. 2, (Coleção doutrinas essenciais). p. 65-100.

2.2.5 Princípio da especialidade

O princípio da especialidade, conforme explicado por Marcelo Augusto Santana de Melo[59], é um conceito emprestado dos direitos reais de garantia e está ligado à clareza e especificidade necessárias para a publicidade registral. Este princípio exige uma descrição detalhada dos elementos do imóvel, das pessoas que detêm direitos sobre ele e do negócio jurídico registrado.

A especialidade sempre foi uma característica das garantias, pois o credor quer ter certeza da garantia caso precise executá-la. O Código Civil de 2002 enfatizou a necessidade de especialização para hipotecas, penhores e anticrese, como requisito de validade e eficácia do negócio jurídico[60].

A Lei nº 6.015/73 expressa a especialidade registral em vários dispositivos, como no artigo 176, que prevê os requisitos das matrículas e dos registros. Além disso, o princípio da especialidade também é abarcado pelos artigos 225, 239, 241 e 242 da Lei de Registros Públicos.

Narciso Orlandi Neto[61] aduz que o artigo 225 representa uma junção entre os princípios da continuidade e da especialidade ao considerar irregular o título no qual a caracterização do imóvel não coincida com o título anterior, o que coincide com a linha de pensamento de Afrânio de Carvalho[62], que acredita que a continuidade se apoia na especialidade.

A doutrina divide a especialidade em objetiva e subjetiva. A especialidade objetiva é aquela que considera o imóvel objeto da inscrição e configura um dos requisitos mais significativos da transcrição no registro de imóveis. A Lei nº 6.015/73, ao adotar o sistema de fólio real, atribuiu ainda mais importância ao princípio da especialidade objetiva.

Sobre a especialidade objetiva, inclusive, cabe ressaltar que no caso de cessão de direitos hereditários, tema estudado no tópico 1.5.5 desta obra, devido à indivisibilidade da herança, prevista no § 2º do artigo 1.793 do Código Civil, não é possível registrar a escritura pública de cessão de direitos hereditários na matrícula do imóvel do espólio, por faltar um dos requisitos essenciais, a especialidade objetiva.

---

59. MELO, Marcelo Augusto Santana de. *Teoria Geral do registro de Imóveis*. Estrutura e Função. Porto Alegre: Sergio Antonio Fabris Editor, 2016, p. 176.
60. "Artigo 1.424. Os contratos de penhor, anticrese ou hipoteca declararão, sob pena de não terem eficácia: I – o valor do crédito, sua estimação, ou valor máximo; II – o prazo fixado para pagamento; III – a taxa dos juros, se houver; IV – o bem dado em garantia com as suas especificações". (BRASIL. Lei nº 10.406, de 10 de janeiro de 2002. Institui o Código Civil. Disponível em:
 http://www.planalto.gov.br/ccivil_03/leis/2002/l10406compilada.htm Acesso em: 15 nov. 2023).
61. ORLANDI NETO, Narciso. *Retificação no registro de imóveis*. São Paulo: Editora Oliveira Mendes, 1997, p. 68.
62. CARVALHO, Afrânio de. *Registro de Imóveis*: comentários ao sistema de registro em face da lei 6015 de 1973, com alterações da Lei 6.216 de 1975, Lei 8.009 de 1990 e Lei 8.935 de 18.11.1994. 4. ed. Rio de janeiro: Forense, 2001, p. 253.

Isso ocorre porque para o registro é necessária a descrição completa do imóvel e do direito, bem como a qualificação de seus sujeitos, tanto na matrícula quanto no título, para que o ele possa ser registrado (art. 176, II, 3, da Lei nº 6.015/73)[63].

Assim, embora o imóvel esteja listado entre os bens do espólio e possa estar descrito adequadamente no instrumento de cessão, o objeto da cessão é a herança como um todo, e não o bem considerado individualmente. Portanto, não há coincidência entre o objeto matriculado (imóvel) e o objeto do negócio (herança).

A Lei de Registros Públicos ressalta a importância da especialização registral, especialmente o item 3 do parágrafo 1º do art. 176[64], que exige os requisitos para a matrícula, como o número de ordem, a data e a identificação do imóvel, de acordo com a lógica do princípio da especialidade objetiva.

Na Apelação Cível nº 1000032-10.2020.8.26.0059, relacionada a um caso de inventário extrajudicial e partilha de imóveis, a questão central da decisão vinculava-se a aplicação do princípio da especialidade objetiva e a necessidade de uma descrição precisa e única do imóvel em questão.

A decisão foi tomada pelo Conselho Superior de Magistratura do Tribunal de Justiça de São Paulo e envolveu dois imóveis distintos. O imóvel da matrícula nº 839 sofreu um pequeno desfalque. No entanto, foi decidido que, apesar da mudança na propriedade física do imóvel, ainda era possível identificar o imóvel de forma única e precisa, cumprindo assim o princípio da especialidade objetiva. Portanto, o registro da partilha foi permitido para este imóvel.

Quando ao segundo imóvel, de matrícula nº 2.504, tratava-se de um imóvel com uma área superior a cem hectares. De acordo com a Lei de Registros Públicos e o Decreto nº 4.449/2002, imóveis rurais com área superior a cem hectares devem ter uma descrição por coordenadas georreferenciadas. Esta é uma aplicação direta do princípio da especialidade objetiva, pois garante que o imóvel possa ser identificado de forma única e precisa. Assim, foi mantida a exigência para este imóvel, o que significa que o registro da partilha não foi permitido até que a descrição georreferenciada seja fornecida.

Portanto, a apelação foi parcialmente provida: o registro da partilha foi permitido para o primeiro imóvel, mas não para o segundo, até que as exigências de georrefe-

---

63. SERRA, Márcio Guerra; e SERRA, Monete Hipólito. *Registro de imóveis*: parte geral. 3. ed. São Paulo: Saraiva, 2018. (Coleção Cartórios/ coordenador Chistiano Cassettari).
64. "Artigo 176. O Livro nº 2 – Registro Geral – será destinado, à matrícula dos imóveis e ao registro ou averbação dos atos relacionados no art. 167 e não atribuídos ao Livro nº 3. § 1º A escrituração do Livro nº 2 obedecerá às seguintes normas: 3) a identificação do imóvel, que será feita com indicação: a – se rural, do código do imóvel, dos dados constantes do CCIR, da denominação e de suas características, confrontações, localização e área; b – se urbano, de suas características e confrontações, localização, área, logradouro, número e de sua designação cadastral, se houver" (BRASIL. Lei nº 6.015 de 31 de dezembro de 1973. Dispõe sobre os registros públicos, e dá outras providências. Disponível em: http://www.planalto.gov.br/ccivil_03/leis/l6015compilada.htm Acesso em: 15 fev. 2024).

renciamento fossem atendidas. Isso reflete a aplicação do princípio da especialidade objetiva na jurisprudência brasileira.

> REGISTRO DE IMÓVEIS. Dúvida. Sucessão causa mortis. Título notarial. Escritura pública de inventário e partilha. Óbices relativos à especialidade objetiva de dois imóveis distintos. Imóvel que sofreu pequeno desfalque, sem que, entretanto, se tenha feito impossível a verificação de disponibilidade quantitativa e qualitativa. Inexistência de inovação na descrição do imóvel desfalcado. Prédio tratado como corpo certo, o que permite o registro da partilha. Outro imóvel que, entretanto, tem área superior a cem hectares e tem de receber descrição por coordenadas georreferenciadas. Exigência de georreferenciamento que também se aplica às transmissões a causa de morte. Precedente. Exigência mantida quanto a esse segundo imóvel. Apelação a que se dá parcial provimento (CSMSP; Apelação Cível: 1000032-10.2020.8.26.0059; Órgão Julgador: Conselho Superior de Magistratura de São Paulo; Localidade: Bananal; Data do Julgamento: 17.09.2021).

A aplicação do princípio da especialidade objetiva é comum na qualificação de escrituras públicas de inventário e partilha extrajudicial, existindo ampla jurisprudência sobre o tema. Na apelação cível nº 1000075-91.2020.8.26.0302, o Conselho Superior de Magistratura de São Paulo analisou o caso em que foi aplicado o princípio da especialidade objetiva para exigir o georreferenciamento certificado pelo INCRA.

Na decisão, o relator dissertou sobre a especialidade objetiva em termos que merecem ser parafraseados:

> Nada obstante todo o esforço argumentativo do recorrente deve ser negado provimento à apelação interposta.
>
> Para Afrânio de Carvalho, o princípio da especialidade do imóvel significa sua descrição como corpo certo, a sua representação escrita como individualidade autônoma, com o seu modo de ser físico, que o torna inconfundível e, portanto, heterogêneo em relação a qualquer outro.
>
> E, nos dizeres de Jomar Juarez Amorim:
>
> "Trata-se de requisito essencial da matrícula. A especialidade é princípio positivado em regra e como axioma do sistema, além de propiciar coerência normativa, é imprescindível à confiabilidade do registro, pois uma identificação incompleta da propriedade imobiliária pode ser fonte de conflitos variados. Compreende-se a importância de uma descrição tabular escorreita, não só como expressão de eficiência do serviço público, mas sobretudo para segurança jurídica".
>
> O georreferenciamento pelo sistema geodésico brasileiro consiste em método descritivo introduzido pela Lei nº 10.267/2001 (regulamentada pelo Decreto nº 4.449/2002, depois alterado pelos Decretos nº 5.570/2005 e nº 7.620/2011), com fulcro a individualizar os bens imóveis rurais de modo a separá-los de qualquer outro, aperfeiçoando, assim, o princípio da especialidade objetiva.

O apelante argumentou que a transmissão causa mortis não caracteriza transmissão voluntária da propriedade e que o georreferenciamento não deveria ser necessário neste caso. No entanto, o tribunal manteve a exigência de georreferenciamento, afirmando que a necessidade de identificação do imóvel rural se apresenta, sem distinção, em qualquer situação de transmissão, seja voluntária ou não, até mesmo em casos de decisões judiciais e nas hipóteses de forma originária de transmissão da propriedade.

> Registro de Imóveis – Dúvida Negativa de registro de escritura pública de inventário e partilha – Imóvel Rural com Área superior a 100 hectares – Exigência de Georreferenciamento – Princípio da especialidade objetiva – Óbice mantido – Apelação a que se nega provimento.

CSMSP; Apelação Cível: 1000075-91.2020.8.26.0302; Órgão Julgador: Conselho Superior de Magistratura de São Paulo; Localidade: Jaú; Data do Julgamento: 20.11.2020.

É possível também verificar a aplicação do princípio da especialidade objetiva em casos práticos relacionados à imóvel urbano, como por exemplo, no processo nº 1065105-63.2021.8.26.0100, que trata de inventário extrajudicial e partilha de imóveis em que ficou determinado ser necessária uma descrição precisa e única do imóvel em questão, e a precisão do cadastro municipal.

No caso, o Oficial de Registro de Imóveis suscitou dúvida devido à negativa em proceder ao registro de escritura pública de inventário e partilha por entender que era necessário a prévia retificação do registro do imóvel, uma vez que apresentava descrição lacunosa e imprecisa quando comparada à da planta cadastral do município, especialmente quanto às medidas perimetrais e ao total da área.

Além disso, a escritura apresentada informou erroneamente que os imóveis descritos estavam conjuntamente cadastrados perante a prefeitura, o que não era verdadeiro, pois se constatou a existência de cadastro próprio para o imóvel já alienado.

Assim, a dúvida foi julgada parcialmente procedente, mantendo a impossibilidade de registro pelo fundamento de que a escritura apresentada informou erroneamente que os imóveis descritos estavam conjuntamente cadastrados perante a prefeitura. Portanto, a prévia retificação da escritura para indicar corretamente o cadastro do imóvel partilhado junto à municipalidade foi considerada necessária.

Inventário extrajudicial. Partilha. Cadastro municipal. Especialidade objetiva – Descrição lacunosa (1 VRPSP; Processo: 1065105-63.2021.8.26.0100; Órgão Julgador: 1ª Vara de Registros Públicos de São Paulo; Localidade: São Paulo; Data do Julgamento: 28.07.2021).

Francisco José de Almeida Prado Ferraz Costa Junior[65] afirma que, em alguns casos, a infração ao princípio da especialidade objetiva vai além de um mero defeito formal, implicando uma ilegalidade de direito material. Diante disso, o autor ressalta que a jurisprudência administrativa tem papel essencial, negando o registro sempre que houver indícios de parcelamento irregular, fraude ou violação à legislação vigente, sendo que esse posicionamento reflete a compreensão de que a qualificação registral é uma análise racional, observando a compatibilidade entre os registros existentes e os títulos causais, conforme as normas obrigatórias em vigor.

Já o princípio da especialidade subjetiva refere-se à necessidade de identificar claramente o sujeito ativo de uma relação jurídico-real[66]. Este princípio garante que, ao especializar o bem objeto da relação, o sujeito ativo seja identificado de maneira clara e precisa.

---

65. KERN, Marinho Dembinski; COSTA JUNIOR, Francisco José de Almeida Prado Ferraz. *Princípios do Registro de Imóveis brasileiro.* São Paulo: Thomson Reuters Brasil, 2020, v. II. (Coleção de Direito Imobiliário), p. 171-182.
66. KERN, Marinho Dembinski; COSTA JUNIOR, Francisco José de Almeida Prado Ferraz. *Princípios do Registro de Imóveis brasileiro.* São Paulo: Thomson Reuters Brasil, 2020, v. II. (Coleção de Direito Imobiliário), p. 171-182.

O artigo 176, § 1º, inciso II, item 4 da Lei nº 6.015/73[67] está relacionado ao princípio da especialidade subjetiva ao determinar a inclusão de informações específicas sobre o proprietário na matrícula do imóvel.

Para pessoas físicas, a aplicação do princípio envolve a referência ao nome completo, nacionalidade, estado civil, profissão, residência, domicílio, número de inscrição no CPF, número do RG ou, na falta deste, filiação e, se casado, o nome e qualificação do cônjuge e o regime de bens no casamento.

Para pessoas jurídicas, além do nome empresarial, são mencionados a sede social, o número de inscrição no CNPJ, o NIRE e outros dados conforme a legislação aplicável.

Como exemplo, vale a análise do processo nº 1059454-50.2021.8.26.0100, que discutiu a aplicação do princípio da especialidade subjetiva na dúvida suscitada pelo Oficial de Registro de Imóveis devido à negativa em proceder ao registro de formal de partilha em vista de alguns óbices, como a qualificação equivocada da autora da herança quanto ao estado civil no formal de partilha.

Este é um exemplo claro de uma violação do princípio da especialidade subjetiva, pois a identificação precisa do sujeito ativo (neste caso, a autora da herança) não foi corretamente realizada. Assim, foi mantida a exigência de retificação da escritura para indicar corretamente o estado civil da autora da herança, demonstrando a importância do princípio da especialidade subjetiva na jurisprudência brasileira.

> Inventário judicial – Partilha – Vocação hereditária. Qualificação registral – Limites. Estado civil. Especialidade subjetiva. Continuidade. ITCMD – Recolhimento. Fazenda do Estado – Homologação. Tributos – Fiscalização (1 VRPSP; Processo: 1059454-50.2021.8.26.0100; Órgão Julgador: 1ª Vara de Registros Públicos de São Paulo; Localidade: São Paulo; Data do Julgamento: 06.07.2021).

Assim, conclui-se que o princípio da especialidade busca tornar a publicidade mais cristalina, com o máximo de informações relevantes que possam colaborar com a segurança jurídica, que é o fim maior do registro de imóveis.

2.2.6 Princípio da cindibilidade

O Princípio da Cindibilidade é um conceito jurídico que se refere à possibilidade de dividir os fatos jurídicos descritos em um título, permitindo o registro de apenas alguns deles, desde que não afete a unicidade negocial. Este princípio é amplamente

---

67. "Artigo 176. O Livro nº 2 – Registro Geral – será destinado, à matrícula dos imóveis e ao registro ou averbação dos atos relacionados no art. 167 e não atribuídos ao Livro nº 3. § 1º A escrituração do Livro nº 2 obedecerá às seguintes normas: II – são requisitos da matrícula: 4) o nome, domicílio e nacionalidade do proprietário, bem como: a) tratando-se de pessoa física, o estado civil, a profissão, o número de inscrição no Cadastro de Pessoas Físicas do Ministério da Fazenda ou do Registro Geral da cédula de identidade, ou à falta deste, sua filiação; b) tratando-se de pessoa jurídica, a sede social e o número de inscrição no Cadastro Geral de Contribuintes do Ministério da Fazenda" (BRASIL. Lei nº 6.015 de 31 de dezembro de 1973. Dispõe sobre os registros públicos, e dá outras providências. Disponível em: http://www.planalto.gov.br/ccivil_03/leis/l6015compilada.htm. Acesso em: 15 fev. 2024).

reconhecido na jurisprudência administrativa, devido às dúvidas apresentadas pelos registradores imobiliários aos juízes corregedores.

Um título pode expressar vários direitos, envolvendo as mesmas partes. Esses direitos podem ter interdependência ou não entre si, sendo que alguns títulos podem conter vários direitos que podem ser individualizados, ou seja, existir independentemente dos outros direitos no título sem alteração essencial.

A cindibilidade, segundo Ademar Fioranelli[68] é definida como a separação do que pode ser aproveitado no título a ser registrado, distinguindo aquilo que é passível de registro e o que não é. Além disso, pode ocorrer que a análise do título indique que parte desses direitos está apta para o registro de imóveis, enquanto outra parte apresenta problemas que impediriam seu registro naquele momento. Nesse caso, o princípio da cindibilidade permite que a parte opte por registrar os direitos que foram qualificados positivamente, enquanto busca soluções para os problemas apresentados nos demais.

É importante ressaltar que o pedido de cindibilidade deve ser feito ao oficial e nunca será um ato de ofício. O pedido de cindibilidade, ou cisão, deverá ser anotado no título que teve o seu registro parcial, bem como no Livro 1 de Protocolo e o pedido deve ficar arquivado em pasta própria.

Ao aplicar o princípio da cindibilidade, o registrador deve deixar claro no título que apenas parte dos direitos foi registrada, especificando-os, uma vez que o registro integral é a regra e, ao lidar com uma exceção, todos os cuidados devem ser tomados para evitar possíveis equívocos por parte de terceiros.

Na apelação cível nº 1083298-63.2020.8.26.0100, relacionada a um caso de inventário e partilha de bens em que houve a negativa do registro de um formal de partilha, a questão central é a qualificação registral, que é a análise da legalidade e adequação de um título aos princípios registrais.

O Conselho Superior da Magistratura de São Paulo deu provimento à apelação, autorizando o registro do formal de partilha para dois imóveis, mas negando o registro para um terceiro imóvel. A razão para a negação é que a partilha não abrangeu a totalidade desse imóvel.

Foi aplicado o princípio da cindibilidade, que permite que partes de um título sejam registradas enquanto outras partes aguardam a regularização. Quanto à cisão do título, explicou o relator que "Admite-se a cisão do título quando, num mesmo título formal, ou há dois ou mais imóveis em questão (p. ex., a compra e venda de dois distintos lotes de terreno), ou há pluralidade de fatos jurídicos sobre um mesmo imóvel (p. ex., duas vendas, a compradores diferentes, cada qual adquirindo a metade de um mesmo imóvel), o que ocorre *in casu*".

---

68. FIORANELLI, A. A cindibilidade dos títulos. Exemplos práticos. In: AHUALLI, Tania Mara; BENACCHIO, Marcelo. (Coord.). *Direito notarial e Registral*: homenagem às varas de registros públicos da Comarca de São Paulo. São Paulo: Quartier Latin, 2016, p. 403.

> Registro de imóveis. Apelação. Dúvida. Negativa de registro de formal de partilha. Inventário judicial. Qualificação registral que não pode ingressar no mérito da decisão judicial. Possibilidade de cindibilidade do título. No mais, acerto do óbice registrário que exigiu ser levado a inventário e partilha a totalidade do imóvel em face da ausência de menção à meação da companheira. Recurso a que se dá provimento para autorizar o registro do formal de partilha nas matrículas de dois imóveis, negando-se em relação ao outro imóvel cuja partilha não abrangeu a sua totalidade (CSMSP; Apelação Cível: 1083298-63.2020.8.26.0100; Órgão Julgador: Conselho Superior de Magistratura de São Paulo; Localidade: São Paulo; Data do Julgamento: 17.09.2021).

Uma questão importante de ser analisada na prática é a necessidade de que os atos presentes no título sejam independentes e separáveis, pois só assim é possível cindir o título. É o caso do processo nº 1065105-63.2021.8.26.0100, em que foi possível registrar parcialmente o título por ser passível a separação entre os atos, que diziam respeito à imóveis distintos.

> Inventário extrajudicial. Partilha. Cadastro municipal. Especialidade objetiva – descrição lacunosa (1 VRPSP; Processo: 1065105-63.2021.8.26.0100; Órgão Julgador: 1ª Vara de Registros Públicos de São Paulo; Localidade: São Paulo; Data do Julgamento: 28.07.2021).

Assim, o Princípio da Cindibilidade é amplamente aplicado nos inventários extrajudiciais por permitir a flexibilidade necessária para lidar com situações complexas e que envolvem vários atos em um único título. Ao possibilitar o registro parcial de direitos, preservando a legalidade e adequação dos títulos, esse princípio contribui para a eficiência e segurança jurídica do sistema registral.

2.2.7 Princípio da rogação

O princípio da rogação, também conhecido como princípio da instância ou reserva de iniciativa, estabelece que os atos de registro só podem ser praticados mediante provocação do interessado. Em outras palavras, o registrador não pode agir de ofício, exceto em situações expressamente previstas por normas legais ou regulamentares.

A lei de registros públicos dispõe sobre a rogação de forma geral no artigo 13, admitindo o pedido escrito ou oral dos interessados, mas no capítulo específico do registro de imóveis a regra autoriza que qualquer pessoa possa solicitar o registro ou averbação (artigo 217):

> Artigo 13. Salvo as anotações e as averbações obrigatórias, os atos de registro serão praticados:
>
> I – Por ordem judicial;
>
> II – a requerimento verbal ou escrito dos interessados;
>
> III – a requerimento do ministério público[69].
>
> Artigo 217. O registro e a averbação poderão ser provocados por qualquer pessoa, incumbindo-lhe as despesas respectivas[70].

---

69. BRASIL. Lei nº 6.015 de 31 de dezembro de 1973. Dispõe sobre os registros públicos, e dá outras providências. Disponível em: http://www.planalto.gov.br/ccivil_03/leis/l6015compilada.htm. Acesso em: 15 abr. 2024.
70. BRASIL. Lei nº 6.015 de 31 de dezembro de 1973. Dispõe sobre os registros públicos, e dá outras providências. Disponível em: http://www.planalto.gov.br/ccivil_03/leis/l6015compilada.htm. Acesso em: 15 nov. 2024.

Para Venício Salles[71], o princípio da instância é uma garantia contra mudanças nos dados registrados, determinando que o ato de registro deve ficar inalterado até que exista um pedido formal pelo titular do direito. Essa visão destaca a importância de manter a segurança dos registros, autorizando sua correção somente mediante requerimento da parte interessada, o que serve como um limite a interferências, inclusive por parte do Poder Público.

Segundo Walter Ceneviva[72], a expressão "qualquer pessoa" é clara e não permite que o oficial questione a capacidade do apresentante do título. Martin Woff[73], com mais cautela, destaca que a simples apresentação de documentos ao registro obriga o registrador a protocolar o título. Posteriormente, na qualificação, o registrador decidirá se o registro será deferido ou não.

Em resumo, qualquer pessoa pode apresentar um título para registro, mas o deferimento depende de a pessoa constante no título ser realmente interessada no ato. Caso contrário, o registrador emitirá uma nota devolutiva para correção, mantendo o número de protocolo e a prioridade dentro do prazo legal.

No caso do inventário extrajudicial, como veremos adiante, após finalizada a lavratura da escritura pública, a documentação deve ser levada ao cartório de Registro de Imóveis competente para registro, de forma que a transferência da propriedade do imóvel depende do registro do título translativo, à luz do artigo 1.245 do Código Civil[74].

No recurso administrativo nº 0011489-19.2019.8.26.0309, a Corregedoria Geral de Justiça de São Paulo analisou o caso relativo ao registro de um direito real de habitação atribuído à viúva meeira em uma escritura pública de inventário e partilha, tendo destacado que o princípio da rogação exige que o registro seja solicitado pelo interessado e, mesmo que o direito real de habitação não constasse expressamente na escritura, uma vez presente no título, o registro foi correto.

> Com efeito, vigora no Registro de Imóveis o princípio da rogação, ou da instância, com necessidade de solicitação do registro pelo apresentante do título ou pela autoridade competente.
>
> Registro de imóveis – Pedido de providências – Cancelamento do registro de direito real de habitação constante de escritura pública de inventário e partilha – Art. 1.831 do CC – Direito real oriundo do direito sucessório – Art. 167, I, item 7, da Lei de Registros Públicos – Regularidade da cobrança dos emolumentos – Item 1.5. Da tabela II da Lei Estadual nº 11.331/2002 – Desprovimento do recurso (CGJSP; Processo: 0011489-19.2019.8.26.0309; Órgão Julgador: Corregedoria Geral de Justiça de São Paulo; Localidade: Jundiaí; Data do Julgamento: 15.10.2020).

---

71. SALLES, Venício. *Direito registral imobiliário*. 2. ed. rev. São Paulo: Saraiva, 2007.
72. CENEVIVA, Walter. *Lei dos registros públicos comentada*. 15. ed. São Paulo: Saraiva, 2003, p. 442.
73. WOLFF, Martin. Derecho de Cosas. In: ENNECCERUS, Ludwig; KIPP, Theodor; WOFF, Martin. *Tratado de Direito Civil*. 2. ed. Trad. Blas Pérez González e José Alguer. Barcelona: Bosh, 1951, v. I, p. 160.
74. "Artigo 1.245. Transfere-se entre vivos a propriedade mediante o registro do título translativo no Registro de Imóveis. § 1º Enquanto não se registrar o título translativo, o alienante continua a ser havido como dono do imóvel" (BRASIL. Lei nº 10.406, de 10 de janeiro de 2002. Institui o Código Civil. Disponível em: http://www.planalto.gov.br/ccivil_03/leis/2002/l10406compilada.htm Acesso em: 15 abr. 2024).

Em síntese, o princípio da rogação, ao estabelecer que os atos de registro só podem ser realizados mediante solicitação do interessado, ressalta a importância do registro no cartório de registro de imóveis. Essa solicitação é essencial para a transferência da propriedade, sendo o interessado o único capaz de efetuá-la. Portanto, o registro não apenas garante a segurança dos registros, mas também é fundamental para a efetivação de direitos sobre imóveis.

2.3 PROCEDIMENTOS PARA O REGISTRO DE INVENTÁRIO EXTRAJUDICIAL

Quando se trata de registrar um imóvel recebido por herança em um processo de inventário e partilha extrajudicial, existem algumas etapas importantes a seguir, bem como existem documentos que são indispensáveis para a realização do ato.

Primeiro, é necessário concluir o inventário, ou seja, finalizar a divisão dos bens entre os herdeiros e a elaboração de um documento que formalize essa partilha.

No caso de inventário extrajudicial, a partilha é realizada diretamente em cartório, por meio de uma escritura pública. Essa escritura será o título hábil para a transmissão do quinhão de cada herdeiro.

2.3.1 Documentação necessária

O principal documento que deve ser apresentado para registrar o inventário extrajudicial na matrícula do imóvel é o título aquisitivo do imóvel, no caso, a escritura pública de inventário e partilha.

Com o título aquisitivo em mãos, basta levá-lo para protocolo no Cartório de Registro de Imóveis da circunscrição onde está situado o imóvel, juntamente com a Certidão Negativa de Débitos emitida pela Prefeitura Municipal que atesta que não há pendências financeiras relacionadas ao imóvel, e também o comprovante de pagamento do ITCMD, ou, se houver isenção do ITCMD, a Declaração de Isenção fornecida pela Secretaria da Fazenda Estadual.

Sobre o imposto, a apelação civil nº 1026910-09.2021.8.26.0100 trata-se de um caso de dúvida devido à negativa em proceder ao registro de uma escritura pública de inventário, na qual o Oficial informou que a questão residia na utilização do valor venal do imóvel como base de cálculo do imposto sobre transmissão causa mortis e doação (ITCMD), em desacordo com a legislação do Estado de São Paulo. Segundo a legislação, a base de cálculo do ITCMD é o valor venal do bem indicado pelo valor de mercado, desde que não inferior ao valor fixado para lançamento do IPTU.

A parte interessada impugnou a decisão, mencionando a existência de decisões reiteradamente contrárias à exigência e indicando um precedente da Corregedoria em face do referido Oficial. Ela também argumentou que o Oficial agiu de forma inadequada ao suscitar dúvida sobre uma exigência repetidamente julgada improcedente.

Ao final, a decisão julgou a dúvida improcedente e determinou o registro do título, destacando que o Oficial do Registro tem autonomia e independência no exercício de suas atribuições e pode recusar títulos que considerar contrários à ordem jurídica.

Além disso, a decisão ressaltou que a fiscalização do Oficial não vai além da verificação da existência ou não do recolhimento do imposto, não cabendo a análise sobre a integralidade de seu valor, tendo sido elencados inúmeros julgados do Conselho Superior da Magistratura sobre o tema:

> De início, é importante ressaltar que o Registrador dispõe de autonomia e independência no exercício de suas atribuições, podendo recusar títulos que entender contrários à ordem jurídica e aos princípios que regem sua atividade (art. 28 da Lei n. 8.935/1994), o que não se traduz como falha funcional.
>
> Esta conclusão se reforça pelo fato de que vigora, para os registradores, ordem de controle rigoroso do recolhimento do imposto por ocasião do registro do título, sob pena de responsabilidade pessoal (art. 289 da Lei n. 6.015/73; art. 134, VI, do CTN e art. 30, XI, da Lei 8.935/1994).
>
> Por outro lado, o C. Conselho Superior da Magistratura já fixou entendimento no sentido de que a fiscalização devida não vai além da aferição sobre a existência ou não do recolhimento do tributo (e não se houve correto recolhimento do valor, sendo tal atribuição exclusiva do ente fiscal, a não ser na hipótese de flagrante irregularidade ou irrazoabilidade do cálculo):
>
> "Ao oficial de registro incumbe a verificação de recolhimento de tributos relativos aos atos praticados, não a sua exatidão" (Apelação Cível 20522-0/9 – CSMSP – J. 19.04.1995 – Rel. Antônio Carlos Alves Braga).
>
> "Todavia, este Egrégio Conselho Superior da Magistratura já fixou entendimento no sentido de que a qualificação feita pelo Oficial Registrador não vai além da aferição sobre a existência ou não de recolhimento do tributo, e não sobre a integralidade de seu valor" (Apelação Cível 996-6/6 CSMSP, j. 09.12.2008 – Rel. Ruy Camilo).
>
> "Este Egrégio Conselho Superior da Magistratura já fixou entendimento no sentido de que a qualificação feita pelo Oficial Registrador não vai além da aferição sobre a existência ou não de recolhimento do tributo, e não sobre a integralidade de seu valor" (Apelação Cível 0009480-97.2013.8.26.0114 Campinas – j. 02.09.2014 – Rel. des. Elliot Akel).
>
> (…)
>
> Em outros termos, como houve recolhimento do tributo devido e não há flagrante irregularidade, eventual diferença deve ser discutida na via adequada.
>
> Não subsiste, em consequência, a desqualificação do título sob o fundamento da necessidade de correção da base de cálculo utilizada para pagamento do ITCMD.
>
> Neste sentido decidiu, em caso análogo, o E. Conselho Superior da Magistratura:
>
> "Registro de Imóveis – Dúvida – Escritura pública de doação – imposto sobre transmissão (ITCMD) – Qualificação negativa do título, sob o fundamento de irregularidade na base de cálculo do recolhimento do imposto – Dever de fiscalização do Oficial que se limita à existência do recolhimento do imposto, ou eventual isenção – Discussão sobre a base de cálculo utilizada que extrapola as atribuições do registrador – Óbice afastado para determinar o registro do título – Dá-se provimento à apelação" (CSM – Apelação n. 1002131-81.2021.8.26.0587 – Rel. Corregedor Geral da Justiça Des. Ricardo Anafe – j. 14.12.2021).
>
> Por fim, não há fundamento para condenação do Registrador em verbas sucumbenciais.

A decisão também observou que a questão da constitucionalidade do artigo 16 do Regulamento do ITCMD, que estabelece o valor venal de referência do ITBI como base de cálculo do imposto, ainda é debatida nos tribunais. Portanto, a dúvida não foi suscitada para transferir a análise do título para o juízo corregedor por comodismo ou desconhecimento de suas atribuições.

Em resumo, a decisão final foi pela improcedência da dúvida e pela determinação do registro do título, ou seja, a dúvida suscitada pelo Oficial do Registro foi considerada sem fundamento e o registro da escritura pública de inventário foi autorizado.

> Inventário – Escritura pública. ITCMD – Base de cálculo – Valor venal. Qualificação – Tributos – Fiscalização (1VRPSP; Processo: 1016518-73.2022.8.26.0100; Órgão Julgador: 1ª Vara dos Registros Públicos de São Paulo; Localidade: São Paulo; Data do Julgamento: 30.03.2022).

É importante destacar que alguns cartórios podem dispensar as comprovações de quitação de tributos, se elas já constarem na escritura pública de inventário e partilha extrajudicial.

2.3.2 Passo a passo do processo

Após realizado o inventário extrajudicial, que se finda com a lavratura da escritura pública, o próximo passo é protocolar o título aquisitivo no cartório de registro de imóveis da circunscrição onde o imóvel está situado.

O título segue um caminho natural e previsível no registro de imóveis. É apresentado no balcão, protocolado e vai para qualificação. Se a qualificação for positiva, será inscrito nos livros. Se for negativa, será devolvido com uma nota de exigência, permanecendo o protocolo aberto pelo prazo que a lei determina, que, em regra, é de vinte dias.

> Art. 205. Cessarão automaticamente os efeitos da prenotação se, decorridos 20 (vinte) dias da data do seu lançamento no Protocolo, o título não tiver sido registrado por omissão do interessado em atender às exigências legais[75].

Importante destacar que todos os títulos merecem acolhimento no protocolo, tendo a Lei nº 6.015/73, em seu artigo 12[76], vedado qualquer exigência para a prenotação, uma vez que o protocolo do título configura um ato essencial para o apresentante, pois gera a prioridade e preferência dos seus direitos reais.

Ao protocolar o título para registro, ele passará pela qualificação registral, na qual o Oficial de Registros examinará se o título atende a todas as exigências legais. Nesta etapa do processo, é feita a escolha de conceder o registro do título ou de devolvê-lo à

---

75. BRASIL. Lei nº 6.015 de 31 de dezembro de 1973. Dispõe sobre os registros públicos, e dá outras providências. Disponível em: http://www.planalto.gov.br/ccivil_03/leis/l6015compilada.htm. Acesso em: 15 maio 2024.
76. "Artigo 12. Nenhuma exigência fiscal, ou dúvida, obstará a apresentação de um título e o seu lançamento do Protocolo com o respectivo número de ordem, nos casos em que da precedência decorra prioridade de direitos para o apresentante. Parágrafo único. Independem de apontamento no Protocolo os títulos apresentados apenas para exame e cálculo dos respectivos emolumentos" (BRASIL. Lei nº 6.015 de 31 de dezembro de 1973. Dispõe sobre os registros públicos, e dá outras providências. Disponível em: http://www.planalto.gov.br/ccivil_03/leis/l6015compilada.htm Acesso em: 15 maio 2024).

parte interessada para que se cumpra as exigências legais, conforme o artigo 198 da Lei 6.015/73, que diz:

> Art. 198. Se houver exigência a ser satisfeita, ela será indicada pelo oficial por escrito, dentro do prazo previsto no art. 188 desta Lei e de uma só vez, articuladamente, de forma clara e objetiva, com data, identificação e assinatura do oficial ou preposto responsável, para que:
> V – o interessado possa satisfazê-la; ou
> VI – caso não se conforme ou não seja possível cumprir a exigência, o interessado requeira que o título e a declaração de dúvida sejam remetidos ao juízo competente para dirimi-la[77].

Como analisado no tópico 1.5.2, referente à retificação de inventários e partilhas judiciais e extrajudiciais, o artigo 13 da Resolução nº 35/2007 aduz que, havendo erros, é possível a lavratura de retificação da escritura pública, desde que todos os interessados estejam de acordo.

> Art. 13. A escritura pública pode ser retificada desde que haja o consentimento de todos os interessados. Os erros materiais poderão ser corrigidos, de ofício ou mediante requerimento de qualquer das partes, ou de seu procurador, por averbação à margem do ato notarial ou, não havendo espaço, por escrituração própria lançada no livro das escrituras públicas e anotação remissiva.

No contexto do inventário extrajudicial, o tema é pacificado, posto que é de conhecimento geral que uma escritura pública pode retificar outra escritura já lavrada.

No entanto, conforme o próprio artigo 198 da Lei nº 6.015/73, caso o apresentante não se conforme ou não seja possível cumprir a exigência, ele poderá requerer que o registrador suscite dúvida ao juiz competente, não sendo admitida a irresignação parcial, ou seja, requerer dúvida de apenas alguns pontos da nota devolutiva, pois o título estaria prejudicado, de qualquer modo, pelos outros aspectos não questionados.

Existe divergência sobre a possibilidade de procedimento de dúvida em todos os atos registrais: registro, averbação ou abertura de matrícula. Em alguns Estados, o procedimento de dúvida é admitido para qualquer ato que for recusado. Porém, em outros Estados o procedimento de dúvida só é válido para o ato de registro, não se aplicando à averbação ou à abertura de matrícula.

Josué Modesto Passos e Marcelo Benacchio[78] ensinam que, nessas situações, quando não se aplicar o procedimento de dúvida, será utilizado o "procedimento administrativo comum" ou "pedido de providências", que segue o mesmo rito da dúvida, exceto pela natureza do recurso da sentença: da dúvida cabe apelação, e do procedimento administrativo comum ou pedido de providências cabe recurso administrativo, sendo que os Códigos de Normas estaduais regulamentam a questão.

---

77. BRASIL. Lei nº 6.015 de 31 de dezembro de 1973. Dispõe sobre os registros públicos, e dá outras providências. Disponível em: http://www.planalto.gov.br/ccivil_03/leis/l6015compilada.htm. Acesso em: 15 maio 2024.
78. PASSOS, Josué Modesto; BENACCHIO, Marcelo. A dúvida no registro de imóveis. In: PEDROSO, Alberto Gentil de Almeida (Coord.). São Paulo: Thomson Reuters Brasil, 2020, v. III. Coleção Direito Imobiliário. p. 53.

A suscitação de dúvida vincula-se ao princípio da rogação, pois é preciso ter legitimidade para solicitar o procedimento de dúvida, não sendo suficiente ser o apresentante do título, aplicando-se o princípio da rogação[79]. No entanto, o artigo 198 menciona "apresentante". Assim, entendemos que tanto o apresentante quanto o interessado podem pedir a suscitação de dúvida. Mas, para impugnar sim, concordamos que somente o interessado.

Ao instaurar a dúvida, o registrador anotará no livro Protocolo, onde o título está prenotado, que o procedimento de dúvida foi instaurado. Depois, lavrará a declaração de dúvida, juntando os documentos protocolados e suas justificativas detalhadas para recusar o ato. Atestará no título (já prenotado) que a dúvida foi aberta. Rubricará todas as folhas.

Em seguida, o oficial comunicará o interessado, fornecendo-lhe cópia de todo o expediente, para que, se desejar, impugne a dúvida no prazo de quinze dias, perante o juiz competente. O oficial lavrará certidão de que notificou o interessado e encaminhará todo o expediente para o juízo. Nesse ponto, termina o estágio antejudicial da dúvida[80].

Se o interessado não impugnar a dúvida dentro do prazo, a dúvida será julgada por sentença, ou seja, ela será resolvida pelo juiz, mesmo que o interessado não apresente argumentos contra ela. Se a dúvida for impugnada, o Ministério Público será ouvido no prazo de dez dias.

O Artigo 201 da Lei nº 6.015/73[81] estabelece que, se não forem solicitadas diligências, o juiz proferirá decisão no prazo de quinze dias, com base nos elementos constantes dos autos.

A impugnação da dúvida em juízo pode exigir um advogado ou não, dependendo do Estado, assim como, em alguns Estados, o tabelião também pode se envolver no procedimento, como terceiro interessado, se o título devolvido for uma escritura pública.

Quanto à natureza jurídica do procedimento, o artigo 204 da Lei de Registros públicos esclarece que a decisão da dúvida tem natureza administrativa e não impede o uso do processo contencioso competente. Além disso, o entendimento é de que não existe a necessidade de se esgotar o procedimento administrativo como requisito para judicializar.

O Artigo 202 permite que o interessado, o Ministério Público e o terceiro prejudicado interponham apelação da sentença ao Tribunal De justiça, com efeitos devolutivo

---

79. PAIVA, João Pedro Lamana. *Procedimento de dúvida no registro de imóveis*: aspectos práticos e a possibilidade de participação do notário e a evolução dos sistemas registrai e notarial no século XXI. 3. ed. São Paulo: Saraiva, 2011, p. 66.
80. DIP, Ricardo Henry Marques. *Lei de registros públicos comentada*. Coordenação: José Manuel de Arruda Alvim Neto, Alexandre Laizo Clápis e Everaldo Augusto Cambler. Rio de Janeiro: Forense, 2014, pág. 1071.
81. "Artigo 201. Se não forem requeridas diligências, o juiz proferirá decisão no prazo de quinze dias, com base nos elementos constantes dos autos" (BRASIL. Lei nº 6.015 de 31 de dezembro de 1973. Dispõe sobre os registros públicos, e dá outras providências. Disponível em: http://www.planalto.gov.br/ccivil_03/leis/l6015compilada.htm. Acesso em: 15 maio 2024).

e suspensivo. Por tal motivo, surte a interpretação de que o procedimento seria híbrido (administrativa e judicial). No entanto, tal entendimento não nos convence, posto que, ao atuar no procedimento de dúvida, o Poder Judiciário desempenha função atípica, administrativa.

Após a decisão da dúvida transitar em julgado, se a dúvida for julgada procedente, os documentos serão devolvidos à parte e o oficial será notificado da decisão, ou seja, o registrador estava certo. Se a dúvida for julgada improcedente, o interessado apresentará novamente seus documentos para que o registro seja realizado imediatamente.

Importante recordar aqui que a decisão não faz coisa julgada material, mesmo quando transitada em julgado, sendo cabível após o procedimento administrativo, o procedimento judicial. Portanto, o procedimento é administrativo puro, apesar de uma corrente minoritária levantar a bandeira do procedimento misto ou híbrido.

A doutrina aborda a possibilidade de uma dúvida inversa, indireta ou às avessas. Nesse procedimento, o interessado se dirige diretamente ao juízo competente devido à recusa do registrador em realizar o ato registral e não iniciar o procedimento de dúvida. Embora a Lei nº 6.015/73 não preveja tal procedimento, ele continua sendo aceito na prática, possivelmente porque estava previsto no regulamento anterior[82].

Lamana Paiva[83] esclarece que o registrador será intimado para se pronunciar sobre o procedimento apresentado em juízo. Ele deverá protocolar o documento emitido pelo magistrado para garantir prioridade e preferência, caso, no final, a razão seja atribuída ao interessado. Como essa modalidade de dúvida não está prevista na norma, o rito será determinado pelo juiz responsável pela serventia.

Por último, não se aceita a chamada "dúvida doutrinária", onde o registrador consulta o juiz competente para esclarecer um procedimento sobre o qual ele tem dúvidas. Como profissional do direito, o registrador deve tomar a decisão sobre a realização ou não de algum ato. Se estiver incerto, emitirá uma nota devolutiva fundamentada, aguardando que a parte solicite a suscitação de dúvida.

Passaremos então para a análise de alguns casos relativos ao registro de inventários e partilhas em que foram suscitadas dúvidas, analisando os resultados de improcedência e procedência:

Na apelação cível nº 1003838-82.2023.8.26.0565, o Conselho Superior da Magistratura de São Paulo determinou pela necessidade de aditar o título levado a registro por ferir o princípio da continuidade, tendo evidenciado a importância da qualificação para a segurança do sistema registral, sendo irrefutável que sua aplicação se estende tanto aos títulos extrajudiciais, quanto judiciais.

---

82. DIP, Ricardo. *Registro de Imóveis*: princípios. Descalvado/SP: Editora PrimVs, 2018, t. II. p. 245.
83. PAIVA, João Pedro Lamana. *Procedimento de dúvida no registro de imóveis*: aspectos práticos e a possibilidade de participação do notário e a evolução dos sistemas registrai e notarial no século XXI. 3. ed. São Paulo: Saraiva, 2011.

> Registro de imóveis – Dúvida julgada procedente – Formal de partilha extraído de inventário conjunto – Ofensa ao princípio da continuidade – Bens que devem ser paulatinamente partilhados – Necessidade de aditamento do título para constar dois planos de partilha – Apresentação de certidões de homologação do ITCMD emitidas pela fazenda estadual que supre um dos óbices constantes da nota devolutiva – Dever de fiscalização do oficial que se limita à existência do recolhimento do imposto, ou eventual isenção – dúvida procedente – Recurso a que se nega provimento (CSMSP; Apelação Cível: 1003838-82.2023.8.26.0565; Órgão Julgador: Conselho Superior de Magistratura de São Paulo; Localidade: São Caetano do Sul; Data do Julgamento: 15.02.2024).

Assim, para que o registro fosse possível, seria indispensável o aditamento do formal de partilha para que dele constassem dois planos de partilha, um para cada um dos inventariados, respeitando a ordem dos falecimentos.

Percebe-se que, quando necessária, a retificação do título transmissivo é essencial, principalmente no contexto do registro de imóveis, que requer perfeita conformidade da descrição do bem com o registro do imóvel, para o correto encerramento da transmissão sucessória.

Além disso, a decisão também abarcou o dever do Oficial de registro de fiscalizar o pagamento dos impostos devidos pelos atos que lhe são apresentados. No caso em questão, foram apresentadas certidões de homologação do ITCMD (Imposto de Transmissão Causa Mortis e Doação) emitidas pela Fazenda Estadual, o que supriu um dos óbices para o registro.

> Certo é que incumbe ao Oficial de Registro de Imóveis fiscalizar o recolhimento de impostos devidos por força dos atos que lhe são apresentados no exercício do seu mister (artigo 289 da Lei de Registros Públicos). A fiscalização, contudo, deve se limitar à existência do recolhimento do tributo e à razoabilidade da base de cálculo.
>
> E, caso a Fazenda Pública observe em momento apto, a irregularidade do lançamento e valores devidos, poderá, por meios próprios, buscar o pagamento, sem que isto signifique obstáculo ao ingresso do título no fólio real.
>
> Sobre o tema, há precedente recente:
>
> "REGISTRO DE IMÓVEIS ESCRITURA DE DOAÇÃO RECUSA DO OFICIAL EXIGÊNCIA DE RETIFICAÇÃO DA DECLARAÇÃO DE DOAÇÃO EXTRAJUDICIAL APRESENTADA À FAZENDA DO ESTADO PARA ALTERAR A BASE DE CÁLCULO DO ATO NEGOCIAL DECLARAÇÃO QUE INFORMA ISENÇÃO DO ITCMD DEVER DE FISCALIZAÇÃO DO OFICIAL DE REGISTRO QUE SE LIMITA À EXISTÊNCIA DO RECOLHIMENTO DO TRIBUTO, BEM COMO DA RAZOABILIDADE DA BASE DE CÁLCULO JUÍZO DE VALOR SOBRE ISENÇÃO DO TRIBUTO QUE NÃO COMPETE AO OFICIAL DÚVIDA IMPROCEDENTE APELO PROVIDO" (TJSP; Apelação Cível nº 1003773-34.2022.8.26.0114; Relator: Fernando Torres Garcia (Corregedor Geral); Órgão Julgador: Conselho Superior da Magistratura; Data do julgamento: 27.01.2023).
>
> Assim, pese embora o afastamento do óbice constante do item 2 da nota devolutiva telada, mantida a qualificação negativa referente ao item 1 da mencionada nota, a dúvida é procedente, sendo de rigor o não provimento do recurso.

Sobre a necessidade de análise dos impostos para a realização do registro, a apelação cível nº 1023035-86.2021.8.26.0114 envolve uma escritura pública de inventário e partilha de bens em uma sucessão testamentária, na qual a apelante recorreu da sentença que manteve a recusa ao registro da escritura pública de inventário e partilha de bens deixados por seu pai, argumentando que, para cumprir a disposição testamentária, recebeu bens imóveis cujo valor ficou aquém do seu quinhão de direito.

Isso levou seus irmãos, que receberam quotas sociais que ultrapassaram os valores dos quinhões a que faziam jus, a lhe pagar a diferença, sendo que o valor recebido representava apenas a parte que lhe cabia nas quotas sociais que foram atribuídas aos demais herdeiros. Portanto, não houve transmissão ou cessão onerosa de bem imóvel que justificasse a exigência de recolhimento do imposto de transmissão inter vivos (ITBI). Assim, ela argumentou que o registro da escritura pública de inventário e partilha de bens deveria ser autorizado.

A decisão final deu provimento ao recurso da apelante e julgou improcedente a dúvida, determinando o registro da escritura pública de inventário e partilha de bens, destacando que a compensação pecuniária correspondia ao valor das quotas sociais que deixaram de integrar o quinhão da herdeira para garantir-lhe o recebimento do que era, por lei, de seu direito, por força da sucessão hereditária. Portanto, não houve fato gerador do imposto de transmissão inter vivos (ITBI), e não se pode condicionar a inscrição do título ao recolhimento do tributo.

> REGISTRO DE IMÓVEIS – Escritura pública de inventário e partilha de bens – Sucessão testamentária – Cindibilidade do título – Excesso de quinhão na partilha com reposição pecuniária – Ausência de transmissão onerosa de bem imóvel – Inexistência de fato gerador do imposto de transmissão inter vivos – ITBI – Óbice afastado – Recurso provido (CSMSP; Apelação Cível: 1023035-86.2021.8.26.0114; Órgão Julgador: Conselho Superior de Magistratura de São Paulo; Localidade: Campinas; Data do Julgamento: 23.05.2022).

Em outras palavras, a exigência de recolhimento do ITBI para o registro da escritura pública de inventário e partilha de bens foi considerada indevida no presente caso.

Em outra análise de dúvida, o caso envolveu a recusa do Oficial de Registro em registrar uma escritura pública de inventário e partilha de bens devido à renúncia de um herdeiro que tinha várias ordens judiciais de indisponibilidade de bens contra ele. Segundo o Oficial, isso impediria o registro da partilha, pois a herança é transmitida ao herdeiro com a abertura da sucessão, logo, a indisponibilidade de bens se aplica ao caso.

A apelante, argumentou que a renúncia tem efeito *ex tunc*, retroagindo até a data da abertura da sucessão, como se o herdeiro nunca tivesse participado da sucessão. Ela também argumentou que a existência ou não de credores do herdeiro renunciante é uma questão estranha ao inventário e à partilha extrajudicial e, portanto, não pode ser conhecida na esfera administrativa.

A decisão final julgou a dúvida improcedente e determinou o registro do título, destacando que, tendo a renúncia à herança efeitos *ex tunc*, não há que se falar em indisponibilidade da parcela dos imóveis que cabia ao suscitado. Além disso, a decisão observou que se houve fraude contra credores ou fraude à execução, esse é um ponto que não cabe ao ofício de registro de imóveis conhecer, pois a matéria extrapola o aspecto formal a que em regra se limita a qualificação registral e qualquer das duas figuras depende de provimento jurisdicional para que se reconheça.

> Registro de Imóveis – Dúvida – Partilha *causa mortis* – Escritura pública – Renúncia por herdeiro contra o qual pesavam indisponibilidades decorrentes de ordens jurisdicionais – Cessão de parte dos bens do espólio a filho desse herdeiro – Óbice aos pretendidos registros decorrentes da partilha – Indisponibilidade que, entretanto, não impunha ao herdeiro o dever de aceitar – Fraude contra credores e fraude à execução que não podem ser apreciadas na via administrativa – Apelação a que se dá provimento para, afastado o óbice e reformada a r. sentença, permitir os registros almejados (CSMSP; Apelação Cível: 1039545-36.2019.8.26.0506; Órgão Julgador: Conselho Superior de Magistratura de São Paulo; Localidade: Ribeirão Preto; Data do Julgamento: 04.05.2021).

Em outra decisão, foi interposto um recurso de apelação contra a decisão que julgou improcedente uma dúvida suscitada devido à recusa de registro de escritura de inventário, adjudicação e partilha extrajudicial dos bens com base na existência de dívidas, o que, segundo o Oficial de Registro de Imóveis, exigiria a reserva de bens para pagamento dessas obrigações.

No entanto, o recurso foi provido e a decisão inicial foi revertida. O Conselho Superior da Magistratura do Tribunal de Justiça de São Paulo decidiu que a existência de credores do espólio não impede a realização do inventário e partilha por escritura pública, mesmo quando existem débitos não quitados do falecido. Portanto, não se pode impor um obstáculo para o seu registro.

A decisão também destacou que, uma vez feita a partilha, mesmo que extrajudicialmente, não há mais como se falar em espólio. E deixando de existir a universalidade de bens (espólio) justamente porque operada a divisão patrimonial do acervo hereditário entre os herdeiros (partilha), não há como se exigir reserva de bens.

Assim, serão os herdeiros, na proporção dos quinhões recebidos, que deverão ser acionados para responder pelas dívidas deixadas pelo falecido. A decisão também citou os artigos 1.997 do Código Civil e 642 e 796 do Código de Processo Civil que reforçam essa interpretação.

> Dúvida – registro de imóveis – Partilha extrajudicial – existência de credores do espólio não impede a realização do inventário e partilha por escritura pública, nos termos do item 125, cap. XVI, das NSCGJ – Impossibilidade de se exigir reserva de bens para registro do título – Partilha já ultimada – Herdeiros respondem pelas dívidas da falecida na proporção dos seus quinhões – Inteligência do artigo 1.997 do Código Civil e artigos 642 e 796 do Código de Processo Civil – Recurso provido (CSMSP; Apelação Cível: 1002083-97.2022.8.26.0584; Órgão Julgador: Conselho Superior de Magistratura de São Paulo; Localidade: São Pedro; Data do Julgamento: 26.02.2024).

Portanto, a decisão final foi dar provimento à apelação, ou seja, julgar improcedente a dúvida, permitindo assim o registro da escritura de inventário, adjudicação e partilha extrajudicial dos bens deixados, sob o entendimento de que, estando tudo certo com o título transmissivo e o pedido de registro, o cartório fará o registro do imóvel em nome dos herdeiros, formalizando a transferência da propriedade. Com isso, e em respeito ao princípio da continuidade, o imóvel será transmitido do falecido para o nome dos herdeiros, seguindo as estipulações contidas no inventário extrajudicial.

No entanto, há casos em que o registro da escritura pública de inventário extrajudicial poderia ferir princípios registrais, como é o caso da apelação cível nº 1001021-

78.2022.8.26.0048, em que a questão central do recurso girava em torno do registro de uma escritura pública de inventário e partilha de bens associada ao imóvel que sofreu reduções em sua área devido a ações de usucapião, alegando o interessado que o registro deveria ser efetivado, pois a herança correspondia a uma fração ideal de 1/4 do terreno, e não a uma parte específica do mesmo.

Contudo, o Oficial de Registro de Imóveis sustentou que, para o registro, era necessária a retificação da matrícula do imóvel para adequar a descrição à sua configuração atual e determinar a área remanescente, em conformidade com o princípio da especialidade objetiva.

Tal princípio, conforme explorado anteriormente, é um pilar do registro imobiliário, exigindo que cada imóvel seja identificado de forma precisa e correta, evitando confusões com outros imóveis, e ele foi violado no caso em questão, pois as áreas destacadas das ações de usucapião alteraram a configuração original do imóvel, que não mais possuía a metragem inicialmente registrada.

Assim, a decisão do tribunal enfatizou a importância da retificação da matrícula para preservar a segurança do registro imobiliário e garantir a precisão dos registros futuros, de forma que, sem a retificação prévia, que estabeleceria a caracterização exata do imóvel remanescente, a inscrição desejada na tábua registral seria inviável.

> Registro de imóveis – escritura pública de inventário e partilha de bens – desqualificação – imóvel que sofreu destaques decorrentes de ações de usucapião – necessidade de prévia retificação de registro para adequação da descrição do imóvel e apuração da área remanescente – ofensa ao princípio da especialidade objetiva – óbice mantido – recurso não provido (CSMSP; Apelação Cível: 1001021-78.2022.8.26.0048; Órgão Julgador: Conselho Superior de Magistratura de São Paulo; Localidade: Atibaia; Data do Julgamento: 13.04.2023).

Diante do exposto, conclui-se que o processo de registro de imóveis é uma etapa crucial que assegura a correta transferência de propriedade e a manutenção da segurança jurídica. A qualificação registral e a suscitação de dúvida, quando necessária, é um mecanismo eficaz para corrigir erros e garantir que todas as transações estejam em conformidade com as normas legais e os princípios registrais.

As decisões judiciais citadas reforçam a importância da qualificação, ressaltando que a atuação do Oficial de Registro deve se pautar pela legalidade e pela proteção dos direitos envolvidos.

Assim, o sistema registral brasileiro, embora complexo, demonstra sua capacidade de adaptação e sua função essencial no contexto das transmissões patrimoniais, especialmente em casos de sucessão.

2.4 EFEITOS DO REGISTRO DO INVENTÁRIO EXTRAJUDICIAL

O registro do inventário extrajudicial na matrícula do imóvel possui efeitos significativos que afetam tanto os herdeiros quanto terceiros interessados. Dentre os efeitos que surte, está a oponibilidade a terceiros, advinda do princípio da publicidade.

Os efeitos decorrentes da publicidade vinculam-se a cognoscibilidade, que corresponde a possibilidade das informações públicas do registro de imóveis serem acessadas por todos e, assim, prevalecem contra terceiros. A publicidade imobiliária é, segundo Brandelli[84], a atividade que visa dar conhecimento da situação do imóvel a todos, tornando acessível à coletividade certas informações.

O registro do inventário na matrícula do imóvel tem efeito *erga omnes*, o que significa que a partilha dos bens e a transmissão da propriedade se tornam públicas e vinculantes para qualquer pessoa que consulte a matrícula. Terceiros, como compradores, credores e interessados em geral, podem confiar na informação registrada, garantindo a segurança jurídica das transações.

Nesse mesmo sentido, o registro torna público o fato de que o inventário foi realizado e que a partilha dos bens foi formalizada com a transmissão da propriedade imóvel, sendo essa publicidade fundamental para evitar conflitos futuros e proteger os direitos dos envolvidos.

Logo, o registro de imóveis é contrário à clandestinidade e toda situação jurídica que possa afetar terceiros estranhos à relação deve ser publicizada, para que eles se informem e se sujeitem aos seus efeitos.

Além disso, o registro formaliza a transferência da propriedade dos bens aos herdeiros, que passam a figurar como proprietários legais do imóvel na matrícula.

É com a inscrição, ou seja, com o ato realizado pelo registrador em seus livros, que se inicia com a prenotação, que a situação real e a registral do imóvel se aproximam. No caso da sucessão *mortis causa,* pelo princípio da *saisine*, a herança já se transmitiu aos herdeiros, como um todo unitário. Após a partilha, ela será registrada apenas para fins declarativos. Essa transmissão é essencial para que os herdeiros possam dispor do imóvel, vendê-lo ou utilizá-lo conforme seus interesses.

Entretanto, acreditamos que, ainda que seja uma sucessão *mortis causa,* ela tem também efeito constitutivo, porém em menor grau. Isso porque, a partir do registro, declarando a propriedade do bem, é que o apresentante passa a ter acesso a outros direitos reais, como a possibilidade de dispor do imóvel.

Caso não haja o registro do inventário, por exemplo, o herdeiro não poderá vender o imóvel, pois o princípio da continuidade veda a realização de transmissão do imóvel por pessoa distinta da que consta na matrícula, então além da declaração, há também a constituição de direitos sobre o bem.

Além disso, o registro também terá efeito comprovatório, à luz do que ensina Eduardo Pacheco Ribeiro de Souza[85], uma vez que servirá como prova da existência e da veracidade do ato ao qual se refere.

---

84. BRANDELLI, Leonardo. *Registro de imóveis*: eficácia material. Rio de janeiro: Forense, 2016, p. 80.
85. SOUZA, Eduardo Pacheco Ribeiro de. *Noções fundamentais de direito registral e notarial*. São Paulo: Editora Saraiva, 2022. E-book. ISBN 9786553620087. Disponível em: https://app.minhabiblioteca.com.br/#/books/9786553620087/. Acesso em: 05 mar. 2024.

Ademais, Nicolau Balbino Filho[86] destaca que o registro de imóveis vai além da simples aquisição, atuando também como um meio eficiente para estabelecer e transferir direitos reais sobre imóveis de terceiros. Essa amplitude inclui tanto os direitos de gozo quanto os de garantia, oferecendo uma ferramenta completa para a regulação e formalização desses direitos.

Outra característica ressaltada pelo autor é a habilidade do registro em determinar a extinção de um direito real específico. Esse processo é realizado através da devida averbação na folha da matrícula ou na margem do registro correspondente, proporcionando transparência e atualização no status jurídico do imóvel.

Por último, Nicolau Balbino Filho enfatiza o papel fundamental do registro na oferta de prova concreta da existência do domínio e dos direitos reais sobre os imóveis. Essa função probatória é vital para a segurança jurídica, assegurando a transparência e autenticidade das relações imobiliárias, embora resguardando os direitos de terceiros que possam existir eventualmente.

Assim, o registro, após a qualificação registral, serve para resguardar a sociedade inteira, pois a inscrição é pública e tem efeitos jurídicos, sendo possível presumir que o registro está certo, válido, legal e, desta forma, está presente a fé pública registral.

E quando não é realizado o registro do inventário extrajudicial no registro de imóveis, alguns perigos tornam-se iminentes, como por exemplo, a impossibilidade de vender o imóvel enquanto o inventário estiver pendente. Essa restrição pode ser uma das maiores causas de frustração para quem não realiza o inventário, afetando planos financeiros e pessoais.

Em suma, o registro do inventário extrajudicial é uma medida essencial para evitar problemas futuros, garantir a regularização do imóvel e proteger os interesses de todos os envolvidos. A conscientização sobre esses procedimentos e suas implicações legais é crucial para garantir que os direitos e interesses de todas as partes sejam adequadamente protegidos.

2.5 CONCLUSÕES

O inventário extrajudicial, introduzido pela Lei nº 11.441/07, revolucionou a forma como lidamos com a partilha de bens após o falecimento de uma pessoa. Este trabalho forneceu uma análise abrangente do inventário extrajudicial, explorando seu arcabouço legislativo, conceitos, finalidades e suas principais características.

Foi discutido em detalhes as partes capazes e concordes, a necessidade de assistência jurídica por advogado, a facultatividade da via eleita e a (in)existência de testamento válido. Também foram abordados aspectos gerais como a escolha do tabelionato, a

---

86. BALBINO FILHO, Nicolau. *Registro de Imóveis*: doutrina, prática e jurisprudência. 16. ed. rev. e atual. São Paulo: Saraiva, 2012, p. 55-58.

desnecessidade de homologação judicial, a fixação de emolumentos e a gratuidade do procedimento extrajudicial.

Além disso, foram analisados os atos referentes ao inventário e à partilha, incluindo a nomeação do inventariante, a retificação de inventários e partilhas, o recolhimento antecipado dos tributos incidentes, as cessões de direitos hereditários, o reconhecimento da meação e do direito sucessório do companheiro, entre outros.

No contexto da regularização de imóveis em inventários extrajudiciais, discutimos a aplicação dos princípios registrais, os procedimentos para o registro do inventário extrajudicial e os efeitos desse registro. A análise detalhada dos princípios da legalidade, continuidade, publicidade, disponibilidade, especialidade, cindibilidade e rogação forneceu uma compreensão profunda do processo de registro de imóveis em inventários extrajudiciais.

Em suma, o inventário extrajudicial e a regularização de imóveis em inventários extrajudiciais são processos complexos que exigem uma compreensão profunda da legislação e dos procedimentos envolvidos. Este trabalho buscou fornecer uma visão clara e abrangente desses processos, facilitando a sua compreensão e aplicação prática.

Mais além, é importante ressaltar que esta obra conta com uma vasta compilação dos principais julgados sobre o tema. Esta coleção abrangente de decisões fornece uma visão prática e aplicada das nuances do inventário extrajudicial e da regularização de imóveis em inventários extrajudiciais.

A inclusão desses julgados enriquece enormemente o estudo, pois permite aos leitores uma visão sobre como os princípios e procedimentos discutidos são interpretados e aplicados pela prática jurídica.

Portanto, esta obra não apenas fornece uma análise teórica detalhada do inventário extrajudicial e da regularização de imóveis em inventários extrajudiciais, mas também oferece uma valiosa visão prática através da inclusão de julgados relevantes. Esta combinação de teoria e prática torna este trabalho um recurso indispensável para quem deseja estudar e entender esses processos complexos.

3
DECISÕES MENCIONADAS NO LIVRO

3.1 CNJ. CONSULTA. INVENTÁRIO E DIVÓRCIO EXTRAJUDICIAIS. FILHOS EMANCIPADOS. EMOLUMENTOS. BASE DE CÁLCULO. CNJ – TRIBUTOS – COMPETÊNCIA

CNJ – Consulta: 0000409-15.2014.2.00.0000
Localidade: Rio Gransde do Sul
Data de Julgamento: 21.06.2016
Data DJ: 24.06.2016
Relator: Gustavo Tadeu Alkmim
Jurisprudência: Indefinido
Lei: CF – Constituição da República – 1988
Lei: LO – Inventário e Partilha – 11.441/07

Pedido de providências convertido em consulta. Tratamento uniforme quanto à realização de divórcio e de inventário extrajudiciais quando houver filhos emancipados. Disciplina dos emolumentos de serventias extrajudiciais. Espécie tributária cuja fixação requer lei estrita.

Íntegra

Autos: Pedido de Providências – 0000409-15.2014.2.00.0000
Requerente: Andre Luis Alves De Melo
Requerido: Conselho Nacional de Justiça – CNJ

EMENTA: PEDIDO DE PROVIDÊNCIAS CONVERTIDO EM CONSULTA. TRATAMENTO UNIFORME QUANTO À REALIZAÇÃO DE DIVÓRCIO E DE INVENTÁRIO EXTRAJUDICIAIS QUANDO HOUVER FILHOS EMANCIPADOS. DISCIPLINA DOS EMOLUMENTOS DE SERVENTIAS EXTRAJUDICIAIS. ESPÉCIE TRIBUTÁRIA CUJA FIXAÇÃO REQUER LEI ESTRITA.

1. A existência de filhos menores emancipados não é óbice à realização de inventário e de divórcio extrajudiciais. Inteligência e interpretação sistemática da Lei nº 11.441/07 e da Resolução nº 35 do CNJ.

2. Consoante o disposto na Lei n. 10.169/00, cabe aos Estados e ao Distrito Federal, por meio de lei, fixar os emolumentos relativos às serventias extrajudiciais.

3. Qualquer ação tendente a modificar os emolumentos, ou torná-los menos onerosos, não pode prescindir do necessário processo legislativo.

4. O CNJ não pode, por meio de Resolução, regulamentar se a incidência dos emolumentos deve ter por base de cálculo o valor nominal ou o valor atualizado dos bens, ou ainda se a avaliação deve ser feita na faixa global de todos os bens somados e se podem ser atualizados, ou não, por tratar-se de matéria reservada à lei, em face da reconhecida natureza tributária dos emolumentos.

ACÓRDÃO

O Conselho, por unanimidade, respondeu a consulta, nos termos do voto do Relator. Plenário Virtual, 21 de junho de 2016. Votaram os Excelentíssimos Senhores Conselheiros Ricardo Lewandowski, Nancy Andrighi, Lelio Bentes, Carlos Levenhagen, Daldice Santana, Gustavo Tadeu Alkmim, Bruno Ronchetti, Fernando Mattos, Carlos Eduardo Dias, Rogerio Nascimento, Arnaldo Hossepian, Norberto Campelo, Luiz Claudio Alleman e Emmanoel Campelo. Ausente, em razão da vacância do cargo, o representante do Senado Federal.

RELATÓRIO

Tratam os presentes autos de Pedido de Providências no qual o requerente, André Luís Alves de Melo, preconiza: 1) alteração da Resolução nº 35 do CNJ para o fim de que seja atribuído tratamento uniforme quanto à possibilidade de realização de divórcio e inventário extrajudicial, mesmo quando houver filhos emancipados, além de outras providências daí decorrentes; 2) alteração da Resolução também para que seja definida a forma de incidência dos emolumentos nos divórcios e inventários extrajudiciais.

Na inicial, o requerente destaca que o Tribunal de Justiça do Estado do Rio Grande do Sul, por meio do art. 616-C, § 1º, de sua Consolidação Normativa Notarial e Registral, já faculta a realização de divórcio mesmo com a existência de filhos emancipados.

Quanto aos emolumentos, afirma "... os divórcios e inventários extrajudiciais estão ficando mais caros que os divórcios e inventários judiciais, pois os Cartórios estão cobrando valores na faixa de cada bem e não na faixa global de todos os bens, o que acaba multiplicando o custo.

Assim, faz-se importante o CNJ regulamentar na Resolução se a avaliação deveria na faixa global de todos os bens somados e se podem ser atualizados, ou não". (Id 913668, petição inicial).

É o relatório. Passo a votar.

VOTO

Inicialmente, analisando o teor e a efetiva intenção do requerente, verifico que a questão trazida à apreciação deste Conselho melhor se coaduna com "consulta", nos termos regimentais, na medida em que a matéria possui interesse e repercussão gerais em relação à aplicação da Resolução nº 35 Conselho Nacional de Justiça, em compasso com o disposto no artigo 89 do Regimento Interno desse Conselho. Dessa forma, recebo o procedimento como Consulta, e assim o passo a analisar.

1. Alteração da Resolução nº 35 do CNJ para o fim de possibilitar a realização de divórcio e inventário extrajudicial, mesmo quando houver filhos emancipados.

O requerente busca tratamento uniforme, em todo o território nacional, quanto à possibilidade de realização de divórcio e inventário extrajudicial, mesmo quando houver filhos emancipados, destacando que o Tribunal de Justiça do Estado do Rio Grande do Sul, por meio do art. 616-C, § 1º, de sua Consolidação Normativa Notarial e Registral, faculta esta possibilidade.

Eis o teor do normativo estadual citado pelo requerente:

> Art. 616-C. A separação consensual e o divórcio consensual, não havendo filhos menores ou incapazes do casal, e observados os requisitos legais, poderão ser realizados por escritura pública, da qual constarão as disposições relativas à descrição e à partilha dos bens comuns e à pensão alimentícia e, ainda, ao acordo de retomada pelo cônjuge de seu nome de solteiro ou à manutenção do nome adotado quando se deu o casamento.
>
> § 1º A existência de filhos emancipados não obsta a separação consensual e o divórcio consensual.

A matéria foi introduzida em nosso ordenamento pela Lei nº 11.441/07 que, alterando dispositivos do Código de Processo Civil, passou a permitir a realização de inventário, partilha, separação e divórcio consensual pela via administrativa, a saber:

Art. 1º Os arts. 982 e 983 da Lei 5.869, de 11 de janeiro de 1973 – Código de Processo Civil, passam a vigorar com a seguinte redação:

Art. 982. Havendo testamento ou interessado incapaz, proceder-se-á ao inventário judicial; se todos forem capazes e concordes, poderá fazer-se o inventário e a partilha por escritura pública, a qual constituirá título hábil para o registro imobiliário.
Parágrafo único. O tabelião somente lavrará a escritura pública se todas as partes interessadas estiverem assistidas por advogado comum ou advogados de cada uma delas, cuja qualificação e assinatura constarão do ato notarial.

Art. 983. O processo de inventário e partilha deve ser aberto dentro de 60 (sessenta) dias a contar da abertura da sucessão, ultimando-se nos 12 (doze) meses subsequentes, podendo o juiz prorrogar tais prazos, de ofício ou a requerimento de parte.
Parágrafo único. (Revogado).

Art. 2º O art. 1.031 da Lei 5.869, de 1973 – Código de Processo Civil, passa a vigorar com a seguinte redação:

Art. 1.031. A partilha amigável, celebrada entre partes capazes, nos termos do art. 2.015 da 10.406, de 10 de janeiro de 2002 – Código Civil, será homologada de plano pelo juiz, mediante a prova da quitação dos tributos relativos aos bens do espólio e às suas rendas, com observância dos arts. 1.032 a 1.035 desta Lei.

Art. 3º A Lei nº 5.869, de 1973 – Código de Processo Civil, passa a vigorar acrescida do seguinte art. 1.124-A:

Art. 1.124-A. A separação consensual e o divórcio consensual, não havendo filhos menores ou incapazes do casal e observados os requisitos legais quanto aos prazos, poderão ser realizados por escritura pública, da qual constarão as disposições relativas à descrição e à partilha dos bens comuns e à pensão alimentícia e, ainda, ao acordo quanto à retomada pelo cônjuge de seu nome de solteiro ou à manutenção do nome adotado quando se deu o casamento.
§ 1º A escritura não depende de homologação judicial e constitui título hábil para o registro civil e o registro de imóveis.
§ 2º O tabelião somente lavrará a escritura se os contratantes estiverem assistidos por advogado comum ou advogados de cada um deles, cuja qualificação e assinatura constarão do ato notarial.
§ 3º A escritura e demais atos notariais serão gratuitos àqueles que se declararem pobres sob as penas da lei.

A novidade procedimental impulsionou a racionalização da atividade jurisdicional, notoriamente congestionada, eliminando "... a intervenção do Poder Judiciário em relações jurídicas de conteúdo exclusivamente patrimonial, entre pessoas maiores e capazes, e que, por isso, não carecem da tutela do Estado-Juiz para deliberar acerca de suas opções existenciais, resguardando-se essa função estatal apenas para aquelas situações conflitivas para cujo desate se torne indispensável um ato jurisdicional de poder". (Anotações Acerca das Separações e Divórcios Extrajudiciais (Lei 11.441/07), Autor: Desembargador do TJRS Luiz Felipe Brasil Santos).

Entretanto, a aplicação da Lei nº 11.441/07 pelos serviços notariais e de registro, inicialmente, foi tema de algumas divergências, dando ensejo a atuação do Conselho Nacional de Justiça que, por meio da Resolução nº 35/2007, uniformizou o emprego da referida Lei em todo o território nacional.

E quanto à existência de herdeiros ou filhos emancipados na realização do inventário, da partilha, da separação e do divórcio, a Resolução nº 35 estabelece que tal realidade não constitui óbice à realização destes atos, levando-se em conta que os menores emancipados, ainda que detentores de capacidade civil plena, seguem sob o pálio das normas protetivas do menor, como as disposições do ECA, por exemplo, sendo que a dissolução do vínculo conjugal também não exime os pais de seus deveres para com os filhos, consoante a disciplina do art. 1.579 do CC: "O divórcio não modificará os direitos e deveres dos pais em relação aos filhos".

Nessa linha, eis a orientação dada ao tema pela Resolução 35 quanto ao inventário extrajudicial:

> Art. 12. Admitem-se inventário e partilha extrajudiciais com viúvo(a) ou herdeiro(s) capazes, inclusive por emancipação, representado(s) por procuração formalizada por instrumento público com poderes especiais.

Como se vê, é expressamente admitida a realização de inventário quando presentes herdeiros capazes, inclusive por emancipação. Deste modo, não é necessária qualquer alteração do texto normativo, que já contempla a pretensão deduzida pelo consulente.

Quanto à separação e ao divórcio extrajudicial, a Resolução nº 35 do CNJ, em seu art. 34 estabelece:

> Art. 34. As partes devem declarar ao tabelião, no ato da lavratura da escritura, que não têm filhos comuns ou, havendo, que são absolutamente capazes, indicando seus nomes e as datas de nascimento.

Ao tratar especificamente da separação consensual, o art. 47 da Resolução nº 35 enuncia:

> Art. 47. São requisitos para lavratura da escritura pública de separação consensual: a) um ano de casamento; b) manifestação da vontade espontânea e isenta de vícios em não mais manter a sociedade conjugal e desejar a separação conforme as cláusulas ajustadas; c) ausência de filhos menores não emancipados ou incapazes do casal; e d) assistência das partes por advogado, que poderá ser comum.

Ou seja, a Resolução também deixou clara a possibilidade de realização da separação extrajudicial quando houver filhos emancipados, permitindo a conversão deste ato em divórcio consensual, é o que dispõe o art. 52 da Resolução 35 do CNJ:

Art. 52. Os cônjuges separados judicialmente, podem, mediante escritura pública, converter a separação judicial ou extrajudicial em divórcio, mantendo as mesmas condições ou alterando-as. Nesse caso, é dispensável a apresentação de certidão atualizada do processo judicial, bastando a certidão da averbação da separação no assento do casamento. (Redação dada pela Resolução nº 120, de 30.09.2010).

Assim, por consequência, se a separação consensual extrajudicial pode ser realizada mesmo quando houver filhos emancipados (art. 47), e uma vez realizada pode ser convertida em divórcio extrajudicial (art. 52), a existência de filhos emancipados não constitui óbice para a realização do divórcio extrajudicial.

Desta forma, a pretensão do requerente, também quanto à separação e ao divórcio extrajudicial, encontra resposta na própria Resolução nº 35 do CNJ, cuja interpretação sistemática permite concluir que para a realização de inventário, de partilha, de separação e de divórcio consensuais extrajudiciais é perfeitamente possível quando houver filhos ou herdeiros emancipados. Logo, não são necessárias alterações na Resolução n. 35 do CNJ, mostrando-se inócuas as sugestões deduzidas neste procedimento, uma vez que já há tratamento normativo para os temas propostos.

Com efeito, a Consolidação Normativa Notarial e Registral do TJRS, citada pelo consulente como paradigma, ao dispor que: "A existência de filhos emancipados não obsta a separação consensual e o divórcio consensual", em verdade, está em consonância com a orientação geral dada à matéria pelo CNJ.

2. Alteração da Resolução nº 35 do CNJ para o fim de regulamentar a incidência dos emolumentos nos divórcios e inventários.

Em suas razões o consulente aduz que: "... tem sido pouco usada a via do divórcio extrajudicial, geralmente por falta de informação, mas por outro lado, paradoxalmente, os divórcios e inventários extrajudiciais estão ficando mais caros que os divórcios e inventários judiciais, pois os Cartórios estão cobrando valores na faixa de cada bem e não na faixa global de todos os bens, o que acaba multiplicando o custo.

Assim, faz-se importante o CNJ regulamentar na Resolução se a avaliação deveria na faixa global de todos os bens somados e se podem ser atualizados, ou não". (Id 913668, petição inicial).

Com base nesta argumentação, o peticionante solicita que o CNJ altere a Resolução nº 35 para: "... 2) Esclarecer que os bens devem ser analisados no valor global dos bens para definir a faixa de emolumentos e não bem a bem. 3) Definir se os bens devem ser avaliados pelo valor nominal ou devem ser atualizados para fins de emolumentos." (Id 913668, petição inicial).

A pretensão do consulente, neste ponto, transcende a competência normativa do CNJ. Explico.

É que os emolumentos decorrentes de serviços notariais e de registros públicos detêm natureza jurídica tributária, sobre os quais incide o princípio da reserva de competência e da reserva legal, de modo que apenas o Poder Legislativo competente, por meio de lei própria, é que pode dispor sobre a sua fixação e exigibilidade.

A natureza jurídica tributária dos emolumentos está assentada na jurisprudência do STF, do STJ e também deste Conselho:

I. Ação direta de inconstitucionalidade: L. 959, do Estado do Amapá, publicada no DOE de 30.12.2006, que dispõe sobre custas judiciais e emolumentos de serviços notariais e de registros públicos, cujo art. 47 – impugnado – determina que a "lei entrará em vigor no dia 1º de janeiro de 2006": procedência, em parte, para dar interpretação conforme à Constituição ao dispositivos questionado e declarar que, apesar de estar em vigor a partir de 1º de janeiro de 2006, a eficácia dessa norma, em relação aos dispositivos que aumentam ou instituem novas custas e emolumentos, se iniciará somente após 90 dias da sua publicação. II. Custas e emolumentos: serventias judiciais e extrajudiciais: natureza jurídica. É da jurisprudência do Tribunal que as custas e os emolumentos judiciais ou extrajudiciais tem caráter tributário de taxa. III. Lei tributária: prazo nonagesimal. Uma vez que o caso trata de taxas, devem observar-se as limitações constitucionais ao poder de tributar, dentre essas, a prevista no art. 150, III, c, com a redação dada pela EC 42/03 – prazo nonagesimal para que a lei tributária se torne eficaz (STF, ADI 3694, Min. Sepúlveda Pertence, data 20.09.2006).

CONSTITUCIONAL E TRIBUTÁRIO. CUSTAS E EMOLUMENTOS. TAXA DE DESARQUIVAMENTO DE AUTOS FINDOS. PORTARIA 6.431, DE 13 DE JANEIRO DE 2003. OFENSA AO PRINCÍPIO DA LEGALIDADE. ART. 150, I, DA CONSTITUIÇÃO FEDERAL.

1. A denominada "taxa de desarquivamento de autos findos", instituída pela Portaria n. 6.431/03 do Tribunal de Justiça do Estado de São Paulo, é exação cobrada pela "utilização, efetiva (...) de serviços públicos específicos e divisíveis", enquadrando-se, como todas as demais espécies de custas e emolumentos judiciais e extrajudiciais, no conceito de taxa, definido no art. 145, II da Constituição Federal. Tratando-se de exação de natureza tributária, sua instituição está sujeita ao princípio constitucional da legalidade estrita (CF, art. 150, I). Precedente do STF.

2. Arguição de inconstitucionalidade julgada procedente (AI no RMS 31.170/SP, Rel. Ministro Teori Albino Zavascki, Corte Especial, julgado em 18.04.2012, DJe 23.05.2012).

ADMINISTRATIVO – SERVENTIA NOTARIAL E REGISTRAL – REGIME DE DIREITO PÚBLICO – CUSTAS E EMOLUMENTOS – NATUREZA JURÍDICA DE TRIBUTO – TAXA REMUNERATÓRIA DE SERVIÇO PÚBLICO – NÃO INCIDÊNCIA DA IMPENHORABILIDADE LEGAL CONTIDA NO ART. 649, IV DO CPC.

1. O cerne do recurso especial consiste em saber, em primeiro lugar, qual a natureza jurídica das custas e emolumentos de serviços notariais e registrais, e, após a obtenção da resposta, se tais valores estão protegidos pela impenhorabilidade legal.

2. As serventias exercem atividade por delegação do poder público, motivo pelo qual, embora seja análoga à atividade empresarial, sujeita-se, na verdade, a um regime de direito público. As custas e emolumentos devidos aos serventuários os são em razão da contraprestação do serviço que o Estado, por intermédio deles, presta aos particulares que necessitam dos serviços públicos essenciais prestados pelo foro judicial ou extrajudicial.

3. Os valores obtidos com a cobrança das taxas e emolumentos são destinados à manutenção do serviço público cartorário, e não simplesmente para remunerar o serventuário. Se tais valores tivessem a finalidade exclusiva de remunerar o serventuário, que exerce função pública, o montante auferido não poderia exceder o subsídio mensal dos Ministros do Supremo Tribunal Federal, conforme dispõe o art. 37, XI da CF.

4. Sendo assim, tendo as custas e emolumentos de serviços notariais natureza jurídica tributária, na qualidade de taxas destinadas à promover a manutenção do serviço público prestado, e não simplesmente à remuneração do serventuário, não há que se falar na incidência da impenhorabilidade legal prevista no art. 649, IV do CPC.

5. Não há ilegalidade, portanto, na decisão do juiz inicial que, nos autos de uma ação cautelar determinou a indisponibilidade de parte dos recursos da recorrente, obtidos na serventia em que era titular, com o garantir o ressarcimento dos danos causados ao erário, em ação de improbidade administrativa. Recurso especial improvido (REsp 1181417/SC, Rel. Ministro Humberto Martins, Segunda Turma, julgado em 19.08.2010, DJe 03.09.2010).

PROCEDIMENTO DE CONTROLE ADMINISTRATIVO. ART. 6º DO PROVIMENTO Nº 55/2009 DA CORREGEDORIA DO TRF2. COBRANÇA PELA EXPEDIÇÃO DE CERTIDÕES. NATUREZA JURÍDICA DE TRIBUTO. GRATUIDADE. INCABÍVEL. ADEQUAÇÃO DOS VALORES ÀQUELES ESTIPULADOS NA LEI Nº 8.289/97 C/C A RESOLUÇÃO Nº 184/CJF.

1. Trata-se de Procedimento de Controle Administrativo (PCA) instaurado em face de ato expedido pela Corregedoria do Tribunal Regional Federal da 2ª Região (TRF2), que dispõe sobre a cobrança e instituição de valores pela expedição de certidões.

2. Alegação de nulidade do ato por confronto com a gratuidade expressa no art. 5º, inc. XXXIV, alínea "b", da CF/88.

3. A cobrança de custas pela expedição de certidão é prevista na Lei nº 9.289/96 e na Resolução nº 184, de 3 de janeiro de 1997, do Conselho da Justiça Federal.

4. Majoração do valor do valor das custas e emolumentos por ato da Corregedoria do TRF2 malfere o princípio da reserva legal, pois, diante da natureza jurídica de tributo, a espécie taxa judiciária somente pode ser criada, majorada ou reduzida por meio de lei, conforme dispõe o art. 150, inciso I, da Constituição Federal.

5. Procedência parcial do pedido para determinar que a Corregedoria Regional do Tribunal Regional Federal da 2ª Região adeque os valores constantes no art. 6º do Provimento nº 66/2009 aos valores estipulados na Lei nº 9.289/96 c/c Resolução nº 184/CJF (CNJ – PCA – Procedimento de Controle Administrativo – 0003776-81.2013.2.00.0000 – Rel. Guilherme Calmon Nogueira da Gama – 174ª Sessão – j. 10.09.2013).

Desta forma, qualquer alteração no fato gerador ou mesmo na base de cálculo dos emolumentos requer lei estrita (art. 150, I, da CF/88[[i]], logo, não pode ser feita por meio de Resolução, o que impede, consequentemente, a atuação deste órgão de controle administrativo para deliberar se a incidência dos emolumentos deve ter por base de cálculo o valor nominal ou o valor atualizado dos bens, ou ainda se a avaliação deve ser feita na faixa global de todos os bens somados e se podem ser atualizados, ou não, o que obsta a pretensão deduzida pelo consulente neste procedimento (Id 913668, petição inicial).

A Resolução nº 35 do CNJ, por meio dos artigos 4º e 5º apenas consigna princípios gerais sobre os emolumentos, levando em conta a matriz jurídica que disciplina a matéria – Lei n. 10.169/00, a saber:

Art. 4º O valor dos emolumentos deverá corresponder ao efetivo custo e à adequada e suficiente remuneração dos serviços prestados, conforme estabelecido no parágrafo único do art. Lei da Lei nº 10.169/2000, observando-se, quanto a sua fixação, as regras previstas no art. 2º da citada lei.

Art. 5º É vedada a fixação de emolumentos em percentual incidente sobre o valor do negócio jurídico objeto dos serviços notariais e de registro (Lei n. 10.169, de 2000, art. 3º, inciso II).

E a Lei nº 10.169/2000, que regulamenta o disposto no § 2º do art. 236 da CF/88, através dos seus artigos 1º, parágrafo único, e 2º, estabelece que a competência para fixar o valor dos emolumentos referentes às serventias extrajudiciais é dos Estados e do Distrito Federal, orientando também que os valores fixados devem corresponder ao efetivo custo e à adequada e suficiente remuneração dos serviços prestados, a saber:

Art. 1º Os Estados e o Distrito Federal fixarão o valor dos emolumentos relativos aos atos praticados pelos respectivos serviços notariais e de registro, observadas as normas desta Lei.

Parágrafo único. O valor fixado para os emolumentos deverá corresponder ao efetivo custo e à adequada e suficiente remuneração dos serviços prestados.

Art. 2º Para a fixação do valor dos emolumentos, a Lei dos Estados e do Distrito Federal levará em conta a natureza pública e o caráter social dos serviços notariais e de registro, atendidas ainda as seguintes regras:

I – os valores dos emolumentos constarão de tabelas e serão expressos em moeda corrente do País;

II – os atos comuns aos vários tipos de serviços notariais e de registro serão remunerados por emolumentos específicos, fixados para cada espécie de ato;

III – os atos específicos de cada serviço serão classificados em:

a) atos relativos a situações jurídicas, sem conteúdo financeiro, cujos emolumentos atenderão às peculiaridades socioeconômicas de cada região;

b) atos relativos a situações jurídicas, com conteúdo financeiro, cujos emolumentos serão fixados mediante a observância de faixas que estabeleçam valores mínimos e máximos, nas quais enquadrar-se-á o valor constante do documento apresentado aos serviços notariais e de registro.

Parágrafo único. Nos casos em que, por força de lei, devam ser utilizados valores decorrentes de avaliação judicial ou fiscal, estes serão os valores considerados para os fins do disposto na alínea b do inciso III deste artigo.

Nesta esteira, qualquer ação tendente a modificar os emolumentos, ou torná-los menos onerosos, não pode prescindir do necessário processo legislativo, cabendo aos Estados e ao Distrito Federal, por meio de suas leis respectivas, fixar e disciplinar a forma como serão calculados os emolumentos.

Ante o exposto, uma vez recebido o procedimento como Consulta, respondo aos esclarecimentos pretendidos pelo requerente:

1) Consoante a disciplina da Resolução nº 35 do CNJ, a realização de inventário, de partilha, de separação e de divórcio consensuais extrajudiciais é perfeitamente possível mesmo quando houver filhos ou herdeiros emancipados.

2) Nos termos da Lei nº 10.169/2000, cabe aos Estados e ao Distrito Federal, por meio de lei, fixar e disciplinar a forma como serão calculados os emolumentos dos Cartórios Extrajudiciais.

Deste modo, não pode o CNJ, por meio de Resolução, regulamentar se a incidência dos emolumentos deve ter por base de cálculo o valor nominal ou o valor atualizado dos bens, ou ainda se a avaliação deve ser feita na faixa global de todos os bens somados e se podem ser atualizados, ou não, por tratar-se de matéria reservada à lei, em face da reconhecida natureza tributária dos emolumentos.

Intime-se, após, arquive-se.
Brasília, 20 de janeiro de 2016.
Gustavo Tadeu Alkmim
Conselheiro Relator
Brasília, 22.06.2016

3.2 PEDIDO DE ALVARÁ JUDICIAL PARA REALIZAÇÃO DE INVENTÁRIO EXTRAJUDICIAL DOS BENS DEIXADOS PELO FALECIDO, MESMO HAVENDO HERDEIROS INCAPAZES – PROTEÇÃO AOS INTERESSES DA PESSOA INCAPAZ – IMPOSSIBILIDADE DE MITIGAÇÃO

Registro: 2023.0000613859

ACÓRDÃO

Vistos, relatados e discutidos estes autos de Agravo de Instrumento nº 2174843-07.2023.8.26.0000, da Comarca de Martinópolis, em que são agravantes Eloise Simões de Almeida (menor(es) representado(s)), Anelise Simões de Almeida (menor(es) representado(s)), Jessica Simões de Almeida (representando menor(es)) e Marcos Vinícius Macedo de Almeida (espólio), é agravado o juízo.

Acordam, em sessão permanente e virtual da 4ª Câmara de Direito Privado do Tribunal de Justiça de São Paulo, proferir a seguinte decisão: Negaram provimento ao recurso. V. U., de conformidade com o voto do relator, que integra este acórdão.

O julgamento teve a participação dos Desembargadores Marcia Dalla Déa Barone (Presidente) e Maurício Campos da Silva Velho.

São Paulo, 24 de julho de 2023.

Alcides Leopoldo
Relator(a)
Assinatura Eletrônica

Agravo de Instrumento
Processo nº 2174843-07.2023.8.26.0000
Relator(a): Alcides Leopoldo
Órgão Julgador: 4ª Câmara de Direito Privado
Nº de 1ª Instância: 1000692-11.2023.8.26.0346
Comarca: Martinópolis (2ª Vara Judicial)
Agravantes: Eloise Simões de Almeida e outros
Agravado: O Juízo
Juíza: Renata Esser de Souza
Voto n. 31.164

EMENTA: AGRAVO DE INSTRUMENTO – Pedido de alvará judicial para realização de inventário extrajudicial dos bens deixados pelo falecido, mesmo havendo herdeiros incapazes

– Impossibilidade – Vedação constante do art. 610 do CPC/2015 que caracteriza uma exceção expressa imposta pelo legislador à ampla possibilidade de realização do inventário extrajudicial – Proteção aos interesses da pessoa incapaz – Impossibilidade de mitigação – Recurso desprovido.

Trata-se de agravo de instrumento, com pedido de liminar, nos autos do pedido de autorização judicial para lavratura de escritura pública de inventário extrajudicial com menores de idade, da decisão reproduzida às fls. 27/29, que indeferiu o pedido de alvará para realização do inventário extrajudicial, por não haver autorização no Código de Processo Civil para que o inventário extrajudicial seja processado quando presente interesse de menor, necessitando, ainda, da intervenção do Ministério Público para proteger seus interesses.

Insurgem-se as recorrentes menores, pleiteando seja autorizada a lavratura da escritura de inventário extrajudicial dos bens deixados por seu genitor, uma vez que, não obstante sejam menores de idade, a medida não lhes acarretará qualquer prejuízo, até mesmo pela inexistência de bens expressivos deixados pelo falecido, com exceção de parco direito creditício, argumentando haver divergência neste Tribunal de Justiça sobre a possibilidade de realização de inventário extrajudicial com a presença de menores de idade, bem como o entendimento exarado pelo Superior Tribunal de Justiça no Recurso Especial nº 1.951.456/RS e no Recurso Especial nº 1.808.767/RJ, referendando a concessão da autorização judicial para fins de lavratura de escritura pública em inventário extrajudicial com a presença de testamento envolvendo menores de idade, e referem, por fim, a existência de um recente Projeto de Lei (606/22), proposto na Câmara dos Deputados, que visa alterar o Código de Processo Civil para autorizar a medida.

Pleiteiam a gratuidade da justiça, a concessão do efeito ativo ao recurso e a reforma da decisão para autorizar a lavratura da escritura pública de inventário extrajudicial mesmo envolvendo herdeiras menores de idade.

Foi indeferida a liminar.

É o Relatório.

Aprecia-se o presente recurso diretamente por tratar de matéria de ordem pública que pode ser conhecida de ofício.

As agravantes, menores de idade (5 anos e 1 ano – fls. 30/31 dos autos de origem), pretendem a concessão de alvará judicial para autorizar a lavratura da escritura pública de inventário extrajudicial dos bens deixados por seu falecido genitor, Marcos Vinícius Macedo de Almeida (fls. 32 dos autos de origem), não obstante a incapacidade de ambas.

O art. 610 do CPC/2015 é inequívoco ao determinar que, havendo testamento ou interessado incapaz, o inventário deverá ser processado judicialmente. A vedação caracteriza exceção expressa imposta pelo legislador à possibilidade de realização do inventário extrajudicial, prevista nos parágrafos do mesmo dispositivo, justamente com a finalidade de resguardar os interesses do incapaz, e inexiste previsão legal que autorize a mitigação dessa proteção, independentemente da expressividade dos bens deixados pelo falecido.

Os julgados invocados do Superior Tribunal de Justiça contidos em REsp n. 1.951.456/RS (relatora Ministra Nancy Andrighi, Terceira Turma, julgado em 23.08.2022, DJe de 25.08.2022.) e REsp n. 1.808.767/RJ (relator Ministro Luis Felipe Salomão, Quarta Turma, julgado em 15.10.2019, DJe de 03.12.2019) referem-se a possibilidade de inventário extrajudicial com testamento em que todos os herdeiros eram maiores, capazes e concordes, possibilidade prevista nas Normas de Serviço dos Cartórios Extrajudiciais da Corregedoria-Geral da Justiça, dispondo o item 130 do Capítulo XVI que: "130. Diante da expressa autorização do juízo sucessório competente, nos autos do procedimento de abertura e cumprimento de testamento, sendo todos os interessados capazes e concordes, poderão ser feitos o inventário e a partilha por escritura pública, que constituirá título hábil para o registro imobiliário".

O processo n. 1002882-02.2021.8.26.0318 refere-se a inventário judicial conjunto de pai e filho, com herdeiros por representação incapazes, com ampla intervenção do Ministério Público.

A *lege ferenda* e a melhor doutrina não são hábeis a mudar a lei.

Destarte, deve ser mantida a r. decisão por seus judiciosos fundamentos.

Pelo exposto, nega-se provimento ao recurso.

Alcides Leopoldo
Relator(a)
Assinatura Eletrônica

3.3 CNJ. ESCRITURA DE INVENTÁRIO E PARTILHA – REPRESENTAÇÃO – PROCURAÇÃO PÚBLICA COM PODERES ESPECIAIS – RESOLUÇÃO 35/2007 – ALTERAÇÃO NORMATIVA – PERMITIDA A CUMULAÇÃO DE FUNÇÕES DE MANDATÁRIO E DE ASSISTENTE DAS PARTES

CNJ – Pedido de Providências: 0000227-63.2013.2.00.0000
Localidade: São Paulo Data de Julgamento: 23.09.2013
Relator: Guilherme Calmon
Jurisprudência: Procedente

CNJ. Escritura de inventário e partilha – Representação – Procuração pública com poderes especiais – Resolução 35/2007 – Alteração normativa – Permitida a acumulação de funções de mandatário e de assistente das partes.

Íntegra

Pedido de Providências nº 0000227-63.2013.2.00.0000

Relator: Conselheiro Guilherme Calmon Nogueira da Gama
Requerente: Associação dos Advogados de São Paulo
Requerido: Conselho Nacional de Justiça
Interessado: Conselho Federal da Ordem dos Advogados do Brasil

RELATÓRIO

1. Trata-se de Pedido de Providências (PP) instaurado pela Associação dos Advogados de São Paulo (AASP), requerendo a revisão da redação dada ao artigo 12 da Resolução nº 35 deste Conselho, a qual disciplina a aplicação da Lei nº 11.441/07 pelos serviços notariais e de registro.

Alega que o citado artigo proíbe que o advogado, em escrituras de inventário extrajudicial, participe como procurador e assessor de seus clientes, uma vez que é vedada a acumulação das funções de mandatário e de assistente das partes, criando, ao largo da lei, indevidas restrições ao exercício da Advocacia.

Aduz que tal situação criou um evidente entrave à sua atuação profissional, além de criar um ônus adicional aos próprios interessados, que se veem na contingência de vincular novo profissional apenas pro forma para cumprir com tal exigência administrativa, ainda quando essa não tenha respaldo na lei.

Informa que, na prática, o advogado que representa os herdeiros residentes no exterior, fora da comarca ou que, por qualquer motivo, não possam participar pessoalmente do ato notarial, está impedido de, sozinho, lavrar a escritura e o inventário extrajudicial, pois não poderá simultaneamente representar os herdeiros ausentes e participar do ato como assistente, tendo em vista que terá que se valer do concurso de outro profissional, não raras vezes com atuação meramente formal.

Fundamenta que o CNJ não pode desbordar dos limites do seu poder regulamentar e criar originariamente restrições que não têm amparo na lei, já que nem a Lei nº 11.441/07, nem qualquer outra, veicula a proibição à participação do advogado com mandatário e assistente das partes, de modo que a Resolução não poderia criar um ato infralegal.

Sustenta que a restrição imposta originariamente na parte final do art. 12 da Resolução CNJ nº 35/2007 atrita com regras legais expressas do Estatuto da Advocacia, as quais asseguram ao advogado o livre exercício das atividades postulatórias, de consultoria e de aconselhamento (Lei nº 8.906/1994, art. 1º, I e II), o que não foi restringido ou limitado pela lei federal que disciplinou o inventário extrajudicial.

Pontua que a exigência contida na norma impugnada é desarrazoada e desproporcional, na medida em que nunca se questionou a possibilidade de o advogado – desde que devidamente apoderado – simultaneamente representar em juízo os seus constituintes e assinar em seus nomes partilhas amigáveis em inventário judicial (ou formular plano de partilha e concordar com o esboço confeccionado pelo partidor), razão pela qual não há lógica alguma para que não possa fazê-lo extrajudicialmente, perante o tabelião.

Argumenta que, se fosse possível criar uma nova restrição à atuação do advogado em inventários extrajudiciais, proibindo sua representação e assistência simultaneamente ao seu cliente, pela mesma razão e por coerência, ter-se-ia também proibi-lo de – mesmo munido de poderes – transigir, confessar, renunciar ao direito sobre o qual se funda a ação e praticar outros atos de disposição de direito, potencialmente tão ou mais danosos que uma partilha, sem a participação pessoal da parte, o que ofenderia gravemente o art. 38 do Código de Processo Civil, além do já citado art. 1º do Estatuto da Advocacia.

Pondera que a restrição imposta na parte final do art. 12 da Resolução nº 35 parece apenas contribuir para o aumento dos custos do inventário extrajudicial para os próprios jurisdicionados, eis que, para obviar a restrição, se veem compelidos a vincular outro advogado ad hoc especificamente para a prática do ato, com custos evidentes, pois, ou têm que solicitar ao seu advogado que substabeleça os poderes para um coerdeiro, viabilizando assim a atuação do causídico – substabelecente com o assessor das partes, ou precisam abandonar a via extrajudicial e seguir pela trilha do inventário judicial, contra o próprio espírito da Lei Federal que procurou retirar do Judiciário o processamento de causas não contenciosas.

Ao final, requer seja revista a redação do art. 12 da Resolução nº 35/2007, a fim de se eliminar a restrição imposta em sua parte final à atuação do advogado como assistente e bastante procurador de seu constituinte, desde que esteja devidamente apoderado para a prática do ato.

2. Com a inicial (REQINIC1) vieram os documentos acostados nos DOC3 à DOC.

3. O meu antecessor, o então Conselheiro Tourinho Neto, determinou a intimação do Conselho Federal da Ordem dos Advogados do Brasil (OAB) para se manifestar (DESP7).

No evento 14, a OAB manifestou-se (REQINIC12) corroborando as afirmações da requerente, uma vez que a Lei n. 11.441/2007, que alterou o Código de Processo Civil, possibilitou a realização de inventário, partilha, separação consensual e divórcio consensual pela via administrativa e em momento algum assentou a limitação/restrição imposta pela norma vergastada.

Expõe que editou o Provimento nº 118/2007 dispondo sobre a aplicação da Lei n. 11.441/07, disciplinando as atividades profissionais dos advogados em escrituras públicas de inventários, partilhas, separações e divórcios, não existindo, no mencionado ato normativo, qualquer restrição à acumulação pelos advogados das funções de mandatário e assistente das partes.

Ao final, pugna pela sua admissão no feito na condição de assistente da requerente e, no mérito, requer a revisão do art. 12 da Resolução nº 35/2007 com a expressa exclusão da restrição de acumulação de funções de mandatário e assistente das partes em inventários e partilhas extrajudiciais.

O ingresso da OAB como interessada no feito foi deferido no evento 19 (DESP15). É, em síntese, o relatório.

VOTO

4. Cuida-se de requerimento que visa à modificação do art. 12 da Resolução nº 35, a qual disciplina a aplicação da Lei n. 11.441/07 pelos serviços notariais e de registro.

5. O artigo em comento tem a seguinte redação:

> Art. 12. Admitem-se inventário e partilha extrajudiciais com viúvo(a) ou herdeiro(s) capazes, inclusive por emancipação, representado(s) por procuração formalizada por instrumento público com poderes especiais, vedada a acumulação de funções de mandatário e de assistente das partes.

6. Sabe-se que a Lei n. 11.441/07 buscou atender a uma série de reivindicações de maior celeridade e efetividade na prática de determinados atos e negócios jurídicos relacionados à separação e divórcio como modos de dissolução da sociedade conjugal, bem como referentes ao inventário e partilha como etapas necessárias à formalização da transferência dos bens integrantes do patrimônio deixado pelo falecido em favor de seus herdeiros legítimos.

E, o Conselho Nacional de Justiça, na busca da implementação das regras contidas na Lei n. 11.441/07, editou a Resolução nº 35, posteriormente complementada pela Resolução n. 120.

7. Exatamente em razão da facilitação dos atos concretizadores da separação, divórcio, inventário e partilha pela via extrajudicial, houve a determinação legal da presença de advogado como profissional habilitado para atuar no assessoramento das pessoas interessadas e envolvidas. E, tal obrigatoriedade foi expressamente reconhecida no art. 8º, da Resolução nº 35.

Sucede que, na eventualidade de um dos interessados no inventário e partilha não poder estar presente no momento da celebração da escritura pública, o art. 12, da referida Resolução, estabeleceu que será possível a outorga de poderes especiais através de instrumento público para o advogado atuar, sendo expressamente vedada a acumulação de funções de mandatário e de assessor das partes (parte final do referido art. 12).

8. A Requerente – AASP – observa que, na prática, a restrição contida na parte final do art. 12, supra referido, impede que nos casos em que um dos herdeiros ou o cônjuge (ou companheiro) sobrevivente não possa estar presente no ato de realização da escritura pública de inventário e partilha haja a presença de apenas um advogado, pois a Resolução obriga que um profissional atue na condição de representante convencional e outro atue com atividade de assessoramento para o ato.

Para tanto, apresenta quatro argumentos que reforçam a desnecessidade da referida restrição: a) ofensa ao princípio da legalidade na atuação do Conselho Nacional de Justiça ao estabelecer, via resolução, restrição sem amparo legal; b) violação a regras do Estatuto da OAB que asseguram o livre exercício das atividades postulatórias e de consultoria e aconselhamento pelos advogados (art. 1º, I e II, da Lei n. 8.906/94; c) a regra restritiva é desarrazoada e desproporcional, já que nunca houve questionamento acerca da possibilidade de o advogado atuar, simultaneamente, como representante judicial de seus clientes e assinar partilhas amigáveis em inventários judiciais; d) a prevalecer a restrição da Resolução, não poderia o advogado transigir, confessar, renunciar ao direito sobre o qual se funda a ação ou praticar outros atos de disposição de direitos.

9. Não há dúvidas quanto às diferenças que existem entre a atuação do tabelião de notas e a atividade jurisdicional (ainda que no exercício da jurisdição voluntária) no que pertine à realização de inventário e partilha, mesmo que sob a modalidade consensual (ou amigável). A própria natureza jurídica do ato processual representado por uma sentença homologatória de acordo de partilha amigável, por óbvio, permite a atribuição de maior segurança jurídica à divisão dos bens realizada via consenso entre os interessados no inventário e na partilha quando comparada com a partilha realizada por escritura pública.

10. Em trabalho escrito acerca da indagação sobre a possibilidade de haver separação ou divórcio consensuais mediante procuração – sob a égide da Lei n. 11.441/07 –, Cássio S. Namur responde negativamente em razão da falta de previsão legal expressa a respeito e devido à impossibilidade de se integrar a lacuna da norma via processo analógico.

Neste sentido, é oportuna a transcrição de trecho de sua doutrina a respeito do tema (relativo à separação e divórcio por escritura pública);

> Quando se estabelece que há pessoas com impedimento, que podem ser representadas em juízo pelo curador, ascendente e irmão, como vimos, a lei é categórica. Isso significa que, em casos excepcionais, o Judiciário permite a representação, mas lembramos que, nesses casos excepcionais sempre haverá a necessidade da presença do Judiciário, bem como do Ministério Público, por haver interesse de terceiros, o que vem a ser totalmente distinto da situação ora objeto do nosso estudo (NAMUR, Cassio. É possível praticar o ato mediante procuração? In: COLTRO, Antonio Carlos Mathias; DELGADO, Mário Luiz (Coord.). *Separação, divórcio, partilhas e inventários extrajudiciais.* São Paulo: Ed. Método, 2007, p. 131).

11. Toda a argumentação desenvolvida pelo autor Cássio Namur envolve a impossibilidade de emprego da analogia relacionada ao casamento por procuração e à dissolução da sociedade conjugal de pessoa incapaz para as situações que envolvem a escritura pública de separação e divórcio consensuais.

12. O raciocínio desenvolvido pelo doutrinador em matéria de dissolução de sociedade conjugal, no entanto, não pode ser estendido para a hipótese relacionada ao inventário e partilha

extrajudiciais. Há muito que se reconhece a possibilidade de, nos casos de arrolamento, haver simplificação do rito do inventário quando se tratar de herança que envolve herdeiros e cônjuge (ou companheiro) maiores e plenamente capazes, quando houver consenso entre eles a respeito dos bens, valores, dívidas e obrigações a serem inventariados e partilhados.

13. Não se revela razoável que haja tratamento díspare na parte referente à atuação do profissional da advocacia relacionada à questão da formalização do acordo de partilha entre os interessados. Assim, se na esfera judicial é perfeitamente possível que as pessoas interessadas sejam representadas pelo mesmo advogado para fins de obtenção da tutela jurisdicional no exercício da jurisdição voluntária relacionada à homologação da partilha amigável (ou consensual), também deve o ser na parte referente à escritura pública, independentemente da circunstância de um (ou alguns) dos interessados não poder comparecer ao ato de lavratura da escritura pública de inventário e partilha consensuais.

13. A presença de mais de um advogado na realização da escritura pública, tal como prevista na parte final do art. 12, da Resolução nº 35, do Conselho Nacional de Justiça, não se revela medida que esteja em sintonia com o espírito e a mens legis da Lei n. 11.441/07, na perspectiva da desjudicialização dos atos e negócios disponíveis em relação à separação, ao divórcio, ao inventário e à partilha amigáveis.

A possibilidade de eventual desvio ou descumprimento dos poderes outorgados no mandato em favor do profissional da advocacia, durante a lavratura do inventário e partilha consensuais, por óbvio, permitirá o emprego de medidas judiciais objetivando a invalidação do ato de inventário e partilha consensuais, sem prejuízo de outras medidas possíveis contra o profissional que descumpriu suas obrigações contratuais.

Não se pode olvidar que, sob a égide da Lei n. 11.441/07, o princípio da autonomia privada tem campo propício para concretização mais ampla em razão dos interesses disponíveis que são considerados para fins de realização do inventário e partilha extrajudiciais.

Diante do quadro acima retratado, a hipótese é de acolhimento do pedido de providências formulado pela Associação dos Advogados de São Paulo e, para tanto, deve ser retirada a restrição contida na parte final do art. 12, da Resolução n. 35.

Ante o exposto, julgo procedente o pedido de providências para o fim de alterar parcialmente a regra do art. 12, da Resolução n. 35, de 24.04.2007 (com as alterações já feitas pela Resolução n. 120/10) que, desse modo, deverá ser a seguinte:

> Art. 12. Admitem-se inventário e partilha extrajudiciais com viúvo(a) ou herdeiro(s) capazes, inclusive por emancipação, representado(s) por procuração formalizada por instrumento público com poderes especiais.

É como voto.

Guilherme Calmon Nogueira da Gama
Conselheiro
Relator

3.4 INVENTÁRIO EXTRAJUDICIAL. PARTILHA. ADVOGADO – QUALIFICAÇÃO

CGJSP – Comunicado: 2251/2010
Localidade: São Paulo
Data de Julgamento: 03.11.2010
Data DJ: 03.11.2010
Jurisprudência: Indefinido

Determinação aos Delegados de Unidades Notariais para que qualifiquem o profissional assistente nos atos notariais apenas como "Advogado", sem qualquer adjetivação.

Íntegra

Processo nº 2009/31078 – São Paulo – Corregedoria-geral da Justiça

A Corregedoria-Geral da Justiça, em atenção ao decidido no Pedido de Providências nº 0005648-73.2009.2.00.0000, do Egrégio Conselho Nacional de Justiça, determina aos Senhores Delegados de Unidades Notariais que qualifiquem o profissional assistente nos atos notariais apenas como "Advogado", sem qualquer adjetivação.

(D.J.E. de 03.11.2010).

3.5 INVENTÁRIO – VIA EXTRAJUDICIAL – LEI 11.441/2007 – FACULDADE – SENTENÇA CASSADA

Processo: Apelação Cível 1.0105.08.285649-0/001
Relator(a): Des.(a) Alvim Soares
Órgão Julgador / Câmara: Câmaras Cíveis Isoladas / 7ª Câmara Cível
Súmula: Deram provimento, para cassar a sentença
Comarca de Origem: Governador Valadares
Data de Julgamento: 14.07.2009
Data da publicação da súmula: 31.07.2009
Divulgação: Revista Jurisprudência Mineira v. 190/126

EMENTA – APELAÇÃO-INVENTÁRIO-PROCESSO EXTINTO POR AUSÊNCIA DE INTERESSE PROCESSUAL – IMPOSSIBILIDADE – VIA EXTRAJUDICIAL – LEI 11.441/2007 – FACULDADE – SENTENÇA CASSADA. "Os interessados têm a faculdade de fazer o inventário por escritura pública, quando forem capazes e concordantes; a utilização do termo "poderá" demonstra o objetivo do legislador de criar uma alternativa para evitar a instauração de processos no Judiciário, prestigiando a celeridade processual, sem, contudo, prejudicar o direito de ação das partes, uma vez que a norma não veda a utilização da via judicial".

Indexação / Palavras de resgate

Inventário – Partilha – Herdeiros capazes e concordes – Via extrajudicial – Escritura pública – Opção das partes – Via judicial – Possibilidade – Extinção do processo por ausência de interesse processual – Cassação da sentença

Inteiro Teor

EMENTA: APELAÇÃO – INVENTÁRIO – PROCESSO EXTINTO POR AUSÊNCIA DE INTERESSE PROCESSUAL – IMPOSSIBILIDADE – VIA EXTRAJUDICIAL – LEI 11.441/2007 – FACULDADE – SENTENÇA CASSADA. "Os interessados têm a faculdade de fazer o inventário por escritura pública, quando forem capazes e concordantes; a utilização do termo "poderá" demonstra o objetivo do legislador de criar uma alternativa para evitar a instauração de processos no Judiciário, prestigiando a celeridade processual, sem, contudo, prejudicar o direito de ação das partes, uma vez que a norma não veda a utilização da via judicial".

Apelação Cível nº 1.0105.08.285649-0/001 – Comarca de Governador Valadares – Apelante(s): Ana Cristina de Mattos e outro(a)(s), herdeiros de Nilza Pinto de Mattos – Relator: Exmo. Sr. Des. Alvim Soares

ACÓRDÃO

Vistos etc., acorda, em Turma, a 7ª Câmara Cível do Tribunal de Justiça do Estado de Minas Gerais, incorporando neste o relatório de fls., na conformidade da ata dos julgamentos e das notas taquigráficas, à unanimidade de votos, em dar provimento, para cassar a sentença.

Belo Horizonte, 14 de julho de 2009.
Des. Alvim Soares – Relator
Notas Taquigráficas
O Sr. Des. Alvim Soares:

VOTO

Conheço do recurso interposto, eis que presentes os pressupostos de sua admissibilidade.

Perante a Sétima Vara Cível da Comarca de Governador Valadares, Ana Cristina de Mattos denunciou que, em 24.05.2008, ocorreu o falecimento da sua genitora Nilza Pinto de Matos, que deixou um imóvel e três herdeiros; afirma que os herdeiros Cláudio Eduardo de Matos e Carlos

Maurício de Matos renunciaram aos seus respectivos quinhões em favor da autora; requereu a expedição de formal de partilha; documentos juntados.

Às fls. 25/26TJ, o MM Juiz de Direito a quo proferiu sentença julgando extinto o processo, sem resolução de mérito, por ausência de interesse processual, entendendo que com o advento da Lei 11.441/2007, tornou-se desnecessária a propositura de ação judicial em casos como o presente.

Inconformados, os requerentes interpuseram recurso de apelação, cujas razões se encontram encartadas às fls. 35/38TJ, buscando a declaração de nulidade da sentença, sustentando que a Lei 11.441/07 faculta aos interessados a opção pela via judicial ou extrajudicial, não os obrigando a fazer o inventário por escritura pública.

Data venia, após percuciente análise de todo o contexto probante contido no presente caderno processual, tenho que a decisão vergastada deve ser cassada; compulsando os autos, noto que se trata de ação de inventário cujos herdeiros são capazes e concordantes.

Assim dispõe o art. 982 do CPC, modificado pela Lei nº 11.441/2007:

> Havendo testamento ou interessado incapaz, proceder-se-á ao inventário judicial; se todos forem capazes e concordes, poderá fazer-se o inventário e a partilha por escritura pública, a qual constituirá título hábil para o registro imobiliário.

Conforme preconiza o prefalado dispositivo, as partes têm a faculdade de fazer o inventário por escritura pública, quando forem capazes e concordantes; a utilização do termo "poderá" demonstra o objetivo do legislador de criar uma alternativa para evitar a instauração de processos no Judiciário, prestigiando a celeridade processual, sem, contudo, prejudicar o direito de ação das partes, uma vez que a norma não veda a utilização da via judicial; não é o caso, portanto, de ausência de interesse processual, sob pena de afronta ao princípio da inafastabilidade da prestação jurisdicional.

É o entendimento jurisprudencial majoritário deste Tribunal de Justiça:

> EMENTA: A Lei nº 11.447/07 não criou um procedimento obrigatório, mas, apenas, uma faculdade, uma opção para aqueles que, preenchendo os requisitos ali estabelecidos, querem realizar, administrativamente, o que nela se prevê (Apelação Cível nº 1.0151.08.026745-4/001, 7ª Câmara Cível do Tribunal de Justiça do Estado De Minas Gerais, Relator Des. Edivaldo George dos Santos, DJ. 17.03.09).
>
> EMENTA: INVENTÁRIO E ARROLAMENTO – LEI 11.441/2007 – VIA EXTRAJUDICIAL – FACULDADE – SENTENÇA CASSADA. O cunho de faculdade resta evidente diante das palavras utilizadas pela lei, "poderá". Se utilizada a expressão "deverá" estar-se-ia diante de uma obrigação, mas este não é o que se tem disposto na lei. A nova lei não impede a utilização da via judicial pelos interessados, apenas faculta a opção pela via extrajudicial (Apelação Cível nº 1.015l.08.024522-9/001, 2ª Câmara Cível do Tribunal de Justiça do Estado de Minas Gerais, Relator Des. Carreira Machado, DJ. 30.09.2008).

Isso colocado, dou provimento ao recurso para cassar a sentença hostilizada e determinar o retorno dos autos ao juízo de primeiro grau para prosseguimento da ação.

Custas recursais, ex lege.

Votaram de acordo com o(a) Relator(a) os Desembargador(es): Edivaldo George dos Santos e Wander Marotta.

Súmula: Deram provimento, para cassar a sentença.
Tribunal de Justiça do Estado de Minas Gerais
Apelação Cível nº 1.0105.08.285649-0/001

3.6 EXISTÊNCIA DE TESTAMENTO. INVENTÁRIO EXTRAJUDICIAL. POSSIBILIDADE. ENUNCIADOS 600 DA VII JORNADA DE DIREITO CIVIL DO CJF; 77 DA I JORNADA SOBRE PREVENÇÃO E SOLUÇÃO EXTRAJUDICIAL DE LITÍGIOS; 51 DA I JORNADA DE DIREITO PROCESSUAL CIVIL DO CJF; E 16 DO IBDFAM

Processo: REsp 1808767/RJ; 2019/0114609-4
Relator: Ministro Luis Felipe Salomão (1140)
Órgão Julgador: T4 – Quarta Turma
Data do Julgamento: 15.10.2019
Data da Publicação/Fonte: DJe 03.12.2019

EMENTA – RECURSO ESPECIAL. CIVIL E PROCESSO CIVIL. SUCESSÕES. EXISTÊNCIA DE TESTAMENTO. INVENTÁRIO EXTRAJUDICIAL. POSSIBILIDADE, DESDE QUE OS INTERESSADOS SEJAM MAIORES, CAPAZES E CONCORDES, DEVIDAMENTE ACOMPANHADOS DE SEUS ADVOGADOS. ENTENDIMENTO DOS ENUNCIADOS 600 DA VII JORNADA DE DIREITO CIVIL DO CJF; 77 DA I JORNADA SOBRE PREVENÇÃO E SOLUÇÃO EXTRAJUDICIAL DE LITÍGIOS; 51 DA I JORNADA DE DIREITO PROCESSUAL CIVIL DO CJF; E 16 DO IBDFAM.

1. Segundo o art. 610 do CPC/2015 (art. 982 do CPC/73), em havendo testamento ou interessado incapaz, proceder-se-á ao inventário judicial. Em exceção ao caput, o § 1º estabelece, sem restrição, que, se todos os interessados forem capazes e concordes, o inventário e a partilha poderão ser feitos por escritura pública, a qual constituirá documento hábil para qualquer ato de registro, bem como para levantamento de importância depositada em instituições financeiras.

2. O Código Civil, por sua vez, autoriza expressamente, independentemente da existência de testamento, que, "se os herdeiros forem capazes, poderão fazer partilha amigável, por escritura pública, termo nos autos do inventário, ou escrito particular, homologado pelo juiz" (art. 2.015). Por outro lado, determina que "será sempre judicial a partilha, se os herdeiros divergirem, assim como se algum deles for incapaz" (art. 2.016) – bastará, nesses casos, a homologação judicial posterior do acordado, nos termos do art. 659 do CPC.

3. Assim, de uma leitura sistemática do caput e do § 1º do art. 610 do CPC/2015, c/c os arts. 2.015 e 2.016 do CC/2002, mostra-se possível o inventário extrajudicial, ainda que exista testamento, se os interessados forem capazes e concordes e estiverem assistidos por advogado, desde que o testamento tenha sido previamente registrado judicialmente ou haja a expressa autorização do juízo competente.

4. A *mens legis* que autorizou o inventário extrajudicial foi justamente a de desafogar o Judiciário, afastando a via judicial de processos nos quais não se necessita da chancela judicial, assegurando solução mais célere e efetiva em relação ao interesse das partes. Deveras, o processo deve ser um meio, e não um entrave, para a realização do direito. Se a via judicial é prescindível, não há razoabilidade em proibir, na ausência de conflito de interesses, que herdeiros, maiores e capazes, socorram-se da via administrativa para dar efetividade a um testamento já tido como válido pela Justiça.

5. Na hipótese, quanto à parte disponível da herança, verifica-se que todos os herdeiros são maiores, com interesses harmoniosos e concordes, devidamente representados por advogado. Ademais, não há maiores complexidades decorrentes do testamento. Tanto a Fazenda estadual como o Ministério Público atuante junto ao Tribunal local concordaram com a medida. Somado a isso, o testamento público, outorgado em 02.03.2010 e lavrado no 18º Ofício de Notas da Comarca da Capital, foi devidamente aberto, processado e concluído perante a 2ª Vara de Órfãos e Sucessões.

6. Recurso especial provido.

ACÓRDÃO

Vistos, relatados e discutidos estes autos, os Ministros da Quarta Turma do Superior Tribunal de Justiça acordam, por unanimidade, dar provimento ao recurso especial, nos termos do voto do Sr. Ministro Relator. Os Srs. Ministros Raul Araújo, Antonio Carlos Ferreira e Marco Buzzi (Presidente) votaram com o Sr. Ministro Relator.
Ausente, justificadamente, a Sra. Ministra Maria Isabel Gallotti.

Informações Complementares à Ementa

"[...] a Lei n. 11.441/2007, em normativo inovador, seguindo a linha da desjudicialização que atinge diversos países do mundo, autorizou a realização de alguns atos de jurisdição voluntária pela forma extrajudicial. A Resolução n. 35/2007, do CNJ, disciplinou especificamente o inventário e a partilha pela via administrativa, sem afastar, por óbvio, a via judicial, haja vista não se tratar de procedimento obrigatório".

"[...] não parece razoável obstar a realização do inventário e da partilha por escritura pública quando há registro judicial do testamento (já que haverá definição precisa dos seus termos) ou autorização do juízo sucessório (ao constatar que inexistem discussões incidentais que não possam ser dirimidas na via administrativa), sob pena de violação a princípios caros de justiça, como a efetividade da tutela jurisdicional e a razoável duração do processo".

"[...] sempre será possível a discussão judicial de eventuais controvérsias a respeito da validade do testamento ou de alguma de suas cláusulas. Da mesma forma, 'a existência de débitos do autor da herança, bem como de eventual direito de terceiros, não impedem a lavratura da escritura pública amigável de inventário e partilha. Contudo, ficam ressalvados esses eventuais direitos porque o sistema jurídico brasileiro não admite sejam realizados negócios jurídicos em fraude contra credores, que ficam sujeitos à anulação (CC 158), nem em fraude de execução, que são ineficazes relativamente à ação judicial pendente quando da alienação ou oneração do bem (CPC, 792)'[...]".

"[...] o inventário extrajudicial com testamento exige o provimento judicial para o ato de abertura, registro e cumprimento de testamento. 'Nesse ato de abertura e registro de testamento, que é judicial, possíveis vícios formais serão apreciados e o testamento somente será executado se atender os requisitos formais. Assim, de um modo ou de outro, o inventário extrajudicial somente poderá ser iniciado após o registro do testamento e da ordem de cumprimento em processo judicial específico'[...]".

3.7 ESCRITURA PÚBLICA. INVENTÁRIO. PARTILHA. CERTIDÃO – TRASLADO – VALOR PROBANTE. NSCGJ – ALTERAÇÃO. PROVIMENTO CG 2/2019. ESCRITURA PÚBLICA – AUTENTICIDADE. DETRAN

CGJSP – Processo: 177.912/2018

Localidade: São Paulo Data de Julgamento: 23.01.2019 Data DJ: 29.01.2019 Relator: Geraldo Francisco Pinheiro Franco

Jurisprudência: Indefinido

Lei: LO – Novo CPC – 13.105/15 ART: 610 PAR: 1

Lei: CC2002 – Código Civil de 2002 – 10.406/2002 ART: 217

Especialidades: Tabelionato de Notas

TABELIÃO DE NOTAS – Escritura pública de inventário e partilha de bens – Possibilidade de expedição de traslado, de certidão de inteiro teor, de certidão por extrato ou por quesitos, todas com igual valor probante – Certidões que fazem prova para efeito de levantamento de importância depositada em instituição financeira, como previsto no art. 610, § 1º, do Código de Processo Civil e no item 77 do Capítulo XIV do Tomo II das Normas de Serviço da Corregedoria-Geral da Justiça.

Íntegra

Processo N° 2018/177912 – São Paulo – Corregedoria-Geral da Justiça do Estado de São Paulo – (36/2019-E) – DJE 29.01.2019.

Tabelião de notas – Escritura pública de inventário e partilha de bens – Possibilidade de expedição de traslado, de certidão de inteiro teor, de certidão por extrato ou por quesitos, todas com igual valor probante – Certidões que fazem prova para efeito de levantamento de importância depositada em instituição financeira, como previsto no art. 610, § 1º, do Código de Processo Civil e no item 77 do Capítulo XIV do Tomo II das Normas de Serviço da Corregedoria-Geral da Justiça.

Excelentíssimo Senhor Corregedor-Geral da Justiça:

Trata-se de procedimento instaurado em razão de sugestão visando o aperfeiçoamento das Normas de Serviço da Corregedoria-Geral da Justiça para que conste a possibilidade de expedição de certidão de breve relato, extraída de escritura pública de inventário e partilha, visando o levantamento de valores que o autor da herança mantinha depositados em instituição financeira (fls. 02/04 e fls. 08/09).

O Colégio Notarial do Brasil, Seção de São Paulo, manifestou-se às fls. 12/17.

Opino.

Conforme exposto na sugestão formulada pelo Excelentíssimo Desembargador Ronaldo Sérgio Moreira da Silva, o Código de Processo Civil autoriza o que inventário e a partilha de bens sejam realizados por escritura pública quando o cônjuge supérstite e os herdeiros forem capazes para os atos da vida civil.

Além disso, o art. 610 do Código de Processo Civil dispõe que a escritura pública:

> ...constituirá documento hábil para qualquer ato de registro, bem como para levantamento de importância depositada em instituições financeiras.

Essa previsão foi reproduzida no item 77 do Capítulo XIV do Tomo II das Normas de Serviço da Corregedoria-Geral da Justiça:

> 77. As escrituras públicas de inventário e partilha, separação e divórcio consensuais não dependem de homologação judicial e são títulos hábeis para o registro civil e o registro imobiliário, para a transferência de bens e direitos, bem como para a promoção de todos os atos necessários à materialização das transferências de bens e levantamento de valores (DETRAN, Junta Comercial, Registro Civil de Pessoas Jurídicas, instituições financeiras, companhias telefônicas etc.).

A sugestão apresentada diz respeito à forma e ao conteúdo da certidão extraída da escritura pública de inventário e partilha para que produza os efeitos previstos nas normas citadas, ou, mais especificamente neste caso concreto, para que possibilite o levantamento de valores que o autor da herança mantinha depositados em instituições financeiras.

Escritura pública é espécie do gênero público, consistindo em ato lavrado pelo tabelião de notas em livro de notas do qual são extraídas certidões e traslados.

Miguel Maria de Serpa Lopes, comentando os meios de prova previstos no Código Civil de 1916, diz que:

> A) O instrumento público. Instrumentos públicos são os feitos por oficial público, competente em razão do lugar e da matéria, com o preenchimento das formalidades inerentes ao ato.
>
> Na categoria dos instrumentos públicos estão compreendidas em primeiro lugar as escrituras públicas, que são as lavradas por tabelião e os trasladas extraídos dos seus livros de notas. Igualmente são considerados como tais os atos judiciais e as certidões tiradas dos autos pelos escrivães, certidões extraídas dos livros das repartições fiscais etc. (Curso de direito civil: introdução, parte geral e teoria dos negócios jurídicos, 2. ed. Rio de Janeiro: Freitas Bastos, 1957. V 1, p. 421-422).

A distinção também se verifica na doutrina estrangeira.

Alejandro Borda, Delfina M. Borda e Guillermo J. Borda, tratando da matéria diante da legislação argentina, afirmam que:

> Se llaman instrumentos públicos aquellos a los cuales la ley les reconece autenticidad, es decir, a los que prueban per se la verdad de su contenido, sin necesidad de reconocirniento de la firma, corno los privados (*Manual de Derecho Privado*, ia ed., Buenos Aires: La Ley, 2009, p. 158).

Prosseguem os referidos autores esclarecendo que são instrumentos públicos:

> Las escrituras públicas hechas por los escribanos públicos em sus libros de protocolo, o por otros funcionarias con las rnisrnas atribuiones, y las copias de esos libros sacadas em la forma que precrive la ley. Esta es la especie más importante de los instrumentos públicos (Manual de Derecho Privado, cit., p. 158).

Deste modo, os referidos autores incluem não somente as escrituras, contidas no livro, protocolar previsto em lei, mas também as certidões deles extraídas.

Na certidão de escritura pública, por sua vez, é relatado o teor do ato lavrado, no que difere do traslado que consiste em cópia da folha do livro de notas obtida por meio reprográfico, em que o Tabelião, ou escrevente autorizado, certifica corresponder ao ato originalmente lavrado.

Assim, a escritura pública é o ato lavrado por autoridade pública em livro próprio, ou seja, em livro de notas, de que são extraídas certidões e traslados para a prova de seu conteúdo.

Em razão disso, ao se referir à escritura pública como título ou documento hábil para apresentação perante terceiros o art. 610 do Código de Processo Civil e o item 77 do Capítulo XIV do Tomo II das Normas de Serviço da Corregedoria-Geral da Justiça fazem menção ao traslado ou à certidão da escritura pública, pois a escritura propriamente dita permanece no livro de notas, sob a guarda do tabelião, sendo vedada sua retirada da serventia exceto em hipóteses excepcionais e mediante prévia autorização do Juiz Corregedor Permanente.

Por outro lado, enquanto o traslado contém a reprodução integral do ato notarial, as certidões podem ser expedidas em inteiro teor, em resumo, ou em relatório por quesitos, conforme for solicitado pelo interessado, dispondo o subitem 147.1 do Capítulo XIV do Tomo II das Normas de Serviço da Corregedoria-Geral da Justiça:

> 147.1 A certidão será lavrada em inteiro teor, em resumo, ou em relatório, conforme quesitos, e devidamente autenticada pelo Tabelião de Notas ou seu substituto legal.

E todas essas formas de certidão, de que o traslado é espécie, têm igual valor probante consoante previsto no artigo 217 do Código Civil:

> Art. 217. Terão a mesma força probante os traslados e as certidões, extraídos por tabelião ou oficial de registro, de instrumentos ou documentos lançados em suas notas.

Desse modo, e uma vez que contenha todos os elementos necessários para a finalidade prevista no art. 610 do Código de Processo Civil, não pode a certidão extraída na forma de relato, ou de quesitos, ser recusada por órgão público ou instituição financeira sob o argumento de que apenas a certidão do conteúdo integral da escritura pública de partilha autoriza a transferência do registro de bem ou o levantamento de valores mantidos em instituição financeira como de titularidade do autor da herança.

Essa conclusão, ademais, já decorre das Normas de Serviço da Corregedoria-Geral da Justiça.

Além disso, a expedição de certidão de escritura pública sem indicação de todos os bens partilhados, para apresentação ao órgão público ou instituição financeira específica, é meio de preservação da privacidade do cônjuge supérstite e dos herdeiros, como esclarecido pelo autor da sugestão apresentada (fls. 02).

Em decorrência, e para aperfeiçoamento, propõe-se a alteração das Normas de Serviço da Corregedoria-Geral da Justiça para introduzir o item 77.3 do Capítulo XIV do Tomo II, com o seguinte teor:

> 77.3 A certidão da escritura pública da partilha promovida em inventário, separação e divórcio, expedida na forma de traslado, em inteiro teor, em resumo, ou em relatório conforme quesitos, abrangendo a totalidade ou contendo a indicação de bens específicos conforme for solicitado pelo interessado, servirá para a transferência de bens e direitos, bem como para a promoção de todos os atos necessários à materialização das transferências de bens e levantamento de valores (DETRAN, Junta Comercial, Registro Civil das Pessoas Jurídicas, instituições financeiras, companhias telefônicas etc.).

Por fim, uma vez que destinada à efetivação da partilha, a nova norma também será aplicável às certidões expedidas em separações e divórcios extrajudiciais.

Este é o parecer que submeto à elevada apreciação de Vossa Excelência, instruído com a proposta de Provimento anexa.

São Paulo, 22 de janeiro de 2019.
José Marcelo Tossi Silva
Juiz Assessor da Corregedoria

Provimento CGJ Nº /2019

Introduz subitem 77.3 do Capítulo XIV do Tomo II das Normas de Serviço da Corregedoria-Geral da Justiça.

O Desembargador Geraldo Francisco Pinheiro Franco, Corregedor-geral da Justiça do Estado de São Paulo, no uso de suas atribuições legais, considerando a possibilidade de expedição de traslado, de certidão de inteiro teor, de certidão em resumo e de certidão conforme quesitos, todas extraídas de escritura pública de partilha de bens que for promovida em inventário, em separação e em divórcio extrajudiciais;

Considerando que pode o interessado solicitar a expedição de traslado ou de certidão relativa à partilha de um ou de mais bens abrangidos pela partilha, como forma de preservar a privacidade do cônjuge supérstite e dos herdeiros;

Considerando o decidido no Processo CG nº 2018/00177912;

Resolve:

Art. 1º Introduzir o subitem 77.3 do Capítulo XIV do Tomo II das Normas de Serviço da Corregedoria-Geral da Justiça, com a seguinte redação:

77.3 A certidão da escritura pública da partilha promovida em inventário, separação e divórcio, expedida na forma de traslado, em inteiro teor, em resumo, ou em relatório conforme quesitos, abrangendo a totalidade ou contendo a indicação de bens específicos conforme for solicitado pelo interessado, servirá para a transferência de bens e direitos, bem como para a promoção de todos os atos necessários à materialização das transferências de bens e levantamento de valores (DETRAN, Junta Comercial, Registro Civil de Pessoas Jurídicas, instituições financeiras, companhias telefônicas etc.).

Art. 2º Este Provimento entrará em vigor na data de sua publicação.

São Paulo,
Geraldo Francisco Pinheiro Franco
Corregedor-Geral da Justiça

DECISÃO

Aprovo o parecer do MM. Juiz Assessor da Corregedoria, por seus fundamentos que adoto.

Edito, em consequência, o anexo Provimento n. 2/2019.

Oficie-se ao Exmo. Desembargador Ronaldo Sérgio Moreira da Silva e ao Colégio Notarial do Brasil, Seção de São Paulo, com cópias do parecer, do Provimento e desta decisão, para ciência.

Intimem-se.

São Paulo, 23 de janeiro de 2019.

Geraldo Francisco Pinheiro Franco
Corregedor-Geral da Justiça

3.8 REGISTRO DE IMÓVEIS. FORMAL DE PARTILHA – REGISTRO PARCIAL. DÚVIDA – APELAÇÃO – CAPACIDADE POSTULATÓRIA. PROCESSOS ADMINISTRATIVOS – ADVOGADO

CGJSP – Processo: 104.221/2010
Localidade: Itapeva Data de Julgamento: 16.09.2010
Relator: Marcus Vinicius Rios Gonçalves
Jurisprudência: Indefinido
Legislação: Código de Processo Civil, arts. 36 e 1.027, V. Normas da Corregedoria, item 54.1, cap IV. Decreto 5.570/2005. Lei 11.331/2002.

REGISTRO DE IMÓVEIS – Pedido de providências – Formal de partilha que atribui a propriedade de imóvel único a quatro herdeiros – Registro da fração ideal de apenas um deles – Impossibilidade de registro parcial quando o objeto do formal é bem único – Título novamente apresentado, apenas para exame e cálculo – Exigências oriundas de leis supervenientes ao registro e que, por isso, não são aplicáveis – Recurso provido.

Íntegra
Parecer 257/2010-E – Processo CG 2010/104221
Data inclusão: 22.09.2010

Registro de imóveis – Pedido de providências – Formal de partilha que atribui a propriedade de imóvel único a quatro herdeiros – Registro da fração ideal de apenas um deles – Impossibilidade de registro parcial quando o objeto do formal é bem único – Título novamente apresentado, apenas para exame e cálculo – Exigências oriundas de leis supervenientes ao registro e que, por isso, não são aplicáveis – Recurso provido.

Excelentíssimo Senhor Corregedor-Geral da Justiça:

Trata-se de recurso administrativo interposto por Filomena de Souza Garcia Vieira contra decisão do Meritíssimo Juiz Corregedor Permanente do Oficial de Registro de Imóveis da Comarca de Itapeva, que não acolheu o pedido de que fosse retificado registro parcial de formal de partilha, sob o fundamento de que o título não foi prenotado, o que constitui exigência indispensável nos procedimentos de dúvida.

Sustenta a recorrente, em síntese, que, em 17 de outubro de 2002, foi registrado o formal de partilha expedido nos autos do arrolamento de bens de Albina Souza Garcia. O único bem – parte ideal de uma fazenda situada no Bairro Capote, em Itapeva, foi partilhado entre os quatro herdeiros da falecida, dentre os quais a recorrente. Apresentado o formal, o Oficial o registrou apenas em relação ao quinhão do herdeiro José Carlos Souza Garcia, correspondente à quarta parte do bem arrolado, o que não era possível, pois o bem era único. Em 03 de agosto de 2009, o título foi apresentado para exame e cálculo, tendo sido elaborada nota de devolução. A pretensão da recorrente, no entanto, não é a efetivação desse registro, mas a retificação daquele anteriormente realizado, em 2002, para que conste a transferência de todos os quinhões resultantes da partilha.

A Douta Procuradoria-Geral de Justiça manifestou-se pelo não conhecimento do recurso, por que a recorrente não está representada por advogado, nem formulou pedido; e no mérito, pelo não provimento.

É o relatório.

Passo a opinar.

O expediente processou-se como dúvida inversa, e foi julgado como tal pelo MM. Juiz Corregedor Permanente, que manteve a recusa do Oficial em registrar o formal de partilha, apresentado para exame e cálculo, por falta de prenotação. No entanto, a pretensão da autora não era obter novo registro do formal, apresentado apenas para exame e cálculo, mas retificar o registro, já realizado, do quinhão de apenas um dos herdeiros, para que dele passasse a constar a transferência de propriedade, "mortis causa", dos demais quinhões hereditários.

Não se trata, portanto, de dúvida inversa, que só pode versar sobre divergências relativas à efetivação de registro, em sentido estrito. Não pretende a autora o registro, mas a correção do que foi feito anteriormente, em 17 de setembro de 2002, como resulta claro da leitura do recurso: "Assim, vem perante Vossa Excelência requerer a reconsideração da r. decisão de fls., para que seja apreciada a referida reclamação, e não dúvida inversa, visto que não há discussão sobre registro a ser efetivado, mas sim regularização de registro feito equivocadamente, incluindo-se os demais herdeiros conforme plano de partilha devidamente homologado" (fls. 80).

Não há como acolher as preliminares arguidas pela ilustre Procuradoria Geral de Justiça. De fato, nos procedimentos de dúvida exige-se capacidade postulatória para apresentação de recurso de apelação, conforme entendimento pacificado no Egrégio Conselho Superior da Magistratura (nesse sentido, ap. cív. 1.094-6/7. de 30 de junho de 2009, Rel. Des. Ruy Camilo). Mas não se exige a intervenção de advogado nos procedimentos administrativos, salvo os de natureza disciplinar. Com efeito, a súmula 343 do Superior Tribunal de Justiça é específica: "É obrigatória a presença de advogado em todas as fases do processo administrativo disciplinar". Como o objeto do presente procedimento não é disciplinar, mas de retificação de registro feito, em tese, por equívoco, a participação de advogado é dispensável. Nesse sentido, o parecer do MM. Juiz Auxiliar da Corregedoria Álvaro Luiz Valery Mirra, no processo 52.000/2005, onde se lê:

> Processo administrativo – Não conhecimento de impugnação a decisão proferida por não estar o impugnante representado por advogado – Inadmissibilidade – Processo não jurisdicional que não se submete ao disposto no art. 36 do Código de Processo Civil – Conhecimento da insurgência como recurso administrativo para reexame da matéria pela Corregedoria-Geral da Justiça.

Ademais, a recorrente apresentou, a fl. 94, procuração outorgada a advogado, com poderes para representá-la no presente procedimento. A despeito do alegado pela Douta Procuradoria Geral, o recurso está assinado (fl. 80) e contém pedido específico, já transcrito acima.

O pedido da recorrente foi negado, sob o argumento de que o formal de partilha não estava prenotado. Mas vale ressaltar, ainda uma vez, que ela não pretendia o registro do formal, apresentado apenas para exame e cálculo, mas a retificação do registro realizado anteriormente. É neste passo que se apresenta a questão de fundo: ainda que o formal de partilha tenha sido apresentado a registro por apenas um dos herdeiros, poderia o Oficial tê-lo registrado apenas em nome dele, e não de todos?

Não há determinação legal ou administrativa, no Estado de São Paulo, para que sejam expedidos tantos formais de partilha quantos forem os herdeiros. E, havendo um único bem partilhado, não se poderia mesmo admitir o registro parcial do formal. A questão já foi apreciada pelo Egrégio Conselho Superior da Magistratura na Ap. Cív. nº 96.477-0/3, Rel. Des. Luiz Tâmbara:

> É sabido ser o formal de partilha um título de natureza judicial que, após julgamento dotado de definitividade, instrumentaliza a atribuição de quinhões aos sucessores e, em consequência, confere eficácia à extinção de um estado de indivisão patrimonial.

Decorre da própria essência do ato, a persistência de transferências inseparáveis quando incidentes sobre um mesmo imóvel, pois não há como manter um estado de indivisão limitado, ou seja, parcela de um mesmo bem foi atribuída a um sucessor e o restante permanece, fictamente, compondo um monte já desfeito.

A inscrição analisada ostenta, por isso, natureza múltipla, não se admitindo o registro isolado de apenas uma das transmissões, ainda que só um dos sucessores requeira o registro.

Há, em outras palavras, uma interdependência das estipulações constantes do título judicial de maneira que todas devem ser levadas, acopladamente, ao fólio real.

O registro isolado poderia ser admitido se um mesmo formal reunisse atos não conjugados pelo seu vínculo de interrelacionamento, mas justapostos, independentes entre si e separáveis um do outro.

Tal hipótese, na espécie, porém, não se materializa, em se cuidando de um formal de partilha relativo a partes ideais de um mesmo imóvel.

É preciso ter em mente que, caso um formal de partilha diga respeito a vários imóveis, atribuindo, individualizadamente, cada um deles a um sucessor diferente, remanesce presente a cindibilidade proposta pelo apelante. Situação diversa, porém, se concretiza quando a inscrição é considerada com respeito a um único bem".

Ainda que o título tenha sido apresentado, em setembro de 2002, por apenas um dos herdeiros, o registro não poderia ter sido parcial, como foi, pois havia um único imóvel partilhado.

As exigências do Oficial, formuladas na nota de devolução de fls. 36, referem-se ao título apresentado para exame e cálculo, em 03 de agosto de 2009. O formal de partilha não foi expedido apenas em favor de José Carlos Souza Garcia, mas de todos os herdeiros, não sendo possível, pelas razões já expostas, o registro parcial. Irrelevante que do termo de abertura tenha figurado apenas o nome daquele herdeiro. O item 54.1 do capítulo IV, do Tomo I, das Normas da Corregedoria determina que, como o formal de partilha é constituído por cópias das principais peças do processo, deve ser precedido de termo de abertura. Mas não é este que determina o teor do formal, e sim o que consta do processo, sobretudo da sentença, conforme art. 1.027, V, do Código de Processo Civil. Assim, a alusão a apenas um dos herdeiros no termo de abertura constitui mero equívoco material, não sendo indicativo de que o título tenha sido emitido apenas em favor deste, e não dos demais.

Do formal de partilha consta a certidão de casamento da recorrente (fls. 19). As demais exigências, decorrentes do Decreto 5.570, de 31 de outubro de 2005 e da Lei 11.331/2002, de 27 de dezembro de 2002, são supervenientes à apresentação do formal a registro, em 17 de outubro de 2002. O registro parcial do formal de partilha, ocorrido naquela data, mostra que não havia dívidas fiscais, o que vem comprovado pela certidão de fls. 33.

Há, no entanto, um aspecto que não pode ser negligenciado: tendo havido o registro apenas parcial do formal de partilha, os emolumentos recolhidos devem ter correspondido tão somente à parte registrada. Assim, a retificação pretendida há de ficar condicionada ao recolhimento da diferença de emolumentos, correspondente às partes dos demais herdeiros.

Diante disso, o parecer que submeto à apreciação de Vossa Excelência, é pelo provimento do recurso, para que, após o recolhimento dos emolumentos correspondentes, seja procedida a retificação do registro do formal de partilha, para que dele conste a transferência do quinhão correspondente a todos os herdeiros, e não apenas o de José Carlos Souza Garcia, como constou.

São Paulo, 16 de setembro de 2010.

(a) Marcus Vinicius Rios Gonçalves
Juiz Auxiliar da Corregedoria

Decisão: Aprovo o parecer do MM. Juiz Auxiliar da Corregedoria e, por seus fundamentos, que adoto, dou provimento ao recurso, nos termos propostos no r. parecer. Publique-se. São Paulo 21 de setembro de 2010.

(a) Des. Antônio Carlos Munhoz Soares, Corregedor-Geral da Justiça.

3.9 FORMAL DE PARTILHA. CONTINUIDADE

CSMSP – Apelação Cível: 096477-0/3

Localidade: Catanduva Data de Julgamento: 13.03.2003 Relator: Luiz Tâmbara

Jurisprudência: Indefinido

Registro de Imóveis – Dúvida julgada improcedente – Formal de Partilha – Pretendido registro parcial e relativo ao quinhão de apenas um herdeiro – Não há como manter um estado de indivisão limitado – Registro inviável – Recurso desprovido.

Íntegra

ACÓRDÃO

Vistos, relatados e discutidos estes autos de Apelação Cível nº 96.477-0/3, da Comarca de Catanduva, em que é apelante Jair Mantovani e apelado o 2º Oficial de Registro de Imóveis, Títulos e Documentos e Civil de Pessoa Jurídica da mesma Comarca.

Acordam os Desembargadores do Conselho Superior da Magistratura, por votação unânime, em negar provimento ao recurso, de conformidade com o voto do relator que fica fazendo parte integrante do presente julgado.

Participaram do julgamento, com votos vencedores, os Desembargadores Sergio Augusto Nigro Conceição, Presidente do Tribunal de Justiça, e Luís De Macedo, Vice-Presidente do Tribunal de Justiça.

São Paulo, 06 de fevereiro de 2003.
(a) Luiz Tâmbara, Corregedor-Geral da Justiça e Relator

VOTO

EMENTA: Registro de Imóveis – Dúvida julgada improcedente – Formal de Partilha – Pretendido registro parcial e relativo ao quinhão de apenas um herdeiro – Não há como manter um estado de indivisão limitado – Registro inviável – Recurso desprovido.

Cuida-se de recurso de apelação tempestivamente interposto por Jair Mantovani contra r. decisão prolatada pelo MM. Juiz Corregedor Permanente do 2º Oficial de Registro de Imóveis da Comarca de Catanduva, que julgou procedente dúvida suscitada e manteve a recusa ao registro de formal de partilha extraído dos autos do Processo 45/99 do r. Juízo de Direito da 3ª Vara local, relativo ao imóvel sito à Rua Santa Catarina, 220, Município e Comarca de Catanduva, matriculado sob o número 12.295 junto ao ofício predial acima referido.

A decisão atacada fundou-se (fls. 175/176) na inviabilidade da pretensão formulada pelo apelante no sentido de que seja efetuado o registro apenas com respeito a uma parte ideal de 12,5% (doze e meio por cento) do bem em apreço, visto ser imprescindível, para assegurar o respeito ao princípio da continuidade, o registro de todas partes ideais dispostas na partilha julgada.

O recorrente argumenta (fls. 178/181) que não há fundamento legal para a recusa do registro apenas e tão somente da parte ideal em questão, relativa ao pagamento feito a um único herdeiro, apresentado requerimento de parte interessada. Pede seja reformado o 'decisum' e permitido o registro desejado.

O Ministério Público, em segunda instância, opinou (fls. 186/188) seja negado provimento ao apelo.

É o relatório.

A recusa deduzida merece ser mantida.

É sabido ser o formal de partilha um título de natureza judicial que, após julgamento dotado de definitividade, instrumentaliza a atribuição de quinhões aos sucessores e, em consequência, confere eficácia à extinção de um estado de indivisão patrimonial.

Decorre da própria essência do ato, a persistência de transferências inseparáveis quando incidentes sobre um mesmo imóvel, pois não há como manter um estado de indivisão limitado, ou seja, parcela de um mesmo bem foi atribuída a um sucessor e o restante permanece, fictamente, compondo um monte já desfeito.

A inscrição analisada ostenta, por isso, natureza múltipla, não se admitindo o registro isolado de apenas uma das transmissões, ainda que só um dos sucessores requeira o registro.

Há, em outras palavras, uma interdependência das estipulações constantes do título judicial de maneira que todas devem ser levadas, acopladamente, ao fólio real.

O registro isolado poderia ser admitido se um mesmo formal reunisse atos não conjugados pelo seu vínculo de interrelacionamento, mas justapostos, independentes entre si e separáveis um do outro.

Tal hipótese, na espécie, porém, não se materializa, em se cuidando de um formal de partilha relativo a partes ideais de um mesmo imóvel.

É preciso ter em mente que, caso um formal de partilha diga respeito a vários imóveis, atribuindo, individualizadamente, cada um deles a um sucessor diferente, remanesce presente a cindibilidade proposta pelo apelante. Situação diversa, porém, se concretiza quando a inscrição é considerada com respeito a um único bem.

Isto posto, nego provimento ao recurso interposto.

Luiz Tâmbara
Relator (D.O.E. de 13.03.2003)

3.10 SEPARAÇÃO. DIVÓRCIO EXTRAJUDICIAL. EMOLUMENTOS – GRATUIDADE

CNJ – Consulta: 0006042-02.2017.2.00.0000
Localidade: Paraná Data de Julgamento: 25.04.2018
Data DJ: 25.04.2018 Relator: Arnaldo Hossepian Junior
Jurisprudência: Procedente
Especialidades: Tabelionato de Notas

EMENTA: 1. Consulta. 2. Tribunal de Justiça da Paraíba. 3. A consulta é respondida no sentido que "a gratuidade de justiça deve ser estendida, para efeito de viabilizar o cumprimento da previsão constitucional de acesso à jurisdição e a prestação plena aos atos extrajudiciais de notários e de registradores. Essa orientação é a que melhor se ajusta ao conjunto de princípios e normas constitucionais voltados a garantir ao cidadão a possibilidade de requerer aos poderes públicos, além do reconhecimento, a indispensável efetividade dos seus direitos (art. 5º, XXXIV, XXXV, LXXIV, LXXVI e LXXVII, da CF/88), restando, portanto, induvidosa a plena eficácia da Resolução nº 35 do CNJ, em especial seus artigos 6º e 7º".

Íntegra

Conselho Nacional de Justiça

Autos: Consulta – 0006042-02.2017.2.00.0000
Requerente: Corregedoria-Geral da Justiça do Estado da Paraíba
Requerido: Conselho Nacional de Justiça – CNJ

EMENTA: 1. Consulta. 2. Tribunal de Justiça da Paraíba. 3. A consulta é respondida no sentido que "a gratuidade de justiça deve ser estendida, para efeito de viabilizar o cumprimento da previsão constitucional de acesso à jurisdição e a prestação plena aos atos extrajudiciais de notários e de registradores. Essa orientação é a que melhor se ajusta ao conjunto de princípios e normas constitucionais voltados a garantir ao cidadão a possibilidade de requerer aos poderes públicos, além do reconhecimento, a indispensável efetividade dos seus direitos (art. 5º, XXXIV, XXXV, LXXIV, LXXVI e LXXVII, da CF/88), restando, portanto, induvidosa a plena eficácia da Resolução nº 35 do CNJ, em especial seus artigos 6º e 7º".

Conselheiro Arnaldo Hossepian Junior
Relator

ACÓRDÃO

O Conselho, por unanimidade, respondeu à consulta, nos termos do voto do Relator. Vencido, em parte, o Conselheiro Aloysio Corrêa da Veiga que entende pela necessidade de alteração da Resolução nº 35/2007. Plenário Virtual, 20 de abril de 2018. Votaram os Excelentíssimos Conselheiros João Otávio de Noronha, Aloysio Corrêa da Veiga, Iracema do Vale, Daldice Santana, Valtércio de Oliveira, Márcio Schiefler Fontes, Fernando Mattos, Luciano Frota, Arnaldo Hossepian, Valdetário Andrade Monteiro, André Godinho, Maria Tereza Uille Gomes e Henrique Ávila. Não votaram a Excelentíssima Conselheira Presidente Cármen Lúcia e, em razão da vacância do cargo, o representante do Ministério Público Federal.

Conselho Nacional de Justiça

Autos: Consulta – 0006042-02.2017.2.00.0000
Requerente: Corregedoria-Geral da Justiça do Estado da Paraíba
Requerido: Conselho Nacional de Justiça – CNJ

RELATÓRIO

Vistos etc.

Trata-se de Consulta protocolada pela Corregedoria-Geral de Justiça do Estado da Paraíba. Em resumo, a Corregedoria requerente entendeu que há dúvida pertinente quanto à manutenção da gratuidade das escrituras de separação e divórcio diante da vigência do Novo Código de Processo Civil.

O tema é pertinente em razão da possibilidade, apontada pelos requerentes, da revogação tácita dos artigos 6º e 7º da Resolução nº 35/2007 do Conselho Nacional de Justiça que prevê e disciplina a aplicação da Lei nº 11.441/07 pelos serviços notariais e de registro:

Art. 6º A gratuidade prevista na Lei nº 11.441/07 compreende as escrituras de inventário, partilha, separação e divórcio consensuais.

Art. 7º Para a obtenção da gratuidade de que trata a Lei nº 11.441/07, basta a simples declaração dos interessados de que não possuem condições de arcar com os emolumentos, ainda que as partes estejam assistidas por advogado constituído.

É, em resumo, o relatório.

Brasília, 16 de agosto de 2017.

Conselheiro Arnaldo Hossepian Junior
Relator

Conselho Nacional de Justiça

Autos: Consulta – 0006042-02.2017.2.00.0000
Requerente: Corregedoria-Geral da Justiça do Estado da Paraíba
Requerido: Conselho Nacional de Justiça – CNJ

VOTO

A Lei nº 11.441/07 invocou a possibilidade de ser realizada de forma administrativa em tabelionato de notas, inventários e partilhas, separações e divórcios consensuais.

A medida, que deu novo fôlego à jurisdição voluntária, foi bem recebida pela doutrina em virtude da simplificação dos procedimentos, sem a necessidade do ingresso de demandas junto ao Poder Judiciário, tudo em prol da agilidade da prestação jurisdicional, destaca Rodrigo Pinto (2005, p. 151): "[...] inventário extrajudicial, neste âmbito, constitui medida assaz exitosa, porquanto prima pela racionalidade da atividade jurisdicional ao retirar do foro processos carentes de litigiosidade, desobstruir as varas sucessórias e desonerar magistrados, servidores, advogados e partes".

O Conselho Nacional de Justiça, em 2007, a fim de elucidar as dúvidas e uniformizar os procedimentos, editou a Resolução nº 35, disciplinando a aplicação da aludida lei pelos serviços notariais de todo o País.

A Resolução 35 do CNJ que disciplinou a Lei nº 11.441/2007 deixa clara, a expressão "gratuidade" em seus arts. 6º e 7º, entendendo que o hipossuficiente obtém o benefício livre de todos os emolumentos para a escritura pública de inventário, partilha, separação e divórcio consensuais.

Em que pese, aparentemente, a questão ter sido pacificada com a atuação do CNJ, em razão da entrada em vigor do novo Código de Processo Civil de 2015, com a inexistência de regra nos moldes do § 3º do art. 1.124-A do já revogado CPC/73, há dúvida, apresentada pela Corregedoria-Geral do Estado da Paraíba, se o sistema inaugurado pelo CPC/15 permite que se chegue à conclusão de que permanece o direito à gratuidade das pessoas que se declarem pobreza.

De início, é bom ressaltar que a duração razoável do processo – fundamento para as novas competências dos cartórios extrajudiciais – é garantia fundamental estendida a toda e qualquer pessoa (CF, art. 5º, LXXVIII; CPC, art. 4º). Nesse sentido, Flávio Tartuce[3] sustenta que "a gratuidade de justiça para os atos extrajudiciais tem fundamento na tutela da pessoa humana (art. 1º, inciso III, da CF/1988) e na solidariedade social que deve imperar nas relações jurídicas (art. 3º, inciso I, da CF/1988) fundamento último este que afasta alguns dos principais argumentos dos defensores da impossibilidade de concessão simples da gratuidade para atos notariais".

Por ouro lado, por outorga de delegação deve-se compreender a transferência de um direito e de sua execução. Assim, é transferido o direito das funções de notas e registro juntamente com sua execução. No entanto, mesmo com a transferência que acarreta o exercício em caráter privado das delegações, a natureza do serviço continua a ser pública.

Não por outra razão, o Supremo Tribunal Federal decidiu que, em face da natureza pública dos serviços notariais, que seria possível a gratuidade dos atos relacionados ao exercício da cidadania. Vejamos:

> CONSTITUCIONAL. DECLARAÇÃO DE CONSTITUCIONALIDADE. ATIVIDADE NOTARIAL. NATUREZA. LEI 9.534/97. REGISTROS PÚBLICOS. ATOS RELACIONADOS AO EXERCÍCIO DA CIDADANIA. GRATUIDADE. PRINCÍPIO DA PROPORCIONALIDADE. VIOLAÇÃO NÃO OBSERVADA. PRECEDENTES. PROCEDÊNCIA DA AÇÃO. I – A atividade desenvolvida pelos titulares das serventias de notas e registros, embora seja análoga à atividade empresarial, sujeita-se a um regime de direito público. II – Não ofende o princípio da proporcionalidade lei que isenta os "reconhecidamente pobres" do pagamento dos emolumentos devidos pela expedição de registro civil de nascimento e de óbito, bem como a primeira certidão respectiva. III – Precedentes. IV – Ação julgada procedente. STF, ADC5, Rela. Min. Nelson Jobim, DJe-117, divulg 04.10.2007, p. 05.10.2007.

E o STJ, em processo de Relatoria do i. Ministro João Otávio de Noronha, analisando o tema da extensão dos benefícios da gratuidade determinada judicialmente no âmbito extrajudicial das serventias ou serviços de notas e de registro decidiu:

> PROCESSUAL CIVIL. RECURSO ESPECIAL. ATOS REGISTRAIS E NOTARIAIS EXTRAJUDICIAIS. ASSISTÊNCIA JUDICIÁRIA GRATUITA. EXTENSÃO. POSSIBILIDADE. DIVERGÊNCIA JURISPRUDENCIAL.
> 1. A gratuidade de justiça concedida em processo judicial deve ser estendida aos serviços notariais e registrais para tornar efetiva a prestação jurisdicional.
> 2. Divergência jurisprudencial comprovada.
> 3. Recurso especial conhecido e provido (Recurso Especial nº 1.549.939 – DF).

Embora o caso concreto estivesse relacionado à decisões judiciais, compulsando o voto proferido extrai-se: "a orientação jurisprudencial acima exposta é a que melhor se ajusta ao conjunto de princípios e normas constitucionais voltados a garantir ao cidadão a possibilidade de requerer aos poderes públicos, além do reconhecimento, a indispensável efetividade dos seus direitos".

A visão contemporânea do acesso à justiça não se limita a simplesmente possibilitar que todos possam ir a juízo, mas abrange uma série de possibilidades de realização da justiça; para que se possa dar a cada um o que é seu. Nesse sentido, sobreleva a possibilidade de atuação em instâncias tanto jurisdicionais como extrajudiciais.

Segundo Cappelletti:

> A expressão "acesso à justiça" é reconhecidamente de difícil definição, mas serve para determinar duas finalidades básicas do sistema jurídico – o sistema pelo qual as pessoas podem reivindicar seus direitos e/ou resolver seus litígios sob os auspícios do Estado.

Em resposta ao problema da entrega do direito ao jurisdicionado, medidas de desjudicialização podem ser capazes de reduzir a morosidade jurisdicional. Essas medidas, no entanto, não podem ser elitizadas pela ausência de gratuidade aos que dela necessitam. Nesse sentido, é direito de qualquer cidadão optar, sem obstáculos, a não ser os previstos na lei, a concessão do benefício da gratuidade, que até mesmo no processo judicial é garantido a todos aqueles que dele dependam.

Técnicas processuais se legitimam na medida que possam servir ao jurisdicionado e à sociedade. Não se admite, portanto, a construção de novos óbices à distribuição da justiça, especialmente pela dificuldade de acesso por custos ou condições pessoais de incapacidade ou despreparo das partes.

Em nosso ordenamento, desde 1950 a Lei nº 1.060 vem disciplinando, de forma consistente, a assistência judiciária gratuita ao ditar regras sobre a atuação em juízo. De forma ainda mais ampla, a Constituição Federal prevê, entre as garantias fundamentais, que "o Estado prestará assistência jurídica integral e gratuita aos que comprovarem insuficiência de recursos".

Em arremate, convém consignar que Declaração Universal dos Direitos da Pessoa Humana, de 1948, em seu artigo XXV, prevê a proibição do retrocesso social como obstáculo constitucional à frustração e ao inadimplemento, pelo poder público, de direitos prestacionais.

Existe uma relação umbilical entre a proibição ao retrocesso, a dignidade da pessoa humana e a segurança jurídica, o que significa dizer que há limitação ao legislador à edição de regras que possam implicar em retrocessos sociais – nas hipóteses em que se garante ao cidadão a possibilidade de requerer aos poderes públicos, além do reconhecimento, a indispensável efetividade dos seus direitos. Não é possível frustrar expectativas, criadas pelo Estado, destinadas a concretizar direitos fundamentais.

O acesso à justiça, como já apontado, tem assumido caráter de justiça social, sendo considerado como um dos direitos humanos fundamentais, obrigação essencial e indelegável do Estado e pressuposto da cidadania.

Quanto à questão, destaca-se decisão do Supremo Tribunal Federal:

> O princípio da proibição do retrocesso impede, em tema de direitos fundamentais de caráter social, que sejam desconstituídas as conquistas já alcançadas pelo cidadão ou pela formação social em que ele vive. A cláusula que

veda o retrocesso em matéria de direitos a prestações positivas do Estado (como o direito à educação, o direito à saúde ou o direito à segurança pública, v.g.) traduz, no processo de efetivação desses direitos fundamentais individuais ou coletivos, obstáculo a que os níveis de concretização de tais prerrogativas, uma vez atingidos, venham a ser ulteriormente reduzidos ou suprimidos pelo Estado. Doutrina. Em consequência desse princípio, o Estado, após haver reconhecido os direitos prestacionais, assume o dever não só de torná-los efetivos, mas, também, se obriga, sob pena de transgressão ao texto constitucional, a preservá-los, abstendo-se de frustrar – mediante supressão total ou parcial – os direitos sociais já concretizados (ARE 639337 AgR, Relator (a): Min. Celso de Mello, Segunda Turma, julgado em 23.08.2011, DJe-177 Divulg 14.09.2011 Public 15.09.2011 ement vol-02587-01 pp-00125).

Portanto, é inafastável a conclusão de que a assistência jurídica é integral, e, mais que isso, a assistência gratuita àqueles que dela necessitem, deve ser vista como um direito fundamental a concretizar, envolvendo também as vias extrajudiciais de efetivação do acesso à ordem jurídica, sendo qualquer lacuna ou regramento em contrário inadmissível configuração de retrocesso, vedado por princípios constitucionais.

Assim, por todo exposto, a consulta é respondida no sentido que a gratuidade de justiça deve ser estendida, para efeito de viabilizar o cumprimento da previsão constitucional de acesso à jurisdição e a prestação plena aos atos extrajudiciais de notários e de registradores. Essa orientação é a que melhor se ajusta ao conjunto de princípios e normas constitucionais voltados a garantir ao cidadão a possibilidade de requerer aos poderes públicos, além do reconhecimento, a indispensável efetividade dos seus direitos (art. 5º, XXXIV, XXXV, LXXIV, LXXVI e LXXVII, da CF/88), restando, portanto, induvidosa a plena eficácia da Resolução nº 35 do CNJ, em especial seus artigos 6º e 7º".

Brasília, 16 de agosto de 2017.

Conselheiro Arnaldo Hossepian Junior
Relator

VOTO

Registro, novamente, os fundamentos de minha divergência parcial. Acompanho S. Exª. O Ilustre Conselheiro Relator em seu judicioso voto. Apenas e tão somente, na conclusão, é que acrescento que há necessidade de se alterar a Resolução nº 35/2007, na medida em que os arts. 6º, 7º e 8º daquela Resolução fazem referência ao Cód. de Proc. Civ., com a alteração da Lei 11.441/2007, dispositivos revogados pelo atual Código de Processo Civil que não reproduz a regra anterior.

Ministro Aloysio Corrêa da Veiga
Conselheiro
Brasília, 25.04.2018.

3.11 TABELIÃO DE NOTAS. ESCRITURA PÚBLICA – LAVRATURA. EMOLUMENTOS – GRATUIDADE. REPRESENTAÇÃO. EMBARGOS DE DECLARAÇÃO

2VRPSP – pedido de providências: 1156991-75.2023.8.26.0100
Localidade: São Paulo Data de julgamento: 22.03.2024 Data DJ: 22.03.2024
Relator: Letícia de Assis Brüning
Jurisprudência: Indefinido
LEI: LO – Novo CPC – 13.105/15 ART: 1.022
Especialidades: Tabelionato de Notas
Tabelião de Notas. Escritura pública – Lavratura. Emolumentos – gratuidade. Representação. Embargos de declaração.

Íntegra
Tribunal de Justiça do Estado de São Paulo – Comarca de São Paulo – Foro Central Cível – 2ª Vara de Registros Públicos
Processo Digital nº 1156991-75.2023.8.26.0100
Classe – Assunto Pedido de Providências – Tabelionato de Notas
Requerente: C.B

VISTOS,

Recebo os embargos de declaração, porque tempestivos. Todavia, a decisão embargada não padece de quaisquer dos vícios enumerados no artigo 1.022 do Código de Processo Civil, uma vez que externa suas razões e não possui obscuridade, contradição ou omissão.

Esta Corregedoria Permanente externou de maneira clara seu entendimento sobre a matéria, seguindo, inclusive, firmes precedentes administrativos e judiciais. No mais, sabidamente, o julgador não está obrigada a se manifestar sobre todos os elementos e questionamentos trazidos pela parte, uma vez que apontado motivos suficientes para formação do convencimento judicial.

Nesse sentido:

> O julgador não está obrigado a responder a todas as questões suscitadas pelas partes, quando já tenha encontrado motivo suficiente para proferir a decisão. O julgador possui o dever de enfrentar apenas as questões capazes de infirmar (enfraquecer) a conclusão adotada na decisão recorrida. Assim, mesmo após a vigência do CPC/2015, não cabem embargos de declaração contra a decisão que não se pronunciou sobre determinado argumento que era incapaz de infirmar a conclusão adotada [STJ. 1ª Seção. EDcl no MS 21.315-DF, Rel. Min. Diva Malerbi (Desembargadora convocada do TRF da 3ª Região), julgado em 08.06.2016 (Info 585, P. 5, disponível em: https://www.stj.jus.br/publicacaoinstitucional/index.php/informjurisdata/article/view/3942/4167)].

Por fim, não é possível rediscussão da questão objeto do presente procedimento administrativo em sede de embargos de declaração, devendo a insurgência, caso mantida, ser direcionada ao órgão hierárquico superior, a E. Corregedoria-Geral da Justiça, por meio do recurso adequado.

Nestes termos, rejeito os embargos opostos, mantendo a decisão atacada por seus próprios fundamentos. Intime-se.

3.12 ESCRITURA DE COMPRA E VENDA – PROMESSA DE COMPRA E VENDA. ESPÓLIO. ALVARÁ JUDICIAL – PODERES

CSMSP – Apelação Cível: 0000228-62.2014.8.26.0073
Localidade: Avaré Data de Julgamento: 03.03.2015 Data DJ: 12.05.2015
Relator: Elliot Akel
Jurisprudência: Indefinido
Lei: CPC – Código de Processo Civil – 5.869/1973 Art: 982
Lei: LO – Inventário e Partilha – 11.441/07

Registro de Imóveis – Dúvida – Escritura pública de compra e venda de imóvel prometido à venda pelo falecido – Exigência de alvará judicial autorizando a outorga – Desnecessidade, em razão da lavratura de escritura pública em que se nomeou pessoa com poderes de inventariante para cumprir as obrigações pendentes do *de cujus* – Recurso provido.

Íntegra

Poder Judiciário
Tribunal de Justiça do Estado de São Paulo
Conselho Superior da Magistratura

ACÓRDÃO

Vistos, relatados e discutidos estes autos de Apelação nº 0000228-62.2014.8.26.0073, da Comarca de Avaré, em que é apelante Hailton Ribeiro da Silva, é apelado Oficial de Registro de Imóveis, Títulos e Documentos e Civil de Pessoa Jurídica da Comarca de Avaré.

Acordam, em Conselho Superior de Magistratura do Tribunal de Justiça de São Paulo, proferir a seguinte decisão: "deram provimento ao recurso para determinar o registro da escritura pública de compra e venda de fls. 07/11, v.u.", de conformidade com o voto do(a) Relator(a), que integra este acórdão.
O julgamento teve a participação dos Desembargadores José Renato Nalini (Presidente), Eros Piceli, Guerrieri Rezende, Artur Marques, Pinheiro Franco e Ricardo Anafe.

São Paulo, 3 de março de 2015.
Elliot Akel
Relator

Apelação Cível nº 0000228-62.2014.8.26.0073
Apelante: Hailton Ribeiro da Silva
Apelado: Oficial de Registro de Imóveis, Títulos e Documentos e Civil de Pessoa Jurídica da Comarca de Avaré

VOTO Nº 34.179

REGISTRO DE IMÓVEIS – DÚVIDA – ESCRITURA PÚBLICA DE COMPRA E VENDA DE IMÓVEL PROMETIDO À VENDA PELO FALECIDO – EXIGÊNCIA DE ALVARÁ JUDICIAL AUTORIZANDO A OUTORGA – DESNECESSIDADE, EM RAZÃO DA LAVRATURA DE ESCRITURA PÚBLICA EM QUE SE NOMEOU PESSOA COM PODERES DE INVENTARIANTE PARA CUMPRIR AS OBRIGAÇÕES PENDENTES DO *DE CUJUS* – RECURSO PROVIDO.

Trata-se de apelação interposta por Hailton Ribeiro da Silva objetivando a reforma da r. decisão de fls. 133/134, que manteve a recusa do Oficial de Registro de Imóveis, Títulos e Documentos e Civil de Pessoa Jurídica da Comarca de Avaré referente à escritura de compra e venda pela qual Moises Skitnevsky adquire de Newton Ribeiro da Silva, Espólio de Enio Ribeiro da Silva, Espólio de Maria Lúcia do Valle Ribeiro da Silva, Hailton Ribeiro da Silva, Maria Clarice Ribeiro da Silva e José Antonio Monteiro Pasquale o imóvel descrito na matrícula nº 3.708, daquela Serventia de Imóveis.

Sustenta, o apelante, que a escritura pública de retificação e ratificação de inventário que outorga poderes ao inventariante para lavrar a escritura pública definitiva decorrente de promessa de compra e venda não caracteriza retificação da partilha judicial, mas mera inclusão de *obligatio faciendi* do Espólio, que não constou do inventário judicial. Afirma ser desnecessário alvará judicial do juízo do inventário para a lavratura da escritura pública de compra e venda do imóvel e que, se ao tabelião é permitido fazer o mais (lavrar escritura de sobrepartilha), pode ele lavrar as escrituras definitivas de compra e venda em cumprimento a compromissos (quitados) celebrados em vida pelo "de cujus". Relata não fazer sentido a reabertura do inventário judicial para cumprimento de obrigações que não foram transmitidas aos herdeiros porque o "de cujus" recebeu todas as quantias em vida, cabendo aos sucessores apenas a execução de atos não cumpridos. Aduz que os bens comprometidos à venda pelo falecido, cujos preços já estão pagos, não são direitos que compõem o acervo a ser partilhado, mas meras obrigações que precisam ser cumpridas pelos sucessores.

Contrarrazões às fls. 162.

A D. Procuradoria Geral de Justiça opinou pelo não provimento do recurso por entender que: a) a emenda da partilha deve ser feita nos mesmos autos do inventário (CC 1028); b) não se trata de sobrepartilha porque não há acréscimo de bens ou direitos ao inventário; e c) é inviável retificar partilha judicial por meio de escritura pública (fls. 171/173).

É o relatório.

Foi apresentada a registro e qualificada negativamente pelo Oficial de Registro de Imóveis de Avaré a escritura pública de venda e compra de fls. 07/11 por meio da qual o imóvel descrito na matrícula nº 3.708, daquela Serventia de Imóveis, foi alienado a Moises Skitnevsky por: 1)

Newton Ribeiro da Silva e esposa Ieda Ambrogi Ribeiro da Silva representados por Hailton Ribeiro da Silva Filho; 2) Espólio de Enio Ribeiro da Silva, tendo como inventariante Enio Ribeiro da Silva Junior, representado por Hailton Ribeiro da Silva Filho; 3) Espólio de Maria Lúcia do Valle Ribeiro da Silva, tendo como inventariante Enio Ribeiro da Silva Junior, representado por Hailton Ribeiro da Silva Filho; 4) Hailton Ribeiro da Silva e esposa Estela Maria Moraes Pauli Ribeiro da Silva, representados por Hailton Ribeiro da Silva Filho; 5) Maria Clarice Ribeiro da Silva, casada com Marcel Cortez Alves, representada por Hailton Ribeiro da Silva Filho e 6) José Antonio Monteiro Pasquale, casado com Rosemary Pigatto Pasquale, representado por Hailton Ribeiro da Silva Filho (fls. 07/11).

Na qualificação do vendedor "Espólio de Enio Ribeiro da Silva", constou a observação de que o espólio estava, por força da escritura de retificação e ratificação de inventário lavrada em 18.09.13, autorizado a promover a venda do imóvel em cumprimento ao compromisso de compra e venda quitado antes do falecimento do "de cujus" (fl. 07).

Na escritura de retificação e ratificação do inventário dos bens deixados por Enio Ribeiro da Silva (fls. 32/35), na qual consta a autorização para o espólio alienar o imóvel, constam como outorgantes e reciprocamente outorgados os herdeiros-filhos (Enio Ribeiro da Silva Junior, Maristela do Valle Ribeiro da Silva, Luciana do Valle Ribeiro da Silva) e o Espólio de Maria Lúcia do Valle Ribeiro da Silva (viúva meeira).

Por meio dela, Enio Ribeiro da Silva Junior – que foi o inventariante nos autos do inventário judicial nº 011.01.021139-0, da 2ª Vara da Família e Sucessões de Pinheiros – foi nomeado com poderes de inventariante referente ao Espólio de Enio Ribeiro da Silva.

O registrador, ao recusar o registro, sustentou que a venda de referidos lotes, em especial o constante da escritura de compra e venda, depende da expedição de alvará judicial nos autos do inventário e, ainda, do reconhecimento da não incidência de imposto de transmissão causa mortis pelo Fisco. Ainda, que a autorização de outorga da escritura de compra e venda foi genérica, não identifica nem especializa os imóveis nem os adquirentes deles, constituindo verdadeiro "cheque em branco" em favor do administrador do espólio, que poderá vender qualquer lote sem ter de provar que o imóvel foi alienado e quitado antes do falecimento dos proprietários (fl. 36).

A Lei nº 11.441/07 introduziu em nosso ordenamento jurídico o inventário extrajudicial, autorizando-o quando todos os envolvidos são capazes e estiverem em consenso:

Havendo testamento ou interessado incapaz, proceder-se-á ao inventário judicial; se todos forem capazes e concordes, poderá fazer-se o inventário e a partilha por escritura pública, a qual constituirá título hábil para o registro imobiliário (Art. 982, do CPC).

Trata-se de faculdade concedida aos herdeiros e não obrigação, de modo que, em qualquer caso, sempre será possível a opção pela via judicial.

Contudo, uma vez escolhida a via judicial e ultimados os seus termos com a expedição do respectivo formal de partilha, os pontos decididos no âmbito do inventário judicial não mais poderão ser modificados, revistos ou "redecididos" na esfera extrajudicial. Assim, por exemplo, se o MM. Juiz do inventário decidiu que determinada pessoa é herdeira e não meeira, não há como modificar este ponto por meio de escritura.

A opção pelo inventário judicial não obsta a realização de eventual sobrepartilha por escritura pública. Nesse sentido, o art. 25[i], da Resolução nº 35, do CNJ, e o item 121, do Capítulo XIV, da Corregedoria-Geral da Justiça:

> É admissível a sobrepartilha por escritura pública, ainda que referente a inventário e partilha judiciais já findos, mesmo que o herdeiro, hoje maior e capaz, fosse menor ou incapaz ao tempo do óbito ou do processo judicial. (item 121, do Capítulo XIV, das NSCGJ).

O caso em exame, porém, não trata de sobrepartilha, pois inexistem bens supervenientes a serem partilhados entre os herdeiros.

Também não cuida de retificação do inventário judicial porque não se quer modificar questão nele decidida.

A hipótese é de transferência definitiva a terceiro (não herdeiro) de imóvel que não entrou no inventário judicial por ser objeto de promessa de compra e venda firmada ainda em vida por dois dos alienantes na década 70 e integralmente paga antes dos óbitos destes.

Essa transferência definitiva foi instrumentalizada por meio da escritura pública de compra e venda fls. 07/11, mas foi recusada pelo registrador, que entende que o título deveria estar acompanhado de alvará judicial do juízo do inventário dos bens deixados por Enio Ribeiro da Silva autorizando a outorga de referida escritura.

Trata-se de exigência que, a despeito do zelo do registrador, não procede.

Antes da chegada do inventário extrajudicial (Lei nº 11.441/07), não havia opção: o inventário e todas as providências relativas aos bens e obrigações (ativas ou passivas) do espólio tinham de passar pelo crivo do juízo do inventário. Assim, se os herdeiros quisessem, por exemplo, alienar determinado imóvel do falecido antes da partilha, tinham de requerer a expedição de alvará daquele juízo.

Contudo, a superveniência do inventário extrajudicial modificou esse cenário.

Se todos forem capazes, estiverem de acordo e não houver testamento, podem optar pela lavratura de escritura pública de inventário e partilha, na qual, além da divisão dos quinhões aos herdeiros, pode-se deliberar sobre as dívidas e obrigações pendentes do falecido, as quais serão cumpridas por pessoa com poderes de inventariante nomeada pelos herdeiros.

É o que diz o item 105, do Capítulo XIV, das NSCGJ:

> 105. É obrigatória a nomeação de inventariante extrajudicial, na escritura pública de inventário e partilha, para representar o espólio, com poderes de inventariante, no cumprimento de obrigações ativas ou passivas pendentes, sem necessidade de seguir a ordem prevista no art. 990 do Código de Processo Civil.

No caso concreto, a partilha dos bens deixados pelo de cujus já foi objeto do processo de inventário judicial. Contudo, nele não se discutiu a respeito da obrigação de fazer do falecido de lavrar as escrituras públicas definitivas de compra e venda dos imóveis do loteamento "Enseada Azul".

Resolveram os herdeiros, então, deliberar sobre essa questão por meio da escritura pública de retificação e ratificação de inventário relativo ao espólio de Enio Ribeiro da Silva (fls. 32/35), cujo item "5.1" traz a informação de que as obrigações a serem cumpridas pelo inventariante, em especial em relação ao loteamento "Enseada Azul", não foram tratadas no inventário judicial. E, como os lotes compromissados à venda já foram todos pagos entre 1970 e 1980, os herdeiros filhos autorizam o inventariante Enio Ribeiro da Silva Junior a outorgar as escrituras de venda e compra definitivas em favor dos compromissários compradores.

É certo que os herdeiros podem requerer a expedição de alvará ao juízo do inventário para o cumprimento de obrigação assumida em vida pelo de cujus. Contudo, desde que presentes os requisitos do art. 982, do Código de Processo Civil, também podem lavrar escritura para mesma finalidade.

Assim, se os herdeiros lavraram escritura pública em que nomearam pessoa com poderes de inventariante (Enio Ribeiro da Silva Junior) para outorgar as escrituras definitivas de venda e compra em favor dos compromissários compradores, a apresentação de alvará judicial para o mesmo fim passou a ser prescindível.

Ao contrário do que possa parecer, inexiste vinculação ou prevenção do juízo do inventário para decidir sobre esta questão. Como visto, o imóvel objeto da escritura pública de compra e venda não foi objeto do inventário judicial, não há incapazes envolvidos e todos herdeiros estão de pleno acordo com a nomeação de pessoa com poderes de inventariante para outorgar a escritura definitiva do imóvel.

Inexiste, portanto, questão que tenha de passar pelo crivo do Poder Judiciário, com a movimentação desnecessária da máquina administrativa em busca de medida que pode – e no caso já foi – alcançada na via extrajudicial.

Destaque-se, a propósito, que o item 105.1, do Capítulo XIV, das NSCGJ, permite a lavratura de escritura autônoma de nomeação de inventariante:

> A nomeação do inventariante extrajudicial pode se dar por escritura pública autônoma assinada por todos os herdeiros para cumprimento de obrigações do espólio e levantamento de valores, poderá ainda o inventariante nomeado reunir todos os documentos e recolher os tributos, viabilizando a lavratura da escritura de inventário.

E foi exatamente o que a escritura de fls. 32/35, a despeito de alguma imprecisão na nomenclatura – pois não está retificando o inventário judicial –, fez ao indicar, no item 5.1, um inventariante para cumprir os compromissos de compra e venda dos lotes já pagos integralmente pelos compradores antes do falecimento do autor da herança.

Assim, exigir alvará judicial que autorize a lavratura de escritura definitiva de venda do imóvel na hipótese em exame implicaria inegável afronta ao espírito da Lei nº 11.441/07, cuja finalidade foi justamente desjudicializar questões que prescindem da apreciação do Estado-Juiz.

Essa *ratio* do legislador foi destacada em precedente da 1ª Vara de Registros Públicos citado pelo suscitado. Nele, ao contrário do que ocorre aqui, o inventário era extrajudicial e a respectiva escritura já concedia ao inventariante poderes para outorgar a escritura definitiva de imóvel compromissado à venda e pago ainda em vida com o falecido. O registrador, porém, solicitou a apresentação de alvará judicial, o que foi afastado pelo MM. Juiz Corregedor Permanente, Carlos Henrique André Lisboa, ao argumento de que:

A intenção do legislador, ao criar a figura do inventário extrajudicial, foi justamente facilitar a agilizar o procedimento de transferência do patrimônio em razão da morte. Todavia, caso o alvará seja exigido para a realização de qualquer ato por parte do representante do espólio escolhido consensualmente no momento da lavratura da escritura de inventário, o escopo de desburocratizar o procedimento não será alcançado (Processo nº 0011976-78.2012.8.26.0100).

A r. decisão ainda cita doutrina [ii] que, ao analisar a hipótese de o autor da herança ter deixado apenas obrigações a cumprir (como a outorga de escritura de compra e compra com preço já integralmente pago quando do compromisso firmado pelo falecido), conclui ser possível a realização do procedimento extrajudicial mediante a nomeação de uma pessoa responsável pelo cumprimento dessas obrigações.

A mesma lógica se aplica aqui. Se é possível lavrar escritura dispondo sobre o mais (partilha e cumprimento de obrigações), também é permitido lavrar escritura com o menos (apenas para cumprir obrigações) quando tais fatos não colidirem com o que se decidiu no âmbito do inventário judicial.

Assim, o fato de a partilha dos bens ter se dado por meio de inventário judicial não obsta que se lavre escritura autônoma para cumprimento de obrigações pendentes do falecido que não foram objeto de deliberação no procedimento judicial.

No que diz respeito às considerações do registrador de que a autorização de outorga da escritura de compra e venda foi genérica, não identifica nem especializa os imóveis nem os adquirentes deles, constituindo verdadeiro "cheque em branco" em favor do administrador do espólio, que poderá vender qualquer lote sem ter de provar que o imóvel foi alienado e quitado antes do falecimento dos proprietários, cabem algumas observações.

Refoge à qualificação do registrador indagar se o título constitui "cheque em branco" em favor do administrador do espólio por se tratar de aspecto intrínseco.

No que diz respeito à identificação dos imóveis que poderão ser alienados pelo inventariante, observe-se que a escritura de retificação e ratificação não os está alienando. Por isso, diferentemente da escritura definitiva de compra e venda, não há necessidade da perfeita individualização e descrição deles, bastando que possam ser identificáveis de modo a embasar a subsequente escritura de compra e venda.

E essa identificação foi feita de forma suficiente, na medida em que a escritura menciona expressamente que os lotes em questão são os compromissados à venda entre 1970 e 1980, quitados entre 1970 a 1989, todos do empreendimento denominado Enseada Azul, localizado em Paranapanema, Comarca de Avaré, registrado em Registro de Imóveis de Avaré em 23.08.74, no livro Auxiliar nº 08, sob o nº 17.

A individualização específica de cada lote só tem de ser exigida na subsequente escritura pública de compra e venda definitiva, o que restou plenamente atendido no caso em exame, conforme se verifica do item 1.1 da escritura de compra e venda de fls. 07/11.

Por fim, quanto à exigência de apresentação de alvará judicial específico autorizando o espólio de Maria Lúcia do Valle a alienar o imóvel objeto da escritura de fls. 07/11, relembre-se que a escritura de compra e venda anota que o espólio está autorizado a promover a venda em cumprimento ao compromisso de venda e compra quitado antes do falecimento da autora da herança nos termos do formal de partilha expedido pelo MM. Juízo da 1ª Vara da Família e Sucessões do Foro Regional de Pinheiros (fl. 08).

Esta autorização pode ser constatada e comprovada pelo plano de partilha aprovado pelo MM. Juízo do Inventário, que conta com item exclusivo dispondo sobre a outorga das escrituras de compra e venda dos lotes do loteamento "Enseada Azul" compromissados à venda e já pagos (fl. 100).

Ante o exposto, dou provimento ao recurso para determinar o registro da escritura pública de compra e venda de fls. 07/11.

Hamilton Elliot Akel
Corregedor-Geral da Justiça e Relator

3.13 PARTILHA EXTRAJUDICIAL. PROMESSA – COMPROMISSO DE COMPRA E VENDA – CUMPRIMENTO. ESPÓLIO. ALVARÁ JUDICIAL

1VRPSP – Processo: 0011976-78.2012.8.26.0100

Localidade: São Paulo Data de Julgamento: 11.04.2012 Data DJ: 23.04.2012

Relator: Carlos Henrique André Lisboa

Jurisprudência: Indefinido

Legislação: Lei 6.015/73

PARTILHA – REPRESENTANTE. Desnecessário alvará judicial para a lavratura da escritura por representante do espólio nomeado por ocasião da lavratura da escritura de inventário e partilha, devendo constar da escritura de partilha o nome do promissário comprador.

Íntegra

Proc. nº 0011976-78.2012.8.26.0100 Dúvida – Suscitante: 14º Registro de Imóveis Suscitado: Mauricio Leite Mirabetti Sentença de fls. 46/49:

Vistos.

Trata-se de dúvida suscitada pelo 14º Oficial de Registro de Imóveis de São Paulo, que recusou o registro de escritura pública lavrada em dezembro de 2011, no 14º Tabelião de Notas desta Capital, por meio da qual o suscitado adquiriu do espólio de Walter Baldini o imóvel matriculado sob nº 190.040. Sustentou o Oficial que o registro não pôde ser efetuado em razão da falta de alvará judicial autorizando o espólio a vender o imóvel, visto que o inventário e a partilha do acervo hereditário do vendedor foram feitos por meio de escritura pública. Disse o Oficial, ainda, que a escritura pública de inventário e partilha não menciona a quem o imóvel foi compromissado.

O suscitado Maurício Leite Mirabetti impugnou a dúvida (fls. 36/41).

O representante do Ministério Público opinou pela procedência da dúvida (fls. 43/44). É o relatório.

Decido.

A dúvida é procedente, mas não por todos os motivos sustentados pelo Registrador.

Com efeito, o item 102 do Capítulo XIV das Normas de Serviço da Corregedoria-Geral da Justiça tem a seguinte redação:

102. É obrigatória a nomeação de interessado, na escritura pública de inventário e partilha, para representar o espólio, com poderes de inventariante, no cumprimento de obrigações ativas ou passivas pendentes, sem necessidade de seguir a ordem prevista no art. 990 do Código de Processo Civil.

Esse representante do espólio, cuja nomeação é obrigatória, tem entre suas incumbências a de outorgar escritura de venda e compra em favor de compromissário comprador que, tendo quitado integralmente o preço, firmou o respectivo contrato com o falecido.

Essa é justamente a hipótese dos autos.

Desnecessário, no caso, a obtenção de alvará judicial para a lavratura da escritura por parte do representante do espólio. Isso porque a nomeação feita no momento da lavratura da escritura de inventário e partilha, que pressupõe consenso dos herdeiros (art. 982 do Código de Processo Civil), substitui a autorização judicial.

A intenção do legislador, ao criar a figura do inventário extrajudicial, foi justamente facilitar e agilizar o procedimento de transferência do patrimônio em razão da morte. Todavia, caso o alvará seja exigido para a realização de qualquer ato por parte do representante do espólio escolhido consensualmente no momento da lavratura da escritura de inventário, o escopo de desburocratizar o procedimento não será alcançado.

Neste sentido, a doutrina: "Porém, também poderá acontecer de ter o autor da herança deixado apenas obrigações a serem cumpridas, como, por exemplo, a outorga de escritura de venda e compra, cujo preço já foi integralmente pago quando do compromisso particular anteriormente firmado pelo falecido.

Em situações como esta, mostra-se indispensável a indicação de um inventariante que, em nosso sentir, pode ser realizado através do procedimento extrajudicial, muito mais simples, e ágil. Neste caso, os interessados nomearão, na própria escritura pública uma pessoa que ficará responsável pelo cumprimento dessas obrigações" (in "Escrituras Públicas: Separação, Divórcio, Inventário e Partilhas Consensuais" / Francisco José Cahali, Antônio Herance Filho, Karin Regina Rick Rosa e Paulo Roberto Gaiger Ferreira, Ed. Revista dos Tribunais, 2. ed., p. 99).

Desse modo, não se sustenta a recusa do registro da escritura de compra e venda acostada a fls. 8/9, em razão de o representante do espólio vendedor ter sido indicado em inventário extrajudicial e não ter sido apresentado alvará judicial (fls. 8 e 20).

No entanto, há outro motivo, também notado pelo Oficial, que impede o registro do título.

Com efeito, o item 4 da escritura de inventário e partilha dos bens deixados por Walter Baldini (fls. 18, verso) faz referência à celebração do compromisso de compra e venda por parte do falecido; descreve o imóvel negociado; e estabelece a obrigação do representante do espólio de outorgar a escritura.

Não há menção, todavia, à pessoa que celebrou o contrato de compromisso de compra e venda com o falecido e que, por esse motivo, figuraria na futura escritura de compra e venda como comprador.

Entendo que o nome da pessoa que futuramente receberá o domínio do imóvel compromissado é informação essencial, que deve constar na escritura de inventário, de modo a comprovar a anuência de todos os herdeiros.

Caso contrário, o representante do espólio receberia verdadeiro "cheque em branco", que lhe daria a possibilidade de outorgar a escritura de compra e venda em favor de quem bem entendesse.

Dessa maneira, resta ao suscitado providenciar a rerratificação da escritura de inventário e partilha, a fim de que seu nome conste como compromissário comprador do instrumento celebrado pelo falecido em março de 2008 (fls. 18, verso).

Por fim, a manutenção da negativa do registro acarreta a procedência da dúvida, que não comporta procedência ou improcedência parcial.

Ante o exposto, pelos motivos acima expostos, julgo procedente a dúvida suscitada pelo 14º Oficial de Registro de Imóveis de São Paulo a requerimento de Maurício Leite Mirabetti.

Oportunamente cumpra-se o artigo 203, I, da Lei 6.015/73, e arquivem-se os autos.

P.R.I.

São Paulo, 11 de abril de 2012.
Carlos Henrique André Lisboa
Juiz de Direito

3.14 INVENTÁRIO. CPC/73, ART. 982. NCPC, ART. 610. PEDIDO QUE A INVENTARIANÇA SEJA EXERCIDA POR DUAS – DETERMINAÇÃO DE EMENDA DA INICIAL E INDICAÇÃO DE APENAS UM INVENTARIANTE. POSSIBILIDADE

Processo: AREsp 1375702
Relator(a): Ministra Maria Isabel Gallotti
Data da Publicação: DJe 04.12.2018

DECISÃO

Agravo em Recurso Especial nº 1.375.702 – PR (2018/0258039-4) Relatora: Ministra Maria Isabel Gallotti

Agravante: Romys Augusto Nicolau Barbosa Villar

Agravante: Fernando Marcos Alves de Moraes Nicolau Advogados: Vilson Silveira e outro(s)

Vilson Silveira Júnior – PR050363

Agravado: Irma Carolina de Moraes Nicolau – Espólio

Advogado: sem representação nos autos – SE000000M

Interes.: Paulo Fernando de Moraes Nicolau

Advogados : Ricardo Jorge Rocha Pereira e outro(s)

Marcos Dauber – PR031278

Ludmila Ludovico de Queiroz – PR051773

Interes.: Joao Guilherme de Moraes Nicolau

Advogados: Amazonas Francisco do Amaral e outro(s)

Renato Oliveira de Azevedo – PR022971

Fábio da Silva Muiños – PR028320

Interes.: Regina Flora de Moraes Nicolau

Advogado: Marcos Dutra de Almeida – PR025010

DECISÃO

Trata-se de agravo manifestado contra decisão que negou seguimento a recurso especial interposto em face de acórdão com a seguinte ementa: PROCESSUAL CIVIL. AGRAVO DE INSTRUMENTO. INVENTÁRIO. CPC/73, ART. 982. NCPC, ART. 610. PEDIDO DOS HERDEIROS QUE A INVENTARIANÇA SEJA EXERCIDA POR DUAS (2) DETERMINAÇÃO DE EMENDA DA INICIAL E INDICAÇÃO DE APENAS UM (1) INVENTARIANTE. POSSIBILIDADE. CONDUÇÃO DO PROCESSO A CARGO DO PRUDENTE ARBÍTRIO DO MAGISTRADO, MESMO NOS PROCEDIMENTOS DE JURISDIÇÃO VOLUNTÁRIA. HIATO LEGISLATIVO QUANTO AO RITO QUE NÃO IMPORTA ENTREGÁ-LO AO ARBÍTRIO DAS PARTES. CPC/73, ART. 1.109. NCPC, ART. 723, PARÁGRAFO ÚNICO. NECESSIDADE DE INVENTARIANÇA CONJUNTA, ADEMAIS, NÃO SUFICIENTEMENTE JUSTIFICADA. RECURSO CONHECIDO E DESPROVIDO, COM REVOGAÇÃO DA ANTECIPAÇÃO DA TUTELA RECURSAL.

Alegou-se, no especial, violação dos artigos 1.775 do Código Civil e 617 e 723 do Código de Processo Civil, sob o fundamento de que a ordem de nomeação do inventariante não tem caráter absoluto, cabendo ao juiz dar a melhor solução ao caso concreto na nomeação, de modo que seria perfeitamente possível a nomeação dos recorrentes, em conjunto, para o exercício da inventariança.

Assim delimitada a controvérsia, passo a decidir.

O Tribunal local, ao contrário do que afirmam os agravantes, consignou expressamente que a estrita legalidade cede em certas oportunidades, o que não significa dizer que o mister de escolher o inventariante está a cargo dos herdeiros, de modo que pareceu melhor a nomeação de um só inventariante em detrimento de ambos os agravantes em conjunto.

Leia-se o excerto do acórdão local:

> Se o Juízo de 1º Grau entendeu por atribuir a missão a um único inventariante, por ser, o Magistrado, Presidente do processo, tal decisão não exorbita de seu rol de atribuições. Se lhe parece mais conveniente e oportuno para a boa condução do processo, e não há prova contundente noutra direção, tal solução deve ser prestigiada.

Esse é o espaço ou hiato de legalidade estrita dos artigos 990 e 1.109 do CPC/73, repetidos nos artigos 617 e 723, parágrafo único, do NCPC, que não se confunde com a possibilidade das partes moldarem um processo estritamente conforme a conveniência delas, porque o processo não existe apenas para conveniência das partes interessadas.

É realmente mais prático nomear um Inventariante do que dois e ter de "dividir a confiança" (se isso fosse possível) atribuições e responsabilidades de dois inventariantes, o que poderia contribuir para tumultuar um processo que, na gênese, deve ser essencialmente descomplicado" (e-STJ, fl. 725) Inequívoco, portanto, que o reexame da causa esbarra nas disposições do verbete n. 7 da Súmula desta Corte. Diante do exposto, nego provimento ao agravo.

Intimem-se.

Brasília (DF) Ministra Maria Isabel Gallotti
Relatora

3.15 ALVARÁ JUDICIAL. RETIFICAÇÃO DE ESCRITURA PÚBLICA

ACÓRDÃO

Vistos, relatados e discutidos estes autos de Apelação nº 1002200-58.2017.8.26.0004, da Comarca de São Paulo, em que é apelante Olivia da Silva Santos (assistência judiciária), é apelado juízo da comarca.

Acordam, em sessão permanente e virtual da 3ª Câmara de Direito Privado do Tribunal de Justiça de São Paulo, proferir a seguinte decisão: Deram provimento ao recurso. V. U., de conformidade com o voto do relator, que integra este acórdão.

O julgamento teve a participação dos Desembargadores Donegá Morandini (Presidente), Beretta da Silveira e Viviani Nicolau.

São Paulo, 11 de dezembro de 2017.

Donegá Morandini
Relator

3ª Câmara de Direito Privado
Apelação Cível nº 1002200-58.2017.8.26.0004
Comarca: São Paulo
Apelante: Olivia da Silva Santos
Apelado: O Juízo
Voto n. 39.649

ALVARÁ JUDICIAL. RETIFICAÇÃO DE ESCRITURA PÚBLICA.
Pedido de retificação do endereço do imóvel em escritura pública de venda e compra de bem imóvel, a fim de viabilizar o registro de formal de partilha. Juiz que não pode substituir as partes e o notário, interferindo na vontade manifestada por meio do instrumento. Hipótese, contudo, em que é praticamente impossível a renovação do ato, dado o falecimento do comprador e desconhecimento do paradeiro dos vendedores. Escritura pública lavrada há quase 40 anos. Pretensão deduzida nos autos não é de alta indagação, tratando-se de erro material evidente. Possibilidade de retificação, sem prejuízo à vontade dos contratantes. Documentos que comprovam que houve equívoco no nome da rua em que localizado o imóvel, de acordo com a transcrição imobiliária e cadastro de contribuinte do IPTU. Retificação determinada. Precedentes. Sentença reformada.
Apelo provido.

1. Trata-se de pedido de alvará para retificação de escritura pública, o qual foi indeferido pela sentença de fls. 99/101, da lavra da MMª Juíza de Direito Tania Mara Ahualli, por considerar que "o juiz não pode substituir o notário ou qualquer uma das partes, retificando escrituras que encerra o ato que denota tudo o que se passou e que foi declarado perante o agente público".

Inconformada, recorre Olivia da Silva Santos, sustentando, em síntese, que houve erro material evidente na escritura pública, passível de ser corrigido pela via judicial. Alega que a escritura foi elaborada nos anos 70, não tendo a autora contato com a outra parte contratante para conseguir a retificação do documento. Defende que a alteração pretendida não traz prejuízo aos vendedores e não fere a vontade das partes manifestada no título (fls. 110/115).
A Douta Procuradoria de justiça opinou pelo não provimento do recurso (fls. 130/131).

É o Relatório.

2. O recurso comporta provimento.

Pretende a autora a retificação da escritura pública de nº 1.742, lavrada perante o 5º Tabelião de Notas de São Paulo em 19.09.1978 (fls. 116/121). Afirma que constou na escritura que o imóvel transacionado está localizado à Rua Cidade do Rio Pardo, quando, na verdade, o nome correto é Rua Conde do Rio Pardo. Justifica seu interesse no fato de ser herdeira do adquirente Antônio Pereira dos Santos, seu ex-marido, sendo certo que o erro material em questão inviabiliza o registro do formal partilha do bem no registro imobiliário.

Não se olvida que, tal como constou na sentença recorrida, o juiz não pode substituir as partes ou o notário e retificar a escritura que consubstancia tudo o que se passou e que foi declarado perante o agente público.

No caso dos autos, contudo, é praticamente impossível a renovação do ato, dado o falecimento do comprador e o desconhecimento do paradeiro dos vendedores. Ademais, trata-se de escritura lavrada há 39 anos, formalizando a venda compromissada por contrato particular entabulado em 16.12.1964 (fls. 117).

Além disso, da análise da pretensão não se vislumbra que o provimento judicial tenha o condão de alterar a declaração de vontade das partes contratantes, tampouco que seja de alta indagação, tratando-se, na verdade, de erro material evidente, cuja correção não importa em qualquer prejuízo.

Com efeito, não obstante o endereço declinado na escritura pública, foi indicado que o imóvel está transcrito sob o nº 4.817 da 10ª Circunscrição Imobiliária da Capital, em que consta que o imóvel está localizado à Rua 9, a qual passou a se chamar Rua Conde do Rio Pardo (fls. 18).

No mesmo sentido, o cadastro do contribuinte junto à prefeitura de nº 124.081.0012-6 mencionado na escritura, que corresponde ao endereço da Rua Conde do Rio Pardo (fls. 21).

Admitida, portanto, a retificação pretendida. No mesmo sentido, precedentes deste Tribunal: "Retificação de registro imobiliário. Erro material no nome do comprador. Ausência do agnome "Filho". Interesse de agir reconhecido. O procedimento de jurisdição voluntária de retificação de registro não se presta à solução de questão de alta indagação. Todavia, não é este o caso dos autos. O erro é flagrante, sua correção em nada alterará o conteúdo do documento ou a situação das partes envolvidas, e não se pode perder de vista que a transação ocorreu há 42 anos, o que torna praticamente impossível o refazimento do ato, sobretudo diante do falecimento da maior parte dos envolvidos. Ausência de prejuízo. Retificação do nome autorizada. Precedentes. Justiça gratuita concedida. Recurso provido (Apelação 1023750-41.2015.8.26.0114, Rel. Des. Paulo Alcides, 6ª Câmara de Direito Privado, J. 25.08.2017)". E também: "Retificação de registro civil – Mero equívoco material na grafia do nome da vendedora de imóvel Ação movida pela compradora que revendeu o imóvel e depende da regularização para outorga da escritura a terceiro adquirente Interesse demonstrado Ilegitimidade ativa afastada Aplicação da teoria da causa madura Pedido acolhido Sentença reformada Recurso provido" (Apelação 9131936-20.2008.8.26.0000, Rel. Des. Luiz Ambra, 8ª Câmara de Direito Privado, Julgamento: 23.11.2011).

Concluindo, a sentença é reformada para que seja determinada a retificação da escritura de venda e compra de nº 1.742, fls. 66, lavrada perante o 5º Tabelião de Notas de São Paulo para que passe a constar que o imóvel está localizado à Rua Conde do Rio Pardo.

Dá-se provimento ao recurso.

Donegá Morandini
Relator

3.16 PARTILHA JUDICIAL – RETIFICAÇÃO POR ESCRITURA PÚBLICA – POSSIBILIDADE

TJSP – Processo: 0005467-28.2014.8.26.0338
Localidade: Mairiporã Data de Julgamento: 10.12.2014 Data DJ: 10.12.2014
Relator: Cristiano Cesar Ceolin
Jurisprudência: Indefinido
Lei: LO – Inventário e Partilha – 11.441/07
Lei: LO – Novo CPC – 13.105/15 ART: 1.028
Especialidades: Tabelionato de Notas, Registro de Imóveis

Partilha judicial – Retificação por escritura pública – Possibilidade.

Íntegra

Tribunal de Justiça do Estado de São Paulo
Comarca de Mairiporã
Foro de Mairiporã
1ª Vara

Processo Físico nº 0005467-28.2014.8.26.0338
Classe – Assunto Dúvida – Registro de Imóveis
Requerente: Marilena Pezeta de Abreu
Requerido: Oficial do Cartório de Registro de Imóveis da Comarca de Mairiporã

Ordem nº 1988/14

Vistos.

Espólio de Marilena Pezeta de Abreu, representado pelo inventariante Ubaldo Antonio de Abreu apresentaram a presente suscitação de dúvida contra o Oficial de Registro de Imóveis desta comarca e alegou, em síntese, que processo de arrolamento tramitou perante a 4ª Vara da Família e Sucessões do Foro Regional de Santana e deu origem à expedição do formal de partilha, em de 12 de agosto de 1.996. Após regular tramitação, em 19 de setembro de 1.996, referido formal foi regularmente registrado nas matrículas nº 5.305 e 5.306, no 3º Cartório de Registro de Imóveis de São Paulo, sem qualquer exigência. Aduziu que, em 27 de maio de 2.014, protocolou-o perante o Cartório de Registro de Imóveis de Mairiporã, mas obteve uma nota de devolução, com as seguinte exigências: (i) descrição completa dos imóveis; (ii) retificação do percentual pago a cada herdeiro, de 1/3 sobre a metade ideal, não obstante o formal mencionasse 1/6 sobre o total; (iii) a retificação da área da construção, que de fato encontrava-se equivocada, além da apresentação da certidão de casamento atualizada da herdeira Ana Luisa, em razão do seu divórcio. Por tais razões, lavrou-se, nos mencionados termos, em 17 de julho de 2.014, uma escritura pública de retificação de inventário judicial, perante o 4º Tabelião de Notas da Capital/SP. Entretanto, em 20 de agosto de 2.014, obteve nova nota de devolução, sob os fundamentos de que: (i) não foi encontrada previsão legal para a retificação de formal de partilha judicial, por ato extrajudicial; (ii) há necessidade de retificação dos números de páginas mencionados na escritura pública, pois se referem à numeração dos autos do processo e não do formal; (iii) necessidade de retificação à menção da construção existente, já que localizada apenas no imóvel da matrícula nº 10.284, e não sobre os demais. Pediu que as exigências fossem superadas ou a instauração deste procedimento.

Parecer do Sr. Oficial às fls. 168/170.

Às fls. 179/180, o representante do parquet corroborou a negativa do Sr. Oficial.

É o relatório.

Fundamento e Decido.

Com respeito à opinião exarada pelo Sr. Oficial Registrador, a qual foi acompanhada pelo Ministério Público, não vejo nos autos razão para a não efetivação do registro da retificação do formal de partilha judicial por meio da escritura pública encartada aos autos.

Sabidamente, é possível, e de ocorrência comum, uma situação de erro, omissão, ou imperfeição presente em partilha homologada em processo de inventário ou arrolamento.

Em tal situação, quando o respectivo Formal de Partilha ou Carta de Sentença for efetivamente apresentado ao oficial de registro de imóveis, no processo de qualificação registrária, a imperfeição pode vir a ser percebida e, diante de tal situação, enquanto não superada, não será permitido o acesso ao registro imobiliário e a efetiva transmissão da propriedade do bem imóvel partilhado. A situação assume maior gravidade quando, por desídia do interessado ou outra causa, o registro do título somente for buscado muito tempo depois da conclusão do processo judicial. Nesta ocasião o processo poderá estar arquivado o que dificulta ainda mais o movimentar da máquina judiciária para a correção dos erros ou omissões verificados tardiamente.

De regra, a necessidade de alteração do formal pode ser caracterizar como sobrepartilha ou mera retificação.

O legislador previu no artigo 1.040 do Código de Processo Civil a possibilidade da realização de sobrepartilha para o acréscimo de bens ou direitos ao inventário.

No uso de suas atribuições, o Conselho Nacional de Justiça, por meio da Resolução nº 35, definiu claramente a competência do tabelião para realizar sobrepartilhas.

Por sua vez, para retificação dos erros verificados na descrição dos bens, previsão do artigo 1028 do CPC, o instrumento adequado, de regra, é o aditamento retificativo, que sempre se fez no seio do processo, sob a exclusiva dependência da tutela do juiz do feito.

Resta analisar, tão somente, a forma como esta deverá ocorrer para adquirir a eficácia necessária. Trata-se de uma questão fundamental, pois o respeito à forma prescrita para o ato é requisito de validade do mesmo.

Ao meu sentir, por analogia à possibilidade da sobrepartilha por escritura pública, é razoável, a partir do início da vigência da Lei nº 11.441, de 04 de janeiro de 2007, admitir-se a possibilidade de retificação da partilha do mesmo modo que se faz a própria partilha, ou seja, por escritura pública que, em caso de retificação, será de aditamento retificativo à partilha realizada. Se, a partir da vigência da Lei nº 11.441/07, que inegavelmente tem caráter procedimental, a escritura pública lavrada em tabelionato é forma capaz de efetivar partilha entre maiores e capazes, quando entre todos os interessados existir consenso, ela também será apta à realização de sobrepartilhas, como expressamente afirma o Conselho Nacional de Justiça (art. 25 da Resolução 35), e também para retificações de partilhas.

Na medida em que a Lei nº 11.441/07 conferiu ao tabelião, por meio da realização de escritura pública, capacidade para praticar atos tipicamente processuais, conferindo-lhe competência para a realização de Inventários e separações, exigindo, entretanto, em exceção à regra geral da atividade notarial, como condição de validade do ato e para maior segurança jurídica, a assistência de advogado, implicitamente atribuiu à escritura pública capacidade de rescindir e, evidentemente, de alterar e retificar partilhas e atos em que a sentença existente seja meramente homologatória da vontade dos interessados.

Contrariamente a tais argumentos, seria possível argumentar que, a teor do disposto no já citado artigo 1028 do Código de Processo Civil, toda e qualquer emenda deve ser feita, necessariamente, nos mesmos autos de inventário e que, portanto, não seria possível o uso de escritura pública para qualquer espécie de retificação de inventário ou partilha. Este dispositivo, entretanto, deve ser interpretado de maneira flexível e em consonância com os objetivos da Lei nº 11.441/07 e de todo esforço que se realiza na atualidade para tornar a justiça mais ágil e acessível ao cidadão. Esta foi a interpretação do Conselho Nacional de Justiça, e do Grupo de Estudos criado pela C.G.J. de São Paulo, ao fazer constar expressamente que sobrepartilha é possível ser realizada por meio de escritura pública. Em suma, uma escritura pública, a partir da vigência da Lei 11.441/07, quando todas as partes interessadas forem maiores e capazes e entre elas existir consenso, se apresenta como um meio adequado para a necessária retificação da partilha efetivada com erro ou imperfeição.

No que toca ao caso em tela, houve retificação do formal de partilha judicial de fls. 15/128, por meio da escritura pública de fls. 129/130, que deve ser admitida a registro, considerando serem todas as partes maiores e capazes, assim como haver consenso quanto à matéria que foi retificada.

Posto isto e, considerando tudo o mais que dos autos consta, julgo procedente o pedido contido nesta suscitação de dúvida inversa e determino que o Sr. Oficial proceda ao registro da escritura pública retificatória (fls. 129/ 130) do formal de partilha encartado às fls. 15/128.

Cumpra-se.
Mairiporã, 10 de dezembro de 2014.

Cristiano Cesar Ceolin
Juiz de Direito

3.17 SUCESSÕES. PEDIDO DE ALVARÁ APENSO AO PROCESSO DE INVENTÁRIO. EXISTÊNCIA DE OUTROS BENS A PARTILHAR E VALOR EXPRESSIVO DAS DIFERENÇAS REMUNERATÓRIAS DEVIDAS AO FALECIDO

Processo: REsp 1537010 / RJ RECURSO ESPECIAL 2013/0179059-2
Relator: Ministro Paulo de Tarso Sanseverino (1144)
Órgão Julgador: T3 – Terceira Turma
Data do Julgamento: 15.12.2016
Data da Publicação/Fonte: DJe 07.02.2017

EMENTA – RECURSO ESPECIAL. DIREITO CIVIL. SUCESSÕES. LITÍGIO ENTRE PENSIONISTA E HERDEIROS DE SERVIDOR PÚBLICO FALECIDO EM TORNO DE VERBAS REMUNERATÓRIAS ATRASADAS (PAE). PEDIDO DE ALVARÁ APENSO AO PROCESSO DE INVENTÁRIO. DIFERENÇAS CORRESPONDENTES A ABONO VARIÁVEL, ADICIONAL POR TEMPO DE SERVIÇO E DÉCIMO TERCEIRO SALÁRIO. NÃO INCIDÊNCIA DA

LEI N. 6.858/80. EXISTÊNCIA DE OUTROS BENS A PARTILHAR E VALOR EXPRESSIVO DAS DIFERENÇAS REMUNERATÓRIAS DEVIDAS AO FALECIDO.

1. Litígio entre pensionista de Procurador de Justiça e seus herdeiros em torno de diferenças de vencimentos, reconhecidas como devidas ao falecido após sua morte, retroativamente, pelo Ministério Público do Estado do Rio de Janeiro, a título de décimo terceiro salário, adicional por tempo de serviço e abono variável (PAE), que fazia jus no tempo em que atuou como Promotor de Justiça.

2. Controvérsia em torno de quem tem direito a receber essas verbas remuneratórias não auferidas em vida pelo titular do direito (a viúva e/ou os herdeiros).

3. A Parcela Autônoma de Equivalência (PAE) constitui verba integrante da remuneração do servidor, que, não tendo sido paga na época oportuna, passa a configurar crédito não recebido em vida pelo titular do direito, integrando os bens e direitos da herança.

4. Solução da controvérsia a ser definida pelas regras do direito sucessório, cabendo aos herdeiros o direito à partilha de tais verbas.

5. A Lei n. 6.858/80, ao pretender simplificar o procedimento de levantamento de pequenos valores não recebidos em vida pelo titular do direito, aplica-se estritamente a hipóteses em que atendidos dois pressupostos: (a) condição de dependente inscrito junto à previdência; (b) inexistência de outros bens a serem inventariados.

6. Não reconhecimento do implemento desses requisitos pelo acórdão recorrido (Súmula 07/STJ).

7. Dissídio jurisprudencial não demonstrado.

8. Recurso especial desprovido.

ACÓRDÃO

Vistos e relatados estes autos em que são partes as acima indicadas, decide a Egrégia Terceira Turma do Superior Tribunal de Justiça, por unanimidade, negar provimento ao recurso especial, nos termos do voto do Sr. Ministro Relator. Os Srs. Ministros Ricardo Villas Bôas Cueva, Marco Aurélio Bellizze (Presidente) e Moura Ribeiro votaram com o Sr. Ministro Relator.

Ausente, justificadamente, a Sra. Ministra Nancy Andrighi.

3.18 CESSÃO ONEROSA DE QUOTA HEREDITÁRIA À TERCEIRO. DIREITO DE PREFERÊNCIA DOS COERDEIROS. NOTIFICAÇÃO PRÉVIA. NECESSIDADE

Processo: REsp 1620705 / RS – RECURSO ESPECIAL 2013/0396090-1
Relator: Ministro Ricardo Villas Bôas Cueva (1147)
Órgão Julgador: T3 – Terceira Turma
Data do Julgamento: 21.11.2017
Data da Publicação/Fonte: DJe 30.11.2017

EMENTA – RECURSO ESPECIAL. DIREITO CIVIL E PROCESSUAL CIVIL. SUCESSÕES. VIOLAÇÃO DO ART. 535 DO CPC/1973. NÃO OCORRÊNCIA. INVENTÁRIO. AGRAVO DE INSTRUMENTO. ART. 522 DO CPC/1973. CESSÃO ONEROSA DE QUOTA HEREDITÁRIA À TERCEIRO. DIREITO DE PREFERÊNCIA DOS COERDEIROS. ARTS. 1.794 E 1.795 DO CÓDIGO CIVIL. AQUISIÇÃO TANTO POR TANTO. NOTIFICAÇÃO PRÉVIA. NECESSIDADE. INDICAÇÃO DE PREÇO E CONDIÇÕES DE PAGAMENTO. IMPRESCINDIBILIDADE.

1. É permitido ao herdeiro capaz ceder a terceiro, no todo ou em parte, os direitos que lhe assistem em sucessão aberta.

2. A alienação de direitos hereditários a pessoa estranha à sucessão exige, por força do que dispõem os arts. 1.794 e 1.795 do Código Civil, que o herdeiro cedente tenha oferecido aos coerdeiros sua quota parte, possibilitando a qualquer um deles o exercício do direito de preferência na aquisição, "tanto por tanto", ou seja, por valor idêntico e pelas mesmas condições de pagamento concedidas ao eventual terceiro estranho interessado na cessão.

3. À luz do que dispõe o art. 1.795 do Código Civil e em atenção ao princípio da boa-fé objetiva, o coerdeiro, a quem não se der conhecimento da cessão, poderá, depositado o preço, haver para si a quota cedida a estranho, se o requerer até 180 (cento e oitenta) dias após ter sido cientificado da transmissão.

4. No caso, apesar de o recorrente ter sido chamado a se manifestar a respeito de eventual interesse na aquisição da quota hereditária de seu irmão, não foi naquele ato cientificado a respeito do preço e das condições de pagamento que foram avençadas entre este e terceiro estranho à sucessão, situação que revela a deficiência de sua notificação por obstar o exercício do direito de preferência do coerdeiro na aquisição, tanto por tanto, do objeto da cessão.

5. Recurso especial provido.

ACÓRDÃO

Vistos e relatados estes autos, em que são partes as acima indicadas, decide a Terceira Turma, por unanimidade, dar provimento ao recurso especial, nos termos do voto do Sr. Ministro Relator. Os Srs. Ministros Marco Aurélio Bellizze (Presidente), Moura Ribeiro, Nancy Andrighi e Paulo de Tarso Sanseverino votaram com o Sr. Ministro Relator.

REGISTRO DE IMÓVEIS – Recusa decorrente da necessidade de lavratura de escritura pública para cessão de direitos hereditários – Ausência de recolhimento do tributo devido – Irresignação do apelante apenas contra a exigência de escritura pública – Irresignação parcial – Recurso não conhecido.

CSMSP – Apelação Cível: 990.10.248.048-8

Localidade: São João da Boa Vista Data de Julgamento: 14.12.2010 Data DJ: 19.01.2011 Relator: Antonio Carlos Munhoz Soares

Jurisprudência: Indefinido

Legislação: Lei 6.015/73

Íntegra

ACÓRDÃO

Vistos, relatados e discutidos estes autos de Apelação Cível Nº 990.10.248.048-8, da Comarca de São João Da Boa Vista, em que é apelante Waldilei Inácio Ferreira e apelado o Oficial de Registro de Imóveis, Títulos e Documentos e Civil de Pessoa Jurídica da referida Comarca.

Acordam os Desembargadores do Conselho Superior da Magistratura, por votação unânime, em não conhecer do recurso, de conformidade com os votos do Desembargador Relator e do Desembargador Revisor que ficam fazendo parte integrante do presente julgado.

Participaram do julgamento os Desembargadores Viana Santos, Presidente do Tribunal de Justiça, Marco César, Vice-Presidente do Tribunal de Justiça, Reis Kuntz, Decano, Ciro Campos, Luis Ganzerla e Maia da Cunha, respectivamente, Presidentes da Seção Criminal, de Direito Público e de Direito Privado do Tribunal de Justiça.

São Paulo, 14 de dezembro de 2010.

(a) Antonio Carlos Munhoz Soares
Corregedor-Geral da Justiça e Relator

VOTO

REGISTRO DE IMÓVEIS – Recusa decorrente da necessidade de lavratura de escritura pública para cessão de direitos hereditários – Ausência de recolhimento do tributo devido – Irresignação do apelante apenas contra a exigência de escritura pública – Irresignação parcial – Recurso não conhecido.

Trata-se de apelação interposta contra sentença que julgou procedente dúvida inversa suscitada pelo apelante em relação a registro recusado pelo Oficial de Registro de Imóveis, Títulos e Documentos e Civil de Pessoa Jurídica de São João da Boa Vista e manteve a recusa ao ingresso no Registro de carta de adjudicação expedida em arrolamento de bens, sob o fundamento de que a escritura pública é indispensável para a cessão de direitos hereditários.

O apelante sustenta que a r. sentença deve ser reformada, pois para a cessão de direitos hereditários é suficiente o termo nos autos, como previsto no art. 1.806 do Código Civil em vigor. Ademais, a venda foi celebrada na vigência do Código de 1916, quando não se previa solenidade específica para a cessão de direitos. Acrescentou que, se demonstrada a necessidade do recolhimento de tributos, irá providenciar o pagamento correspondente.

O parecer da Procuradoria Geral de Justiça é pelo não conhecimento do recurso, ou, superada a preliminar, pelo improvimento do recurso (fs. 87/88).

É o relatório.

Desde logo, consigne-se que embora tenha constado equivocadamente da r. sentença que a dúvida foi julgada improcedente, houve, na verdade, julgamento de procedência, uma vez que a recusa do Oficial foi quanto a registrar o título que lhe foi apresentado.

Também não seria possível acolher o pleito recursal em virtude de este Conselho ter posição segura no sentido de que não se conhece dúvida inversa, em que, como no caso, não for apresentado o original do título: Apelação Cível nº 43.728-0/7, rel. Des. Sérgio Augusto Nigro Conceição:

> REGISTRO DE IMÓVEIS – Dúvida inversamente suscitada – Falta do título original e de prenotação – Inadmissibilidade – Prejudicialidade – Recurso não conhecido.

Da decisão extrai-se, sobre a questão, a passagem seguinte:

Pacífica a jurisprudência deste Colendo Conselho Superior da Magistratura no sentido da necessidade de apresentação do título original, como decidido na apelação cível nº 30.728-0/7, da Comarca de Ribeirão Preto, Relator o Desembargador Márcio Martins Bonilha, nos seguintes termos: 'Ora, sem a apresentação do título original, não se admite a discussão do quanto mais se venha a deduzir nos autos, porque o registro, em hipótese alguma, poderá ser autorizado, nos termos do artigo 203, II, da Lei 6.015/73. Não é demasiado observar que no tocante à exigência de autenticidade, o requisito da exibição imediata do original diz respeito ao direito obtido com a prenotação do título, direito que não enseja prazo reflexo de saneamento extrajudicial de deficiências da documentação apresentada'.

Sem o original da carta de adjudicação, não se justifica o conhecimento da irresignação do recorrente.

Imprescindível, deveras, em situações como a presente, o exame material do próprio título original, não apenas para que se venha a ter certeza de sua autenticidade e regularidade, mas, ainda, para que, caso autorizado o registro, este possa efetivamente se concretizar. Do contrário, tal concretização dependeria de evento futuro e incerto, consistente na apresentação, ao registrador, daquele original faltante. Ou seja, este Conselho estaria a proferir decisão condicionada.

Por outro lado, a hipótese seria o caso de não conhecimento do recurso em virtude da irresignação parcial do apelante, que recorreu, exclusivamente, contra uma das exigências da nota de fs. 16. Contudo, há outra exigência, consistente na necessidade de cálculo dos emolumentos devidos a título de ITBI, inconfundível, como se extrai de fs. 57, com o ITCMD, expressamente contemplado na decisão judicial indicada a fs. 47.

Da manifestação do apelante extrai-se que somente contra a exigência de escritura pública há menção no recurso.

Em casos como esse, o E. Conselho Superior da Magistratura tem decidido no sentido de que o recurso não merece ser conhecido:

3.19 REGISTRO DE IMÓVEIS – DÚVIDA – RECUSA DO REGISTRO DE CARTA DE ADJUDICAÇÃO – IRRESIGNAÇÃO PARCIAL, SEM PROVA DO CUMPRIMENTO DAS EXIGÊNCIAS NÃO IMPUGNADAS – INADMISSIBILIDADE – DÚVIDA PREJUDICADA

Sobre a questão, vale invocar acórdão relatado pelo eminente Desembargador e então Corregedor-Geral da Justiça Luiz Tâmbara:

A posição do Egrégio Conselho Superior da Magistratura, como bem ressaltado pelo digno Procurador de Justiça, é tranquila no sentido de se ter como prejudicada a dúvida, em casos como o que se examina, em que admitida como correta uma das exigências, não sendo a outra cumprida, posto que permanece a impossibilidade de acesso do título ao fólio. Nesse sentido os julgados das Apelações Cíveis números 54.073-0/3, 60.046-0/9, 61.845-0/2 e 35.020-0/2.

Posicionar-se de maneira diversa importaria admitir uma decisão condicional pois, somente se atendida efetivamente a exigência tida como correta é que a decisão proferida na dúvida, eventualmente afastando o óbice discutido, é que seria possível o registro do título.

A discussão parcial dos óbices, por outro lado, sem cumprimento daqueles admitidos como corretos, possibilitaria a prorrogação indevida do prazo de prenotação, com consequências nos efeitos jurídicos desta decorrentes, tal como alteração do prazo para cumprimento das exigências ou a prorrogação da prioridade do título em relação a outro a ele contraditório". (CSM – Ap. Cív. n. 93.875-0/8 – j. 06.09.2002).

Do mesmo teor: Ap. Cív. n. 71.127-0/4 – j. 12.09.2000 – rel. Des. Luís de Macedo; Ap. Cív. n. 241-6/1 – j. 03.03.2005 – rel. Des. José Mário Antonio Cardinale; Ap. Cív. n. 000.505-6/7-00 – j. 25.05.2006 – rel. Des. Gilberto Passos de Freitas.

Em decisão mais recente, esse E. Conselho Superior da Magistratura reiterou tal conclusão Ap. Civ. nº 990.10.070.078-2, rel. Des. Munhoz Soares, j. 3.8.2010.

Contudo, mesmo que fosse possível superar a questão preliminar e enfrentar o mérito do recurso, a hipótese seria de manter a decisão atacada, pois a jurisprudência do E. Superior Tribunal de Justiça, a despeito das posições doutrinárias que consideram possível a cessão por termo nos autos, consagrou o entendimento de que a cessão só é válida se celebrada por escritura pública, de que não se utilizaram os envolvidos no negócio objeto da presente decisão:

> A cessão de direitos hereditários deve ser formalizada por escritura pública, consoante determina o artigo 1.793 do Código Civil de 2002 (REsp. n. 1.027.884, rel. Min. Fernando Gonçalves, j. 06.08.2009).

Nem é o caso de se examinar a possibilidade de se admitir que a cessão seja feita por termo nos autos, pois, no caso, também ela não foi lavrada.

Diante do exposto, não conheço do recurso.

(a) Munhoz Soares
Corregedor-Geral da Justiça e Relator

VOTO

I – Relatório

Trata-se de recurso interposto por Waldilei Inácio Ferreira contra a r. sentença que julgou improcedente dúvida inversa por ele suscitada em face do Oficial de Registro de Imóveis, Títulos e Documentos e Civil de Pessoa Jurídica da Comarca de São João da Boa Vista, recusando o registro de carta de adjudicação expedida em arrolamento de bens.

O apelante alega, em apertada síntese, que o termo nos autos é suficiente para a cessão de direitos hereditários, em conformidade com o disposto no artigo 1806 do novo Código Civil. Assevera que celebrou a venda na vigência do Código Civil de 1916, onde não se previa solenidade específica para a cessão de direitos. Acrescenta, ainda, que efetuará o recolhimento dos tributos correspondentes, caso demonstrada sua necessidade. Pugna, assim, pela reforma da r. sentença atacada.

A Douta Procuradoria Geral de Justiça manifestou-se pelo não conhecimento do recurso, ou, superada a preliminar, pelo não provimento do recurso (fls. 87/88).

II – Voto

Acompanho o nobre Relator, o recurso não comporta conhecimento.

A princípio, cumpre observar que, a despeito do termo utilizado no artigo 203 da Lei n. 6.015/73 ser aplicado à dúvida inversa, constata-se o não comprometimento da r. sentença, pois, apesar da Autoridade Judiciária ter julgado a dúvida registrária improcedente, negou o registro requerido, sem se olvidar de que há a aceitação, por este Egrégio Conselho, do processamento da dúvida inversamente suscitada, consoante precedentes jurisprudenciais.

Na espécie, não obstante tratar-se de dúvida inversa, esta deveria ser instruída com o título original, o que não ocorreu, incidindo em equívoco a recorrente, porquanto tal providência é condição de admissibilidade das dúvidas registrárias, consoante preconiza o artigo 198 da Lei n. 6.015/73.

Nessa conformidade, a ausência do título original impede o exame da sua autenticidade e regularidade, providências que antecedem à análise do mérito, afastando-se, inclusive, o ingresso do título no âmbito do fólio real.

Neste sentido, tem decidido este Colendo Conselho Superior da Magistratura. Exemplificativamente, em acréscimo ao mencionado no r. voto condutor: Processo CG nº 2009/00024761; Processo CG nº 2009/00011746 e Processo CG nº 2008/100534(Corregedor-Geral de Justiça Des. Ruy Pereira Camilo).

Por outro lado, deve haver insurgência contra todos os óbices apresentados na nota de exigência emitida pelo oficial registrador, a fim de que a dúvida registrária seja analisada.

No caso dos autos, nota-se que o apelante se insurgiu apenas contra uma delas, não se manifestando quanto à outra (cálculo do ITBI), situação que não comporta outra solução senão o não conhecimento da apelação interposta na presente.

Também, nesse sentido, há precedentes do Egrégio Conselho Superior da Magistratura, em acréscimo ao já mencionados pelo ilustre Relator, cf.: Ap. Civ. nº 017628-0/2 – Rel. Des. José Alberto Weiss de Andrade – Julg. 26.08.1993; Ap. Civ. nº 024192-0 – Rel. Des. Antônio Carlos Alves Braga – Julg. 13.11.1995; Ap. Civ. nº 030751-0/1 – Rel. Des. Márcio Martins Bonilha – Julg. 15.03.1996; Ap. Civ. nº 070301-0/1 – Rel. Des. Luís de Macedo – Julg. 05.04.2001; Ap. Civ. nº 093909-0/4 – Rel. Des. Luiz Tâmbara – Julg. 30.10.2002 e Ap. Civ. nº 105-6/1 – Rel. Des. Luiz Tâmbara – Julg. 30.03.2004.

III – Ante o exposto, não se poderia adotar solução diversa da oferecida pelo Eminente Relator, ou seja, pelo não conhecimento do recurso.

(a) Marco César Müller Valente, Vice-Presidente do Tribunal de Justiça

3.20 CIVIL. CESSÃO DE DIREITOS HEREDITÁRIOS. ESCRITURA PÚBLICA. NECESSIDADE. DISSÍDIO JURISPRUDENCIAL NÃO COMPROVADO

Processo: REsp 1027884 / SC – Recurso Especial 2008/0024996-6
Relator: Ministro Fernando Gonçalves (1107)
Órgão Julgador: T4 – Quarta Turma
Data do Julgamento: 06.08.2009
Data da Publicação/Fonte: DJe 24.08.2009 – RSTJ v. 215 p. 541

EMENTA – CIVIL. CESSÃO DE DIREITOS HEREDITÁRIOS. ESCRITURA PÚBLICA. NECESSIDADE. DISSÍDIO JURISPRUDENCIAL NÃO COMPROVADO.

1 – A cessão de direitos hereditários deve ser formalizada por escritura pública, consoante determina o artigo 1.793 do Código Civil de 2002.

2 – Não há identidade fática entre os arestos apontados como paradigma e a hipótese tratada nos autos.

3 – Recurso especial não conhecido.

ACÓRDÃO

Vistos, relatados e discutidos estes autos, acordam os Ministros da Quarta Turma do Superior Tribunal de Justiça, na conformidade dos votos e das notas taquigráficas a seguir, por unanimidade, não conhecer do recurso especial. Os Ministros Aldir Passarinho Junior, João Otávio de Noronha, Luis Felipe Salomão e Honildo Amaral de Mello Castro (Desembargador convocado do TJ/AP) votaram com o Ministro Relator.

3.21 CESSÃO DE DIREITOS HEREDITÁRIOS. ESCRITURA PÚBLICA. NECESSIDADE. INDENIZAÇÃO POR BENFEITORIAS. BOA-FÉ NÃO COMPROVADA

Processo: AgInt nos EDcl no AREsp 947708 / PR – Agravo Interno nos Embargos de Declaração no Agravo em Recurso Especial 2016/0176907-7
Relator: Ministro Ricardo Villas Bôas Cueva (1147)
Órgão Julgador: T3 – Terceira Turma
Data do Julgamento: 21.08.2018
Data da Publicação/Fonte: DJe 27.08.2018

EMENTA – AGRAVO INTERNO NOS EMBARGOS DE DECLARAÇÃO NO AGRAVO EM RECURSO ESPECIAL. CESSÃO DE DIREITOS HEREDITÁRIOS. ESCRITURA PÚBLICA. NECESSIDADE. AUSÊNCIA DE CONHECIMENTO DO NEGÓCIO JURÍDICO. FUNDAMENTO NÃO ATACADO. SÚMULA Nº 283/STF. INDENIZAÇÃO POR BENFEITORIAS. BOA-FÉ NÃO COMPROVADA. REVISÃO. IMPOSSIBILIDADE. SÚMULA Nº 7/STJ.

1. Recurso especial interposto contra acórdão publicado na vigência do Código de Processo Civil de 1973 (Enunciados Administrativos nºs 2 e 3/STJ).

2. A cessão de direitos hereditários deve ser formalizada por escritura pública. Precedentes.

3. A ausência de impugnação dos fundamentos do aresto recorrido enseja a incidência, por analogia, da Súmula nº 283 do Supremo Tribunal Federal.

4. Rever as conclusões do tribunal de origem acerca do não cabimento da indenização pelas benfeitorias em virtude da má-fé na posse exigiria a análise das circunstâncias fático-probatórias, procedimento inviável em recurso especial, haja vista o óbice da Súmula nº 7/STJ. 5. Agravo interno não provido.

ACÓRDÃO

Vistos e relatados estes autos, em que são partes as acima indicadas, decide a Terceira Turma, por unanimidade, negar provimento ao agravo, nos termos do voto do(a) Sr(a). Ministro(a) Relator(a). Os Srs. Ministros Marco Aurélio Bellizze (Presidente), Moura Ribeiro, Nancy Andrighi e Paulo de Tarso Sanseverino votaram com o Sr. Ministro Relator.

3.22 CARTA DE ADJUDICAÇÃO – INVENTÁRIO. CESSÃO DE DIREITOS HEREDITÁRIOS – ESCRITURA PÚBLICA. ITBI. QUALIFICAÇÃO REGISTRAL. TÍTULO JUDICIAL – REITERAÇÃO DA ORDEM

CSMSP – Apelação Cível: 0000418-72.2015.8.26.0531

Localidade: Santa Adélia

Data de Julgamento: 09.11.2015

Data DJ: 20.01.2016

Relator: José Carlos Gonçalves Xavier de Aquino

Jurisprudência: Indefinido

Lei: CC2002 – Código Civil de 2002 – 10.406/2002

Lei: LRP – Lei de Registros Públicos – 6.015/1973 Art: 213 inc: I let: g

Registro de Imóveis – carta de adjudicação expedida nos autos de ação de inventário – título não imune à qualificação registral – impossibilidade, porém, de a qualificação invadir o mérito da decisão judicial – cessão de direitos hereditários homologada nos autos do inventário – falta de recolhimento de ITBI reconhecida de ofício – recurso provido para reconhecer a improcedência das exigências feitas pelo registrador, mantida, porém, a recusa do registro por motivo diverso.

Íntegra

ACÓRDÃO

Vistos, relatados e discutidos estes autos de Apelação nº 0000418-72.2015.8.26.0531, da Comarca de Santa Adélia, em que são apelantes Ridney Roger Lanza e Regiane Cristina Lanza Tomazi, é apelado Oficial de Registro de Imóveis, Títulos e Documentos e Civil de Pessoa Jurídica da Comarca de Santa Adélia.

Acordam, em Conselho Superior de Magistratura do Tribunal de Justiça de São Paulo, proferir a seguinte decisão: "deram provimento ao recurso mas deixaram de determinar o registro do título em razão do óbice registral ora reconhecido, v.u.", de conformidade com o voto do(a) Relator(a), que integra este acórdão.

O julgamento teve a participação dos Desembargadores José Renato Nalini (Presidente), José Damião Pinheiro Machado Cogan (decano), Artur Marques, Ricardo Tucunduva (Pres. Seção de Direito Criminal), Ricardo Anafe e Eros Piceli.

São Paulo, 9 de novembro de 2015.

Xavier de Aquino
Relator

Apelação Cível nº 0000418-72.2015.8.26.0531
Apelante: Ridney Roger Lanza e outro
Apelado: Oficial de Registro de Imóveis, Títulos e Documentos e Civil de Pessoa Jurídica da Comarca de Santa Adélia

VOTO nº 29.069

REGISTRO DE IMÓVEIS – CARTA DE ADJUDICAÇÃO EXPEDIDA NOS AUTOS DE AÇÃO DE INVENTÁRIO – TÍTULO NÃO IMUNE À QUALIFICAÇÃO REGISTRAL – IMPOSSIBILIDADE, PORÉM, DE A QUALIFICAÇÃO INVADIR O MÉRITO DA DECISÃO JUDICIAL – CESSÃO DE DIREITOS HEREDITÁRIOS HOMOLOGADA NOS AUTOS DO INVENTÁRIO – FALTA DE RECOLHIMENTO DE ITBI RECONHECIDA DE OFÍCIO – RECURSO PROVIDO PARA RECONHECER A IMPROCEDÊNCIA DAS EXIGÊNCIAS FEITAS PELO REGISTRADOR, MANTIDA, PORÉM, A RECUSA DO REGISTRO POR MOTIVO DIVERSO.

Trata-se de apelação interposta por Ridney Roger Lanza e outro objetivando a reforma da r. decisão de fls. 34/37, que julgou "procedente em parte" a dúvida registral, mantendo a recusa ao registro de carta de adjudicação extraída dos autos do arrolamento sumário, processo nº 0000504-77.2014.8.26.0531.

Alegam os recorrentes, em suma, que não compete ao Oficial discutir as questões decididas no processo de inventário, incluindo a obediência ou não às disposições do Código Civil relativas à ordem de vocação hereditária. Entendem que cabe ao registrador apenas a verificação dos aspectos extrínsecos do título, descabendo a revisão do mérito da sentença judicial transitada em julgado.

A D. Procuradoria Geral da Justiça opinou pelo não conhecimento do recurso ou, no mérito, o seu não provimento (fls. 57/59).

É o relatório.

Necessário ressaltar, inicialmente, que a origem judicial do título não o torna imune à qualificação registral, ainda que limitada aos requisitos formais do título e sua adequação aos princípios registrais, conforme o disposto no item 119 do Cap. XX das NSCGJ.

O Egrégio Conselho Superior da Magistratura tem decidido, inclusive, que a qualificação negativa não caracteriza desobediência ou descumprimento de decisão judicial.

Ao contrário, se o título esbarra em obstáculos registrários, deve o registrador comunicá-los ao Juízo que o expediu. Se o Juízo examinar e afastar as exigências, deve o Oficial registrar o título e comunicar ao respectivo Juízo Corregedor Permanente que assim procedeu porque os óbices foram rechaçados na via jurisdicional.

Os recorrentes pretendem registrar carta de adjudicação expedida nos autos de Inventário de nº 000504-77.2014.8.26.0531, da Vara Única da Comarca de Santa Adélia (em apenso), requerido pela inventariante Aparecida Danizete Ascencio Vila.

De acordo com o plano de partilha apresentado, o único bem dos autores da herança (Laurinda, Vanda e José Roberto), qual seja, o imóvel descrito na matrícula nº 3.656, do Registro de Imóveis de Santa Adélia, seria partilhado entre os herdeiros Aparecida Vila, Gustavo Barboza e Gabriela Barboza, nas proporções de 50%, 25% e 25%, respectivamente.

A Fazenda do Estado de São Paulo reconheceu a isenção do ITCMD para esta divisão (fl. 31 – do apenso).

Em seguida, a inventariante peticionou ao juízo do inventário informando que, por meio de instrumento particular de compra e venda, alienaram o imóvel para Ridney Lanza e Regiane Tomazi, e solicitou que o bem lhes fosse adjudicado.

A r. sentença acolheu o pedido e adjudicou o imóvel a Ridney Lanza e Regiane Tomazi (fl. 36).

As exigências do registrador relativas à ocorrência de partilha "per saltum" e, de quebra, da continuidade devem ser afastadas porque discutem pontos já decididos – com trânsito em julgado – na esfera judicial.

Com efeito, o Juízo do Inventário homologou o plano de partilha e acolheu o pedido de adjudicação da inventariante para que o imóvel fosse adjudicado em nome dos compradores Ridney Lanza e Regiane Tomazi.

Embora a tese do registrador se mostre plausível, não se pode, a pretexto de qualificar o título, rediscutir o que já foi – certo ou errado – decidido em definitivo na esfera judicial. Do contrário, estar-se-ia admitindo que a via administrativa revisse o que se decidiu na judicial, o que é defeso.

A jurisprudência deste C. Conselho Superior da Magistratura é tranquilo neste sentido:

É certo que os títulos judiciais submetem-se à qualificação registrária, conforme pacífico entendimento do E. Conselho Superior da Magistratura:

Apesar de se tratar de título judicial, está ele sujeito à qualificação registrária. O fato de tratar-se o título de mandado judicial não o torna imune à qualificação registrária, sob o estrito ângulo da regularidade formal, O exame da legalidade não promove incursão sobre o mérito da decisão judicial, mas à apreciação das formalidades extrínsecas da ordem e à conexão de seus dados com o registro e a sua formalização instrumental (Ap. Cível nº 031881-0/1).

Contudo, a qualificação que recai sobre os títulos judiciais não é irrestrita, de modo que deve se restringir ao exame dos elementos extrínsecos, sem promover incursão sobre o mérito da decisão que o embasa.

No caso em exame, o Oficial recusou o ingresso do formal de partilha, pois da análise do formal de partilha percebe-se que quando do óbito de Basílio Ferreira o interessado Basílio Ferreira Filho era casado pelo regime da comunhão universal de bens com Eliane Fernandes Ferreira. Por outro lado, quando do óbito de Antonia Madureira Ferreira, Basilio Ferreira Filho já era separado judicialmente. Portanto, o auto de partilha deve refletir as consequências patrimoniais decorrentes da Saisine relativamente ao estado civil do herdeiro (fls. 09).

A qualificação do Oficial de Registro de Imóveis, ao questionar o título judicial, ingressou no mérito e no acerto da r. sentença proferida no âmbito jurisdicional, o que se situa fora do alcance da qualificação registral por se tratar de elemento intrínseco do título. Assim não fosse, estar-se-ia permitindo que a via administrativa reformasse o mérito da jurisdicional.

É nesse sentido a doutrina de Afrânio de Carvalho:

Assim como a inscrição pode ter por base atos negociais e atos judiciais, o exame da legalidade aplica-se a uns e a outros. Está visto, porém, que, quando tiver por objeto atos judiciais, será muito mais limitado, cingindo-se à conexão dos respectivos dados com o registro e à formalização instrumental. Não compete ao registrador averiguar senão esses aspectos externos dos atos judiciais, sem entrar no mérito do assunto neles envolvido, pois, do contrário, sobreporia a sua autoridade à do Juiz (Registro de Imóveis, Forense, 3. ed., p. 300).

Na mesma direção, a r. decisão da E. 1ª Vara de Registros Públicos, da lavra do então MM. Juiz Narciso Orlandi Neto:

Não compete ao Oficial discutir as questões decididas no processo de inventário, incluindo a obediência ou não às disposições do Código Civil, relativas à ordem da vocação hereditária (art. 1.603). No processo de dúvida, de natureza administrativa, tais questões também não podem ser discutidas. Apresentado o título, incumbe ao Oficial verificar a satisfação dos requisitos do registro, examinando os aspectos extrínsecos do título e a observância das regras existentes na Lei de Registros Públicos. Para usar as palavras do eminente Desembargador Adriano Marrey, ao relatar a Apelação Cível 87-0, de São Bernardo do Campo, "Não cabe ao Serventuário questionar ponto decidido pelo Juiz, mas lhe compete o exame do título à luz dos princípios normativos do Registro de Imóveis, um dos quais o da continuidade mencionada no art. 195 da Lei de Registros Públicos. Assim, não cabe ao Oficial exigir que este ou aquele seja excluído da partilha, assim como não pode exigir que outro seja nela incluído. Tais questões, presume-se, foram já examinadas no processo judicial de inventário" (Processo nº 973/81).

Portanto, em caso de eventual desacerto da r. sentença proferida no âmbito jurisdicional, caberá o interessado se valer dos recursos e ações previstos no ordenamento jurídico. O que não se permite é que a qualificação registrária reveja o mérito da sentença judicial que já transitou em julgado. (Ap. Cível nº 0001717-77.2016.8.26.0071).

No mesmo sentido as apelações cíveis nºs 0006128-03.2012.8.2.0362, 0069588-29.2012.8.26.0114, 0048614-03.2012.8.26.0071 e 1025290-06.2014.8.26.0100.

A especialidade objetiva também não restou atingida porque a descrição do imóvel a ser levada em conta, para o exame desse princípio, é a do título, em cotejo com a do Registro de Imóveis, e não a constante de outros documentos, como as certidões de valor venal.

A exigência relativa ao princípio da especialidade subjetiva – falta de indicação da profissão de Ridney Roger Lanza e Regiane Cristina Tomazi, pessoas a quem o imóvel foi adjudicado – também não procede porque: a) a ausência da informação relativa à profissão não coloca em risco a identificação das pessoas envolvidas; e b) os demais dados deles encontram-se no título.

Em relação ao CPF de José Roberto Ascêncio, trata-se de informação que em nada interferirá no registro, por não ser ele destinatário final de qualquer direito ora transmitido. Não fosse isso, constam dos autos documentos oficiais (CPF e certidão de óbito) indicando o número correto, de modo que a retificação pode ser feita pelo registrador de ofício, nos termos do art. 213, I, "g", da Lei nº 6.015/73.

Verifica-se, assim, que são improcedentes os óbices levantados pelo registrador.

Contudo, como a dúvida registral devolve – na integralidade – a qualificação do título ao Judiciário, é possível, ainda que de ofício, obstar o registro do título quando verificar a existência de óbice intransponível.

Como visto, o Juízo do Inventário deferiu a adjudicação do imóvel diretamente a Ridney Roger Lanza e Regiane Cristina, em verdadeira cessão de direitos hereditários.

A cessão de direitos hereditários pode ocorrer dentro dos autos do inventário, com dispensa da escritura pública, conforme recentemente decidiu este Conselho Superior da Magistratura, nos autos da apelação nº 9000001-20.2013.8.26.0180.

Contudo, isso não isenta os adquirentes de recolherem o ITBI incidente sobre o negócio jurídico. Assim, para o registro do título será necessário comprovar o recolhimento do ITBI ou eventual isenção, pois esse tópico não foi abrangido pela sentença judicial prolatada no inventário.

Ante o exposto, dou provimento ao recurso, mas deixo de determinar o registro do título em razão do óbice registral ora reconhecido.

José Carlos Gonçalves Xavier De Aquino
Corregedor-Geral da Justiça e Relator

3.23 CESSÃO DE DIREITOS HEREDITÁRIOS POR TERMO NOS AUTOS. POSSIBILIDADE. CARÁTER PÚBLICO EQUIPARÁVEL AO DE ESCRITURA PÚBLICA

ACÓRDÃO

Vistos, relatados e discutidos estes autos de Agravo de Instrumento nº 2227101-33.2019.8.26.0000, da Comarca de São Paulo, em que é agravante Edmilson Sales Gomes, é agravado O JUÍZO.

Acordam, em sessão permanente e virtual da 3ª Câmara de Direito Privado do Tribunal de Justiça de São Paulo, proferir a seguinte decisão: Deram provimento ao recurso. V. U., de conformidade com o voto do relator, que integra este acórdão.

O julgamento teve a participação dos Desembargadores João Pazine Neto (Presidente sem voto), Donegá Morandini e Beretta da Silveira.

São Paulo, 24 de janeiro de 2020.

Maria do Carmo Honório
Relatora
Assinatura Eletrônica

Agravo de Instrumento nº 2227101-33.2019.8.26.0000
Agravante: Edmilson Sales Gomes
Agravado: O Juízo
Comarca: São Paulo

AGRAVO DE INSTRUMENTO. ALVARÁ JUDICIAL. TRANSFERÊNCIA DE ÚNICO VEÍCULO DEIXADO PELO FALECIDO. DESNECESSIDADE DE CONVERSÃO EM INVENTÁRIO OU ARROLAMENTO DE BENS. HERDEIROS MAIORES, CAPAZES E CONCORDES COM A EXPEDIÇÃO DO ALVARÁ. MITIGAÇÃO DO DISPOSTO NO ART. 666 DO CPC. INTERPRETAÇÃO EXTENSIVA. PRESTIGIO À CELERIDADE, ECONOMIA PROCESSUAL E INSTRUMENTALIDADE DAS FORMAS. CESSÃO DE DIREITOS HEREDITÁRIOS POR TERMO NOS AUTOS. POSSIBILIDADE. CARÁTER PÚBLICO EQUIPARÁVEL AO DE ESCRITURA PÚBLICA. ART. 1.806 DO CC. RECURSO PROVIDO.

1. Admite-se a transferência do único bem deixado pelo falecido a quem de direito, independentemente de inventário ou arrolamento, por intermédio de Alvará Judicial, se os seus herdeiros forem maiores e capazes e não conflitarem entre si. Precedentes deste Tribunal.

2. É possível a cessão de direitos hereditários por termo nos autos, considerando seu caráter público equiparável ao de escritura pública. Inteligência do artigo 1.806 do Código Civil. Precedentes deste Tribunal.

Vistos.

Trata-se de Agravo de Instrumento, com pedido de concessão de efeito suspensivo, contra a r. decisão que determinou a emenda da inicial para adequação da pretensão à via correta (inventário ou arrolamento de bens) – pá. 41-42 dos autos de origem.

O agravante sustenta que a decisão merece ser reformada (p. 01-09), em síntese, porque o arrolamento/inventário mostra-se desnecessário, por economia processual, tendo em vista que o "de cujus" deixou somente um único bem, e a única outra herdeira está de acordo com a transferência do automóvel que está sendo pleiteada. Aduz que, apesar da redação do artigo 666 do Código de Processo Civil limitar-se às hipóteses contidas na lei, existe jurisprudência no sentido de mitigar a aplicação do mesmo dispositivo, admitindo pedido de alvará autônomo em caso de transferência de um único bem deixado pelo falecido. Afirma, ainda, que é possível à renúncia a direitos hereditários por termo nos autos.

Recurso tempestivo e isento de preparo.

Sem Contrarrazões.

É o Relatório.

VOTO

O recurso comporta provimento.

É certo que a transmissão de bens se dá ordinariamente através do inventário ou do arrolamento, ressalvadas, no entanto, as hipóteses a que alude o artigo 666 do Código de Processo Civil, com expressa menção aos casos estabelecidos na Lei nº 6858/80.

Referida Lei permite que, independentemente de inventário ou arrolamento, sejam levantados, por meio de Alvará Judicial, diversos valores, tais como os devidos pelos empregadores não recebidos em vida pelo titular falecido; montantes das contas individuais do FGTS e do Fundo PIS-PASEP; restituições relativas ao Imposto de Renda e outros tributos e saldos bancários e de contas de cadernetas de poupança e fundos de investimento de valor até 500 OTNs. A intenção do legislador foi afastar da demanda judicial o pagamento aos herdeiros de valores quando se tratar de herdeiros maiores e capazes, facilitando a solução de problemas decorrentes do falecimento.

Nessa perspectiva, à luz da instrumentalidade e eficiência processual, mediante interpretação extensiva, a jurisprudência deste Egrégio Tribunal, inclusive desta Colenda 3ª Câmara, vem reconhecendo a possibilidade de venda/transferência pela via especial do Alvará em casos em que, assim como este, o falecido somente deixou um veículo como patrimônio e todos os herdeiros são maiores e capazes e não há conflitos entre eles. Confira-se:

> ALVARÁ JUDICIAL – Sentença que julgou o pedido improcedente, com fundamento no artigo 487, I, do Código de Processo Civil – Pretensão de expedição de alvará para a transferência da propriedade de veículo – Único bem deixado pela *de cujus* – Princípios da celeridade, economia processual e instrumentalidade das formas – Precedentes deste Tribunal – Sentença reformada – Recurso provido (Apelação Cível 1001481-14.2019.8.26.0584; Relator: Angela Lopes; Órgão Julgador: 9ª Câmara de Direito Privado; Data do Julgamento: 24.10.2019).
>
> Alvará judicial – Decisão que determina o processamento do feito como inventário – Pretendida alienação de veículo, único bem deixado pelo *de cujus* – Possibilidade – Meio que se mostra adequado, sem necessidade de conversão em inventário – Decisão reformada – Agravo provido (Agravo de Instrumento 2216953-60.2019.8.26.0000; Relator: A. C. Mathias Coltro; Órgão Julgador: 5ª Câmara de Direito Privado; Data do Julgamento: 08.10.2019).
>
> ALVARÁ JUDICIAL – INDEFERIMENTO DA PETIÇÃO INICIAL E EXTINÇÃO DO FEITO SEM RESOLUÇÃO DO MÉRITO – PEDIDO DE EXPEDIÇÃO DE ALVARÁ JUDICIAL PARA A TRANSFERÊNCIA DE VEÍCULO DEIXADO PELO "DE CUJUS" – DESNECESSIDADE DO AJUIZAMENTO DO PROCESSO DE INVENTÁRIO – ÚNICO BEM – CONCORDÂNCIA DA VIÚVA E DAS HERDEIRAS – MITIGAÇÃO DO RIGOR DO DISPOSTO NO ART. 666 DO CPC – PRECEDENTE DESTA C. CÂMARA – SENTENÇA REFORMADA – APELO PROVIDO (Apelação Cível 1033915-93.2017.8.26.0562; Relator: Theodureto Camargo; Órgão Julgador: 8ª Câmara de Direito Privado; Data do Julgamento: 29.08.2019).
>
> Alvará judicial. Autorização para alienação de veículos pertencentes ao de cujus, independentemente de inventário ou arrolamento. Interessados (meeira e herdeiros) maiores, capazes e concordes com o pedido. Veí-

culos que são os únicos bens da falecida. Valores que não são elevados. Mitigação da norma do art. 666 do CPC. Admissibilidade da expedição de alvará. Precedentes. Sentença reformada. Recurso provido (Apelação Cível 1001163-23.2019.8.26.0619; Relator: Alexandre Marcondes; Órgão Julgador: 3ª Câmara de Direito Privado; Data do Julgamento: 29.08.2019).

AGRAVO DE INSTRUMENTO – Pedido de alvará judicial para transferência de veículo e empresa individual – Determinação de emenda da inicial para ajustar o pedido para o rito de inventário – Desnecessidade (...) – Mitigação do artigo 666 do Código de Processo Civil – Decisão reformada para determinar o prosseguimento do pedido de alvará, sem necessidade de conversão para o rito de inventário – Recurso provido em parte (Agravo de Instrumento 2088149-74.2019.8.26.0000; Relator: José Roberto Furquim Cabella; Órgão Julgador: 6ª Câmara de Direito Privado; Data do Julgamento: 28.05.2019).

Jurisdição voluntária. Pedido de alvará judicial para autorizar herdeiros a alienar único bem deixado por sua falecida genitora, veículo automotor. Desnecessidade de arrolamento. Precedentes. Recurso provido (Agravo de Instrumento 2078381-27.2019.8.26.0000; Relator: Gomes Varjão; Órgão Julgador: 34ª Câmara de Direito Privado; Data do Julgamento: 23.04.2019).

AGRAVO DE INSTRUMENTO. ALVARÁ JUDICIAL. Despacho determinou a emenda da inicial para que o feito fosse processado por arrolamento. Irresignação dos agravantes. Acolhimento. Tratando-se de único veículo deixado pelo de cujus, a jurisprudência deste E. Tribunal de Justiça admite o processamento por intermédio de alvará judicial. Precedentes. Decisão reformada. Recurso provido (Agravo de Instrumento 2144725-24.2018.8.26.0000; Relatora: Silvia Maria Facchina Esposito Martinez; Órgão Julgador: 10ª Câmara de Direito Privado; Data do Julgamento: 07.08.2018).

Alvará judicial. Autorização para venda de veículo, único bem deixado pelo "de cujus". Desnecessidade de inventário e arrolamento. Herdeira e viúva meeira de comum acordo quanto ao pedido. Precedentes desta Corte. Sentença reformada neste ponto. Recurso provido, com determinação de expedição do alvará em primeiro grau (Apelação Cível 0000542-28.2011.8.26.0165; Relator: Cesar Ciampolini; Órgão Julgador: 10ª Câmara de Direito Privado; Data do Julgamento: 20.10.2014).

A respeito do tema, é oportuno registrar ainda que, conforme entendimento do Colendo Superior Tribunal de Justiça, "nos inventários processados sob a forma de arrolamento não cabem ser conhecidas ou apreciadas questões relativas ao lançamento, ao pagamento ou à aquisição de taxas judiciárias e de tributos incidentes sobre a transmissão da propriedade dos bens do espolio" (REsp 36.758-1/SP, Rel. Min. Demócrito Reinaldo).

Dessa forma, se no procedimento de arrolamento não são conhecidas ou apreciadas questões relativas ao pagamento e lançamento dos tributos, mais razão há para não fazer isso no de expedição do Alvará, cujo procedimento, como cediço, é menos formal e rigoroso do que aquele; a apuração de eventual crédito tributário deve ser dar em âmbito administrativo.

Nesse sentido é a jurisprudência deste Egrégio Tribunal:

ALVARÁ JUDICIAL – Automóvel – Único bem existente – Agravo de instrumento anterior, n. 2005633-31.2018.8.26.0000, que determinou o processamento por meio de alvará judicial –– Determinação para recolhimento de ITCMD e indeferimento de licenciamento do veículo – Descabimento – Inteligência do art. 659, § 2º, do CPC/2015 – Apuração de eventual crédito tributário, em âmbito administrativo – Decisão reformada – Recurso provido (Agravo de Instrumento 2146289-38.2018.8.26.0000; Relator: Alvaro Passos; Órgão Julgador: 2ª Câmara de Direito Privado; Data do Julgamento: 18.10.2018).

AGRAVO DE INSTRUMENTO – ALVARÁ JUDICIAL – TRANSFERÊNCIA DE VEÍCULO – Pedido formulado pela viúva meeira, com a concordância dos filhos maiores e do Ministério Público – Decisão que condiciona a expedição do alvará à prévia manifestação do Fisco Estadual – Inconformismo – Acolhimento – Desnecessidade de intervenção da Fazenda Pública – Inteligência do artigo 662, caput, e § 2º, do CPC (...) – Decisão reformada – Deram provimento ao recurso (Agravo de Instrumento 2228287-62.2017.8.26.0000; Relator: Alexandre Coelho; Órgão Julgador: 8ª Câmara de Direito Privado; Data do Julgamento: 11.05.2018).

ALVARÁ – Pedido visando autorizar à transferência de veículo pertencente a pessoa falecida em favor da viúva-meeira – Ordem de conversão do feito em arrolamento sumário – Descabimento (...) – Formal instauração de procedimento de arrecadação de bens que se mostra desnecessária (...) – Eventuais direitos de crédito tributário que, se o caso, deverão ser apurados, reclamados e satisfeitos na via administrativa, sem prejuízo do normal encerramento do alvará – Inteligência do art. 659, §2º, NCPC – Recurso provido, com observação (Agravo de Instrumento 2166713-72.2016.8.26.0000; Relator: Galdino Toledo Júnior; Órgão Julgador: 9ª Câmara de Direito Privado; Data do Julgamento: 20.09.2016).

Outrossim, não se verifica a necessidade de cessão de direitos pela herdeira-cedente por meio de instrumento público, considerando que ela pode ser feita por termo judicial, com amparo no artigo 1.806 do Código Civil, conforme tem entendido este Egrégio Tribunal, inclusive esta Colenda 3ª Câmara:

Agravo de Instrumento. Alvará Judicial. Decisão agravada que determinou que a renúncia ao direito de herança deva se dar por instrumento público. Insurgência. Acolhimento. Possibilidade da renúncia ser tomada por termo judicial (...). Artigo 1.806 do CC. Recurso provido (Agravo de Instrumento 2256637-89.2019.8.26.0000; Relator: João Pazine Neto; Órgão Julgador: 3ª Câmara de Direito Privado; Data do Julgamento: 17.12.2019).

Alvará judicial. Cessão de direitos hereditários – Exigência de escritura pública – Art. 1793 do CC. Possibilidade da cessão por termo nos autos – Caráter público equiparável ao da escritura pública. Precedentes deste TJ/SP. Decisão reformada. Agravo de instrumento provido (Agravo de Instrumento 2177289-22.2019.8.26.0000; Relator: Piva Rodrigues; Órgão Julgador: 9ª Câmara de Direito Privado; Data do Julgamento: 24.09.2019).

ALVARÁ JUDICIAL PARA TRANSFERÊNCIA DE VEÍCULO – ÚNICO BEM DEIXADO PELO "DE CUJUS" – DECISÃO QUE INDEFERIU O PEDIDO, DETERMINANDO O PROSSEGUIMENTO DO PROCESSO COMO INVENTÁRIO – Possibilidade de deferimento do alvará, para transferência do bem para a cônjuge supérstite – Princípios da celeridade, economia processual e instrumentalidade das formas – Bem de pequeno valor – Inexistência de outros bens a inventariar – Expedição do alvará que fica condicionado, apenas, à prévia comprovação de quitação da alienação fiduciária do bem e à ratificação da renúncia das demais herdeiras (por termo nos autos ou escritura pública) – Decisão reformada – Recurso provido, com observação (Agravo de Instrumento 2164081-39.2017.8.26.0000; Relatora: Angela Lopes; Órgão Julgador: 9ª Câmara de Direito Privado; Data do Julgamento: 17.10.2018).

Ante o exposto, dou provimento ao recurso para determinar que a ação prossiga como Alvará Judicial, sem necessidade de conversão para rito de inventário ou arrolamento, e com a possibilidade de declaração de cessão de direitos pela herdeira-cedente por termo nos autos.

Maria do Carmo Honório

Relatora

3.24 ARROLAMENTO DE BENS. SOBREPARTILHA. HERANÇA – RENÚNCIA ABDICATIVA

CSMSP – Apelação Cível: 1006686-02.2021.8.26.0019

Localidade: Americana Data de julgamento: 15.12.2023 Data DJ: 13.03.2023

Relator: Fernando Antônio Torres Garcia

Jurisprudência: Indefinido

Lei: CC2002 – Código Civil de 2002 – 10.406/2002 Art: 1.808

Lei: CC2002 – Código Civil de 2002 – 10.406/2002 Art: 1.793 PAR: 1

Especialidades: Registro de Imóveis

Registro de imóveis – Dúvida – Escritura pública de sobrepartilha – Renúncia dos herdeiros ascendentes realizada por termo nos autos do arrolamento de bens judicial – Renúncia que não se aproveita aos bens desconhecidos e posteriormente sobrepartilhados – Apelo improvido.

Íntegra

ACÓRDÃO

Vistos, relatados e discutidos estes autos de Apelação Cível nº 1006686-02.2021.8.26.0019, da Comarca de Americana, em que é apelante Fatima Paparoti Leonardo, é apelado Oficial de Registro de Imóveis e Anexos da Comarca de Americana.

Acordam, em Conselho Superior da Magistratura do Tribunal de Justiça de São Paulo, proferir a seguinte decisão: "Negaram provimento ao recurso. v. u.", de conformidade com o voto do Relator, que integra este acórdão.

O julgamento teve a participação dos Exmos. Desembargadores Ricardo Anafe (Presidente Tribunal de Justiça) (Presidente), Guilherme Gonçalves Strenger (vice-presidente), Xavier de Aquino (Decano), Beretta da Silveira (Pres. da Seção de Direito Privado), Wanderley José Federighi (Pres. da Seção de Direito Público) e Francisco Bruno (Pres. Seção de Direito Criminal).

São Paulo, 15 de dezembro de 2022.

Fernando Antonio Torres Garcia
Corregedor-Geral da Justiça
Relator
Assinatura Eletrônica

Apelação Cível Nº 1006686-02.2021.8.26.0019
Apelante: Fatima Paparoti Leonardo
Apelado: Oficial de Registro de Imóveis e Anexos da Comarca de Americana

VOTO Nº 38.868

REGISTRO DE IMÓVEIS – DÚVIDA – ESCRITURA PÚBLICA DE SOBREPARTILHA – RENÚNCIA DOS HERDEIROS ASCENDENTES REALIZADA POR TERMO NOS AUTOS DO ARROLAMENTO DE BENS JUDICIAL – RENÚNCIA QUE NÃO SE APROVEITA AOS BENS DESCONHECIDOS E POSTERIORMENTE SOBREPARTILHADOS – APELO IMPROVIDO.

Trata-se de apelação interposta por Fátima Paparoti Leonardo contra a r. sentença proferida pela MM.ª Juíza Corregedora Permanente do Oficial de Registro de Imóveis, Títulos e Documentos e Civil de Pessoas Jurídicas da Comarca de Americana, que julgou procedente a dúvida e manteve a recusa de registro de escritura pública de sobrepartilha, tendo por objeto o imóvel matriculado sob o n° 71.176 da referida serventia extrajudicial.

A nota devolutiva de fls. 69/70 contém, em suma, a seguinte motivação para a recusa de ingresso do título:

> Em análise a Carta de Adjudicação e o Termo de Renúncia que fazem parte integrante deste Instrumento Público de Sobrepartilha Cumulada com Adjudicação, verifica-se que houve renúncia da herança por parte dos herdeiros ascendentes Francisco Leonardo e sua esposa Maria Angela Leonardo em favor da viúva Fátima Paparoti Leonardo, porém somente com relação ao prédio residencial situado a Rua Aurélio Cibin, n° 552 do loteamento "Morada do Sol" e ao veículo Car/Caminhoneta/Car Aberta, GM Chevrolet.
>
> Considerando que o termo de renúncia era em favor da viúva Fátima Paparotti Leonardo (tratando-se, portanto, de renúncia translativa, e não abdicativa) e referia-se somente aos bens mencionados acima, o comparecimento do casal renunciante se faz necessário também na presente escritura.

Alega a apelante, em síntese, que houve, à época do arrolamento de bens, a renúncia sobre a totalidade da herança, a qual não pode ser parcial e, portanto, abrange o bem objeto da sobrepartilha.

A D. Procuradoria Geral de Justiça opinou pelo não provimento do recurso (fls. 140/142).

É o relatório.

Cuida-se de registro de escritura pública de sobrepartilha lavrada em 31 de agosto de 2012, no Livro n° 656, fls. 283/288, perante o 1° Tabelião de Notas da Comarca de Americana, tendo por objeto o imóvel matriculado sob o n° 71.176 no Oficial de Registro de Imóveis, Títulos e Documentos e Civil de Pessoas Jurídicas da mesma Comarca.

O pedido foi indeferido nos moldes da nota devolutiva (fls. 69). A dúvida suscitada foi julgada procedente, mantido o óbice ao registro da escritura pública (fls. 101/105).

A despeito dos argumentos da apelante, o recurso não comporta provimento.

Respeitado o entendimento do I. Oficial Registrador tem-se, a partir do que consta da carta de adjudicação e do termo de renúncia (fls. 41/68) constantes dos autos da ação de arrolamento de bens n° 1057/06, que a hipótese mais se aproxima da renúncia pura e simples ou abdicativa.

Consta das primeiras declarações da carta de adjudicação extraída dos autos do arrolamento de bens deixados por Valdemir Aparecido Leonardo, que o de cujus deixou a viúva, ora recorrente, e os herdeiros ascendentes Francisco Leonardo e Maria Angela Leonardo, não havendo herdeiros descendentes. Por sua vez, da descrição dos bens consta: a) um prédio residencial, cadastrado na Prefeitura Municipal sob nº 16-0084-0076-000-4; e b) um veículo Car/Caminhoneta/Car Aberta, GM/Chevrolet.

Do termo de fls. 57/58, lavrado nos autos do mencionado arrolamento de bens, constou que os herdeiros ascendentes Francisco Leonardo e Maria Angela Leonardo renunciaram integralmente aos seus direitos à herança deixada pelo de cujus Valdemir Aparecido Leonardo, falecido em 14.01.2006, "direitos esses constantes dos bens que seguem descritos: "1) Prédio Residencial, situado à Rua Aurélio Cibin, nº 552, Bairro Morada do Sol, em Americana/SP, e seu respectivo lote nº 4-A da quadra 25, medindo 6,00m de frente para a Rua Aurélio Cibin; mesma medida nos fundos confrontando com parte do lote 09; 39,00m de ambos os lados da frente aos fundos, confrontando com os lotes 05 e 4-B, perfazendo uma área superficial de 234,00m2, cadastrado na Prefeitura Municipal sob nº 16-0084-0076-000-4; e, 2) Um veículo Car/Camioneta/Car Aberta, GM Chevrolet, placa DGW 8973, cor azul, chassi C144DBR04630B, ano/modelo 1974", mencionado nos autos de Arrolamento, nº 1057/06, requerido por Fátima Paparoti Leonardo, face ao falecimento de Valdemir Aparecido Leonardo, em curso por este Juízo de Direito da Vara da Família e das Sucessões de Americana/SP, em favor de Fátima Paparoti Leonardo, brasileira, viúva, do lar, RG xx.xxx.092-2 e CPF xxx.xxx.778-27, residente à Rua Aurélio Cibin, nº 552, Morada do Sol, em Americana/SP, como de fato e na verdade renunciados tem".

Como se sabe, no direito sucessório, consideram-se existentes duas modalidades de renúncia: a abdicativa e a translativa. Na primeira, é feita uma renúncia em favor do monte partível, sem indicação de um beneficiário específico. Na outra, há uma renúncia em favor de determinado beneficiário, no caso, de um ou mais herdeiros.

In casu, consta expressamente que os herdeiros ascendentes renunciaram integralmente aos seus direitos à herança.

No caso telado, a indicação da destinatária (única herdeira remanescente) e os bens renunciados (integralidade do patrimônio) apresentou-se com caráter explicativo, sem importar em renúncia translativa.

Não se verificou a escolha de beneficiário específico em detrimento de outro e sim ao monte (no caso a única herdeira remanescente).

A corroborar, observa-se nos autos do arrolamento de bens o recolhimento exclusivo do ITCMD, incompatível com a renúncia translativa.

Contudo, o alcance do art. 1.808, do Código Civil não é o pretendido pela recorrente.

Conforme dispõe o mencionado dispositivo legal:

> Art. 1.808. Não se pode aceitar ou renunciar a herança em parte, sob condição ou a termo.
>
> § 1º O herdeiro, a quem se testarem legados, pode aceitá-los, renunciando a herança; ou, aceitando-a, repudiá-los.
>
> § 2º O herdeiro, chamado, na mesma sucessão, a mais de um quinhão hereditário, sob títulos sucessórios diversos, pode livremente deliberar quanto aos quinhões que aceita e aos que renuncia.

Na lição de Mauro Antonini: "O artigo principia por estabelecer não ser possível parcial aceitação ou renúncia à herança. Do contrário, o herdeiro só aceitaria o ativo ou, então, renunciaria ao passivo, subvertendo o princípio de que herda o patrimônio do de cujus, incluindo o ativo e o passivo".

Sob o argumento de que o herdeiro não pode renunciar em parte a herança, pretende a recorrente aproveitar o mencionado termo de renúncia para que o mesmo passe a incidir também sobre o bem sobrepartilhado posteriormente.

Foi o que constou do ato notarial levado a registro: "Os herdeiros ascendentes, Francisco Leonardo e Maria Ângela Leonardo, renunciaram à herança de seu filho, o falecido Valdemir Aparecido Leonardo, cf. termo de renúncia que integra à carta de adjudicação extraída do processo nº 1057/06 que tramitou pelo Juízo de Direito da Vara da Família e das Sucessões desta comarca. Sendo a renúncia à herança irrevogável, desnecessária o comparecimento desses herdeiros neste instrumento de sobrepartilha" (fls. 15/21).

Ocorre que, por lógica, o alcance do referido art. 1.808, do Código Civil, destina-se apenas ao herdeiro que conhece o que está aceitando/recusando.

Não se pode admitir, à evidência, que o herdeiro renuncie a patrimônio do qual sequer tinha notícia no momento da renúncia.

Essa é a conclusão a que se chega, também, a partir do art. 1.793, §1º, do Código Civil, que estabelece que a cessão feita pelo herdeiro não alcança os direitos que eventualmente lhe sejam atribuídos, no futuro, em virtude de substituição ou de direito de acrescer.

Em suma, descobrindo-se após o encerramento do arrolamento de bens a existência de novo bem do falecido, não se pode estender a renúncia antecedente a este bem sobre o qual os renunciantes não tinham conhecimento.

Nesta ordem de ideias, não há como se ultrapassar o óbice registral que negou o acesso ao fólio real da escritura pública de sobrepartilha, exigindo-se renúncia expressa sobre o imóvel matriculado sob o nº 71.176.

Ante o exposto, pelo meu voto, nego provimento à apelação.

Fernando Antonio Torres Garcia
Corregedor-Geral da Justiça
Relator

3.25 SUCESSÕES. RECURSO ESPECIAL. MEAÇÃO. ATO DE DISPOSIÇÃO EM FAVOR DOS HERDEIROS. DOAÇÃO. ATO *INTER VIVOS*. FORMA. ESCRITURA PÚBLICA

Processo: REsp 1196992 / MS – Recurso Especial 2010/0104911-6
Relatora: Ministra Nancy Andrighi (1118)
Órgão Julgador: T3 – Terceira Turma
Data do Julgamento: 06.08.2013
Data da Publicação/Fonte: DJe 22.08.2013

EMENTA – SUCESSÕES. RECURSO ESPECIAL. MEAÇÃO. ATO DE DISPOSIÇÃO EM FAVOR DOS HERDEIROS. DOAÇÃO. ATO INTER VIVOS. FORMA. ESCRITURA PÚBLICA.

1. Discussão relativa à necessidade de lavratura de escritura pública para prática de ato de disposição da meação da viúva em favor dos herdeiros.

2. O ato para dispor da meação não se equipara à cessão de direitos hereditários, prevista no art. 1.793 do Código Civil, porque esta pressupõe a condição de herdeiro para que possa ser efetivada.

3. Embora o art. 1.806 do Código Civil admita que a renúncia à herança possa ser efetivada por instrumento público ou termo judicial, a meação não se confunde com a herança.

4. A renúncia da herança pressupõe a abertura da sucessão e só pode ser realizada por aqueles que ostentam a condição de herdeiro.

5. O ato de disposição patrimonial representado pela cessão gratuita da meação em favor dos herdeiros configura uma verdadeira doação, a qual, nos termos do art. 541 do Código Civil, far-se-á por Escritura Pública ou instrumento particular, sendo que, na hipótese, deve ser adotado o instrumento público, por conta do disposto no art. 108 do Código Civil.

6. Recurso especial desprovido.

ACÓRDÃO

Vistos, relatados e discutidos estes autos, acordam os Ministros da TERCEIRA Turma do Superior Tribunal de Justiça, na conformidade dos votos e das notas taquigráficas constantes dos autos, por unanimidade, negar provimento ao recurso especial, nos termos do voto do(a) Sr(a). Ministro(a) Relator(a). Os Srs. Ministros João Otávio de Noronha, Sidnei Beneti, Paulo de Tarso Sanseverino e Ricardo Villas Bôas Cueva votaram com a Sra. Ministra Relatora.

3.26 CESSÃO DE QUINHÃO HEREDITÁRIO E DO DIREITO DE MEAÇÃO, COM INSTITUIÇÃO DE USUFRUTO, POR TERMO JUDICIAL

ACÓRDÃO

Vistos, relatados e discutidos estes autos de Agravo De Instrumento nº 344. 999-4/1-00, da Comarca de São Paulo, em que é agravante Mercedes Batista Campos, Inventariante, sendo agravado o juízo:

Acordam, em Décima Câmara de Direito Privado do Tribunal de Justiça do Estado de São Paulo, proferir a seguinte decisão: "deram provimento ao recurso, v.u.", de conformidade com o relatório e voto do Relator, que integram este acórdão.

O julgamento teve a participação dos Desembargadores Roberto Stucchi (Presidente, sem voto), Marcondes Machado e Mauricio Vidigal.

São Paulo, 25 de maio de 2004.

Paulo Dimas Mascaretti
Relator

Voto 3.908
Comarca: São Paulo – Foro Regional de São Miguel Paulista
Agravo de Instrumento nº 344.999.4/1-00
Agravante: Mercedes Batista Campos (inventariante do Espólio de José de Campos).
Agravado: O Juízo.

EMENTA – ARROLAMENTO DE BENS – Juízo "a quo" que inadmitiu a formalização da cessão de quinhão hereditário e do direito de meação, com instituição de usufruto, por termo judicial, apontada a necessidade de ser lavrada escritura pública para tanto – Decisório que não merece subsistir – Hipótese em que é prescindível a escritura pública, podendo a cessão em tela ser formalizada por termo nos autos do inventário ou arrolamento, tal como dispõe o art. 2.015 do CC vigente – De outra banda, a manifestação de vontade translativa do direito à meação, a título gratuito e em proveito dos herdeiros do finado, pode igualmente ser documentada por termo judicial, aplicando-se, por extensão, a regra do art. 1.806 do novo Código Civil, que trata da forma de procedimento para a renúncia da herança – Agravo provido.

Cuida-se de agravo de instrumento tirado por Mercedes Batista Campos dos autos do arrolamento dos bens deixados pelo falecimento de José de Campos, contra decisão do MM. Juiz de Direito da 2ª Vara da Família e das Sucessões do Foro Regional de São Miguel Paulista da Comarca da Capital que inadmitiu a formalização da cessão de quinhão hereditário e do direito de meação, com instituição de usufruto, por termo judicial, apontada a necessidade de ser lavrada escritura pública para tanto.

Segundo a peça recursal, é dispensável, nas circunstâncias, a escritura pública para documentar a cessão de direitos, a título gratuito, na forma alvitrada pela viúva-meeira e herdeiros filhos, haja vista que são plenamente capazes.

Informações do juízo a quo a fls. 56/57.

É o relatório.

Procede o reclamo.

Infere-se do plano de partilha apresentado em primeiro grau que a agravante, viúva-meeira, cedeu, a título gratuito, seu direito de meação sobre bens imóveis aos herdeiros-filhos, Magali Aparecida Campos Lima e Eugênio Aparecido de Campos, reservando para si o usufruto; esses herdeiros, a seu turno, cederam, um ao outro, também a título gratuito, direitos hereditários relativos ao patrimônio imobiliário deixado pelo *de cujus*.

Ora, como é sabido, os herdeiros podem dispor dos direitos hereditários, cedendo-os a outros herdeiros, de modo a ajustar, da melhor maneira e conforme a sua conveniência, a quem tocará certos bens do acervo.

E a cessão, nesses moldes, consubstanciando uma espécie de partilha amigável, prescinde de escritura pública, podendo ser formalizada por termo nos autos do inventário ou arrolamento, tal como dispõe o artigo 2.015 do Código Civil vigente.

De outra banda, a manifestação de vontade translativa do direito à meação, a título gratuito e em proveito dos herdeiros do finado, pode igualmente ser documentada por termo judicial, aplicando-se, por extensão, a regra do artigo 1.806 do novo Código Civil, que trata da forma de procedimento para a renúncia da herança.

A propósito do tema, lecionam Euclides de Oliveira e Sebastião Amorim que a renúncia à meação, "embora inconfundível com a renúncia à herança, dela se aproxima ao ponto em que implica efetiva cessão de direitos, de modo que utilizáveis os mesmos instrumentos para sua formalização. Com efeito, o direito de cada herdeiro, a título de posse ou propriedade, sobre sua parte ideal na herança, antes da partilha, é juridicamente equivalente ao do cônjuge sobrevivo sobre a metade ideal do patrimônio a partilhar. Um e outro são titulares de direitos hereditários, nada lhes obstando a cessão de tais direitos, antes de partilhado o monte. Assim decidiu a 2ª Câmara Civil do Tribunal de Justiça de São Paulo (rel. Carlos A. Ortiz, in RJTJSP XIV/57), embora entendendo como imprescindível a formalização da cessão por escritura pública, com invocação de precedente julgado nesse sentido (RT 268/284). Essa restrição, no entanto, não se coaduna com a equivalência do termo judicial, como sucedâneo da escritura, para fins de cessão de direitos hereditários, nos termos do artigo 1.581 do Código Civil de 1916 e artigo 1.805 do novo Código Civil" (v. "Inventários e Partilhas – Direito das Sucessões", 16. ed. Leud: São Paulo, 2003, p. 64-65).

Bem de ver que, na esteira de precedente desta Corte, invocado pelos doutrinadores supra aludidos, "a mesma fé pública de que se revestem as declarações de ofício do tabelião de notas, têm-na igualmente as declarações dos escrivães e, anteriormente, dos denominados tabeliões do judicial. Uns e outros lavram 'escrituras públicas'. Diferentes eram os atos que se compreendiam na competência de cada serventuário. Igual, porém, a fé pública que lhes dava autenticidade. Compreende-se, pois, a afirmação corrente, relativa a valer como escritura pública um termo judiciar" (v. RJTJSP 81/283).

Posto isto, dá-se provimento ao agravo, de modo a afastar a exigência impugnada.

Paulo Dimas Mascaretti
Relator

3.27 RENÚNCIA DE MEAÇÃO EM FAVOR DE HERDEIRA, COM RESERVA DE USUFRUTO PARA VIÚVO. DESNECESSIDADE DE FORMALIZAÇÃO POR MEIO DE ESCRITURA PÚBLICA

ACÓRDÃO

Vistos, relatados e discutidos estes autos de Agravo de Instrumento nº 2127188-49.2017.8.26.0000, da Comarca de Praia Grande, em que são agravantes Sheila Rogerio e Yone Auricchio Rogerio (espólio), é agravado o juízo.

Acordam, em sessão permanente e virtual da 4ª Câmara de Direito Privado do Tribunal de Justiça de São Paulo, proferir a seguinte decisão: Deram provimento ao recurso. V. U., de conformidade com o voto do relator, que integra este acórdão.

O julgamento teve a participação dos Desembargadores Enio Zuliani (Presidente sem voto), Alcides Leopoldo e Maurício Campos da Silva Velho.

São Paulo, 19 de setembro de 2018.
Natan Zelinschi de Arruda
Relator

Agravo de Instrumento nº 2.127.188-49.2017.8.26.0000
Agravante: Sheila Rogério
Agravado: O juízo
Comarca: Praia Grande

Voto nº 37.758

Inventário. Renúncia de meação em favor de herdeira, com reserva de usufruto para viúvo. Desnecessidade de formalização por meio de escritura pública. Ato translativo que pode ser tomado por termo nos autos. Inteligência do artigo 1.806 do Código Civil. Agravo provido.

1. Trata-se de agravo de instrumento interposto tempestivamente contra a r. decisão de pág. 43 dos autos na origem, que, em ação de inventário, determinou a apresentação de formalização da cessão de direitos caracterizada pela renúncia da meação em favor da herdeira mediante instrumento público.

Alega a agravante que é perfeitamente possível a renúncia à meação e a instituição de usufruto vitalício em favor do viúvo por termos nos próprios autos, conforme disposto no artigo 1.086 do Código Civil, portanto, não pode ser obrigada a formalizar a cessão de direitos mediante instrumento público. Transcreve ementas de acórdãos acerca do assunto, requerendo, afinal, o provimento do recurso, antecedido da outorga de efeito suspensivo, para que, nos próprios autos do arrolamento, o viúvo transmita, mediante termo, sua meação aos herdeiros, com reserva de usufruto, sem necessidade de escritura pública.

Processado o agravo sem a concessão de efeito suspensivo, pág. 09.

O MM. Juiz a quo prestou as informações de págs. 12/13.

É o relatório.

2. A r. decisão agravada merece reforma.

O artigo 1.793, *caput*, do Código Civil, estabelece que o quinhão hereditário pode ser objeto de cessão por escritura pública.

De outra banda, o artigo 1.806 dispõe que: A renúncia da herança deve constar expressamente de instrumento público ou termo judicial.

A cessão, no caso, importa em renúncia à meação em favor da agravante, com reserva de usufruto para o viúvo, devendo ser aplicada a norma inserta no artigo 1.806 do Código Civil, que impõe a lavratura de termo nos autos ou de escritura pública.

E, consoante o magistério de Euclides de Oliveira e Sebastião Amorim:

> Embora não seja tecnicamente uma renúncia, é tida por válida a renúncia translativa, também chamada de imprópria, e admitem-se os efeitos obrigacionais dela decorrentes, como forma de doação, se a título gratuito, ou de compra e venda, se a título oneroso. A renúncia à herança em tais condições, por favorecer determinada pessoa, é denominada de translativa, ou 'in favorem', configurando verdadeira cessão de direitos, seja de forma onerosa, ou gratuita. (...)
>
> Efetiva-se a renúncia através de escritura pública, ou por termo judicial, conforme dispõem os artigos 1.581 do Código Civil de 1916 e 1.806 do novo Código Civil, aplicáveis por extensão à renúncia imprópria (*Inventários e Partilhas*. 20. ed. São Paulo. LEUD. 2006. p. 63-64).

Sobre o tema, confiram-se os julgados deste Egrégio Tribunal:

Apelação. Arrolamento. Direitos hereditários. Cessão operada por meio de instrumento particular. Inobservância da forma específica, que é da substância do ato (escritura pública). Hipótese, contudo, de aplicação analógica do disposto no art. 1.806 do CC. Extinção afastada para oportunizar que a cessão seja tomada por termo, nos autos, mediante a assinatura da cedente e da cessionária. Recurso provido (Apelação nº 1.082.684-68.2014.8.26.0100. Relator Desembargador Mauro Conti Machado. Vigésima Oitava de Câmara de Direito Privado. J. 25.10.2017).

Doação. Pretensão da viúva meeira de doar a sua meação e o legado recebido do 'de cujus' aos netos também herdeiros em decorrência de renúncia dos herdeiros filhos. Possibilidade mediante termo nos autos. Entendimento jurisprudencial. Ausência de prejuízo às partes, terceiros ou interesse público. Concordância da Fazenda Estadual em relação aos impostos recolhidos. Recurso provido. (Agravo de Instrumento nº 2.115.448-94.2017.8.26.0000. Relator Desembargador Rui Cascaldi. Primeira de Câmara de Direito Privado. J. 15.09.2017).

Arrolamento sumário. Cessão de direitos hereditários. Instrumento particular. CC, art. 1.793. Necessidade de escritura pública. Possibilidade de seja realizada por termo judicial. Art. 1.806 do CC. Decisão mantida. Recurso não provido. 1 – Em arrolamento sumário de bens foi rejeitada eficácia para um instrumento particular de cessão de direitos hereditários. 2 – Exigência da forma que está na essência do negócio jurídico. CC, arts. 1.793, 80, II, e 108. Precedentes do STJ. 3 – Possibilidade, diante do que consta dos autos, de que seja realizada por termo judicial. Art. 1.806 do CC. Decisão mantida. 4 – Agravo de instrumento não provido. (Agravo de Instrumento nº 2.244.086-82.2016.8.26.0000. Relator Desembargador Alexandre Lazzarini. Nona de Câmara de Direito Privado. J.04.04.2017).

Por fim, nada mais se faz do que dar cumprimento à norma do artigo 1.806 do Código Civil, podendo a renúncia à meação em favor da agravante, com reserva de usufruto para o viúvo, ser efetuada por termo judicial nos próprios autos.

3. Com base em tais fundamentos, dá-se provimento ao agravo de instrumento.

Natan Zelinschi De Arruda
Relator

3.28 INVENTÁRIO – PARTILHA – ESCRITURA. MEAÇÃO – CESSÃO – INSTITUIÇÃO DE USUFRUTO

CSMSP – Apelação Cível: 1001328-44.2020.8.26.0584

Localidade: São Pedro Data de Julgamento: 02.12.2021 Data DJ: 24.02.2022 Relator: Ricardo Mair Anafe

Jurisprudência: Indefinido

Registro de imóveis. Escritura pública de inventário e partilha. Cessão da meação da viúva meeira e instituição de usufruto. Divisão entre meação e herança por meio de constituição de usufruto e transmissão da nua propriedade. Apresentação de guia de recolhimento do ITCMD. Dúvida improcedente. Recurso provido para afastar a exigência.

Íntegra

PODER JUDICIÁRIO – TRIBUNAL DE JUSTIÇA DO ESTADO DE SÃO PAULO – CONSELHO SUPERIOR DA MAGISTRATURA

ACÓRDÃO

Vistos, relatados e discutidos estes autos de Apelação Cível nº 1001328-44.2020.8.26.0584, da Comarca de São Pedro, em que é apelante Selma Cristina Cury Camargo, é apelado Oficial de Registro de Imóveis e Anexos da Comarca de São Pedro.

Acordam, em Conselho Superior de Magistratura do Tribunal de Justiça de São Paulo, proferir a seguinte decisão: "Deram provimento, v.u.", de conformidade com o voto do Relator, que integra este acórdão.

O julgamento teve a participação dos Exmos. Desembargadores Pinheiro Franco (Presidente Tribunal de Justiça) (Presidente), Luis Soares de Mello (vice-presidente), Xavier de Aquino (Decano), Guilherme G. Strenger (Pres. Seção de Direito Criminal), Magalhães Coelho(Pres. da Seção de Direito Público) e Dimas Rubens Fonseca (Pres. da Seção de Direito).

São Paulo, 2 de dezembro de 2021.

Ricardo Anafe
Corregedor-Geral da Justiça e Relator
Assinatura Eletrônica

Apelação Cível nº 1001328-44.2020.8.26.0584
Apelante: Selma Cristina Cury Camargo
Apelado: Oficial de Registro de Imóveis e Anexos da Comarca de São Pedro

VOTO Nº 31.673

Registro de imóveis. Escritura pública de inventário e partilha. Cessão da meação da viúva meeira e instituição de usufruto. Divisão entre meação e herança por meio de constituição de usufruto e transmissão da nua propriedade. Apresentação de guia de recolhimento do ITCMD. Dúvida improcedente. Recurso provido para afastar a exigência.

1. Cuida-se de recurso de apelação interposto por Selma Cristina Cury Camargo contra a r. sentença de fl. 357/358, que julgou procedente a dúvida suscitada pelo Oficial de Registro de Imóveis, Títulos e Documentos e Civil de Pessoa Jurídica da Comarca de São Pedro, mantendo-se o óbice registrário.

Nota de Exigência de fl. 321/322 indicou como motivo de recusa do ingresso do título:

O posicionamento da E. Corregedoria Permanente desta Comarca, ao qual este Oficial encontra-se vinculado, alicerçado em decisões da Corregedoria-Geral da Justiça e do Superior Tribunal de Justiça é no sentido de que "o cônjuge supérstite é proprietário da metade dos bens amealhados durante o casamento em virtude do regime do bens adotado. O inventário somente servirá para especificar o patrimônio que o compõe, distinguindo-o dos bens que comporão a herança. Dessa forma, não é realmente viável realizar a cessão sobre a meação, tampouco renunciar a ela. Na verdade, se a disposição sobre esse patrimônio se der a título gratuito, o ato jurídico a ser entabulado é a doação, que deverá ocorrer após a partilha dos bens" (Processo 1000002-83.2019.8.26.0584).

Logo, o título deverá ser retificado para que seja efetuada a partilha dos bens à viúva e, se for o caso, efetuada subsequentemente doação com reserva de usufruto. Também será possível que a meação seja paga com o usufruto e a herança com a nua-propriedade e se houver necessidade, eventual acertamento poderá ser realizado no mesmo título, sob a forma de doação. Em virtude desta exigência os emolumentos poderão sofrer alterações.

2) Apresentar os comprovantes de quitação do ITR/2019 referentes aos imóveis das matrículas 3.898 e 6.720, para fins do cumprimento do disposto no art. 22, § 3º, da Lei 4.947 de 1966, uma vez que a NCD não abrange o último exercício fiscal.

Obs.: em virtude de apresentação de requerimento de cindibilidade do título não foram apreciados os documentos para o cumprimento dos itens 2 e 3 da nota devolutiva anterior datada de 03.08.2020 em relação aos imóveis das matrículas 7.750, 7.755 e 7.775.

Sustenta a recorrente, em suma, que não há vedação legal à cessão da meação, onerosa ou gratuita, na escritura de inventário e partilha, desde que recolhido o imposto respectivo. Além disso, não há exigência para a realização de dois atos formais, um para o inventário e outro para a cessão da meação.

A D. Procuradoria Geral de Justiça opinou pelo desprovimento do recurso (fl. 391/394).

É o relatório.

2. Presentes seus pressupostos legais e administrativos, conheço do recurso.

No mérito o recurso merece provimento.

Trata-se de registro de escritura pública de inventário e partilha dos bens deixados por Francisco Camargo Junior lavrada em 10 de maio de 2019 perante o 26º Tabelionato de Notas da Capital, prenotada, inicialmente, sob o nº 117306 no Oficial de Registro de Imóveis, Títulos e Documentos e Civil de Pessoa Jurídica da Comarca de São Pedro.

Houve o cumprimento das exigências, com exceção da constante do item 1 da nota devolutiva de fl. 321/322, motivo da dúvida.

Com efeito, a meação do cônjuge supérstite não se confunde com a herança, de modo que a cessão respectiva configura ato inter vivos e não renúncia à herança.

É pacífico na jurisprudência paulista o entendimento de que a divisão entre a meação e a herança pode ser realizada por meio de constituição de usufruto e transmissão da nua propriedade do bem, com recolhimento do imposto que for devido se o valor da meação superar o valor do usufruto. Neste sentido:

> INVENTÁRIO. Decisão interlocutória que negou pedido da viúva inventariante de ceder aos herdeiros sua meação, com reserva de usufruto, nos autos do inventário dos bens deixados por seu finado esposo. Desacerto. Não há qualquer impedimento para que a doação – ou cessão se opere por termo nos autos do inventário. Cônjuge supérstite não é herdeiro, mas apenas meeiro por força do regime da comunhão universal de bens. Possível que a partilha atribua, como pagamento da meação do cônjuge supérstite, o usufruto vitalício sobre bens do monte. Pleito perfeitamente viável e, a rigor, não necessita, para ser instrumentalizado, nem do negócio jurídico de usufruto *deducto*, muito menos da cessão de direito hereditários (ou renúncia *in favorem*). Acerto patrimonial entre a viúva-meeira e os herdeiros necessários pode ser resolvido na própria partilha de bens, bastando imputar a nua[1]propriedade dos imóveis no pagamento dos quinhões dos herdeiros e o usufruto vitalício na meação da viúva, independente de qualquer outro negócio jurídico de doação ou cessão, tal como sugerido pelos interessados. As questões alusivas ao recolhimento do tributo em relação à operação desejada pelas partes (ITCMD ou ITBI) deverão ser esclarecidas na origem, em momento oportuno, após oitiva da Fazenda Pública. Recurso provido, com observação (Agravo de Instrumento nº 2078003-03.2021.8.26.0000, Des. Relator Francisco Loureiro).

Do corpo do V. Acórdão extrai-se que:

> Irrelevante o negócio cessão de direitos ou doação a ser utilizado para instrumentalizar a operação econômica que se deseja realizar. Diante de tal cenário, rigorosamente indiferente o nome que se dá aos negócios jurídicos, que refletem a mesma causa e têm a mesma natureza. A questão pode ser resolvida na própria partilha de bens, sem maior dificuldade ou formalidade.

Nesta ordem de ideias, nada obsta que o acerto patrimonial entre a viúva-meeira e os herdeiros necessários seja resolvido na própria partilha de bens, bastando, como procederam *in casu*, imputar a nua-propriedade dos imóveis no pagamento dos quinhões dos herdeiros e o usufruto vitalício na meação da viúva, independentemente de qualquer outro negócio jurídico de doação.

Não se observa, pois, impedimento para que a cessão da meação se opere na escritura de inventário e partilha e que esta atribua, como pagamento da meação da viúva, o usufruto vitalício sobre os bens do monte.

Relevante destacar, no ponto, os ensinamentos de Euclides de Oliveira e Sebastião Amorim:

> Hipótese bastante comum é a do cônjuge viúvo, com direito à meação nos bens da herança, concorrendo com herdeiros filhos. Atribui-se ao viúvo o direito de usufruto sobre determinados bens e faz-se a partilha da nua propriedade aos herdeiros. Cumpre ressalvar, no entanto, que o valor do usufruto corresponde a uma fração do valor dos bens, que no Estado de São Paulo, por força da Lei n. 10.775/2000, seria de 1/3. Sobre a diferença entre esse terço e o valor da meação, pelas cotas atribuídas aos herdeiros, incidirá o imposto de transmissão, que pode ser o ITCMD no caso de liberalidade, ou o ITBI se houver pagamento ou reposição do valor (*Inventário e Partilha*: teoria e prática, 26. ed. São Paulo: Saraiva, 2020, capítulo 10, n. 2.2).

Nesta senda, nada impede que se ajuste, consensualmente, que a meação da viúva recaia sobre o usufruto do todo, não subsistindo o óbice registrário, bem porque foi apresentada a guia com o recolhimento do ITCMD (fl. 67/92).

3. Ante o exposto, dou provimento ao recurso para afastar a recusa do registro.

Ricardo Anafe
Corregedor-Geral da Justiça e Relator
Assinatura Eletrônica

3.29 CESSÃO DE DIREITOS HEREDITÁRIOS. NEGÓCIO JURÍDICO VÁLIDO. EFICÁCIA CONDICIONADA QUE NÃO IMPEDE A TRANSMISSÃO DA POSSE

Processo: REsp 1809548 / SP – Recurso Especial 2019/0106595-5
Relator: Ministro Ricardo Villas Bôas Cueva (1147)
Órgão Julgador: T3 – Terceira Turma
Data do Julgamento: 19.05.2020
Data da Publicação/Fonte: DJe 27.05.2020

EMENTA – RECURSO ESPECIAL. CIVIL E PROCESSUAL CIVIL. EMBARGOS DE TERCEIRO. CESSÃO DE DIREITOS HEREDITÁRIOS. BEM DETERMINADO. NULIDADE. AUSÊNCIA. NEGÓCIO JURÍDICO VÁLIDO. EFICÁCIA CONDICIONADA QUE NÃO IMPEDE A TRANSMISSÃO DA POSSE.

1. Recurso especial interposto contra acórdão publicado na vigência do Código de Processo Civil de 2015 (Enunciados Administrativos nºs 2 e 3/STJ).

2. Embargos de terceiro opostos por adquirente de direitos hereditários sobre imóvel pertencente a espólio, cedidos a terceiros antes de ultimada a partilha com a anuência daquelas que se apresentavam como únicas herdeiras, a despeito do reconhecimento de outros dois sucessores por sentença proferida em ação de investigação de paternidade cumulada com petição de herança.

3. O juízo de procedência dos embargos de terceiro está condicionado à comprovação da posse ou do domínio sobre o imóvel objeto de penhora.

5. A cessão de direitos hereditários sobre bem singular, desde que celebrada por escritura pública e não envolva o direito de incapazes, não é negócio jurídico nulo, tampouco inválido, ficando apenas a sua eficácia condicionada a evento futuro e incerto, consubstanciado na efetiva atribuição do bem ao herdeiro cedente por ocasião da partilha.

6. Se o negócio não é nulo, mas tem apenas a sua eficácia suspensa, a cessão de direitos hereditários sobre bem singular viabiliza a transmissão da posse, que pode ser objeto de tutela específica na via dos embargos de terceiro.

7. Admite-se a oposição de embargos de terceiro fundados em alegação de posse advinda do compromisso de compra e venda de imóvel, mesmo que desprovido do registro, entendimento que também deve ser aplicado na hipótese em que a posse é defendida com base em instrumento público de cessão de direitos hereditários. Súmula nº 84/STJ.

8. Peculiaridades da causa que recomendam a manutenção da posse do imóvel em favor da embargante/cessionária.

9. Recurso especial não provido.

ACÓRDÃO

Vistos e relatados estes autos, em que são partes as acima indicadas, decide a Terceira Turma, por unanimidade, negar provimento ao recurso especial, nos termos do voto do Sr. Ministro Relator. Os Srs. Ministros Marco Aurélio Bellizze, Moura Ribeiro (Presidente), Nancy Andrighi e Paulo de Tarso Sanseverino votaram com o Sr. Ministro Relator.

Informações Complementares à Ementa

"[...] a questão envolvendo a alegada prevenção de órgão fracionário na origem foi examinada sob o enfoque de dispositivo do Regimento Interno do Tribunal de Justiça do Estado de São Paulo, não competindo a esta Corte Superior, como guardiã da legislação federal, reformar entendimento firmado com fundamento em norma de direito local, a teor do disposto na Súmula nº 280/STF".

"No que tange ao art. 1.022 do Código de Processo Civil de 2015, não há falar em negativa de prestação jurisdicional se o Tribunal local, ainda que por fundamentos distintos daqueles apresentados pelas partes, adota fundamentação suficiente para decidir integralmente a controvérsia".

"Frisa-se que, mesmo à luz do art. 489 do Código de Processo Civil de 2015, o órgão julgador não está obrigado a se pronunciar acerca de todo e qualquer ponto suscitado pelas partes, mas apenas a respeito daqueles capazes de, em tese, de algum modo, infirmar a conclusão adotada pelo órgão julgador (inciso IV)".

"A motivação contrária ao interesse da parte ou mesmo omissa em relação a pontos considerados irrelevantes pelo julgador não autoriza o acolhimento dos embargos declaratórios, daí porque se afasta também a alegada ofensa ao art. 489, § 1º, III e IV, do Código de Processo Civil de 2015".

"[...] não se tendo operado a alienação do imóvel, mas apenas a cessão dos direitos hereditários que recaem sobre ele, não se aplica à espécie a regra do art. 992, I, do CPC/1973, segundo a qual incumbe ao inventariante alienar bens do espólio, ouvidos os interessados e com autorização judicial".

(Considerações) (Ricardo Villas Bôas Cueva)

"O princípio da isonomia processual, por meio do qual se deve assegurar às partes paridade de tratamento em relação ao exercício de direitos e faculdades processuais, não confere a elas o direito de não se submeterem às regras de prevenção normalmente estabelecidas nos regimentos internos dos tribunais".

3.30 ESCRITURA PÚBLICA DE INVENTÁRIO E PARTILHA. UNIÃO ESTÁVEL. COMPANHEIRO SUPÉRSTITE – ÚNICO HERDEIRO

CSMSP – Apelação Cível: 0005393-17.2018.8.26.0634
Localidade: Tremembé **Data de Julgamento:** 24.09.2019 **Data DJ:** 09.03.2020
Relator: Geraldo Francisco Pinheiro Franco
Jurisprudência: Indefinido
Lei: CC2002 – Código Civil de 2002 – 10.406/2002 Art: 1.790
Lei: CC2002 – Código Civil de 2002 – 10.406/2002 Art: 1.829
Lei: LO – Novo CPC – 13.105/15 ART: 610 par: 1
Especialidades: Tabelionato de Notas

REGISTRO DE IMÓVEIS – Procedimento de dúvida – Inventário extrajudicial por companheira sobrevivente que é qualificada como única herdeira – União estável declarada em escritura pública – Recusa de registro fundada exclusivamente na condição de única herdeira da companheira, com base na regulação administrativa do ato, prevista no item 112, do Cap. XVI das NSCGJ, e art. 18, da Resolução CNJ 35/2007 – Regime sucessório dos companheiros igualado ao dos cônjuges, a partir da declaração de inconstitucionalidade material do art. 1.790, CC, com repercussão geral (RE 646.721/RS) – Impossibilidade de se dar tratamento distinto ao companheiro em relação ao cônjuge em matéria sucessória, incluindo-se aí regras limitativas do procedimento de inventário judicial ou extrajudicial – Ausência de norma legal a indicar a impossibilidade de inventário extrajudicial ao companheiro sobrevivente caso não existam herdeiros concorrentes, considerando o teor do art. 1.829, CC e do art. 610, § 1º, CPC, desde que comprovada a união estável por escritura pública ou por sentença declaratória anterior – Eficácia da escritura de união estável para comprovar a continuidade da união estável até sua extinção pela morte, cabendo a eventual interessado em demonstrar sua inexistência ou cessação a iniciativa de derrubar a presunção decorrente da declaração, por meio de ação judicial, em homenagem ao princípio da boa-fé – Registro da declaração de união estável que só é necessário para se impor seus efeitos a terceiros, o que não ocorre quando a parte interessada adere aos efeitos da declaração dos companheiros – Declaração do inventariante sobre a inexistência de outros herdeiros que produz efeitos tanto na esfera judicial quanto na extrajudicial, não havendo perquirição ativa de demais legitimados à sucessão ante a declaração limitada – Impossibilidade de se imobilizar a transmissão sucessória a aguardar manifestação de possíveis interessados em recolher a herança que, por presunção decorrente da declaração de união estável, é do companheiro sobrevivente – Recurso provido para determinar o registro do título.

Íntegra

PODER JUDICIÁRIO – TRIBUNAL DE JUSTIÇA DO ESTADO DE SÃO PAULO – CONSELHO SUPERIOR DA MAGISTRATURA

ACÓRDÃO

Vistos, relatados e discutidos estes autos do Apelação Cível nº 0005393-17.2018.8.26.0634, da Comarca de Tremembé, em que é apelante Patricia Sousa Pereira, é apelado Oficial De Registro de Imóveis e Anexos da Comarca de Tremembé.

Acordam, em Conselho Superior de Magistratura do Tribunal de Justiça de São Paulo, proferir a seguinte decisão: "Por maioria de votos, deram provimento ao recurso, nos termos do voto do Desembargador Fernando Torres Garcia. Vencido o Des. Pinheiro Franco, que declarará voto", de conformidade com o voto do Relator, que integra este acórdão.

O julgamento teve a participação dos Exmos. Desembargadores Fernando Torres Garcia (Pres. Seção de Direito Criminal), vencedor, Pinheiro Franco (Corregedor-geral), vencido, Pereira Calças (Presidente Tribunal de Justiça) (Presidente), Artur Marques (vice-presidente), Xavier de Aquino (Decano), Evaristo dos Santos (Pres. da Seção de Direito Público) e Campos Mello (Pres. da Seção de Direito Privado).

São Paulo, 24 de setembro de 2019

Desembargador Fernando Torres Garcia
Relator designado

Apelação Nº 0005393-17.2018.8.26.0634 – Dúvida registral
Apelante: Patrícia Sousa Pereira
Apelado: Oficial de Registro de Imóveis e Anexos da Comarca de Tremembé

VOTO Nº 32.893

Registro de imóveis – Procedimento de dúvida – Inventário extrajudicial por companheira sobrevivente que é qualificada como única herdeira – União estável declarada em escritura pública – Recusa de registro fundada exclusivamente na condição de única herdeira da companheira, com base na regulação administrativa do ato, prevista no item 112, do Cap. XVI das NSCGJ, e art. 18, da Resolução CNJ 35/2007 – Regime sucessório dos companheiros igualado ao dos cônjuges, a partir da declaração de inconstitucionalidade material do art. 1.790, CC, com repercussão geral (RE 646.721/RS) – Impossibilidade de se dar tratamento distinto ao companheiro em relação ao cônjuge em matéria sucessória, incluindo-se aí regras limitativas do procedimento de inventário judicial ou extrajudicial – Ausência de norma legal a indicar a impossibilidade de inventário extrajudicial ao companheiro sobrevivente caso não existam herdeiros concorrentes, considerando o teor do art. 1.829, CC e do art. 610, § 1º, CPC, desde que comprovada a união estável por escritura pública ou por sentença declaratória anterior – Eficácia da escritura de união estável para comprovar a continuidade da união estável até sua extinção pela morte, cabendo a eventual interessado em demonstrar sua inexistência ou cessação a iniciativa de derrubar a presunção decorrente da declaração, por meio de ação judicial, em homenagem ao princípio da boa-fé – Registro da declaração de união estável que só é necessário para se impor seus efeitos a terceiros, o que não ocorre quando a parte interessada adere aos efeitos da declaração dos companheiros – Declaração do inventariante sobre a inexistência de outros herdeiros que produz efeitos tanto na esfera judicial quanto na extrajudicial, não havendo perquirição ativa de demais legitimados à sucessão ante a declaração limitada – Impossibilidade de se imobilizar a transmissão sucessória a aguardar manifestação de possíveis interessados em recolher a herança que, por presunção decorrente da declaração de união estável, é do companheiro sobrevivente – Recurso provido para determinar o registro do título.

Trata-se de apelação interposta por Patrícia Sousa Pereira contra a r. sentença (fls. 36), devidamente declarada (fls. 43), que rejeitou procedimento de dúvida registral e manteve a recusa ao registro de escritura pública de inventário e adjudicação de bens que promoveu, referente aos bens deixados por sucessão causa mortis por Salete Abreu Dias e Miguel Amâncio Pereira, que viviam em união estável, sendo este último genitor da apelante.

A recusa se funda no descumprimento do item 112, do Cap. XIV, das NSCGJ e do art. 18, da Resolução nº 35/2007, do Conselho Nacional de Justiça, que impedem a lavratura de escritura pública de inventário e partilha extrajudicial quando o companheiro se declarar único herdeiro e não houver concordância por escrito ao ato pelos demais herdeiros.

Sustenta, em suma, a inaplicabilidade ao caso das normas restritivas, ante a declaração de inconstitucionalidade do art. 1.790, do Código Civil, e da existência de escritura pública declaratória de união estável (fls. 45/50).

A Procuradoria Geral de Justiça opinou pelo não provimento do recurso (fls. 72/75).

É o relatório.

Conheço do recurso, eis que presentes seus requisitos objetivos e subjetivos de admissibilidade.

Entendo seja o caso de provimento do recurso, firme no entendimento de que existe ampliação dos efeitos da declaração de inconstitucionalidade do art. 1.790, do Código Civil, pelo C. Supremo Tribunal Federal, no julgamento da repercussão geral no Recurso Extraordinário 646.721, também para regulações limitativas ao procedimento de inventário de bens em relação aos companheiros.

O presente procedimento de dúvida se estabeleceu em pedido de registro de escritura pública de inventário e adjudicação realizado por Patrícia Sousa Pereira, referente aos imóveis matriculados sob nºs 40.866 e 40.876, outrora no Oficial de Registro de Imóveis da Comarca de Taubaté, hoje sob a competência registrária do Oficial de Registro de Imóveis de Tremembé.

O título – Escritura Pública de Inventário e Adjudicação dos bens deixados em sucessão causa mortis de Salete Abreu Dias e Miguel Amâncio Pereira – foi devolvido pelo Oficial de Registro de Imóveis da Comarca de Tremembé, essencialmente pela não observância da vedação à escritura de inventário e partilha em casos de união estável em que o companheiro sobrevivente se apresente como único herdeiro, ausente a concordância dos demais herdeiros, nos termos do previsto no art. 18, da Resolução nº 35, CNJ e do item 112, do Cap. XIV, das NSCGJ.

Segundo consta dos autos, o pai da apelante, Miguel Amâncio Pereira, vivia em união estável com Salete Abreu Dias, conforme escritura pública declaratória de união estável lavrada pelo 2º Tabelião de Notas de Osasco, em 05.05.2005, na qual declaram união estável há quatorze (14) anos, sem qualquer informação nos autos de rompimento da união até o óbito da companheira. Ao contrário, conforme o documento de fls. 42, em 28.12.2011, Salete se declarou companheira de Miguel junto ao SABESPREV, indicando a continuidade da união estável anos depois da escritura declaratória.

O inventário extrajudicial diz respeito a duas sucessões.

A primeira, aberta por conta do falecimento de Salete Abreu Dias, em 07.01.2017, indicando-se como único sucessor o companheiro, Miguel Amâncio Pereira, adjudicando a totalidade dos bens por força da escritura de união estável lavrada em 05.05.2005, perante o 2º Tabelião de Osasco.

A segunda, aberta em virtude do falecimento de Miguel Amâncio Pereira, em 10.01.2018, constando como herdeiros os filhos Patrícia Sousa Pereira e Fernando de Sousa Pereira, únicos herdeiros, com renúncia deste último, sem deixar descendentes, recolhendo a apelante a integralidade da deixa sucessória.

A recusa se funda, exclusivamente, na vedação contida no art. 18, da Resolução nº 35, do CNJ, bem como no item 112, do Cap. XIV, das NSCGJ, impondo aos casos em que o companheiro se apresente como único herdeiro ou ausente a concordância dos demais herdeiros, o uso do inventário judicial.

Pois bem.

Tenho seja o caso de apreciar a questão da vedação contida no art. 18, da Resolução nº 35, do CNJ, a partir da decisão do Supremo Tribunal Federal que reconheceu a inconstitucionalidade material da imposição, aos companheiros, de regime sucessório distinto daquele atribuído aos cônjuges, afastando do ordenamento jurídico o art. 1.790, do Código Civil.

Com a declaração de inconstitucionalidade do art. 1.790, do Código Civil, pelo Supremo Tribunal Federal, observa-se a impossibilidade de tratamento sucessório distinto, em todos os aspectos, entre cônjuges e companheiros. Quer isto dizer que regras jurídicas, em seus diversos níveis de normatividade e fontes, não podem dar tratamento jurídico distinto ao companheiro sobrevivente em relação ao cônjuge em similar situação.

Assim decidiu a Corte Suprema, em julgamento sujeito à repercussão geral (RE 646.721/RS):

Direito constitucional e civil. Recurso extraordinário. Repercussão geral. Aplicação do artigo 1.790 do Código Civil à sucessão em união estável homoafetiva. Inconstitucionalidade da distinção de regime sucessório entre cônjuges e companheiros. 1. A Constituição brasileira contempla diferentes formas de família legítima, além da que resulta do casamento. Nesse rol incluem-se as famílias formadas mediante união estável, hetero ou homoafetivas. O STF já reconheceu a "inexistência de hierarquia ou diferença de qualidade jurídica entre as duas formas de constituição de um novo e autonomizado núcleo doméstico", aplicando-se a união estável entre pessoas do mesmo sexo as mesmas regras e mesmas consequências da união estável heteroafetiva (ADI 4277 e ADPF 132, Rel. Min. Ayres Britto, j. 05.05.2011) 2. Não é legítimo desequiparar, para fins sucessórios, os cônjuges e os companheiros, isto é, a família formada pelo casamento e a formada por união estável. Tal hierarquização entre entidades familiares é incompatível com a Constituição de 1988. Assim sendo, o art. 1790 do Código Civil, ao revogar as Leis nº 8.971/1994 e nº 9.278/1996 e discriminar a companheira (ou o companheiro), dando-lhe direitos sucessórios bem inferiores aos conferidos à esposa (ou ao marido), entra em contraste com os princípios da igualdade, da dignidade humana, da proporcionalidade como vedação à proteção deficiente e da vedação do retrocesso. 3. Com a finalidade de preservar a segurança jurídica, o entendimento ora firmado é aplicável apenas aos inventários judiciais em que não tenha havido trânsito em julgado da sentença de partilha e às partilhas extrajudiciais em que ainda não haja escritura pública. 4. Provimento do recurso extraordinário. Afirmação, em repercussão geral, da seguinte tese: "No sistema constitucional vigente, é inconstitucional a distinção de regimes sucessórios entre cônjuges e companheiros, devendo ser aplicado, em ambos os casos, o regime estabelecido no art. 1.829 do CC/2002" (STF – RE nº 646.721/RS – Tribunal Pleno – Rel. p/ Acórdão Min. Roberto Barroso – j. 10.05.2017).

As consequências da decisão, afastando do ordenamento jurídico o regramento diverso dado ao companheiro pelo art. 1.790, do Código Civil, vai além da simples regulação unificada do regime sucessório. Passa, a meu sentir, pela vedação de distinção do exercício de tais direitos para os companheiros, inclusive com regras distintas para fins de realização do inventário e partilha, quando haja prova suficiente da existência da união estável. Limita-se, assim, eventual redução do direito à realização do inventário extrajudicial por companheiros sobreviventes a casos em que não haja prova pré-constituída da união estável ou nos casos de impedimento legal aplicável também ao cônjuge sobrevivente.

Impor ao companheiro sobrevivente regras para realização de inventário e partilha distintas do cônjuge, por força de norma infralegal de natureza administrativa, é desrespeitar o comando constitucional da igualdade, reconhecido como prevalente pelo Supremo Tribunal Federal na decisão indicada.

Por consequência, o companheiro tem tratamento idêntico em tudo ao cônjuge supérstite para fins sucessórios, embora se reconheça diferenças entre a união estável e o casamento.

Ou seja, embora possível se reconhecer diferenças entre o casamento e a união estável quanto a seu surgimento, sua prova e alguns efeitos limitados, não se pode reconhecer qualquer distinção ao companheiro em relação ao cônjuge para fins sucessórios. Para tais fins, deve o companheiro ser tratado como cônjuge, não havendo que se falar em outra concorrência sucessória senão com descendentes e ascendentes do autor da herança.

Até porque não se tem, na legislação atual e considerando a extirpação do art. 1.790, do Código Civil, regra procedimental a justificar o tratamento desigual. O art. 610, caput e seu § 1º, do Código de Processo Civil de 2015, ao prever disposições gerais para o inventário e a partilha, não traçam qualquer distinção entre o cônjuge e o companheiro supérstite na escolha do procedimento extrajudicial para o ato. Assim dispõe o dispositivo legal:

> Art. 610. Havendo testamento ou interessado incapaz, proceder-se-á ao inventário judicial.
>
> § 1º Se todos forem capazes e concordes, o inventário e a partilha poderão ser feitos por escritura pública, a qual constituirá documento hábil para qualquer ato de registro, bem como para levantamento de importância depositada em instituições financeiras (...).

O dispositivo processual segue a previsão do direito material que não impõe qualquer outro requisito para a partilha extrajudicial de bens do que a inexistência de herdeiros incapazes e a existência de consenso entre os herdeiros que, em caso de adjudicação por herdeiro único, sequer será necessária (arts. 2.015 e 2.016, CC).

Não há, perceba-se, diferenciação alguma na legitimação para a escolha do procedimento extrajudicial entre cônjuge e companheiros sobreviventes, não se justificando constitucional e legalmente a distinção feita pela norma administrativa, salvo, como dito, as situações em que não haja prova documental pública anterior confirmando a união estável.

Consequentemente, o companheiro, agora, é tratado como cônjuge, razão pela qual herda sozinho na falta de descendentes e ascendentes vivos do autor da herança, independentemente da existência de irmãos ou outros colaterais (art. 1.829, III, do Código Civil) e, ausente concorrência – como ocorre no caso de declaração própria do cônjuge sobrevivente ao realizar inventário extrajudicial ou judicial, nas primeiras declarações (art. 620, III, CPC) – nada impede que realize o inventário na forma extrajudicial, desde que comprovada previamente a união estável por escritura pública ou sentença declaratória.

No caso concreto, tendo os companheiros optado pela formalização da relação de convivência em regime de união estável por escritura pública, declarando de comum acordo seu termo inicial, era de se presumir a permanência do vínculo à época da abertura da sucessão, havendo que buscar eventual interessado no reconhecimento da inexistência ou cessão de tal vínculo o afastamento de tal presunção pela via judicial. Não o contrário, sob pena de se esvaziar o efeito jurídico pretendido e necessário ao documento público escrito de união estável, atribuindo ao companheiro supérstite situação jurídica sensivelmente inferior àquela atribuída ao cônjuge.

No mais, há de se considerar que o registro da escritura na união estável no Registro Civil (livro E), de Registro de Títulos e Documentos ou de Imóveis, é requisito de eficácia para a oponibilidade da união estável a terceiros, o que não se configura em caso de aceitação voluntária do documento como prova da união, como neste caso. Ou seja, se não se quer opor (impor) os efeitos a terceiros, mas sim estes aceitam os efeitos da declaração, de forma voluntária, não se há de exigir o registro público para sua eficácia.

Até porque, em se instaurando inventário judicial, caberia ao próprio companheiro supérstite declarar ao Juízo, nos termos do art. 620, III, do Código de Processo Civil, a existência e qualidade dos herdeiros legitimados, em nada se alterando a situação de tal declaração negativa ocorrer perante o notário, cabendo a eventual preterido, por interesse próprio e sem qualquer chamado judicial genérico por meio de edital, promover a busca de seus interesses, conforme dispõe o art. 628, do Código de Processo Civil.

E sobre tal aspecto, considerando o interesse patrimonial e disponível decorrente da legitimação sucessória, de se considerar a ausência de qualquer reivindicação de herdeiros concorrentes com o companheiro então sobrevivente, passados anos desde a abertura da sucessão de Salete, como sinal de veracidade da afirmação de ausência de outros sucessores. A ausência de abertura de inventário, com a reivindicação da condição de coerdeiro por qualquer parente na linha reta, não pode militar em desfavor da presunção decorrente da união estável declarada e aparentemente mantida até a abertura da sucessão, prevalecendo a declaração da herdeira adjudicante no sentido da inexistência de quaisquer outros herdeiros com título preferencial ou concorrente em relação ao companheiro por ela representado.

Conforme Já Decidido Por Este C. Conselho Superior Da Magistratura, Na Apelação nº 1003886-73.2018.8.26.0223, em voto da lavra do E. Presidente do Tribunal de Justiça, Des. Pereira Calças:

> Entendimento em sentido contrário, com a devida vênia, inverte a lógica da presunção de boa-fé que milita em favor do companheiro supérstite na espécie, tanto quanto a de que o ônus da reivindicação da herança pesa sobre o sedizente herdeiro tido por injustamente excluído da sucessão.

Assim, a dúvida deve ser julgada improcedente, procedendo-se ao registro da escritura pública de inventário e partilha de bens nas matrículas nºs 40.866 e 40.876, no Oficial de Registro de Imóveis da Comarca de Taubaté, atualmente sob a competência do Oficial de Registro de Imóveis de Tremembé.

Ante o exposto, pelo meu voto, dou provimento ao apelo, a fim de afastar a dúvida e determinar o registro do título.

Fernando Torres Garcia
Presidente da Seção de Direito Criminal
Relator Designado

Voto nº 37.937

Declaração de voto divergente

Cuida-se de recurso de apelação interposto por Patrícia Sousa Pereira contra r. sentença de fl. 36, que manteve recusa ao registro de escritura de inventário e adjudicação, levantada pelo Sr. Oficial de Registro de Imóveis e Anexos da Comarca de Tremembé.

Afirma ser cabível o registro, uma vez que a união estável se encontra firmada em escritura pública e que a exigência adotou entendimento do item 112 do Cap. XIV das NSCGJ e o art. 18 da Resolução nº 35 do CNJ, que diferencia a sucessão entre cônjuge e companheiros.

Ocorre que, segundo afirma, trata-se de entendimento ultrapassado e que não deve ser adotado, tendo em vista já haver reconhecida a união estável em outro ato e a inconstitucionalidade na diferenciação de sucessão entre cônjuge e companheiros, já reconhecida pelo Supremo Tribunal Federal, com repercussão geral, no julgamento dos Recursos Extraordinários nºs 646.721 e 878.694.

A D. Procuradoria Geral da Justiça opinou pelo desprovimento do recurso (fls. 72/75).

É o relatório.

Pelo meu voto, com todo respeito à compreensão da Douta maioria, não caberia, na hipótese, acesso do título ao registro imobiliário.

Conforme consta, houve negativa de registro de escritura de inventário e adjudicação, lavrada às fls. 243/249, do Livro 2.424 do 27º Tabelião de Notas da Comarca de São Paulo, na qual os imóveis matriculados sob nºs 40.866 e 40.876 foram adjudicados à Patrícia Sousa Pereira, ora recorrente, ante o falecimento de seu genitor e da companheira dele.

Trata-se, assim, de instrumento em que existem duas sucessões: a) a primeira, relativa ao falecimento de Salete Abreu Dias; b) a segunda, relativa ao falecimento de Miguel Amancio Pereira, que seria companheiro de Salete.

Consta da escritura que a primeira falecida, Salete Abreu Dias, não deixou filhos, tampouco ascendentes vivos, restando como único herdeiro, pois, seu companheiro, Miguel Amancio.

Embora afirme a recorrente estar reconhecido o vínculo desde 05.05.2005, não se afigura possível o ingresso da escritura, uma vez que o pai da recorrente era único herdeiro declarado de Salete Abreu Dias.

Consoante dispõe o Item 112 do Capítulo XIV das Normas de Serviço da Corregedoria-Geral da Justiça:

> 112. O companheiro que tenha direito à sucessão é parte, observada a necessidade de ação judicial se o autor da herança não deixar outro sucessor ou não houver consenso de todos os herdeiros, inclusive quanto ao reconhecimento da união estável.

No mesmo sentido, o art. 18 da Resolução nº 35/2007, do Col. Conselho Nacional de Justiça:

> Art. 18. O(A) companheiro(a) que tenha direito à sucessão é parte, observada a necessidade de ação judicial se o autor da herança não deixar outro sucessor ou não houver consenso de todos os herdeiros, inclusive quanto ao reconhecimento da união estável.

E tal precaução se justifica também pelo disposto no art. 1.790 do Código Civil, tendo em vista que a companheira ou o companheiro participará da sucessão do outro quanto aos bens adquiridos onerosamente na vigência da união estável, nas condições lá estipuladas.

Vale lembrar que, nesta seara estritamente administrativa, não há espaço para que se reconheça a inconstitucionalidade de atos normativos do Col. CNJ.

Assim, não havendo consenso entre todos os herdeiros, ou na falta de outros sucessores (como é o caso), a via extrajudicial resta prejudicada, havendo necessidade de declaração judicial desse relacionamento.

Por todo o exposto, pelo meu voto, negaria provimento à apelação.

Pinheiro Franco
Corregedor-Geral da Justiça e Relator
Assinatura Eletrônica

3.31 UNIÃO ESTÁVEL. COMPANHEIRO SEXAGENÁRIO. DISSOLUÇÃO. BENS ADQUIRIDOS ONEROSAMENTE. PARTILHA. NECESSIDADE DE PROVA DO ESFORÇO COMUM

> Embargos de Divergência em RESP nº 1.171.820 – PR (2012/0091130-8)
> Relator: Ministro Raul Araújo
> Embargante: G T N
> Advogados: Carlos Alberto Farracha de Castro e outro(s)
> Vanessa Abu-Jamra Farracha de castro e outro(s)
> Leandro Rodrigues

Roberto Henrique Couto Corrieri
Advogada: Gabriela Guimaraes Peixoto
Embargado: M D L P S
Advogados: Ivan Xavier Vianna Filho
Ivan Xavier Vianna Filho e outro(s)
Angela Sassiotti Carneiro

EMENTA – EMBARGOS DE DIVERGÊNCIA NO RECURSO ESPECIAL. DIREITO DE FAMÍLIA. UNIÃO ESTÁVEL. COMPANHEIRO SEXAGENÁRIO. SEPARAÇÃO OBRIGATÓRIA DE BENS (CC/1916, ART. 258, II; CC/2002, ART. 1.641, II). DISSOLUÇÃO. BENS ADQUIRIDOS ONEROSAMENTE. PARTILHA. NECESSIDADE DE PROVA DO ESFORÇO COMUM. PRESSUPOSTO DA PRETENSÃO. EMBARGOS DE DIVERGÊNCIA PROVIDOS. 1. Nos moldes do art. 258, II, do Código Civil de 1916, vigente à época dos fatos (matéria atualmente regida pelo art. 1.641, II, do Código Civil de 2002), à união estável de sexagenário, se homem, ou cinquentenária, se mulher, impõe-se o regime da separação obrigatória de bens. 2. Nessa hipótese, apenas os bens adquiridos onerosamente na constância da união estável, e desde que comprovado o esforço comum na sua aquisição, devem ser objeto de partilha. 3. Embargos de divergência conhecidos e providos para negar seguimento ao recurso especial.

ACÓRDÃO

Vistos e relatados estes autos, em que são partes as acima indicadas, decide, preliminarmente, a Segunda Seção, por maioria, conhecer dos embargos de divergência, vencidos os Srs. Ministros Paulo de Tarso Sanseverino e Antonio Carlos Ferreira. No mérito, a Seção, por maioria, decide dar provimento aos embargos de divergência para negar seguimento ao recurso especial, nos termos do voto do Sr. Ministro Relator, vencido o Sr. Ministro Paulo de Tarso Sanseverino. Os Srs. Ministros Maria Isabel Gallotti, Antonio Carlos Ferreira, Ricardo Villas Bôas Cueva, Marco Buzzi, Marco Aurélio Bellizze e Moura Ribeiro votaram, no mérito, com o Sr. Ministro Relator. Impedido o Sr. Ministro João Otávio de Noronha. Sustentaram, oralmente, o Dr. Carlos Alberto Farracha de Castro, pelo embargante G T N, e a Dra. Natália Bitencourt Gasparin, pela embargada M D L P S.

Brasília, 26 de agosto de 2015
Ministro Raul Araújo
Relator

RELATÓRIO

O Exmo. Sr. Ministro Raul Araújo:

Cuida-se de embargos de divergência opostos por G T N contra acórdão da egrégia Terceira Turma, integrado pelo proferido em embargos de declaração, assim ementado:

> DIREITO CIVIL. FAMÍLIA. ALIMENTOS. UNIÃO ESTÁVEL ENTRE SEXAGENÁRIOS. REGIME DE BENS APLICÁVEL. DISTINÇÃO ENTRE FRUTOS E PRODUTO. 1. Se o TJ/PR fixou os alimentos levando em consideração o binômio necessidades da alimentanda e possibilidades do alimentante, suas conclusões são infensas ao reexame do STJ nesta sede recursal. 2. O regime de bens aplicável na união estável é o da comunhão parcial, pelo qual há comunicabilidade ou meação dos bens adquiridos a título oneroso na constância da união, prescindindo-se, para tanto, da prova de que a aquisição decorreu do esforço comum de ambos os companheiros. 3. A comunicabilidade dos bens adquiridos na constância da união estável é regra e, como tal, deve prevalecer sobre as exceções, as quais merecem interpretação restritiva, devendo ser consideradas as peculiaridades de cada caso. 4. A restrição aos atos praticados por pessoas com idade igual ou superior a 60 (sessenta) anos representa ofensa ao princípio da dignidade da pessoa humana. 5. Embora tenha prevalecido no âmbito do STJ o entendimento de que o regime aplicável na união estável entre sexagenários é o da separação obrigatória de bens, segue esse regime temperado pela Súmula 377 do STF, com a comunicação dos bens adquiridos onerosamente na constância da união, sendo presumido o esforço comum, o que equivale à aplicação do regime da comunhão parcial. 6. É salutar a distinção entre a incomunicabilidade do produto dos bens adquiridos anteriormente ao início da união, contida no § 1º do art. 5º da Lei nº 9.278, de 1996, e a comunicabilidade dos frutos dos bens comuns ou dos particulares de cada cônjuge percebidos na constância do casamento ou pendentes ao tempo de cessar a comunhão, conforme previsão do art. 1.660, V, do CC/02, correspondente ao art. 271, V, do CC/16, aplicável na espécie. 7. Se o acórdão recorrido categoriza como frutos dos bens particulares do ex-companheiro aqueles adquiridos ao longo da união estável, e não como produto de bens eventualmente adquiridos anteriormente ao início da união, opera-se a comunicação desses frutos para fins de partilha. 8. Recurso especial de G. T. N. não provido. 9. Recurso especial de M. DE L. P. S. provido (REsp 1.171.820/PR, Rel. Ministro Sidnei Beneti, Rel. p/ acórdão Ministra Nancy Andrighi, Terceira Turma, DJe de 27.04.2011).

O embargante salienta, de início, que o acórdão embargado deu provimento ao recurso especial, para determinar o retorno do processo à origem a fim de que se proceda à partilha dos bens comuns do casal, declarando, por conseguinte, a presunção do esforço comum para a sua aquisição, porque, segundo defende, "embora tenha prevalecido no âmbito do STJ o entendimento de que o regime aplicável na união estável entre sexagenários é o da separação obrigatória de bens, segue esse regime temperado pela Súmula 377 do STF, com a comunicação dos bens adquiridos onerosamente na constância da união, sendo presumido o esforço comum, o que equivale à aplicação do regime da comunhão parcial".

Afirma, desse modo, que o acórdão impugnado divergiu do entendimento adotado no julgamento do REsp 646.259/RS, para o qual "apenas os bens adquiridos na constância da união estável, e desde que comprovado o esforço comum, devem ser amealhados pela companheira, nos termos da Súmula nº 377 do STF". O aresto paradigma possui a seguinte ementa:

> DIREITO DE FAMÍLIA. UNIÃO ESTÁVEL. COMPANHEIRO SEXAGENÁRIO. SEPARAÇÃO OBRIGATÓRIA DE BENS. ART. 258, § ÚNICO, INCISO II, DO CÓDIGO CIVIL DE 1916.
>
> 1. Por força do art. 258, § único, inciso II, do Código Civil de 1916 (equivalente, em parte, ao art. 1.641, inciso II, do Código Civil de 2002), ao casamento de sexagenário, se homem, ou cinquentenária, se mulher, é imposto o regime de separação obrigatória de bens. Por esse motivo, às uniões estáveis é aplicável a mesma regra, impondo-se seja observado o regime de separação obrigatória, sendo o homem maior de sessenta anos ou mulher maior de cinquenta.
>
> 2. Nesse passo, apenas os bens adquiridos na constância da união estável, e desde que comprovado o esforço comum, devem ser amealhados pela companheira, nos termos da Súmula nº 377 do STF.
>
> 3. Recurso especial provido.

Noutro passo, aduz que o aresto impugnado, ao considerar "que os bens particulares adquiridos ao longo da união estável são frutos e, portanto, comunicáveis", contradiz o que foi decidido no REsp 775.471/RJ, para quem "viola o § 1º, do artigo 5º, da Lei 9.278/96 a determinação de partilhar frutos e/ou rendimentos advindos de bens herdados e/ou doados antes do reconhecimento da união estável", visto que "os frutos dos bens que não se comunicam também não são partilháveis, pois igualmente refogem ao esforço comum, mas existem apenas em face da existência do próprio bem" (Rel. Ministro Honildo Amaral de Mello Castro (Desembargador convocado do TJ/AP), Quarta Turma, DJe de 31.08.2010).

Por fim, afirma que o decisum contestado contradiz o entendimento adotado no julgamento do REsp 625.201/PB, para o qual "a controvérsia acerca da existência do esforço comum, que permitiria a meação, recai no reexame da prova, obstado, em sede especial, pela Súmula n. 7 do STJ" (Rel. Ministro Aldir Passarinho Junior, Quarta Turma, DJe de 28.10.2008).

Requereu o conhecimento e provimento dos presentes embargos de divergência para que prevaleça o entendimento exposto nos acórdãos paradigmas.

Os embargos de divergência foram admitidos pela decisão de fls. 2.568/2.570.

A parte embargada apresentou impugnação (na fl. 2.573).

É o relatório.

VOTO

O Exmo. Sr. Ministro Raul Araújo (Relator):

De início, observa-se que os presentes embargos de divergência devem ser conhecidos, porquanto as teses dissonantes foram suficientemente prequestionadas, a divergência foi satisfatoriamente demonstrada, de modo que o subscritor do recurso e o titular do certificado digital utilizado para assinar a transmissão eletrônica do documento são portadores dos necessários poderes, conforme se verifica nos instrumentos de mandato de fls. 2.450 e 2.451.

Noutro passo, no tocante à tese principal dos presentes embargos de divergência, verifica-se que a moldura fática dos arestos confrontados é idêntica: partilha de bens após a dissolução de união estável de sexagenário, contraída sob o regime do Código Civil de 1916, submetida ao regime da separação obrigatória de bens.

De fato, o aresto embargado cuida de hipótese de partilha de bens no caso de união estável de idosos, contraída sob o regime do Código Civil de 1916 e submetida, portanto, ao regime da separação obrigatória de bens.

Por sua vez, percebe-se que o aresto paradigma, REsp 646.259/RS, também trata de hipótese de divisão patrimonial em caso de união estável de idosos, contraída sob o regime do Código Civil de 1916 e submetida, portanto, ao regime da separação obrigatória de bens, sem embargo de ter sido suscitada em ação de inventário. Aqui, o fenômeno sucessório é elemento meramente circunstancial da tese ora discutida, o que não afasta a similitude fática entre os arestos confrontados, porque as eventuais peculiaridades da sucessão não foram levadas em conta, pois o que pretendia a convivente supérstite era a meação dos bens.

No tocante às demais teses trazidas neste recurso e aos respectivos paradigmas invocados, sua análise estará prejudicada com a decisão acerca da tese principal apontada.

A tese central da controvérsia cinge-se, portanto, em definir se, na hipótese de união estável envolvendo sexagenário e cinquentenária, mantida sob o regime da separação obrigatória de bens, a divisão entre os conviventes dos bens adquiridos onerosamente na constância da relação depende ou não da comprovação do esforço comum para o incremento patrimonial.

O v. acórdão embargado, reformando aresto do eg. Tribunal de Justiça do Estado do Paraná – TJ/PR, considerou serem comunicáveis "os bens adquiridos onerosamente na constância da união, sendo presumido o esforço comum, o que equivale à aplicação do regime da comunhão parcial".

A propósito, para um melhor esclarecimento da questão, confiram-se os seguintes excertos do aresto embargado:

> A principal questão posta à análise por meio do recurso especial da ex-companheira tem suscitado posições antagônicas no âmbito das Turmas de Direito Privado que compõem a Segunda Seção do STJ. Isso porque, muito embora tenha sido pacificado o entendimento de que os sexagenários que contraem união estável devem submeter-se ao regime da separação obrigatória de bens, a celeuma persiste no tocante à forma de aplicação da Súmula 377 do STF, que diz da comunicabilidade dos bens adquiridos na constância da união.
>
> Vale dizer, a lide resume-se a perquirir acerca da necessidade ou não da comprovação do esforço comum para a aquisição do patrimônio a ser partilhado, com a peculiaridade de que, no início da união estável, assim reconhecida pelo TJ/PR pelo período de 12 anos (de 1990 a 2002), um dos companheiros era sexagenário.

Com o passar do tempo e a evolução jurisprudencial, passei a perfilar entendimento no sentido de que a comunicabilidade de bens adquiridos na constância da união estável é regra e, como tal, deve prevalecer sobre as exceções, que merecem interpretação restritiva, devendo ser consideradas as peculiaridades de cada caso (REsp 915.297/MG, DJe 3.3.2009, que apesar de tratar de hipótese distinta da em julgamento, conduz a idêntica conclusão no que respeita ao regime de bens em regra aplicável às uniões estáveis).

Isso porque, sob diversos e relevantes ângulos, há grandes e destacadas diferenças conceituais e jurídicas, de ordem teórica e prática, entre o casamento – em seu modo tradicional, solene, formal e jurídico de constituir família – e a união estável (EREsp 736.627/PR, DJe 1º.7.2008).

Vale lembrar, ainda, o precedente derivado do julgamento do REsp 471.958/RS (DJe 18.2.2009), no qual se tratou de casamento entre sexagenários e não de união estável. Muito embora a configuração fática daquele processo fosse distinta da que se está julgando, o fundamento então utilizado é perfeitamente aplicável ao caso sob apreciação: o de que a restrição aos atos praticados por pessoas com idade igual ou superior a 60 (sessenta) anos não mais se justifica nos dias de hoje, de modo que a manutenção dessas restrições representa ofensa ao princípio da dignidade da pessoa humana.

Para manter a coerência com as ideias contidas nos julgados de que participei, pinço o voto vencido no REsp 1.090.722/SP (DJe 30.08.2010), entretanto, curvando-me à jurisprudência pacificada no âmbito da 2ª Seção, no sentido de aplicar o regime da separação obrigatória de bens em hipóteses como a em apreço, considerando, sobretudo, a incidência, na espécie, do CC/16 e da Lei 9.278, de 1996, destaco que o regime da separação obrigatória segue temperado pela Súmula 377 do STF, com a comunicação dos bens adquiridos onerosamente na constância da união estável, sendo presumido o esforço comum.

E é exatamente nesse ponto do voto do i. Min. Relator que rogo as máximas vênias para dele divergir, pois, ao mesmo tempo em que adere ao posicionamento sufragado pela 3ª Turma e também pelo STF, a considerar presumido o esforço comum para a aquisição do patrimônio do casal, declara não haver espaço para presunções ante a afirmação contida no acórdão recorrido de que a companheira não teria contribuído para a constituição do patrimônio a ser partilhado.

Ora, se a hipótese é de presunção do esforço comum, é irrelevante a declaração contida no acórdão impugnado de que inexistente a colaboração mútua. Se essa contribuição é legalmente presumida, não há necessidade de ser perquirida a sua existência. Afinal, a questão jurídica posta a desate é exatamente a de se a hipótese é de presunção ou de comprovação do esforço comum. Aderindo-se ao posicionamento de que o esforço é presumido, afasta-se, por decorrência lógica, a necessidade de sua comprovação ou, ainda, de sua ausência, ou qualquer declaração a esse respeito contida no acórdão recorrido.

Avançando-se nessa ordem de ideias para adentrar nas peculiaridades da lide em julgamento e verificando-se que o patrimônio é composto apenas de bens imóveis e rendas provenientes de aluguéis oriundos desses mesmos imóveis, chega-se à conclusão de que, do ponto de vista prático, para efeitos patrimoniais, não há diferença no que se refere à partilha dos bens com base no regime da comunhão parcial ou no da separação legal contemporizado pela Súmula 377 do STF.

Assim acontece porque, ao sofrer essa contemporização, o regime da separação legal adquire contornos idênticos aos da comunhão parcial de bens, que permite a comunicação dos aquestos. As feições de ambos os regimes – o da comunhão parcial e o da separação legal – portanto, confundem-se, ante a incidência da Súmula 377 do STF.

Ao revés, o aresto paradigma defende que são comunicáveis os bens adquiridos na constância da união, desde que comprovado o esforço comum para o incremento patrimonial.

Para chegar à conclusão que adota, o v. acórdão ora embargado invoca o enunciado da Súmula 377/STF, que diz: "No regime de separação legal de bens, comunicam-se os adquiridos na constância do casamento".

Cabe definir, então, se a comunicação dos bens adquiridos na constância do casamento ou da união depende ou não da comprovação do esforço comum, ou seja, se esse esforço deve ser presumido ou precisa ser comprovado. Noutro giro, se a comunhão dos bens adquiridos pode ocorrer, desde que comprovado o esforço comum, ou se é a regra.

Tem-se, assim, que a adoção da compreensão de que o esforço comum deve ser presumido (por ser a regra) conduz à ineficácia do regime da separação obrigatória (ou legal) de bens, pois, para afastar a presunção, deverá o interessado fazer prova negativa, comprovar que o ex-cônjuge ou ex-companheiro em nada contribuiu para a aquisição onerosa de determinado bem, conquanto tenha sido a coisa adquirida na constância da união. Torna, portanto, praticamente impossível a separação dos aquestos.

Por sua vez, o entendimento de que a comunhão dos bens adquiridos pode ocorrer, desde que comprovado o esforço comum, parece mais consentânea com o sistema legal de regime de bens do casamento, recentemente confirmado no Código Civil de 2002, pois prestigia a eficácia do regime de separação legal de bens. Caberá ao interessado comprovar que teve efetiva e relevante (ainda que não financeira) participação no esforço para aquisição onerosa de determinado bem a ser partilhado com a dissolução da união (prova positiva).

Disposta a controvérsia nesses moldes, com a devida vênia da divergência, deve prevalecer o entendimento adotado no v. acórdão paradigma, por ser mais consentâneo com aquilo que vem sendo preconizado pelas modernas doutrina e jurisprudência, conforme pode ser verificado na lição de Arnaldo Rizzardo:

> A questão, no entanto, era e continuará sendo um tanto controvertida, lembrando que coincidem o direito antigo e o atual a respeito. Uns defendem a comunicação dos bens amealhados durante o matrimônio. Outros mostram-se ortodoxamente contra.

Há uma súmula do Supremo Tribunal Federal, de n° 377, nos seguintes termos: "No regime de separação legal de bens, comunicam-se os adquiridos na constância do casamento".

Como se observa, busca-se imprimir certa flexibilidade ao sistema de separação ordenado por lei, ou de separação obrigatória, e não ao convencional.

Assim manifesta-se Caio Mário da Silva Pereira: "A nós nos parece que se o Código instituiu a comunicabilidade 'no silêncio do contrato' (referindo-se ao art. 258), somente teve em vista a situação contratual, pois, se desejasse abranger, no mesmo efeito, a separação compulsória, aludiria à espécie em termos amplos, e não restritivos ao caso, em que o contrato é admitido. Não o fez, e ainda proibiu a doação de um cônjuge a outro, o que revela o propósito, interdizendo as liberalidades, de querer uma separação pura de patrimônios. Este objetivo ainda vem corroborado pela legislação subsequente: no momento em que votou a Lei n° 4.121, de 1962, e conhecendo a controvérsia, podia o legislador estatuir desde logo a comunhão de aquestos nos casos de separação obrigatória. Longe disto, e ao revés, preferiu atribuir à viúva o usufruto de parte do espólio, a romper as linhas do regime de separação". O art. 258, no texto mencionado, está substituído pelo art. 1.640 do atual Código.

Já Maria Helena Diniz, após retratar a posição doutrinária e jurisprudencial divergente, inclina-se em sentido contrário: "Parece-nos que a razão está com os que admitem a comunicabilidade dos bens futuros, no regime de separação obrigatória, desde que sejam produto do esforço comum do trabalho e economia de ambos, ante o princípio de que entre os consortes se constitui uma sociedade de fato, como se infere no Código Civil, art. 1.276, alusivo às sociedades civis e extensivo às sociedades de fato ou comunhão de interesses". O citado art. 1.276 encontra regra equivalente no art. 641 do Código de 2002.

O fator determinante da comunhão dos aquestos está na conjugação de esforços que se verifica durante a sociedade conjugal, ou na *affectio societatis* própria das pessoas que se unem para uma atividade específica.

Acontece, no dizer de Washington de Barros Monteiro, "o estabelecimento de verdadeira sociedade de fato, ou comunicação de interesses entre os cônjuges. Não há razão para que os bens fiquem pertencendo exclusivamente a um deles, desde que representam trabalho e economia de ambos. É a consequência que se extrai do art. 1.376 do Código Civil, referente às sociedades de fato ou comunhão de interesses". O art. 1.376, invocado acima, não tem disposição equivalente no atual Código.

A jurisprudência salienta idênticas razões: "Embora o regime dos bens seja o da separação, consideram-se pertencentes a ambos os cônjuges, metade a cada um, os bens adquiridos na constância da sociedade conjugal com o produto do trabalho e da economia de ambos. Não há razão para que tais bens fiquem pertencendo exclusivamente ao marido. Não é de se presumir que só o marido ganhe dinheiro e possa adquirir bens. Nas famílias pobres a mulher trabalha e aufere recursos pecuniários, havendo casais em que só ela sustenta a família..."

A interpretação se alastrou pelos pretórios de todo o País e do Supremo Tribunal Federal, embora, não raramente, entendimentos diferentes se fazem sentir.

Orlando Gomes apontava mais razões, reportando-se em antiga doutrina: "A matéria suscita controvérsia doutrinária e enseja dissídio jurisprudencial. Sustentam, dentre outros, que a separação é absoluta: Savóia de Medeiros, Oliveira e Castro, Clóvis Beviláqua, Pontes de Miranda, Carvalho Santos e Caio Mário. Do outro lado, encontram-se Eduardo Espínola, Vicente Ráo, Philadelpho de Azevedo, Francisco Morato e Cândido de Oliveira. A ideia de que a comunicação dos bens adquiridos na constância do matrimônio anularia o efeito protetor da exigência da separação cede diante do princípio de que, entre os cônjuges, e até entre os concubinos, se constitui uma *societas generales questuaria*, sendo os aquestos produto do esforço comum".

No regime de separação legal, a exegese mais correta é a que sustenta a comunicabilidade dos aquestos, quando formados pela atuação comum do marido e da mulher. Se na sociedade de fato prevalece tal solução, quanto mais no casamento, que é um plus, uma união institucionalizada e protegida por todos os ordenamentos jurídicos. Esta posição encontra inspiração na equidade e na lógica do razoável, formada que foi pelos motivos subjacentes da Súmula nº 377.

Com isso, se atinge efetivamente o desiderato da lei, feita em uma época em que os matrimônios realizados por interesse eram mais frequentes, que é desestimular as uniões meramente especulativas.

Comunicam-se, de acordo com uma corrente, os aquestos provenientes do esforço conjugado dos nubentes, da colaboração mútua, do trabalho harmônico, e não surgidos da atividade isolada de um deles. Todavia, para caracterizar a sociedade na constituição do capital, importa a participação do cônjuge na atividade de qualquer tipo, mesmo na restrita às lides domésticas. A exigência dos requisitos se assemelha aos estabelecidos para a união estável pura e simples, nunca se olvidando a necessidade de se verificar o esforço comum, que não se constata quando um dos cônjuges não passa de um mero convivente, ou acompanhante, em nada atuando na vida conjugal, sendo sustentado, tudo recebendo, e não aportando com nenhuma contribuição na formação do patrimônio. Isto para evitar o extremo oposto do objetivado pela criação jurisprudencial, consistente na exploração de pessoas que se aproveitam de outras emotiva e afetivamente mais frágeis e carentes.

Por tal razão, deve-se adotar com cautela a orientação emanada dos tribunais, e em especial do Superior Tribunal de Justiça, como, dentre outros, do Recurso Especial na 1.615, da 3ª Turma, julgado em 13.02.1990, Dl de 12.03.1990: "Casamento. Regime de bens. Separação legal. Súmula 377 do STF Quando a separação de bens resulta apenas de imposição legal, comunicam-se os aquestos, não importando que hajam sido ou não adquiridos com o esforço comum".

Em verdade, mais condizente com a sã justiça é o entendimento como o seguinte, é o entendimento como o seguinte, ementado no Recurso Especial na 9.938, da 4 Turma da mesma Corte, julgado em 09.06.1992, Dl de 3.08.1992: "Em se tratando de regime de separação obrigatória (Código Civil, art. 258), comunicam-se os bens adquiridos na constância do casamento pelo esforço comum. O enunciado na 377, da Súmula do STF, deve restringir-se aos aquestos resultantes da conjugação de esforços do casal, em exegese que se afeiçoa à evolução do pensamento jurídico e repudia o enriquecimento sem causa".

Em suma, parece mais consoante com a realidade a orientação ditada nesta última linha, e que combina com antigo aresto do STF: "O esforço comum é o traço que imprime aos aquestos a força de sua comunicabilidade, não sendo outro o pensamento dominante na jurisprudência" (*Direito de Família*. 8. ed. Rio de Janeiro: Forense, 2011, p. 594-596).

Esse é também o entendimento majoritário no seio da eg. Segunda Seção desta Corte, conforme se depreende do julgamento de significativo precedente em que se deliberava sobre união estável não submetida ao regime de separação obrigatória de bens:

RECURSO ESPECIAL. UNIÃO ESTÁVEL. INÍCIO ANTERIOR E DISSOLUÇÃO POSTERIOR À EDIÇÃO DA LEI 9.278/96. BENS ADQUIRIDOS ONEROSAMENTE ANTES DE SUA VIGÊNCIA.

1. Não ofende o art. 535 do CPC a decisão que examina, de forma fundamentada, todas as questões submetidas à apreciação judicial.

2. A ofensa aos princípios do direito adquirido, ato jurídico perfeito e coisa julgada encontra vedação em dispositivo constitucional (art. 5º XXXVI), mas seus conceitos são estabelecidos em lei ordinária (LINDB, art. 6º). Dessa forma, não havendo na Lei 9.278/96 comando que determine a sua retroatividade, mas decisão judicial acerca da aplicação da lei nova a determinada relação jurídica existente quando de sua entrada em vigor – hipótese dos autos – a questão será infraconstitucional, passível de exame mediante recurso especial. Precedentes do STF e deste Tribunal.

3. A presunção legal de esforço comum na aquisição do patrimônio dos conviventes foi introduzida pela Lei 9.278/96, devendo os bens amealhados no período anterior à sua vigência, portanto, ser divididos proporcionalmente ao esforço comprovado, direito ou indireto, de cada convivente, conforme disciplinado pelo ordenamento jurídico vigente quando da respectiva aquisição (Súmula 380/STF).

4. Os bens adquiridos anteriormente à Lei 9.278/96 têm a propriedade – e, consequentemente, a partilha ao cabo da união – disciplinada pelo ordenamento jurídico vigente quando respectiva aquisição, que ocorre no momento em que se aperfeiçoam os requisitos legais para tanto e, por conseguinte, sua titularidade não pode ser alterada por lei posterior em prejuízo ao direito adquirido e ao ato jurídico perfeito (CF, art. 5, XXXVI e Lei de Introdução ao Código Civil, art. 6º).

5. Os princípios legais que regem a sucessão e a partilha de bens não se confundem: a sucessão é disciplinada pela lei em vigor na data do óbito; a partilha de bens, ao contrário, seja em razão do término, em vida, do relacionamento, seja em decorrência do óbito do companheiro ou cônjuge, deve observar o regime de bens e o ordenamento jurídico vigente ao tempo da aquisição de cada bem a partilhar.

6. A aplicação da lei vigente ao término do relacionamento a todo o período de união implicaria expropriação do patrimônio adquirido segundo a disciplina da lei anterior, em manifesta ofensa ao direito adquirido e ao ato jurídico perfeito.

7. Recurso especial parcialmente provido (REsp 1.124.859/MG, Rel. Ministro Luis Felipe Salomão, Rel. p/ acórdão Ministra Maria Isabel Gallotti, Segunda Seção, julgado em 26.11.2014, DJe de 27.02.2015).

Da mesma forma, significativos julgados oriundos da Terceira e da Quarta Turma chegam a essa mesma solução, conforme pode ser verificado nos seguintes julgados:

CIVIL. AGRAVO REGIMENTAL NO AGRAVO EM RECURSO ESPECIAL. UNIÃO ESTÁVEL. PARTILHA. BENS ADQUIRIDOS NA CONSTÂNCIA DA CONVIVÊNCIA. NECESSIDADE DE DEMONSTRAÇÃO DO ESFORÇO COMUM. PRECEDENTE. ALTERAR A CONCLUSÃO DA INSTÂNCIA ORDINÁRIA DE QUE NÃO HOUVE A DEMONSTRAÇÃO DO ESFORÇO COMUM NA AQUISIÇÃO DO PATRIMÔNIO. REEXAME DE PROVAS. NECESSIDADE. INCIDE A SÚMULA Nº 7 DO STJ. AGRAVO REGIMENTAL NÃO PROVIDO.

1. A Terceira Turma do STJ, por ocasião do julgamento do Recurso Especial nº 1.403.419/MG, julgado aos 11.11.2014, da relatoria do Ministro Ricardo Villas Bôas Cueva, firmou o entendimento de que a Súmula nº 377 do STF, isoladamente, não confere ao companheiro o direito de meação aos frutos produzidos durante o período de união estável independentemente da demonstração do esforço comum.

2. Alterar a conclusão do Tribunal a quo de que não houve a comprovação do esforço comum na aquisição ou manutenção do patrimônio do ex-companheiro falecido demanda o reexame do conjunto fático-probatório do autos, o que não é possível de ser feito em recurso especial, a teor da Súmula nº 7 do STJ.

3. Agravo regimental não provido (AgRg no AREsp 675.912/SC, Rel. Ministro Moura Ribeiro, Terceira Turma, julgado em 02.06.2015, DJe de 11.06.2015).

RECURSO ESPECIAL. CIVIL E PROCESSUAL CIVIL. DIREITO DE FAMÍLIA. AÇÃO DE RECONHECIMENTO E DISSOLUÇÃO DE UNIÃO ESTÁVEL. PARTILHA DE BENS. COMPANHEIRO SEXAGENÁRIO.

ART. 1.641, II, DO CÓDIGO CIVIL (REDAÇÃO ANTERIOR À LEI Nº 12.344/2010). REGIME DE BENS. SEPARAÇÃO LEGAL. NECESSIDADE DE PROVA DO ESFORÇO COMUM. COMPROVAÇÃO. BENFEITORIA E CONSTRUÇÃO INCLUÍDAS NA PARTILHA. SÚMULA Nº 7/STJ.

1. É obrigatório o regime de separação legal de bens na união estável quando um dos companheiros, no início da relação, conta com mais de sessenta anos, à luz da redação originária do art. 1.641, II, do Código Civil, a fim de realizar a isonomia no sistema, evitando-se prestigiar a união estável no lugar do casamento.

2. No regime de separação obrigatória, apenas se comunicam os bens adquiridos na constância do casamento pelo esforço comum, sob pena de se desvirtuar a opção legislativa, imposta por motivo de ordem pública.

3. Rever as conclusões das instâncias ordinárias no sentido de que

devidamente comprovado o esforço da autora na construção e realização de benfeitorias no terreno de propriedade exclusiva do recorrente, impondo-se a partilha, demandaria o reexame de matéria fático-probatória, o que é inviável em sede de recurso especial, nos termos da Súmula nº 7 do Superior Tribunal de Justiça.

4. Recurso especial não provido (REsp 1.403.419/MG, Rel. Ministro Ricardo Villas Bôas Cueva, Terceira Turma, DJe de 14.11.2014).

CIVIL E PROCESSUAL CIVIL. RECURSO ESPECIAL. AÇÃO DECLARATÓRIA DE UNIÃO ESTÁVEL COM PARTILHA DE BENS. FILHO DO COMPANHEIRO FALECIDO CONTRA A COMPANHEIRA SUPÉRSTITE. OMISSÕES NÃO VERIFICADAS. LITISCONSÓRCIO PASSIVO NECESSÁRIO. ESPÓLIO. DESCARACTERIZAÇÃO. BENS ADQUIRIDOS ANTES DA LEI N. 9.278/1996. ESFORÇO COMUM E BENS RESERVADOS. INVERSÃO DO ÔNUS DA PROVA.

1. Violação do art. 535 do CPC inexistente, tendo em vista que o Tribunal de origem enfrentou e decidiu, fundamentadamente, todas as questões vinculadas aos dispositivos referidos, o que satisfaz o indispensável prequestionamento e afasta qualquer omissão acerca dos mencionados temas.

2. Quanto ao art. 46 do CPC, tal dispositivo refere-se a litisconsórcio facultativo, não a litisconsórcio passivo necessário.

Por isso, sua eventual ausência não implica nulidade processual. Ademais, o inciso I do art. 46 do CPC impõe que haja "comunhão de direitos ou de obrigações relativamente à lide", o que não ocorre neste processo entre a ré e o espólio. Ao contrário, o espólio tem direitos, obrigações e interesses antagônicos aos da ré, ora recorrente, que não deseja partilhar determinados bens, ou seja, não admite que tais bens integrem o espólio nem que sejam partilhados no inventário.

3. Relativamente ao art. 47 do CPC, tal norma dispõe que haverá litisconsórcio necessário "quando, por disposição de lei ou pela natureza da relação jurídica, o juiz tiver de decidir a lide de modo uniforme para todas as partes". Esse requisito, entretanto, não se encontra caracterizado nos presentes autos, cabendo destacar que a postulação inicial dirige-se, exclusivamente, contra a recorrente, ré, tendo em vista que ela é quem supostamente estaria omitindo bens partilháveis. A condenação, assim, nunca se dará contra o espólio, mas, apenas, em desfavor da ré, que, reitere-se, possui direitos, obrigações e interesses contrários aos daquele. Não há falar, portanto, em decisão "de modo uniforme" para a ré e para o espólio nos presentes autos.

4. Segundo a jurisprudência firmada na Quarta Turma, "a presunção legal de esforço comum na aquisição do patrimônio dos conviventes foi introduzida pela Lei 9.278/96, devendo os bens amealhados no período anterior a sua vigência, portanto, serem divididos proporcionalmente ao esforço comprovado, direto ou indireto, de cada convivente, conforme disciplinado pelo ordenamento jurídico vigente quando da respectiva aquisição (Súmula 380/STF)". Isso porque "os bens adquiridos anteriormente à Lei 9.278/96 têm a propriedade – e, consequentemente, a partilha ao cabo da união – disciplinada pelo ordenamento jurídico vigente quando respectiva aquisição, que ocorre no momento em que se aperfeiçoam os requisitos legais para tanto e, por conseguinte, sua titularidade não pode ser alterada por lei posterior em prejuízo ao direito adquirido e ao ato jurídico perfeito (CF, art. 5, XXXVI e Lei de Introdução ao Código Civil, art. 6º)" (REsp n. 959.213/PR, Rel. originário Ministro Luis Felipe Salomão, Rel. para acórdão Ministra MARIA Isabel Gallotti, DJe de 10.9.2013). Entendimento mantido pela Segunda Seção no REsp n. 1.124.859/MG, Rel. originário Ministro Luis Felipe Salomão, Rel. para acórdão Ministra Maria Isabel Gallotti, julgado em 26.11.2014.

5. No caso concreto, afastada a presunção disciplinada na Lei n. 9.278/1996, cabe ao autor comprovar que a aquisição de bens antes da vigência do referido diploma decorreu de esforço comum, direto ou indireto, entre seu genitor e a ré durante a união estável, sendo vedada a inversão do ônus da prova, sob pena de violação do art. 333, I, do CPC.

6. Recurso especial provido (REsp 1.118.937/DF, Rel. Ministro Antonio Carlos Ferreira, Quarta Turma, julgado em 24.02.2015, DJe de 04.03.2015).

Nessa ordem de ideias, deve prevalecer o entendimento exposto no julgado paradigma, do qual se transcreve o excerto seguinte, decalcando-o como integrante das razões de decidir dos presentes embargos:

> 4. Resta o exame da questão relativa à alegada comunicação dos aquestos, no regime da súmula 377, STF, aplicada ao caso em concreto, que está assim redigida: "No regime de separação legal de bens, comunicam-se os adquiridos na constância do casamento".

4.1. Nesse passo, apenas os bens adquiridos na constância da união estável, e desde que comprovado o esforço comum, devem ser amealhados pela companheira, nos termos da Súmula nº 377 do STF.

Necessário ressaltar a importância da demonstração do esforço comum, mesmo porque, a prevalecer tese contrária, estar-se-ia igualando o regime da separação legal obrigatória ao regime da comunhão parcial de bens.

A partir de uma interpretação autêntica, percebe-se que o Pretório Excelso, de fato, estabeleceu que somente mediante o esforço comum entre os cônjuges (no caso, companheiros) é que se defere a comunicação dos bens, seja para o caso de regime legal ou convencional (RTJ 47/614). A propósito, confiram o entendimento do Ministro Décio Miranda, no RE nº 93.153/RJ:

> Trata-se, pois, de questão resolvida à consideração de não haver o cônjuge-mulher concorrido com o seu esforço para aquisição de tais bens, sendo assim a eles inaplicável o enunciado da Súmula 377, que segundo a jurisprudência do Supremo Tribunal Federal, somente concerne aos bens adquiridos, na constância do casamento, mediante esforço comum dos cônjuges, e não a todos e quaisquer bens advindos a um deles.

4.2. Nem cabe aqui agitar o fato de que a Lei nº 9.278/96, no seu art. 5º, contempla presunção de que os bens adquiridos durante a união estável são "fruto do trabalho e da colaboração comum", porquanto tal presunção, por óbvio, somente tem aplicabilidade em caso de incidência do regime próprio daquele Diploma, regime este afastado, no caso ora examinado, por força do art. 258, § único, inciso II, do Código Civil de 1916.

Em realidade, cuidando-se de união estável de pessoa sexagenária, a presunção que emerge da realidade dos fatos é exatamente outra, porque, ordinariamente, nessa faixa etária, o patrimônio já se encontra estabilizado e eventual acréscimo, de regra, é proveniente de esforço próprio em tempos passados ou de sub-rogação de bens já existentes.

Ademais, os conviventes, cônscios e seguros das consequências legais em
relação ao patrimônio comum, por óbvio que podem regular a distribuição dos bens, conferindo as titularidades de acordo com sua efetiva vontade e esforço".

Por fim, não se desconhece a existência da presunção legal de esforço comum, prevista pelo art. 5º da Lei 9.278/96, segundo a qual "os bens móveis e imóveis adquiridos por um ou por ambos os conviventes, na constância da união estável e a título oneroso, são considerados fruto do trabalho e da colaboração comum, passando a pertencer a ambos, em condomínio e em partes iguais, salvo estipulação contrária em contrato escrito".

Todavia, é inaplicável ao caso o indigitado dispositivo contido na Lei que regula o § 3º do art. 226 da Constituição Federal e reconhece "a união estável entre o homem e a mulher como entidade familiar", sem estabelecer exceção à normatização especial da convivência contraída por idosos, que é caracterizada pela separação de bens.

Com efeito, a separação obrigatória de bens foi prevista pelo art. 258, II, do Código Civil de 1916, vigente à época dos fatos (matéria atualmente regida pelo art. 1.641, II, do Código Civil de 2002), para o casamento das pessoas que o contraírem com inobservância das causas suspensivas da celebração do casamento, dos que dependerem, para casar, de suprimento judicial e dos idosos, como no caso.

Em suma, no regime do Código Civil de 1916, a união estável de pessoas com mais de 50 anos (se mulher) ou 60 anos (se homem), à semelhança do que ocorre com o casamento, também é obrigatória a adoção do regime de separação de bens, pois "não parece razoável imaginar que, a pretexto de se regular a união entre pessoas não casadas, o arcabouço legislativo acabou por estabelecer mais direitos aos conviventes em união estável (instituto menor) que aos cônjuges" (REsp 646.259/RS, Rel. Ministro Luis Felipe Salomão).

Nesse contexto, os embargos de divergência devem ser providos para negar seguimento ao especial, sem alteração do acórdão do eg. Tribunal de Justiça do Estado do Paraná, que constatou a "ausência do esforço comum na aquisição dos bens".

Por via de consequência, ficam prejudicadas as demais alegações dos embargos de divergência.

Ante o exposto, conheço dos embargos de divergência e dou-lhes provimento para negar seguimento ao recurso especial.

É como voto.

VOTO-VENCIDO

O Exmo. Sr. Ministro Paulo de Tarso Sanseverino:

Sr. Presidente, no mérito, reafirmo minha posição perante a Terceira Turma, que constou do acórdão embargado.

Apenas enfatizo que o que se fez, na verdade, foi uma aplicação da regra do art. 5º da Lei n. 9.278 de 1996, que estabelece exatamente essa presunção legal do esforço comum.

A interpretação que está sendo feita, no fundo, está reconhecendo, conforme referido no voto do eminente Relator, a inconstitucionalidade desse artigo em face do § 3º do art. 226 da Constituição Federal.

E seria efetivamente hipótese de inconstitucionalidade, pois a Constituição Federal é de 1988 e a Lei é de 1996.

Assim, para se alcançar o resultado pretendido pelo eminente Relator, é necessário reconhecer que esse dispositivo legal é inconstitucional ao menos em relação às pessoas com idade superior a 60 (sessenta anos).

Consequentemente, não podemos decretar essa inconstitucionalidade aqui na Seção, sob pena de violação da súmula vinculante n. 10 do Supremo Tribunal Federal acerca da reserva de plenário.

Exatamente por esses fundamentos, além de reafirmar meu voto, coloco essa questão para a discussão e já adianto meu voto, então, no sentido de desacolher os embargos de divergência.

É o voto.

VOTO

Ministra Maria Isabel Gallotti: Sr. Presidente, peço vênia novamente ao Ministro Paulo de Tarso Sanseverino para acompanhar integralmente o voto do eminente Relator.

Penso que não há necessidade de declaração de inconstitucionalidade da Lei 9.278/96, que estabeleceu presunção de esforço comum em relação aos bens adquiridos onerosamente no curso da união estável. Isso porque o que entendeu o voto do eminente Relator foi que essa Lei se aplica à união estável desde que não de sexagenários. No caso de sexagenários, a regência é do dispositivo da lei civil que determina a separação obrigatória, aplicando-se, pois, a mesma regra prescrita no Código de 1916 para o regime de bens de casamento a partir de 60 anos. Portanto, não é o caso de suprimir por inconstitucionalidade esse dispositivo, mas estabelecer as suas hipóteses de incidência. Se se aplicasse essa presunção de esforço comum para sexagenários que, aos invés de se casar formalmente, optassem por estabelecer uma relação informal, estar-se-ia conferindo maiores direitos àqueles que se unem informalmente após a idade legal, 60 (sessenta) anos no Código anterior e 70 (setenta) anos no Código atual, do que àqueles que, na mesma época, com a mesma idade, decidissem se casar, aos quais a Lei impõe a separação obrigatória.

Portanto, a meu ver, não é uma questão de inconstitucionalidade, mas estabelecer quais são as hipóteses de incidência do art. 5º da Lei n. 9.278/1996.

Ademais, observo que não foi apenas isso o que fez o acórdão ora embargado. A consequência da negativa de provimento a esses embargos seria dar um regramento ainda mais benéfico para a embargante do que a presunção esforço comum nos termos da Lei n. 9.278/1996.

Com efeito, o que entendeu a Seção, no precedente de minha relatoria, também mencionado no voto do eminente Relator – em que se tratava de união estável de pessoas que não eram sexagenárias – foi que a propriedade de cada bem se adquire de acordo com a regra legal vigente no momento da aquisição desse bem. Então, todos os bens adquiridos antes da entrada em vigor da Lei n. 9.278/1996 tinham a sua propriedade disciplinada pelo ordenamento jurídico anterior, que não estabelecia essa presunção legal de esforço comum. No caso dessa união estável ora examinada, a qual começou em 1990, e terminou após a vigência da mencionada lei, o que deveria ter sido deferido à embargante, não fosse a condição de sexagenário do varão, seria apenas a presunção legal de esforço quanto aos bens adquiridos após 1996, e não a almejada meação de todos os bens adquiridos durante a união, mesmo antes de 1996, sem prova de esforço comum.

De qualquer forma, aquele precedente não cuidava da situação de sexagenários, ao contrário do que acontece com o acórdão invocado como paradigma e ao contrário da solução dada pelo voto do Ministro Raul Araújo, que acompanho integralmente, com a devida vênia da divergência.

VOTO-PRELIMINAR (VENCIDO)

O Exmo. Sr. Ministro Antonio Carlos Ferreira: SR. Presidente, quanto à preliminar, peço vênia ao Ministro Raul Araújo para acompanhar a divergência inaugurada pelo Ministro Paulo de Tarso Sanseverino. Voto pelo não conhecimento.

VOTO-MÉRITO

O Exmo. Sr. Ministro Antonio Carlos Ferreira: Sr. Presidente, inicialmente, cumprimento os advogados pelas sustentações orais, pela elegância na tribuna, pela competência e combatividade.

Superada a questão da admissibilidade dos embargos de divergência, peço vênia ao Ministro Paulo de Tarso Sanseverino para acompanhar o ministro relator. Certidão de Julgamento Segunda Seção

Número Registro: 2012/0091130-8
Processo Eletrônico – EREsp 1.171.820 /PR

Números Origem: 05178450200902413116 51784500151784500299903
Pauta: 26.08.2015
Julgado: 26.08.2015
Relator: Exmo. Sr. Ministro Raul Araújo
Ministro Impedido: Exmo. Sr. Ministro João Otávio De Noronha
Presidente da Sessão: Exmo. Sr. Ministro Luis Felipe Salomão
Subprocurador-Geral da República: Exmo. Sr. Dr. Pedro Henrique Távora Niess

Secretária: Bela. Ana Elisa de Almeida Kirjner

Autuação

Embargante: G T N
Advogados: Carlos Alberto Farracha de Castro e outro(s)
Vanessa Abu-Jamra Farracha de Castro e outro(s)
Leandro Rodrigues
Roberto Henrique Couto Corrieri
Advogada: Gabriela Guimaraes Peixoto
Embargado: M D L P S
Advogados: Ivan Xavier Vianna Filho
Ivan Xavier Vianna Filho e outro(s)
Angela Sassiotti Carneiro

ASSUNTO: DIREITO CIVIL – Família – União Estável ou Concubinato – Reconhecimento / Dissolução

SUSTENTAÇÃO ORAL

Sustentaram, oralmente, o Dr. Carlos Alberto Farracha de Castro, pelo Embargante G T N, e a Dra. Natália Bitencourt Gasparin, pela Embargada M D L P S.

CERTIDÃO

Certifico que a egrégia Segunda Seção, ao apreciar o processo em epígrafe na sessão realizada nesta data, proferiu a seguinte decisão:

Preliminarmente, a Seção, por maioria, conheceu dos embargos de divergência, vencidos os Srs. Ministros Paulo de Tarso Sanseverino e Antonio Carlos Ferreira.

No mérito, a Seção, por maioria, deu provimento aos embargos de divergência para negar seguimento ao recurso especial, nos termos do voto do Sr. Ministro Relator, vencido o Sr. Ministro Paulo de Tarso Sanseverino.

Os Srs. Ministros Maria Isabel Gallotti, Antonio Carlos Ferreira, Ricardo Villas Bôas Cueva, Marco Buzzi, Marco Aurélio Bellizze e Moura Ribeiro votaram, no mérito, com o Sr. Ministro Relator.

Impedido o Sr. Ministro João Otávio de Noronha.

3.32 DECISÃO INTERLOCUTÓRIA PROFERIDA COM BASE NO ART. 1.790 DO CC/2002. SUPERVENIÊNCIA DA DECLARAÇÃO DE INCONSTITUCIONALIDADE DA REGRA PELO SUPREMO TRIBUNAL FEDERAL. ADEQUAÇÃO À NOVA REALIDADE NORMATIVA. POSSIBILIDADE

Recurso Especial nº 2.017.064 – SP (2021/0336326-8)
Relatora: Ministra Nancy Andrighi
Recorrente: Odete Medauar
Advogados: Priscila Maria Pereira Correa da Fonseca – SP032440
Carolina Scatena do Valle e outro(S) – SP175423
Carolina Campos Salles Zarif – SP292174
Lilian Sayuri Fukushigue Kawagoe – SP221416
Recorrido: Marisa Campos Moraes Amato – por si e representando
Recorrido: Silvana Campos Moraes – espólio
Advogados: Carlos Alberto Garbi Júnior – SP261278
William Neri Garbi – SP304950
Carlos Alberto Garbi e outro(s) – SP080566
Thales Augusto Nistrele de Lucca – SP440987
Interes.: Irany Novah Moraes – espólio
Advogado: Priscila Maria Pereira Correa da Fonseca – SP032440

EMENTA – CIVIL. PROCESSUAL CIVIL. AÇÃO DE INVENTÁRIO. OMISSÃO SOBRE QUESTÃO CONSTITUCIONAL. COMPETÊNCIA DO SUPREMO TRIBUNAL FEDERAL. OMISSÃO E CONTRADIÇÃO SOBRE A INCIDÊNCIA DA SÚMULA 377/STF. INOCORRÊNCIA. QUESTÃO DECIDIDA DE FORMA EXPRESSA E CLARA. OMISSÃO SOBRE PRECLUSÃO. OCORRÊNCIA. NULIDADE DO JULGADO. DESNECESSIDADE. PRIMAZIA DA RESOLUÇÃO DO MÉRITO. EXISTÊNCIA DE PRECEDENTE CONTRÁRIO À TESE RECURSAL. DECISÃO INTERLOCUTÓRIA PROFERIDA COM BASE NO ART. 1.790 DO CC/2002. SUPERVENIÊNCIA DA DECLARAÇÃO DE INCONSTITUCIONALIDADE DA REGRA PELO SUPREMO TRIBUNAL FEDERAL. ADEQUAÇÃO À NOVA REALIDADE NORMATIVA. POSSIBILIDADE. MODULAÇÃO DE EFEITOS. APLICABILIDADE DA TESE ÀS AÇÕES DE INVENTÁRIO EM CURSO. REGIME DA SEPARAÇÃO DE BENS ENTRE OS SEPTUAGENÁRIOS. APLICABILIDADE À UNIÃO ESTÁVEL. COMUNICAÇÃO DE BENS ADMITIDA, DESDE QUE COMPROVADO O ESFORÇO COMUM. INOCORRÊNCIA NA HIPÓTESE. DISSÍDIO JURISPRUDENCIAL PREJUDICADO. ACÓRDÃO RECORRIDO CONFORME JURISPRUDÊNCIA DESTA CORTE. SÚMULA 83/STJ.

1 – Ação de inventário proposta em 12.09.2007. Recurso especial interposto em 08.09.2020 e atribuído à Relatora em 10.02.2022.

2 – Os propósitos recursais consistem em definir: (i) se há omissões e contradição relevantes no acórdão recorrido; (ii) se o direito de meação da recorrente teria sido objeto de decisão anterior acobertada pela preclusão; (iii) se o art. 1.641, II, do CC/2002, que impõe o regime da separação de bens ao casamento do septuagenário, aplica-se à união estável; (iv) se, na hipótese, incide a Súmula 377/STF, de modo a ser cabível a partilha dos bens adquiridos a título oneroso durante a união estável; (v) se o direito à meação seria fato incontroverso e dispensaria a produção de prova; e (vi) se houve dissídio jurisprudencial.

3 – Cabe ao Supremo Tribunal Federal, e não ao Superior Tribunal de Justiça, examinar a suposta ocorrência de omissão sobre a alegada inconstitucionalidade do art. 1.641, II, do CC/2002, uma vez que compete exclusivamente àquela Corte examinar a pertinência e a relevância da questão constitucional suscitada pela parte para o desfecho da controvérsia.

4 – Não há omissão e contradição no acórdão recorrido que examina, de forma expressa e clara, a matéria relativa à incidência da Súmula 377/STF suscitada pela parte.

5 – Conquanto existente a omissão sobre a alegada ocorrência de preclusão, supostamente ocorrida em virtude de anterior decisão interlocutória, proferida antes do julgamento do tema 809/STF, em que teria sido reconhecido o direito à meação pleiteado pela parte, a jurisprudência desta Corte se consolidou no sentido de que, em homenagem ao princípio da primazia da resolução de mérito, não se deve decretar a nulidade do julgado e determinar o retorno do processo à Corte estadual para que supra omissão sobre uma questão que já foi objeto de posicionamento desta Corte em oportunidade anterior. Precedente.

6 – Em ação de inventário, o juiz que proferiu decisão interlocutória fundada no art. 1.790 do CC/2002 estará autorizado a proferir uma nova decisão a respeito da matéria anteriormente decidida, de modo a ajustar a questão sucessória ao superveniente julgamento da tese firmada no tema 809/STF e à disciplina do art. 1.829 do CC/2002, uma vez que o Supremo Tribunal Federal modulou temporalmente a aplicação da tese de modo a atingir os processos judiciais em que ainda não tenha havido trânsito em julgado da sentença de partilha. Precedente.

7 – A regra do art. 1.641, II, do CC/2002, que estabelece o regime da separação de bens para os septuagenários, embora expressamente prevista apenas para a hipótese de casamento, aplica-se também às uniões estáveis. Precedentes.

8 – No regime da separação legal, comunicam-se os bens adquiridos na constância do casamento ou da união estável, desde que comprovado o esforço comum para sua aquisição. Precedentes.

9 – Na hipótese, o acórdão recorrido, soberano no exame da matéria fático-probatória, concluiu que não houve prova, sequer indiciária, de que a recorrente tenha contribuído para a aquisição dos bens que pretende sejam partilhados e que pudesse revelar a existência de esforço comum, a despeito de à parte ter sido oportunizada a produção das referidas provas, ainda que em âmbito de cognição mais restritivo típico das ações de inventário.

10 – Prejudicado o exame do alegado dissídio jurisprudencial, na medida em que a orientação do acórdão recorrido está em plena sintonia com a jurisprudência firmada nesta Corte. Aplicabilidade da Súmula 83/STJ.

11 – Recurso especial conhecido e não provido.

ACÓRDÃO

Vistos, relatados e discutidos estes autos, acordam os Ministros da Terceira Turma do Superior Tribunal de Justiça, na conformidade dos votos e das notas taquigráficas constantes dos autos, por unanimidade, negar provimento ao recurso especial nos termos do voto da Sra. Ministra Relatora. Os Srs. Ministros Ricardo Villas Bôas Cueva, Marco Aurélio Bellizze e Moura Ribeiro votaram com a Sra. Ministra Relatora.

Dr. Carlos Alberto Garbi, pela parte recorrida: Marisa Campos Moraes Amato e outros

Brasília (DF), 11 de abril de 2023

Ministra Nancy Andrighi
Relatora

RELATÓRIO

A Exma. Sra. Ministra Nancy Andrighi (Relatora):

Cuida-se de recurso especial interposto por Odete Medauar, com base no art. 105, III, alíneas "a" e "c", da Constituição Federal, contra o acórdão do TJ/SP que, por unanimidade, negou provimento ao agravo de instrumento por ela interposto.

Recurso especial interposto e m: 08.09.2020.

Atribuído ao gabinete e m: 10.02.2022.

Ação: de inventário dos bens deixados por Irany Novah Moraes, proposta em 12.09.2007 (fls. 29/31, e-STJ).

Decisão interlocutória: indeferiu os pedidos formulados pela recorrente ODETE, a saber, de reconhecimento de meação em relação aos bens adquiridos durante a união estável e de concorrer com as descendentes do falecido, as recorridas Silvana e Marisa, em relação aos bens particulares deixados pelo falecido (fls. 25/27, e-STJ).

Acórdão do TJ/SP: por unanimidade, negou provimento ao agravo de instrumento interposto pela recorrente Odete, nos termos da seguinte ementa:

> AGRAVO DE INSTRUMENTO – Ação de Inventário – Decisão que indeferiu os pedidos formulados pela agravante, no sentido do reconhecimento de meação em relação aos bens adquiridos durante a união estável e de concorrência com as descendentes do "de cujus" em relação aos bens particulares por ele deixados, sob o fundamento de que é aplicável o regime de separação obrigatória de bens à união havida entre a agravante e o falecido – Inconformismo da companheira – Hipótese de aplicação do regime da separação obrigatória de bens, em razão de o convivente contar com mais de 70 anos de idade quando do início da união estável com a agravante – Inteligência do artigo 1.641, II, do Código Civil – Inaplicabilidade da Súmula 377 do Supremo Tribunal Federal ao caso – Ausência de demonstração de contribuição da autora na aquisição dos bens que pretende sejam partilhados – Bens particulares do falecido que também não se comunicam, por força do disposto no artigo 1.829, I, do Código Civil – Recurso desprovido (fls. 277/285, e-STJ).

Embargos de declaração: opostos pela recorrente ODETE, foram rejeitados por unanimidade (fls. 439/446, e-STJ).

Recurso especial: em síntese, aponta-se: (i) violação aos arts. 489, § 1º, e 1.022, II, ambos do CPC/15, ao fundamento de que existiriam omissões e contradição relevantes não sanadas pelas instâncias ordinárias, a despeito da oposição dos embargos de declaração; (ii) violação aos arts. 505 e 507, ambos do CPC/15, ao fundamento de que o direito de meação da recorrente teria sido objeto de decisão anterior e, em razão disso, tratar-se-ia de questão preclusa; (iii) violação ao art. 1.641, II, do CC/2002, ao fundamento de que a regra que impõe o regime da separação de bens ao casamento de septuagenário não se aplicaria à união estável, razão pela qual seria aplicável à hipótese em exame o art. 1.725 do CC/2002, diante da ausência de contrato escrito da união estável; (iv) a incidência da Súmula 377/STF, alegadamente não aplicada pelo acórdão recorrido, ao fundamento de que, ainda que se trate de união estável patrimonialmente regida pela separação legal de bens, seria cabível a partilha dos bens adquiridos a título oneroso durante o relacionamento; (v) violação ao art. 374, III, do CPC/15, ao fundamento de que o direito de meação seria fato incontroverso e, como tal, não poderia demandar a produção de prova pela recorrente; e (vi) dissídio jurisprudencial com outros Tribunais e com esta Corte a respeito da aplicação do art. 1.641, II, do CC/2002 e da Súmula 377/STF (fls. 292/321, e-STJ).

Ministério Público Federal: manifestou-se pela desnecessidade de sua intervenção no processo (fls. 1.448/1.451, e-STJ).

É o relatório.

VOTO

A Exma. Sra. Ministra Nancy Andrighi (Relatora):

Os propósitos recursais consistem em definir: (i) se existem omissões e contradição relevantes no acórdão recorrido; (ii) se o direito de meação da recorrente teria sido objeto de decisão anterior acobertada pela preclusão; (iii) se o art. 1.641, II, do CC/2002, que impõe o regime da separação de bens ao casamento do septuagenário, aplica-se à união estável; (iv) se, na hipótese, incide a Súmula 377/STF, de modo a ser cabível a partilha dos bens adquiridos a título oneroso durante a união estável; (v) se o direito à meação seria fato incontroverso e dispensaria a produção de prova; e (vi) se houve dissídio jurisprudencial.

1. OMISSÕES E CONTRADIÇÕES. ALEGADA VIOLAÇÃO AOS ARTS. 489, § 1º, E 1.022, II, DO CPC/15

01) Inicialmente, aponta a recorrente ODETE a existência de omissões e contradição alegadamente existentes no acórdão recorrido, não sanadas no julgamento dos embargos de declaração por ela opostos, a respeito dos seguintes temas: (i) omissão a respeito da inconstitucionalidade do art. 1.641, II, do CC/2002; (ii) omissão e contradição em relação à aplicabilidade da Súmula 377/STF; e (iii) omissão quanto a ocorrência de preclusão.

02) No que tange à alegação da primeira omissão, observe-se desde logo que se trata de questão constitucional, de modo que cabe ao Supremo Tribunal Federal examinar a pertinência e a relevância da matéria para resolução da controvérsia a partir do recurso extraordinário interposto pela recorrente Odete (fls. 372/385, e-STJ), destacando-se, ademais, que a alegada inconstitucionalidade do art. 1.641, II, do CC/2002, teve a repercussão geral recentemente reconhecida e se encontra, atualmente, ainda pendente de julgamento de mérito (tema 1236/STF).

03) No que se refere à alegação da segunda omissão e de contradição, constata-se, de plano, que a questão foi expressamente enfrentada pelo acórdão recorrido:

> Ademais, na hipótese dos autos, não é caso de aplicação da Súmula 377 do Superior Tribunal Federal, pois de acordo com a sua interpretação mais recente, para que a autora tivesse o direito à partilha dos bens havidos pelo réu durante a convivência, com base na indigitada Súmula, cabia-lhe provar ter contribuído com esforço comum para a aquisição dos bens (fl. 281, e-STJ).
>
> (...)
>
> Aliás, é de se considerar que não há qualquer comprovação no sentido de que a autora tenha contribuído, de alguma forma, para a aquisição dos bens que pretende sejam partilhados, pois ela não produziu qualquer tipo de prova, ainda que indiciária, reveladora de esforço comum, o que torna impossível sua pretensão (fl. 284, e-STJ).

04) As questões relacionadas às supostas impossibilidade ou desnecessidade de provar o esforço comum na hipótese em exame, em virtude da alegada existência de fato incontroverso, não podem ser qualificadas como omissão ou contradição, mas, ao revés, dizem respeito ao mérito, com o qual a recorrente ODETE não se conformou, e que com ele serão examinadas mais adiante.

05) Finalmente, no que toca à alegação da terceira omissão, relativa à inexistência de exame da questão relacionada a preclusão, assiste razão a recorrente Odete, pois se trata de matéria que foi suscitada no agravo de instrumento (fls. 1/18, e-STJ) e que não foi enfrentada pelo acórdão recorrido (fls. 277/285, e-STJ), nem mesmo por ocasião do julgamento dos embargos de declaração opostos pela recorrente Odete (fls. 416/430 e fls. 439/446, e-STJ).

06) A despeito disso, anote-se que o mais recente entendimento desta Corte se firmou no sentido de que, em homenagem ao princípio da primazia da resolução de mérito, não se deve decretar a nulidade do julgado e nem tampouco se deve determinar o retorno do processo à Corte estadual para que supra omissão sobre uma questão que já foi objeto de posicionamento desta Corte em oportunidade anterior (REsp 1.893.057/MG, 3ª Turma, DJe 14.05.2021).

07) Por esse motivo, passa-se desde logo ao exame da questão relativa à preclusão.

2. EXISTÊNCIA DE PRECLUSÃO E IMPOSSIBILIDADE DE NOVA DECISÃO A RESPEITO DO REGIME DE BENS. ALEGADA VIOLAÇÃO AOS ARTS. 505 E 507, AMBOS DO CPC/15

08) Nesse particular, sublinhe-se que a discussão a respeito da existência de preclusão, suscitada pela recorrente Odete, tem início a partir da alegada existência de uma decisão interlocutória proferida no inventário de Irany, anterior ao julgamento do tema 809/STF, que teria aplicado combinadamente os arts. 1.725 e 1.790, ambos do CC/2002, para garantir, sem nenhuma ressalva, que ODETE participaria da sucessão do falecido quanto aos bens adquiridos onerosamente durante a união estável.

09) No curso da ação de inventário, sobreveio a tese fixada pelo Supremo Tribunal Federal por ocasião do julgamento do tema 809, segundo a qual "é inconstitucional a distinção de regimes sucessórios entre cônjuges e companheiros prevista no art. 1.790 do CC/2002, devendo ser aplicado, tanto nas hipóteses de casamento quanto nas de união estável, o regime do art. 1.829 do CC/2002".

10) A partir dessa nova realidade normativa, foi proferida a decisão interlocutória agravada na origem (fls. 25/27, e-STJ), que indeferiu os pedidos formulados pela recorrente Odete (reconhecimento de meação em relação aos bens adquiridos durante a união estável e de concorrer com as filhas do falecido em relação aos bens particulares por ele deixados), ao fundamento de que a impossibilidade de a recorrente ODETE concorrer com as recorridas Silvana e Marisa decorre textualmente do art. 1.829, I, do CC/2002, aplicável às uniões estáveis justamente em virtude da tese fixada no julgamento do tema 809/STF.

11) Ao declarar a inconstitucionalidade do art. 1.790 do CC/2002 (tema 809), o Supremo Tribunal Federal modulou temporalmente a aplicação da tese para apenas "os processos judiciais em que ainda não tenha havido trânsito em julgado da sentença de partilha", de modo a tutelar a confiança e a conferir previsibilidade às relações finalizadas sob as regras antigas (ou seja, às ações de inventário concluídas nas quais foi aplicado o art. 1.790 do CC/2002).

12) Diante desse cenário, esta Corte, ao examinar justamente a questão debatida na hipótese – a preexistência de uma decisão interlocutória sobre uma determinada questão sucessória, que fora atingida pelo julgamento do tema 809/STF, em inventário ainda não transitado em julgado – concluiu ser lícito ao juiz proferir nova decisão para ajustar questão sucessória, existente em

inventário ainda não concluído, à orientação vinculante emanada do Supremo Tribunal Federal (REsp 1.904.374/DF, 3ª Turma, DJe 15/04/2021). Da fundamentação desse julgado, colhem-se as seguintes razões de decidir, em tudo aplicáveis à hipótese em exame:

> 17) Como se percebe, a preocupação do Supremo Tribunal Federal é tutelar a confiança e conferir previsibilidade às relações finalizadas sob as regras antigas (isto é, nas ações de inventário concluídas nas quais foi aplicado o art. 1.790 do CC/2002), razão pela qual se fixou a tese de que a declaração de inconstitucionalidade somente deverá alcançar os processos judiciais em que não houve trânsito em julgado da sentença de partilha.
>
> 18) É incontroverso que, na hipótese, ainda não houve trânsito em julgado da sentença de partilha, mas, ao revés, somente a prolação de decisões que versaram sobre a concorrência hereditária sobre um bem específico.
>
> 19) Considerando ser incontroverso que a inconstitucionalidade é uma questão de ordem pública, conclui-se que era lícito ao juízo do inventário, que havia deliberado, em anteriores decisões, pela exclusão da recorrida da sucessão hereditária em virtude da regra do art. 1.790 do CC/2002, rever seu posicionamento, incluindo-a na sucessão, antes da prolação da sentença de partilha, em virtude do reconhecimento da inconstitucionalidade do dispositivo legal pelo Supremo Tribunal Federal.
>
> 20) Isso porque, desde a reforma promovida pela Lei 11.232/2005, a declaração superveniente de inconstitucionalidade de lei pelo Supremo Tribunal Federal torna inexigível o título que nela se funda, tratando-se de matéria suscetível de arguição em impugnação ao cumprimento de sentença– ou seja, após o trânsito em julgado da sentença (art. 475, II e § 1º, do CPC/73) –, motivo pelo qual, com muito mais razão, deverá o juiz deixar de aplicar a lei inconstitucional antes da sentença de partilha, marco temporal eleito pelo Supremo Tribunal Federal para modular os efeitos da tese fixada no julgamento do tema 809.
>
> 21) Assim, aplica-se à hipótese, por analogia, o recente entendimento desta Corte, que, também interpretando o tema 809/STF, concluiu que "a inexistência jurídica da sentença pode ser declarada em ação autônoma (*querela nullitatis insanabilis*) e também no próprio processo em que proferida, na fase de cumprimento de sentença ou até antes dela, se possível, especialmente na hipótese em que a matéria foi previamente submetida ao crivo do contraditório e não havia a necessidade de dilação probatória" (REsp 1.857.852/SP, 3ª Turma, DJe 22.03.2021).

13) Por tais motivos, ainda que se considere que a decisão interlocutória alegadamente preclusa teria estabelecido determinado regime patrimonial e teria concedido os reclamados direitos sucessórios à recorrente ODETE à luz do art. 1.790 do CC/2002 (o que, aliás, é fato controvertido, vide as contrarrazões ao recurso especial, fls. 514/517, e-STJ), poderia o juiz proferir nova decisão interlocutória, de modo a amoldar a resolução da questão ao art. 1.829, I, do CC/2002, após o julgamento do tema 809/STF, desde que o inventário estivesse pendente, como de fato ainda está.

14) Assim, não há que se falar em violação aos arts. 505 e 507, ambos do CPC/15.

3. INAPLICABILIDADE DO REGIME DA SEPARAÇÃO LEGAL ÀS UNIÕES ESTÁVEIS. DESNECESSIDADE E IMPOSSIBILIDADE DE PROVA DO ESFORÇO COMUM PARA FINS DE PARTILHA. ALEGADA VIOLAÇÃO AOS ARTS. 1.641, II, DO CC/2002, E 374, III, DO CPC/15. INCIDÊNCIA DA SÚMULA 377/STF

15) A primeira tese deduzida pela recorrente ODETE nesse particular diz respeito à impossibilidade de aplicação do art. 1.641, II, do CC/2002, previsto expressamente apenas aos casamentos, também às uniões estáveis, na medida em que se trataria de regra restritiva de direitos.

16) Essa tese, todavia, destoa da iterativa e consolidada jurisprudência desta Corte a respeito do tema, que há muito afirma que "a não extensão do regime da separação obrigatória de bens, em

razão da senilidade do de cujus, constante do artigo 1641, II, do Código Civil, à união estável equivaleria, em tais situações, ao desestímulo ao casamento, o que, certamente, discrepa da finalidade arraigada no ordenamento jurídico nacional, o qual se propõe a facilitar a convolação da união estável em casamento, e não o contrário" (REsp 1.090.722/SP, 3ª Turma, DJe 30.08.2010).

17) Em outra oportunidade, esta Corte se posicionou no sentido de que, "por força do art. 258, parágrafo único, inciso II, do Código Civil de 1916 (equivalente, em parte, ao art. 1.641, inciso II, do Código Civil de 2002), ao casamento de sexagenário, se homem, ou cinquentenária, se mulher, é imposto o regime de separação obrigatória de bens", de modo que "por esse motivo, às uniões estáveis é aplicável a mesma regra, impondo-se seja observado o regime de separação obrigatória, sendo o homem maior de sessenta anos ou mulher maior de cinquenta" (REsp 646.259/RS, 4ª Turma, DJe 24.08.2010).

18) Desde então, é firme o entendimento no sentido de que "devem ser estendidas, aos companheiros, as mesmas limitações previstas para o casamento, no caso de um dos conviventes já contar com mais de sessenta anos à época do início do relacionamento, tendo em vista a impossibilidade de se prestigiar a união estável em detrimento do casamento" (REsp 1.369.860/PR, 3ª Turma, DJe 04.09.2014). No mesmo sentido, confiram-se: REsp 1.403.419/MG, 3ª Turma, DJe 14.11.2014; REsp 1.383.624/MG, 3ª Turma, DJe 12.06.2015; EREsp 1.171.820/PR, 2ª Seção, DJe 21.09.2015 e REsp 1.689.152/SC, 4ª Turma, Dje 22.11.2017.

19) Desses precedentes – bem como de outros que o sucederam, a exemplo, especificamente, do EREsp 1.623.858/MG, 2ª Seção, DJe 30.05.2018 – extrai-se, igualmente, a tese de que, "no regime de separação legal de bens, comunicam-se os adquiridos na constância do casamento, desde que comprovado o esforço comum para sua aquisição", entendimento que também se aplica às uniões estáveis, na esteira de tantos outros julgados desta Corte (por exemplo, confiram-se: AgInt no REsp 1.628.268/DF, 4ª Turma, DJe 27.09.2018 e AgInt no REsp 1.637.695/MG, 4ª Turma, DJe 24.10.2019).

20) Na hipótese em exame, concluiu o acórdão recorrido, soberano na definição da moldura fática, que "que não há qualquer comprovação no sentido de que a autora tenha contribuído, de alguma forma, para a aquisição dos bens que pretende sejam partilhados, pois ela não produziu qualquer tipo de prova, ainda que indiciária, reveladora de esforço comum...", sendo inviável rever essa premissa fático-probatória em virtude do óbice da Súmula 7/STJ.

21) Finalmente, destaca enfaticamente a recorrente Odete, inclusive à luz do art. 374, III, do CPC/15, que seria desnecessário e até mesmo impossível produzir a prova do esforço comum (pois, sendo alegadamente incontroversa a questão relativa ao regime de bens existente – supostamente o da comunhão parcial de bens, inclusive por força de decisão interlocutória preclusa – não lhe teria sido oportunizada a produção da referida prova).

22) Quanto ao ponto, é importante salientar desde logo que: (i) não há elementos no acórdão recorrido que indiquem se tratar o regime de bens existente uma questão incontroversa, mas, ao

revés, que se tratava de uma questão controvertida; e (ii) a preclusão a respeito do regime de bens e do direito sucessório aplicável não ocorreu diante da superveniente declaração de inconstitucionalidade do art. 1.790 do CC/2002, por ocasião do julgamento do tema 809/STF, incidente nos inventários em que não houve o trânsito em julgado da sentença de partilha, como na hipótese.

23) Ademais, anote-se que, segundo o acórdão recorrido, não houve a produção de prova sequer indiciária, nem mesmo em fase recursal, a respeito da contribuição da recorrente Odete para a aquisição dos bens que se pretende sejam partilhados e que revelariam o esforço comum na construção do patrimônio do falecido Irany.

24) Especificamente em relação ao tema – a ausência de prova do esforço comum –, é importante registrar que, conforme afirma a própria recorrente Odete no agravo de instrumento por ela interposto (fls. 3/5, e-STJ), o juiz, antes de proferir a decisão agravada na origem, estabeleceu contraditório prévio entre as partes, à luz do art. 10 do CPC/15 e diante da nova realidade normativa causada pela tese firmada no julgamento do tema 809/STF, viabilizando que a recorrente Odete produzisse a prova de sua contribuição para a aquisição do patrimônio deixado por Irany.

25) A despeito disso, consignou o acórdão recorrido não ter havido a produção de prova sequer indiciária a respeito desse fato, sendo inviável, na instância excepcional, rever a referida conclusão.

26) Finalmente, sublinhe-se que a ação de inventário é um ambiente naturalmente árido à ampla instrução probatória, sobretudo por força das restrições cognitivas estabelecidas em relação à matéria fática e a necessidade de seu exame nas vias ordinárias (art. 984 do CPC/73 e art. 612 do CPC/15), de modo que as conclusões do acórdão recorrido, a respeito da inexistência de prova sequer indiciária do esforço comum, devem ser consideradas à luz desse contexto.

27) Diante desse cenário, não há que se falar em reforma do acórdão recorrido nesse particular.

4. DISSÍDIO JURISPRUDENCIAL

28) Por derradeiro, conclui-se que o exame do dissídio jurisprudencial alegado pela recorrente ODETE está evidentemente prejudicado, na medida em que a orientação do acórdão recorrido está em plena sintonia com a jurisprudência firmada nesta Corte, atraindo a incidência, pois, da Súmula 83/STJ.

5. DISPOSITIVO

Forte nessas razões, Conheço e nego provimento ao recurso especial, deixando de fixar ou majorar os honorários por se tratar de cadeia recursal iniciada a partir de decisão interlocutória que não os fixou.

Certidão de julgamento
Terceira Turma

Número Registro: 2021/0336326-8
Processo Eletrônico REsp 2.017.064 / SP
Números Origem: 02273226120078260100 21676167320178260000
Pauta: 11.04.2023
Julgado: 11.04.2023
Relatora: Exma. Sra. Ministra Nancy Andrighi
Presidente da Sessão: Exmo. Sr. Ministro Ricardo Villas Bôas Cueva
Subprocurador-Geral da República: Exmo. Sr. Dr. Durval Tadeu Guimarães
Secretária: Bela. Maria Auxiliadora Ramalho da Rocha

AUTUAÇÃO

Recorrente: Odete Medauar
Advogados: Priscila Maria Pereira Correa da Fonseca – SP032440
Carolina Scatena Do Valle e outro(s) – SP175423
Carolina Campos Salles Zarif – SP292174
Lilian Sayuri Fukushigue Kawagoe – SP221416
Recorrido: Marisa Campos Moraes Amato – por si e representando
Recorrido: Silvana Campos Moraes – espólio
Advogados: Carlos Alberto Garbi Júnior – SP261278
William Neri Garbi – SP304950
Carlos Alberto Garbi e outro(s) – SP080566
Thales Augusto Nistrele de Lucca – SP440987
Interes.: Irany Novah Moraes – espólio
Advogado: Priscila Maria Pereira Correa da Fonseca – SP032440

Assunto: Direito Civil – Sucessões – Inventário e Partilha

SUSTENTAÇÃO ORAL

Dr. Carlos Alberto Garbi, pela parte Recorrida: Marisa Campos Moraes Amato e outros

CERTIDÃO

Certifico que a egrégia TERCEIRA TURMA, ao apreciar o processo em epígrafe na sessão realizada nesta data, proferiu a seguinte decisão:

A Terceira Turma, por unanimidade, negou provimento ao recurso especial, nos termos do voto da Sra. Ministra Relatora.

Os Srs. Ministros Ricardo Villas Bôas Cueva (Presidente), Marco Aurélio Bellizze e Moura Ribeiro votaram com a Sra. Ministra Relatora.

3.33 INVENTÁRIO – PARTILHA – ESCRITURA PÚBLICA – REGIME DA SEPARAÇÃO OBRIGATÓRIA DE BENS. SÚMULA 377 DO STF. AQUESTOS – COMUNICABILIDADE

CSMSP – Apelação Cível: 1027173-17.2016.8.26.0100

Localidade: São Paulo Data de Julgamento: 02.02.2017

Data DJ: 20.03.2017

Unidade: 5

Relator: Manoel de Queiroz Pereira Calças

Jurisprudência: Indefinido

Lei: CC2002 – Código Civil de 2002 – 10.406/2002 ART: 1523, I, 1639 PAR: 1, 2

Lei: CC1916 – Código Civil de 1916 – 3.071/1916 ART: 183, 230

Especialidades: Registro de Imóveis

Registro de Imóveis – Proprietária casada no regime da separação obrigatória de bens – Bem adquirido na constância da união – Cônjuges falecidos – Escritura de inventário da falecida esposa por meio da qual a totalidade do imóvel é partilhada – Impossibilidade de registro – Aplicabilidade da Súmula 377 do STF – Comunhão que se presume – Necessidade de prévia inscrição do formal de partilha extraído do inventário do falecido marido, no qual sua parte no imóvel será dividida – Alegação de prescrição da ação de sonegados – Matéria estranha ao procedimento de dúvida – Apelação desprovida.

Íntegra

Poder Judiciário
Tribunal de Justiça do Estado de São Paulo
Conselho Superior da Magistratura
Apelação nº 1027173-17.2016.8.26.0100

ACÓRDÃO

Vistos, relatados e discutidos estes autos do(a) Apelação nº 1027173-17.2016.8.26.0100, da Comarca de São Paulo, em que são partes são apelantes Urbano Procopio de Souza Meirelles

Neto, Renata Meirelles Pires Ferreira e Ana Paula de Sousa Meirelles, é apelado 5º Oficial de Registro de Imóveis de São Paulo.

Acordam, em Conselho Superior de Magistratura do Tribunal de Justiça de São Paulo, proferir a seguinte decisão: "Negaram provimento ao recurso, v.u.", de conformidade com o voto do Relator, que integra este Acórdão.

O julgamento teve a participação dos Exmos. Desembargadores Paulo Dimas Mascaretti (Presidente), Ademir Benedito, Xavier De Aquino, Luiz Antonio De Godoy, Ricardo Dip (Pres. da Seção de Direito Público) E Salles Abreu.

São Paulo, 2 de fevereiro de 2017.

Pereira Calças
Corregedor-Geral da Justiça e relator
Apelação nº 1027173-17.2016.8.26.0100
Apelantes: Urbano Procopio de Souza Meirelles Neto, Renata Meirelles Pires Ferreira e Ana Paula de Sousa Meirelles
Apelado: 5º Oficial de Registro de Imóveis de São Paulo

VOTO Nº 29.599

Registro de Imóveis – Proprietária casada no regime da separação obrigatória de bens - Bem adquirido na constância da união – Cônjuges falecidos – Escritura de inventário da falecida esposa por meio da qual a totalidade do imóvel é partilhada – Impossibilidade de registro – Aplicabilidade da Súmula 377 do STF – Comunhão que se presume – Necessidade de prévia inscrição do formal de partilha extraído do inventário do falecido marido, no qual sua parte no imóvel será dividida – Alegação de prescrição da ação de sonegados – Matéria estranha ao procedimento de dúvida – Apelação desprovida.

Trata-se de recurso de apelação interposto por Urbano Procópio de Sousa Meirelles Neto, Renata Meirelles Pires Ferreira, e Ana Paula de Souza Meirelles contra a sentença de fls. 120/124, que manteve a recusa ao registro na matrícula nº 20.182 do 5º Registro de Imóveis da Capital de escritura pública de inventário e partilha dos bens deixados por Olívia Casella de Sousa Meirelles. Em preliminar, arguem os apelantes cerceamento de defesa.

No mérito, sustentam: que a causa que determinou a adoção do regime da separação obrigatória de bens do casamento (art. 1.523, I, do CC) foi superada há muitos anos; que tanto os filhos do primeiro como os filhos do segundo casamento de Victor Lara de Souza Meireles consideram o bem objeto da matrícula nº 20.182 de propriedade exclusiva dos herdeiros de Olivia Casella de Souza; e que embora não tenha havido sonegação, o direito dos filhos do primeiro casamento de reaver o bem foi fulminado pela prescrição. Pedem, assim, a improcedência da dúvida (fls. 131/140).

A Procuradoria de Justiça opinou pelo não provimento do recurso (fls. 153/156).

É o relatório.

Inicialmente, afasto a preliminar de cerceamento defesa.

Com efeito, a colheita do depoimento das partes é medida totalmente inócua no procedimento de dúvida, cujo único objetivo é a análise da legalidade da exigência formulada pelo Oficial para desqualificar o título que lhe foi apresentado.

No mérito, segundo consta, em 11 de julho de 1960, Victor Lara de Sousa Meirelles e Olívia Casella, que passou a se chamar de Olívia Casella de Sousa Meirelles, se casaram sob o regime da separação obrigatória de bens.

De acordo com as informações trazidas pelos apelantes (fls. 36 e 134), a adoção desse regime se deu em virtude de Victor, viúvo com filhos advindos da primeira união, ao tempo de seu segundo casamento, não ter realizado o inventário dos bens do primeiro.

No ano de 1978, na constância de seu casamento com Victor, Olívia adquiriu o imóvel matriculado sob o nº 20.182 no 5º Registo de Imóveis da Capital (cf. R.1 – fls. 4).

Em 16 de julho de 1988, Victor Lara de Sousa Meirelles faleceu (fls. 17) e, segundo os apelantes (fls. 134/135), o bem acima referido não foi incluído em seu inventário, uma vez que todos os seus filhos, tanto da primeira como da segunda união, concordavam que o imóvel era de propriedade exclusiva de Olívia.

Com o falecimento de Olívia, em julho de 2015 (fls. 19), seus herdeiros lavraram escritura de inventário (fls. 7/14), no bojo da qual partilharam a integralidade do imóvel objeto da matrícula nº 20.182 (fls. 9), na proporção de um terço para cada um.

O título foi desqualificado em virtude do que dispõe a Súmula nº 377 do Supremo Tribunal Federal, segundo a qual os bens adquiridos a título oneroso na constância de casamento contraído no regime da separação legal se comunicam. Desse modo, segundo o Oficial, antes do ingresso da escritura ora em análise, necessário o registro do formal de partilha dos bens deixados por Victor Lara de Souza Meirelles, a fim de que seja partilhada entre seus herdeiros a parte que lhe cabia no imóvel (fls. 5).

O óbice foi mantido pela MM. Juíza Corregedora Permanente (fls. 120/124).

O recurso não merece provimento.

Preceitua a Súmula nº 377 do Supremo Tribunal Federal:

> No regime da separação legal de bens, comunicam-se os adquiridos na constância do casamento.

Embora haja certa discussão doutrinária a respeito da aplicabilidade dessa súmula após a entrada em vigor do Código Civil de 2002, a posição deste Conselho Superior é de que ela ainda produz efeitos. Nesse sentido:

REGISTRO DE IMÓVEIS – Dúvida. Escritura pública de venda e compra de imóvel. Aquisição da nua propriedade pela mulher e do usufruto pelo marido. Regime de separação obrigatória de bens. Falecimento do cônjuge usufrutuário. Cancelamento do usufruto vitalício. Recusa do registro da compra e venda realizada pelo cônjuge sobrevivente sem a apresentação do formal de partilha. Comunicação dos aquestos nos termos da Súmula 377 do Supremo Tribunal Federal. Recusa do registro mantida. Recurso não provido (Apelação nº 0000376-81.2013.8.26.0114, Rel. Des. Elliot Akel, j. em 18.03.2014).

Registro de Imóveis. Dúvida julgada procedente. Negativa de registro de escritura pública de alienação de imóvel sem prévio inventário do cônjuge premorto. Regime de separação legal de bens. Imóvel adquirido na constância do casamento. Comunicação dos aquestos. Súmula 377 do Supremo Tribunal Federal. Ofensa ao princípio da continuidade. Registro inviável. Recurso não provido (Apelação nº 0045658-92.2010.8.26.0100, Rel. Des. Maurício Vidigal, j. em 27.10.2011).

Em função da Súmula, como o bem foi adquirido na constância de casamento celebrado sob o regime da separação obrigatória de bens, presume-se a comunicação, de modo que, em princípio, nenhum dos cônjuges pode, sozinho, transferir a integralidade do imóvel a seus herdeiros.

Note-se que a causa que determinou a incidência do regime da separação obrigatória de bens qual seja, casamento de viúvo, com filhos advindos da primeira união, sem que se tenha ultimado o inventário dos bens do casal estava prevista no Código de 1916 e foi repetida pelo Código de 2002.

De acordo com o Código Civil de 1916:

> Art. 183. Não podem casar (arts. 207 e 209):
> (...)
> XI. O viúvo ou a viúva que tiver filho do cônjuge falecido, enquanto não fizer inventário dos bens do casal (art. 226).
> (...)
> Art. 226. No casamento com infração do art. 183, nºs XI a XVI, é obrigatório o regime da separação de bens, não podendo o cônjuge infrator fazer doações ao outro.
> (...)

> Art. 258. Não havendo convenção, ou sendo nula, vigorará, quanto aos bens entre os cônjuges, o regime de comunhão parcial.
>
> Parágrafo único. É, porém, obrigatório o da separação de bens no casamento:
>
> I. Das pessoas que o celebrarem com infração do estatuto no art. 183, nºs XI a XVI (art. 216).

E preceitua o Código Civil de 2002:

> Art. 1.523. Não devem casar:
>
> I – o viúvo ou a viúva que tiver filho do cônjuge falecido, enquanto não fizer inventário dos bens do casal e der partilha aos herdeiros;
>
> (...)
>
> Art. 1.641. É obrigatório o regime da separação de bens no casamento:
>
> I – das pessoas que o contraírem com inobservância das causas suspensivas da celebração do casamento.

Nem se argumente que a realização posterior do inventário da primeira esposa de Victor teria o condão de, automaticamente, cessar a incidência do regime da separação obrigatória de bens e, portanto, da Súmula 377 do STF.

Isso porque o regime de bens, mesmo que obrigatório, passa a vigorar a partir da data do casamento (artigo 1639, § 1º, do CC) e rege as relações econômicas entre os cônjuges até o fim da união. Ainda que a causa que determinou o regime obrigatório desapareça na constância do casamento, não há que se cogitar de alteração automática do regime de bens.

Ressalte-se que, por ocasião do término da sociedade conjugal, em decorrência da morte de Victor (fls. 17), vigorava o Código Civil de 1916, estatuto que, ao contrário do atual (artigo 1.639, § 2º, do CC), sequer permitia a alteração do regime de bens adotado (artigo 230 do Código Civil de 1916).

Por essas razões, antes da inscrição da escritura de inventário dos bens deixados por Olívia, necessário que se adite o formal de partilha extraído do inventário de Victor, a fim de que a porção do imóvel que cabia ao falecido seja dividida entre seus herdeiros. Se os filhos do primeiro casamento de Victor entendem que o bem não lhes pertence como alegam os apelantes, basta que renunciem aos seus quinhões em favor de seus irmãos unilaterais.

Por fim, também não se pode aceitar para o ingresso do título o argumento de que, mesmo se houvesse interesse por parte dos filhos do primeiro casamento de Victor, a pretensão de reaver o bem estaria fulminada pela prescrição.

Isso porque a ocorrência de prescrição é matéria que escapa da alçada administrativa, como já restou decidido em diversos precedentes deste Conselho:

É sabido que prescrição é matéria inerente ao âmbito jurisdicional, o que reclama a observância do contraditório e do direito de defesa, e consequentemente impossibilita o seu reconhecimento no âmbito administrativo. O exame do título pelo Oficial é restrito aos seus aspectos formais e extrínsecos, o que inviabiliza o reconhecimento da prescrição como forma de comprovar a quitação do preço avençado no título (Apelação nº 9000001-18.2013.8.26.0407, Rel. Des. Elliot Akel, j. em 07.10.2015).

Registro de imóveis – Dúvida julgada improcedente – Formal de partilha – Inexistência de prova do recolhimento do imposto de transmissão causa mortis – Prescrição do imposto que não pode ser reconhecida neste procedimento de dúvida, de que não participa a Fazenda do Estado – Provas, ademais, insuficientes para reconhecer a inexistência de causa interruptiva ou suspensiva da prescrição – Recurso provido para julgar a dúvida procedente (Apelação nº 460-6/0, Rel. Des. José Mário Antônio Cardinale, j. em 15.12.2005).

Frise-se, por fim, que a suposta ausência de prejuízo aos envolvidos e a terceiros é irrelevante. A desqualificação decorre de uma análise formal do título, de modo que a existência ou não de prejudicados é matéria estranha à análise feita pelo Oficial ou pela Corregedoria, Geral ou Permanente. Não bastasse isso, a inobservância à Lei ou o desrespeito aos princípios que regem a matéria registral gera, por si só, prejuízo que se presume.

Ante o exposto, nego provimento à apelação.

Pereira Calças
Corregedor-Geral da Justiça e Relator
Assinatura Eletrônica

3.34 ESCRITURA DE INVENTÁRIO E PARTILHA. REGIME DA SEPARAÇÃO OBRIGATÓRIA DE BENS. AQUISIÇÃO ONEROSA. SÚMULA 377 DO STF

CSMSP – Apelação Cível: 1004185-35.2022.8.26.0506
Localidade: Ribeirão Preto Data de Julgamento: 05.05.2023
Data DJ: 30.06.2023
Unidade: 2
Relator: Fernando Antônio Torres Garcia
Jurisprudência: Indefinido

Registro de imóveis. dúvida negativa de registro de escritura pública de inventário e partilha imóveis que foram adquiridos a título oneroso e na vigência do Código Civil de 1916, por pessoa casada em regime de separação obrigatória de bens. Súmula nº 377 do Supremo Tribunal Federal presunção de comunicação dos aquestos. dúvida procedente. apelação não provida.

Íntegra

ACÓRDÃO

Vistos, relatados e discutidos estes autos de Apelação Cível nº 1004185-35.2022.8.26.0506, da Comarca de Ribeirão Preto, em que são apelantes Candida Maria Machado Colucci, espólio de Maria Helena Machado Bechelle e Marina Aparecida Da Costa Dias, é apelada 2º Oficial de Registros de Imóveis da Comarca de Ribeirão Preto.

Acordam, em Conselho Superior da Magistratura do Tribunal de Justiça de São Paulo, proferir a seguinte decisão: "Negaram provimento ao recurso. v.u.", de conformidade com o voto do Relator, que integra este acórdão. O julgamento teve a participação dos Exmos. Desembargadores Ricardo Anafe (Presidente Tribunal de Justiça) (Presidente), Guilherme Gonçalves Strenger (vice-presidente), Xavier de Aquino (decano), Beretta da Silveira (Pres. da Seção de Direito Privado), Wanderley José Federighi (Pres. da Seção de Direito Público) e Francisco Bruno (pres. Seção de direito criminal).

São Paulo, 5 de maio de 2023.

Fernando Antonio Torres Garcia
Corregedor-Geral da Justiça
Relator
Assinatura Eletrônica

Apelação Cível nº 1004185-35.2022.8.26.0506
Apelantes: Candida Maria Machado Colucci, Espolio de Maria Helena Machado Bechelle e Marina Aparecida da Costa Dias
Apelado: 2º Oficial de Registros de Imóveis da Comarca de Ribeirão Preto

VOTO Nº 38.979

REGISTRO DE IMÓVEIS. DÚVIDA. NEGATIVA DE REGISTRO DE ESCRITURA PÚBLICA DE INVENTÁRIO E PARTILHA. IMÓVEIS QUE FORAM ADQUIRIDOS A TÍTULO ONEROSO E NA VIGÊNCIA DO CÓDIGO CIVIL DE 1916, POR PESSOA CASADA EM REGIME DE SEPARAÇÃO OBRIGATÓRIA DE BENS. SÚMULA Nº 377 DO SUPREMO TRIBUNAL FEDERAL. PRESUNÇÃO DE COMUNICAÇÃO DOS AQUESTOS. DÚVIDA PROCEDENTE. APELAÇÃO NÃO PROVIDA.

Cuida-se de apelação interposta por Cândida Maria Machado Colucci, Marina Aparecida da Costa Dias e o Espólio de Maria Helena Machado Bechelli contra a r. sentença que manteve recusa a registro de escritura pública de inventário e partilha dos imóveis matriculados sob nºs 104.768 e 67.590, do 2º Oficial de Registro de Imóveis da Comarca de Ribeirão Preto, decidindo que os bens adquiridos na constância do casamento, na vigência do Código Civil de 1916, presumem-se de ambos, nos termos da Súmula 377 do C. Supremo Tribunal Federal.

Aduzem os apelantes, em suma, inexistir comprovação de esforço comum, devendo ser adotado o entendimento do Código Civil de 2002 pela não presunção de esforço comum. Alegam que a testadora, no bojo do testamento, declarou que se tratavam de bens reservados, inexistindo argumento a invalidar o testamento, que tem fé pública e deve ser cumprido. O imóvel matriculado sob o nº 67.590, apesar de ter sido adquirido na constância do casamento, o foi exclusivamente pela falecida Maria Helena, que exercia profissão lucrativa.

A douta Procuradoria Geral de Justiça opinou pelo desprovimento do recurso (fls. 384/387).

É o relatório.

Cuida-se de registro de escritura pública de inventário e partilha dos bens deixados por Maria Helena Machado Bechelli em que os imóveis matriculados sob nºs 104.768 e 67.590, do 2º Oficial de Registro de Imóveis da Comarca de Ribeirão Preto, foram atribuídos aos herdeiros legatários Cândida Maria Machado Colucci, José Machado Barbosa de Mello, Vera de Souza e Silva Machado e Silvia Machado de Rezende, nos termos do testamento público lavrado em 29.11.1988.

O pretendido registro foi obstado por meio da nota devolutiva de fls. 07/08 exarada nos seguintes termos:

> O título apresentado refere-se à escritura de inventário e partilha dos bens deixados por Maria Helena Machado Bechelli, em que os imóveis das matrículas nºs 104.768 e 67.590, desta serventia, foram atribuídos aos herdeiros legatários.
>
> Ocorre que referidos imóveis foram adquiridos a título oneroso e na constância do casamento de Maria Helena e Luiz Marino Bechelli, casados sob o regime da separação obrigatória de bens desde 30.01.1982, sendo que tais aquisições ocorreram sob a égide da Súmula nº 377 do STF, segundo a qual "no regime de separação legal de bens, comunicam-se os adquiridos na constância do casamento".

Observa-se inexistir nos títulos aquisitivos dos imóveis qualquer indicação expressa de que foram adquiridos com esforço exclusivo da inventariada Maria Helena Machado Bechelli, de modo a afastar a incidência dos dispositivos legais vigentes e da Súmula nº 377 do STF, razão pela qual os bens são de titularidade de ambos os cônjuges.

Acrescenta-se que Luiz Marino Bechelli faleceu em 16.08.2004, e até esta data não foi prenotado título referente ao inventário de seus bens, e no inventário de Maria Helena Machado Bechelli, falecida em 20.09.2020, também inexistente documento apto a comprovar a alegada aquisição exclusiva pela inventariada.

A nota de exigência e devolução formulada por esta serventia está fundamentada no posicionamento em vigor no Conselho Superior da Magistratura de São Paulo, conforme claramente mencionado na r. decisão proferida pelo Juízo de Direito da 1ª Vara de Registros Públicos da

Capital, autos nº 1119149-32.2021.8.26.0100, na qual respalda-se o pedido de reconsideração apresentado.

Portanto, considerando que os imóveis foram adquiridos de forma onerosa, sem indicação de se tratarem de bens exclusivos; considerando que tais aquisições estão devidamente registradas nas matrículas respectivas e produziram seus regulares efeitos; e considerando o entendimento exposto na Súmula 377 do STF, os imóveis das matrículas nº 67.590 e nº 104.768 pertencem a Maria Helena Machado Bechelli e Luiz Marino Bechelli.

De qualquer forma, se houve documento hábil a comprovar que os imóveis acima referidos são exclusivos de Maria Helena Machado Bechelli, pede-se apresentá-los para a devida qualificação registrária".

Suscitada a dúvida, foi julgada procedente, nos termos da r. sentença de fls. 318/325, ora recorrida.

O recurso não comporta provimento.

Maria Helena Machado Bechelli e Luiz Marino Bechelli casaram-se em 30.01.1982 sob o regime da separação obrigatória de bens.

Os bens imóveis matriculados sob nºs 104.768 (fls. 30/31) e 67.590 (fls 10/29) no 2º Oficial de Registro de Imóveis da Comarca de Ribeirão Preto foram adquiridos a título oneroso e na constância do casamento de Maria Helena e Luiz Marino, em 02.06.1988 e 04.09.1996, respectivamente, na vigência do Código Civil de 1916, portanto.

Conforme a Súmula nº 377, do Supremo Tribunal Federal, os bens adquiridos a título oneroso na constância do casamento celebrado pelo regime da separação legal de bens são presumidos como de propriedade comum dos cônjuges, pois também é presumida a existência de esforço comum para a aquisição.

O registro do título aquisitivo faz presumir a propriedade (art. 1.425 e seguintes, do Código Civil) e produz todos os efeitos legais enquanto não for cancelado, ainda que por outro modo se prove que o título foi desfeito, anulado, extinto ou rescindido (art. 252 da Lei nº 6.015/73).

Portanto, as matrículas mencionadas indicam que Maria Helena adquiriu os imóveis telados quando era casada pelo regime da separação obrigatória de bens com Luiz Marino, fato ocorrido na vigência do Código Civil de 1916.

Não há qualquer menção ou indicação expressa nos títulos aquisitivos dos bens matriculados sob os nºs 67.590 e 104.768, de que ambos tenham sido adquiridos com exclusividade por Maria Helena.

E o afastamento da presunção de esforço comum não pode se dar pela declaração unilateral contida no testamento público como pretendido pelos apelantes.

Não se desconhece a releitura conferida pelo C. Superior Tribunal de Justiça, no sentido de que não se presume o esforço comum. Contudo, in casu, considerando as datas do casamento e da aquisição dos bens imóveis, ocorridas na vigência do Código Civil de 1916, há de prevalecer o entendimento da Súmula nº 377, do Supremo Tribunal Federal, presumindo-se o esforço comum.

A negativa do registro encontra respaldo na jurisprudência deste Egrégio Conselho Superior da Magistratura, como a seguir:

Registro de Imóveis – Proprietária casada no regime da separação obrigatória de bens – Bem adquirido na constância da união – Cônjuges falecidos – Escritura de inventário da falecida esposa por meio da qual a totalidade do imóvel é partilhada – Impossibilidade de registro – Aplicabilidade da Súmula 377 do STF – Comunhão que se presume – Necessidade de prévia inscrição do formal de partilha extraído do inventário do falecido marido, no qual sua parte no imóvel será dividida – Alegação de prescrição da ação de sonegados - Matéria estranha ao procedimento de dúvida – Apelação desprovida (CSMSP – Apelação Cível: 1027173-17.2016.8.26.0100, Des. Rel. Manoel de Queiroz Pereira Calças).

Assim, em observância ao princípio da continuidade, correta a exigência formulada pela Registradora de apresentação do título revisto ou documento hábil à comprovação de que os imóveis mencionados tenham sido adquiridos com exclusividade por Maria Helena (artigos 195 e 237 da Lei nº 6.015/73).

Frise-se, por fim, que a suposta ausência de prejuízo a terceiros é irrelevante. A desqualificação decorre de uma análise formal do título, de modo que a existência ou não de prejudicados é matéria estranha à análise feita pelo Oficial ou pela Corregedoria, Geral ou Permanente.

Ante o exposto, pelo meu voto, nego provimento ao apelo, mantida a recusa do registro.

Fernando Antonio Torres Garcia
Corregedor-Geral da Justiça
Relator
Assinatura Eletrônica

3.35 ÓBITO – AVERBAÇÃO. REGIME DA SEPARAÇÃO OBRIGATÓRIA DE BENS. PARTILHA. SÚMULA 377 – ESFORÇO COMUM – AQUESTOS. QUALIFICAÇÃO REGISTRAL – EXIGÊNCIAS. ROGAÇÃO – INSTÂNCIA

CGJSP – Recurso Administrativo: 1041586-80.2022.8.26.0114
Localidade: Campinas Data de Julgamento: 13.12.2023
Data DJ: 15.12.2023
Unidade: 2
Relator: Fernando Antônio Torres Garcia
Jurisprudência: Indefinido
Lei: LRP – Lei de Registros Públicos – 6.015/1973 Art: 13
Lei: LRP – Lei de Registros Públicos – 6.015/1973 Art: 167 inc: II Item: 5
Lei: LRP – Lei de Registros Públicos – 6.015/1973 ART: 167 inc: II Item: 14
Especialidades: Registro de Imóveis

Registro de imóveis – Pedido de providências – Recurso administrativo – Requerimento de averbação de óbito – Desnecessidade de prova de partilha – Existência, entretanto, de demonstração de que os bens em questão não são aquestos – Observância, ademais, do limite da rogação registral – Parecer pelo provimento do recurso, para permitir os averbamentos requeridos.

Íntegra

Processo nº 1041586-80.2022.8.26.0114 – Campinas – Mizue Morita – ADV: Francisco Luiz Maccire Junior, OAB/SP 135.094 – (563/2023-E) – DJE de 15.12.2023, p. 11.

REGISTRO DE IMÓVEIS – PEDIDO DE PROVIDÊNCIAS – RECURSO ADMINISTRATIVO – REQUERIMENTO DE AVERBAÇÃO DE ÓBITO – DESNECESSIDADE DE PROVA DE PARTILHA – EXISTÊNCIA, ENTRETANTO, DE DEMONSTRAÇÃO DE QUE OS BENS EM QUESTÃO NÃO SÃO AQUESTOS – OBSERVÂNCIA, ADEMAIS, DO LIMITE DA ROGAÇÃO REGISTRAL – PARECER PELO PROVIMENTO DO RECURSO, PARA PERMITIR OS AVERBAMENTOS REQUERIDOS.

Excelentíssimo Senhor Corregedor-Geral da Justiça,

O 2º Oficial de Registro de Imóveis da Comarca de Campinas, a requerimento de Mizue Morita (fls. 35), suscitou pedido de providências (fls. 01/07) em que reporta o seguinte: foi-lhe solicitada a averbação do óbito de Ary Gonsales (fls. 08) nas matrículas n. 102.186 e n. 102.252, de seu cartório (fls. 19/22 e 23/26); no entanto, a requerente Mizue Morita e o mencionado falecido eram casados (fls. 57) na separação obrigatória de bens (separação legal), e os imóveis foram comprados na constância do casamento; desse modo, por força da Súmula n. 377, do Supremo Tribunal Federal, era necessário fazer a partilha desses bens, ou apresentar requerimento de averbação, com a declaração de que a partilha seria feita posteriormente; a demonstração da existência ou não de esforço comum teria de ser feita ou mediante a partilha, ou em inventário negativo, ou ainda por escritura pública que houvesse retificado o instrumento notarial das aquisições, de maneira que – ao contrário do que pretendeu a requerente – nada disso poderia ser suprido por mero instrumento particular de rerratificação de promessa de compra e venda, firmado antes da própria escritura pública das aquisições, a qual, de resto, não foi trazida pela requerente para provar erro na transposição do título; assim, tudo somado, e considerando que a retificação de escritura pública de compra e venda, depois do registro stricto sensu, só pode ser retificada mediante nova escritura pública, com a participação de todos os figurantes originais, ou mediante decisão judicial, não foi possível atender ao pedido de averbamento deduzido pela interessada, a qual, entretanto, por não se conformar a isso, solicitou o início deste pedido de providências.

Por r. sentença (fls. 183/186), a MM.ª Juíza de Direito da 1ª Vara Cível de Campinas, Corregedora Permanente, decidiu que o óbice levantado era justo, e que o pedido de providências era procedente. Segundo o decisum, para o averbamento visado pela interessada era necessário proceder à retificação do título aquisitivo (a compra e venda, mediante escritura pública), uma vez que não ocorreu nenhum erro extrínseco imputável ao cartório de registro de imóveis; todavia, considerado o falecimento do adquirente Ary Gonsales, essa retificação é impossível, e desse modo a averbação do óbito depende de partilha, uma vez que os bens em questão foram adquiridos na constância do casamento, em regime da separação legal, o que faz valer a presunção decorrente da Súmula n. 377 do Supremo Tribunal Federal.

Da r. sentença recorreu a interessada Mizue Morita (fls. 193/205), pedindo a reforma do julgado e sustentando que é a única compradora e dona de ambos os imóveis; o seu marido Ary faleceu em 2019, e a relativa partilha realizou-se sem a inclusão desses bens, que não lhe pertenciam, já que ambos tinham sido casados no regime da separação obrigatória (separação legal); ademais, segundo o vigente entendimento do Superior Tribunal de Justiça (REsp n. 1.623.858-MG, j. 23.5.2018), a comunicação decorrente da Súmula n. 377 depende de prova de esforço comum, o que não existe no caso; assim, falta amparo legal à exigência da nota devolutiva, e a r. sentença, como requerido, tem de ser reformada.

A douta Procuradoria de Justiça opinou pelo não provimento do recurso (fls. 224/225).

É o relatório. Opina-se.

De meritis, o recurso administrativo tem de ser provido, em que pese aos termos da bem lançada r. sentença: com efeito, haja ou não incidência da Súmula n. 377 do Supremo Tribunal Federal, está demonstrado que os bens em questão não são aquestos, pois, como se conclui pelo inventário e partilha dos bens do falecido marido da recorrente, ficou expressamente declarado, assim pela viúva (ora interessada) como pelos herdeiros (cf. fls. 102, 103 e 104, especificamente), que os imóveis em questão não tinham sido adquiridos pelo finado.

Ademais, ainda que assim não fosse, fato é que a atuação do Oficial de Registro de Imóveis tinha de pautar-se pela rogação como foi feita, uma vez que não lhe tocava agir de ofício, extrapolando o que fora solicitado (Lei n. 6.015, de 31 de dezembro de 1973, art. 13). Como já teve a oportunidade de decidir esta Corregedoria-Geral da Justiça nos autos do Recurso Administrativo n. 1114357-06.2019.8.26.0100, julgado em 4 de novembro de 2021 pelo então Corregedor-Geral da Justiça Des. Ricardo Mair Anafe (referência do parecer):

Esse requerimento delimitou o ato pretendido pelo recorrente uma vez que, ressalvadas as hipóteses em que houver previsão legal ou normativa, não compete ao registrador agir de ofício, dependendo a sua atuação da rogação pelo interessado como previsto no art. 13 da Lei nº 6.015/1973:
'Art. 13. Salvo as anotações e as averbações obrigatórias, os atos do registro serão praticados:
I – por ordem judicial;
II – a requerimento verbal ou escrito dos interessados;
III – a requerimento do Ministério Público, quando a lei autorizar.
§ 1º O reconhecimento de firma nas comunicações ao registro civil pode ser exigido pelo respectivo oficial'.
Ainda nesse sentido: 'A ação do registrador deve ser solicitada pela parte ou pela autoridade. É o que no Direito alemão se costuma chamar de princípio da instância, expressão adequada também no Direito brasileiro, por traduzir bem a necessidade de postulação do registro. Sem solicitação ou instância da parte ou da autoridade o registro não pratica os atos do seu ofício' (Afrânio de Carvalho, Registro de Imóveis, 4. ed. Rio de Janeiro: Forense, 1998, p. 269).

Por sua vez, a averbação do divórcio é prevista no art. 167, inciso II, nºs 5 e 14 e não depende da concomitante apresentação, ou averbação, da carta de sentença extraída de ação judicial ou da escritura pública de separação, divórcio ou dissolução de união estável, para comprovar se foi, ou não, realizada a partilha de bens.

Em razão disso, para a averbação solicitada pelo recorrente bastava a apresentação da certidão de casamento com a anotação do divórcio".

Portanto, apresentada a certidão de óbito, e limitando-se à rogação ao averbamento (fls. 08/09), não havia outro óbice que opor ao pedido da interessada, cujo recurso deve ser provido para que nas matrículas n. 102.186 e n. 102.252 se faça como pedido (= averbar o óbito de Ary Gonsales).

Do exposto, o parecer que respeitosamente se apresenta ao atilado critério de Vossa Excelência é pelo provimento do recurso administrativo.

Sub censura.

São Paulo, 12 de dezembro de 2023.

Josué Modesto Passos
Juiz Assessor da Corregedoria-Geral da Justiça
Assinatura Eletrônica

DECISÃO

Vistos.

Aprovo o parecer do MM. Juiz Assessor desta Corregedoria-Geral da Justiça e, por seus fundamentos, ora adotados, dou provimento ao recurso, para permitir as averbações, como rogadas.

São Paulo, 13 de dezembro de 2023.

Fernando Antonio Torres Garcia
Corregedor-Geral da Justiça

3.36 PROVIMENTO CG 18/2020. INVENTÁRIO EXTRAJUDICIAL. CERTIDÕES – PRAZO DE VALIDADE

> CGJSP – Processo: 27.424/2020
> Localidade: São Paulo Data de Julgamento: 20.07.2020
> Data DJ: 20.07.2020
> Relator: Ricardo Mair Anafe
> Jurisprudência: Indefinido
> Lei: LO – Novo CPC – 13.105/15 Art: 610
> Especialidades: Registro Civil de Pessoas Naturais
>
> Provimento CGJ nº 18/2020
>
> Dispõe sobre o prazo de validade das certidões de óbito, nascimento e casamento apresentadas para as escrituras públicas de inventário e partilha de bens. (ODS 16).
>
> Íntegra

DICOGE 5.1

Processo nº 2020/27424 – São Paulo – Corregedoria-geral da Justiça do Estado de São Paulo.

Decisão: Aprovo o parecer do MM. Juiz Assessor da Corregedoria, por seus fundamentos que adoto. Edito, em consequência, o anexo Provimento nº 18/2020. Dê-se ciência do parecer, e desta decisão, ao autor da consulta. São Paulo, 15 de julho de 2020.

(a) Ricardo Anafe,
Corregedor-Geral da Justiça.

Provimento CGJ nº 18/2020

Dispõe sobre o prazo de validade das certidões de óbito, nascimento e casamento apresentadas para as escrituras públicas de inventário e partilha de bens. (ODS 16).

Provimento CG nº 18/2020 – Altera o subitem 118.1 e acrescenta o subitem 118.2 no Capítulo XVI do Tomo II das Normas de Serviço da Corregedoria-Geral da Justiça.

O Desembargador Ricardo Mair Anafe, Corregedor-Geral da justiça do estado de São Paulo, no uso de suas atribuições legais,
Considerando que a Lei nº 7.433/1985 e o Decreto nº 93.240/1986, que dispõem sobre os requisitos para a lavratura de escrituras públicas, não fixam prazo de validade para as certidões comprobatórias do estado civil das partes e para a certidão de óbito;

Considerando que esse prazo não é previsto no art. 610 do Código de Processo Civil e na Resolução CNJ nº 65/2007 que dispõem sobre o inventário e a partilha extrajudicial de bens;

Considerando a presunção de veracidade dos fatos e direitos consignados nos registros de nascimento, casamento e óbito;

Considerando o decidido no Processo CG nº 2020/00027424;

Resolve: Art. 1º Alterar a redação do subitem 118.1 do Capítulo XVI do Tomo II das Normas de Serviço da Corregedoria-Geral da Justiça, com a seguinte redação:

118.1. As certidões de nascimento, casamento e óbito, destinadas a comprovar o estado civil das partes e do falecido, assim como a qualidade dos herdeiros, não terão prazo de validade, salvo em relação aos herdeiros maiores que se declararem solteiros, caso em que as certidões de nascimento deverão ser posteriores à data do óbito do autor da herança.

Art. 2º Acrescentar o subitem 118.2 ao item 118 do Capítulo XVI do Tomo II das Normas de Serviço da Corregedoria-Geral da Justiça, com a seguinte redação:

As certidões de casamento dos sucessores deverão comprovar o seu estado civil na data da abertura da sucessão, bem como o estado civil na data da escritura pública de inventário quando for promovida a renúncia, ou cessão da herança no todo ou em parte.

Art. 3º Este Provimento entrará em vigor na data de sua publicação.

São Paulo, 15 de julho de 2020.

Ricardo Mair Anafe
Corregedor-Geral da Justiça
(assinatura digital)

3.37 INVENTÁRIO. HABILITAÇÃO DE CRÉDITO. DESPESAS MÉDICAS COM O INVENTARIADO. DISCORDÂNCIA

INVENTÁRIO. HABILITAÇÃO DE CRÉDITO. DESPESAS MÉDICAS COM O INVENTARIADO. DISCORDÂNCIA. 1. Basta que não se verifique a concordância de um dos herdeiros apenas quanto ao crédito a ser habilitado, para que as partes sejam remetidas às vias ordinárias, mesmo que se tratem de despesas médicas ou até funerárias com o inventariado. 2. A impugnação não necessita de maior fundamentação, pois a discussão deve ter lugar nas vias ordinárias, constituindo questão de alta indagação a ser solvida. Inteligência dos artigos 1.997, § 1º, do CC, e art. 1.018 do CPC. Recurso do Espólio provido em parte e desprovido o dos credores.

Apelação Cível: nº 70 010 714 004
Sétima Câmara Cível – Comarca de Porto Alegre
Apelante/Apelado: Alceu Squeff e outros
Apelante/Apelado: Espólio de Humberto de Araújo Squeff, representado por sua Inventariante, Camila da Silva Squeff
Interessada: Transpex Comissária de Despachos ltda., Representada por Djalma Rodrigues de Oliveira e Anna Marieta de Araújo Squeff

ACÓRDÃO

Vistos, relatados e discutidos os autos.

Acordam os Magistrados integrantes da Sétima Câmara Cível do Tribunal de Justiça do Estado, à unanimidade, dar parcial provimento ao recurso do espólio e negar provimento ao dos credores.

Custas na forma da lei.

Participaram do julgamento, além do signatário, os eminentes Senhores Des. Luiz Felipe Brasil Santos (Presidente) e Dra. Walda Maria Melo Pierro.

Porto Alegre, 18 de maio de 2005.

Des. Sérgio Fernando de Vasconcellos Chaves,
Relator.

RELATÓRIO

Des. Sérgio Fernando de Vasconcellos Chaves (Relator)

Trata-se da irresignação de Alceu S. e outros, e do Espólio de Humberto A. S. com a sentença de fls. 908/917 que julgou procedente em parte a ação de habilitação de crédito movida pelos primeiros apelantes contra o segundo, para declarar habilitados os créditos dos autores, de: R$ R$ 1.290,00 (ataúde); R$ 10,00 (serviço da funerária); R$ 4.586,22 (despesas do processo de inventário) e R$ 23.700,00 (despesas médicas).

Os primeiros recorrentes insurgem-se contra parte da decisão que julgou improcedente o pedido de ressarcimento das notas promissórias e de despesas hospitalares efetuadas com o falecido. Sustentam que o de cujus possuía 40% do capital social da empresa Transpex e gerenciou-a de forma que a levou a uma situação praticamente de falência, conhecida somente após a sua morte. Afirmam que as notas promissórias foram emitidas para garantir empréstimos concedidos pelos pais aos sócios remanescentes, irmãos do falecido, para adimplir dívidas contraídas na gestão deste. Informam os apelantes que seus créditos representados por notas promissórias foram contabilizados pela empresa e fazem parte do passivo do inventário. Relacionam cheques depositados pela empresa em diversos bancos. Asseguram que as despesas hospitalares no valor de Cr$ 2.527.466,00 foram pagas por Alceu, pai de Humberto, bem como as consultas psiquiátricas de Leila S., então esposa do falecido, que visavam possibilitar auxiliá-lo na recuperação. Pugnam pelo provimento do recurso.

Em suas razões de recurso, o Espólio de Humberto A. S., preliminarmente requer a apreciação e julgamento do agravo retido, interposto em 30 de junho de 2003. No mérito, sustenta que não há comprovação de que as despesas nos valores de R$ 1.290,00 e de R$ 10,00 realizadas com os funerais, tenham sido efetivamente pagas pelos autores, alegando que o de cujus era associado da previr. Insurge-se contra a procedência do pedido do valor de R$ 4.586,22, asseverando que a genitora do falecido, ao ser destituída como inventariante face à habilitação da filha de Humberto, nos autos do inventário, não fez a devida prestação de contas, onde poderia demonstrar as despesas do processo que porventura tenha efetivamente pago com recursos próprios. Afirma que os apelados não comprovaram o pagamento por parte de Alceu do valor de R$ 23.700,00 atribuído às despesas médicas e hospitalares realizadas com Humberto. Alega que o documento que apresenta o número de 307 consultas feitas pelo de cujus em vida, não possui carimbo que identifique o médico e não especifica os valores por consulta pagos à época. Diz que restou claro que as notas promissórias, além de não atenderem o disposto na LUG, não foram subscritas por Humberto, impondo-se a aplicação do art. 1.531 do CCB. Aduz, com relação à sucumbência, ser inadmissível a compensação de honorários, citando o artigo 23 da Lei nº 8.906/94. Requer, preliminarmente, a apreciação do agravo retido e o provimento do apelo para que seja anulada a sentença recorrida.

O espólio de Humberto A. S., em contrarrazões, assevera que a empresa, de 1985 a 1993, foi administrada por Humberto e Anna Marieta. Aduz que Humberto faleceu em 16.08.1994 e a empresa, desde novembro de 1993, estava sendo administrada exclusivamente pelos sócios Anna Marieta e Djalma. Afirma que a emissão das notas promissórias foi posterior ao óbito de Humberto, sendo que os cheques relacionados pelos recorrentes datam de 1995. Diz que não há comprovação de que os autores tenham desembolsado qualquer valor a ensejar o pretendido crédito, assim como o documento de fl. 232 não é hábil para comprovar o número de consultas realizadas pelo falecido. Pugna pelo desprovimento do apelo.

Alceu S. e outros ofereceram contrarrazões, requerendo que não sejam acolhidas as razões de recurso do ESPÓLIO. Sustentam que a compensação dos honorários foi fixada com base no art. 21 do CPC, sendo improcedente a aplicação do art. 1.531 pois este restou revogado pelo NCCB. Dizem que Anna M. S. procedeu a abertura do processo de inventário antes de Camila porque a paternidade da menina era desconhecida. Afirmam que os gastos do de cujus foram além dos serviços contratados com previr. Referem que os avós reconheceram espontaneamente a neta Camila, oferecendo-lhe o apartamento onde reside com sua mãe até agora e enfatizam que o patrimônio de Humberto não foi adquirido pelo resultado de seu trabalho, mas sim como resultado de uma vida de trabalho e dedicação de seus pais. Narram que Humberto levava uma vida desregrada, fazendo uso de excesso de mandato, levando a empresa praticamente à situação de falência, o que foi conhecido somente após sua morte. Por fim, dizem ser inequívoca a origem da dívida que determinou o empréstimo comprovado através de notas promissórias.

Com vista dos autos, a douta Procuradoria de Justiça declina da intervenção por tratar-se de matéria cujo interesse é meramente patrimonial, ausentes as demais hipóteses do art. 82, do CPC.

Considerando que a Câmara adotou o procedimento informatizado, friso que foi observado o disposto no art. 551, § 2º, do CPC.

É o relatório.

VOTOS

DES. Sérgio Fernando de Vasconcellos Chaves (Relator)

Estou acolhendo em parte o recurso de apelação interposto pelo Espólio.

Inicialmente, constato o equívoco na decisão do julgador de primeiro grau, que tratou o pedido de habilitação de crédito como se fosse ação de cobrança, quando deveria ter determinado apenas que as partes fossem discutir a questão nas vias ordinárias e reservando apenas bens do espólio nos autos do inventário.

Dispõe o diploma legal que, se os demais herdeiros não concordarem com a habilitação de crédito, não poderá ela ser acolhida pelo julgador nos autos do inventário, pois não se discutem questões de alta indagação naqueles autos, como se vê do art. 1.997, §1º, do Código Civil, que tem clareza solar, in verbis:

> Quando, antes da partilha, for requerido no inventário o pagamento de dívidas constantes de documentos, revestidos de formalidades legais, constituindo prova bastante da obrigação, e houver impugnação, que se não funde na alegação de pagamento, acompanhada de prova valiosa, o juiz mandará reservar, em poder do inventariante, bens suficientes para solução do débito, sobre os quais venha a recair oportunamente a execução.

Como o art. 1.997, § 1º, do Código Civil reproduz o que estabelecia o art. 1.796, § 1º, do Código revogado, mostra-se pertinente a preciosa lição de Orlando Gomes[1] quando advertia que "os credores do espólio devem promover a cobrança no próprio processo de inventário, instruindo o requerimento com os respectivos títulos comprobatórios. Não havendo impugnação, determinará o juiz o pagamento da dívida, a ser efetuado antes da partilha. Se o crédito for impugnado, mandará reservar bens bastantes à sua satisfação, salvo se a impugnação fundar-se em pagamento devidamente comprovado. Tomada a providência, o credor é obrigado a iniciar a ação de cobrança no prazo de trinta dias, sob pena de caducidade da reserva determinada. A impugnação de qualquer interessado é suficiente para não se atender o credor no inventário".

Nesse mesmo sentido, também é de hialina clareza o art. 1.018 do Código de Processo Civil quando estabelece que:

> Não havendo concordância de todas as partes sobre o pedido de pagamento feito pelo credor, será ele remetido para os meios ordinários.

Ora, a impugnação do crédito que está sendo habilitado atacou a existência do crédito e também os documentos juntados, opondo-se claramente ao pagamento do pretendido, motivo pelo qual a questão deve ser discutida nos autos de ação ordinária de cobrança, e lá é que deverá ser questionada a existência do crédito e a procedência ou não da oposição.

Embora o Código Civil estabeleça a responsabilidade da herança pelas dívidas do falecido, e pelas da sucessão que tenham sido contraídas antes da partilha, não cabe no presente momento processual a discussão sobre o assunto. Se há discordância sobre os créditos pretendidos, não cabe ao julgador analisar tal questão nos autos do pedido de habilitação de crédito, que é mero incidente no processo do inventário.

---

1. GOMES, Orlando. *Sucessões*. 6. ed. Rio de Janeiro: Forense, 1996, p. 299-300.

Nesse sentido, é de lembrar a lição de Pontes De Miranda[2] para quem "o simples 'não concordo' de qualquer das partes torna impossível ao credor receber seu crédito no inventário, ainda mesmo que conste de documento prova bastante da obrigação".

Não é outra, aliás, a lição de Humberto Theodoro Júnior[3] quando adverte que todos os herdeiros e legatários devem ser ouvidos acerca do pedido de habilitação de crédito e que "é indispensável o acordo unânime, porque a habilitação, *in casu*, é não contenciosa. Por isso, não havendo concordância de todas as partes sobre o pagamento, será o credor remetido para os meios ordinários (art. 1.018, CPC), ou seja, ele terá de propor a ação contenciosa contra o espólio, que for compatível com o título do seu crédito (execução ou ordinária de cobrança, conforme o caso)".

Com isso, estou afastando qualquer exame de mérito a respeito da existência ou não de créditos e se as importâncias são ou não devidas, remetendo as partes às vias ordinárias. E, por essa razão, tenho como prejudicado o exame do agravo retido.

Isto posto, dou parcial provimento ao recurso do Espólio para julgar improcedente o pedido de habilitação de crédito, remetendo tal discussão às vias ordinárias, frisando que descabe imposição de ônus de sucumbência por se tratar de mero incidente processual.

Dra. Walda Maria Melo Pierro (Revisora) – De acordo.
Des. Luiz Felipe Brasil Santos (Presidente) – De acordo.

Des. Luiz Felipe Brasil Santos – Presidente – Apelação Cível nº 70010714004, Comarca de Porto Alegre:

"Proveram, em parte, o recurso do espólio e negaram provimento ao dos credores. Unânime."

Julgador(a) de 1º Grau: Rute dos Santos Rossato

3.38 ESCRITURA PÚBLICA DE INVENTÁRIO E PARTILHA. RESERVA DE BENS. PENHORA – FAZENDA NACIONAL. INDISPONIBILIDADE – CANCELAMENTO – MANDADO JUDICIAL

CSMSP – Apelação Cível: 1013716-93.2018.8.26.0019
Localidade: Americana Data de Julgamento: 02.12.2019
Data DJ: 11.03.2020
Relator: Geraldo Francisco Pinheiro Franco
Jurisprudência: Indefinido

---

2. "Comentários ao CPC", t. VIII, p. 111, RT.
3. *Curso de Direito Processual Civil*, v. III, p. 1764, Forense.

Lei: LO – Novo CPC – 13.105/15 ART: 643 par: único
Lei: CC2002 – Código Civil de 2002 – 10.406/2002 Art: 1.784
Especialidades: Registro de Imóveis

REGISTRO DE IMÓVEIS – Dúvida julgada procedente – Escritura pública de inventário e partilha em que não foram reservados bens para o pagamento de dívidas do espólio – Penhoras em ação de execução movida pela Fazenda Nacional – Transmissão não voluntária de bens – Direito de sequela em favor da credora – Mandado de cancelamento das penhoras, expedido pelo Juízo da execução, já prenotados no Registro de Imóveis – Recurso provido.

Íntegra

PODER JUDICIÁRIO – TRIBUNAL DE JUSTIÇA DO ESTADO DE SÃO PAULO – CONSELHO SUPERIOR DA MAGISTRATURA

ACÓRDÃO

Vistos, relatados e discutidos estes autos de Apelação Cível nº 1013716-93.2018.8.26.0019, da Comarca de Americana, em que é apelante Olga de Carvalho Nardini e outra, é apelado Oficial de Registro de Imóveis e Anexos da Comarca de Americana.

Acordam, em Conselho Superior de Magistratura do Tribunal de Justiça de São Paulo, proferir a seguinte decisão: "Deram provimento ao recurso para julgar a dúvida improcedente, v.u.", de conformidade com o voto do Relator, que integra este acórdão.

O julgamento teve a participação dos Exmos. Desembargadores Pereira Calças (Presidente Tribunal de Justiça) (Presidente), Artur Marques (vice-presidente), Xavier De Aquino (decano), Evaristo dos Santos (Pres. da Seção de Direito Público), Campos Mello (Pres. da Seção de Direito Privado) e Fernando Torres Garcia (Pres. Seção de Direito Criminal).

São Paulo, 2 de dezembro de 2019.

Pinheiro Franco
Corregedor-geral da justiça e relator

Apelação Cível nº 1013716-93.2018.8.26.0019
Apelante: Olga de Carvalho Nardini e outra
Apelado: Oficial de Registro de Imóveis e Anexos da Comarca de Americana

VOTO Nº 37.974

REGISTRO DE IMÓVEIS – Dúvida julgada procedente – Escritura pública de inventário e partilha em que não foram reservados bens para o pagamento de dívidas do espólio – Penhoras em ação de execução movida pela Fazenda Nacional – Transmissão não voluntária de bens – Direito de sequela em favor da credora – Mandado de cancelamento das penhoras, expedido pelo Juízo da execução, já prenotados no Registro de Imóveis – Recurso provido.

Trata-se de apelação interposta contra r. sentença que julgou procedente a dúvida suscitada pelo Sr. Oficial de Registro de Imóveis, Títulos e Documentos e Civil de Pessoa Jurídica da Comarca de Americana e manteve a negativa de registro, nas matrículas nºs 4.369, 13.568, 45.669 e 82.161, de escritura pública de inventário e partilha em que não foram reservados bens para a satisfação de obrigação que se presume existir em razão de penhoras realizadas em execução movida pela Fazenda Nacional. As apelantes arguiram, em preliminar, a nulidade da r. sentença porque não apreciou os pedidos de registro da partilha em relação aos dois imóveis não penhorados e não apreciou a alegação de que o registro da partilha não altera as penhoras averbadas.

Alegaram, no mais, que na escritura pública constou a inexistência de dívidas porque o espólio não reconhece os débitos abrangidos pela ação de execução. Requereram a reforma da r. sentença para que seja promovido o registro da escritura pública de inventário e partilha de bens (fls. 194/197). A douta Procuradoria Geral de Justiça opinou pelo provimento do recurso (fls. 209/211). As apelantes, a seguir, alegaram a existência de fato novo consistente na determinação de cancelamento da penhora, promovida pelo Juízo da ação de execução, conforme mandado que foi protocolado para averbação nas matrículas atingidas (fls. 215/216).

É o relatório.

O registro da escritura de inventário e partilha dos bens deixados pelo falecimento de Sidney Maurício Nardini foi negado porque não foram reservados bens para pagamento da credora cuja existência foi presumida em razão de penhoras que recaíram sobre dois dos imóveis partilhados, realizadas em execução movida pela Fazenda Nacional. Desse modo, não há nulidade na r. sentença por ausência de fundamentação, ou pela não apreciação do pedido alternativo porque a recusa não decorreu da incidência de penhoras sobre imóveis, mas da omissão no que se refere à reserva de bens para pagamento da credora. Contudo, as penhoras incidentes sobre os imóveis que são objeto das matrículas nºs 13.568 e 45.669 não impedem o registro da escritura pública de inventário e partilha decorrente de sucessão "causa mortis". Assim, porque a reserva de bens em procedimento de inventário, para garantir o pagamento de credor, depende do reconhecimento da existência da dívida pelo espólio, ou de pedido de habilitação de crédito instruído com documentos suficientes para comprovar a obrigação e a inexistência de sua anterior quitação, como previsto no art. 643 do Código de Processo Civil:

> Art. 643. Não havendo concordância de todas as partes sobre o pedido de pagamento feito pelo credor, será o pedido remetido às vias ordinárias.

> Parágrafo único. O juiz mandará, porém, reservar, em poder do inventariante, bens suficientes para pagar o credor quando a dívida constar de documento que comprove suficientemente a obrigação e a impugnação não se fundar em quitação.

Neste caso concreto, as apelantes negaram a existência de dívidas do espólio e, mais, informaram que o Juízo da ação de execução determinou o cancelamento das penhoras que incidiram sobre dois dos imóveis partilhados. Diante disso, as averbações das penhoras não implicavam em obrigatória reserva de bens na escritura pública de inventário e partilha. Ademais, as averbações das penhoras constituíram direito de sequela que permite à credora perseguir os imóveis em poder de quem se encontrarem, isto é, da viúva e dos sucessores que os receberam na partilha, pois como esclarece Arruda Alvim:

> ...direito de sequela, o que consiste em direito real aderir à coisa, que resta afetada ao titular do direito real, perseguindo-a onde quer que ela se encontre, sem a possibilidade útil de que se lhe oponham quaisquer situações, inclusive se lastreada em direitos obrigacionais. O direito de sequela é nota privativa dos direitos reais, não o tendo os direitos pessoais ou obrigacionais (Direitos reais de garantia imobiliária, in *Direito privado*: contratos. direitos reais, pessoas jurídicas de direito privado, responsabilidade. São Paulo: Ed. RT, 2002. v. 1, p. 186).

Destarte, é de se presumir que a suposta obrigação está garantida pelas penhoras que não se extinguem em razão da transmissão à viúva e aos filhos do executado. Outrossim, a herança se transmite aos herdeiros com a abertura da sucessão, como previsto no art. 1.784 do Código Civil, tendo a inscrição da partilha natureza declaratória da divisão dos bens entre o cônjuge sobrevivente e os herdeiros, pois como afirma Afrânio de Carvalho: A inscrição é o modo de aquisição de direitos reais nos negócios entre vivos que são os mais numerosos, mas a aquisição não se dá apenas nesses negócios, por acordo de vontades. Quando se dá fora deles, por força de lei, como na herança, também se exige a inscrição dela, a fim de manter sem ruptura a cadeia de titulares. Conforme a inscrição se destine a "operar" a aquisição do direito real ou apenas "revelar" a existência desse direito ou a de ameaça a ele, divide-se: a) constitutiva, por constituir, por si só, o direito ou a sua oneração, isto é, por fazer surgir o direito ou a sua oneração; b) declarativa, por declarar a sua anterior constituição ou a ameaça que pesa sobre a sua existência, isto é, por consignar o fato ou ato jurídico precedente, consumado e perfeito (Registro de imóveis, 4. ed., Rio de Janeiro: Forense, 1998, p. 143).

Por esse motivo, a indisponibilidade que decorreu das penhoras promovidas pela Fazenda Nacional ficou sub-rogada em relação à viúva e aos herdeiros que receberam os imóveis. E essa restrição somente prevalecerá até que as averbações das penhoras sejam canceladas, para o que já foi expedido mandado pelo Juízo da execução, com seu protocolo no Registro de Imóveis (fls. 128/133 e 215/216).

Ante o exposto, pelo meu voto dou provimento ao recurso para julgar a dúvida improcedente.

Pinheiro Franco
Corregedor-geral da Justiça e Relator

3.39 INVENTÁRIO E PARTILHA EXTRAJUDICIAL. RESERVA DE BENS

CSMSP – Apelação Cível: 1002083-97.2022.8.26.0584
Localidade: São Pedro
Data de Julgamento: 26.02.2024
Data DJ: 04.03.2024
Relator: Francisco Eduardo Loureiro
Jurisprudência: Indefinido

Dúvida – Registro de imóveis – Partilha extrajudicial – Existência de credores do espólio não impede a realização do inventário e partilha por escritura pública, nos termos do item 125, cap. XVI, das NSCGJ – Impossibilidade de se exigir reserva de bens para registro do título – Partilha já ultimada – Herdeiros respondem pelas dívidas da falecida na proporção dos seus quinhões – Inteligência do artigo 1.997 do Código Civil e artigos 642 e 796 do Código de Processo Civil – Recurso provido.

Íntegra

ACÓRDÃO

Vistos, relatados e discutidos estes autos de Apelação Cível nº 1002083-97.2022.8.26.0584, da Comarca de São Pedro, em que é apelante Sílvia Helena Ribeiro Felício Boiago, é apelado Oficial de Registro de Imóveis e Anexos da Comarca de São Pedro.

Acordam, em Conselho Superior da Magistratura do Tribunal de Justiça de São Paulo, proferir a seguinte decisão: "Deram provimento, v.u.", de conformidade com o voto do Relator, que integra este acórdão.

O julgamento teve a participação dos Exmos. Desembargadores Fernando Torres Garcia (Presidente Tribunal de Justiça) (Presidente), Beretta da Silveira (vice-presidente), Xavier de Aquino (decano), Torres de Carvalho (Pres. Seção de Direito Público), Heraldo de Oliveira (Pres. Seção de Direito Privado) e Camargo Aranha Filho (Pres. Seção de Direito Criminal).

São Paulo, 26 de fevereiro de 2024.

Francisco Loureiro
Corregedor-Geral da Justiça
Relator

Apelação Cível nº 1002083-97.2022.8.26.0584

Apelante: Sílvia Helena Ribeiro Felício Boiago
Apelado: Oficial de Registro de Imóveis e Anexos da Comarca de São Pedro

VOTO N° 43.095

DÚVIDA – REGISTRO DE IMÓVEIS – PARTILHA EXTRAJUDICIAL – EXISTÊNCIA DE CREDORES DO ESPÓLIO NÃO IMPEDE A REALIZAÇÃO DO INVENTÁRIO E PARTILHA POR ESCRITURA PÚBLICA, NOS TERMOS DO ITEM 125, CAP. XVI, DAS NSCGJ – IMPOSSIBILIDADE DE SE EXIGIR RESERVA DE BENS PARA REGISTRO DO TÍTULO – PARTILHA JÁ ULTIMADA – HERDEIROS RESPONDEM PELAS DÍVIDAS DA FALECIDA NA PROPORÇÃO DOS SEUS QUINHÕES – INTELIGÊNCIA DO ARTIGO 1.997 DO CÓDIGO CIVIL E ARTIGOS 642 E 796 DO CÓDIGO DE PROCESSO CIVIL – RECURSO PROVIDO.

Trata-se de recurso de apelação interposto por Sílvia Helena Ribeiro Felício Boiago contra a r. sentença de fls. 70/71, que julgou "improcedente" dúvida suscitada em virtude de recusa de registro de escritura de inventário, adjudicação e partilha extrajudicial dos bens deixados por Emirene Felicio (fls. 04/09), a qual envolve o imóvel da matrícula n. 2.694 do Oficial de Registro de Imóveis e Anexos da Comarca de São Pedro/SP (fls. 04/09 e 55/58), mantendo a exigência da nota de devolução de fl. 35 (prenotação n. 129.628).

Fê-lo a r. sentença, basicamente, sob o argumento de que deve ser realizada a reserva de bens para pagamento das dívidas da de cujus, cuja exigibilidade restou incontroversa. A exigência estaria expressa no artigo 663 do Código de Processo Civil, com previsão correlata no artigo 1.997 do Código Civil, a fixar a responsabilidade da herança pelo pagamento das dívidas da falecida, sendo que a natureza extrajudicial da partilha não exclui a incidência dos dispositivos legais referidos, de natureza cogente.

A parte apelante sustenta, em síntese, que as dívidas da falecida referem-se a execuções fiscais de tributos municipais (ISS fls. 25/31), o que faz incidir o item 117.1, do Cap. XX, das Normas de Serviço da Corregedoria-Geral da Justiça; que não se pode exigir a quitação de débitos para com a Fazenda Pública, tampouco a reserva de bens ou a apresentação de certidão negativa para tributos que não guardam relação com o ato registral perseguido, conforme jurisprudência que colaciona.

A parte alega, ainda, que o Supremo Tribunal Federal já se posicionou pela inconstitucionalidade de atos do Poder Público que se traduzam em exercício abusivo e coercitivo de exigência de obrigações tributárias, conforme as súmulas n. 70, 323 e 547 e jurisprudência; que a exigência representa indevida restrição ao acesso do título à tábua registral, imposta de forma oblíqua e ao arrepio do devido processo legal para forçar o contribuinte ao pagamento indireto de tributos, o que caracteriza limitação a interesses privados em desacordo com orientação do Supremo Tribunal Federal.

Aduz, por fim, que os débitos existentes estão sendo discutidos nas respectivas execuções fiscais, ainda pendentes de julgamento, com garantia de contraditório e ampla defesa, bem como que demais providências devem ser tomadas exclusivamente pelo órgão municipal ou federal que detém o crédito e não pelo notário ou registrador (fls. 76/84).

A Procuradoria Geral de Justiça opinou pelo não provimento do recurso (fls. 100/102).

É o relatório.

De início, vale observar que, embora a dúvida tenha sido julgada improcedente, o comando judicial foi pela manutenção do óbice.

Há que se observar, ainda, que o Oficial dispõe de autonomia no exercício de suas atribuições, podendo recusar títulos que entender contrários à ordem jurídica e aos princípios que regem sua atividade (art. 28 da Lei n. 8.935/1994), o que não se traduz como falha funcional.

Esta conclusão se reforça pelo disposto no item 117 do Cap. XX das Normas de Serviço:

> Incumbe ao oficial impedir o registro de título que não satisfaça os requisitos exigidos pela lei, quer sejam consubstanciados em instrumento público ou particular, quer em atos judiciais.

No mérito, porém, o recurso comporta provimento. Vejamos os motivos.

No caso concreto, o Oficial entendeu pela manutenção da recusa de registro de escritura de inventário, adjudicação e partilha extrajudicial dos bens deixados por Emirene Felicio tendo em vista a indicação de dívidas, de modo que necessária reserva de bens para pagamento de tais obrigações.

O posicionamento foi respaldado por precedente deste Colendo Conselho Superior da Magistratura, no âmbito da Apelação Cível n. 1005161-58.2016.8.26.0019 (fl. 35).

Tal entendimento, no entanto, deve ser revisto.

Veja-se, por primeiro, que não se trata de exigência formulada por ordem de controle rigoroso do recolhimento dos impostos devidos por ocasião do registro do título, a que estão submetidos os Registradores, sob pena de responsabilidade pessoal (art. 289 da Lei n. 6.015/73; art. 134, VI, do CTN e art. 30, XI, da Lei 8.935/1994).

In casu, a exigência é formulada pela necessidade da reserva de bens do espólio em razão de débitos da falecida.

O Superior Tribunal de Justiça já teve a oportunidade de se manifestar sobre a natureza da habilitação de crédito em ação de arrolamento de bens, bem como sobre a necessidade de reserva de bens do espólio no julgamento do REsp. n. 703.884/SC, de relatoria da Ministra Nancy Andrighi:

> [...] o juiz pode determinar que sejam reservados bens em poder do inventariante para pagar o credor, desde que a dívida esteja consubstanciada em documento que comprove suficientemente a obrigação e a impugnação não se fundar em quitação.
>
> Há aqui verdadeira natureza cautelar, pois, havendo prova suficiente do crédito, o juiz pode determinar a reserva de bens para garantia do pagamento após a solução do litígio que foi remetida às vias ordinárias. Nessas circunstâncias a habilitação apresenta feição de arresto, que, como é cediço, garante a solvência até que se resolva em penhora (art. 818, CPC). Dessa forma, se ao final da disputa o crédito se revelar inexistente ou extinto, extingue-se a reserva de bens e se realiza a sobrepartilha. Se, por outro lado, o crédito for efetivamente devido, a reserva dos bens persiste até que, nas vias ordinárias, sobrevenha a penhora.
>
> Vê-se, dessa forma, que a habilitação é procedimento incidental de natureza híbrida. Inicialmente, forma-se como procedimento de jurisdição voluntária ou não contenciosa, mas pode assumir feições de verdadeira cautelar incidental. Porque ressalta essa particularidade da habilitação, deve ser lembrado o escólio de Humberto Theodoro Júnior:
>
> "É indispensável o acordo unânime, por que a habilitação, *in casu*, é não contenciosa. Por isso, não havendo concordância de todas as partes sobre o pagamento, será o credor remetido para os meios ordinários (art. 1.018), ou seja, terá ele de propor a ação contenciosa contra o espólio, que for compatível ao título de seu crédito (execução ou ordinária de cobrança, conforme o caso).
>
> Há, porém, uma medida cautelar que o juiz toma, *ex officio*, em defesa do interesse do credor que não obtém sucesso na habilitação: se o crédito estiver suficientemente comprovado por documento e a impugnação não se fundar em quitação, o magistrado mandará reservar, em poder do inventariante, bens suficientes para pagar o credor, enquanto se aguarda a solução da cobrança contenciosa (art. 1.018, parág. único)" (*Curso de Direito Processual Civil*. Procedimentos Especiais. Rio de Janeiro: Forense, p. 2005, v. III. p. 267).
>
> A correta percepção da natureza do instituto processual é importante porque daí extraem-se conclusões relevantes. O credor requerente da habilitação pleiteia o pagamento ou, sucessivamente, caso não haja concordância do espólio, a reserva de bens que garantam o pagamento.
>
> Ora, não sendo um procedimento obrigatório, pois, na falta de habilitação, o credor pode, desde logo, buscar a satisfação de seu crédito por meio de ação de cobrança ou de execução movida contra o espólio ou contra os sucessores, há de se concluir que a principal utilidade prática do instituto reside, em última instância, na possibilidade de reserva de bens.
>
> Por isso, caso não seja possível declarar habilitado o crédito, porque a controvérsia entre as partes não o permite, o juiz deve remeter as partes às vias ordinárias de solução de controvérsia, lançando as razões pelas quais entende não ser cabível a providência cautelar de reserva de bens. Nessa perspectiva, deixar de apreciar qualquer dos pedidos subsidiários é fato que significa negar jurisdição, ou melhor dizendo, escusar-se no *non liquet*.
>
> À princípio, duas podem ser as causas que justificam o indeferimento da reserva de bens: a) a impugnação do espólio se funda em quitação; b) a dívida não está consubstanciada em documento que comprove suficientemente a obrigação. A iliquidez do crédito é irrelevante.
>
> Pontes de Miranda, com acuidade, assevera que "sentença passado em julgado, embora sujeita a liquidação (3ª Câmara Cível do Tribunal de Apelação de São Paulo, 4 de março de 1942, R. dos T., 140, 145), ou declaratória (art. 4º), é título bastante para a reserva. Mesmo, aí, apenas se reserva. Só se exige prova bastante da obrigação; não, o ser dívida líquida" (Pontes de Miranda. *Comentários ao Código de Processo Civil*. Rio de Janeiro: Forense, 2006, t. XIV. p. 141).
>
> Mais que declinar as causas porque não é possível a separação e tampouco a reserva de bens, deve-se ressaltar que a habilitação deve ser ajuizada e julgada antes da partilha integral dos bens. Após, o resultado buscado pelo credor passa a ser inútil, pois aí o credor já não terá nenhuma garantia especial, mas apenas, como a própria lei lhe assegura, as forças da herança tal como transmitidas aos herdeiros".

No caso concreto, porém, não se vislumbra qualquer oposição por parte dos credores ao registro, notadamente porque há notícia de que os débitos ainda estão sendo discutidos judicialmente (fls. 25/31).

A partilha dos bens do espólio, ademais, já foi realizada extrajudicialmente, com indicação da existência de dívidas fiscais pendentes em nome da falecida e sem reserva para pagamento (fls. 04/09).

Note-se que não havia qualquer obstáculo para a partilha por escritura pública (item 125, do Capítulo XVI, das NSCGJ):

> 125. A existência de credores do espólio não impede a realização do inventário e partilha, ou adjudicação, por escritura pública.

Assim, se a partilha é possível mesmo quando existem débitos não quitados do falecido, não se pode impor óbice para o seu registro.

Em verdade, uma vez feita a partilha, ainda que extrajudicialmente, não há mais como se falar em espólio.

E deixando de existir a universalidade de bens (espólio) justamente porque operada a divisão patrimonial do acervo hereditário entre os herdeiros (partilha), não há como se exigir reserva de bens.

Serão os herdeiros, na proporção dos quinhões recebidos, que deverão ser acionados para responder pelas dívidas deixadas pela falecida.

Neste sentido, os artigos 1.997 do Código Civil e 642 e 796 do Código de Processo Civil:

> Art. 1.997. A herança responde pelo pagamento das dívidas do falecido; mas, feita a partilha, só respondem os herdeiros, cada qual em proporção da parte que na herança lhe coube.

> Art. 642. Antes da partilha, poderão os credores do espólio requerer ao juízo do inventário o pagamento das dívidas vencidas e exigíveis. (...)

> Art. 796. O espólio responde pelas dívidas do falecido, mas, feita a partilha, cada herdeiro responde por elas dentro das forças da herança e na proporção da parte que lhe coube.

E, ainda, a jurisprudência

> PROCESSUAL CIVIL – TRIBUTOS FISCAIS DEVIDOS – PRECEDENTE HOMOLOGAÇÃO DE PARTILHA DOS BENS INVENTARIADOS – TRÂNSITO EM JULGADO DE RECURSO FORMULADO CONTRA A PARTILHA – ARTIGO 1796, CÓDIGO CIVIL – ARTIGO 1026, CPC. 1. ACERTADA E HOMOLOGADA JUDICIALMENTE A PARTILHA DOS BENS INVENTARIADOS, SEM A PRECEDENTE QUITAÇÃO DAS DIVIDAS FISCAIS DO ESPOLIO (ART. 1026, CPC), COM AS LOAS DA INSTRUMENTALIDADE DO PROCESSO, A SOLUÇÃO APROPRIADA E FAVORECER A EXECUÇÃO, NÃO MAIS CONTRA O ESPOLIO E SIM RESPONSABILIZANDO OS SUCESSORES CONTEMPLADOS NA DIVISÃO DOS BENS (ART. 1796, CÓDIGO CIVIL). PRECEDENTES. 2. PORÉM, NO CASO, ESSA SOLUÇÃO NÃO PODE SER ADOTADA POR TER SE CONSTITUÍDO, COM PROVIMENTO JUDICIAL ANTECEDENTE, A COISA JULGADA, A RESPEITO DA APLICAÇÃO DO ART. 1026, CPC. 3. RECURSO PROVIDO (REsp n. 27.831/RJ, relator Ministro Milton Luiz Pereira, Primeira Turma, julgado em 31.08.1994, DJ de 19.09.1994).

A exigência formulada na nota de devolução de fl. 35 não pode, portanto, subsistir.

Ante o exposto, pelo meu voto, dou provimento à apelação para julgar improcedente a dúvida.

Francisco Loureiro
Corregedor-Geral da Justiça
Relator
Assinatura Eletrônica

3.40 FORMAL DE PARTILHA. INDISPONIBILIDADE. PENHORA – INSS. SUCESSÃO *CAUSA MORTIS*

1VRPSP – Processo: 583.00.2007.158823-8
Localidade: São Paulo (2º SRI)
Data de Julgamento: 04.09.2007
Relator: Marcelo Martins Berthe
Jurisprudência: Indefinido

EMENTA NÃO OFICIAL: 1. Ainda que a lei determine a indisponibilidade do imóvel penhorado em favor do INSS, é imperioso reconhecer que ela não se aplica à sucessão "causa mortis", sendo possível o registro do Formal de Partilha apresentado. 2. Seria inviável que o "de cujus" permanecesse na titularidade do imóvel, fato este que poderia acarretar dificuldades à própria execução que viesse a ser intentada pelo INSS. 3. Assim, o bem continuará indisponível, porém, registrado em nome dos sucessores da herança, sem que a transmissão da propriedade, ocorrida em virtude da sucessão viole a ordem de indisponibilidade. Dúvida improcedente.

Íntegra

Processo nº 583.00.2007.158823-8

Vistos etc.

Cuida-se de dúvida suscitada pelo 2º Oficial de Registro de Imóveis de São Paulo, por requerimento de Marie Saadia Diwan, que pretende o registro do Formal de Partilha dos bens deixados por Alberto Jacó Diwan, expedido pela 9ª Vara da Família e das Sucessões do Foro Central de São Paulo, no registro do imóvel da matrícula nº 19.229/2º RI, da qual recai registro de penhora em favor do INSS.

O Ministério Público manifestou-se no sentido de procedência da dúvida.

Não houve impugnação.

É o relatório.

DECIDO.

Não se vê, na hipótese veiculada nos autos, ofensa a indisponibilidade imposta pelo Juízo da Execução Fiscal em favor do INSS.

Senão vejamos.

Aduz o Ministério Público que o título não pode ser recepcionado pelo Registrador de Imóveis já que a penhora efetuada pelo INSS no registro do imóvel em questão o torna indisponível, por força de lei, impossibilitando, com isso, o acesso de qualquer título ao fólio real.

Não parece que esse tenha sido o espírito do legislador quando promulgou esta lei, que tem um condão protecionista do patrimônio da União.

Necessário se faz o estudo da sucessão no Direito brasileiro e o momento da transferência do patrimônio.

A sucessão se dá pela morte do autor da herança, transmitindo aos herdeiros a totalidade do patrimônio do de cujos. O herdeiro ou sucessor é aquele que recebe os bens, e é aquele a quem a lei assegura uma quota certa do acervo hereditário, são no Direito brasileiro os descendentes, os ascendentes, o cônjuge e os colaterais na forma do artigo 1.829 do Código Civil.

A herança, por sua vez, é o conjunto patrimonial transmitido causa mortis, é a universalidade de coisas de propriedade do autor da herança, sendo que é indivisível até a determinação do quinhão de cada herdeiro, a partir do inventário e a partilha.

Segundo Silvio Rodrigues "A sucessão causa mortis se abre com a morte do autor da herança. No momento exato do falecimento, a herança se transmite aos herdeiros legítimos e testamentários do de cujus, quer estes tenham ou não ciência daquela circunstância. Isso porque, a personalidade civil, ou seja, a capacidade da pessoa humana para ser titular de direitos e obrigações na órbita do direito, extingue-se com a sua morte".

O conceito francês que concerne ao droit de saisine torna claro este ponto de vista, já que, traz precisamente este imediatismo da transmissão dos bens, cuja a propriedade da posse passam diretamente da pessoa do morto ao seus herdeiros: O Código Civil contempla essa regra no artigo 1.784 "Aberta a sucessão, a herança transmite-se, desde logo, aos herdeiros legítimos e testamentários".

Vale ressaltar, ainda a brilhante conclusão de Caio Mario da Silva Pereira, "A abertura da sucessão dá-se com a morte, e no mesmo instante os herdeiros a adquirem. Em nenhum momento, o patrimônio permanece acéfalo. Até o instante fatal, sujeito das relações jurídicas era o *de cuius*.

Ocorrida a morte, no mesmo instante são os herdeiros. Se houver testamento, os testamentários; em caso contrário, os legítimos. Verifica-se, portanto, imediata mutação subjetiva. Os direitos não se alteram substancialmente. Há substituição do sujeito. Sub-rogação pessoal pleno *iure*. É o sistema, aliás, predominante nos países de espírito latino".

Ora, o Oficial Registrador é o guardião dos assentamentos registrais e deve, portanto, fazer o título refletir a realidade. Aliás, não seria pertinente que o de cujus continuasse a ser titular do domínio tabular. Este fato, inclusive acarretaria dificuldades à própria execução que por ventura viesse a ser intentada pelo INSS.

Insustentável, portanto, a tese que não há a possibilidade de registro do Formal de Partilha neste caso, pois de mero caráter declarativo o registro do domínio em nome dos sucessores, porque a real transferência é antecedente e se consolidou com a morte do autor da herança.

Mesmo que a lei determine a indisponibilidade do imóvel penhorado nos casos previstos, é imperioso reconhecer que ela não se aplica na sucessão causa mortis.

Assim, desnecessário o cancelamento da penhora registrada sob o nº 2 na referida matrícula, por inaplicável a hipótese prevista em lei, no caso concreto, de indisponibilidade do imóvel. Necessário salientar que a penhora continuará em vigor, produzindo todos os seus efeitos, até sua execução ou contraordem do Juízo competente.

Vale dizer que o bem permanecerá indisponível, mas registrado em nome de seu dono, ou seja, em nome dos sucessores do autor da herança, sem que, desse modo, qualquer prejuízo acerca para a indisponibilidade inscrita.

Avulta deixar claro que, com a transmissão da propriedade "ex vi legis", como ocorreu por motivo da abertura da sucessão, não se dará qualquer ato de disposição da propriedade, que estava defeso pela ordem de indisponibilidade. Dá-se, outrossim, transmissão automática aos herdeiros apenas, como acima examinado.

Por todo o exposto julgo improcedente a dúvida suscitada pelo 2º Oficial de Registro de Imóveis, a requerimento de Marie Saadia Diwan, cujo o título objeto da dúvida foi prenotado sob o nº 277.010.

Oportunamente cumpra o artigo 203, II, da Lei 6.015/73.

PRIC.

São Paulo, 4 de setembro de 2007.

Marcelo Martins Berthe
Juiz de Direito

3.41 COLAÇÃO DE BENS. VALOR DO BEM AO TEMPO DA LIBERALIDADE OU AO TEMPO DA ABERTURA DA SUCESSÃO

Processo: REsp 1698638 / RS – Recurso Especial 2015/0278349-1
Relatora: Ministra Nancy Andrighi (1118)
Órgão Julgador: T3 – Terceira Turma
Data do Julgamento: 14.05.2019
Data da Publicação/Fonte: DJe 16.05.2019

EMENTA – CIVIL. PROCESSUAL CIVIL. AÇÃO DE INVENTÁRIO. COINCIDÊNCIA DE QUESTÕES DECIDIDAS EM DOIS DIFERENTES ACÓRDÃOS. MATÉRIAS DISTINTAS. INOCORRÊNCIA DE PRECLUSÃO. COLAÇÃO DE BENS. VALOR DO BEM AO TEMPO DA LIBERALIDADE OU AO TEMPO DA ABERTURA DA SUCESSÃO. ANTINOMIA ENTRE O CÓDIGO CIVIL E O CÓDIGO DE PROCESSO CIVIL. INDISCUTIBILIDADE ACERCA DAS SUCESSIVAS REVOGAÇÕES PROMOVIDAS PELA LEGISLAÇÃO. COLAÇÃO QUE É TEMA DE DIREITO MATERIAL E DE DIREITO PROCESSUAL. SOLUÇÃO DA ANTINOMIA EXCLUSIVAMENTE PELO CRITÉRIO DA TEMPORALIDADE. IMPOSSIBILIDADE DE APLICAÇÃO DO CRITÉRIO DA ESPECIALIDADE. AUTOR DA HERANÇA FALECIDO ANTES DA ENTRADA EM VIGOR DO CC/2002. APLICAÇÃO DO CPC/73.

1 – Ação distribuída em 24.01.2002. Recurso especial interposto em 26.03.2015 e atribuído à Relatora em 25.08.2016.

2 – Os propósitos recursais consistem em definir se há coincidência entre as questões decididas em dois diferentes acórdãos apta a gerar preclusão sobre a matéria e se, para fins de partilha, a colação do bem deve se dar pelo valor da doação ao tempo da liberalidade ou pelo valor ao tempo da abertura da sucessão.

3 – Inexiste questão decidida e, consequentemente, preclusão, quando o acórdão antecedente somente tangencia a matéria objeto de efetivo enfrentamento no acórdão posterior, referindo-se ao tema de *obiter dictum* e nos limites da matéria devolvida pela parte que é distinta da anteriormente examinada.

4 – É indiscutível a existência de antinomia entre as disposições do Código Civil (arts. 1.792, *caput*, do CC/1916 e 2.004, caput, do CC/2002), que determinam que a colação se dê pelo valor do bem ao tempo da liberalidade, e as disposições do Código de Processo Civil (arts. 1.014, parágrafo único, do CPC/73 e 639, parágrafo único, do CPC/15), que determinam que a colação se dê pelo valor do bem ao tempo da abertura da sucessão, de modo que, em se tratando de questão que se relaciona, com igual intensidade, com o direito material e com o direito processual, essa contradição normativa somente é resolúvel pelo critério da temporalidade e não pelo critério de especialidade. Precedentes.

5 – Na hipótese, tendo o autor da herança falecido antes da entrada em vigor do CC/2002, aplica-se a regra do art. 1.014, parágrafo único, do CPC/73, devendo a colação se dê pelo valor do bem ao tempo da abertura da sucessão.

6 – Recurso especial conhecido e desprovido.

ACÓRDÃO

Vistos, relatados e discutidos estes autos, acordam os Ministros da Terceira Turma do Superior Tribunal de Justiça, na conformidade dos votos e das notas taquigráficas constantes dos autos, por unanimidade, conhecer do recurso especial e negar-lhe provimento, nos termos do voto da Sra. Ministra Relatora. Os Srs. Ministros Paulo de Tarso Sanseverino, Ricardo Villas Bôas Cueva, Marco Aurélio Bellizze e Moura Ribeiro votaram com a Sra. Ministra Relatora.

3.42 ESCRITURA DE INVENTÁRIO E PARTILHA. DOAÇÃO CONJUNTIVA. DIREITO DE ACRESCER

CSMSP – Apelação Cível: 1012088-83.2016.8.26.0037
Localidade: Araraquara
Data de Julgamento: 15.08.2017
Data DJ: 25.09.2017
Unidade: 2
Relator: Manoel de Queiroz Pereira Calças
Jurisprudência: Indefinido
Lei: CC2002 – Código Civil de 2002 – 10.406/2002 Art: 551

REGISTRO DE IMÓVEIS – Doação conjuntiva em favor de marido e mulher – Bem que, em virtude do direito de acrescer estabelecido no parágrafo único do artigo 551 do Código Civil, não poderia ter sido inventariado e partilhado – Desqualificação correta da escritura de inventário e partilha – Apelação não provida.

Íntegra

ACÓRDÃO

Vistos, relatados e discutidos estes autos do(a) Apelação nº 1012088-83.2016.8.26.0037, da Comarca de Araraquara, em que são partes é apelante Espólio de Elizabeth Aparecida Stivaletti Rapatoni, é apelado 2º Oficial de Registro de Imóveis, Títulos e Documentos e Civil de Pessoa Jurídica da Comarca de Araraquara.

Acordam, em Conselho Superior de Magistratura do Tribunal de Justiça de São Paulo, proferir a seguinte decisão: "Negaram provimento à apelação, v.u.", de conformidade com o voto do Relator, que integra este Acórdão.

O julgamento teve a participação dos Exmos. Desembargadores Paulo Dimas Mascaretti (Presidente), Ademir Benedito, Xavier de Aquino, Luiz Antonio de Godoy, Ricardo Dip e Salles Abreu.

São Paulo, 15 de agosto de 2017.

Pereira Calças
Corregedor-geral da Justiça e relator

Apelação nº 1012088-83.2016.8.26.0037
Apelante: Espólio de Elizabeth Aparecida Stivaletti Rapatoni
Apelado: 2º Oficial de Registro de Imóveis, Títulos e Documentos e Civil de Pessoa Jurídica da Comarca de Araraquara

VOTO Nº 29.775

REGISTRO DE IMÓVEIS – Doação conjuntiva em favor de marido e mulher – Bem que, em virtude do direito de acrescer estabelecido no parágrafo único do artigo 551 do Código Civil, não poderia ter sido inventariado e partilhado – Desqualificação correta da escritura de inventário e partilha – Apelação não provida.

Trata-se de recurso de apelação interposto pelo espólio de Elizabeth Aparecida Stivaletti Rapatoni contra a sentença de fls. 218/219, que, em dúvida inversa, manteve a recusa ao registro, na matrícula nº 9.891 do 2º Registro de Imóveis de Araraquara, de escritura de inventário e partilha dos bens deixados pelo espólio apelante.

Sustenta o apelante, em síntese, que o direito de acrescer previsto no parágrafo único do artigo 551 é renunciável; que a escritura de doação dá certa dúvida acerca dos beneficiários da doação (se só a falecida Elizabeth Aparecida Stivaletti Rapatoni ou se ela e seu marido); e que o marido de Elizabeth, passados dois anos do falecimento dela, não requereu que a propriedade que pertencia à falecida lhe fosse transferida. Pede, por fim, a reforma da sentença de primeiro grau e, de modo subsidiário, a autorização para que a renúncia ao direito de acrescer seja veiculada por escritura pública (fls. 267/274).

A Procuradoria Geral de Justiça opinou pelo não provimento do recurso (fls. 254/257).

É o relatório.

De início, cabe registrar que embora no dispositivo da sentença tenha constado o acolhimento em parte do pedido (fls. 219), tecnicamente, tendo em vista que o óbice ao registro do título foi mantido, a dúvida mesmo que inversamente suscitada foi julgada procedente.

Consoante escritura copiada a fls. 234/236, no ano de 1991, José Stivalette e Dirce Gracia Stivalette doaram um terreno urbano, situado na Rua dos Andradas, no Município de Santa Lúcia, comarca de Araraquara, a Aldo Fernando Rapatoni e a Elizabeth Aparecida Stivaletti Rapatoni, marido e mulher. Referido título deu origem ao R.1 da matrícula nº 9.891 do 2º Registro de Imóveis de Araraquara (fls. 37/38).

Em 20 de junho de 2014, Elizabeth Aparecida faleceu (fls. 9).

Ao realizarem o inventário e a partilha extrajudiciais do patrimônio da falecida, seus herdeiros atribuíram o bem matriculado sob nº 9.891 no 2º Registro de Imóveis de Araraquara ao herdeiro filho Fernando Stivaletti Rapatoni (fls. 12/13 e 26).

Alegando afronta ao disposto no artigo 551, parágrafo único, do Código Civil de 2002, que repete o parágrafo único do artigo 1.178 do Código Civil de 1916, o registrador de imóveis desqualificou a escritura de inventário e partilha (fls. 36).

Suscitada dúvida inversa, o óbice foi mantido pelo MM. Juiz Corregedor Permanente (fls. 218/219).

Agora, contra essa decisão insurge-se o espólio apelante.

Preceitua o artigo 551 do Código Civil:

> Art. 551. Salvo declaração em contrário, a doação em comum a mais de uma pessoa entende-se distribuída entre elas por igual.
>
> Parágrafo único. Se os donatários, em tal caso, forem marido e mulher, subsistirá na totalidade a doação para o cônjuge sobrevivo.

O caput do artigo acima transcrito trata da doação conjuntiva, que, salvo estipulação em contrário, entende-se distribuída igualmente entre os donatários. Já o parágrafo único cuida de hipótese mais específica: doação conjuntiva em favor de marido e mulher. Nesse caso, ao contrário do disposto no caput, em caso de morte de um dos donatários, a lei civil estabelece o direito de acrescer em benefício do cônjuge sobrevivo.

Ou seja, se marido e mulher forem beneficiados com a doação de um bem, ocorrendo a morte de um deles, o outro receberá o bem inteiro, independentemente de inventário, simplesmente em virtude do direito de acrescer.

Desse modo, correta a recusa do título no caso em análise, uma vez que, com a morte de Elizabeth Aparecida, o bem doado passou a pertencer integralmente a seu marido, de modo que não poderia ter sido inventariado e muito menos partilhado entre os herdeiros.

Recentemente, aprovei parecer da lavra do MM. Juiz Assessor da Corregedoria Swarai Cervone de Oliveira, que foi assim ementado:

Registro de imóveis – doação a apenas um dos cônjuges – marido premorto – impossibilidade de se averbar a certidão de óbito, com efeitos translativos da propriedade à esposa – inteligência do art. 551, parágrafo único, do Código Civil – precedentes da Corregedoria-Geral da Justiça e do Superior Tribunal de Justiça – recurso desprovido (processo nº 204.333/2015, j. em 11.03.2016).

Assim, se no caso acima citado, por ter havido doação a apenas um dos cônjuges, não pôde se reconhecer o direito de acrescer do outro; aqui, em que ambos os cônjuges foram beneficiados pela doação, de rigor que se observe o direito de acrescer que favorece o sobrevivo.

Anoto, por fim, que embora a renúncia ao direito de acrescer seja, em tese, possível por escritura pública, na forma do artigo 108 do Código Civil, esse procedimento provavelmente não resolverá o problema do apelante.

Com efeito, a renúncia se limitará à parcela do bem que o cônjuge sobrevivo receberia em virtude do direito de acrescer estabelecido no artigo 551, parágrafo único, do Código Civil, ou seja, metade ideal do imóvel da matrícula nº 9.891. No entanto, a outra metade ideal do bem, recebida por ocasião da doação propriamente dita, por ser de propriedade do marido, não entrará na partilha.

Ante o exposto, nego provimento à apelação.

Pereira Calças
Corregedor-Geral da Justiça e Relator

3.43 INVENTÁRIO. ITCD. BASE DE CÁLCULO PARA AVALIAÇÃO DE COTAS SOCIAIS

AGRAVO DE INSTRUMENTO. INVENTÁRIO. ITCD. BASE DE CÁLCULO PARA AVALIAÇÃO DE COTAS SOCIAIS. AVALIAÇÃO PELA FAZENDA NACIONAL COM BASE EM BALANÇO CONTÁBIL EMPRESARIAL MAIS PRÓXIMO À DATA DA ABERTURA DA SUCESSÃO. 1. O valor de cotas sociais, objeto de transmissão causa mortis, deve ser apurado por avaliação da "fazenda estadual" ou avaliação "judicial", sendo que o fato gerador será verificado na data da abertura da sucessão legítima ou testamentária. Inteligência do artigo 12 da Lei Estadual n. 8.821/2009 e dos artigos 3º, inc. I. alínea "a" e 14, *caput* e § 5º, do Decreto nº

33.156/89. 2. A avaliação mais condizente com as cotas sociais corresponde ao balanço contábil encerrado no mesmo ano de abertura da sucessão, motivo pelo qual deve ser efetiva a avaliação da Fazenda Estadual utilizando o referido parâmetro e não o valor nominal das cotas e, havendo discordância dos herdeiros, poderá ser nomeado perito. Recurso desprovido.

Sétima Câmara Cível – Comarca de Porto Alegre
Agravo de Instrumento: nº 70 074 446 527
Nº CNJ: 0208767-43.2017.8.21.7000
Agravantes: Estela Chini Magri, Rodrigo Chini Magri, Espolio de Humberto Magri, Eduardo Chini Magri, Thiago Chini Magri
Agravado: A justiça
Interessado: Ministério Público

ACÓRDÃO

Vistos, relatados e discutidos os autos.

Acordam os Desembargadores integrantes da Sétima Câmara Cível do Tribunal de Justiça do Estado, à unanimidade, negar provimento ao recurso.

Custas na forma da lei.

Participaram do julgamento, além do signatário, os eminentes Senhores Des. Jorge Luís Dall'Agnol (Presidente) e Des.ª Liselena Schifino Robles Ribeiro.

Porto Alegre, 24 de outubro de 2017.

Des. Sérgio Fernando de Vasconcellos Chaves,
Relator.

RELATÓRIO

DES. Sérgio Fernando de Vasconcellos Chaves (Relator)

Trata-se da irresignação de Estela C. M. e outros com a r. decisão que determinou que as quotas sociais que pertenciam ao falecido devem ser avaliadas considerando o seu valor na data da abertura da sucessão, tendo em vista que o valor nominal não reflete a valoração no período de gestão pelo de cujus e demais sócios, nos autos do inventário dos bens deixados por morte de Humberto M.

Sustentam os recorrentes que devem ser eximidos da apresentação de documentos requeridos pela Fazenda Estadual para a avaliação dos bens da sociedade empresária da qual o de cujus era quotista, a fim de que o ITCD das quotas inventariadas seja calculado com base no valor nominal e não no valor de mercado. Alegam que prestaram todas as informações de praxe à Fazenda Estadual através da competente "DIT" para o cálculo do ITCD. Argumentam que as exigências da Fazenda Estadual não se justificam e são ilegítimas, pois conforme expressa previsão do contrato social, continuarão na administração da sociedade, sem que haja liquidação e indenização das quotas. Dizem que não há necessidade de avaliação dos bens da sociedade quando as quotas permanecem com os herdeiros que continuaram a exercer a administração da empresa. Pretendem seja determinado à Fazenda Estadual que avalie as quotas sociais objeto da "DIT" de acordo com o valor nominal delas. Pedem o provimento do recurso.

O recurso foi recebido no efeito meramente devolutivo.

É o relatório.

VOTOS

Des. Sérgio Fernando de Vasconcellos Chaves (Relator)

Estou confirmando a r. decisão recorrida.

Com efeito, observo que o art. 4º da Lei nº 8.821/1989, que continua em vigor, prevê que ocorre o fato gerador:

> I – na transmissão causa mortis:
> a) na data da abertura da sucessão legítima ou testamentária, mesmo nos casos de sucessão provisória e na instituição de fideicomisso e de usufruto

E a Súmula nº 112 do STF, refere que "o imposto de transmissão causa mortis é devido pela alíquota vigente ao tempo da abertura da sucessão".

Sendo assim, mostra-se correta a decisão recorrida quando determina que a base do cálculo do tributo deve ser fixada na data da abertura da sucessão, "tendo em vista que o valor nominal não reflete a valoração ocorrida no período de gestão pelo falecido e demais sócios".

Aliás, o art. 12 da Lei Estadual n. 8.821/1989 dispõe assim:

> Art. 12. A base de cálculo do imposto é o valor venal dos bens, dos títulos ou dos créditos transmitidos, apurado mediante avaliação procedida pela Fazenda Pública Estadual ou avaliação judicial, expresso em moeda corrente nacional e o seu equivalente em quantidade de UPF-RS, obedecidos os critérios fixados em regulamento. (Redação dada pelo art. 1º, III, da Lei 10.800, de 12.06.1997, (DOE 13.06.1997) e pelo art. 6º da Lei 11.561, de 27.12.2000, (DOE 28.12.2000) – Efeitos a partir de 1º.01.2001).

E o art. 14, *caput* e § 5º, do Decreto nº 33.156/89 estabelece:

> Art. 14. A base de cálculo do imposto é o valor venal dos bens, títulos, créditos, ações, quotas e valores, de qualquer natureza, bem como dos direitos a eles relativos, transmitidos, apurado mediante avaliação procedida pela Receita Estadual ou avaliação judicial, expresso em moeda corrente nacional e o seu equivalente em quantidade de UPF-RS, observando-se as normas técnicas de avaliação (Redação do *caput* dada pelo Decreto nº 52824 de 22.12.2015).
>
> § 5º O valor dos títulos da dívida pública, o das ações das sociedades e o dos títulos de crédito negociáveis em bolsa de valores serão o da cotação oficial de abertura no dia da avaliação (Redação do parágrafo dada pelo Decreto nº 51597 de 23.06.2014).

Portanto, a lei estadual incidente permite que o valor das cotas sociais objeto de transmissão deve ser apurado por avaliação da "Fazenda" estadual ou avaliação "judicial".

No caso, a Fazenda Estadual exigiu a apresentação pelos recorrentes de uma série de documentos para a avaliação das quotas, dentre eles os balanços patrimoniais, que demonstram a efetiva a efetiva participação e valoração decorrente da gestão empresarial empreendida pela falecido, sendo o mais relevante o balanço contábil encerrado no mesmo ano de abertura da sucessão.

De qualquer sorte, existindo a possibilidade – também prevista em lei – de que seja acolhida avaliação da Fazenda "ou" "judicial", correta se mostra a decisão recorrida que determinou a avaliação pela Fazenda Estadual e, havendo discordância, admite a possibilidade de nomeação de perito judicial.

Isto posto, nego provimento ao recurso.

Des.ª Liselena Schifino Robles Ribeiro – De acordo com o(a) Relator(a).

Des. Jorge Luís Dall'Agnol (Presidente) – De acordo com o(a) Relator(a).

Des. Jorge Luís Dall'Agnol – Presidente – Agravo de Instrumento nº 70074446527, Comarca de Porto Alegre:

"Negaram provimento. Unânime."

3.44 INVENTÁRIO. ITCD. BASE DE CÁLCULO PARA AVALIAÇÃO DE COTAS SOCIAIS

AGRAVO DE INSTRUMENTO. INVENTÁRIO. ITCD. BASE DE CÁLCULO PARA AVALIAÇÃO DE COTAS SOCIAIS. HOMOLOGAÇÃO DO CÁLCULO DO PERITO JUDICIAL. BALANÇO CONTÁBIL EMPRESARIAL MAIS PRÓXIMO À DATA DA ABERTURA DA SUCESSÃO.

O artigo 12 da Lei Estadual n. 8.821/2009 e artigo 14, caput e § 5º, do Decreto nº 33.156/89, que regulamentam o ITCD, permitem que o valor de cotas sociais, objeto de transmissão causa mortis, seja apurado por avaliação da "Fazenda Estadual" "ou" avaliação "judicial".

O mesmo decreto nº 33.156/89, em seu art. 3º, I alínea "a", determina que o fato gerador do imposto (transmissão) será verificado na data da abertura da sucessão legítima ou testamentária.

No caso concreto, a abertura da sucessão ocorreu em 07.12.2011, devendo nessa ocasião ser considerado o fato gerador do ITCD.

Por outro lado, tratando-se de cotas sociais deixadas pela autora da herança – com efetiva participação e valoração das cotas, decorrente da gestão empresarial empreendida pela falecida – a avaliação mais condizente às referidas cotas corresponde ao balanço contábil encerrado naquele mesmo ano de abertura da sucessão, tal como identificado pelo perito.

Portanto, como a lei de regência também possibilita que seja acolhida avaliação "judicial" (não se limitando à avaliação da "Fazenda"), correta a decisão que homologou avaliação do perito do juízo.

Negaram provimento.

Agravo de Instrumento: nº 70070064050
Nº CNJ: 0216599-64.2016.8.21.7000
Oitava Câmara Cível – Comarca de Caxias do Sul
Agravante: Estado do Rio Grande do Sul
Agravado: Germano Giazzon Cavalli
Agravado: Espoliode Rosmeri Fatima Giazzon
Agravado: Monica Giazzon Cavalli
Agravado: Juliana Giazzon Cavalli

ACÓRDÃO

Vistos, relatados e discutidos os autos.

Acordam os Desembargadores integrantes da Oitava Câmara Cível do Tribunal de Justiça do Estado, à unanimidade, em negar provimento ao agravo de instrumento.

Custas na forma da lei.

Participaram do julgamento, além do signatário (Presidente), os eminentes Senhores des. Luiz Felipe Brasil Santos e Des. Ricardo Moreira Lins Pastl.

Porto Alegre, 25 de agosto de 2016.

Des. Rui Portanova
Relator.

RELATÓRIO
Des. Rui Portanova (Relator)

Trata-se de ação de inventário dos bens deixados por Rosimeri.

A decisão recorrida homologou cálculo que identificou valor de ITCD, em relação às cotas sociais da empresa Fenícia Indústria e Comércio de Troféus Ltda., com base em balanço patrimonial no ano de 2011, ano da abertura da sucessão da titular das cotas sociais.

Contra essa decisão, agravou de instrumento o Estado do Rio Grande do Sul. Alegou que o valor a ser atribuído às cotas sociais, transmitidas em razão da morte da titular, deve ser apurado utilizando-se como parâmetro o balanço patrimonial mais próximo da data da avaliação efetivada pela Fazenda Estadual, nos termos do artigo 12 da Lei 8.820/89 e artigo 14, § 5º do Decreto Estadual 33.156/89.

Pediu reforma da decisão para que seja adotado como critério para avaliação de cotas sociais a data de 21.12.2012, por ser o balanço mais próximo da data da avaliação fazendária, que ocorreu em 22.04.2013.

Não foi formulado pedido liminar.

Apresentadas contrarrazões.

O Ministério Público opinou pelo provimento do agravo.

Registro que foi observado o disposto nos artigos 931 e 934 do Novo Código de Processo Civil, tendo em vista a adoção do sistema informatizado.

É o relatório.

VOTOS

Des. Rui Portanova (Relator)

O caso.

O Estado do Rio Grande do Sul volta-se contra decisão proferida em inventário (fl. 40), que homologou cálculo de ITCD, realizado por perito contábil nomeado pelo juízo (cálculo pericial de fl. 28/33).

Sustenta que a legislação estadual sobre o tema determina que a base de cálculo do ITCD seja aferida mediante avaliação procedida pela Fazenda Pública Estadual. Destaca que, sobre o tema, o Supremo Tribunal Federal editou a súmula 113, sendo este, também, o entendimento do Superior Tribunal de Justiça. Refere, ainda, o teor do § 5º do Decreto 33.156/89 a embasar seu entendimento de que o valor a ser atribuído às cotas sociais transmitidas deve ser apurado de acordo com o balanço realizado na data mais próxima à avaliação da Fazenda.

Assim, pede provimento ao recurso para que seja reformada a decisão que homologou laudo em que foi utilizado como critério de avaliação das cotas transmitidas o balanço patrimonial realizado no ano de 2011 (data de abertura da sucessão), para que seja utilizado o balanço de 21.12.2012. haja vista ser esse o balanço mais próximo da avaliação da Fazenda, realizada em 22.04.2013.

Análise.

Com devida vênia ao recorrente e também ao Ministério Público neste grau, estou mantendo a decisão agravada, que homologou o cálculo do perito judicial.

Ao primeiro, a Súmula 113 do STF suscitada pelo recorrente não possui eficácia vinculante. E ainda que se tratasse de súmula vinculante, o próprio verbete exarado pela Corte Suprema permitiria ao juiz do inventário homologar o cálculo do perito judicial nomeado.

Vale começar pelo teor da Súmula 113 do STF:

> O imposto de transmissão causa mortis é calculado sobre o valor dos bens na data da avaliação.

Veja-se que a súmula não esclarece de que avaliação se está falando. Se avaliação da "Fazenda" ou avaliação "judicial".

Claro que, via de regra, tratando-se de cálculo de imposto, a avaliação habitualmente utilizada é a avaliação da Fazenda Estadual.

Mas o enunciado trata de orientação de âmbito nacional.

E o ITCD, por ser imposto de competência Estadual, tem regramento específico em lei estadual, como se sabe.

Logo, de rigor interpretar a Súmula em face do que diz a Lei Estadual.

E a Lei estadual de regência, também invocada pelo próprio recorrente, oferece opção entre dois "tipos de avaliação".

Vejamos o normativo invocado pelo próprio recorrente.

O artigo 12 da Lei Estadual n. 8.821/2009:

> Art. 12. A base de cálculo do imposto é o valor venal dos bens, dos títulos ou dos créditos transmitidos, apurado mediante avaliação procedida pela Fazenda Pública Estadual ou avaliação judicial, expresso em moeda corrente nacional e o seu equivalente em quantidade de UPF-RS, obedecidos os critérios fixados em regulamento. (Redação dada pelo art. 1º, III, da Lei 10.800, de 12.06.1997, (DOE 13.06.1997) e pelo art. 6º da Lei 11.561, de 27.12.2000, (DOE 28.12.2000) – Efeitos a partir de 1º.01.2001).

O artigo 14, *caput* e § 5º, do Decreto nº 33.156/89:

> Art. 14. A base de cálculo do imposto é o valor venal dos bens, títulos, créditos, ações, quotas e valores, de qualquer natureza, bem como dos direitos a eles relativos, transmitidos, apurado mediante avaliação procedida pela Receita Estadual ou avaliação judicial, expresso em moeda corrente nacional e o seu equivalente em quantidade de UPF-RS, observando-se as normas técnicas de avaliação (Redação do *caput* dada pelo Decreto nº 52824 de 22.12.2015).
>
> § 5º O valor dos títulos da dívida pública, o das ações das sociedades e o dos títulos de crédito negociáveis em bolsa de valores serão o da cotação oficial de abertura no dia da avaliação (Redação do parágrafo dada pelo Decreto nº 51597 de 23.06.2014).

Portanto, a lei estadual incidente permite que o valor das cotas sociais objeto de transmissão deve ser apurado por avaliação da "Fazenda" estadual "ou" avaliação "judicial".

No caso, o perito judicial (fl. 33) identificou o valor das cotas sociais, para efeito de imposto, considerando que "a base de cálculo do valor das quotas sociais é o patrimônio líquido (fls. 197) apurado no Balanço Patrimonial encerrado em 31.12.2011".

E respondendo ao quesito 2 (fl. 30), o perito informa:

> O decreto nº 33.156, de 31.03.1989, Regulamento do ITCD, em seu art. 3º, I alínea "a", determina que o fato gerador da transmissão causa mortis será na data da abertura da sucessão legítima ou testamentária.
>
> No caso concreto, a abertura do inventário ocorreu na data de 14.12.2011, fls. 36/37 dos autos, devendo assim ser considerado o fato gerador do ITCD.

Veja-se que a lei de regência fala que o critério para avaliação deve ser a "abertura da sucessão" e o perito refere que o "inventário" foi aberto em 14.12.2011.

Há uma pequena confusão, por parte do perito judicial, entre abertura da "sucessão" e abertura do "inventário".

Nada que resulte em descrédito da conclusão do perito, pois a sucessão foi aberta, pelo evento morte, em 07.12.2011 (fl. 05) e o inventário em 14.12.2011 (fl. 30), ambas no mesmo exercício financeiro que se encerrou em 2011.

Portanto, a dúvida se restringe ao ano do balanço financeiro a ser utilizada para avaliação das cotas.

E as opções são as seguintes:

– ou se adota o balanço financeiro que se encerrou em 2011, como entendeu o perito judicial, homologado pela decisão agravada.

– ou se adota o balanço financeiro que se encerrou em 2012, data mais próxima à avaliação fiscal da Fazenda (22.04.2013), como requer o Estado agravante.

Não pode haver dúvida.

A sucessão foi aberta em 2011.

As cotas sociais deixadas pela autora da herança – com a efetiva participação e valoração decorrente da gestão empresarial empreendida pela falecida – guardam correspondência ao balanço contábil encerrado naquele mesmo ano de abertura da sucessão, tal como identificado pelo perito.

A avaliação das cotas, no final do exercício de 2012 – como pretende o Estado (em face da avaliação Fazendária de 2013) – decorre da gestão empreendida pelos próprios sucessores.

No final de 2012 já temos um distanciamento em relação ao valor das cotas sociais correspondente à verdadeira gestão empreendida pela autora da herança.

Ilustra:

> AGRAVO INTERNO. DECISÃO MONOCRÁTICA. AGRAVO DE INSTRUMENTO. INVENTÁRIO. IMPOSTO DE TRANSMISSÃO. FATO GERADOR. BASE DE CÁLCULO. NULIDADE INOCORRENTE. 1. Comporta decisão monocrática o recurso que versa sobre matéria já pacificada no Tribunal de Justiça. Inteligência do art. 557 do CPC. 2. Não procede a arguição de nulidade da decisão, pois é inequívoco o interesse da Fazenda Pública e, se não é obrigatória a sua intervenção em arrolamento, não pode ser impedida. 3. Conforme o art. 4º da Lei nº 8.821/1989, inc. I, letra a, que continua em vigor, ocorre o fato gerador, na data da abertura da sucessão legítima ou testamentária. 4. Mostra-se correta a decisão que determina que a base do cálculo do tributo deve ser fixada na data da abertura da sucessão, momento quando se tratam de cotas sociais de empresa cuja valorização ou desvalorização dependem não só do mercado, mas também da administração e participação dos sucessores na empresa. Recurso desprovido (Agravo nº 70056583644, Sétima Câmara Cível, Tribunal de Justiça do RS, Relator: Sérgio Fernando de Vasconcellos Chaves, Julgado em 23.10.2013).

Caso em que o critério adotado pelo perito – com base na própria Lei 33.156/89 é correto.

E existindo a possibilidade – também prevista em lei – de que seja acolhida avaliação da Fazenda "ou" "judicial", não há equívoco na decisão atacada que homologou a avaliação judicial.

Ante o exposto, nego provimento ao agravo de instrumento.

Des. Luiz Felipe Brasil Santos – De acordo com o(a) Relator(a).

Des. Ricardo Moreira Lins Pastl – De acordo com o(a) Relator(a).

Des. Rui Portanova – Presidente – Agravo de Instrumento nº 70070064050, Comarca de Caxias do Sul: "Negaram provimento. Unânime".

Julgador(a) de 1º Grau: Claudia Rosa Brugger

3.45 QUINHÃO DA MEEIRA. ATRIBUIÇÃO INTEGRAL, SALVO SE HOUVER RENÚNCIA OU CESSÃO EM FAVOR DOS FILHOS-HERDEIROS

Registro: 2017.0000153451

ACÓRDÃO

Vistos, relatados e discutidos estes autos de Agravo de Instrumento nº 2231994-72.2016.8.26.0000, da Comarca de São Paulo, em que são agravantes Mathilde Alves de Carvalho (Inventariante), Ricardo Tadeu de Carvalho, Rosa Maria Tomic de Carvalho, José Emílio de Carvalho e José de Carvalho (espólio), é agravado o juízo.

Acordam, em sessão permanente e virtual da 7ª Câmara de Direito Privado do Tribunal de Justiça de São Paulo, proferir a seguinte decisão: por maioria de votos, negaram provimento ao recurso. Declara voto o 3º Juiz, de conformidade com o voto do relator, que integra este acórdão.

O julgamento teve a participação dos Desembargadores Miguel Brandi (Presidente) e Luis Mario Galbetti.

São Paulo, 14 de março de 2017.

Luiz Antonio Costa
Relator
Assinatura Eletrônica

Voto nº 17/31910
Agravo de Instrumento nº 2231994-72.2016.8.26.0000
Comarca: São Paulo
Agravante: Mathilde Alves de Carvalho e outros
Agravado: O Juízo

Ementa: Agravo de Instrumento – Ação de Inventário – Insurgência contra decisão que determinou aos Agravantes que providenciassem a retificação do plano de partilha apresentado, seguindo as considerações do Partidor Judicial –Alegação de que a composição da partilha é amigável, o direito da meeira foi respeitado e a partilha está de acordo com o ordenamento jurídico – Casamento entre a viúva meeira e o de cujus que se deu sob o regime de comunhão universal de bens – Quinhão da meeira que deve ser-lhe atribuído integralmente, salvo se houver renúncia ou cessão em favor dos filhos-herdeiros –Impossibilidade pelo ordenamento pátrio de instituir usufruto sobre parte dos bens pertencentes à meação da viúva – Necessidade no caso de prévia doação da parte da viúva sobre os bens que compõem sua meação em favor dos filhos, para o fim de prevalecer a partilha na forma como apresentada – Recurso improvido.

Recurso de Agravo, na modalidade de Instrumento, interposto contra decisão que, em Ação de Inventário, determinou a retificação do plano de partilha apresentado observando as considerações do Partidor Judicial.

Argumentam os Agravantes, em síntese, que, por composição amigável, foi atribuído à viúva 50% dos bens deixados pelo de cujus, composto por usufruto e nua propriedade e, respeitada sua meação, não existe a irregularidade apontada pelo Partidor Judicial. Alegam que a partilha respeitou a proporção dos quinhões que cabiam à meeira e aos herdeiros, não havendo que se falar em doação, tampouco em apresentação de termo a esse respeito. Afirmam que não houve transmissão pela viúva da parte que lhe cabe no monte mor, reservada sua meação na universalidade dos bens com pagamento em usufruto e partes ideais de nua-propriedade. Pedem a reforma da decisão com manutenção do plano de partilha nos termos em que apresentado.

Em sede de cognição inicial (fls. 55/57), neguei o efeito suspensivo e solicitei as informações.

Informações prestadas pelo D. Juízo a quo (fls. 61/62).

É o Relatório.

A Agravante Mathilde e o de cujus foram casados pelo regime da comunhão universal de bens, de modo que antes do falecimento do varão, ela já era meeira do patrimônio comum.

Seu quinhão, na Ação de Inventário, há de ser-lhe atribuído integralmente, salvo se houver renúncia em favor dos herdeiros-filhos ou mesmo cessão a título gratuito ou oneroso, o que de qualquer forma importa em transferência de patrimônio.

Do contrário, como pretendem os Agravantes, estar-se-ia instituindo usufruto sobre a parte dos bens componentes da meação da viúva, ou seja, estabelecendo-se direito real sobre coisa própria, o que inexiste no ordenamento jurídico pátrio.

Portanto, correta a decisão proferida, sendo que, para que prevaleça a partilha nos moldes apresentados, necessário se faz a prévia doação da parte da viúva sobre os bens que compõem sua meação em favor dos filhos que, então, exercendo direito inerente à propriedade (consolidada) reservarão a nua propriedade e darão o usufruto à mãe.

Isto posto, pelo meu voto, nego provimento ao recurso.

Luiz Antonio Costa
Relator
Voto nº 14/16892
Agravo de Instrumento nº 2231994-72.2016.8.26.0000
Comarca: São Paulo
Agravantes: Mathilde Alves de Carvalho, Ricardo Tadeu de Carvalho, Rosa Maria Tomic de Carvalho, José Emílio de Carvalho e José de Carvalho
Agravado: O Juízo
Origem: 11ª Vara da Família e Sucessões do Foro Central Cível
Juíza: Claudia Caputo Bevilacqua Vieira
Relator: Desembargador Luiz Antonio Costa

DECLARAÇÃO DE VOTO

Inventário de bens. Atribuição à viúva meeira de parcela da nua-propriedade e do usufruto vitalício sobre a totalidade dos bens. Inexistência de óbice à manutenção do usufruto como parte da meação da viúva, com atribuição de parte da nua propriedade aos filhos. Diferenciação entre condomínio civil e aquisição conjunta. Nesta última, que decorre do regime de bens ou convivência, a especialização da meação só ocorre na ruptura do vínculo: morte, divórcio, separação. Não há óbice para que esta especialização se faça de forma a recair o usufruto sobre a totalidade de bens, com atribuição aos herdeiros, concordes, da nua-propriedade. Recurso, por meu voto, provido.

1. Sem embargo do inconfundível conhecimento jurídico do eminente relator, ouso, desta vez, dele discordar.

O agravo de instrumento, pelo voto do eminente relator, seria improvido, nos seguintes termos:

"Ementa: Agravo de Instrumento – Ação de Inventário – Insurgência contra decisão que determinou aos Agravantes que providenciassem a retificação do plano de partilha apresentado, seguindo as considerações do Partidor Judicial – Alegação de que a composição da partilha é amigável, o direito da meeira foi respeitado e a partilha está de acordo com o ordenamento jurídico – Casamento entre a viúva meeira e o de cujus que se deu sob o regime de comunhão universal de bens – Quinhão da meeira que deve ser-lhe atribuído integralmente, salvo se houver renúncia ou cessão em favor dos filhos-herdeiros – Impossibilidade pelo ordenamento pátrio de instituir usufruto sobre parte dos bens pertencentes à meação da viúva – Necessidade no caso de prévia doação da parte da viúva sobre os bens que compõem sua meação em favor dos filhos, para o fim de prevalecer a partilha na forma como apresentada – Recurso improvido".

Não entendo, porém, que seja caso de manutenção da decisão agravada.

A coagravante Mathilde era casada com o falecido sob o regime da comunhão universal de bens, razão pela qual é meeira de seu patrimônio.

Na partilha, foi atribuída à viúva meeira parcela da nua-propriedade e usufruto vitalício sobre a totalidade dos bens.

Não há qualquer óbice à manutenção do usufruto como parte da meação da viúva, com atribuição de parte da nua propriedade aos filhos.

A meação, enquanto não especificada, pela morte ou separação do cônjuge, é um direito inespecífico, sendo possível a sua especificação nos direitos de usufruto entre partes maiores e capazes.

Vale a pena relembrar, em face da confusão sobre o tema, que há muita diferença entre condomínio civil e propriedade conjunta e que a meeira, embora titular da propriedade em conjunto, já era proprietária do bem, nada recebendo pela morte do companheiro.

O que se dará é a simples especialização de sua parte nos bens, o que pode ocorrer de forma livre, em parte dos bens, em um só, móvel ou imóvel ou até no usufruto dos bens.

O primeiro (condomínio civil ou voluntário) decorre da aquisição, por ato oneroso ou não, de determinado bem indivisível, por várias pessoas.

Cada um deles, de forma presumida ou explicitada, é, desde já, titular de sua quota parte (parte ideal), que embora não localizada geodesicamente (no caso de imóvel), lhes garante poder de disposição imediato, obedecida a necessária oferta em preferência aos demais condôminos.

Diferentemente, é a propriedade conjunta que emerge da comunicabilidade da titularidade do bem, por força do regime de bens do casamento (e porque não dizer da união estável, embora neste caso o controle seja mais dificultado), na aquisição onerosa posterior ao casamento, ou do início daquilo que se reconhecerá, no futuro, como união estável, ou por força da comunicação que decorre do próprio regime de bens convencionado nos casos em que os bens teriam esta propriedade (serem aptos à comunicabilidade).

Nestes casos, as duas pessoas casadas, por exemplo, no regime de comunhão parcial de bens (ou por união estável, sem convenção diversa), que tiverem adquirido quatro imóveis, não terão suas meações em cada um dos quatro imóveis atribuídos no momento da aquisição. Serão proprietários em conjunto, tanto que nem mesmo se imagina a alienação isolada da parte de um deles a terceiro, com a manutenção da outra parte com exclusividade ao outro cônjuge.

Pelo mesmo motivo, é possível, sem qualquer dificuldade, atribuir a meação do cônjuge, quando esta especialização se tornar necessária, por exemplo, em uma determinada aplicação financeira de valor equivalente ao dos imóveis, com atribuição destes aos herdeiros filhos.

Quando ocorre, então, na propriedade conjunta, o que costumo chamar de especialização da meação?

Ela ocorre na ruptura do vínculo: morte, separação, divórcio, fim da convivência.

Neste momento, examinando os bens comuns (ou conjuntos), os interessados decidirão, ou em caso negativo, se fará por partidor judicial, a especialização da meação devida a cada um dos cônjuges ou conviventes, ou ao cônjuge supérstite; separando-a da parte que será partilhada aos herdeiros, no caso de inventário ou arrolamento de bens, quando este for o caso.

Não há atribuição da propriedade – e por isto mesmo não há reflexo tributário – porque cada um deles já é dono em conjunto, mas a sua parte somente será especializada – o que lhe permitirá disposição como a do condômino – no momento da ruptura do laço que determinava esta natureza jurídica (bens em conjunto por força do regime de bens do casamento ou união estável).

E se assim o é, a especialização pode se dar em qualquer parte deste patrimônio em comum, o que equivale a dizer, em um único bem, ou em vários, bastando apenas que guarde proporcionalidade, o que os outros interessados (ex-cônjuge ou herdeiros) fiscalizarão, pois a solução final, em regra, depende das respectivas anuências à especialização planejada.

Também já se reconheceu que não há nenhuma irregularidade na especialização ao cônjuge supérstite da totalidade do usufruto de todos os imóveis, com atribuição aos herdeiros da nua-propriedade dos mesmos imóveis, bastando o consenso entre eles.

Nem se diga – porque se trata de argumento fazendário, sem nenhuma base legal – que neste caso haveria certa compensação financeira a ser tributada, porque o usufruto valeria um terço da propriedade.

A utilização deste montante (um terço) para facilitar tabela de recolhimento de tributos em negócios imobiliários de compromisso de compra e venda, ou atribuição de usufruto, é aleatória e não possui racionalidade legal ou econômica.

A bem da verdade, esta proporção nem mesmo guarda consonância econômica com o proveito que cada um destes institutos proporciona em relação à propriedade plena.

Tratando-se, como se trata, de direitos reais que representam uma parcela, ou desdobramento, da totalidade de poderes insertos na titularidade plena, o juízo de valor representativo destes poderes somente pode ser aferido, rigorosamente, pelo interesse das partes.

Não se vislumbrando, nem mesmo em tese, qualquer fraude, deve prevalecer o consenso entre as partes interessadas – e que arcariam com eventual prejuízo, se ele houvesse –, que expressamente concordam sobre a paridade de valores ali representados (usufruto e nua-propriedade); de forma que não há que se falar em necessidade de qualquer cessão de direitos, doação ou em possibilidade de cobrança tributária.

Cobrar-se-á nos autos de inventário dos herdeiros apenas o valor correspondente ao imposto *causa mortis* sobre a metade dos bens (em tese transmitida aos herdeiros) que o finado possuía em conjunto com a viúva e cuja especialização acabou atribuindo, agora, separadamente, a nua-propriedade e usufruto, respectivamente, aos herdeiros e à viúva.

Neste mesmo sentido a jurisprudência de longa data deste Tribunal de Justiça deste Estado:

> Inventário e partilha. Decisão que determinou que fosse dada vista à Fazenda Estadual para manifestação sobre o "inter vivos". Insurgência. Alegação de inexistência de doação. Renúncia de meação e instituição de usufruto vitalício em favor da viúva meeira. Partilha amigável. Usufruto que pode ser destacado da nua propriedade, já que possui expressão econômica. Doação não configurada. Jurisprudência deste E. Tribunal. Não incidência do tributo 'inter vivos'. Recurso provido (Agravo de Instrumento 2103742-51.2016.8.26.0000; Relator(a): Fábio Quadros; Comarca: São Paulo; Órgão julgador: 4ª Câmara de Direito Privado; Data do julgamento: 21.07.2016; Data de registro: 1º.08.2016).
>
> INVENTÁRIO. Renúncia da meação por parte da viúva em prol do monte em troca da instituição de usufruto vitalício pelos herdeiros. Transação que não incide o ITCMD. Precedentes. Recurso provido (Agravo de Instrumento 2072203-72.2013.8.26.0000; Relator(a): Paulo Alcides; Comarca: Piracicaba; Órgão julgador: 6ª Câmara de Direito Privado; Data do julgamento: 18.02.2014; Data de registro: 21.02.2014)
>
> Agravo de Instrumento. Arrolamento de bens. Determinação para retificação do plano de partilha e verificação do imposto devido junto ao Posto Fiscal do Estado. Afastamento. Atribuição de usufruto vitalício à viúva meeira, com reserva da nua propriedade aos herdeiros. Doação não caracterizada. Não incidência do imposto. Decisão reformada. Recurso provido (Agravo de Instrumento 0288792-63.2011.8.26.0000; Relator(a): João Pazine Neto; Comarca: Paraguaçu Paulista; Órgão julgador: 3ª Câmara de Direito Privado; Data do julgamento: 03.04.2012; Data de registro: 04.04.2012).

3. Ressalvando, portanto, a douta convicção do desembargador relator, ouso, desta vez, dele discordar, pois, segundo o meu voto, dou provimento ao recurso para afastar a necessidade de retificação do plano de partilha.

Luís Mário Galbetti

Desembargador

3.46 INVENTÁRIO. PARTILHA. MEAÇÃO. USUFRUTO VITALÍCIO – INSTITUIÇÃO. ITCMD – BASE DE CÁLCULO. TRIBUTOS – FISCALIZAÇÃO

CSMSP – Apelação Cível: 1016723-60.2022.8.26.0405

Localidade: Osasco

Data de Julgamento: 29.09.2023

Data DJ: 04.12.2023

Relator: Fernando Antônio Torres Garcia

Jurisprudência: Indefinido

Registro de imóveis – Dúvida – Escritura pública de inventário e partilha – Desqualificação do título – Meação da viúva que foi paga com o usufruto vitalício sobre os bens do monte e os quinhões dos herdeiros filhos com a nua-propriedade – Valor do usufruto que corresponde a um terço do valor dos bens, por força do disposto na Lei Estadual nº 10.775/2000 – Atribuição de quinhões aos herdeiros que ultrapassou a força da herança em detrimento da meação da viúva, configurando transmissão inter vivos, por ato gracioso, sem compensação patrimonial na partilha – Incidência de ITCMD – Óbice mantido – Apelação não provida.

Íntegra

ACÓRDÃO

Vistos, relatados e discutidos estes autos de Apelação Cível nº 1016723-60.2022.8.26.0405, da Comarca de Osasco, em que é apelante Lucia Yoshiko Kohigashi Luz, é apelado 2º Oficial de Registro de Imóveis e Anexos da Comarca de Osasco.

Acordam, em Conselho Superior da Magistratura do Tribunal de Justiça de São Paulo, proferir a seguinte decisão: "Negaram provimento, v u.", de conformidade com o voto do Relator, que integra este acórdão.

O julgamento teve a participação dos Exmos. Desembargadores Ricardo Anafe (Presidente Tribunal de Justiça) (Presidente), Guilherme Gonçalves Strenger (vice-presidente), Xavier de Aquino (Decano), Beretta da Silveira (Pres. da Seção de Direito Privado), Wanderley José Federighi (Pres. da Seção de Direito Público) e Francisco Bruno (Pres. Seção de Direito Criminal).

São Paulo, 29 de setembro de 2023.

Fernando Antonio Torres Garcia
Corregedor-Geral da Justiça
Relator
Assinatura Eletrônica

apelação Cível nº 1016723-60.2022.8.26.0405
Apelante: Lucia Yoshiko Kohigashi Luz
Apelado: 2º Oficial de Registro de Imóveis e Anexos da Comarca de Osasco

VOTO Nº 39.127

REGISTRO DE IMÓVEIS – DÚVIDA – ESCRITURA PÚBLICA DE INVENTÁRIO E PARTILHA – DESQUALIFICAÇÃO DO TÍTULO – MEAÇÃO DA VIÚVA QUE FOI PAGA COM O USUFRUTO VITALÍCIO SOBRE OS BENS DO MONTE E OS QUINHÕES DOS HERDEIROS FILHOS COM A NUA-PROPRIEDADE – VALOR DO USUFRUTO QUE CORRESPONDE A UM TERÇO DO VALOR DOS BENS, POR FORÇA DO DISPOSTO NA LEI ESTADUAL Nº 10.775/2000 – ATRIBUIÇÃO DE QUINHÕES AOS HERDEIROS QUE ULTRAPASSOU A FORÇA DA HERANÇA EM DETRIMENTO DA MEAÇÃO DA VIÚVA, CONFIGURANDO TRANSMISSÃO "INTER VIVOS", POR ATO GRACIOSO, SEM COMPENSAÇÃO PATRIMONIAL NA PARTILHA – INCIDÊNCIA DE ITCMD – ÓBICE MANTIDO – APELAÇÃO NÃO PROVIDA.

Trata-se de apelação interposta por Lucia Yoshiko Kohigashi Luz contra a r. sentença proferida pela MM.ª Juíza Corregedora Permanente do 2º Oficial de Registro de Imóveis, Títulos e Documentos e Civil de Pessoas Jurídicas de Osasco/SP, que manteve a negativa de registro de escritura de inventário e partilha dos bens deixados por Mitsuo Kohigashi (fls. 87/89).

Alega a apelante, em síntese, que todos os impostos devidos em virtude da partilha realizada foram recolhidos, na forma do procedimento administrativo declaratório previsto na Lei Estadual nº 10.705/2000, regulamentada pelo Decreto nº 46.655/2002. Afirma que não cabe ao Oficial de Registro manifestar eventual discordância em relação ao valor recolhido, mas sim, à própria Fazenda do Estado. Ressalta a existência de precedentes deste Colendo Conselho Superior da Magistratura, no sentido de que o Oficial deve exigir prova do recolhimento dos tributos ou a declaração de isenção, não lhe competindo, porém, aferir o correto recolhimento dos valores. Discorda, ainda, do questionamento levantado em relação à forma da partilha realizada, certo que as partes, todas maiores e capazes, livremente deliberaram por deixar a totalidade do usufruto vitalício dos bens em favor da viúva, em pagamento de sua meação, e a nua propriedade aos três filhos do falecido. Nega que a partilha realizada possa configurar doação, porque os valores da meação e dos quinhões foram respeitados (fls. 98/109).

A Douta Procuradoria de Justiça ofertou parecer opinando pelo não provimento do apelo (fls. 135/138).

É o relatório.

A discussão travada nos autos diz respeito à regularidade dos valores recolhidos a título de ITCMD devido para registro de escritura pública de inventário e partilha, tendo por objeto os imóveis deixados pelo falecimento de Mitsuo Kohigashi.

O título foi prenotado em 10.08.2021, tendo sido expedida nota de devolução em 14.09.2021 (fls. 08/09), nos seguintes termos:

(...) no que pese as partes atribuírem o mesmo valor do usufruto à nua propriedade na presente partilha, a citada Lei nº 10.705/2000, estabelece que o usufruto corresponde a 1/3 (um terço) do valor do bem, e a nua propriedade corresponde a 2/3 (dois terços). E sendo certo que a base de cálculo do imposto é o valor venal do bem, em consonância com a fração correspondente a nua-propriedade, verifica-se que o pagamento realizado na partilha, em favor dos herdeiros, foi feito acima de seus respectivos quinhões (...).

Tais diferenças, quando atribuídas aos herdeiros, acima de seus respectivos quinhões, estão sujeitas a tributação, em razão do disposto no art. 2º, § 5º da Lei 10.705/2000, e art. 1º, §5º do Decreto 46.655/2002.

Por todo o exposto, deverá a parte interessada providenciar o recolhimento da diferença do ITCMD, apurada no valor venal proporcional a nua-propriedade recebida por cada herdeiro na presente partilha.

Ao suscitar a presente dúvida, esclareceu o registrador que, discordando da exigência formulada, a interessada reapresentou o título e formulou requerimento de suscitação de dúvida, o que foi objeto de nova prenotação, em 08.02.2022. Na oportunidade, o Oficial apresentou mais um óbice, afirmando que as certidões das transcrições dos registros anteriores dos imóveis, as quais servirão para abertura de matrículas e posterior registro da partilha, não atendem ao prazo de trinta dias exigido pelos artigos 197 e 229 da Lei nº 6.015/1973 c.c. o item 56, do Capítulo XX, Tomo II, das Normas de Serviço da Corregedoria-Geral da Justiça.

Ora, é sabido que ao registrador cabe examinar, de forma exaustiva, o título apresentado e, havendo exigências de qualquer ordem, estas deverão ser formuladas de uma só vez (artigo 198 Lei nº 6.015/1973), não no curso do processo de dúvida. Daí porque, encontrando óbices antes inexistentes, deveria o Oficial expedir uma outra nota devolutiva e não, apresentar exigências ao suscitar a dúvida, sem que fosse dada oportunidade à parte interessada para cumprimento.

De qualquer maneira, não se pode olvidar que tanto o MM. Juiz Corregedor Permanente quanto este Colendo Conselho Superior da Magistratura, ao apreciar as questões postas no processo de dúvida, devem requalificar o título por completo. A qualificação do título realizada no julgamento da dúvida é devolvida por inteiro ao órgão para tanto competente, sem que disso decorra decisão extra ou ultra petita e, tampouco, violação do contraditório e ampla defesa, como decidido por este órgão colegiado na Apelação Cível nº 33.111-0/3, da Comarca de Limeira, em v. acórdão de que foi Relator o Desembargador Márcio Martins Bonilha:

Inicialmente, cabe ressaltar a natureza administrativa do procedimento da dúvida, que não se sujeita, assim, aos efeitos da imutabilidade material da sentença. Portanto, nesse procedimento há a possibilidade de revisão dos atos praticados, seja pela própria autoridade administrativa, seja pela instância revisora, até mesmo de ofício (cf. Ap. Civ. 10.880-0/3, da Comarca de Sorocaba). Não vai nisso qualquer ofensa ao direito de ampla defesa e muito menos se suprime um grau do julgamento administrativo. O exame qualificador do título, tanto pelo oficial delegado, como por seu Corregedor Permanente, ou até mesmo em sede recursal, deve necessariamente ser completo e exaustivo, visando escoimar todo e qualquer vício impeditivo de acesso ao cadastro predial. Possível, portanto, a requalificação do título nesta sede, ainda que de ofício, podendo ser levantados óbices até o momento não arguidos, ou ser reexaminado fundamento da sentença, até para alteração de sua parte dispositiva (in *Revista de Direito Imobiliá*rio, 39/339).

Nesse cenário, a irregularidade verificada, que deverá ser oportunamente sanada, não impede o prosseguimento do feito e tampouco a análise do presente recurso, o qual, no entanto, não comporta acolhimento.

Analisado o título apresentado a registro, verifica-se que a viúva era casada com o inventariado pelo regime de comunhão universal de bens, sendo, portanto, meeira de todo o patrimônio. Na partilha, a meação da viúva foi paga com o usufruto vitalício sobre os bens do monte e os quinhões dos herdeiros filhos, com a nua- propriedade.

Não há irregularidade, diante da farta jurisprudência existente sobre o tema, em se admitir a possibilidade, quando da elaboração do plano de partilha, de ser atribuída aos herdeiros a nua- -propriedade dos imóveis e o usufruto ao cônjuge supérstite (AI nº 233.257-4/3, SP, 7ª Câmara de Direito Privado do Tribunal de Justiça de São Paulo; AI nº 133.340-4/1, SP, 8ª Câmara de Direito Privado do Tribunal de Justiça de São Paulo; AI nº 174.195-4/9, Comarca de Penápolis, 1ª Câmara de Direito Privado do Tribunal de Justiça de São Paulo; AI nº 138.922-4/4, Comarca de Jaú, 3ª Câmara de Direito Privado do Tribunal de Justiça de São Paulo; AI nº 234.881-4, Comarca de São Carlos, 1ª Câmara de Direito Privado do Tribunal de Justiça de São Paulo).

Na doutrina, a situação fática encontra igual respaldo, conforme lecionam Sebastião Amorim e Euclides Oliveira (in "Inventários e Partilhas", Livraria e Editora Universitária de Direito, 15ª ed., 2003, p. 297/298): "A doação de bens imóveis ou móveis, típico ato 'inter vivos', pode ocorrer também no âmbito do processo de inventário, por meio da cessão gratuita de direitos hereditários ou de meação, fazendo incidir o correspondente imposto de transmissão. O mesmo se diga da chamada 'partilha diferenciada', em que determinado herdeiro é beneficiado com cota superior à que lhe seria devida por herança, sem reposição pecuniária aos demais herdeiros. Diversamente, ocorrendo cessão de bem imóvel ou de direito a ele relativo, a título oneroso, ou havendo reposição na partilha diferenciada, assim como na hipótese de permuta de bens, o imposto será outro (o ITBI), de competência do Município (CF/88, art. 156), com regulamentação local (...)".

No caso concreto, insurge-se a apelante contra a exigência de recolhimento do ITCMD, apurado a partir do valor venal proporcional à nua propriedade recebida por cada herdeiro, ao argumento de que a partilha, feita entre maiores e capazes, apenas cuidou de atribuir as porções ideais conforme ajustado entre os interessados, não sendo devido qualquer outro imposto senão o que foi recolhido em razão da sucessão "causa mortis".

Ocorre que, com a atribuição da nua-propriedade sobre a totalidade dos bens levados a inventário, os três herdeiros de Mitsuo Kohigashi receberam mais que a força da herança, em detrimento da meação da viúva. Na verdade, recebendo a viúva-meeira apenas o direito real de usufruto, forçoso admitir-se que ela transmitiu, por ato "inter vivos", sua meação sobre a nua-propriedade, ainda que tenha sido compensada em parte, quando se lhe atribuiu usufruto sobre o todo de cada um dos imóveis inventariados. De qualquer modo, inegável que receberam os herdeiros mais do que houveram na qualidade de sucessores "causa mortis" e, pelo que excedeu, é devido o imposto por ato entrevivos porque configurada a transmissão de direitos imobiliários.

Relevante destacar, neste ponto, os ensinamentos dos já citados Sebastião Amorim e Euclides de Oliveira: "Hipótese bastante comum é a do cônjuge viúvo, com direito à meação nos bens da herança, concorrendo com herdeiros filhos. Atribui-se ao viúvo o direito de usufruto sobre determinados bens e faz-se a partilha da nua-propriedade aos herdeiros. Cumpre ressalvar, no entanto, que o valor do usufruto corresponde a uma fração do valor dos bens, que no Estado de São Paulo, por força da Lei n. 10.775/2000, seria de 1/3. Sobre a diferença entre esse terço e o valor da meação, pelas cotas atribuídas aos herdeiros, incidirá o imposto de transmissão, que pode ser o ITCMD no caso de liberalidade, ou o ITBI se houver pagamento ou reposição do valor." (in "Inventário e Partilha: teoria e prática", 26ª edição, São Paulo: Saraiva, 2020, Capítulo 10, n. 2.2).

Logo, considerando que a atribuição de quinhões aos herdeiros ultrapassou a força da herança em detrimento da meação da viúva, o que caracteriza transmissão "inter vivos", por ato gracioso, sem compensação patrimonial na partilha, mostra-se configurada a hipótese de incidência do ITCMD (Lei Estadual nº 10.705/2000, art. 2º, § 5º e art. 9º, § 2º, itens 3 e 4 c.c. art. 1º, § 5º do Decreto 46.655/2002).

Ressalte-se que, diferentemente do quanto entende a apelante, o precedente referido em suas razões recursais (TJSP; Apelação Cível 1001328-44.2020.8.26.0584; Relator Des. Ricardo Anafe (Corregedor-Geral); Órgão Julgador: Conselho Superior da Magistratura; Foro de São Pedro – 2ª Vara; Data do Julgamento: 02.12.2021; Data de Registro: 15.12.2021), na verdade confirma o acerto do óbice ora apresentado pelo registrador, na medida em que se refere à efetiva apresentação, naquele caso, da guia de recolhimento do ITCMD devido em razão do valor da meação superar o valor do usufruto.

Por fim, insta consignar que é da incumbência do registrador a fiscalização do pagamento do imposto de transmissão de bens por força dos atos que lhe forem apresentados em razão do ofício (itens 117 e 117.1, Capítulo XX do Tomo II, das Normas de Serviço da Corregedoria-Geral da Justiça), sob pena, inclusive, de ser responsabilizado solidariamente pelo pagamento do tributo (artigo 134, inciso VI, do Código Tributário Nacional).

Daí porque o óbice apresentado está correto, visto que não se refere a eventual questionamento quanto ao valor recolhido, mas sim, diz respeito à efetiva necessidade de comprovação do recolhimento do imposto devido por conta do excesso de meação. Sobre o tema:

REGISTRO DE IMÓVEIS – DÚVIDA – APELAÇÃO – FORMAL DE PARTILHA – EXCESSO DE MEAÇÃO – DIVISÃO DOS BENS NÃO IGUALITÁRIA – VALOR EXCEDENTE DA MEAÇÃO – INCIDÊNCIA DE ITCMD – DEVER DOS REGISTRADORES IMOBILIÁRIOS DE EXIGIR A COMPROVAÇÃO DO RECOLHIMENTO DO IMPOSTO DEVIDO PARA REGISTRO DA TRANSFERÊNCIA DA TITULARIDADE DOMINIAL – APELO NÃO PROVIDO (TJSP; Apelação Cível 1005304-40.2022.8.26.0309; Relator (a): Fernando Antonio Torres Garcia (Corregedor-Geral); Órgão Julgador: Conselho Superior da Magistratura; Foro de Jundiaí – 1ª Vara Cível; Data do Julgamento: 27.01.2023; Data de Registro: 02.02.2023).

Ante o exposto, pelo meu voto, nego provimento à apelação.

Fernando Antonio Torres Garcia
Corregedor-geral da Justiça
Relator
Assinatura Eletrônica

3.47 INVENTÁRIO CONJUNTO. PARTILHA *PER SALTUM*. CONTINUIDADE. ITCMD – FISCALIZAÇÃO – HOMOLOGAÇÃO – CERTIDÃO

CSMSP – Apelação Cível: 1019035-22.2020.8.26.0100
Localidade: São Paulo
Data de Julgamento: 20.10.2021
Data DJ: 26.01.2022
Unidade: 5
Relator: Ricardo Mair Anafe
Jurisprudência: Indefinido
Lei: CC2002 – Código Civil de 2002 – 10.406/2002 Art: 1.571 Inc: I
Lei: CC2002 – Código Civil de 2002 – 10.406/2002 Art: 1.829
Lei: LO – Novo CPC – 13.105/15 Art: 672
Lei: LO – Novo CPC – 13.105/15 Art: 993 Inc: IV

Lei: LO – Novo CPC – 13.105/15 Art: 1.023
Lei: LITCMD – Lei do ITCMD – 10.705/2000 Art: 2 Inc: I
Lei: DEC – ITCMD – 46.655/2002 Art: 21 ss.
Lei: LITCMD – Lei do ITCMD – 10.705/2000 Art: 8 Inc: I
Lei: LRP – Lei de Registros Públicos – 6.015/1973 Art: 289
Especialidades: Registro de Imóveis

Registro de Imóveis – Apelação – Dúvida – Negativa de registro de formal de partilha expedido em inventário conjunto – Ausência de menção à meação do cônjuge supérstite – Acerto do óbice registrário – Meação que integra a comunhão – Indivisibilidade – Necessidade de partilha – Comprovação de pagamento do ITCMD – Necessidade de apresentação de certidão de homologação pela fazenda estadual – Óbice mantido – Recurso não provido.

Íntegra

PODER JUDICIÁRIO – TRIBUNAL DE JUSTIÇA DO ESTADO DE SÃO PAULO – CONSELHO SUPERIOR DA MAGISTRATURA

ACÓRDÃO

Vistos, relatados e discutidos estes autos de Apelação Cível nº 1019035-22.2020.8.26.0100, da Comarca de São Paulo, em que é apelante Achilles Craveiro Neto, é apelado 5º Oficial de Registro De Imóveis da Comarca da Capital.

Acordam, em Conselho Superior de Magistratura do Tribunal de Justiça de São Paulo, proferir a seguinte decisão: "Negaram provimento, v.u.", de conformidade com o voto do Relator, que integra este acórdão.

O julgamento teve a participação dos Exmos. Pinheiro Franco (Presidente Tribunal de Justiça) (Presidente), Luis Soares de Mello (vice-presidente), Xavier de Aquino (Decano), Guilherme G. Strenger (Pres. Seção de Direito Criminal), Magalhães Coelho (Pres. da Seção de Direito Público) e Dimas Rubens Fonseca (Pres. da Seção de Direito Privado).

São Paulo, 20 de outubro de 2021.

Ricardo Anafe
Corregedor-Geral da Justiça e Relator
Assinatura Eletrônica

Apelação Cível nº 1019035-22.2020.8.26.0100
Apelante: Achilles Craveiro Neto
Apelado: 5º Oficial de Registro de Imóveis da Comarca da Capital

Voto nº 31.581

REGISTRO DE IMÓVEIS. APELAÇÃO. DÚVIDA. NEGATIVA DE REGISTRO DE FORMAL DE PARTILHA EXPEDIDO EM INVENTÁRIO CONJUNTO. AUSÊNCIA DE MENÇÃO À MEAÇÃO DO CÔNJUGE SUPÉRSTITE. ACERTO DO ÓBICE REGISTRÁRIO. MEAÇÃO QUE INTEGRA A COMUNHÃO. INDIVISIBILIDADE. NECESSIDADE DE PARTILHA. COMPROVAÇÃO DE PAGAMENTO DO ITCMD. NECESSIDADE DE APRESENTAÇÃO DE CERTIDÃO DE HOMOLOGAÇÃO PELA FAZENDA ESTADUAL. ÓBICE MANTIDO. RECURSO NÃO PROVIDO.

1. Cuida-se de recurso de apelação interposto por ACHILLES CRAVEIRO NETO em face da r. sentença de fl. 178/183, que julgou procedente a dúvida suscitada pelo 5º Oficial de Registro de Imóveis da Capital, mantendo-se os óbices registrários ofertados para registro do formal de partilha extraído do inventário conjunto dos Espólios de Erica Pompéia Craveiro e Achilles Craveiro Junior, autos do processo nº 0034530- 41.2011.8.26.0100, nas matrículas nºs 27.717 e 75.801.

A Nota de Exigência de fl. 80/81 indicou como motivos de recusa do ingresso do título:

> I) Trata-se formal de partilha dos bens deixados pelo falecimento de Achilles Craveiro Júnior e Erica Pompéia Craveiro.
>
> Na 1ª sucessão (Erica) e na 2ª sucessão (Achilles) consta como objeto de partilha a parte ideal de 50% de cada um dos imóveis matriculados sob n. 27.717 e 75.801, constando ainda um único pagamento aos herdeiros filhos, na proporção de 50% dos imóveis para cada um.
>
> Todavia, Erica e Achilles foram casados entre si, sob o regime da comunhão parcial de bens.
>
> Analisando o título, sob a égide do Código Civil Brasileiro, verifica-se que adotado tal regime de bens pelo casal, os bens posteriores ao casamento, adquiridos por forma onerosa, comunicam-se entre os cônjuges, formando assim um todo, logo constitui-se uma massa de bens, denominada "patrimônio do casal".

Com o falecimento de um dos cônjuges, o "patrimônio do casal" passa a constituir um espólio que é a universalidade de bens e só extremado "meação e herança" pela partilha.

Sendo assim, corrigir a proporção ora partilhada na sucessão de Erica e Achilles, o valor atribuído aos imóveis e os pagamentos dos quinhões (artigo n. 1.658 do Código Civil c/c artigos 195 e 237 da Lei n. 6.015/73).

II) Apresentar, no original ou em cópia autenticada ou entranhar nos autos, por aditamento, a Certidão de Regularidade expedida pela Secretaria da Fazenda do Estado de São Paulo, concordando com o imposto recolhido nas sucessões de Achilles Craveiro Júnior e Erica Pompeia Craveiro (artigos 1º, inciso 1; 10, inciso I; e 48 do Decreto n. 46.655/2002, que regulamentou a Lei Estadual n. 10.705/2000)".

Sustenta o recorrente, em suma, que os óbices apontados pelo Oficial do 5º Registro de Imóveis da Capital não prevaleçam. Afirma que os falecidos eram cônjuges, casados sob o regime da comunhão parcial de bens e os bens imóveis objetos do inventário foram adquiridos na constância do casamento. Em razão disso, o falecido Achilles não herdou bens da falecida Erica. Assim, não houve violação ao Princípio da Continuidade Registral. Também, os impostos estaduais foram devidamente recolhidos, não sendo legal a exigência da certidão de regularidade do Fisco Estadual.

A D. Procuradoria Geral de Justiça opinou pelo desprovimento do recurso (fl. 226/228).

É o relatório.

2. Presentes seus pressupostos legais e administrativos, conheço do recurso.

A apelação, a despeito de seus jurídicos fundamentos, não comporta provimento.

Não se ignora que a origem judicial do título não o torna imune à qualificação registral, ainda que limitada aos requisitos formais do título e sua adequação aos princípios registrais, conforme disposto no item 117 do Capítulo XX das Normas de Serviço da Corregedoria-Geral da Justiça. Está pacificado, inclusive, que a qualificação negativa não caracteriza desobediência ou descumprimento de decisão judicial (Apelação Cível nº 413-6/7; Apelação Cível nº 0003968-52.2014.8.26.0453; Apelação Cível nº 0005176-34.2019.8.26.0344; e Apelação Cível nº 1001015-36.2019.8.26.0223).

A redação do item 117, do Capítulo XX, das Normas de Serviço da Corregedoria-Geral da Justiça, por seu turno, é expressa acerca do dever do Oficial do Registro de Imóveis de qualificar negativamente o título que não preencha os requisitos legais, in verbis:

> 117 – Incumbe ao oficial impedir o registro de título que não satisfaça os requisitos exigidos pela lei, quer sejam consubstanciados em instrumento público ou particular, quer em atos judiciais.

Fixadas, pois, estas premissas, razão não assiste ao recorrente.

Pretende o apelante o registro do formal de partilha expedido nos autos do inventário conjunto dos bens deixados pelos falecimentos de Erica Pompéia Craveiro, ocorrido em 03.07.2011 e de Achilles Craveiro Junior, verificado em 04.07.2011.

De proêmio, cumpre registrar não existir óbice para que os bens sejam inventariados conjuntamente, como, de fato, o foram, nos termos do art. 672 do Código de Processo Civil.

Ocorre que, *in casu*, não se verifica tenha havido a adequada partilha do patrimônio seguida da transmissão da herança.

Com efeito, com o óbito de Erica dissolveu-se a sociedade conjugal (art. 1571, I, CC), razão pela qual o patrimônio então existente deveria ser integralmente partilhado.

Conquanto, de fato, os falecidos Erica e Achilles não fossem herdeiros entre si dos bens comuns, à luz do que dispõe o art. 1.829 do Código Civil, certo é que na petição de partilha dos bens deixados em razão do falecimento de Erica haveria de ter menção expressa à meação do cônjuge sobrevivente, Achilles.

Ao revés, constou incorretamente apenas o pagamento aos herdeiros necessários.

A meação do cônjuge supérstite integra a comunhão instituída pelo casamento, que é indivisível, somente perdendo esta característica com a partilha pela separação ou divórcio, ou ainda a partilha pela sucessão causa mortis.

Consoante nos ensina Maria Berenice Dias:

> Quer no casamento, quer na união estável, quando o regime do casamento prevê a comunhão do patrimônio adquirido durante o período de convívio, os bens pertencem a ambos em partes iguais. A presunção é que foram adquiridos pela comunhão de esforços para amealhá-los. Cada um é titular da metade e tem direito à meação de cada um dos bens. Esta copropriedade recebe o nome de mancomunhão, expressão corrente na doutrina, que, no entanto, não dispõe de previsão legal.
> É o estado dos bens conjugais antes de sua efetiva partilha. Nada mais significa do que propriedade em "mão comum", ou seja, pertencente a ambos os cônjuges ou companheiros. Tal figura distingue-se do condomínio: quando o casal detém o bem ou coisa simultaneamente, com direito a uma fração ideal, podendo alienar ou gravar seus direitos, observada a preferência do outro (CC 1.314 e seguintes). O estado de mancomunhão inviabiliza a transmissão (e o respectivo registro) de partes ideais pelos antigos cônjuges por razões de duas ordens: (i) ausência de partilha, o que impossibilita o conhecimento acerca da atribuição da titularidade da propriedade e (ii) violação do princípio da continuidade por não ser possível a inscrição da transmissão da propriedade a falta da extinção da mancomunhão que não tem natureza jurídica de condomínio (*Manual das famílias*. São Paulo: Ed. RT, e-book, 2017).

Em comentário ao art. 993, IV, do Código de Processo Civil, preleciona Theotônio Negrão:

> Os bens pertencentes ao "de cujus" em comunhão com o seu cônjuge devem ser relacionados integralmente, e não apenas a parte ideal que lhe pertencia (*Código Processual Civil e legislação processual civil em vigor*. 37. ed. São Paulo : Saraiva, 2005, p. 949).

Em suma, o patrimônio adquirido pelo casal na constância do casamento, observado o regime da comunhão parcial de bens, pertence em sua totalidade a ambos os cônjuges, sendo que ao inventário deve ser levado o todo para apuração da parte pertencente a cada um deles com a extinção da comunhão.

A necessidade de constar do plano de partilha a meação do cônjuge supérstite também consta do então vigente art. 1.023 do Código de Processo Civil, atual art. 651:

> Art. 1.023. O partidor organizará o esboço da partilha de acordo com a decisão, observando nos pagamentos a seguinte ordem:
> I – dívidas atendidas;

II – meação do cônjuge;

III – meação disponível;

IV – quinhões hereditários, a começar pelo coerdeiro mais velho.

No ponto, cumpre destacar trecho da Apelação Cível nº 764-6/8 cujo relator foi o Exmo. Sr. Des. Gilberto Passos de Freitas, então Corregedor-Geral da Justiça:

Não se discute que meação de cônjuge não se enquadra no conceito legal de herança (e, por isso, não havendo transmissão, seu valor não deve ser considerado na base de cálculo de tributo); mas isso não significa que deva ser desprezada na partilha.

Ao contrário, justamente porque a situação é de massa indivisa, que abrange a comunhão decorrente do casamento e a herança gerada pela sucessão "mortis causa", que se extrema apenas com a partilha, não há como deixar de incluir a integridade do bem, e não apenas sua metade ideal, na partilha, que deve prever não só o pagamento do quinhão da herdeira, mas também a atribuição da parte que couber à viúva-meeira.

Diversos são, aliás, os precedentes do Conselho Superior da Magistratura neste sentido, deles destacando-se não só a verdade de que "a comunhão decorrente do casamento é pro indiviso'" (CSM, Ap. Civ. nº 404-6/6, rel. José Mário Antonio Cardinale) – e, por isso, a meação da cônjuge sobrevivente "só se extremará com a partilha" (CSM, Ap. Civ nºs 404-6/6, rel. José Mário Antonio Cardinale e 17.289-0/7, rel. José Alberto Weiss De Andrade) –, mas também a consequência lógica de que, até a partilha integral, "permanece a indivisão" (CSM, Ap.Civ. nº 15.305, rel. Dínio De Santis Garcia).

Neste sentido vale lembrar, também, a lição de Afrânio de Carvalho:

> Não importa que, em se tratando de cônjuge sobrevivente casado no regime da comunhão de bens, metade do imóvel já lhe pertença desde o casamento, porque o título reúne essa parte ideal, societária, com a outra, sucessória, para recompor a unidade real do "de cujus". A partilha abrange todo o patrimônio do morto e todos os interessados, desdobrando-se em duas partes, a societária e a sucessória, embora o seu sentido se restrinja por vezes à segunda. Por isso, dá em pagamento ao cônjuge sobrevivente ambas as metades que lhe caibam, observando dessa maneira o sentido global a operação, expressa na ordem de pagamento preceituado para o seu esboço, a qual enumera, em segundo lugar, depois das dívidas, a meação do cônjuge e, em seguida, a meação do falecido que, na hipótese, passa também ao cônjuge (*Registro de Imóveis*, Forense, 3. ed. RJ 1982, pág. 281).

Ultrapassado este ponto, a exigência apresentada pelo Oficial Registrador quanto à necessidade de apresentação de certidão de regularidade emitida pela Fazenda Estadual quanto ao ITCMD mostra-se correta, porquanto devidamente amparada na legislação vigente – Lei nº 10.705/2000, art. 2º, inciso I e art. 8º, inciso I, com regulamentação disposta nos artigos 21 e seguintes do Decreto nº 46.655/2002.

Nos casos de transmissões causa mortis ocorridas no âmbito judicial, deverá ser apresentada ao Fisco a declaração do ITCMD, e demais documentos, sendo que a concordância com os valores declarados será manifestadas por despacho fundamentado do Agente Fiscal de Rendas incumbido de analisar a Declaração do ITCMD e demais documentos art. 8º, 9º e 10, da Portaria CAT-15/2013.

A propósito, já ficou decidido que:

Registro de Imóveis. Formal de partilha. Comprovação de pagamento do ITCMD. Necessidade de apresentação de certidão de homologação pela Fazenda. Óbice mantido. Recurso não provido (Apelação Cível nº 0000534-79.2020.8.26.0474, Conselho Superior da Magistratura, Des. Rel. e Corregedor-Geral da Justiça Ricardo Anafe).

REGISTRO DE IMÓVEIS – Dúvida julgada procedente – Escritura pública de inventário e partilha de bens – Autor da herança casado pelo regime da separação obrigatória de bens Imóvel adquirido em condomínio entre o autor da herança e sua esposa – Partilha somente aos filhos, em decorrência de doação formulada pela viúva. Possibilidade – Divergência na escritura pública entre os valores dos bens doados e os indicados para justificar a isenção da obrigação de declarar o ITCMD – Necessidade de comprovação da declaração e recolhimento do imposto, ou de demonstração de sua isenção – Recurso não provido, mas por fundamento distinto do adotado na r. sentença. (Apelação Cível nº 1005906-21.2018.8.26.0099 Conselho Superior da Magistratura, Des. Rel. Pinheiro Franco)

Não se olvida que, nos termos do art. 289 da Lei nº 6.015/73, incumbe ao Oficial de registro a rigorosa fiscalização do pagamento dos impostos devidos por força dos atos que lhes forem apresentados em razão do ofício, o que vem corroborado pelos itens 117 e 117.1, do Capítulo XX, Tomo II, das NSCGJ:

> 117 – Incumbe ao oficial impedir o registro de título que não satisfaça os requisitos exigidos pela lei, quer sejam consubstanciados em instrumento público ou particular, quer em atos judiciais.
>
> 117.1 – Com exceção do recolhimento do imposto de transmissão e de recolhimento do laudêmio, quando devidos, nenhuma exigência relativa à quitação de débitos para com a Fazenda Pública, inclusive quitação de débitos previdenciários, fará o oficial, para o registro de títulos particulares, notariais ou judiciais.

A omissão do Delegatário pode levar à sua responsabilidade solidária no pagamento do tributo, nos exatos termos do art. 134, inciso VI, do Código Tributário Nacional-CTN:

> Art. 134. Nos casos de impossibilidade de exigência do cumprimento da obrigação principal pelo contribuinte, respondem solidariamente com este nos atos em que intervierem ou pelas omissões de que forem responsáveis:
>
> (...)
>
> VI – os tabeliães, escrivães e demais serventuários de ofício, pelos tributos devidos sobre os atos praticados por eles, ou perante eles, em razão do seu ofício.

Neste cenário, não há como se concluir pela superação dos óbices apontados pelo Registrador.

3. Por essas razões, pelo meu voto, nego provimento ao recurso.

Ricardo Anafe
Corregedor-Geral da Justiça e Relator
Assinatura Eletrônica

3.48 INVENTÁRIO. PARTILHA *PER SALTUM*. CONTINUIDADE

CSMSP – Apelação Cível: 1013445-56.2019.8.26.0114
Localidade: Campinas
Data de Julgamento: 10.12.2019
Data DJ: 02.04.2020
Unidade: 1
Relator: Geraldo Francisco Pinheiro Franco
Jurisprudência: Indefinido
Lei: LRP – Lei de Registros Públicos – 6.015/1973 Art: 237
Especialidades: Registro de Imóveis

REGISTRO DE IMÓVEIS – Inventário – Ofensa ao princípio da continuidade – Necessidade de partilhas sucessivas – Impossibilidade de registro – Óbice – mantido – Recurso não provido.

Íntegra

PODER JUDICIÁRIO – TRIBUNAL DE JUSTIÇA DO ESTADO DE SÃO PAULO – CONSELHO SUPERIOR DA MAGISTRATURA

ACÓRDÃO

Vistos, relatados e discutidos estes autos de Apelação Cível nº 1013445-56.2019.8.26.0114, da Comarca de Campinas, em que é apelante Marcello Cassavia, é apelado 1º Oficial de Registro de Imóveis da Comarca de Campinas.

Acordam, em Conselho Superior de Magistratura do Tribunal de Justiça de São Paulo, proferir a seguinte decisão: "Negaram provimento ao recurso, v.u.", de conformidade com o voto do Relator, que integra este acórdão.

O julgamento teve a participação dos Exmos. Desembargadores Pereira Calças (Presidente Tribunal de Justiça) (Presidente), Artur Marques (vice-presidente), Xavier de Aquino (Decano), Evaristo dos Santos (Pres. da Seção de Direito Público), Campos Mello (Pres. da Seção de Direito Privado) e Fernando Torres Garcia (Pres. Seção de Direito Criminal).

São Paulo, 10 de dezembro de 2019.

Pinheiro franco
Corregedor-geral da Justiça e Relator

Apelação Cível nº 1013445-56.2019.8.26.0114
Apelante: Marcello Cassavia
Apelado: 1º Oficial de Registro de Imóveis da Comarca de Campinas

VOTO nº 38.017

Registro de imóveis – Inventário – Ofensa ao princípio da continuidade – Necessidade de partilhas sucessivas – Impossibilidade de registro – Óbice – mantido – Recurso não provido.

Trata-se de apelação interposta por Marcello Cassavia contra a r. sentença que julgou procedente dúvida suscitada pelo 1º Oficial de Registro de Imóveis da Comarca de Campinas/SP, mantendo o óbice levantado para ingresso do título na serventia imobiliária.

Afirma o apelante, em síntese, que não houve transmissão per saltum, pois apresentadas as primeiras declarações em separado para cada um dos falecidos, com os respectivos recolhimentos de ITCMD.

Sustenta ser possível a cumulação de inventários para partilha de herança deixada pelos dois cônjuges, tanto que, em relação ao registro dos demais imóveis partilhados, não foi apresentado nenhum óbice.

A D. Procuradoria Geral de Justiça opinou pelo não provimento do recurso.

É o relatório.

O apelante apresentou a registro o formal de partilha expedido nos autos da ação de inventário conjunto dos bens deixados por Ruy Cassavia e Pérola Machado Luz Cassavia. Como é sabido, a origem judicial do título não o torna imune à qualificação registral, ainda que limitada a seus requisitos formais e sua adequação aos princípios registrais, conforme o disposto no item 119, do Capítulo XX, das NSCGJ. Este C. Conselho Superior da Magistratura tem decidido, inclusive, que a qualificação negativa não caracteriza desobediência ou descumprimento de decisão judicial.

Ocorre que as regras quanto à possibilidade de inventários sucessivos, para fins processuais, são diferentes dos rigores dos princípios que vigoram no campo dos registros públicos e com eles não se confundem.

No caso concreto, constam da matrícula do imóvel, como titulares de domínio, Ruy Cassavia e Pérola Machado Luz Cassavia. Contudo, no título apresentado a registro, houve a partilha da integralidade dos imóveis objeto da herança, sem que, primeiramente, tenha havido a partilha dos bens deixados por Ruy Cassavia, que faleceu antes da esposa Pérola.

Sendo assim, ainda que inventariados de modo conexo e por instrumento conjunto, os bens dos falecidos deveriam ter sido paulatinamente partilhados quanto ao seu ingresso no registro de imóveis, conforme a ordem de falecimentos, ressalvadas hipóteses de comoriência, o que não ocorreu no caso concreto.

Pelo princípio da continuidade, ou do trato sucessivo, compete a transmissão da propriedade ao espólio herdeiro, e assim sucessivamente, não sendo possível a transmissão da propriedade diretamente aos herdeiros filhos, pelo fato daquele que faleceu posteriormente ainda estar vivo quando aberta a sucessão anterior. A cumulação de inventários visa privilegiar a economia processual, mas não é apta a afastar a previsão de partilhas distintas, sucessivas e sequenciais, aplicáveis no caso em tela.

O pleito da apelante se assimila à partilha per saltum, que já teve tratamento em diversos precedentes deste Colendo Conselho Superior da Magistratura (Apelação nº 917-6/7, Rel. Des. Ruy Camilo, j. 4.11.08; Apelação nº 1.067-6/4, Rel. Des. Ruy Camilo, j. 14.04.2009).

Confira-se, também, os seguintes precedentes:

REGISTRO DE IMÓVEIS – Carta de Adjudicação – Casal falecido com único herdeiro - inexistência de comoriência – Necessidade da realização de partilhas sucessivas – Violação do princípio da continuidade – Necessidade de retificação do título judicial para acesso ao fólio real – Recurso não provido (TJSP, Conselho Superior da Magistratura, Apelação Cível Nº 0051003-05.2011.8.26.0100).

REGISTRO DE IMÓVEIS – Dúvida – Formal de partilha – Transmissão *per saltum* que se não coaduna com o princípio da continuidade (Lei nº 6.015/73, arts. 195 e 237) – Jurisprudência do Conselho Superior da Magistratura – Recurso não provido (TJSP, Conselho Superior da Magistratura, Apelação cível nº 0002506-52.2009.8.26.0383).

E mais recentemente:

REGISTRO DE IMÓVEIS – Ação de inventário/arrolamento envolvendo mais de um falecido – Sentença homologatória de partilhas sucessivas – Impossibilidade de registro – Princípio da continuidade – Óbice mantido – Recurso desprovido (TJSP, Conselho Superior da Magistratura, Apelação Cível nº 0001207-39.2016.8.26.0498).

Nesse cenário, para que a continuidade registrária seja preservada, mostra-se indispensável o registro do título por meio do qual a premorta recebeu o bem deixado pelo autor da herança para, em seguida, ser registrada o formal de partilha que atribuiu aos herdeiros filhos a totalidade do bem.

A propósito, dispõe o art. 237 da Lei nº 6.015/73: "Ainda que o imóvel esteja matriculado, não se fará registro que dependa da apresentação de título anterior, a fim de que se preserve a continuidade do registro".

Por essas razões, a hipótese é de manutenção do óbice levantado na nota devolutiva ora impugnada.

Diante do exposto, pelo meu voto, nego provimento ao recurso.

Pinheiro Franco
Corregedor-geral da Justiça e Relator

3.49 TABELIÃO DE NOTAS – ESCRITURA PÚBLICA DE INVENTÁRIO E PARTILHA – ESPÓLIO, QUE NÃO DETÉM CAPACIDADE, NÃO PODE SER PARTE NA ESCRITURA, QUANTO MAIS DIANTE DA PRESENÇA DE INTERESSADOS MENORES – PENA DE REPREENSÃO BEM APLICADA – SENTENÇA MANTIDA

Corregedoria-Geral da Justiça
Processo nº 2015/50558
(126/2015-E)

TABELIÃO DE NOTAS – ESCRITURA PÚBLICA DE INVENTÁRIO E PARTILHA – ESPÓLIO, QUE NÃO DETÉM CAPACIDADE, NÃO PODE SER PARTE NA ESCRITURA, QUANTO MAIS DIANTE DA PRESENÇA DE INTERESSADOS MENORES – PENA DE REPREENSÃO BEM APLICADA – SENTENÇA MANTIDA.

Excelentíssimo Senhor Corregedor-Geral da Justiça,

Trata-se de recurso administrativo tirado em face de sentença que condenou o recorrente à pena de repreensão, diante da lavratura de escritura pública de inventário e partilha, tendo como uma das partes Espólio, representado por inventariante. Verificou-se que a escritura pública de inventário referiu-se à partilha dos bens de N. A. V.. Ele faleceu em 19 de maio de 2006 e, quando do falecimento, eram seus herdeiros, todos maiores e capazes: M. S. V., T. V., N. A. V. J. e A. M. V. A.

Porém, a escritura pública de inventário e partilha só foi lavrada em 13 de dezembro de 2012, quando a herdeira A. M. V. A. já havia falecido. Por isso, figurou, como parte, seu Espólio, representado pelo viúvo, inventariante. No entanto, dois foram os problemas: em primeiro lugar, o inventário de A. M. V. A. ainda não havia sido aberto. Só o foi em 14 de março de 2013 e o viúvo, L. M. A., só foi nomeado para o cargo de inventariante em 23 de maio de 2013. Portanto, ao tempo da lavratura da escritura, ao contrário do que nela constou, não havia ainda "inventariante"; em segundo lugar, A. M. V. A. deixou dois filhos menores que, portanto, eram interessados na partilha dos bens de N. A. V.. Logo, houve violação do que preceitua o art. 982, do Código de Processo Civil.

Em seu recurso, o apenado alega, em síntese, que a escritura não padeceu de qualquer vício e que não houve falta disciplinar. Afirma que a transmissão dos bens de N. A. V. deu-se com a morte, pelo princípio da saisine. Ao tempo de sua morte, havia quatro herdeiros capazes. E todos eles compareceram ao ato notarial. A filha A. M. faleceu após a morte de N. A. V., mas antes da lavratura da escritura. Contudo, ao tempo em que faleceu, já havia herdado o respectivo quinhão dos bens de seu pai. Por isso, foi representada, na escritura pública, pelo Espólio. As filhas menores de A. M. não são parte na escritura e, no que diz respeito a elas, foi aberto inventário judicial, para que recebam seu quinhão. Diante desse quadro, o apenado entende que não havia óbice ao inventário extrajudicial, uma vez que nenhum incapaz era parte na escritura. Assevera que primeiro se faz o inventário ter constado que o viúvo de Ana Maria era inventariante – sem inventário ainda aberto –, aduz que houve mero erro de semântica. Ele não era inventariante, mas administrador provisório e a escritura foi retificada posteriormente.

É o breve relato.

Passo a opinar.

O recurso não comporta provimento.

A exposição dos fatos já foi feita no relatório. Urge, pois, responder à questão central: o Tabelião poderia ter lavrado a escritura pública de inventário e partilha apontando como uma das partes, um dos herdeiros, o Espólio de A. M. V. A.? A resposta é negativa, por duas razões.

Em primeiro lugar, Espólio não pode figurar como parte, herdeiro, em escritura pública de inventário e partilha, por conta de falta de capacidade. Isso contrariaria o art. 982, do Código de Processo Civil.

A questão é respondida com clareza pela Professora Juliana da Fonseca Bonates, especialista no tema:

> Se algum herdeiro falecer antes de ultimada a partilha extrajudicial, esta só continuará possível se a partilha desse herdeiro pós-morto for realizada anteriormente, de modo que os herdeiros do herdeiro possam participar em nome próprio. Também pode ser lavrada a escritura de partilha extrajudicial da sucessão que primeiro abriu, desde que o segundo inventário também possa ser resolvido dessa maneira, e todos os que houvessem de participar deste último concordem com aquele que estava pendente. Embora o espólio possa transigir com autorização judicial (Código de Processo Civil, art. 992, li) não poderá ser considerado 'capaz' (Código de Processo Civil, art. 982, com a nova redação dada pela Lei 11.441/2007, e Código Civil, art. 2.016) para a partilha amigável extrajudicial. É da essência da via administrativa que não seja necessário suprir a incapacidade de nenhum interessado, muito menos obter autorização judicial. De qualquer modo, os herdeiros do herdeiro são interessados, e sem

sua participação a escritura não poderá ser lavrada. (in Separação, divorcio, partilhas e inventários extrajudiciais - Questionamentos sobre a Lei 11.441/2007, coord. Antônio Carlos Mathias Coltro e Mário Luiz Delgado, p. 321).

O espólio é nada mais do que uma universalidade de bens, uma entidade sem personalidade jurídica, representada, judicial e extrajudicialmente, pelo inventariante ou, antes dele, pelo administrador provisório. Não se enquadra, portanto, no conceito de "agente capaz" previsto no art. 982, da Código de Processo Civil.

Aliás, é preocupante a compreensão que o apenado tem do art. 11, da Resolução nº 35, do Conselho Nacional da Justiça:

> Art 11. E obrigatória a nomeação de interessado, na escritura pública de inventário e partilha, para representar o espólio, com poderes de inventariante, no cumprimento de obrigações ativas ou passivas pendentes, sem necessidade de seguir a ordem prevista no art. 990 do Código de Processo Civil.

Da leitura desse artigo, o Tabelião compreende que existe autorização para que Espólio figure, como parte, no ato notarial. Nada mais equivocado.

Disposição semelhante está nos itens 105 e 105.1, do Capítulo XIV, das NSCGJ:

> 105. É obrigatória a nomeação de inventariante extrajudicial, na escritura pública de inventário e partilha, para representar o espólio, com poderes de inventariante, no cumprimento de obrigações ativas ou passivas pendentes.

Ora, o Espólio, a que se referem o art. 11 e os itens 105 e 105.1 é a universalidade de bens objeto do inventário extrajudicial. Como pode haver obrigações ativas e passivas pendentes, é obrigatória a nomeação de um inventariante, que representará o Espolio, tal como se faz, aliás, nos inventários judiciais.

Em nenhum momento, absolutamente, o art. 11 e os itens 105 e 105.1 autorizam a interpretação de que Espólio possa figurar, como parte, herdeiro, em escritura pública de inventário e partilha.

A segunda razão que impedia a lavratura da escritura era o fato de que havia, sim, interessados menores. Ressalte-se: interessados. Não se afirma que os menores, herdeiros de A. M., sejam herdeiros de N. A. V. Ninguém disse isso. Mas que eram interessados no inventário extrajudicial, é claro que eram.

Afinal de contas, o Espólio de A. M. V. A. era, como visto, a universalidade de bens que ela deixou. E, segundo o princípio da saisine – tão ressaltado pelo Tabelião – também essa universalidade foi transmitida aos herdeiros com sua morte. Quem são os herdeiros? Os menores, incapazes. Como, diante desse quadro, afirmar que eles não eram interessados na partilha de bens de Nelson Antônio Vieira e no quinhão que seria transmitido ao Espólio de sua mãe? É evidente que eram interessados, nos termos do art. 982, do Código de Processo Civil.

Afinal de contas, o Espólio de A. M. V. A. era, como visto, a universalidade de bens que ela deixou. E, segundo o princípio da saisine – tão ressaltado pelo Tabelião – também essa universalidade foi transmitida aos herdeiros com sua morte. Quem são os herdeiros? Os menores, incapazes. Como, diante desse quadro, afirmar que eles não eram interessados na partilha de bens de N. A. V. e no quinhão que seria transmitido ao Espólio de sua mãe? É evidente que eram interessados, nos termos do art. 982, do Código de Processo Civil.

Repito, por oportuno, parte da lição acima exposta:

> Se algum herdeiro falecer antes de ultimada a partilha extrajudicial, esta só continuará possível se a partilha desse herdeiro pós-morto for realizada anteriormente, de modo que os herdeiros do herdeiro possam participar em nome próprio. Também pode ser lavrada a escritura de partilha extrajudicial da sucessão que primeiro abriu, desde que o segundo inventário também possa ser resolvido dessa maneira, e todos os que houvessem de participar deste último concordem com aquele que estava pendente... De qualquer modo, os herdeiros do herdeiro são interessados, e sem Sua participação a escritura não poderá ser lavrada.

A falta disciplinar acentua-se, ainda, diante da circunstância de que a escritura fez constar a existência de Espólio, representado por inventariante, quando o inventário sequer havia sido aberto. Com a devida vénia, não se trata de mero erro de semântica. O ato foi lavrado sem que nem mesmo houvessem sido apresentadas as peças do suposto inventário, com o que se verificaria a existência de menores. Isso não seria mesmo possível, pois o inventario judicial só foi aberto no ano seguinte. Trata-se de clara negligência e a retificação posterior da escritura não afasta, em absoluto, a falta cometida.

Diante do quadro acima, a reprimenda era mesmo de rigor. A pena de repreensão foi bem aplicada e encontra adequação à espécie.

Pelo exposto, o parecer que submeto a Vossa Excelência, respeitosamente, é no sentido de negar provimento ao recurso.

CONCLUSÃO

Em 28 de abril de 2015, faço estes autos conclusos ao Desembargador Hamilton Elliot Akel, DD. Corregedor-Geral da Justiça do Estado de São Paulo. Eu, (Joelma), Escrevente Técnico Judiciário do GAJJ 3, subscrevi.

Aprovo o parecer do MM. Juiz Assessor da Corregedoria e, por seus fundamentos, que adoto, nego provimento ao recurso.

Publique-se.

São Paulo
Hamilton Elliot Akel
Corregedor-Geral da Justiça
(DJe de 22.05.2015 – SP)

3.50 INVENTÁRIO – PARTILHA EXTRAJUDICIAL – ESPECIALIDADE OBJETIVA – CCIR. ITR. CND

CSMSP – Apelação Cível: 0000063-04.2016.8.26.0539
Localidade: Santa Cruz do Rio Pardo Data de julgamento: 23.03.2017 Data DJ: 21.06.2017
Relator: Manoel de Queiroz Pereira Calças
Jurisprudência: Indefinido
LEI: LRP – Lei de Registros Públicos – 6.015/1973 Art: 176 inc: II let: a item: 3
LEI: LO – Estatuto da Terra – 4.504/64
LEI: LO – Direito Agrário – 4.947/66 Art: 22
Lei: Dec – 4.449/2002 Art: 1
Lei: LO – Lei Ordinária – 10.267/2001
Lei: LO – ITR – 9.393/96 Art: 21
Lei: CF – Constituição da República – 1988 Art: 153 Par: 4 inc: III
Lei: CTN – Código Tributário Nacional – 5.172/1966 Art: 134
Especialidades: Registro de Imóveis

Registro de imóveis – Escritura Pública de inventário e partilha – Ofensa aos princípios da legalidade e da especialidade objetiva – CCIR com dados desatualizados, em desacordo com o resultado de retificação averbada na matrícula do bem imóvel há mais de quatro anos – Exigência de atualização pertinente – Erros pretéritos não justificam outros – Reconhecimento do desacerto das exigências ligadas ao ITR – Desnecessidade de exibição de certidões negativas de débitos relativas a tributos despegados do ato registral intencionado – Dúvida procedente – Recurso desprovido, com observação.

Íntegra

ACÓRDÃO

Vistos, relatados e discutidos estes autos do(a) Apelação nº 0000063-04.2016.8.26.0539, da Comarca de Santa Cruz do Rio Pardo, em que são partes são apelantes Maria Augusta da Costa Cintra, Luciane da Costa Cintra Alves, Ana Paula Cintra e João Paulo Cintra, é apelado Oficial de Registro de Imóveis e Anexos da Comarca de Santa Cruz do Rio Pardo.

Acordam, em Conselho Superior de Magistratura do Tribunal de Justiça de São Paulo, proferir a seguinte decisão: "Negaram provimento à Apelação, com observação, v.u.", de conformidade com o voto do Relator, que integra este Acórdão.

O julgamento teve a participação dos Exmos. Desembargadores Paulo Dimas Mascaretti (Presidente), Ademir Benedito, Xavier de Aquino, Luiz Antonio de Godoy, Ricardo Dip (Pres. da Seção de Direito Público) e Salles Abreu.

São Paulo, 23 de março de 2017.

Pereira Calças
Corregedor-geral da Justiça e Relator

Apelação nº 0000063-04.2016.8.26.0539
Apelantes: Maria Augusta da Costa Cintra, Luciane da Costa Cintra Alves, Ana Paula Cintra e João Paulo Cintra
Apelado: Oficial de Registro de Imóveis e Anexos da Comarca de Santa Cruz do Rio Pardo

Voto nº 29.739

REGISTRO DE IMÓVEIS – Escritura Pública de inventário e partilha – Ofensa aos princípios da legalidade e da especialidade objetiva – CCIR com dados desatualizados, em desacordo com o resultado de retificação averbada na matrícula do bem imóvel há mais de quatro anos – Exigência de atualização pertinente – Erros pretéritos não justificam outros – Reconhecimento do desacerto das exigências ligadas ao ITR – Desnecessidade de exibição de certidões negativas de débitos relativas a tributos despegados do ato registral intencionado – Dúvida procedente – Recurso desprovido, com observação.

Ao suscitar dúvida, o Oficial de Registro justificou a necessidade da exibição de Certificado de Cadastro de Imóvel Rural – CCIR atualizado, de declaração atualizada do Imposto sobre propriedade Territorial Rural (ITR) e do comprovante de pagamento do ITR.

As exigências, então impugnadas pelos interessados, foram confirmadas pelo MM Juiz Corregedor Permanente, que julgou a dúvida procedente, mediante r. sentença depois questionada por meio de apelação, interposta com vistas ao registro da escritura de inventário e partilha dos bens deixados por João Cintra.

Enviados os autos ao C. CSM, a Procuradoria Geral da Justiça opinou pelo desprovimento do recurso.

É o relatório.

O dissenso versa sobre a registrabilidade da escritura pública de inventário e partilha dos bens deixados por João Cintra. Seu ingresso no fólio real foi recusado pelo Oficial, que o condicionou à atualização tanto dos dados lançados no CCIR como da declaração do ITR, bem como à comprovação do pagamento do ITR.

A respeito da exigência atinente ao CCIR, a cada imóvel, em atenção ao princípio da unitariedade, deve corresponder uma única matrícula. E a identificação do imóvel, por força do princípio da especialidade objetiva e, especialmente, da regra do art. 176, II, 3, a, da Lei nº 6.015/1973, supõe os dados constantes do CCIR.

Esse, portanto, o Certificado de Cadastro de Imóvel Rural, deve referir-se, entre outros dados do bem imóvel, e de modo a singularizá-lo, a sua área total, a sua denominação e ao número de sua matrícula na serventia predial, informações essas, entretanto, que, in concreto, encontram-se desatualizadas.

Em especial, o CCIR está em descompasso com o resultado da retificação registral averbada, há anos, no dia 3 de junho de 2011, na mat. n° 2.477 do RI de Santa Cruz do Rio Pardo: além de identificar incorretamente a matrícula do bem imóvel, com alusão ao n° 342477, denomina-o Sítio Água São Domingos – ao invés de Sítio Nossa Senhora Aparecida –, e indica que sua área soma 140,9 ha, enquanto, na verdade, totaliza 145,126244 há.

Logo, não procede, nesse ponto, a irresignação dos recorrentes. A propósito, a exigência de exibição do CCIR expedido pelo INCRA, previsto no Estatuto da Terra (Lei n° 4.504/1964[10]), não é nova: consta do art. 22 da Lei n° 4.947/1966 e do art. 1° do Decreto n° 4.449/2002, que regulamentou a Lei n° 10.267/2001, diploma legal que, entre outras, promoveu alterações no art. 176 da Lei n° 6.015/1973 para fazer constar a necessidade da identificação do imóvel rural contemplar seu código e os dados constantes do CCIR.

Ou seja, a deficiente identificação do imóvel rural, presa ao CCIR, está a impedir a inscrição perseguida, porquanto em desconformidade com os princípios da legalidade e da especialidade objetiva, conforme, aliás, recente deliberação deste C. CSM.

No mais, quanto aos afirmados anteriores registros de títulos realizados em contradição com a exigência sob exame, é de rigor recordar, e reafirmar, a jurisprudência administrativa desta Corte, segundo a qual erros pretéritos não autorizam nem legitimam outros; não se prestam a respaldar o ato registral pretendido.

Agora, não se justifica, por variadas e diferentes causas, a exibição de CNDs (certidões negativas de débitos tributários e previdenciários), seja porque sem relação com o registro pretendido, seja diante da atual compreensão do C. CSM, iluminada por diretriz fixada pela Corte Suprema, a dispensá-la, pois, mantida fosse a exigência, prestigiaria vedada sanção política.

A confirmação dessa exigência importaria restrição indevida ao acesso de títulos à tábua registral, imposta então como forma oblíqua, instrumentalizada para, ao arrepio e distante do devido processo legal, desatrelada da inscrição visada e contrária à eficiência e segurança jurídica ínsitas ao sistema registral, forçar, constranger o contribuinte ao pagamento de tributo.

Levaria a restrição de interesses privados em aberto desacordo com a orientação do E. STF, a qual se alinhou este C. CSM; incompatível com limitações inerentes ao devido processo legal, porque mascararia uma cobrança por quem não é a autoridade competente, longe do procedimento adequado à defesa dos direitos do contribuinte, em atividade administrativa estranha à fiscalização que lhe foi cometida, ao seu fundamento e fins legais, dado que a obrigação tributária em foco não decorre do ato registral intencionado.

Conforme Humberto Ávila, "a cobrança de tributos é atividade vinculada procedimentalmente pelo devido processo legal, passando a importar quem pratica o ato administrativo, como e dentro de que limites o faz, mesmo que – e isto é essencial – não haja regra expressa ou a que seja prevista estabeleça o contrário".

Na mesma trilha, sob inspiração desses precedentes, escudado, assim, no ideal de protetividade dos direitos do contribuinte, na eficácia e na função bloqueadora próprios do princípio do devido processo legal, segue o subitem 119.1. do Cap. XX das NSCGJ, in verbis: "com exceção do recolhimento do imposto de transmissão e prova de recolhimento do laudêmio, quando devidos, nenhuma exigência relativa à quitação de débitos para com a Fazenda Pública, inclusive quitação de débitos previdenciários, fará o oficial, para o registro de títulos particulares, notariais ou judiciais".

Com essas considerações, suficientes para afastar toda e qualquer exigência ligada à comprovação de pagamento ou inexistência de débitos fiscais despegados dos registros idealizados, é de rigor concluir, particularmente no tocante ao ITR (Imposto sobre propriedade Territorial Rural), e nada obstante o comando do art. 21, caput, da Lei nº 9.393/1966, pela desnecessidade de demonstração de seu pagamento, a ser fiscalizado e perseguido pela União, Fazenda Pública Federal ou, então, consoante o art. 153, § 4.º, III, da CF, pelos Municípios. Dela (da comprovação), por isso, independe o registro.

À dispensa afirmada, ademais, conduz a intelecção do par. único do art. 21 da Lei nº 9.393/1966, que, ao fazer remissão à regra do art. 134 do CTN, condicionou a responsabilidade solidária (e subsidiária) dos tabeliães e registradores pelas obrigações não cumpridas pelo contribuinte à existência de um vínculo entre o tributo não pago e o ato praticado, ausente, em se tratando do ITR, cujo fato gerador, sendo a propriedade, o domínio útil ou a posse de bem imóvel rural, é alheio ao registro visado.

Nessa trilha, o registro, inviabilizado por razão outra, independe de certidões negativas de débitos e Documento de Informação e Apuração do ITR – DIAT e demonstração de quitação desse tributo. Prescinde, ademais, é lógico, da atualização da declaração do ITR.

Em arremate, constata-se, à vista da matrícula nº 2.477 do RI de Santa Cruz do Rio Pardo, a ocorrência de diversas alienações de partes ideais com metragens certas, então indicativas de parcelamento irregular do solo. Trata-se de situação que reclama apuração pelo MM Juiz Corregedor Permanente, a quem caberá, em expediente próprio, cuja abertura deverá ser informada à E. CGJ, apurar a necessidade de regularização e do acautelatório bloqueio da matrícula.

Isto posto, pelo meu voto, nego provimento à apelação, com observação.

Pereira Calças
Corregedor-geral da Justiça e Relator

3.51 SUCESSÕES. ADJUDICAÇÃO. ESTADO CIVIL. PARTILHA – REGISTRO PRÉVIO. CONTINUIDADE. SEPARAÇÃO DE FATO

CSMSP – Apelação Cível: 1000704-89.2020.8.26.0100

Localidade: São Paulo

Data de julgamento: 05.06.2020

Data DJ: 16.06.2020

Unidade: 5

Relator: Ricardo Mair Anafe

Jurisprudência: Indefinido

Lei: LRP – Lei de Registros Públicos – 6.015/1973 Art: 195

LEI: LRP – Lei de Registros Públicos – 6.015/1973 Art: 237

LEI: LRP – Lei de Registros Públicos – 6.015/1973 Art: 176 par: 1 inc: III Let: a Item: 2

LEI: LRP – Lei de Registros Públicos – 6.015/1973 Art: 167 inc: II Item: 5

LEI: LRP – Lei de Registros Públicos – 6.015/1973 Art: 246 Par: 1

LEI: CC2002 – Código Civil de 2002 – 10.406/2002 Art: 2.022

Especialidades: Registro de Imóveis

Registro de Imóveis – Adjudicação de bem imóvel em favor do apelante – Carta de sentença extraída dos autos da ação de inventário – Autora da herança falecida no estado civil de viúva – Casamento realizado sob o regime da comunhão universal de bens – Matrícula do imóvel em que está equivocadamente qualificada como separada judicialmente – Ofensa ao princípio da continuidade – Necessidade de retificação da escritura de compra e venda registrada e de partilha da meação do imóvel cabente ao cônjuge premorto – Dúvida julgada procedente – Nega-se provimento ao recurso.

Íntegra

PODER JUDICIÁRIO – TRIBUNAL DE JUSTIÇA DO ESTADO DE SÃO PAULO – CONSELHO SUPERIOR DA MAGISTRATURA

ACÓRDÃO

Vistos, relatados e discutidos estes autos de Apelação Cível nº 1000704-89.2020.8.26.0100, da Comarca de São Paulo, em que é apelante Alexandre Peixoto Massi, é apelado 5º Oficial de Registro de Imóveis da Comarca da Capital.

Acordam, em Conselho Superior de Magistratura do Tribunal de Justiça de São Paulo, proferir a seguinte decisão: "Negaram provimento ao recurso, v.u.", de conformidade com o voto do Relator, que integra este acórdão.

O julgamento teve a participação dos Exmos. Desembargadores Pinheiro Franco (Presidente Tribunal de Justiça) (Presidente), Luis Soares de Mello (vice-presidente), Xavier de Aquino (Decano), Guilherme G. Strenger (Pres. Seção de Direito Criminal), Magalhães Coelho (Pres. da Seção de Direito Público) e Dimas Rubens Fonseca (Pres. da Seção de direito Privado).

São Paulo, 5 de junho de 2020.
Ricardo Anafe
Corregedor-Geral da Justiça e Relator

Apelação Cível nº 1000704-89.2020.8.26.0100
Apelante: Alexandre Peixoto Massi
Apelado: 5º Oficial de Registro de Imóveis da Comarca da Capital

Voto nº 31.162

Registro de Imóveis – Adjudicação de bem imóvel em favor do apelante – Carta de sentença extraída dos autos da ação de inventário – Autora da herança falecida no estado civil de viúva – Casamento realizado sob o regime da comunhão universal de bens – Matrícula do imóvel em que está equivocadamente qualificada como separada judicialmente - Ofensa ao princípio da continuidade – Necessidade de retificação da escritura de compra e venda registrada e de partilha da meação do imóvel cabente ao cônjuge premorto – Dúvida julgada procedente – Nega-se provimento ao recurso.

1. Trata-se de apelação interposta por Alexandre Peixoto Massi contra a sentença proferida pela MM.ª Juíza Corregedora Permanente do 5º Oficial de Registro de Imóveis da Capital, que julgou procedente a dúvida suscitada e manteve a recusa ao registro de carta de sentença extraída dos autos da ação de inventário dos bens deixados por Maria de Nazareth Nogueira Correa (Processo nº 0052351-87.2013.8.26.0100), que tramitou perante a 11ª Vara da Família e Sucessões da Capital, tendo por objeto a adjudicação, em favor do apelante, do imóvel matriculado sob nº 53.889 junto àquela serventia extrajudicial (fl. 244/248).

Alega o apelante, em síntese, que foram apresentados ao registrador os devidos esclarecimentos sobre o recolhimento do ITCMD e que todos os documentos, inicialmente exigidos na nota de devolução expedida em 05.04.2019, foram entregues. A despeito disso, nova nota de devolução foi emitida pelo registrador, em 17.04.2019, sendo formuladas três exigências: (a) aditamento da carta de sentença; (b) certidão de casamento da de cujus, atualizada com averbação do divórcio; e (c) cópia autenticada da certidão de óbito do ex-marido da de cujus. Afirma que, superados os segundo e terceiro óbices apresentados mediante apresentação dos documentos exigidos, na certidão de casamento da falecida não consta averbação de divórcio. Esclarece que, em pesquisa realizada junto ao Tribunal de Justiça de São Paulo, não foi localizada ação de separação ou divórcio em que a de cujus figurasse como parte, mas sim, uma ação de alimentos em que se constatou sua separação de fato, em 1955. Aduz que na escritura de compra e venda do imóvel objeto da matrícula nº 53.889 do 5º Oficial de Registro de Imóveis da Capital, o 15º Tabelião de Notas, responsável pela lavratura do ato, certificou que a de cujus era separada judicialmente à época do negócio, tendo sido a escritura devidamente registrada na serventia imobiliária. Assim, entende incabível a exigência de rerratificação da escritura de compra e venda para constar que Maria de Nazareth era, à época da aquisição, casada em regime da comunhão universal e, consequentemente, reputa desnecessária a partilha do imóvel no inventário dos bens deixados por Carlos Astrogildo. Acrescenta ser impossível o cumprimento do quanto exigido pelo registrador, sob pena de alteração na linha sucessória dos falecidos Maria de Nazareth e Carlos Astrogildo, ressaltando que a serventia imobiliária já havia reconhecido, por ocasião do registro da escritura de compra e venda, a condição de separada da de cujus, o que confirma a incomunicabilidade do bem.

A douta Procuradoria de Justiça opinou pelo não provimento do recurso (fl. 280/283).

É o relatório.

2. Apresentada a registro a carta de sentença extrajudicial expedida em 12.03.2019 e aditada em 30.04.2019 pelo 26º Tabelião de Notas da Capital, oriunda dos autos da ação de inventário dos bens deixados por Maria de Nazareth Nogueira Correa (Processo nº 0052351-87.2013.8.26.0100), que tramitou perante a 11ª Vara da Família e Sucessões da Capital, o título foi negativamente qualificado, tendo sido expedidas nota de devolução (fl. 219/220) com as seguintes exigências:

> a) Rerratificar a escritura aquisitiva (escritura lavrada aos 14.04.1988, no livro n. 1.417, folha n. 173, pelo 15º Tabelião de Notas desta Capital) tendo em vista que à época da aquisição Maria de Nazareth Nogueira Correa era casada sob o regime da comunhão universal de bens, com Carlos Astrogildo Correa (artigos 195 e 237 da Lei n. 6.015/73 c/c item 54, capítulo XIV, das Normas de Serviço da Corregedoria-Geral da Justiça do Estado de São Paulo c/c decisão proferida nos autos n. 1043269.73.2017.8.26.0100 da 1ª Vara de Registros Públicos da Capital).
>
> b) Tendo em vista haver comunicabilidade do bem ao cônjuge é necessário apresentar, para análise e posterior registro, o formal de partilha dos bens deixados pelo falecimento de Carlos Astrogildo Correa, prenotar separadamente, em atendimento ao princípio da continuidade registrária (artigos 195 e 287 da Lei n. 6.015/73).
>
> c) Eventual incomunicabilidade/bem particular deverá ser reconhecida judicialmente, tendo em vista que não pode o registrador fazer juízo de valor reconhecendo ou não a alegação da "separação de fato" na via administrativa, devendo ser apreciado nas vias ordinárias próprias (Processo n. 30.716/2015 da Corregedoria-Geral da Justiça).

Se não fosse o impedimento acima, ainda seria necessário:

Apresentar em cópia autenticada a certidão de casamento atualizada de Maria de Nazareth Nogueira Correa e Carlos Astrogildo Correa (artigo 176, § 1º, inciso III, item 2, alínea a, c/c artigo 167, inciso II, item 5, c/c artigo 246, § 1º, todos da Lei n. 6.015/73).

Da análise do título apresentado a registro e demais documentos trazidos aos autos, depreende-se que a autora da herança, Maria de Nazareth Nogueira Correa, faleceu em 22.02.2013, na condição de viúva (fl. 36) de Carlos Astrogildo Correa, falecido em 26.03.2003, na condição de casado (fl. 140).

Além disso, o próprio apelante confirma que, realizadas diligências, apurou-se que não houve averbação de divórcio junto ao registro de casamento da falecida (conforme certidão a fl. 139), tampouco foi localizada qualquer ação de divórcio ou separação em seu nome, nas pesquisas realizadas.

Assim, a despeito da separação de fato reconhecida na ação de alimentos em que foram partes Maria de Nazareth Nogueira Correa e Carlos Astrogildo Correa (fl. 203), não há dúvidas de que, à época da aquisição do imóvel, a de cujus era casada sob o regime da comunhão universal de bens.

Ocorre que, na Matrícula nº 53.889 do 5º Oficial de Registro de Imóveis da Capital, por ocasião do registro da aquisição do imóvel por Maria de Nazareth Nogueira Correa (R. 2, a fl. 221/223), ficou constando que a adquirente era separada judicialmente.

Logo, o título apresentado para registro diverge da matrícula do imóvel em relação ao estado civil de Maria de Nazareth Nogueira Correa, titular de domínio e autora da herança, e à existência de comunhão entre ela e seu marido, eis que casados, à época, sob o regime da comunhão universal de bens.

Disso decorre a necessidade de retificação da matrícula nº 53.889 do 5º Oficial de Registro de Imóveis da Capital, mediante apresentação da certidão atualizada de casamento da autora da herança, o que, cumpre ressalvar, independe da retificação da escritura pública de compra e venda em que a proprietária do imóvel figurou com estado civil distinto daquele que efetivamente tinha.

A existência de erro pretérito, agora esclarecido, não permite o ingresso do título em questão sem a correção da irregularidade existente no registro, concernente ao estado civil da titular de domínio, mediante apresentação de documentos que comprovem que era casada sob o regime da comunhão universal de bens quando adquiriu o bem imóvel.

E havendo comunicabilidade do bem ao cônjuge em virtude do regime de bens do casamento, faz-se igualmente necessária a apresentação do formal de partilha dos bens deixados por Carlos Astrogildo Correa, premorto, com inclusão do imóvel em questão, em atenção ao princípio da continuidade registrária, ou reconhecimento, em ação própria, da incomunicabilidade do bem.

Portanto, no modo como foi apresentado o título não preenche o requisito da continuidade, que é essencial para o seu registro, pois como esclarece Afrânio de Carvalho:

> O princípio da continuidade, que se apoia no de especialidade, quer dizer que, em relação a cada imóvel, adequadamente individuado, deve existir uma cadeia de titularidade à vista da qual só se fará a inscrição de um direito se o outorgante dele aparecer no registro como seu titular. Assim, as sucessivas transmissões, que derivam umas das outras, asseguram sempre a preexistência do imóvel no patrimônio do transferente. Ao exigir que cada inscrição encontre sua procedência em outra anterior, que assegure a legitimidade da transmissão ou da oneração do direito, acaba por transformá-la no elo de uma corrente ininterrupta de assentos, cada um dos quais se liga ao seu antecedente, como o seu subsequente a ele se ligará posteriormente. Graças a isso o Registro de Imóveis inspira confiança ao público ("Registro de Imóveis", 4. ed., 1998, Forense, p. 253).

Ressalte-se que o cumprimento das exigências formuladas para o registro, diferentemente do quanto alegado pelo apelante, não é impossível porque, comprovado o erro referente ao estado civil da titular de domínio, basta que sua qualificação seja retificada.

Igualmente, a exigência de apresentação do formal de partilha dos bens deixados pelo falecimento de Carlos Astrogildo Correa se justifica para comprovação de que a meação cabente ao cônjuge premorto foi atribuída a seus herdeiros, certo que, ainda que findo o processo, é cabível a sobrepartilha (art. 2.022 do Código Civil) e, se o caso, prova da incomunicabilidade do bem mediante reconhecimento em ação própria.

Nesse cenário, correto o posicionamento do Oficial de Registro para que a continuidade registrária seja preservada, razão pela qual há que ser mantida a sentença proferida pela MM.ª Juíza Corregedora Permanente.

3. À vista do exposto, pelo meu voto, NEGO PROVIMENTO ao recurso.

Ricardo Anafe
Corregedor-Geral da Justiça e Relator

3.52 ADJUDICAÇÃO. INVENTÁRIO CONJUNTO – CUMULATIVO – PARTILHA SUCESSIVA – *PER SALTUM*. CONTINUIDADE. TÍTULO JUDICIAL – QUALIFICAÇÃO REGISTRAL

CSMSP – Apelação Cível: 0051003-05.2011.8.26.0100
Localidade: São Paulo Data de julgamento: 30.08.2012 Data DJ: 31.10.2012
Relator: José Renato Nalini
Jurisprudência: Indefinido
REGISTRO DE IMÓVEIS – Carta de Adjudicação – casal falecido com único herdeiro – inexistência de comoriência – necessidade da realização de partilhas sucessivas – violação do princípio da continuidade – necessidade de retificação do título judicial para acesso ao fólio real – Recurso não provido.

Íntegra

ACÓRDÃO

Vistos, relatados e discutidos estes autos de Apelação Cível nº 0051003-05.2011.8.26.0100, da Comarca da capital, em que é apelante Wilma Lucia Maciel da Costa e apelado o 5º Oficial de Registro de Imóveis da referida Comarca.

Acordam os Desembargadores do Conselho Superior da Magistratura, por votação unânime, em negar provimento ao recurso, de conformidade com o voto do Desembargador Relator, que fica fazendo parte integrante do presente julgado.

Participaram do julgamento os Desembargadores José Gaspar Gonzaga Franceschini, Vice-Presidente do Tribunal de Justiça, no impedimento ocasional do Presidente, Walter De Almeida Guilherme, Decano em exercício, Samuel Alves de Melo Junior, Antonio José Silveira Paulilo e Antonio Carlos Tristão Ribeiro, respectivamente, Presidentes das Seções de Direito Público, Privado e Criminal do Tribunal de Justiça.

São Paulo, 30 de agosto de 2012.

(a) José Renato Nalini, Corregedor-Geral da Justiça e Relator

VOTO

REGISTRO DE IMÓVEIS – Carta de Adjudicação – casal falecido com único herdeiro – inexistência de comoriência – necessidade da realização de partilhas sucessivas – violação do princípio da continuidade – necessidade de retificação do título judicial para acesso ao fólio real – Recurso não provido

Trata-se de dúvida inversa apresentada por Wilma Lúcia Maciel da Costa, em face da negativa de registro de Carta de Adjudicação extraída no inventário que teve lugar perante a 10ª Vara da Família e Sucessões da Capital, referente ao imóvel Objeto da matrícula 80.970.

O Registrador manifestou-se a fls. 66/68 dos autos.

Foi interposta apelação (fls. 80/83) contra r sentença que reconheceu a impossibilidade do registro da Carta de Adjudicação, em razão de vícios na partilha objeto de decisão judicial (fls. 75/77).

A douta Procuradoria Geral de Justiça opinou pelo não provimento do recurso (a fls. 90/93).

É o relatório.

Sustenta a apelante a possibilidade do registro por se cuidar de decisão judicial, passível de ser cumprida por haver apreciado todas as questões postas no âmbito jurisdicional, bem como que o ato não implicará em prejuízo a terceiros e ao Fisco.

O título judicial submete-se à qualificação registrária (item 106 do Capítulo XX das Normas de Serviço da Corregedoria-Geral da Justiça), não incorrendo em qualquer exame de conteúdo da decisão judicial, sendo tão somente apreciadas as formalidades extrínsecas da ordem e da conexão dos dados do título com o registro (Apelação Cível nº 681-6/9, Rel. Des. Gilberto Passos de Freitas, j. 26.04.2007).

A hipótese em julgamento, cuida do registro de formal de partilha expedido em favor da recorrente. Pelo que se depreende do registro constante na matricula n. 80.970 (a fls. 69-verso), o imóvel foi transmitido, por sucessão hereditária, a Waldir Chagas da Costa, casado pelo regime da união total com Vilma (ou Wilma) Maciel da Costa, em 1984. Em decorrência do falecimento de Waldir, o bem foi transmitido para a viúva meeira e seus herdeiros, no caso a única filha. Posteriormente, com a morte de Vilma, houve nova alteração do domínio, dessa vez com a sua transmissão total para a filha do casal.

Conforme bem observou o zeloso Registrador, invocando recente decisão do Des. Munhoz Soares (Ap. Cível 990.10.212.332-4, de 10.01.2011), ainda que inventariados de modo conexo e por instrumento conjunto, os bens do casal deveriam ter sido paulatinamente partilhados, conforme a ordem de falecimentos. As partilhas sucessivas, devidamente especializadas, legitimam a disponibilidade dos sucessores (fls. 67).

De outra parte, como ressaltado na r sentença, não houve comoriência, havendo inequívoca demonstração de que o pai da apelante faleceu quarenta minutos antes da esposa. Portanto, por não decorrerem as partilhas sucessivas do título apresentado, impossibilitado está o Registrador de suprir esta falha com o intuito de possibilitar seu ingresso no fólio real (fls. 77).

Compete a transmissão da propriedade ao Espólio herdeiro e, após, deste à sua única herdeira, não sendo possível a transmissão da propriedade diretamente à filha, pelo fato de sua mãe ser viva ao tempo da morte de seu genitor.

A D Procuradora de Justiça, em seu parecer, observa que a possibilidade de cumulação de inventários visa apenas privilegiar a economia processual, e não é apta a afastar a previsão de partilhas distintas, sucessivas e se sequenciais, aplicáveis no caso em tela (fls. 93).

O pleito da apelante se assimila à partilha per saltum, proscrita em precedentes deste Colendo Conselho Superior da Magistratura (Apelação nº 917-6/7, Rel. Des. Ruy Camilo, j. 04.11.2008; Apelação nº 1.067-6/4, Rel. Des. Ruy Camilo, j. 14.4.09), como ressaltado em voto da lavra do Des. Munhoz Soares, na Apelação 990.10.423737-8.

Pela legislação vigente, a forma de transmissão dos quinhões hereditários segue disciplina diversa da apresentada à partilha, daí a necessidade de retificação dos seus termos, sob pena de violação do princípio da continuidade registral.

Concluo, diante do elencado, ser inviável o registro nos termos da partilha homologada.

Claro está que não se emite juízo de valor acerca da validade ou invalidade da decisão jurisdicional, apenas se coloca a impossibilidade do acesso ao fólio real por meio do exame formal do título, que fere o princípio da continuidade registral.

Ante o exposto, pelo meu voto, nega-se provimento ao recurso.

José Renato Nalini, Corregedor-geral da Justiça e Relator (D.J.E. de 31.10.2012)

3.53 INVENTÁRIO CONJUNTO. PARTILHA *PER SALTUM*. CONTINUIDADE

CSMSP – Apelação Cível: 1001379-87.2021.8.26.0562
Localidade: Santos Data de julgamento: 03.11.2021 Data DJ: 22.02.2022
Unidade: 2
Relator: Ricardo Mair Anafe
Jurisprudência: Indefinido
Lei: LO – Novo CPC – 13.105/15 Art: 672 Inc: III
Lei: LRP – Lei de Registros Públicos – 6.015/1973 Art: 195
Lei: LRP – Lei de Registros Públicos – 6.015/1973 Art: 237
Especialidades: Registro de Imóveis
REGISTRO DE IMÓVEIS – DÚVIDA – PARTILHA *CAUSA MORTIS* **– INVENTÁRIO JUDICIAL – Ofensa ao princípio da continuidade – Necessidade de partilhas sucessivas – Impossibilidade de registro – Óbice mantido – Apelação a que se nega provimento.**

Íntegra

PODER JUDICIÁRIO – TRIBUNAL DE JUSTIÇA DO ESTADO DE SÃO PAULO – CONSELHO SUPERIOR DA MAGISTRATURA

ACÓRDÃO

Vistos, relatados e discutidos estes autos de Apelação Cível nº 1001379-87.2021.8.26.0562, da Comarca de Santos, em que é apelante Maria Ivonete Antunes dos Santos Fratelli, é apelado 2º Oficial de Registro de Imóveis da Comarca de Santos.

Acordam, em Conselho Superior de Magistratura do Tribunal de Justiça de São Paulo, proferir a seguinte decisão: "Negaram provimento, com determinação, v.u.", de conformidade com o voto do Relator, que integra este acórdão.

O julgamento teve a participação dos Exmos. Desembargadores Pinheiro Franco (Presidente Tribunal de Justiça) (Presidente), Luis Soares de Mello (vice-presidente), Xavier de Aquino

(Decano), Guilherme G. Strenger (Pres. seção de Direito Criminal), Magalhães Coelho(Pres. da Seção de Direito Público) e Dimas Rubens Fonseca (Pres. da Seção de Direito Privado).

São Paulo, 3 de novembro de 2021.

Ricardo Anafe
Corregedor-Geral da Justiça e Relator
Assinatura Eletrônica

Apelação Cível nº 1001379-87.2021.8.26.0562
Apelante: Maria Ivonete Antunes dos Santos Fratelli
Apelado: 2º Oficial de Registro de Imóveis da Comarca de Santos

Voto nº 31.630

REGISTRO DE IMÓVEIS – DÚVIDA – PARTILHA *CAUSA MORTIS* – INVENTÁRIO JUDICIAL – Ofensa ao princípio da continuidade – Necessidade de partilhas sucessivas – Impossibilidade de registro – Óbice mantido – Apelação a que se nega provimento.

1. Trata-se de apelação (fl. 247/256) interposta por Maria Ivonete Antunes dos Santos Fratelli e Maria do Socorro Antunes dos Santos contra a r. sentença (fl. 236/242) proferida pelo MM. Juiz Corregedor Permanente do 2º Oficial de Registro de Imóveis da Comarca de Santos, que julgou procedente a dúvida (fl. 01/05) e manteve óbice (fl. 10) ao registro stricto sensu de uma partilha judicial causa mortis trazida por carta de sentença notarial (fl. 24/194) e concernente ao imóvel da matrícula n. 5.854, daquele cartório (fl. 06/09).

Segundo a r. sentença (fl. 236/242), é possível a cumulação de inventários num único processo ou numa única escritura pública. Contudo, é necessária mais de uma partilha, quando há vários passamentos. Conquanto o Oficial de Registro de Imóveis, em linha de princípio, não deva questionar os critérios pelos quais se chegou a certa partilha, ainda assim não se admite partilha única para óbitos distintos; desse modo, têm de ser realizadas partilhas sucessivas e sequenciais para cada falecimento, pois são distintos os momentos em que foram transmitidos os patrimônios. Ainda que, como aduzem as interessadas, o defeito não tenha sido observado por outro ofício de registro de imóveis, certo é que cada Oficial tem independência para qualificar o título, independentemente do entendimento do colega local. Logo, a dúvida é procedente e o óbice tem de ser mantido.

As apelantes alegam (fl. 247/256) que a partilha judicial seguiu estritamente os trâmites previstos no art. 672 do Cód. de Proc. Civil, e que é possível proceder a uma única partilha, sem a necessidade, portanto, de fazê-las sequencialmente. Ademais, não é dado ao Oficial de Registro de Imóveis suprimir os efeitos da sentença de partilha ou discutir-lhe os termos, como fez ao denegar o registro, o qual foi feito, com relação ao mesmo título, em outro cartório da mesma comarca (matrícula n. 27.020, do 1º Ofício de Registro de Imóveis). A manutenção da sentença ainda implicará mais despesas e delongas, em ofensa aos princípios da celeridade e da economia processual, além de prejudicar uma possível venda do bem. Por tudo isso, o decisum tem de ser reformado.

A ilustre Procuradoria Geral de Justiça ofertou parecer pelo provimento do recurso (fl. 290/293).

É o relatório.

2. Note-se, de início, que a origem judicial do título (*in casu*, uma partilha causa mortis feita mediante sentença judicial – fl. 189/191) não o torna imune à qualificação registral, ainda que esta se limite, então, aos requisitos formais do título e à sua adequação aos princípios registrais (Normas de Serviço da Corregedoria-Geral da Justiça – NSCGJ, Capítulo XX, item 117). É pacífico, além disso, que a qualificação negativa não caracteriza nem desobediência nem descumprimento de decisão jurisdicional (Conselho Superior da Magistratura, Apelação Cível n. 413-6/7; Apel. Cív. n. 0003968-52.2014.8.26.0453; Apel. Cív. n. 0005176-34.2019.8.26.0344; e Apel. Cív. n. 1001015-36.2019.8.26.0223).

In medias res: consta do R. 2 da matrícula em questão (fl. 06/07) que os proprietários tabulares são José Eráclito dos Santos e sua mulher Idalina Antunes dos Santos, casados em regime da comunhão universal antes da Lei n. 6.515/1977.

José Eráclito faleceu em 29 de fevereiro de 2012 (fl. 30), na constância do casamento com Idalina, e deixou como filhas as interessadas (ora apelantes) Maria Ivonete e Maria do Socorro.

Idalina, por sua vez, faleceu em 11 de agosto de 2018 (fl. 31), e também teve como herdeiras as apelantes Maria Ivonete e Maria do Socorro.

Houve, portanto, duas transmissões a causa de morte: (a) a primeira, de José Eráclito para Maria Ivonete e Maria do Socorro, em 2012, concernente a 50% do domínio do imóvel; e (b) a segunda, de Idalina para Maria Ivonete e Maria do Socorro, em 2018, concernente à outra metade.

No registro de imóveis, em razão do princípio do trato consecutivo (ou da continuidade – Lei n. 6.015, de 31 de dezembro de 1973, arts. 195 e 237), essas duas transmissões têm de constituir, cada qual, uma inscrição autônoma (i. e., um registro em sentido estrito, na forma do art. 167, I), em particular (mas não só) para que se saiba de onde vieram as frações ideais decorrentes do falecimento de Idalina: afinal, para a transmissão causa mortis desses quinhões, era pressuposto a partilha anterior, reconhecendo à extinta a metade que lhe cabia como meeira quando da morte de José Eráclito. É isso que diz o art. 237 da Lei de Registros Públicos, quando prescreve que "não se fará registro que dependa da apresentação de título anterior, a fim de que se preserve a continuidade do registro".

Ora, para que essas transmissões pudessem ser postas, cada qual, no relativo registro *stricto sensu*, era imprescindível que houvesse títulos: um, para a primeira sucessão (de José Eráclito às apelantes, com meação de Idalina); outro, para a segunda (de Idalina para as apelantes).

Esses títulos, porém, não existem, porque na partilha judicial tudo foi confundido num único ato, com pagamento único, e o domínio passou diretamente de José e Idalina para Maria Ivonete e Maria do Socorro, como se se tratasse de uma só transmissão, o que não é exato. Ou seja: saltou-se e omitiu-se uma sucessão, fez-se a partilha *per saltum et omisso medio*. É o que está nas declarações (fl. 129/137), em especial a fl. 134, onde se vê que por conta dos óbitos dos proprietários tabulares José Eráclito e Idalina foi feito somente um pagamento a cada herdeira.

É o entendimento consolidado deste Conselho Superior da Magistratura:

> REGISTRO DE IMÓVEIS – Inventário – Ofensa ao princípio da continuidade – Necessidade de partilhas sucessivas – Impossibilidade de registro – Óbice mantido – Recurso não provido. (Apelação Cível n. 1013445-56.2019.8.26.0114, j. 10.12.2019, DJe 02.4.2020).
>
> REGISTRO DE IMÓVEIS – Ação de inventário/arrolamento envolvendo mais de um falecido – Sentença homologatória de partilhas sucessivas – Impossibilidade de registro – Princípio da continuidade – Óbice mantido – Recurso desprovido (Apel. Cív. n. 0001207-39.2016.8.26.0498, j. 28.03.2018, DJe 04.05.2018).
>
> REGISTRO DE IMÓVEIS – Carta de Adjudicação – Casal falecido com único herdeiro – Inexistência de comoriência – Necessidade da realização de partilhas sucessivas – Violação do princípio da continuidade – Necessidade de retificação do título judicial para acesso ao fólio real – Recurso não provido. (Apel. Cív. n. 0051003-05.2011.8.26.0100, j. 30.8.2012, DJe 31.10.2012).
>
> REGISTRO DE IMÓVEIS – Dúvida – Formal de partilha – Transmissão per saltum que se não coaduna com o princípio da continuidade (Lei nº 6.015/73, arts. 195 e 237) – Jurisprudência do Conselho Superior da Magistratura – Recurso não provido. (Apel. Cív. n. 0002506-52.2009.8.26.0383, j. 27.10.2011, DJe 27.01.2012).

Não há dúvida de que o inciso III do art. 672 do Cód. de Proc. Civil permite a cumulação de inventários quando houver dependência de uma das partilhas em relação à outra. Entretanto, como se tira da dicção da própria lei, cumulam-se os inventários, mas há partilhas diversas. Pode ser que, no futuro, se simplifique esse modo de proceder e que, abrindo-se na lei uma exceção ao art. 237 da Lei de Registros Públicos, se consiga pelo menos simplificar a forma de registrar essas transmissões na matrícula; até lá, portanto, considerada a atual compreensão do princípio do trato consecutivo, permanece a exigência de partilhas distintas, sucessivas e encadeadas, o que não pode ser atalhado pela invocação dos princípios da celeridade e da economia processual.

Quanto ao fato de que outro ofício de registro de imóveis tenha lavrado o registro do mesmo título, em ofensa ao princípio da continuidade (matrícula n. 27.020, do 1º Ofício de Registro de Imóveis da Comarca de Santos), esse fato tem de ser apurado pela Corregedoria-Geral da Justiça, e não serve para justificar que aqui se repita o mesmo erro. Para os fins dessa apuração, devem ser extraídas cópias de fl. 129/137, 189/191, 207/212 e 218/220, para formação de expediente próprio.

Por fim, dificuldades quanto à venda do imóvel, conquanto compreensíveis, não são razões bastantes para que se releve o óbice registral nem para que se modifique a r. sentença apelada.

3. À vista do exposto, pelo meu voto, nego provimento à apelação, com determinação.

Ricardo Anafe
Corregedor-Geral da Justiça e Relator
Assinatura Eletrônica

3.54 INVENTÁRIO EXTRAJUDICIAL – PARTILHA. CONTINUIDADE. DISPONIBILIDADE. FIDEICOMISSO – CANCELAMENTO

1VRPSP - PROCESSO: 1056727-89.2019.8.26.0100
LOCALIDADE: São Paulo Data de julgamento: 18.12.2020 Data DJ: 08.01.2021
Unidade: 13
Relator: Tânia Mara Ahualli
Jurisprudência: Indefinido
Lei: CC1916 – Código Civil de 1916 – 3.071/1916 Art: 1.723
Lei: CC1916 – Código Civil de 1916 – 3.071/1916 Art: 1.733
Lei: CC2002 – Código Civil de 2002 – 10.406/2002 Art: 1.951
Especialidades: Registro de Imóveis
Escritura de inventário e partilha. Continuidade. Disponibilidade. Fideicomisso - cancelamento. Vias ordinárias.

Íntegra

Processo Digital nº: 1056727-89.2019.8.26.0100
Classe – Assunto Dúvida – Notas
Suscitante: 13º Oficial de Registro de Imóveis de São Paulo
Suscitado: Luiz Mario Leitão da Cunha

Vistos

Trata-se de dúvida suscitada pelo Oficial do 13º Registro de Imóveis da Capital, a requerimento de Luiz Mário Leitão da Cunha, diante da negativa em se proceder ao registro da escritura de inventário e partilha lavrada no 4º Tabelião de Notas da Capital, relativa aos bens deixados em razão do falecimento de Raphaela Vieira Souto Costa, tendo por objeto o imóvel transcrito sob nº 56.490.

O óbice registrário refere-se à instituição de fideicomisso da parte ideal de 35/125 do imóvel. Salienta o Registrador que a necessidade de cancelamento das cláusulas de inalienabilidade, impenhorabilidade e incomunicabilidade encontra-se superada, ante o estabelecido na parte final do artigo 1723 do CC de 1916. Juntou documentos às fls. 07/32.

O suscitado não apresentou impugnação em Juízo, conforme certidão de fl. 33, contudo, manifestou-se perante a Serventia Extrajudicial às fls. 07/09. Salienta que o de cujus obteve a propriedade o bem, que fica livre do gravame do fideicomisso no exato momento da morte do titular do direito. Argumenta que os herdeiros, representados pelo inventariante, são os únicos interessados no registro do bem, bem como o titular do direito atingido pelas cláusulas de incomunicabilidade se encontra falecido.

O Ministério Público opinou pela procedência da dúvida (fl. 79).

É o relatório.

Passo a fundamentar e a decidir.

Com razão o Registrador, bem como o D. Promotor de Justiça.

De acordo com os ensinamentos de Silvio Rodrigues: "a substituição fideicomissária é aquela em que o testador impõe a um herdeiro, ou legatário, chamado fiduciário, a obrigação de por sua morte, a certo tempo, ou sob certa condição, transmitir a outro, que se qualifica de fideicomissário, a herança ou legado" (Direito Civil, Direito das Sucessões, 23. ed. São Paulo: Saraiva, 1999, v. 7, p. 277).

Daí que através da substituição fideicomissária, o testador nomeia um fiduciário, sob a condição de que a herança ou legado é restrito e resolúvel.

Pois bem, na presente hipótese a parte ideal de 35/125 da transcrição nº 56.490 (fls. 28/30) encontra-se gravada com a cláusula de fideicomisso, nos termos do mandado expedido pelo MMº Juízo da 1ª Vara de Órfãos e Sucessões da Comarca do Rio de Janeiro, em 1977.

Ocorre que apesar do de cujus figurar na qualidade de fiduciária, não há qualquer identificação do fideicomissário na clausula imposta, bem como a condição ou termo em que se transmitirá a herança, nos termos do artigo 1.733 do antigo Código Civil (atual art. 1.951 do CC).

Neste contexto, apesar do lapso temporal da instituição da mencionada clausula, para a transmissão do imóvel, é necessário o cancelamento do fideicomisso, em consonância com o princípio da continuidade e disponibilidade, segundo os quais deve existir uma cadeia, de titularidade à vista da qual só se fará a inscrição de um direito se o outorgante dele aparecer no registro como seu titular.

Em outras palavras, o título que se pretende registrar deve estar em conformidade com o inscrito na matrícula, formando um perfeito encadeamento entre as informações inscritas e as que se pretende inscrever.

É necessário que os interessados busquem o cancelamento junto ao Juízo que expediu o mandado de averbação fideicomissória, tendo em vista que este Juízo administrativo não pode analisar ou modificar decisão exarada nas vias judiciais.

Por fim, em oficio expedido ao MMº Juízo da 6ª Vara de Órfãos e Sucessões da Comarca do Rio de Janeiro, houve a informação de que o inventário de Carlota Vieira Souto Costa, encontra-se arquivado (fl. 73).

Diante do exposto, julgo procedente a dúvida suscitada pelo Oficial do 13º Registro de Imóveis da Capital, a requerimento de Luiz Mário Leitão da Cunha, devendo os interessados buscar a satisfação de sua pretensão nas vias ordinárias.

Deste procedimento não decorrem custas, despesas processuais e honorários advocatícios. Oportunamente remetam-se os autos ao arquivo.

P.R.I.C.

São Paulo, 18 de dezembro de 2020.

Tania Mara Ahualli
Juíza de Direito

3.55 TABELIONATO DE NOTAS – INVENTÁRIO EXTRAJUDICIAL – PUBLICIDADE NOTARIAL – LIMITAÇÃO

CGJSP – Processo: 137.937/2017
Localidade: São Paulo Data de julgamento: 11.08.2017 Data DJ: 10.08.2017
Relator: Manoel de Queiroz Pereira Calças
Jurisprudência: Indefinido
Lei: CPC – Código de Processo Civil – 5.869/1973 Art: 982
Lei: LO – Novo CPC – 13.105/15 Art: 610 par: 1
Lei: LO – Novo CPC – 13.105/15 Art: 189
Especialidades: Tabelionato de Notas
CARTÓRIO DE NOTAS – Sugestão de limitação à publicidade de informações relativas a inventários extrajudiciais – Descabimento – Publicidade que rege toda a atividade notarial – Aplicação analógica dos itens 93 e 152 do Capítulo XIV das Normas de Ser-

viço – Via extrajudicial que constitui mera opção dos interessados – Parecer desta E. Corregedoria-Geral da Justiça – Proposta novamente rejeitada.

Íntegra

Processo nº 2017/137937 – São Paulo – Corregedoria-geral da Justiça do Estado de São Paulo (281/2017-E) – DJE DE 10.08.2017, p. 16.

CARTÓRIO DE NOTAS – Sugestão de limitação à publicidade de informações relativas a inventários extrajudiciais – Descabimento – Publicidade que rege toda a atividade notarial – Aplicação analógica dos itens 93 e 152 do Capítulo XIV das Normas de Serviço – Via extrajudicial que constitui mera opção dos interessados – Parecer desta E. Corregedoria-Geral da Justiça – Proposta novamente rejeitada.

Vistos.

Trata-se de sugestão formulada pelo MM Juiz de Direito, Ricardo Pereira Júnior, visando à atenuação da publicidade dada as escrituras de inventário lavradas em serventias extrajudiciais.

Sobre a proposta, manifestou-se o Colégio Notarial do Brasil – Seção São Paulo (fls. 13/19).

É o relatório.

Opino.

A sugestão apresentada pelo MM Juiz de Direito já foi objeto de expediente anterior (2015/189848). Naqueles autos, a sugestão foi rejeitada por parecer proferido pelo MM Juiz Assessor da Corregedoria-Geral da Justiça, Dr. Carlos Henrique André Lisboa, acolhido pelo DD Corregedor-Geral da Justiça Desembargador Manoel de Queiroz Pereira Calças, publicado no DJE, de 1º.04.2016.

Neste expediente, não foram apresentados novos argumentos e tampouco houve alteração legislativa que justificasse ou autorizasse a modificação da posição já exarada por esta E. Corregedoria-Geral da Justiça.

Por isso, transcrevo trecho do parecer que tratou do tema e cujo posicionamento se mantém:

> (...) No que tange ao item "b" – possibilidade de qualquer pessoa obter certidão do ato notarial na serventia extrajudicial – em que pese a sugestão do Colégio Notarial de modificação do regramento do tema (fls. 15/18), a publicidade deve ser mantida de modo irrestrito.

A ampla publicidade dos atos praticados nos tabelionatos de notas, sem a necessidade de se declinar o motivo pelo qual se requer a informação, é princípio que rege toda a atividade notarial. A respeito do tema, ensina Narciso Orlandi Neto:

> Além de ser atribuição do Notário, a expedição de certidão é também um dever, à medida que não a pode negar a quem quer que seja. Os livros de notas são públicos, significando que qualquer pessoa tem acesso a seu conteúdo, o que, evidentemente, não se confunde com acesso físico ao próprio livro ("Atividade Notarial – Noções", in Introdução ao Direito Notarial e Registral, Porto Alegre: Sérgio Antônio Fabris Editor, 2004, p. 22).

Não obstante as escrituras de inventário não sejam mencionadas especificamente, o item 93 do Capítulo XIV das Normas de Serviço da Corregedoria-Geral, repetindo diretriz estabelecida na Resolução nº 35 do CNJ, assim dispõe:

> 93. Não há sigilo nas escrituras públicas de separação e divórcio consensuais. No que concerne às escrituras públicas de testamento, prescreve o item 152 do Capítulo XIV das Normas de Serviço:
>
> 152. As certidões de escrituras públicas de testamento, enquanto não comprovado o falecimento do testador, serão expedidas apenas a seu pedido ou de seu representante legal, ou mediante ordem judicial.

O item 93, de modo absoluto, proíbe qualquer forma de limitação à publicidade das escrituras de separação e divórcio.

Já o item 152 admite o sigilo em apenas uma hipótese: certidão de escritura de testamento de pessoa ainda não falecida. Em sentido contrário, comprovado o falecimento do testador, qualquer um, independentemente da demonstração de interesse, pode obter certidão da escritura do testamento.

Desse modo, se a publicidade é absoluta para as escrituras de separação, divórcio e testamento – essa última com uma única e compreensível exceção – não há razão para tratamento diverso em se tratando de escrituras de inventário. Em todos esses casos, a intimidade e a vida privada dos envolvidos são, em algum grau, expostas. Nem por isso resolveu-se limitar a publicidade desses atos a aqueles que demonstrem interesse na obtenção da informação. No confronto entre publicidade e intimidade, optou-se pelo resguardo da primeira.

E assim deve ser também para as escrituras de inventário. Embora sem previsão expressa, a ampla publicidade decorre dos princípios que regem a atividade de notas e da aplicação analógica dos itens 93 e 152 do Capítulo XIV das Normas de Serviço.

Convém ressaltar, por fim, que a lavratura de escritura de inventário era (artigo 982 do antigo Código de Processo Civil) e continua sendo (artigo 610, § 1º, do novo Código de Processo Civil) opção das partes interessadas. Assim, se os herdeiros não têm interesse na divulgação de determinada informação, que optem pelo inventário judicial e requeiram a decretação do segredo de justiça (artigo 189 do novo Código de Processo Civil).

O que não se admite é a criação de um sigilo sui generis, sem autorização legal, dentro de uma atividade que tem a publicidade como característica essencial.

Por todo o exposto, opino pela rejeição da proposta formulada, cientificando-se todos os interessados (...)

Por essas razões, o parecer que, respeitosamente, submeto à elevada apreciação de Vossa Excelência, é no sentido de se rejeitar, novamente, a sugestão apresentada, cientificando-se os interessados.

São Paulo, 27 de julho de 2017.

Paula Lopes Gomes
Juíza Assessora da Corregedoria

DECISÃO

Aprovo, pelas razões expostas, o parecer da MMª Juíza Assessora e rejeito a proposta formulada.

Publique-se e oficie-se.

São Paulo,

Manoel de Queiroz Pereira Calças
Corregedor-Geral da Justiça

3.56 TABELIONATO DE NOTAS. NOTÁRIO. TABELIÃO. CERTIDÃO DE ATOS NOTARIAIS – PUBLICIDADE NOTARIAL – INVENTÁRIOS EXTRAJUDICIAIS. SEGREDO DE JUSTIÇA

CGJSP – Processo: 189.848/2015
Localidade: São Paulo Data de julgamento: 23.03.2016 Data DJ: 1º.04.2016
Relator: Manoel de Queiroz Pereira Calças
Jurisprudência: Indefinido
CARTÓRIO DE NOTAS – Sugestão de limitação à publicidade de informações relativas a inventários extrajudiciais – Descabimento – Publicidade que rege toda a atividade notarial – Aplicação analógica dos itens 93 e 152 do Capítulo XIV das Normas de Serviço – Via extrajudicial que constitui mera opção dos interessados – Proposta rejeitada.

Nota do editor: v. Processo 0000349-38.2016.8.26.0100, DJe de 29.01.2016.

Íntegra

Processo nº 2015/189848 – São Paulo – Corregedoria-geral da Justiça do Estado de São Paulo – (75/2016-E) – DJe de 1º.04.2016, p. 7.

CARTÓRIO DE NOTAS – Sugestão de limitação à publicidade de informações relativas a inventários extrajudiciais – descabimento – Publicidade que rege toda a atividade notarial – Aplicação analógica dos itens 93 e 152 do Capítulo XIV das Normas de Serviço – Via extrajudicial que constitui mera opção dos interessados – Proposta rejeitada.

Excelentíssimo Corregedor-Geral da Justiça,

Trata-se de sugestão formulada pelo advogado Cleiton da Silva Germano, visando à atenuação da publicidade dada as escrituras de inventário lavradas em serventias extrajudiciais. Alega o interessado que os inventários realizados na modalidade extrajudicial podem ser facilmente rastreados, o que expõe indevidamente o patrimônio dos envolvidos. Propõe que tanto o conteúdo da escritura do inventário como sua própria existência sejam divulgados apenas mediante preenchimento de formulário com todos os dados da pessoa a ser pesquisada.

Sobre a proposta, manifestaram-se o Juiz Corregedor Permanente dos Cartórios de Notas da Capital (fls. 8/9) e o Colégio Notarial do Brasil – Seção São Paulo (fls. 13/19).

É o breve relato.

Opino.

Como ressaltado pelo Presidente do Colégio Notarial do Brasil – Seção São Paulo, a sugestão diz respeito a dois pontos distintos:

a) possibilidade de qualquer pessoa efetuar pesquisa sobre a existência de inventários na base de dados da Central de Escrituras de Separações, Divórcios e Inventários – CESDI;

b) possibilidade de qualquer pessoa obter certidão do ato notarial na serventia extrajudicial.

O interessado sugeriu a limitação da publicidade tanto da pesquisa como da obtenção da certidão.

O Corregedor Permanente dos Serviços de Notas da Capital opinou pela manutenção da publicidade de todas as informações.

Já o Colégio Notarial do Brasil – Seção São Paulo se manifestou no sentido de se possibilitar a pesquisa, limitando-se o acesso ao ato notarial em si.

Em relação ao item "a" – possibilidade de qualquer pessoa efetuar pesquisa sobre a existência de inventários na base de dados da Central de Escrituras de Separações, Divórcios e Inventários – CESDI – inviável a alteração pretendida pelo interessado.

O Provimento nº 18 do Conselho Nacional de Justiça, que instituiu a Central Notarial de Serviços Eletrônicos Compartilhados – CENSEC, composta de vários módulos, dentre os quais a Central de Escrituras de Separações, Divórcios e Inventários – CESDI, preceitua em seu artigo 8º:

> Art. 8º. Poderá qualquer interessado acessar o sítio eletrônico para obter informação sobre a eventual existência dos atos referidos no artigo anterior e o sistema indicará, em caso positivo, o tipo de escritura, a serventia que a lavrou, a data do ato, o respectivo número do livro e folhas, os nomes dos separandos, divorciandos, "de cujus", cônjuges supérstites e herdeiros, bem como seus respectivos números de documento de identidade (RG ou equivalente) e CPF e o (s) advogado (s) assistente (s).

Pela leitura do dispositivo, resta claro que um dos principais objetivos da criação da Central Notarial de Serviços Eletrônicos Compartilhados – CENSEC foi justamente possibilitar a busca unificada dos atos notariais lavrados em nosso país. E o artigo 8º do Provimento nº 18 do CNJ não restringe de nenhuma forma o acesso a esse tipo de informação, preceituando que qualquer interessado poderá obter informação sobre a eventual existência de escrituras de separação, divórcio e inventário.

Destarte, inviável a modificação pretendida.

No que tange ao item "b" – possibilidade de qualquer pessoa obter certidão do ato notarial na serventia extrajudicial – em que pese a sugestão do Colégio Notarial de modificação do regramento do tema (fls. 15/18), a publicidade deve ser mantida de modo irrestrito.

A ampla publicidade dos atos praticados nos tabelionatos de notas, sem a necessidade de se declinar o motivo pelo qual se requer a informação, é princípio que rege toda a atividade notarial. A respeito do tema, ensina Narciso Orlandi Neto:

> Além de ser atribuição do Notário, a expedição de certidão é também um dever, à medida que não a pode negar a quem quer que seja. Os livros de notas são públicos, significando que qualquer pessoa tem acesso a seu conteúdo, o que, evidentemente, não se confunde com acesso físico ao próprio livro ("Atividade Notarial – Noções", in Introdução ao Direito Notarial e Registral, Porto Alegre: Sérgio Antônio Fabris Editor, 2004, p. 22).

Não obstante as escrituras de inventário não sejam mencionadas especificamente, o item 93 do Capítulo XIV das Normas de Serviço da Corregedoria-Geral, repetindo diretriz estabelecida na Resolução nº 35 do CNJ, assim dispõe:

> 93. Não há sigilo nas escrituras públicas de separação e divórcio consensuais.

No que concerne às escrituras públicas de testamento, prescreve o item 152 do Capítulo XIV das Normas de Serviço:

> 152. As certidões de escrituras públicas de testamento, enquanto não comprovado o falecimento do testador, serão expedidas apenas a seu pedido ou de seu representante legal, ou mediante ordem judicial.

O item 93, de modo absoluto, proíbe qualquer forma de limitação à publicidade das escrituras de separação e divórcio.

Já o item 152 admite o sigilo em apenas uma hipótese: certidão de escritura de testamento de pessoa ainda não falecida. Em sentido contrário, comprovado o falecimento do testador, qualquer um, independentemente da demonstração de interesse, pode obter certidão da escritura do testamento.

Desse modo, se a publicidade é absoluta para as escrituras de separação, divórcio e testamento – essa última com uma única e compreensível exceção – não há razão para tratamento diverso em se tratando de escrituras de inventário. Em todos esses casos, a intimidade e a vida privada dos envolvidos são, em algum grau, expostas. Nem por isso resolveu-se limitar a publicidade desses atos a aqueles que demonstrem interesse na obtenção da informação. No confronto entre publicidade e intimidade, optou-se pelo resguardo da primeira.

E assim deve ser também para as escrituras de inventário. Embora sem previsão expressa, a ampla publicidade decorre dos princípios que regem a atividade de notas e da aplicação analógica dos itens 93 e 152 do Capítulo XIV das Normas de Serviço.

Convém ressaltar, por fim, que a lavratura de escritura de inventário era (artigo 982 do antigo Código de Processo Civil) e continua sendo (artigo 610,§ 1º, do novo Código de Processo Civil) opção das partes interessadas. Assim, se os herdeiros não têm interesse na divulgação de determinada informação, que optem pelo inventário judicial e requeiram a decretação do segredo de justiça (artigo 189 do novo Código de Processo Civil).

O que não se admite é a criação de um sigilo sui generis, sem autorização legal, dentro de uma atividade que tem a publicidade como característica essencial.

Por todo o exposto, opino pela rejeição da proposta formulada, cientificando-se todos os interessados.

É este o parecer que submeto ao elevado critério de Vossa Excelência.

São Paulo, 21 de março de 2016.

Carlos Henrique André Lisboa
Juiz Assessor da Corregedoria

CONCLUSÃO

Aprovo o parecer do MM. Juiz Assessor da Corregedoria e, por seus fundamentos, que adoto, rejeito a proposta formulada por Cleiton da Silva Germano.

Publique-se.

Dê-se ciência do teor desta decisão ao proponente e ao Colégio Notarial do Brasil – Seção São Paulo.

São Paulo, 23.03.2016

Manoel de Queiroz Pereira Calças
Corregedor-Geral da Justiça.

3.57 INVENTÁRIO EXTRAJUDICIAL – PARTILHA. SUCESSÃO CAUSA MORTIS. GEORREFERENCIAMENTO. ESPECIALIDADE OBJETIVA – DISPONIBILIDADE

CSMSP – Apelação Cível: 1000032-10.2020.8.26.0059
Localidade: Bananal Data de julgamento: 17.09.2021 Data DJ: 06.12.2021
Relator: Ricardo Mair Anafe
Jurisprudência: Indefinido
Lei: LRP – Lei de Registros Públicos – 6.015/1973 ART: 252
Lei: LRP – Lei de Registros Públicos – 6.015/1973 ART: 176 Par: 4
Lei: LRP – Lei de Registros Públicos – 6.015/1973 ART: 176 Par: 5
Lei: LRP – Lei de Registros Públicos – 6.015/1973 ART: 176 Par: 13
Lei: LRP – Lei de Registros Públicos – 6.015/1973 ART: 225 Par: 3
Lei: Dec – 4.449/2002 Art: 10
Lei: CC2002 – Código Civil de 2002 – 10.406/2002 Art: 1.784
Especialidades: Registro de Imóveis
REGISTRO DE IMÓVEIS – Dúvida – Sucessão causa mortis – Título notarial – Escritura pública de inventário e partilha – Óbices relativos à especialidade objetiva de dois imóveis distintos – Imóvel que sofreu pequeno desfalque, sem que, entretanto, se tenha feito impossível a verificação de disponibilidade quantitativa e qualitativa – Inexistência de inovação na descrição do imóvel desfalcado – Prédio tratado como corpo certo, o que permite o registro da partilha – Outro imóvel que, entretanto, tem área superior a cem hectares e tem de receber descrição por coordenadas georreferenciadas – Exigência de georreferenciamento que também se aplica às transmissões a causa de morte – Precedente – Exigência mantida quanto a esse segundo imóvel – Apelação a que se dá parcial provimento.

Íntegra

PODER JUDICIÁRIO – TRIBUNAL DE JUSTIÇA DO ESTADO DE SÃO PAULO – CONSELHO SUPERIOR DA MAGISTRATURA

ACÓRDÃO

Vistos, relatados e discutidos estes autos de Apelação Cível nº 1000032-10.2020.8.26.0059, da Comarca de Bananal, em que é apelante Maria Cláudia Teixeira Ferraz, é apelado Oficial de Registro de Imóveis, Títulos e Documentos e Civil das Pessoas Jurídicas da Comarca de Bananal.

Acordam, em Conselho Superior de Magistratura do Tribunal de Justiça de São Paulo, proferir a seguinte decisão: "Deram parcial provimento à apelação, para deferir o registro stricto sensu rogado para a matrícula nº 839, v.u.", de conformidade com o voto do Relator, que integra este acórdão.

O julgamento teve a participação dos Exmos. Desembargadores Pinheiro Franco (Presidente Tribunal de Justiça) (Presidente), Luis Soares de Mello (vice-presidente), Xavier de Aquino (Decano), Guilherme G. Strenger (Pres. seção de Direito Criminal), Magalhães Coelho (Pres. da Seção de Direito Público) e Dimas Rubens Fonseca (Pres. da Seção de Direito Privado).

São Paulo, 17 de setembro de 2021.

Ricardo Anafe
Corregedor-Geral da Justiça e Relator
Assinatura Eletrônica

Apelação Cível nº 1000032-10.2020.8.26.0059
Apelante: Maria Cláudia Teixeira Ferraz
Apelado: Oficial de Registro de Imóveis, Títulos e Documentos e Civil das Pessoas Jurídicas da Comarca de Bananal

Voto nº 31.560

REGISTRO DE IMÓVEIS – Dúvida – Sucessão causa mortis – Título notarial – Escritura pública de inventário e partilha – Óbices relativos à especialidade objetiva de dois imóveis distintos – Imóvel que sofreu pequeno desfalque, sem que, entretanto, se tenha feito impossível a verificação de disponibilidade quantitativa e qualitativa – Inexistência de inovação na descrição do imóvel desfalcado – Prédio tratado como corpo certo, o que permite o registro da partilha – Outro imóvel que, entretanto, tem área superior a cem hectares e tem de receber descrição por coordenadas georreferenciadas – Exigência de georreferenciamento que também se aplica às transmissões a causa de morte – Precedente – Exigência mantida quanto a esse segundo imóvel – Apelação a que se dá parcial provimento.

1. Trata-se de apelação (fl. 83/108) interposta por Maria Claudia Teixeira Ferraz contra a r. sentença (fl. 78/79) proferida pelo MM. Juízo Corregedor Permanente do Oficial de Registro de Imóveis, Títulos e Documentos e Civil das Pessoas Jurídicas da Comarca de Bananal, que julgou procedente a dúvida (fl. 01/06) e manteve a recusa (fl. 22/24 nota nº 205/2019) de re-

gistros stricto sensu de partilha causa mortis (fl. 25/31) nas matrículas nºs 839 e 2.504 daquele cartório (fl. 15/17 e 18/21).

Está dito nas razões de dúvida (fl. 01/06) que foi apresentada a protocolo uma escritura pública de inventário e partilha que tem por objeto os imóveis das mencionadas matrículas nºs 839 e 2.504. Examinado esse título, formularam-se duas exigências de retificação administrativa desses registros, pois, de um lado, o prédio da matrícula nº 839 sofreu desmembramento, e é necessário apurar o remanescente; e, de outro lado, o imóvel objeto da matrícula nº 2.504 conta mais de cem hectares e, dessa forma, demanda descrição por georreferenciamento.

Segundo a r. sentença (fl. 78/79), não é possível deferir os registros rogados, porque, como exigiu o cartório, em ambas as matrículas atingidas é necessário proceder à retificação. No caso da matrícula nº 839, a área foi desfalcada, e é preciso apurar o remanescente. Quanto à matrícula nº 2.504, deve ser inserida a descrição por georreferenciamento (Lei nº 6.015, de 31 de dezembro de 1973, art. 176, § 4º; Decreto nº 4.449, de 30 de outubro de 2002, art. 10, V), por meio de processo de retificação (Lei nº 6.015/1973, art. 213, II), já que a descrição hoje existente é precária demais, por lhe faltarem as linhas perimetrais.

Em seu recurso (fl. 83/108), alega a apelante que os direitos de propriedade em questão não foram transmitidos onerosa e voluntariamente, mas de modo gratuito e a causa de morte, e estão descritos na escritura pública de inventário e partilha tais como informava o registro de imóveis. As inscrições pretendidas em verdade só servem para declarar a transmissão já ocorrida, segundo a regra da saisina (Cód. Civil, art. 1.784), e, como revela a doutrina e os julgados colacionados, não se devem interpretar literalmente as normas aplicáveis ao georreferenciamento, como se também abrangessem as transferências causa mortis, o que não fazem. Ademais, não há nenhuma violação aos princípios da especialidade objetiva e da continuidade. Por conseguinte, os registros têm de ser deferidos, como foram rogados, depois de afastadas as exigências opostas pelo Ofício de Registro de Imóveis.

A douta Procuradoria Geral de Justiça ofertou parecer pelo não provimento do recurso (fl. 157/158).

É o relatório.

2. A r. sentença tem de ser reformada em parte.

Não há óbice para o registro stricto sensu da partilha no que diz respeito ao imóvel da matrícula nº 839. Como se verifica a fl. 15/17, esse prédio rústico efetivamente sofreu um desfalque, pois da área original, calculada em 80.366 (fl. 15), veio a ser subtraída, segundo a Av. 2 (fl. 15), a fração de 131,25;. A despeito das imprecisões da descrição original e, depois, da parte destacada, fato é que o desmembramento havido, sendo pequeno e único, ainda permite concluir que subsiste disponibilidade quantitativa e qualitativa na matrícula, ou seja, que realmente houve transmissão de uma gleba, como documentado na escritura pública de inventário e partilha (fl. 28). Portanto, incide a regra das Normas de Serviço da Corregedoria-Geral da Justiça, Tomo II, Capítulo XX, item 10.1.1, verbis:

"A descrição precária do imóvel rural, desde que identificável como corpo certo e localizável, não impede o registro de sua alienação ou oneração, salvo quando sujeito ao georreferenciamento ou, ainda, quando a transmissão implique atos de parcelamento ou unificação, hipóteses em que será exigida sua prévia retificação."

Note-se: não se contesta que, considerado o atual estado da técnica e as exigências atuais da doutrina jurídica e do tráfego imobiliário, a descrição do imóvel tem de ser melhorada. Ainda como está, entretanto, fato é que a matrícula traz alguma indicação de área e de confrontações e, pois, pode receber o ato registral de transmissão causa mortis. A bem ver, a solução contrária (= o indeferimento da inscrição, nessas circunstâncias específicas) não só negaria eficácia à matrícula (que é válida e produz efeitos até que se desfaça, nos termos da Lei nº 6.015/1973, art. 252), como ainda facilitaria a clandestinidade e dificultaria, ainda mais, o seu aperfeiçoamento (neste caso, por negar que os herdeiros obtenham a disponibilidade de seu direito). Logo, deve-se afastar a exigência e proceder ao pretendido registro stricto sensu de partilha, relativo ao imóvel da matrícula nº 839, como rogado.

Cabe salientar que a descrição do imóvel, tal como consta da matrícula (e, agora, do ato notarial), não foi em nada inovada, o que poderá ser feito no futuro, mediante apuração de remanescente, sem prejuízo atual para a segurança jurídica.

Não pode ser deferida, contudo, a inscrição pedida para a matrícula nº 2.504.

Não se nega e as razões recursais bem o demonstram – a possibilidade de discutir se as disposições dos §§ 4º, 5º e 13 do art. 176 e § 3º do art. 225 da Lei nº 6.015/1973 abrangem apenas os atos voluntários inter vivos que impliquem desmembramento, parcelamento, unificação ou transmissão total, ou também os atos coativos (e. g., os advindos da execução forçada) e os atos causa mortis: boas razões militam num e noutro sentido, dentre elas a facilitação do tráfego e da publicidade (em se tratando de transmissões oriundas do direito das sucessões) e a eficiência dos processos judiciais (em se tratando de constrições).

No entanto, este Conselho Superior da Magistratura já atribuiu, aos dispositivos citados e aqueles que os regulamentam, interpretação segundo a qual a inscrição da partilha causa mortis também impõe a inserção de coordenadas georreferenciadas, uma vez que se tenha escoado o prazo previsto no art. 10 do Decreto nº 4.449, de 30 de outubro de 2002 como sucede na hipótese, em que o prédio da matrícula nº 2.504 supera a área de cem hectares (fl. 18).

Confira-se:

Registro de Imóveis – Dúvida – Negativa de registro de escritura pública de inventário e partilha - Imóvel Rural com Área superior a 100 hectares – Exigência de Georreferenciamento – Princípio da especialidade objetiva Óbice mantido – Apelação a que se nega provimento (CSM, Apelação Cível n. 1000075-91.2020.8.26.0302, j. 20.11.2020, DJe 08.03.2021).

Consta do voto de vencedor:

> A partir de referidas disposições legais e normativas infere-se, pois, a necessidade de georreferenciamento dos imóveis rurais em qualquer situação de transferência, inclusive na hipótese telada de transmissão causa mortis. Objetiva-se, como já dito, a individualização do bem imóvel rural de modo a destacá-lo de qualquer outro, evitando-se, assim, a sobreposição, não havendo qualquer ressalva acerca da transmissão em razão da morte.
>
> Ao revés, a necessidade de identificação do imóvel rural apresenta-se, sem distinção, em qualquer situação de transmissão, seja voluntária ou não, até mesmo em casos de decisões judiciais e nas hipóteses de forma originária de transmissão da propriedade.
>
> [...]
>
> Nesta ordem de ideias, uma vez necessário o georreferenciamento de imóveis rurais nas hipóteses de inventário judicial, não se vislumbra razão para qualquer distinção e dispensa de identificação por georreferenciamento nos inventários extrajudiciais.
>
> [...]
>
> Não se olvida, ainda, que, consoante o Princípio da Saisine, a transmissão ocorre no momento da morte, conforme preceitua o Art. 1.784 do Código Civil: "Aberta a sucessão, a herança transmite-se, desde logo, aos herdeiros legítimos e testamentários".
>
> [...]
>
> A transmissão da propriedade dá-se, pois, no momento da abertura da sucessão e a partilha tem o efeito de encerrar o estado de indivisão, atribuindo a cada herdeiro a parte que lhe tocar.
>
> Contudo, o registro da escritura pública de inventário e partilha no Oficial de Registro de Imóveis é requisito para o ingresso de títulos de disposição da propriedade pelos herdeiros, em observância ao princípio da continuidade registral, sujeitando-se ao cumprimento das exigências legais e normativas, o que, contudo, não ocorreu no presente caso.

Finalmente, e em conclusão, saliente-se que a hipótese destes autos ou seja, a discussão, no mesmo processo da dúvida, de dois registros autônomos, cada qual numa matrícula distinta é o único caso em que se pode falar em provimento parcial do recurso: a apelação, como dito de início, tem de ser provida em parte quanto a uma inscrição apenas (matrícula nº 839), mantendo-se o óbice levantado à outra (matrícula nº 2.504).

3. À vista do exposto, pelo meu voto, dou parcial provimento à apelação, para deferir o registro *stricto sensu* rogado para a matrícula nº 839.

Ricardo Anafe
Corregedor-Geral da Justiça e Relator
Assinatura Eletrônica

3.58 INVENTÁRIO EXTRAJUDICIAL – PARTILHA. SUCESSÃO *CAUSA MORTIS*. GEORREFERENCIAMENTO. ESPECIALIDADE OBJETIVA – DISPONIBILIDADE

CSMSP – Apelação Cível: 1000032-10.2020.8.26.0059
Localidade: Bananal Data de julgamento: 17.09.2021 Data DJ: 06.12.2021
Relator: Ricardo Mair Anafe
Jurisprudência: Indefinido
Lei: LRP – Lei de Registros Públicos – 6.015/1973 Art: 252
Lei: LRP – Lei de Registros Públicos – 6.015/1973 Art: 176 PAR: 4
Lei: LRP – Lei de Registros Públicos – 6.015/1973 Art: 176 PAR: 5
Lei: LRP – Lei de Registros Públicos – 6.015/1973 Art: 176 PAR: 13
Lei: LRP – Lei de Registros Públicos – 6.015/1973 Art: 225 PAR: 3
Lei: Dec – 4.449/2002 Art: 10
Lei: CC2002 – Código Civil de 2002 – 10.406/2002 Art: 1.784
Especialidades: Registro de Imóveis

REGISTRO DE IMÓVEIS – Dúvida – Sucessão causa mortis – Título notarial – Escritura pública de inventário e partilha – Óbices relativos à especialidade objetiva de dois imóveis distintos – Imóvel que sofreu pequeno desfalque, sem que, entretanto, se tenha feito impossível a verificação de disponibilidade quantitativa e qualitativa – Inexistência de inovação na descrição do imóvel desfalcado – Prédio tratado como corpo certo, o que permite o registro da partilha – Outro imóvel que, entretanto, tem área superior a cem hectares e tem de receber descrição por coordenadas georreferenciadas – Exigência de georreferenciamento que também se aplica às transmissões a causa de morte – Precedente – Exigência mantida quanto a esse segundo imóvel – Apelação a que se dá parcial provimento.

Íntegra

PODER JUDICIÁRIO – TRIBUNAL DE JUSTIÇA DO ESTADO DE SÃO PAULO – CONSELHO SUPERIOR DA MAGISTRATURA

ACÓRDÃO

Vistos, relatados e discutidos estes autos de Apelação Cível nº 1000032-10.2020.8.26.0059, da Comarca de Bananal, em que é apelante Maria Cláudia Teixeira Ferraz, é apelado Oficial de Registro de Imóveis, Títulos e Documentos e Civil das Pessoas Jurídicas da Comarca de Bananal.

Acordam, em Conselho Superior de Magistratura do Tribunal de Justiça de São Paulo, proferir a seguinte decisão: "Deram parcial provimento à apelação, para deferir o registro stricto sensu rogado para a matrícula nº 839, v.u.", de conformidade com o voto do Relator, que integra este acórdão.

O julgamento teve a participação dos Exmos. Desembargadores Pinheiro Franco (Presidente Tribunal de Justiça) (Presidente), Luis Soares de Mello (vice-presidente), Xavier de Aquino (Decano), Guilherme G. Strenger (Pres. Seção de Direito Criminal), Magalhães Coelho (Pres. da Seção de Direito Público) e Dimas Rubens Fonseca (Pres. da Seção de Direito Privado).

São Paulo, 17 de setembro de 2021.

Ricardo Anafe
Corregedor-geral da Justiça e Relator
Assinatura Eletrônica

Apelação Cível nº 1000032-10.2020.8.26.0059
Apelante: Maria Cláudia Teixeira Ferraz
Apelado: Oficial de Registro de Imóveis, Títulos e Documentos e Civil das Pessoas Jurídicas da Comarca de Bananal

VOTO Nº 31.560

REGISTRO DE IMÓVEIS – Dúvida – Sucessão causa mortis – Título notarial – Escritura pública de inventário e partilha – Óbices relativos à especialidade objetiva de dois imóveis distintos – Imóvel que sofreu pequeno desfalque, sem que, entretanto, se tenha feito impossível a verificação de disponibilidade quantitativa e qualitativa – Inexistência de inovação na descrição do imóvel desfalcado – Prédio tratado como corpo certo, o que permite o registro da partilha – Outro imóvel que, entretanto, tem área superior a cem hectares e tem de receber descrição por coordenadas georreferenciadas – Exigência de georreferenciamento que também se aplica às transmissões a causa de morte – Precedente – Exigência mantida quanto a esse segundo imóvel – Apelação a que se dá parcial provimento.

1. Trata-se de apelação (fl. 83/108) interposta por Maria Claudia Teixeira Ferraz contra a r. sentença (fl. 78/79) proferida pelo MM. Juízo Corregedor Permanente do Oficial de Registro de Imóveis, Títulos e Documentos e Civil das Pessoas Jurídicas da Comarca de Bananal, que julgou procedente a dúvida (fl. 01/06) e manteve a recusa (fl. 22/24 nota nº 205/2019) de registros stricto sensu de partilha causa mortis (fl. 25/31) nas matrículas nºs 839 e 2.504 daquele cartório (fl. 15/17 e 18/21).

Está dito nas razões de dúvida (fl. 01/06) que foi apresentada a protocolo uma escritura pública de inventário e partilha que tem por objeto os imóveis das mencionadas matrículas nºs 839 e 2.504. Examinado esse título, formularam-se duas exigências de retificação administrativa desses registros, pois, de um lado, o prédio da matrícula nº 839 sofreu desmembramento, e é necessário apurar o remanescente; e, de outro lado, o imóvel objeto da matrícula nº 2.504 conta mais de cem hectares e, dessa forma, demanda descrição por georreferenciamento.

Segundo a r. sentença (fl. 78/79), não é possível deferir os registros rogados, porque, como exigiu o cartório, em ambas as matrículas atingidas é necessário proceder à retificação. No caso da matrícula nº 839, a área foi desfalcada, e é preciso apurar o remanescente. Quanto à matrícula nº 2.504, deve ser inserida a descrição por georreferenciamento (Lei nº 6.015, de 31 de dezembro de 1973, art. 176, § 4º; Decreto nº 4.449, de 30 de outubro de 2002, art. 10, V), por meio de processo de retificação (Lei nº 6.015/1973, art. 213, II), já que a descrição hoje existente é precária demais, por lhe faltarem as linhas perimetrais.

Em seu recurso (fl. 83/108), alega a apelante que os direitos de propriedade em questão não foram transmitidos onerosa e voluntariamente, mas de modo gratuito e a causa de morte, e estão descritos na escritura pública de inventário e partilha tais como informava o registro de imóveis. As inscrições pretendidas em verdade só servem para declarar a transmissão já ocorrida, segundo a regra da saisine (Cód. Civil, art. 1.784), e, como revela a doutrina e os julgados colacionados, não se devem interpretar literalmente as normas aplicáveis ao georreferenciamento, como se também abrangessem as transferências causa mortis, o que não fazem. Ademais, não há nenhuma violação aos princípios da especialidade objetiva e da continuidade. Por conseguinte, os registros têm de ser deferidos, como foram rogados, depois de afastadas as exigências opostas pelo Ofício de Registro de Imóveis.

A douta Procuradoria Geral de Justiça ofertou parecer pelo não provimento do recurso (fl. 157/158).

É o relatório.

2. A r. sentença tem de ser reformada em parte.

Não há óbice para o registro stricto sensu da partilha no que diz respeito ao imóvel da matrícula nº 839. Como se verifica a fl. 15/17, esse prédio rústico efetivamente sofreu um desfalque, pois da área original, calculada em 80.366 m²; (fl. 15), veio a ser subtraída, segundo a Av. 2 (fl. 15), a fração de 131,25 m²;. A despeito das imprecisões da descrição original e, depois, da parte destacada, fato é que o desmembramento havido, sendo pequeno e único, ainda permite concluir que subsiste disponibilidade quantitativa e qualitativa na matrícula, ou seja, que realmente houve transmissão de uma gleba, como documentado na escritura pública de inventário e partilha (fl. 28). Portanto, incide a regra das Normas de Serviço da Corregedoria-Geral da Justiça, Tomo II, Capítulo XX, item 10.1.1, verbis:

> A descrição precária do imóvel rural, desde que identificável como corpo certo e localizável, não impede o registro de sua alienação ou oneração, salvo quando sujeito ao georreferenciamento ou, ainda, quando a transmissão implique atos de parcelamento ou unificação, hipóteses em que será exigida sua prévia retificação.

Note-se: não se contesta que, considerado o atual estado da técnica e as exigências atuais da doutrina jurídica e do tráfego imobiliário, a descrição do imóvel tem de ser melhorada. Ainda como está, entretanto, fato é que a matrícula traz alguma indicação de área e de confrontações e, pois, pode receber o ato registral de transmissão causa mortis. A bem ver, a solução contrária

(= o indeferimento da inscrição, nessas circunstâncias específicas) não só negaria eficácia à matrícula (que é válida e produz efeitos até que se desfaça, nos termos da Lei nº 6.015/1973, art. 252), como ainda facilitaria a clandestinidade e dificultaria, ainda mais, o seu aperfeiçoamento (neste caso, por negar que os herdeiros obtenham a disponibilidade de seu direito). Logo, deve-se afastar a exigência e proceder ao pretendido registro stricto sensu de partilha, relativo ao imóvel da matrícula nº 839, como rogado.

Cabe salientar que a descrição do imóvel, tal como consta da matrícula (e, agora, do ato notarial), não foi em nada inovada, o que poderá ser feito no futuro, mediante apuração de remanescente, sem prejuízo atual para a segurança jurídica.

Não pode ser deferida, contudo, a inscrição pedida para a matrícula nº 2.504.

Não se nega e as razões recursais bem o demonstram – a possibilidade de discutir se as disposições dos §§ 4º, 5º e 13 do art. 176 e § 3º do art. 225 da Lei nº 6.015/1973 abrangem apenas os atos voluntários inter vivos que impliquem desmembramento, parcelamento, unificação ou transmissão total, ou também os atos coativos (e. g., os advindos da execução forçada) e os atos causa mortis: boas razões militam num e noutro sentido, dentre elas a facilitação do tráfego e da publicidade (em se tratando de transmissões oriundas do direito das sucessões) e a eficiência dos processos judiciais (em se tratando de constrições).

No entanto, este Conselho Superior da Magistratura já atribuiu, aos dispositivos citados e aqueles que os regulamentam, interpretação segundo a qual a inscrição da partilha causa mortis também impõe a inserção de coordenadas georreferenciadas, uma vez que se tenha escoado o prazo previsto no art. 10 do Decreto nº 4.449, de 30 de outubro de 2002 como sucede na hipótese, em que o prédio da matrícula nº 2.504 supera a área de cem hectares (fl. 18).

Confira-se:

> Registro de Imóveis – Dúvida – Negativa de registro de escritura pública de inventário e partilha – Imóvel Rural com Área superior a 100 hectares – Exigência de Georreferenciamento – Princípio da especialidade objetiva Óbice mantido – Apelação a que se nega provimento (CSM, Apelação Cível n. 1000075-91.2020.8.26.0302, j. 20.11.2020, DJe 08.03.2021).

Consta do voto de vencedor:

> A partir de referidas disposições legais e normativas infere-se, pois, a necessidade de georreferenciamento dos imóveis rurais em qualquer situação de transferência, inclusive na hipótese telada de transmissão causa mortis. Objetiva-se, como já dito, a individualização do bem imóvel rural de modo a destacá-lo de qualquer outro, evitando-se, assim, a sobreposição, não havendo qualquer ressalva acerca da transmissão em razão da morte.
> Ao revés, a necessidade de identificação do imóvel rural apresenta-se, sem distinção, em qualquer situação de transmissão, seja voluntária ou não, até mesmo em casos de decisões judiciais e nas hipóteses de forma originária de transmissão da propriedade.
> [...]
> Nesta ordem de ideias, uma vez necessário o georreferenciamento de imóveis rurais nas hipóteses de inventário judicial, não se vislumbra razão para qualquer distinção e dispensa de identificação por georreferenciamento nos inventários extrajudiciais.

[...]

Não se olvida, ainda, que, consoante o Princípio da Saisine, a transmissão ocorre no momento da morte, conforme preceitua o Art. 1.784 do Código Civil: "Aberta a sucessão, a herança transmite-se, desde logo, aos herdeiros legítimos e testamentários".

[...]

A transmissão da propriedade dá-se, pois, no momento da abertura da sucessão e a partilha tem o efeito de encerrar o estado de indivisão, atribuindo a cada herdeiro a parte que lhe tocar.

Contudo, o registro da escritura pública de inventário e partilha no Oficial de Registro de Imóveis é requisito para o ingresso de títulos de disposição da propriedade pelos herdeiros, em observância ao princípio da continuidade registral, sujeitando-se ao cumprimento das exigências legais e normativas, o que, contudo, não ocorreu no presente caso.

Finalmente, e em conclusão, saliente-se que a hipótese destes autos ou seja, a discussão, no mesmo processo da dúvida, de dois registros autônomos, cada qual numa matrícula distinta é o único caso em que se pode falar em provimento parcial do recurso: a apelação, como dito de início, tem de ser provida em parte quanto a uma inscrição apenas (matrícula nº 839), mantendo-se o óbice levantado à outra (matrícula nº 2.504).

3. À vista do exposto, pelo meu voto, dou parcial provimento à apelação, para deferir o registro stricto sensu rogado para a matrícula nº 839.

Ricardo Anafe
Corregedor-geral da Justiça e Relator
Assinatura Eletrônica

3.59 INVENTÁRIO EXTRAJUDICIAL. PARTILHA. CADASTRO MUNICIPAL. ESPECIALIDADE OBJETIVA – DESCRIÇÃO LACUNOSA

1VRPSP – Processo: 1065105-63.2021.8.26.0100
Localidade: São Paulo Data de julgamento: 28.07.2021 Data DJ: 02.08.2021
Unidade: 5
Relator: Luciana Carone Nucci Eugênio Mahuad
Jurisprudência: Indefinido
Especialidades: Registro de Imóveis
Inventário extrajudicial. Partilha. Cadastro municipal. Especialidade objetiva - descrição lacunosa.

Vide suscitação de dúvida: 1065105-63.2021.8.26.0100 – Especialidade objetiva – Cadastro municipal – Descrição lacunosa.

Íntegra

TRIBUNAL DE JUSTIÇA DO ESTADO DE SÃO PAULO – COMARCA DE SÃO PAULO – FORO CENTRAL CÍVEL – 1ª VARA DE REGISTROS PÚBLICOS

Processo Digital nº: 1065105-63.2021.8.26.0100
Classe – Assunto Dúvida – Notas
Requerente: 5º Oficial de Registro de Imóveis da Capital
Requerido: Viviana Vannucci

Vistos.

Trata-se de dúvida suscitada pelo Oficial do 5º Registro de Imóveis da Capital a requerimento de Viviana Vannucci, tendo em vista negativa em se proceder ao registro de escritura pública de inventário e partilha dos bens do espólio de Henrique Vannucci. Informa o Oficial que dois imóveis daquela circunscrição, com origem na mesma transcrição (TR 19.803), foram arrolados e partilhados pela escritura apresentada, a qual foi devolvida para regularização.

Identificado o registro de alienação anterior de um desses imóveis, a parte suscitada solicitou a cindibilidade do título.

Entretanto, o Registrador entende necessária a prévia retificação do registro do imóvel, uma vez que apresenta descrição lacunosa e imprecisa quando comparada à da planta cadastral do município, notadamente quanto às medidas perimetrais e ao total da área. Aponta, ainda, informação incorreta na escritura, que afirma estarem ambos os imóveis cadastrados sob o mesmo número, o que não é verdadeiro, pois se constatou a existência de cadastro próprio para o imóvel já alienado.

Vieram documentos às fls. 04/79.

A parte suscitada se manifestou às fls. 80/83, defendendo a improcedência da dúvida, já que pretende a abertura de matrícula com a mesma descrição da transcrição de origem, o que é permitido conforme item 58.2 das NSCGJSP, para posteriormente providenciar a retificação necessária.

O Ministério Público opinou pela procedência (fls. 87/90).

É o relatório.

Fundamento e decido.

No mérito, a dúvida é procedente. Vejamos os motivos.

Primeiramente, não há controvérsia quanto à possibilidade de cindibilidade, uma vez que a escritura apresentada reúne atos independentes e separáveis um do outro, porquanto relativos a imóveis distintos.

Já quanto à exigência do Oficial, de fato, não se vislumbra necessidade de retificação prévia da descrição tabular para abertura de matrícula por transporte e registro do título apresentado, cujos dados coincidem, nos termos do item 58.2, Cap. XX, das NSCGJSP.

Observe-se que o imóvel vem assim descrito na transcrição n. 19.803 (fl. 26/27):

> A) Um lote de terreno nº 2, situado à Rua Morro Grande, esquina da Travessa Projetada, lote nº 2, no Vigésimo Sexto Subdistrito Parí, desta Capital, medindo quinze metros e quarenta centímetros, de frente para a Rua Morro Grande, onze metros de um lado que faz frente para a Travessa Projetada, dez metros e dez centímetros, de outro lado que confina com o lote nº 1 e dezoito metros e sessenta a centímetros nos fundos onde confina com o lote nº 3, com a área de cento e setenta e três metros quadrados.

Já a escritura apresentada descreve o imóvel partilhado com os mesmos dados (item 3.1.2, fl. 07), o que permite aferir, com segurança, perfeita identidade. A escritura também indica o mesmo título aquisitivo mencionado na transcrição, pelo qual o falecido teria adquirido referido imóvel (escritura de 07.07.1995, do 3º Tabelião de Notas da Capital).

Assim, é possível admitir o registro pretendido independentemente da imediata adequação da descrição à realidade factual que possa ser encontrada.

Contudo, a escritura apresentada informa erroneamente que os imóveis descritos nos seus itens 3.1.2 e 3.1.3 estão conjuntamente cadastrados perante a prefeitura (fl. 07), sendo a designação cadastral um dado importante para a identificação do imóvel e, a precisão da informação lançada na escritura, um requisito legal (artigos 176, § 1º, II, 3, b, e 225 da LRP).

De rigor, portanto, a prévia retificação da escritura para indicar corretamente o cadastro do imóvel partilhado junto à municipalidade.

Diante do exposto, julgo parcialmente procedente a dúvida suscitada pelo Oficial do 5º Registro de Imóveis da Capital a requerimento de Viviana Vannucci, mantendo a impossibilidade de registro pelo fundamento apontado acima.

Deste procedimento não decorrem custas, despesas processuais ou honorários advocatícios.

Oportunamente, ao arquivo com as cautelas de praxe.

P.R.I.C.

São Paulo, 28 de julho de 2021.

Luciana Carone Nucci Eugênio Mahuad
Juiz de Direito

3.60 INVENTÁRIO JUDICIAL – PARTILHA – VOCAÇÃO HEREDITÁRIA. QUALIFICAÇÃO REGISTRAL – LIMITES. ESTADO CIVIL. ESPECIALIDADE SUBJETIVA. CONTINUIDADE. ITCMD – RECOLHIMENTO. FAZENDA DO ESTADO – HOMOLOGAÇÃO. TRIBUTOS – FISCALIZAÇÃO

1VRPSP – Processo: 1059454-50.2021.8.26.0100
Localidade: São Paulo Data de julgamento: 06.07.2021 Data DJ: 12.07.2021
Unidade: 5
Relator: Luciana Carone Nucci Eugênio Mahuad
Jurisprudência: Indefinido
Lei: CC2002 – Código Civil de 2002 – 10.406/2002
Lei: LRP – Lei de Registros Públicos – 6.015/1973 Art: 176
Lei: LRP – Lei de Registros Públicos – 6.015/1973 Art: 289
Especialidades: Registro de Imóveis

Inventário judicial – Partilha – Vocação hereditária. Qualificação registral – Limites. Estado civil. Especialidade subjetiva. Continuidade. ITCMD – Recolhimento. Fazenda do Estado – Homologação. Tributos – Fiscalização.

Vide suscitação de dúvida aqui: InfoQ – Informações

Íntegra

TRIBUNAL DE JUSTIÇA DO ESTADO DE SÃO PAULO – COMARCA DE SÃO PAULO – FORO CENTRAL CÍVEL – 1ª VARA DE REGISTROS PÚBLICOS

Processo Digital nº: 1059454-50.2021.8.26.0100
Classe – Assunto Dúvida – Notas
Requerente: 5º Oficial de Registro de Imóveis da Capital
Requerido: Carolina do Prado Fatel

Vistos.

Trata-se de dúvida suscitada pelo Oficial do 5º Registro de Imóveis da Capital a requerimento de Carolina do Prado Fatel, tendo em vista negativa em se proceder ao registro de formal de partilha extraído do processo de autos n. 1067711-35.2019.8.26.0100, relativo ao imóvel da matrícula 35.814 daquela serventia.

Informa o Oficial que a negativa foi motivada pelos seguintes óbices: 1) desrespeito às regras sucessórias do Código Civil, pois houve inclusão de filhos do sobrinho falecido da autora da herança como herdeiros; 2) a autora da herança foi qualificada como divorciada no formal de partilha, a despeito de constar somente averbação de sua separação judicial em sua certidão de casamento, o que a torna viúva; 3) ausência de homologação do ITCMD recolhido pela Fazenda do Estado. Juntou documentos às fls. 05/335.

A parte suscitada manifestou-se às fls. 336/342, sustentando que a inclusão dos filhos do sobrinho falecido da "de cujus" se deu por concordância de todos os herdeiros; que todos os impostos foram recolhidos; que a qualificação registral não pode discutir o mérito da decisão que deu lastro ao título conforme precedentes deste juízo; que a qualificação equivocada da "de cujus" no título é sanável e não traz prejuízo ao registro ou a terceiros. Vieram documentos às fls. 343/349.

O Ministério Público opinou pela procedência (fls. 352/354).

É o relatório.

Fundamento e decido.

No mérito, a dúvida procede parcialmente. De início, vale destacar que os títulos judiciais não estão isentos de qualificação, positiva ou negativa, para ingresso no fólio real.

O Egrégio Conselho Superior da Magistratura já decidiu que a qualificação negativa do título judicial não caracteriza desobediência ou descumprimento de decisão judicial (Apelação Cível n. 413-6/7).

Neste sentido, também a Apelação Cível nº 464-6/9, de São José do Rio Preto:

> Apesar de se tratar de título judicial, está ele sujeito à qualificação registrária. O fato de tratar-se o título de mandado judicial não o torna imune à qualificação registrária, sob o estrito ângulo da regularidade formal. O exame da legalidade não promove incursão sobre o mérito da decisão judicial, mas à apreciação das formalidades extrínsecas da ordem e à conexão de seus dados com o registro e a sua formalização instrumental.

E, ainda:

> REGISTRO PÚBLICO – ATUAÇÃO DO TITULAR – CARTA DE ADJUDICAÇÃO – DÚVIDA LEVANTADA – CRIME DE DESOBEDIÊNCIA – IMPROPRIEDADE MANIFESTA. O cumprimento do dever imposto pela Lei de Registros Públicos, cogitando-se de deficiência de carta de adjudicação e levantando-se dúvida perante o juízo de direito da vara competente, longe fica de configurar ato passível de enquadramento no artigo 330 do Código Penal - crime de desobediência –, pouco importando o acolhimento, sob o ângulo judicial, do que suscitado (STF, HC 85911 / MG – Minas Gerais, Relator: Min. Marco Aurélio, j. 25.10.2005, Primeira Turma).

Sendo assim, não há dúvidas de que a mera existência de título proveniente de órgão jurisdicional não basta para autorizar automaticamente seu ingresso no registro tabular.

No caso, acerca da primeira exigência, não prospera a negativa do Oficial conforme já debatido por este juízo, por exemplo, nos procedimentos de autos n. 1025290-06.2014.8.26.0100 e 1108424-91.2015.8.26.0100.

Isto porque a análise das normas aplicáveis ao caso já ocorreu por ocasião da homologação da partilha (fls. 290/292). Não incumbe a este juízo, dentro dos estreitos limites do âmbito administrativo, avaliar o mérito do julgado, notadamente quando se desconhecem os fatos em debate e os fundamentos da decisão.

Se houve ilegalidade na forma em que a partilha foi realizada, os recursos cabíveis deveriam ter sido interpostos contra a sentença homologatória, não podendo o Oficial formular entrave sobre matéria que foi discutida em âmbito judicial.

Vale anotar que o título judicial tem como origem partilha amigável formulada pelos herdeiros, o que corrobora a disposição de vontade dos envolvidos na distribuição dos quinhões hereditários na forma como realizada.

Igual sorte, porém, não assiste a parte suscitada quanto às demais exigências. Vejamos.

Acerca da qualificação equivocada da autora da herança quanto ao estado civil (óbice n. 2), a recusa do Oficial é devida em respeito ao princípio da especialidade, cuja observância é imprescindível para se garantirem certeza e precisão ao Registro Imobiliário.

O artigo 176 da Lei de Registros Públicos exige qualificação adequada do proprietário (nome, domicílio e nacionalidade), sendo que, em se tratando de pessoa física, deverá haver indicação de estado civil, profissão, número de inscrição no Cadastro de Pessoas Físicas do Ministério da Fazenda ou do Registro Geral da cédula de identidade.

No caso, a "de cujus" foi qualificada como divorciada, mas, em sua certidão de casamento, consta somente averbação de separação judicial, o que a torna viúva quando do seu falecimento.

Note-se que a qualificação deficiente da autora da herança quanto ao estado civil (divorciada ou viúva) pode comprometer a qualificação do próprio título no que tange à continuidade registrária, requisito extrínseco passível de análise registral, pelo que o formal de partilha deve ser corrigido neste ponto, com alteração do estado civil ou inclusão de documentos.

No que tange ao óbice n. 3, como já bem ressaltado, para os registradores vigora a ordem de controle rigoroso do recolhimento do imposto por ocasião do registro do título, sob pena de responsabilidade pessoal (artigo 289 da Lei n. 6.015/73).

Neste sentido, por sinal, normativa expressa expedida pelo ente fiscal (artigo 12 da Portaria CAT n. 89, de 26 de outubro de 2020).

A jurisprudência atual, por sua vez, também reconhece como necessária a fiscalização.

A propósito:

> REGISTRO DE IMÓVEIS – Dúvida julgada procedente – Carta de sentença extraída de ação de divórcio consensual – Exigência consistente na apresentação da anuência da Fazenda do Estado com a declaração e o recolhimento do Imposto de Transmissão "Causa Mortis" e de Doação de Quaisquer Bens e Direitos – ITCMD – Carta de sentença que somente foi instruída com o protocolo da declaração do ITCMD e com as guias de recolhimento, o que impossibilita a análise da alegação de que foi adotada base de cálculo superior aos valores venais dos imóveis transmitidos – Recurso não provido (Conselho Superior da Magistratura, Apelação Cível nº 1018134-43.2019.8.26.0309, Voto n. 31.176, lavrado pelo Corregedor-Geral da Justiça Ricardo Anafe).
>
> Registro de Imóveis – Formal de partilha – Comprovação de pagamento do ITCMD – Necessidade de apresentação de certidão de homologação pela Fazenda – Óbice mantido – Recurso não provido (Conselho Superior da Magistratura, Apelação Cível n. 0000534-79.2020, Voto n. 31.465, lavrado pelo Corregedor-Geral da Justiça Ricardo Anafe).

Diante do exposto, julgo parcialmente procedente a dúvida suscitada pelo Oficial do 5º Registro de Imóveis da Capital a requerimento de Carolina do Prado Fatel, afastando apenas a exigência de alteração da forma de partilha (óbice n. 1), mas mantendo os demais óbices para que seja efetivado o registro.

Deste procedimento não decorrem custas, despesas processuais nem honorários advocatícios.

Oportunamente, remetam-se os autos ao arquivo.

P.R.I.C.

São Paulo, 06 de julho de 2021.

Luciana Carone Nucci Eugênio Mahuad
Juíza de direito

3.61 INVENTÁRIO. PARTILHA – MEAÇÃO – TOTALIDADE DOS BENS. UNIÃO ESTÁVEL. TÍTULO JUDICIAL – QUALIFICAÇÃO REGISTRAL – LIMITES. TÍTULO – CINDIBILIDADE

CSMSP – Apelação Cível: 1083298-63.2020.8.26.0100
Localidade: São Paulo Data de julgamento: 17.09.2021 DATA DJ: 06.12.2021
Unidade: 5
Relator: Ricardo Mair Anafe
Jurisprudência: Indefinido
ESPECIALIDADES: Registro de Imóveis

Registro de imóveis – apelação – dúvida – negativa de registro de formal de partilha – inventário judicial – qualificação registral que não pode ingressar no mérito da decisão judicial – possibilidade de cindibilidade do título – no mais, acerto do óbice registrário que exigiu ser levado a inventário e partilha a totalidade do imóvel em face da ausência de menção à meação da companheira – recurso a que se dá provimento para autorizar o registro do formal de partilha nas matrículas de dois imóveis, negando-se em relação ao outro imóvel cuja partilha não abrangeu a sua totalidade.

Íntegra

PODER JUDICIÁRIO – TRIBUNAL DE JUSTIÇA DO ESTADO DE SÃO PAULO – CONSELHO SUPERIOR DA MAGISTRATURA

ACÓRDÃO

Vistos, relatados e discutidos estes autos de Apelação Cível nº 1083298-63.2020.8.26.0100, da Comarca de São Paulo, em que é apelante Margareth de Souza Amorim, é apelado Quinto Oficial de Registro de Imóveis da Comarca da Capital.

Acordam, em Conselho Superior de Magistratura do Tribunal de Justiça de São Paulo, proferir a seguinte decisão: "Deram provimento à apelação para autorizar o registro do formal de partilha no que concerne aos imóveis objetos das matrículas nºs 34.619 e 34.620 do 5º Oficial de Registro de Imóveis da Capital, negando o registro no que tange ao imóvel matriculado sob o nº 36.536, v.u.", de conformidade com o voto do Relator, que integra este acórdão.

O julgamento teve a participação dos Exmos. Desembargadores Pinheiro Franco (Presidente Tribunal de Justiça) (Presidente), Luis Soares de Mello (vice-presidente), Xavier de Aquino (Decano), Guilherme G. Strenger (Pres. Seção de Direito Criminal), Magalhães Coelho(Pres. da Seção de Direito Público) e Dimas Rubens Fonseca (Pres. da Seção de Direito).

São Paulo, 17 de setembro de 2021.

Ricardo Anafe
Corregedor-Geral da Justiça e Relator
Assinatura Eletrônica

Apelação Cível nº 1083298-63.2020.8.26.0100
Apelante: Margareth de Souza Amorim
Apelado: Quinto Oficial de Registro de Imóveis da Comarca da Capital

VOTO Nº 31.550

REGISTRO DE IMÓVEIS – APELAÇÃO – DÚVIDA – NEGATIVA DE REGISTRO DE FORMAL DE PARTILHA – INVENTÁRIO JUDICIAL – QUALIFICAÇÃO REGISTRAL

QUE NÃO PODE INGRESSAR NO MÉRITO DA DECISÃO JUDICIAL – POSSIBILIDADE DE CINDIBILIDADE DO TÍTULO – NO MAIS, ACERTO DO ÓBICE REGISTRÁRIO QUE EXIGIU SER LEVADO A INVENTÁRIO E PARTILHA A TOTALIDADE DO IMÓVEL EM FACE DA AUSÊNCIA DE MENÇÃO À MEAÇÃO DA COMPANHEIRA – RECURSO A QUE SE DÁ PROVIMENTO PARA AUTORIZAR O REGISTRO DO FORMAL DE PARTILHA NAS MATRÍCULAS DE DOIS IMÓVEIS, NEGANDO-SE EM RELAÇÃO AO OUTRO IMÓVEL CUJA PARTILHA NÃO ABRANGEU A SUA TOTALIDADE.

1. Cuida-se de recurso de Apelação interposto por Margareth de Souza Amorim contra a r. sentença que julgou procedente a dúvida suscitada pelo 5º Oficial de Registro de Imóveis da Comarca da Capital, que recusou o registro do Formal de Partilha expedido aos 21 de maio de 2019 pelo 4º Tabelionato de Notas da Comarca de Ribeirão Preto extraído da ação de inventário e partilha do espólio de Luis Martin Nicacio, autos do processo nº 1033648-52.2017.8.26.0100, que tramitou perante a 10ª Vara da Família e Sucessões da Comarca da Capital.

Sustenta, em síntese, a recorrente que a partilha consensual foi homologada judicialmente e teve como inventariante a companheira do falecido; que a união estável era de conhecimento do Juízo que decidiu homologar a partilha amigável; que se cumpriu o testamento com anuência da companheira. Além disso, a vaga de garagem de nº 44, do tipo B, por ser acessório, acompanha o principal, qual seja, o imóvel matriculado sob o nº 34.619.

A D. Procuradoria Geral de Justiça opinou pelo desprovimento do recurso (fl. 242/245).

É o relatório.

2. Presentes seus pressupostos legais e administrativos, conheço do recurso.

No mérito o recurso merece provimento. Com efeito, os imóveis objetos do formal de partilha em questão acham-se matriculados sob os nºs 34.619, 34.620 e 36.536 do 5º Oficial de Registro de Imóveis da Capital e consistem em: (a) Apartamento nº 36; (b) Vaga nº 44 do tipo B; e (c) Vaga nº 15 do tipo C, todos do mesmo Edifício Maison Suisse, situado na Rua Caio Prado, nº 165, 181 e 187 e registrados em nome do falecido Luis Martin Nicacio.

Consoante se infere do formal de partilha, o autor da herança faleceu em 25 de novembro de 2016, no estado civil de divorciado, figurando no registro imobiliário como separado judicialmente.

Consta da ação de inventário e partilha que o de cujo vivia em união estável com Maria Lucier Feitoza Alves, tendo falecido sem deixar ascendentes ou descendentes, apenas colaterais.

Foi lavrado testamento (fl. 25/29) e, de acordo com o ato notarial, foi legado aos sobrinhos, Israel Francisco de Souza Junior e Margareth de Souza Amorim, ora recorrente, o apartamento nº 36, objeto da matrícula 34.619 do 5º Oficial de Registro de Imóveis da Capital.

Diversamente, na partilha homologada judicialmente (fl. 101), verifica-se que o pagamento foi feito da seguinte forma:

1) Aos sobrinhos Israel Francisco de Souza Junior e Margareth de Souza Amorim, ora recorrente, a totalidade dos seguintes bens, na proporção de 50% para cada um:

a. Apartamento 36 (Matrícula nº 34.619).

b. Box 44, do tipo B (Matrícula nº 34.620).

2) A companheira Maria Lucier Feitoza Alves: 50% do imóvel – Vaga 15 do tipo C (Matrícula nº 36.536).

A Nota de Exigência de fl. 151/152 indicou como motivos de recusa do ingresso do título:

> 1) Deve ser elencada e partilhada a totalidade do imóvel objeto da matrícula nº 36.536 e não 50% como constou, tendo em vista a aquisição a título oneroso na constância da união estável, o que importa na comunicabilidade do imóvel, fazendo parte de uma massa (mancomunhão), pertencendo ao patrimônio comum do casal, sendo esta comunhão pro indiviso, ou seja, a parcela ideal pertencente a cada um não pode ser destacada, o que apenas ocorre quando dissolvida a sociedade conjugal. Nestes casos, o patrimônio do inventariado constitui uma universalidade indivisível, abrangendo o espólio a universalidade de bens do casal, que só perde essa característica com a partilha, somente sendo possível a atribuição da meação à companheira na partilha (artigos 1.658 do Código Civil; 620, inciso IV e 651, incisos II e III, do Código de Processo Civil; e decisão da 1ª Vara de Registros Públicos desta Capital, processo: 0016159-58.2013.8.26.0100);
>
> 2) Apresentar, em cópia autenticada, a certidão de casamento atualizada, contendo a averbação do divórcio de Luis Martin Nicacio, para necessária averbação (artigo 176, § 1º, inciso III, item 2, alínea a, c/c artigo 167, inciso II, item 5, c/c artigo 246, § 1º, todos da Lei nº 6.015/73);
>
> 3) Esclarecer se existe reconhecimento judicial ou escritura pública de união estável de Luis Martin Nicacio e Maria Lucier Feitoza Alves. Caso haja reconhecimento judicial ou escritura pública de união estável será necessário apresentá-los em cópia autenticada, bem como da certidão de seu registro no Livro E do Registro Civil das Pessoas Naturais e a certidão de seu registro no Livro 3 do Registro de Imóveis competente (se dispor sobre regime de bens), para verificação do teor do documento e averbação (itens 11, b, 1; 11, b, 5 e 63.1, do Capítulo XX, tomo II, das Normas de Serviço dos Cartórios Extrajudiciais da Corregedoria-Geral da Justiça do Estado de São Paulo);
>
> 4) Apresentar, em cópia autenticada, a certidão de nascimento atualizada de Maria Lucier Feitoza Alves, para complemento de sua qualificação (artigo 176, § 1º, inciso III, item 2, alínea a, c/c artigo 167, inciso II, item 5, c/c artigo 246, § 1º, todos da Lei nº 6.015/73);
>
> 5) Apresentar cópia autenticada do RG de Maria Lucier Feitoza Alves para necessária averbação (artigo 176, §1º, inciso III, item 2, alínea a, c/c artigo 167, inciso II, item 5, c/c artigo 246, § 1º, todos da Lei nº 6.015/73);
>
> 6) Apresentar cópia autenticada do RG de Maria Cristina Vergilio Meneses de Souza, para complemento de sua qualificação (artigo 176, § 1º, inciso III, item 2, alínea a, c/c artigo 167, inciso II, item 5, c/c artigo 246, §1º, todos da Lei nº 6.015/73).

Cumpridos os itens 2, 3 e 6 supra, a recorrente discordando dos demais óbices ofertados, pugnou pela suscitação de dúvida.

Não se ignora que a origem judicial do título não o torna imune à qualificação registral, ainda que limitada aos requisitos formais do título e sua adequação aos princípios registrais, conforme disposto no item 117 do Capítulo XX do Tomo II das Normas de Serviço da Corregedoria-Geral da Justiça. Contudo, a qualificação registral não pode ingressar no mérito da decisão que deu lastro ao título, sob pena da via administrativa rever a jurisdicional.

Neste sentido:

> REGISTRO DE IMÓVEIS – ARROLAMENTO DE BENS – FORMAL DE PARTILHA – QUALIFICAÇÃO REGISTRAL QUE QUESTIONA A QUE TÍTULO A VIÚVA DO DE CUJUS DEVERIA RECEBER SEU QUINHÃO – INDAGAÇÃO QUE DESBORDA DOS LIMITES DA QUALIFICAÇÃO REGISTRAL – IMPOSSIBILIDADE DE A VIA ADMINISTRATIVA DISCUTIR O MÉRITO DA DECISÃO JUDICIAL TRANSITADA EM JULGADO – RECURSO PROVIDO (Apelação Cível nº 1025290-06.2014.8.26.0100, Rel. Elliot Akel, DJE 17.03.2015).

Afrânio de Carvalho, ao tratar dos limites da qualificação registral de títulos judiciais, observa que:

> Assim como a inscrição pode ter por base atos negociais e atos judiciais, o exame da legalidade aplica-se a uns e a outros. Está visto, porém, que, quando tiver por objeto atos judiciais, será muito mais limitado, cingindo-se à conexão dos respectivos dados com o registro e à formalização instrumental. Não compete ao registrador averiguar senão esses aspectos externos dos atos judiciais, sem entrar no mérito do assunto neles envolvido, pois, do contrário, sobreporia a sua autoridade à do Juiz (Registro de Imóveis, Forense, 3. ed., p. 300).

Fixadas, pois, estas premissas, assiste parcial razão à recorrente.

O imóvel matriculado sob o nº 34.619 do 5º Oficial de Registro de Imóveis da Capital, apartamento 36, foi legado na integralidade à recorrente e a Israel Francisco de Souza Junior (fl. 25/27), o que restou reproduzido na partilha homologada judicialmente.

O box 44, do tipo B, objeto da matrícula nº 34.620, conquanto não tenha sido objeto do testamento público lavrado, foi destinado expressamente no plano de partilha homologado judicialmente à apelante e ao sobrinho do falecido, Israel Francisco de Souza Junior.

A companheira do falecido, M.L.F.A., foi inventariante nos autos da ação de inventário e partilha (processo nº 1033648-52.2017.8.26.0100), que tramitou perante a 10ª Vara da Família e Sucessões da Comarca da Capital, e apresentou as primeiras declarações e plano de partilha, do qual constou categoricamente a destinação do imóvel objeto da matrícula nº 34.620 (Box 44, do tipo B).

Nesta ordem de ideias, considerando que a qualificação registral não pode ingressar no mérito da decisão que deu lastro ao formal de partilha e à vista da anuência expressa da companheira do falecido com a partilha de bens, não caberá, nesta esfera administrativa, a análise acerca de eventual avanço sobre a legítima.

Desta sorte, à vista do princípio da cindibilidade, admitido, pontualmente, por este Conselho Superior da Magistratura, permitindo casualmente que do título sejam extraídos elementos que poderão ingressar de imediato no fólio real, desconsiderando outros que demandem providências diversas, viável o registro do formal de partilha nas matrículas nº 34.619 e 34.620 do

5º Oficial de Registro de Imóveis da Capital, aguardando-se posterior regularização da situação registraria no que concerne à vaga 15, objeto da matrícula nº 36.536.

Admite-se a cisão do título quando, num mesmo título formal, ou há dois ou mais imóveis em questão (p. ex., a compra e venda de dois distintos lotes de terreno), ou há pluralidade de fatos jurídicos sobre um mesmo imóvel (p. ex., duas vendas, a compradores diferentes, cada qual adquirindo a metade de um mesmo imóvel), o que ocorre *in casu*.

De outro lado, no que tange ao imóvel objeto da matrícula nº 36.536, Vaga 15 do tipo C, assiste razão ao I. Oficial Registrador.

De fato, da partilha homologada judicialmente não há menção à meação da companheira sobrevivente, devendo ser elencada e partilhada a totalidade de dito imóvel.

A meação da companheira integra a comunhão instituída pela união estável, que é indivisível, somente perdendo esta característica com a partilha pela dissolução, ou ainda a partilha pela sucessão causa mortis.

Consoante nos ensina Maria Berenice Dias:

> Quer no casamento, quer na união estável, quando o regime do casamento prevê a comunhão do patrimônio adquirido durante o período de convívio, os bens pertencem a ambos em partes iguais. A presunção é que foram adquiridos pela comunhão de esforços para amealhá-los. Cada um é titular da metade e tem direito à meação de cada um dos bens. Esta copropriedade recebe o nome de mancomunhão, expressão corrente na doutrina, que, no entanto, não dispõe de previsão legal.
>
> É o estado dos bens conjugais antes de sua efetiva partilha. Nada mais significa do que propriedade em 'mão comum', ou seja, pertencente a ambos os cônjuges ou companheiros. Tal figura distingue-se do condomínio: quando o casal detém o bem ou coisa simultaneamente, com direito a uma fração ideal, podendo alienar ou gravar seus direitos, observada a preferência do outro (CC 1.314 e seguintes). O estado de mancomunhão inviabiliza a transmissão (e o respectivo registro) de partes ideais pelos antigos cônjuges por razões de duas ordens: (i) ausência de partilha, o que impossibilita o conhecimento acerca da atribuição da titularidade da propriedade e (ii) violação do princípio da continuidade por não ser possível a inscrição da transmissão da propriedade a falta da extinção da mancomunhão que não tem natureza jurídica de condomínio (Manual das famílias. São Paulo: Revista dos Tribunais, e-book, 2017).

Em comentário ao art. 993, IV, do Código de Processo Civil, preleciona Theotônio Negrão:

> Os bens pertencentes ao 'de cujus' em comunhão com o seu cônjuge devem ser relacionados integralmente, e não apenas a parte ideal que lhe pertencia (Código Processual Civil e legislação processual civil em vigor, 37. ed., São Paulo: Saraiva, 2005, p. 949).

Em suma, o patrimônio adquirido pelo casal na constância da união estável, observado o regime da comunhão parcial de bens, pertence em sua totalidade a ambos os companheiros, sendo que ao inventário deve ser levado o todo para apuração da parte pertencente a cada um deles com a extinção da comunhão.

A necessidade de constar do plano de partilha a meação do cônjuge supérstite, aplicável também ao companheiro, também consta do art. 651 do Código de Processo Civil:

Art. 651. O partidor organizará o esboço da partilha de acordo com a decisão, observando nos pagamentos a seguinte ordem:

I – dívidas atendidas;

II – meação do cônjuge;

III – meação disponível;

IV – quinhões hereditários, a começar pelo coerdeiro mais velho.

No ponto, cumpre destacar trecho da Apelação Cível nº 764-6/8, cujo relator foi o Exmo. Sr. Des. Gilberto Passos de Freitas, então Corregedor-Geral da Justiça:

> Não se discute que meação de cônjuge não se enquadra no conceito legal de herança (e, por isso, não havendo transmissão, seu valor não deve ser considerado na base de cálculo de tributo); mas isso não significa que deva ser desprezada na partilha.
>
> Ao contrário, justamente porque a situação é de massa indivisa, que abrange a comunhão decorrente do casamento e a herança gerada pela sucessão 'mortis causa', que se extrema apenas com a partilha, não há como deixar de incluir a integridade do bem, e não apenas sua metade ideal, na partilha, que deve prever não só o pagamento do quinhão da herdeira, mas também a atribuição da parte que couber à viúva-meeira.
>
> Diversos são, aliás, os precedentes do Conselho Superior da Magistratura neste sentido, deles destacando-se não só a verdade de que 'a comunhão decorrente do casamento é pro indiviso' (CSM, Ap. Civ. nº 404-6/6, rel. José Mário Antonio Cardinale) – e, por isso, a meação da cônjuge sobrevivente 'só se extremará com a partilha' (CSM, Ap. Civ nºs 404-6/6, rel. José Mário Antonio Cardinale e 17.289-0/7, rel. José Alberto Weiss de Andrade) –, mas também a consequência lógica de que, até a partilha integral, 'permanece a indivisão' (CSM, Ap.Civ. nº 15.305, rel. Dínio de Santis Garcia).

Neste sentido vale lembrar, também, a lição de Afrânio de Carvalho:

> Não importa que, em se tratando de cônjuge sobrevivente casado no regime da comunhão de bens, metade do imóvel já lhe pertença desde o casamento, porque o título reúne essa parte ideal, societária, com a outra, sucessória, para recompor a unidade real do 'de cujus'. A partilha abrange todo o patrimônio do morto e todos os interessados, desdobrando-se em duas partes, a societária e a sucessória, embora o seu sentido se restrinja por vezes à segunda. Por isso, dá em pagamento ao cônjuge sobrevivente ambas as metades que lhe caibam, observando dessa maneira o sentido global a operação, expressa na ordem de pagamento preceituado para o seu esboço, a qual enumera, em segundo lugar, depois das dívidas, a meação do cônjuge e, em seguida, a meação do falecido que, na hipótese, passa também ao cônjuge (Registro de Imóveis, Forense, 3. ed., RJ 1982, p. 281).

Finalmente, como bem ressaltado pelo I. Oficial, o requerimento formulado pela recorrente apresentou-se confuso e divergente do apontado na partilha, constando que 50% da vaga 15 deverá ser registrada em nome da companheira e os outros 50% em nome dos herdeiros testamentários, na razão de 25% para cada um, a corroborar, no ponto, a impossibilidade de registro do formal de partilha.

3. Por essas razões, dou provimento à apelação para autorizar o registro do formal de partilha no que concerne aos imóveis objetos das matrículas nºs 34.619 e 34.620 do 5º Oficial de Registro de Imóveis da Capital, negando o registro no que tange ao imóvel matriculado sob o nº 36.536.

Ricardo Anafe
Corregedor-Geral da Justiça e Relator
Assinatura Eletrônica.

3.62 INVENTÁRIO EXTRAJUDICIAL. PARTILHA. CADASTRO MUNICIPAL. ESPECIALIDADE OBJETIVA – DESCRIÇÃO LACUNOSA

1VRPSP – Processo: 1065105-63.2021.8.26.0100
Localidade: São Paulo Data de julgamento: 28.07.2021 Data DJ: 02.08.2021
Unidade: 5
Relator: Luciana Carone Nucci Eugênio Mahuad
Jurisprudência: Indefinido
Especialidades: Registro de Imóveis

Inventário extrajudicial. Partilha. Cadastro municipal. Especialidade objetiva – descrição lacunosa.

Vide suscitação de dúvida: 1065105-63.2021.8.26.0100 – Especialidade objetiva – Cadastro municipal – Descrição lacunosa.

Íntegra

TRIBUNAL DE JUSTIÇA DO ESTADO DE SÃO PAULO – COMARCA DE SÃO PAULO – FORO CENTRAL CÍVEL – 1ª VARA DE REGISTROS PÚBLICOS

Processo Digital nº: 1065105-63.2021.8.26.0100
Classe – Assunto Dúvida – Notas
Requerente: 5º Oficial de Registro de Imóveis da Capital
Requerido: Viviana Vannucci

Vistos.

Trata-se de dúvida suscitada pelo Oficial do 5º Registro de Imóveis da Capital a requerimento de Viviana Vannucci, tendo em vista negativa em se proceder ao registro de escritura pública de inventário e partilha dos bens do espólio de Henrique Vannucci. Informa o Oficial que dois imóveis daquela circunscrição, com origem na mesma transcrição (TR 19.803), foram arrolados e partilhados pela escritura apresentada, a qual foi devolvida para regularização.

Identificado o registro de alienação anterior de um desses imóveis, a parte suscitada solicitou a cindibilidade do título.

Entretanto, o Registrador entende necessária a prévia retificação do registro do imóvel, uma vez que apresenta descrição lacunosa e imprecisa quando comparada à da planta cadastral do município, notadamente quanto às medidas perimetrais e ao total da área. Aponta, ainda, informação incorreta na escritura, que afirma estarem ambos os imóveis cadastrados sob o mesmo número, o que não é verdadeiro, pois se constatou a existência de cadastro próprio para o imóvel já alienado.

Vieram documentos às fls. 04/79.

A parte suscitada se manifestou às fls. 80/83, defendendo a improcedência da dúvida, já que pretende a abertura de matrícula com a mesma descrição da transcrição de origem, o que é permitido conforme item 58.2 das NSCGJSP, para posteriormente providenciar a retificação necessária.

O Ministério Público opinou pela procedência (fls. 87/90).

É o relatório.

Fundamento e decido.

No mérito, a dúvida é procedente. Vejamos os motivos.

Primeiramente, não há controvérsia quanto à possibilidade de cindibilidade, uma vez que a escritura apresentada reúne atos independentes e separáveis um do outro, porquanto relativos a imóveis distintos.

Já quanto à exigência do Oficial, de fato, não se vislumbra necessidade de retificação prévia da descrição tabular para abertura de matrícula por transporte e registro do título apresentado, cujos dados coincidem, nos termos do item 58.2, Cap. XX, das NSCGJSP.

Observe-se que o imóvel vem assim descrito na transcrição n. 19.803 (fl. 26/27):

> A) Um lote de terreno nº 2, situado à Rua Morro Grande, esquina da Travessa Projetada, lote nº 2, no Vigésimo Sexto Subdistrito Parí, desta Capital, medindo quinze metros e quarenta centímetros, de frente para a Rua Morro Grande, onze metros de um lado que faz frente para a Travessa Projetada, dez metros e dez centímetros, de outro lado que confina com o lote nº 1 e dezoito metros e sessenta a centímetros nos fundos onde confina com o lote nº 3, com a área de cento e setenta e três metros quadrados.

Já a escritura apresentada descreve o imóvel partilhado com os mesmos dados (item 3.1.2, fl. 07), o que permite aferir, com segurança, perfeita identidade. A escritura também indica o mesmo título aquisitivo mencionado na transcrição, pelo qual o falecido teria adquirido referido imóvel (escritura de 07.07.1995, do 3º Tabelião de Notas da Capital).

Assim, é possível admitir o registro pretendido independentemente da imediata adequação da descrição à realidade factual que possa ser encontrada.

Contudo, a escritura apresentada informa erroneamente que os imóveis descritos nos seus itens 3.1.2 e 3.1.3 estão conjuntamente cadastrados perante a prefeitura (fl.07), sendo a designação cadastral um dado importante para a identificação do imóvel e, a precisão da informação lançada na escritura, um requisito legal (artigos 176, § 1º, II, 3, b, e 225 da LRP).

De rigor, portanto, a prévia retificação da escritura para indicar corretamente o cadastro do imóvel partilhado junto à municipalidade.

Diante do exposto, JULGO PARCIALMENTE PROCEDENTE a dúvida suscitada pelo Oficial do 5º Registro de Imóveis da Capital a requerimento de Viviana Vannucci, mantendo a impossibilidade de registro pelo fundamento apontado acima.

Deste procedimento não decorrem custas, despesas processuais ou honorários advocatícios.

Oportunamente, ao arquivo com as cautelas de praxe.

P.R.I.C.

São Paulo, 28 de julho de 2021.

Luciana Carone Nucci Eugênio Mahuad
Juiz de Direito

3.63 DIREITO REAL DE HABITAÇÃO. EMOLUMENTOS – COBRANÇA. EMBARGOS DE DECLARAÇÃO

CGJSP – Embargos declaratórios: 0011489-19.2019.8.26.0309
Localidade: Jundiaí Data de julgamento: 09.11.2020 Data DJ: 16.11.2020
Relator: Ricardo Mair Anafe
Jurisprudência: Indefinido
Lei: LCESP – Lei de Custas de SP – 11.331/2002
Lei: LICC – Lei de Introdução ao CC – 4.657/1942 Art: 4
Especialidades: Registro de Imóveis

Embargos de Declaração. Inexistência de omissão. Matéria adequadamente apreciada. Regularidade na cobrança dos emolumentos no registro do direito real de habitação a convalidar a ausência de prévia consulta do Oficial de Registro de Imóveis. – Item 1.5. da Tabela II da Lei Estadual nº 11.331/2002. Embargos de declaração rejeitados.

Íntegra

Processo nº 0011489-19.2019.8.26.0309 – Jundiaí – Maria Célia Zanotti e outros – Advogado: Gustavo Castiglioni Toldo, OAB/SP 398.781 – (470/2020 -E) – DJE de 16.11.2020, p. 27.

EMBARGOS DE DECLARAÇÃO. Inexistência de omissão. Matéria adequadamente apreciada. Regularidade na cobrança dos emolumentos no registro do direito real de habitação a convalidar a ausência de prévia consulta do Oficial de Registro de Imóveis. – Item 1.5. da Tabela II da Lei Estadual nº 11.331/2002. Embargos de declaração rejeitados.

Excelentíssimo Senhor Corregedor-Geral da Justiça,

Maria Célia Zanoti e outros opõem embargos de declaração à decisão exarada a fl. 164, que, ao aprovar o parecer de fl. 159/163, negou provimento ao recurso interposto, alegando-se, para tanto, omissão no r. decisum embargado.

Opino.

Respeitados os argumentos dos embargantes, o recurso deve ser rejeitado. Sustentam, em suma, os recorrentes que não houve na r. decisão de fl. 164 e parecer de fl. 159/163 pronunciamento acerca da ausência de autorização para cobrança dos emolumentos por ocasião do registro do direito real de habitação.

Contudo, razão não lhes assiste.

A questão foi devidamente enfrentada por meio da r. decisão embargada e pelo parecer de fl. 159/163, nos seguintes termos:

> Também não se vislumbra irregularidade quanto à cobrança dos emolumentos referentes ao registro do direito real de habitação.
> Conquanto não conste expressamente das notas explicativas da Tabela II da Lei Estadual nº 11.331/2002, certo é que o registro do direito real de habitação assemelha-se ao registro do usufruto, sendo ambos direitos reais de fruição sobre coisa alheia, a autorizar a aplicação, por analogia, do item 1.4., atual 1.5. da mencionada tabela.
> No caso de usufruto, a base de cálculo será a terça parte do valor do imóvel, observando o disposto no item 1.

É, nestes moldes, o Art. 4º da Lei de Introdução às Normas do Direito Brasileiro:

> Quando a lei for omissa, o juiz decidirá o caso de acordo com a analogia, os costumes e os princípios gerais de direito.

Reconheceu-se, pois, a regularidade da cobrança dos emolumentos na hipótese, entendendo-se por pertinente a utilização por analogia do atual item 1.5. da Tabela II da Lei Estadual nº 11.331/2002 para o registro do direito real de habitação, ainda que a questão não tenha sido submetida à Corregedoria-Geral da Justiça por ocasião da qualificação do título.

Em outras palavras, conquanto no caso concreto não tenha sido formulada consulta prévia à Corregedoria-Geral da Justiça, certo é que a constatação da regularidade na cobrança dos emolumentos convalida o ato.

Observe-se, ainda, inexistir prejuízo aos recorrentes uma vez que o resultado de eventual consulta prévia teria sido o mesmo do exarado na r. decisão de fl. 164 e no parecer de fl. 159/163, ou seja, a constatação da regularidade da cobrança dos emolumentos no caso concreto.

Como dito, o registro do direito real de habitação assemelha-se ao registro do usufruto, sendo ambos direitos reais de fruição sobre coisa alheia, a autorizar a cobrança dos emolumentos como procedido no caso telado.

Ante o exposto, o parecer que apresento à elevada consideração de Vossa Excelência é pela rejeição dos embargos de declaração.

São Paulo, 06 de novembro de 2020.

Leticia Fraga Benitez
Juíza Assessora da Corregedoria

DECISÃO

Aprovo o parecer da MM. Juíza Assessora da Corregedoria por seus fundamentos, que adoto, para rejeitar os embargos de declaração opostos.

Intimem-se.

São Paulo, 09 de novembro de 2020.

Ricardo Anafe
Corregedor-Geral da Justiça
Assinatura eletrônica

3.64 INVENTÁRIO CONJUNTO. PARTILHA *PER SALTUM*. CONTINUIDADE. ITCMD – FAZENDA DO ESTADO – HOMOLOGAÇÃO. TRIBUTOS – FISCALIZAÇÃO

CSMSP – Apelação Cível: 1003838-82.2023.8.26.0565
Localidade: São Caetano do Sul Data de julgamento: 15.12.2024 Data DJ: 21.03.2024
Relator: Fernando Antônio Torres Garcia
Jurisprudência: Indefinido
Lei: LRP – Lei de Registros Públicos – 6.015/1973 Art: 289
Lei: CTN – Código Tributário Nacional – 5.172/1966 Art: 134 Inc: VI
Lei: LO – Novo CPC - 13.105/15 Art: 672

Lei: LRP – Lei de Registros Públicos – 6.015/1973 Art: 237
Lei: LITCMD – Lei do ITCMD – 10.705/2000 Art: 2 Inc: I
Lei: LITCMD – Lei do ITCMD – 10.705/2000 Art: 8 Inc: I
Lei: Dec – ITCMD – 46.655/2002 Art: 21 ss.
Especialidades: Registro de Imóveis
Registro de imóveis – dúvida julgada procedente – formal de partilha extraído de inventário conjunto – ofensa ao princípio da continuidade – bens que devem ser paulatinamente partilhados – necessidade de aditamento do título para constar dois planos de partilha – apresentação de certidões de homologação do ITCMD emitidas pela fazenda estadual que supre um dos óbices constantes da nota devolutiva – dever de fiscalização do oficial que se limita à existência do recolhimento do imposto, ou eventual isenção – dúvida procedente – recurso a que se nega provimento.

Íntegra

ACÓRDÃO

Vistos, relatados e discutidos estes autos de Apelação Cível nº 1003838-82.2023.8.26.0565, da Comarca de São Caetano do Sul, em que é apelante Marcos Adamussi, é apelado Primeiro Oficial de Registro de Imóveis e Anexos de São Caetano do Sul.

Acordam, em Conselho Superior da Magistratura do Tribunal de Justiça de São Paulo, proferir a seguinte decisão: "Negaram provimento, v.u.", de conformidade com o voto do Relator, que integra este acórdão.

O julgamento teve a participação dos Exmos. Desembargadores Ricardo Anafe (Presidente Tribunal de Justiça) (Presidente), Guilherme Gonçalves Strenger (vice-presidente), Xavier de Aquino (Decano), Beretta da Silveira (Pres. da Seção de Direito Privado), Wanderley José Federighi (Pres. da Seção de Direito Público) e Francisco Bruno (Pres. Seção de Direito Criminal).

São Paulo, 15 de dezembro de 2023.

Fernando Antonio Torres Garcia
Corregedor-Geral da Justiça
Relator

Apelação Cível nº 1003838-82.2023.8.26.0565
Apelante: Marcos Adamussi
Apelado: Primeiro Oficial de Registro de Imóveis e Anexos de São Caetano do Sul

VOTO Nº 39.254

REGISTRO DE IMÓVEIS – DÚVIDA JULGADA PROCEDENTE – FORMAL DE PARTILHA EXTRAÍDO DE INVENTÁRIO CONJUNTO – OFENSA AO PRINCÍPIO DA CONTINUIDADE – BENS QUE DEVEM SER PAULATINAMENTE PARTILHADOS – NECESSIDADE DE ADITAMENTO DO TÍTULO PARA CONSTAR DOIS PLANOS DE PARTILHA – APRESENTAÇÃO DE CERTIDÕES DE HOMOLOGAÇÃO DO ITCMD EMITIDAS PELA FAZENDA ESTADUAL QUE SUPRE UM DOS ÓBICES CONSTANTES DA NOTA DEVOLUTIVA – DEVER DE FISCALIZAÇÃO DO OFICIAL QUE SE LIMITA À EXISTÊNCIA DO RECOLHIMENTO DO IMPOSTO, OU EVENTUAL ISENÇÃO – DÚVIDA PROCEDENTE – RECURSO A QUE SE NEGA PROVIMENTO.

Cuida-se de recurso de Apelação interposto por MARCOS ADAMUSSI em face da r. sentença de fls. 136 de lavra do MM. Juiz Corregedor Permanente do 1º Oficial de Registro de Imóveis, Títulos e Documentos e Civil de Pessoas Jurídicas da Comarca de São Caetano do Sul, que julgou procedente a dúvida suscitada, negando o acesso ao registro imobiliário do formal de partilha extraído dos autos do processo nº 1001280-74.2022.8.26.0565 da 6ª Vara Cível da mesma Comarca, que tem por objeto o imóvel matriculado sob o nº 10.417.

Da nota devolutiva de fls. 18/21, que qualificou negativamente o título, constaram as seguintes exigências:

> (...) 1) Desta feita, deve o interessado proceder primeiramente a partilha dos direitos decorrentes do óbito de Antônia Cazé Adamussi, para então posteriormente, prosseguir individualmente à partilha de José Adamussi Neto, realizando duas partilhas e pagamentos distintos.
> (...)

2) Deve o interessado proceder à apresentação das declarações de ITCMD referente as homologações nº 74725045 e 74792596, para que se possa verificar os valores atribuídos a cada fato gerador.

Em suas razões o apelante sustenta, em suma, que o processo de inventário de bens deixados por seus pais, Antônia Cazé Adamussi e José Adamussi Neto, tramitou conjuntamente, tendo os mesmos herdeiros, homologando-se de forma conjunta a partilha de bens. Foram apresentadas, junto à Secretaria da Fazenda e Planejamento do Estado de São Paulo, as declarações de arrolamento nº 74725045 (da falecida Antônia) e nº 74792596 (do falecido José) para a devida apuração do Imposto de Transmissão Causa Mortis e Doação (ITCMD), inexistindo, pois, óbice ao registro.

A douta Procuradoria Geral de Justiça opinou pelo não provimento do recurso (fls. 171/172).

É o relatório.

Não se ignora que a origem judicial do título não o torna imune à qualificação registral, ainda que limitada aos requisitos formais do título e sua adequação aos princípios registrais, conforme disposto no item 117 do Capítulo XX das Normas de Serviço da Corregedoria-Geral da Justiça.

Está pacificado, inclusive, que a qualificação negativa não caracteriza desobediência ou descumprimento de decisão judicial (Apelação Cível nº 413-6/7; Apelação Cível nº 0003968-52.2014.8.26.0453; Apelação Cível nº 0005176-34.2019.8.26.0344; Apelação Cível nº 1001015-36.2019.8.26.0223).

A redação do item 117, do Capítulo XX, das Normas de Serviço da Corregedoria-Geral da Justiça, por seu turno, é expressa acerca do dever do Oficial do Registro de Imóveis de qualificar negativamente o título que não preencha os requisitos legais, *in verbis*:

> 117 – Incumbe ao oficial impedir o registro de título que não satisfaça os requisitos exigidos pela lei, quer sejam consubstanciados em instrumento público ou particular, quer em atos judiciais.

Pretende o apelante o registro do formal de partilha extraído dos autos do processo nº 1001280-74.2022.8.26.0565 da 6ª Vara Cível da Comarca de São Caetano do Sul, que tem por objeto o imóvel matriculado sob o nº 10.417.

Falecidos Antônia e José, genitores do recorrente, processou-se o inventário conjunto, objeto do formal de partilha em tela.

Inexiste óbice para que os bens sejam inventariados conjuntamente, como, de fato, o foram, nos termos do art. 672 do Código de Processo Civil.

Contudo, nos autos do inventário conjunto dos bens deixados pelos falecimentos de Antônia e José houve a partilha da integralidade do imóvel matriculado, sem que, contudo, houvesse partilha da meação pertencente a José, falecido posteriormente a sua esposa.

Os bens dos falecidos deveriam ter sido paulatinamente partilhados quanto ao seu ingresso no registro de imóveis, conforme a ordem de falecimentos, ressalvadas hipóteses de comoriência, o que, contudo, não ocorreu no caso concreto.

A situação posta nos autos, de fato, ofende o princípio da continuidade, competindo primeiramente a transmissão da propriedade dos bens deixados por Antônia aos herdeiros, ressalvada a meação do viúvo José, para somente após haver a transmissão aos herdeiros e não diretamente como ocorreu.

O pleito do apelante assimila-se, pois, à partilha per saltum, que já teve tratamento em diversos precedentes deste Egrégio Conselho Superior da Magistratura (Apelação nº 917-6/7, Rel. Des. Ruy Camilo, j. 4.11.08; Apelação nº 1.067-6/4, Rel. Des. Ruy Camilo, j. 14.04.2009).

Também neste sentido:

> REGISTRO DE IMÓVEIS – Carta de Adjudicação – casal falecido com único herdeiro – inexistência de comoriência necessidade da realização de partilhas sucessivas – violação do princípio da continuidade – necessidade de retificação do título judicial para acesso ao fólio real. Recurso não provido (TJSP, Conselho Superior da Magistratura, Apelação Cível nº 0051003-05.2011.8.26.0100).

Relevante ponderar que o patrimônio adquirido pelo casal na constância do casamento, observado o regime de bens, pertence em sua totalidade a ambos os cônjuges, sendo que ao inventário deve ser levado o todo para apuração da parte pertencente a cada um deles com a extinção da comunhão.

Nesta ordem de ideias, de rigor a manutenção do óbice, reconhecendo-se a necessidade de aditamento ao formal de partilha para que dele constem os dois planos de partilha, um para cada um dos inventariados, à luz do art. 237 da Lei nº 6.015/73.

Ultrapassado este ponto, não se olvida que, nos termos do art. 289 da Lei nº 6.015/73, incumbe ao oficial de registro a rigorosa fiscalização do pagamento dos impostos devidos por força dos atos que lhe forem apresentados em razão do ofício, o que vem corroborado pelos itens 117 e 117.1, do Capítulo XX, Tomo II, das NSCGJ:

> 117. Incumbe ao oficial impedir o registro de título que não satisfaça os requisitos exigidos pela lei, quer sejam consubstanciados em instrumento público ou particular, quer em atos judiciais.
>
> 117.1. Com exceção do recolhimento do imposto de transmissão e de recolhimento do laudêmio, quando devidos, nenhuma exigência relativa à quitação de débitos para com a Fazenda Pública, inclusive quitação de débitos previdenciários, fará o oficial, para o registro de títulos particulares, notariais ou judiciais.

A omissão do Delegatário pode levar à sua responsabilidade solidária no pagamento do tributo, nos exatos termos do art. 134, inciso VI, do Código Tributário Nacional-CTN:

> Art. 134. Nos casos de impossibilidade de exigência do cumprimento da obrigação principal pelo contribuinte, respondem solidariamente com este nos atos em que intervierem ou pelas omissões de que forem responsáveis:
>
> (...) VI – os tabeliães, escrivães e demais serventuários de ofício, pelos tributos devidos sobre os atos praticados por eles, ou perante eles, em razão do seu ofício.

Ocorre que no caso telado, foram apresentadas certidões de homologação emitidas pela Fazenda Estadual quanto ao ITCMD (fls. 87/88), devidamente amparadas na legislação vigente – Lei nº 10.705/2000, art. 2º, inciso I e art. 8º, inciso I, com regulamentação disposta nos artigos 21 e seguintes do Decreto nº 46.655/2002, não subsistindo, assim, o óbice apontado no item 2 da nota devolutiva telada.

Certo é que incumbe ao Oficial de Registro de Imóveis fiscalizar o recolhimento de impostos devidos por força dos atos que lhe são apresentados no exercício do seu mister (artigo 289 da Lei de Registros Públicos). A fiscalização, contudo, deve se limitar à existência do recolhimento do tributo e à razoabilidade da base de cálculo.

E, caso a Fazenda Pública observe em momento apto, a irregularidade do lançamento e valores devidos, poderá, por meios próprios, buscar o pagamento, sem que isto signifique obstáculo ao ingresso do título no fólio real.

Sobre o tema, há precedente recente:

REGISTRO DE IMÓVEIS ESCRITURA DE DOAÇÃO RECUSA DO OFICIAL EXIGÊNCIA DE RETIFICAÇÃO DA DECLARAÇÃO DE DOAÇÃO EXTRAJUDICIAL APRESENTADA À FAZENDA DO ESTADO PARA ALTERAR A BASE DE CÁLCULO DO ATO NEGOCIAL DECLARAÇÃO QUE INFORMA ISENÇÃO DO ITCMD DEVER DE FISCALIZAÇÃO DO OFICIAL DE REGISTRO QUE SE LIMITA À EXISTÊNCIA DO RECOLHIMENTO DO TRIBUTO, BEM COMO DA RAZOABILIDADE DA BASE DE CÁLCULO JUÍZO DE VALOR SOBRE ISENÇÃO DO TRIBUTO QUE NÃO COMPETE AO OFICIAL DÚVIDA IMPROCEDENTE APELO PROVIDO (TJSP; Apelação Cível nº 1003773-34.2022.8.26.0114; Relator: Fernando Torres Garcia (Corregedor-Geral); Órgão Julgador: Conselho Superior da Magistratura; Data do julgamento: 27.01.2023).

Assim, pese embora o afastamento do óbice constante do item 2 da nota devolutiva telada, mantida a qualificação negativa referente ao item 1 da mencionada nota, a dúvida é procedente, sendo de rigor o não provimento do recurso.

Ante o exposto, pelo meu voto, nego provimento ao recurso.

Fernando Antonio Torres Garcia
Corregedor-Geral da Justiça
Relator

3.65 ESCRITURA PÚBLICA – INVENTÁRIO – PARTILHA. SUCESSÃO TESTAMENTÁRIA. TÍTULO – CINDIBILIDADE. QUINHÃO – ATRIBUIÇÃO – EXCESSO – REPOSIÇÃO. ITBI – FATO GERADOR. QUALIFICAÇÃO – EXIGÊNCIAS

CSMSP – Apelação Cível: 1023035-86.2021.8.26.0114
Localidade: Campinas Data de julgamento: 23.05.2022 Data DJ: 04.10.2022
Relator: Fernando Antônio Torres Garcia
Jurisprudência: Indefinido
Lei: CF – Constituição da República – 1988 Art: 156 Inc: II
Lei: CC2002 – Código Civil de 2002 – 10.406/2002 Art: 2.014
LEI: LRP – Lei de Registros Públicos – 6.015/1973 Art: 195
LEI: LRP – Lei de Registros Públicos – 6.015/1973 Art: 237
LEI: LRP – Lei de Registros Públicos – 6.015/1973 Art: 289
Especialidades: Registro de Imóveis
REGISTRO DE IMÓVEIS – Escritura pública de inventário e partilha de bens – Sucessão testamentária – Cindibilidade do título – Excesso de quinhão na partilha com reposição pecuniária – Ausência de transmissão onerosa de bem imóvel – Inexistência de fato gerador do imposto de transmissão inter vivos – ITBI – Óbice afastado – Recurso provido.

Íntegra

PODER JUDICIÁRIO – TRIBUNAL DE JUSTIÇA DE SÃO PAULO – CONSELHO SUPERIOR DA MAGISTRATURA

ACÓRDÃO

Vistos, relatados e discutidos estes autos de Apelação Cível nº 1023035-86.2021.8.26.0114, da Comarca de Campinas, em que é apelante LAÍS BRAIDO, é apelado 2º Oficial de Registro de Imóveis da Comarca de Campinas.

Acordam, em Conselho Superior de Magistratura do Tribunal de Justiça de São Paulo, proferir a seguinte decisão: "Deram provimento, v.u.", de conformidade com o voto do Relator, que integra este acórdão.

O julgamento teve a participação dos Exmos. Desembargadores Ricardo Anafe (Presidente Tribunal de Justiça) (Presidente), Guilherme Gonçalves Strenger (vice-presidente), Xavier de Aquino (Decano), Beretta da Silveira (Pres. da Seção de Direito Privado), Wanderley José Federighi(Pres. da Seção de Direito Público) e Francisco Bruno (Pres. Seção de Direito Criminal).

São Paulo, 23 de maio de 2022.

Fernando Antonio Torres Garcia
Corregedor-geral da Justiça
Relator
Assinatura Eletrônica

Apelação Cível nº 1023035-86.2021.8.26.0114
Apelante: Laís Braido
Apelado: 2º Oficial de Registro de Imóveis da Comarca de Campinas
Interessado: Karina Elisabete Meneghini

VOTO Nº 38.686

REGISTRO DE IMÓVEIS – Escritura pública de inventário e partilha de bens – Sucessão testamentária – Cindibilidade do título – Excesso de quinhão na partilha com reposição pecuniária – Ausência de transmissão onerosa de bem imóvel – Inexistência de fato gerador do imposto de transmissão inter vivos – ITBI – Óbice afastado – Recurso provido.

Trata-se de recurso de apelação interposto por Laís Braido em face da r. sentença proferida pelo MM. Juiz Corregedor Permanente do 2º Oficial de Registro de Imóveis da Comarca de Campinas, que julgou procedente a dúvida suscitada e manteve a recusa ao registro da escritura pública de inventário e partilha de bens deixados por Laércio Fernando Mazon lavrada pelo 2º Tabelião de Notas e de Protesto de Letras e Títulos da Comarca de Mogi Mirim (fls. 260/263).

Afirma a apelante, em síntese, que recebeu, para cumprir disposição testamentária, na partilha dos bens deixados por seu pai, bens imóveis, cujo valor ficou aquém do seu quinhão de direito, o que levou seus irmãos, contemplados com quotas sociais que ultrapassaram os valores dos quinhões a que faziam jus, a lhe pagar o valor de R$ 580.567,00. O valor recebido representa apenas a parte que lhe cabia nas quotas sociais que foram atribuídas aos demais herdeiros. Não houve, pois, transmissão ou cessão onerosa de bem imóvel a justificar a exigência de recolhimento do imposto de transmissão inter vivos ITBI. Logo, o registro da escritura pública de inventário e partilha de bens na matrícula nº 149.384, do 2º Oficial de Registro de Imóveis da Comarca de Campinas, deve ser autorizado, observado que os imóveis objeto das matrículas nºs 149.441 e 149.343 foram conferidos a outrem na partilha de bens (fls. 285/294).

A douta Procuradoria de Justiça opinou pelo provimento do recurso (fls. 335/339).

É o relatório.

O registro da escritura pública de inventário e partilha de bens foi negado pelo Oficial, que expediu nota de devolução com as seguintes exigências (fls. 78/79):

> O título foi qualificado negativamente pelo motivo a seguir exposto:
> Os imóveis das matrículas nºs 149.441 e 149.343 acima mencionados, encontram-se registrados em nome de Queiroz Galvão Paulista 5 Desenvolvimento Imobiliário LTDA. O instrumento particular de promessa de compra e venda indicado na escritura pública apresentada da expectativa de aquisição do de cujus não foi apresentado, sendo necessário o prévio registro para que seja possível a partilha dos direitos objetivada, em atendimento ao princípio da continuidade registral estabelecida nos artigos nºs 195 e 237 da Lei Federal nº 6.015/73.
> 2. Deixou de apresentar guia de ITBI referente a diferença de quinhão paga pelos herdeiros à Lais Braido no valor de R$ 580.567,00 (art. 289 da Lei Federal nº 6.015/73). Alternativamente, poderá ser apresentada certidão expedida pelo Município acerca de eventual isenção ou não incidência do imposto.

De antemão, impende consignar que a pretensão de ingresso do título na tábua registral diz respeito tão somente ao imóvel objeto da matrícula nº 149.384, do 2º Oficial de Registro de Imóveis da Comarca de Campinas, o qual foi atribuído com exclusividade à herdeira Laís Braido, ora recorrente, na divisão do acervo patrimonial.

Justificado, portanto, o seu desinteresse em voltar-se contra a exigência relativa aos imóveis objeto das matrículas nºs 149.441 e 149.343, do 2º Oficial de Registro de Imóveis da Comarca de Campinas, conferidos à legatária na partilha de bens, de modo que afastada a alegação de dúvida prejudicada e autorizada a cindibilidade do título.

O princípio registral da parcelaridade ou cindibilidade do título significa a possibilidade de cisão do título apresentado a registro, de modo a aproveitar ou extrair determinados elementos aptos a ingressar de imediato no fólio real e desconsiderar outros cujo registro esteja obstado ou dependa de providências adicionais.

É sabido que, em algumas hipóteses, este Colendo Conselho Superior da Magistratura tem admitido a cindibilidade do título, o que vai ao encontro do atual modelo inscritivo, instituído pela Lei nº 6.015, de 31 de dezembro de 1973, moldado em torno da figura da matrícula, passando, pois, o foco ao próprio imóvel e às mutações jurídicas por este suportadas.

Analisada a escritura pública de inventário e partilha de bens (fls. 09/28), verifica-se que o valor total dos bens inventariados (parte indisponível) atingiu o montante de R$ 9.508.335,00 e a cada um dos 05 herdeiros (filhos) devido o valor de R$ 1.901.667,00.

As quotas sociais no valor de R$ 8.187.235,00 ficaram para os filhos Thiago, Laercio, Raphael e André, recebendo cada um a quantidade correspondente a R$ 2.046.808,75, e os imóveis atribuídos à filha Laís totalizaram a quantia de R$ 1.321.100,00.

E assim foi feita a partilha para se ajustar aos termos do testamento.

O testador, além de dispor sobre a atribuição da herança e a outorga de legado, direcionou a partilha dos bens aos herdeiros (art. 2.014 do Código Civil), ditando que "as ações e quotas sociais das empresas ligadas direta ou indiretamente aos ramos imobiliário ou de transportes, ainda que por meio de "holding" sejam atribuídas igual e exclusivamente ao filhos Thiago Albjante Mazon, Laércio Fernando Mazon Filho, Raphael Albjejante Mazon e André Albejante Mazon, não integrando nenhum outro quinhão hereditário..." (fls. 106).

Ou seja, o testador deliberou que as quotas sociais integrariam os quinhões dos herdeiros Thiago, Laercio, Raphael e André, mas não o da herdeira Laís.

Excluídas as quotas sociais do quinhão da herdeira Laís, os demais bens do acervo hereditário não asseguraram a igualdade dos quinhões, daí o pagamento da quantia de R$ 580.567,00 feito pelos herdeiros Thiago, Laercio, Raphael e André à herdeira Laís.

E é justamente sobre esse valor que recaiu a exigência para o recolhimento do imposto de transmissão inter vivos ITBI. Mas não há como chancelar tal exigência registrária. E isso porque a compensação pecuniária correspondeu ao valor das quotas sociais que deixaram de integrar o quinhão da herdeira para garantir-lhe o recebimento do que era, por lei, de seu direito, por força da sucessão hereditária.

E, como sabido, o imposto de transmissão inter vivos ITBI pressupõe transmissão onerosa de bens imóveis (art. 156, II, da Constituição Federal), o que, à evidência, não se realizou no caso concreto, porquanto o que foi atribuído aos herdeiros acima de seus quinhões foram quotas sociais mediante reposição pecuniária.

Em suma, ausente o fato gerador do imposto de transmissão inter vivos – ITBI, não há como condicionar a inscrição do título ao recolhimento do tributo.

Ante o exposto, pelo meu voto, dou provimento ao apelo e julgo improcedente a dúvida, a fim de determinar o registro da escritura pública de inventário e partilha de bens na matrícula nº 149.384, do 2º Oficial de Registro de Imóveis da Comarca de Campinas.

Fernando Antonio Torres Garcia
Corregedor-Geral da Justiça
Relator

3.66 INVENTÁRIO – ESCRITURA PÚBLICA. ITCMD – BASE DE CÁLCULO – VALOR VENAL. QUALIFICAÇÃO – TRIBUTOS – FISCALIZAÇÃO

1VRPSP – Processo: 1016518-73.2022.8.26.0100
Localidade: São Paulo Data de julgamento: 30.03.2022 Data DJ: 1º.04.2022
Unidade: 1
Relator: Luciana Carone Nucci Eugênio Mahuad
Jurisprudência: Indefinido
Lei: LITCMD – Lei do ITCMD – 10.705/2000 Art: 13
Lei: Dec – ITCMD – 46.655/2002 Art: 16
Lei: Dec – 55.002/2009
Especialidades: Registro de Imóveis
Inventário – Escritura pública. ITCMD – Base de cálculo – Valor venal. Qualificação – Tributos – Fiscalização.

Íntegra

TRIBUNAL DE JUSTIÇA DO ESTADO DE SÃO PAULO – COMARCA DE SÃO PAULO – FORO CENTRAL CÍVEL – 1ª VARA DE REGISTROS PÚBLICOS

Processo Digital nº: 1016518-73.2022.8.26.0100
Classe – Assunto Dúvida – Registro de Imóveis
Requerente: 1º Oficial de Registro de Imóveis da Capital
Requerido: Kim Soon Chun

Vistos.

Trata-se de dúvida suscitada pelo Oficial do 1º Registro de Imóveis da Capital a requerimento de Kim Soon Chun, diante de negativa em se proceder ao registro de escritura pública de inventário lavrada em 13 de setembro de 2021 pelo Oficial de Registro Civil das Pessoas Naturais e Tabelião de Notas de Torre de Pedra/SP (páginas 285/291, livro n. 46), envolvendo o imóvel da matrícula n. 80.899 daquela serventia.

O Oficial informa que o óbice reside na utilização do valor venal do imóvel como base de cálculo do imposto sobre transmissão causa mortis e doação (ITCMD), em desacordo com a legislação do Estado de São Paulo (art. 13, da Lei n. 10.705/00, parágrafo único do art. 16 do Decreto n. 46.655/02, alterado pelo Decreto n. 55.002/09, e Portaria CAT n. 89/2020), que prevê a utilização do valor venal de referência, desde que não inferior ao valor referido na alínea "a", inciso I, do art. 16, do Decreto n. 46.655/02; que necessária a apresentação de decisão judicial que revista de regularidade as declarações de transmissão n. 71544235 (inventário) e 71519408 (cessão gratuita) ou comprovação do recolhimento complementar do tributo, com retificação das referidas declarações; que decisão judicial proferida contra a Fazenda do Estado em situação análoga não o vincula; que, embora não desconheça os fundamentos da alegada inconstitucionalidade do Decreto que estabeleceu uma nova base de cálculo, bem como o posicionamento do Tribunal de Justiça de São Paulo e desta Corregedoria acerca da questão, a lei impõe aos registradores fiscalização rigorosa quanto ao recolhimento de impostos devidos sob pena de responsabilização pessoal (prenotação n. 414.634).

Documentos vieram às fls. 05/20.

Em manifestação dirigida ao Oficial, a parte requereu a reconsideração da exigência, mencionando julgado desta 1ª Vara de Registros Públicos, bem como que fosse suscitada dúvida, caso mantida (fls. 05/06).

Em impugnação formulada às fls. 21/24, a parte menciona a existência de decisões reiteradamente contrárias à exigência, indicando precedente desta Corregedoria em face do referido Oficial; que a Portaria CAT n. 89/20 da Secretaria da Fazenda, por se tratar de norma interna, não pode impor obrigações a terceiros; que o Registrador agiu com desacerto ao suscitar dúvida sobre exigência repetidamente julgada improcedente, deixando de prestar serviço eficiente e adequado, ainda mais porque conhecedor do posicionamento; que cabe ao Oficial somente a verificação do pagamento dos impostos dos atos apresentados a registro e não de sua exatidão; que devido o afastamento do óbice registral, com condenação do Oficial em verbas de sucumbência, de modo que possa ser reembolsada dos valores pagos em razão da contratação de assistência jurídica qualificada (Comunicado n. 535/95 CGJ/SP).

Documento veio à fl. 25.

O Ministério Público opinou pela improcedência (fls. 29/33).

É o relatório. Fundamento e decido.

No mérito, a dúvida improcede. Vejamos os motivos.

De início, é importante ressaltar que o Registrador dispõe de autonomia e independência no exercício de suas atribuições, podendo recusar títulos que entender contrários à ordem jurídica e aos princípios que regem sua atividade (art. 28 da Lei n. 8.935/1994), o que não se traduz como falha funcional.

Esta conclusão se reforça pelo fato de que vigora, para os registradores, ordem de controle rigoroso do recolhimento do imposto por ocasião do registro do título, sob pena de responsabilidade pessoal (art. 289 da Lei n. 6.015/73; art. 134, VI, do CTN e art. 30, XI, da Lei 8.935/1994).

Por outro lado, o C. Conselho Superior da Magistratura já fixou entendimento no sentido de que a fiscalização devida não vai além da aferição sobre a existência ou não do recolhimento do tributo (e não se houve correto recolhimento do valor, sendo tal atribuição exclusiva do ente fiscal, a não ser na hipótese de flagrante irregularidade ou irrazoabilidade do cálculo):

> Ao oficial de registro incumbe a verificação de recolhimento de tributos relativos aos atos praticados, não a sua exatidão (Apelação Cível 20522-0/9 – CSMSP – J. 19.04.1995 – Rel. Antônio Carlos Alves Braga).
>
> Todavia, este Egrégio Conselho Superior da Magistratura já fixou entendimento no sentido de que a qualificação feita pelo Oficial Registrador não vai além da aferição sobre a existência ou não de recolhimento do tributo, e não sobre a integralidade de seu valor (Apelação Cível 996-6/6 CSMSP, j. 09.12.2008 – Rel. Ruy Camilo).
>
> Este Egrégio Conselho Superior da Magistratura já fixou entendimento no sentido de que a qualificação feita pelo Oficial Registrador não vai além da aferição sobre a existência ou não de recolhimento do tributo, e não sobre a integralidade de seu valor (Apelação Cível 0009480-97.2013.8.26.0114 Campinas – j. 02.09.2014 – Rel. des. Elliot Akel).

O recolhimento do imposto com base no valor venal para fins de IPTU não implica flagrante irregularidade à vista do que dispõe a Lei n. 10.705/00: a base de cálculo do ITCMD é o valor venal do bem indicado pelo valor de mercado, desde que não inferior àquele fixado para lançamento do IPTU:

> Artigo 9º A base de cálculo do imposto é o valor venal do bem ou direito transmitido, expresso em moeda nacional ou em UFESPs (Unidades Fiscais do Estado de São Paulo). § 1º Para os fins de que trata esta lei, considera-se valor venal o valor de mercado do bem ou direito na data da abertura da sucessão ou da realização do ato ou contrato de doação. (...)
>
> Artigo 10. O valor do bem ou direito na transmissão "causa mortis" é o atribuído na avaliação judicial e homologado pelo Juiz.
>
> § 1º Se não couber ou for prescindível a avaliação, o valor será o declarado pelo inventariante, desde que haja expressa anuência da Fazenda, observadas as disposições do artigo 9º, ou o proposto por esta e aceito pelos herdeiros, seguido, em ambos os casos, da homologação judicial.
>
> § 2º Na hipótese de avaliação judicial ou administrativa, será considerado o valor do bem ou direito na data da sua realização.
>
> § 3º As disposições deste artigo aplicam-se, no que couber, às demais partilhas ou divisões de bens sujeitas a processo judicial das quais resultem atos tributáveis.
>
> Artigo 11. Não concordando a Fazenda com valor declarado ou atribuído a bem ou direito do espólio, instaurar-se-á o respectivo procedimento administrativo de arbitramento da base de cálculo, para fins de lançamento e notificação do contribuinte, que poderá impugná-lo. (...)
>
> Artigo 13. No caso de imóvel, o valor da base de cálculo não será inferior: I – em se tratando de imóvel urbano ou direito a ele relativo, ao fixado para o lançamento do Imposto sobre a Propriedade Predial e Territorial Urbana IPTU.

No caso sub judice, verifica-se que o valor cadastrado para fins de IPTU, R$254.824,00, foi atribuído ao imóvel para efeitos fiscais e de inventário, sendo apresentadas as declarações n. 71544235, 71519408 e 71548694, relativas ao ITCMD, com o devido recolhimento, conforme constou na escritura pública de inventário, livro 46, páginas 285/291, lavrada pelo Oficial de Registro Civil das Pessoas Naturais e Tabelião de Notas de Torre da Pedra, Comarca de Porangaba (fls. 09/16).

A divergência existe em virtude de o artigo 16 do Regulamento do ITCMD, aprovado pelo Decreto n. 46.655/02, com a redação dada pelo Decreto n. 55.002/09, fixar o valor venal de referência do ITBI divulgado pelo município como base de cálculo do imposto em questão.

O artigo 13, inciso III, da Portaria CAT n. 89, de 26 de outubro de 2020, por sua vez, determina que, quando do registro de alterações na propriedade de imóvel, ocorridas em virtude de transmissão realizada por meio de inventário extrajudicial processado em tabelião localizado no Estado de São Paulo, os Cartórios de Registro de Imóveis deverão exigir cópia da Declaração de ITCMD em que constem os imóveis objetos da transmissão, avaliados conforme o capítulo IV da Lei n. 10.705/2000.

O descompasso entre as normas foi levado a debate na via judicial, com reconhecimento, em alguns casos, da inconstitucionalidade do Decreto em questão:

> REEXAME NECESSÁRIO – MANDADO DE SEGURANÇA – ITCMD – BASE DE CÁLCULO – Pretensão de recolhimento do Imposto incidente sobre transmissão 'causa mortis' de bens imóveis, adotando como base de cálculo o valor venal do imóvel herdado – Sentença de concessão da segurança – Possibilidade do afastamento da utilização do 'valor venal de referência' considerado para a base de cálculo do ITBI – Aplicação dos arts. 9º, § 1º e 13, I, ambos da Lei Est. nº 10.705, de 28.12.2000, e art. 16, I, 'a', do Dec. Est. nº 46.655, de 1º.04.2002 – Inaplicabilidade do Dec. Est. nº 55.002, de 09.11.2009 – Base de cálculo, que somente pode ser alterada por meio de lei – Sentença mantida – Reexame necessário não provido (3ª Câmara de Direito Público TJ/SP – Reexame necessário n. 1057581-59.2021.8.26.0053 – Rel. Des. Kleber Leyser de Aquino – j. 22.03.2022).

Tal discussão, entretanto, não cabe nesta via administrativa por ser de direito material.

Em outros termos, como houve recolhimento do tributo devido e não há flagrante irregularidade, eventual diferença deve ser discutida na via adequada.

Não subsiste, em consequência, a desqualificação do título sob o fundamento da necessidade de correção da base de cálculo utilizada para pagamento do ITCMD.

Neste sentido decidiu, em caso análogo, o E. Conselho Superior da Magistratura:

> Registro de Imóveis – Dúvida – Escritura pública de doação – imposto sobre transmissão (ITCMD) – Qualificação negativa do título, sob o fundamento de irregularidade na base de cálculo do recolhimento do imposto – Dever de fiscalização do Oficial que se limita à existência do recolhimento do imposto, ou eventual isenção – Discussão sobre a base de cálculo utilizada que extrapola as atribuições do registrador – Óbice afastado para determinar o registro do título – Dá-se provimento à apelação (CSM – Apelação n. 1002131-81.2021.8.26.0587 – Rel. Corregedor-Geral da Justiça Des. Ricardo Anafe – j. 14.12.2021).

Por fim, não há fundamento para condenação do Registrador em verbas sucumbenciais.

Com efeito, a questão acerca da constitucionalidade do artigo 16 do Regulamento do ITCMD, aprovado pelo Decreto n. 46.655/02, com a redação dada pelo Decreto n. 55.002/09, ainda é debatida em nossos tribunais, sendo que o Oficial confirmou conhecimento sobre tal situação em suas razões iniciais, apontando, inclusive, julgados deste juízo corregedor.

A dúvida, portanto, não foi suscitada para transferência da análise de título para o juízo corregedor por comodismo ou desconhecimento de suas atribuições (Comunicado CGJ n. 535/95).

Diante do exposto, julgo improcedente a dúvida e determino o registro do título.

Deste procedimento não decorrem custas, despesas processuais ou honorários advocatícios.

Oportunamente, ao arquivo com as cautelas de praxe.

São Paulo, 30 de março de 2022.
Luciana Carone Nucci Eugênio Mahuad
Juíza de Direito

3.67 INVENTÁRIO – PARTILHA – ESCRITURA PÚBLICA. HERANÇA – RENÚNCIA. CESSÃO HEREDITÁRIA. INDISPONIBILIDADE DE BENS. QUALIFICAÇÃO REGISTRAL – LIMITES

CSMSP – Apelação Cível: 1039545-36.2019.8.26.0506
Localidade: Ribeirão Preto Data de julgamento: 04.05.2021 Data DJ: 09.08.2021
Unidade: 2
Relator: Ricardo Mair Anafe
Jurisprudência: Indefinido
Lei: CC2002 – Código Civil de 2002 – 10.406/2002 Art: 1.784
Lei: CC2002 – Código Civil de 2002 – 10.406/2002 Art: 1.804 ss.
Lei: CC2002 – Código Civil de 2002 – 10.406/2002 Art: 1.813
Lei: LRP – Lei de Registros Públicos – 6.015/1973 Art: 247
Lei: LO – Novo CPC – 13.105/15 Art: 789
Especialidades: Registro de Imóveis

Registro de Imóveis – Dúvida – Partilha *causa mortis* – Escritura pública – Renúncia por herdeiro contra o qual pesavam indisponibilidades decorrentes de ordens jurisdicionais – Cessão de parte dos bens do espólio a filho desse herdeiro – Óbice aos pretendidos registros decorrentes da partilha – Indisponibilidade que, entretanto, não impunha ao herdeiro o dever de aceitar – Fraude contra credores e fraude à execução que não podem ser apreciadas na via administrativa – Apelação a que se dá provimento para, afastado o óbice e reformada a r. sentença, permitir os registros almejados.

Íntegra

PODER JUDICIÁRIO – TRIBUNAL DE JUSTIÇA DO ESTADO DE SÃO PAULO – CONSELHO SUPERIOR DA MAGISTRATURA

ACÓRDÃO

Vistos, relatados e discutidos estes autos de Apelação Cível nº 1039545-36.2019.8.26.0506, da Comarca de Ribeirão Preto, em que é apelante Neusa Teresa Olin, é apelado Segundo Oficial de Registro de Imóveis da Comarca de Ribeirão Preto.

Acordam, em Conselho Superior de Magistratura do Tribunal de Justiça de São Paulo, proferir a seguinte decisão: "Deram provimento, v.u.", de conformidade com o voto do Relator, que integra este acórdão.

O julgamento teve a participação dos Exmos. Pinheiro Franco (Presidente Tribunal de Justiça) (Presidente), Luis Soares de Mello (vice-presidente), Xavier de Aquino (Decano), Guilherme G. Strenger (Pres. Seção de Direito Criminal), Magalhães Coelho (Pres. da Seção de Direito Público) e Dimas Rubens Fonseca (Pres. da Seção de Direito Privado).

São Paulo, 4 de maio de 2021.

Ricardo Anafe
Corregedor-geral da Justiça e Relator
Assinatura Eletrônica

Apelação Cível nº 1039545-36.2019.8.26.0506
Apelante: Neusa Teresa Olin
Apelado: Segundo Oficial de Registro de Imóveis da Comarca de Ribeirão Preto

Voto nº 31.490

Registro de Imóveis – Dúvida – Partilha *causa mortis* – Escritura pública – Renúncia por herdeiro contra o qual pesavam indisponibilidades decorrentes de ordens jurisdicionais – Cessão de parte dos bens do espólio a filho desse herdeiro – Óbice aos pretendidos registros decorrentes da partilha – Indisponibilidade que, entretanto, não impunha ao herdeiro o dever de aceitar – Fraude contra credores e fraude à execução que não podem ser apreciadas na via administrativa – Apelação a que se dá provimento para, afastado o óbice e reformada a r. sentença, permitir os registros almejados.

1. Neusa Teresa Olin apelou (fl. 134/148) da r. sentença (fl. 120/127) proferida pelo MM. Juiz Corregedor Permanente do 2º Oficial de Registro de Imóveis da Comarca de Ribeirão Preto, que julgou procedente a dúvida (fl. 01/08) e manteve a recusa (fl. 65/68) de registro stricto sensu de partilha causa mortis (escritura pública de inventário, cessão de direitos e partilha copiada a fl. 10/24; prenotação 495.086).

O termo de dúvida (fl. 01/09) esclarece que a partilha versa bens deixados pelo de cujus Ronaldo Sérgio Borges Tavares. Dentre esses bens constam os imóveis das matrículas nºs 69.164, 92.223 e 111.074 e, dentre os herdeiros, dois (Luís Evandro e Luís Humberto) renunciaram em favor do monte. A seguir, os herdeiros restantes e a companheira cederam parte do que lhes coube a favor de Gabriel Diniz Tavares e Renato Cangemi Tavares, filhos dos renunciantes Luís Evandro e Luís Humberto. Contudo, um dos herdeiros renunciantes qual seja, Luís Evandro tem em seu desfavor quatro ordens jurisdicionais de indisponibilidade de bens, como foi constatado assim pelo tabelião de notas quanto pelo ofício de registro de imóveis. Assim, independentemente da natureza da renúncia (abdicativa ou translativa), e considerando um precedente do Conselho Superior da Magistratura, não se pode proceder ao registro da partilha sem o prévio cancelamento das indisponibilidades pendentes sobre os bens do herdeiro renunciante. Menciona ainda, a nota de exigência, que o ato renunciativo foi seguida da cessão de parte dos bens aos filhos de Luís Evandro e Luís Humberto, fato esse que, aliado à indisponibilidade já referida, configura mais um motivo para a recusa da inscrição pretendida. Salientam outrossim as razões de dúvida que, respeitadas as regras vigentes, é dever do ofício de registro de imóveis analisar os títulos de modo a obstar qualquer situação que signifique burla a ordens de indisponibilidade, e nisso estão compreendidos os casos de cessão de direitos em escritura de alienação de direitos, nos quais é lícito impedir o registro em nome do adquirente final, como sucede na hipótese em discussão.

Diz a r. sentença que em desfavor do herdeiro renunciante Luís Evandro pendem várias ordens de indisponibilidade (fl. 65, itens 1.1, 1.2, 1.3 e 1.4), de modo que a sua renúncia pode implicar prejuízo a credores e evidencia alienação fraudulenta, o que também é indicado pelo fato de que ocorreu cessão em favor do filho dele próprio. Portanto, considerando-se o item 412 do Capítulo XX das Normas de Serviço dos Cartórios Extrajudiciais (NSCGJ) e os §§ 1º, 4º e 5º do art. 14 do Provimento n. 39, de 25 de julho de 2014, agiu bem o ofício de registro de imóveis ao recusar os registros pretendidos, ainda mais porque o herdeiro não pode prejudicar os seus credores renunciando à herança (Cód. Civil, art. 1.813), por responder com todos os seus bens, presentes e futuros, para o cumprimento de suas obrigações (Cód. de Proc. Civil, art. 789). Por fim, salienta o r. *decisum* que as indisponibilidades em questão têm origem jurisdicional, e não podem ser canceladas por decisão administrativa.

A apelante afirma que o mesmo título foi admitido a registro, sem óbices, em outros cartórios; sustenta que a interpretação dada ao problema, nestes autos, está equivocada, e que nenhum dos imóveis em questão (matrículas nºs 69.164, 92.223 e 111.074) pertence ou pertenceu aos herdeiros renunciantes, de maneira que não faz sentido que ela, meeira e herdeira, seja prejudicada em razão de atos com os quais não mantém nenhuma relação. Aduz que a regra do Cód. Civil, art. 1.813, só incide se houver ação jurisdicional pendente, e a existência de ou não de credores de herdeiro renunciante é matéria estranha ao inventário e à partilha extrajudicial, e o tema, por não estar restrito a aspecto formal, não pode ser conhecido na esfera administrativa. Defende a cisão do título, para que a negativa de registro atinja somente a parte da herança que teria tocado ao herdeiro renunciante onerado pelas indisponibilidades; desse modo, não serão prejudicados os interessados que não detêm nenhum vínculo com as obrigações dele. Luís Evandro agiu, em verdade, no exercício regular de um direito que lhe concede a Lei (Cód. Civil, arts. 1.804 e segs.), movido pelo fato de não manter nenhum contato ou vínculo afetivo com o de cujus. Ademais, a renúncia abdicativa opera *ex tunc*, desde a abertura da sucessão, de maneira que esses bens nunca fizeram parte do patrimônio do renunciante, e eventuais direitos de seus credores nem impedem a renúncia, nem são obstáculo a outras providências dos demais sucessores. Menciona que o precedente citado nas razões de devolução é concernente a uma cessão de direitos de compromissário comprador, e não a uma hipótese de renúncia a herança. Assevera que os testamentos não recaem sob a incidência do Prov. n. 13/2012, da Corregedoria-Geral da Justiça. Conclui que, por todas essas razões, a r. sentença deve ser reformada, para que se façam os pretendidos registros stricto sensu.

A DD. Procuradoria-Geral de Justiça ofertou parecer pelo não provimento do recurso (fl. 209/213).

É o relatório.

2. A r. sentença tem de ser reformada, não obstante as suas bem fundadas razões.

Sempre que trata do tema, a doutrina faz incluir a indisponibilidade (Lei nº 6.015, de 31 de dezembro de 1973, art. 247) no campo das proibições ao poder de dispor, pois ela:

(a) representa uma "inalienabilidade de bens, que pode provir das mais diversas causas", diz Valmir Pontes (Registro de Imóveis, São Paulo: Saraiva, 1982, p. 179);

(b) constitui uma "forma especial de inalienabilidade e de impenhorabilidade", segundo Walter Ceneviva (Lei dos Registros Públicos Comentada, 20ª ed., São Paulo: Saraiva, 2010, p. 625, n. 671);

(c) implica "a restrição ao poder de dispor da coisa, impedindo-se sua alienação ou oneração por qualquer forma", conforme o ensinamento de Eduardo Pacheco Ribeiro de Souza (Noções Fundamentais de Direito Registral e Notarial, São Paulo: Saraiva, 2011, p. 109);

(d) "impede apenas a alienação, mas não equivale à penhora e não acarreta necessariamente a expropriação do bem", no dizer de Francisco Eduardo Loureiro (in José Manuel de Arruda Alvim Neto et alii (coord.), Lei de Registros Públicos comentada, Rio de Janeiro: Forense, 2014, p. 1.291);

(e) "afeta os atributos da propriedade, perdendo o proprietário o poder de disposição, de modo que, para alienar ou onerar o bem é necessário o prévio cancelamento da indisponibilidade", ensina Ana Paula P. L. Almada (in Registros Públicos, Rio de Janeiro: Forense, São Paulo: Método, 2020, p. 444); e

(f) possui natureza "evidentemente acautelatória, pois visa assegurar o resultado prático de não dispor do imóvel enquanto persistir a situação jurídica que autoriza a indisponibilidade de bens", na opinião de Vitor Frederico Kümpel e Carla Modina Ferrari (Tratado Notarial e Registral Ofício de Registro de Imóveis, São Paulo: YK Editora, 2020, p. 2.843-2.843).

Eduardo Pacheco Ribeiro de Souza (op. cit., p. 109-110) ainda faz a seguinte precisão:

> Não obstante a inalienabilidade e a indisponibilidade signifiquem restrição ao poder de dispor da coisa, usualmente tem-se utilizado o termo inalienabilidade para as restrições decorrentes de atos de vontade, enquanto o termo indisponibilidade tem sido usado para se referir às restrições impostas pela lei, ou em razão de atos administrativos ou jurisdicionais. Diferença relevante assenta na finalidade: enquanto nos atos de vontade o que se busca atingir com a restrição é a proteção do beneficiário da cláusula (daquele que fica impedido de dispor), nos demais atos o objetivo, em regra, é dar efetividade a decisões administrativas e jurisdicionais, em desfavor de quem tenha alcançado seu poder de disposição.

Estabelecido, assim, que a indisponibilidade é proibição ao poder de dispor, com finalidade acautelatória, resta por determinar o seu efetivo alcance no caso concreto. O problema coloca-se, porque, na hipótese em discussão, entenderam assim o ofício de registro de imóveis como o juízo corregedor permanente que o herdeiro, a quem a herança se transmite *ipso iure* com a morte do *de cujus* (Cód. Civil, art. 1.784), não pode renunciar ou, o que é o mesmo, tem de aceitar o que veio a seu patrimônio a causa de morte.

Em que pesem à bem fundada nota devolutiva e às boas razões da r. sentença apelada, essa interpretação não é a mais consentânea com o sistema da lei civil e a liberdade que se concede em matéria hereditária. Isso porque, como está no art. 1.813 do Cód. Civil, a existência de credores não impõe ao herdeiro que necessariamente aceite a herança: permite-se, em vez disso, e no seu lugar, que os credores aceitem, mas de nenhuma forma está na Lei que o herdeiro esteja impedido de renunciar e se tal dever não está criado no Cód. Civil, muito menos aparece como decorrência das indisponibilidades em questão. Segundo a informação posta a fl. 65, com efeito, as indisponibilidades que recaem sobre o herdeiro renunciante advêm, todas elas, de decisões jurisdicionais, proferidas pela Justiça do Trabalho, as quais, portanto, não se fundam em regra nenhuma que abra exceção ao regime geral do Cód. Civil, o qual, repita-se, não impõe dever de aceitação.

Como ensina Pontes de Miranda:

> Em caso de concurso de credores, ou de devedores, a deliberação é segundo os princípios. No direito brasileiro, há o art. 1.586 do Código Civil, onde se diz: 'Quando o herdeiro prejudicar os seus credores, renunciando a herança, poderão eles, com autorização do juiz, aceitá-la em nome do renunciante. Nesse caso, e depois de pagas as dívidas do renunciante, o remanescente será devolvido aos outros herdeiros'. Noutros sistemas jurídicos parte-se de princípio que colima com a regra jurídica acima transcrita: entende-se que se apoia em pensamento prático não ser influenciada pelos credores a manifestação de vontade do herdeiro (Tratado de Direito Privado, t. LV, § 5.590, 4).
>
> No direito brasileiro, o credor tem a pretensão à adição, a despeito de ter havido a renúncia pelo sucessor. Tem de ser exercida, satisfeitos os pressupostos e produzidas as provas, com o remédio jurídico processual da autorização judicial. O credor pede ao juiz tal autorização. Tem base jurídica exigir-se o rito ordinário, pois é indispensável a citação do renunciante, para a contestação e os demais atos processuais. O renunciante pode alegar e provar que não há insolvabilidade, que o demandante não é credor do que diz, que as dívidas foram posteriores à renúncia. Se o renunciante paga a dívida, ou as dívidas, cessa a demanda. A lei criou direito, pretensão e ação para o credor, se se compõem os requisitos que ela aponta como necessários. Não se trata de inserção do credor na situação jurídica do devedor insolvente e renunciante. Apenas se sub-roga ao renunciante, no que toca ao devedor, razão por que, no inventário e partilha, se legitima a todos os atos que o devedor renunciante tinha de praticar ou poderia praticar. Desde o momento em que se paga de todo o crédito, cessa a legitimação do credor para atos que concernem

> ao patrimônio ou à parte do patrimônio que seria do renunciante se renúncia não tivesse havido. Não se trata de 'anulação' a favor do credor, o que é erronia de alguns juristas (e. g., Carlos Maximiliano, Direito das Sucessões, 1, 86). Todas as renúncias a herança ficam expostas a essa eventual ineficacização por ter algum credor, ou por terem alguns credores, satisfeitos os pressupostos, exercido o direito de se sub-rogar nos direitos do renunciante, até a importância do que esse lhe devia antes da renúncia. No fundo, a ação do credor é constitutiva negativa, quanto à renúncia pelo devedor, e tem carga de eficácia condenatória, sem que isso altere o rito processual do inventário e da partilha. [...] A desconstituição é até o quanto da dívida, ou das dívidas, seja um só o credor, ou sejam dois ou mais os credores. No que excede à soma devida, a eficácia da renúncia não é atingida. O resto vai aos outros sucessores, conforme os princípios, em virtude da permanência abdicativa. (Pontes de Miranda, op. cit., § 5.592, 9).

Não se ignora, é certo, que tem algo de suspicaz a solução a que chegaram os demais herdeiros e a companheira do falecido, quando, feita a renúncia, aquinhoaram os filhos dos renunciantes com parte do espólio. Se houve aí, entretanto, fraude contra credores ou fraude à execução, esse é ponto que não cabe ao ofício de registro de imóveis conhecer, já porque a matéria extrapola o aspecto formal a que em regra se limita a qualificação registral, já porque qualquer das duas figuras depende de provimento jurisdicional para que se reconheça. De resto, o dever de velar pelos interesses dos beneficiados com a indisponibilidade não é do cartório, mas dos credores, a quem tocará, eventualmente, usar dos remédios jurídicos que possam ter.

A decisão proferida por este Conselho na Apel. Cív. 1121211-55.2015.8.26.0100 (j. 28.11.2017, DJe 26.07.2018), invocada como precedente na nota devolutiva a fl. 04/05, não tem aplicação a este caso, porque se trata de espécies diferentes. Naquele aresto confirmou-se que, tratando-se de consecutivas cessões de direitos sobre o imóvel, a indisponibilidade que pesava em desfavor de um dos cedentes impedia a regularidade da cadeia de transmissões e, por isso, obstava que procedesse ao registro stricto sensu do ato final entre o proprietário e o derradeiro cessionário. Aqui, porém, o problema está em que, segundo se sustenta na nota de exigência, o herdeiro não podia ter renunciado como renunciou. Numa e noutra hipótese, é claro, se cuida de saber se são eficazes (ou mesmo válidos) os atos dependentes daquele praticado por quem estava sob a indisponibilidade. Contudo, isso não basta, como se viu, para dar similaridade a ambas as espécies, porque lá estava certo que se tratava de legitimado que se demitiu de seu patrimônio, cedendo direitos a despeito da indisponibilidade, enquanto aqui se versa situação distinta, ou seja, o caso de um legitimado que, segundo disseram o ofício de registro de imóveis e a sentença, estava obrigado a adquirir, para, então, não poder alienar e, desse modo, não prejudicar seus credores o que, repita-se, não é a solução da Lei, que permite a renúncia e faculta aos interessados que aceitem em lugar do renunciante.

Em suma: a pendência das indisponibilidades não impedia que o herdeiro renunciasse; a renúncia, portanto, foi válida e eficaz, e não há impedimento a que se proceda, agora, aos registros stricto sensu resultantes da partilha causa mortis.

3. À vista do exposto, pelo meu voto, dou provimento à apelação para, afastando-se o óbice registral e reformando-se a r. sentença, deferir os pretendidos registros stricto sensu da partilha (escritura pública copiada a fl. 10/24; matrículas n°s 69.164, 92.223 e 111.074 do 2° Oficial de Registro de Imóveis da Comarca de Ribeirão Preto; prenotação 495.086).

Ricardo Anafe
Corregedor-Geral da Justiça e Relator

3.68 ESCRITURA DE INVENTÁRIO E PARTILHA. ESPECIALIDADE OBJETIVA. DESCRIÇÃO – DESFALQUE. REMANESCENTE – APURAÇÃO. RETIFICAÇÃO

CSMSP – Apelação Cível: 1001021-78.2022.8.26.0048
Localidade: Atibaia Data de julgamento: 13.04.2023 Data DJ: 21.06.2023
Relator: Fernando Antônio Torres Garcia
Jurisprudência: Indefinido
Lei: LRP – Lei de Registros Públicos – 6.015/1973 Art: 213 par: 7
Lei: LRP – Lei de Registros Públicos – 6.015/1973 Art: 213 inc: II

Registro de imóveis – escritura pública de inventário e partilha de bens – desqualificação – imóvel que sofreu destaques decorrentes de ações de usucapião – necessidade de prévia retificação de registro para adequação da descrição do imóvel e apuração da área remanescente – ofensa ao princípio da especialidade objetiva – óbice mantido – recurso não provido.

Íntegra

ACÓRDÃO

Vistos, relatados e discutidos estes autos de Apelação Cível nº 1001021-78.2022.8.26.0048, da Comarca de Atibaia, em que é apelante Antonio Stelios Nikiforos, é apelado Oficial de Registro de Imóveis e Anexos da Comarca de Atibaia.

Acordam, em Conselho Superior da Magistratura do Tribunal de Justiça de São Paulo, proferir a seguinte decisão: "Negaram provimento ao recurso. v.u.", de conformidade com o voto do Relator, que integra este acórdão.

O julgamento teve a participação dos Exmos. Desembargadores Ricardo Anafe (Presidente Tribunal de Justiça) (Presidente), Xavier de Aquino (Decano), Guilherme Gonçalves Strenger (vice-presidente), Beretta da Silveira (Pres. da Seção de Direito Privado), Francisco Bruno (Pres. Seção de Direito Criminal) e Wanderley José Federighi (Pres. da Seção de Direito Público).

São Paulo, 13 de abril de 2023.

Fernando Antonio Torres Garcia
Corregedor-Geral da Justiça
Relator
Assinatura Eletrônica

Apelação Cível nº 1001021-78.2022.8.26.0048

Apelante: Antonio Stelios Nikiforos

Apelado: Oficial de Registro de Imóveis e Anexos da Comarca de Atibaia

VOTO Nº 38.965

REGISTRO DE IMÓVEIS – ESCRITURA PÚBLICA DE INVENTÁRIO E PARTILHA DE BENS – DESQUALIFICAÇÃO – IMÓVEL QUE SOFREU DESTAQUES DECORRENTES DE AÇÕES DE USUCAPIÃO – NECESSIDADE DE PRÉVIA RETIFICAÇÃO DE REGISTRO PARA ADEQUAÇÃO DA DESCRIÇÃO DO IMÓVEL E APURAÇÃO DA ÁREA REMANESCENTE – OFENSA AO PRINCÍPIO DA ESPECIALIDADE OBJETIVA – ÓBICE MANTIDO – RECURSO NÃO PROVIDO.

Trata-se de apelação interposta por Antonio Stelios Nikiforos em face da r. sentença proferida pelo MM. Juiz Corregedor Permanente do Oficial de Registro de Imóveis, Títulos e Documentos e Civil de Pessoa Jurídica da Comarca de Atibaia, que julgou procedente a dúvida suscitada e manteve a recusa do registro da escritura pública de inventário e partilha de bens na matrícula nº 18.202, da referida serventia extrajudicial (fls. 116/120).

Afirma o apelante, em síntese, que o título apresentado a registro descreve o imóvel tal como ele está matriculado e não há comprometimento da disponibilidade registrária (quantitativa e qualificativa) pelo fato de o imóvel ter sofrido alguns desfalques de áreas (decorrentes de ações de usucapião), uma vez que o bem herdado diz respeito a uma fração ideal (1/4), e não a uma parte certa. Logo, o registro deve ser efetivado, independentemente da prévia apuração da área remanescente, como exigido pelo Oficial de Registro de Imóveis (fls. 126/133).

A douta Procuradoria Geral de Justiça opinou pelo não provimento do recurso (fls. 154/159).

É o relatório.

O registro da escritura pública de inventário e partilha de bens relativo ao imóvel matriculado sob nº 18.202 (fração ideal de 1/4), foi negado pelo Oficial, que expediu nota de devolução nos seguintes termos (fls. 107/108):

Para verificação da possibilidade do registro, deverá ser observado o seguinte:

– Tendo em vista as averbações 15 e 16, na matrícula nº 18.202, o imóvel ali descrito sofreu destacamento de área em virtude de ação de usucapião de parte dele, o que, por si só, já impede a continuidade de lançamento de atos na matrícula, por ferir o princípio da especialidade objetiva (desconfiguração do imóvel).

– O princípio da especialidade exige que, em havendo mutação jurídico-real do imóvel e decorrente de desfalques parciais, o remanescente seja descrito segundo os requisitos estabelecidos na Lei n. 6.015/73 (artigo 176, 1º, II, n. 3). O sistema do fólio real não se compadece com a prática de ato registrário incerto quanto ao seu objeto (Apelação Cível 25187-0/5 de São Paulo Acórdãos 1995 f. 96/97 – Ketter).

– Desta forma, o imóvel deverá ser submetido ao procedimento de retificação nos termos do artigo n. 213, II, e parágrafos da Lei n. 6015/73, para apuração do remanescente e inclusão de dados faltantes, como por exemplo: medidas perimetrais, rumos norteadores ou pontos de amarração e confrontantes, conforme decisões do CSMSP e da CGJSP (Ap.Civ. 859-6/1). (...)

E razão deve ser dada ao Registrador.

Os destaques decorrentes das ações de usucapião fizeram com que a matrícula imobiliária nº 18.202 do Oficial de Registro de Imóveis da Comarca de Atibaia (fls. 101/106) perdesse suas características de especialização objetiva: ou seja, a descrição original já não corresponde à atual configuração do imóvel.

Com efeito, o imóvel não tem mais 25.500 m2 e as confrontações como antes descritas, pois sofreu os destaques de 1.535,22 m2 (Av. 16) e 5.995,59 m2 (Av. 17) decorrentes das ações de usucapião (processos nºs 1001080-80.2013.8.26.0695 e 0002237-81.2008.8.26.0695).

O título apresentado a registro, por sua vez, apenas faz referência à descrição original do imóvel, sem qualquer menção às áreas destacadas (fls. 08/24):

> 5.14 DA PARTE IDEAL DE 1/4 DE UM TERRENO com área 25.500,00, contendo duas casas, situado na Avenida Santos Dumont, s/nº, perímetro urbano do Distrito, Município de Bom Jesus dos Perdões, Comarca e Registro de Imóveis de Atibaia, deste Estado.

Ora, desfigurado o imóvel primitivo, de rigor a apuração da área remanescente, sem o que não é viável o registro do título que lhe diz respeito, sob pena de violação ao princípio da especialidade objetiva.

Pelo princípio da especialidade, todo e qualquer imóvel precisa ter perfeita e correta identificação, para não ser confundido com outro. Tal princípio exige que o bem seja descrito como corpo certo, identificado e caracterizado. Na lição de Afrânio de Carvalho, "significa que toda inscrição deve recair sobre um objeto precisamente individuado"... ou seja, conter os dados geográficos que se exigem para individuar o imóvel, isto é, para determinar o espaço terrestre por ele ocupado ("Registro de Imóveis", 4. ed. RJ: Forense, 1998, p. 203).

Nesse sentido:

> REGISTRO DE IMÓVEIS. Escritura de compra e venda. Área maior transcrita, com marcos imprecisos e contendo diversos desfalques, perdendo suas características de especialização objetiva. Necessidade de retificação. Apuração de remanescente. Dúvida procedente. Recurso desprovido (Apelação nº 1000035-06.2018.8.26.0068, da Comarca de Barueri, Rel. Des. Geraldo Francisco Pinheiro Franco).

A própria Lei de Registros Públicos, em seu artigo 213, §7º, estabelece a adoção do procedimento previsto no artigo 213, II, da Lei nº 6.015/1973, quando a descrição original do imóvel sofreu alteração em razão de desfalque parcial sem que tenha ocorrido a apuração do remanescente.

Por fim, oportuno dizer que, ao que se pode depreender, os anteriores registros foram realizados porque não havia desfalques que os impedissem. Contudo, em razão desses destaques é que novos registros dependem de apuração do remanescente.

Desta forma, para a própria segurança do registro imobiliário e dos efeitos dele irradiados e com a finalidade de preservar a especialidade registrária, sem a prévia retificação do registro, consistente em apurar-se a caracterização do imóvel que remanesce na matrícula, dando-lhe descrição e atribuindo-lhe área certa, inviável a pretendida inscrição na tábua registral.

Ante o exposto, pelo meu voto, nego provimento ao apelo.

Fernando Antonio Torres Garcia
Corregedor-geral da Justiça
Relator

3.69 INVENTÁRIO E PARTILHA EXTRAJUDICIAL. RESERVA DE BENS

CSMSP – Apelação Cível: 1002083-97.2022.8.26.0584
Localidade: São Pedro Data de Julgamento: 26.02.2024 Data DJ: 04.03.2024
Relator: Francisco Loureiro
Jurisprudência: Indefinido
Lei: CC2002 – Código Civil de 2002 – 10.406/2002 Art: 1.997
Lei: LO – Novo CPC – 13.105/15 Art: 796
Lei: LO – Novo CPC – 13.105/15 Art: 642
Lei: LO – Novo CPC – 13.105/15 Art: 663
Especialidades: Registro de Imóveis

Dúvida – registro de imóveis – partilha extrajudicial – existência de credores do espólio não impede a realização do inventário e partilha por escritura pública, nos termos do item 125, cap. XVI, das NSCGJ – impossibilidade de se exigir reserva de bens para registro do título – partilha já ultimada – herdeiros respondem pelas dívidas da falecida na proporção dos seus quinhões – inteligência do artigo 1.997 do Código Civil e artigos 642 e 796 do Código de Processo Civil – recurso provido.

Íntegra

ACÓRDÃO

Vistos, relatados e discutidos estes autos de Apelação Cível nº 1002083-97.2022.8.26.0584, da Comarca de São Pedro, em que é apelante Sílvia Helena Ribeiro Felício Boiago, é apelado Oficial de Registro de Imóveis e Anexos da Comarca de São Pedro.

Acordam, em Conselho Superior da Magistratura do Tribunal de Justiça de São Paulo, proferir a seguinte decisão: "Deram provimento, v.u.", de conformidade com o voto do Relator, que integra este acórdão.

O julgamento teve a participação dos Exmos. Desembargadores Fernando Torres Garcia (Presidente Tribunal de Justiça) (Presidente), Beretta da Silveira (vice-presidente), Xavier de Aquino (Decano), Torres de carvalho(pres. Seção de Direito Público), Heraldo de Oliveira (Pres. Seção de Direito Privado) e Camargo Aranha Filho (Pres. Seção de Direito Criminal).

São Paulo, 26 de fevereiro de 2024.

Francisco Loureiro
Corregedor-Geral da Justiça
Relator
Assinatura Eletrônica

Apelação Cível nº 1002083-97.2022.8.26.0584
Apelante: Sílvia Helena Ribeiro Felício Boiago
Apelado: Oficial de Registro de Imóveis e Anexos da Comarca de São Pedro

VOTO Nº 43.095

DÚVIDA – REGISTRO DE IMÓVEIS – PARTILHA EXTRAJUDICIAL – EXISTÊNCIA DE CREDORES DO ESPÓLIO NÃO IMPEDE A REALIZAÇÃO DO INVENTÁRIO E PARTILHA POR ESCRITURA PÚBLICA, NOS TERMOS DO ITEM 125, CAP. XVI, DAS NSCGJ – IMPOSSIBILIDADE DE SE EXIGIR RESERVA DE BENS PARA REGISTRO DO TÍTULO – PARTILHA JÁ ULTIMADA – HERDEIROS RESPONDEM PELAS DÍVIDAS DA FALECIDA NA PROPORÇÃO DOS SEUS QUINHÕES – INTELIGÊNCIA DO ARTIGO 1.997 DO CÓDIGO CIVIL E ARTIGOS 642 E 796 DO CÓDIGO DE PROCESSO CIVIL – RECURSO PROVIDO.

Trata-se de recurso de apelação interposto por Sílvia Helena Ribeiro Felício Boiago contra a r. sentença de fls. 70/71, que julgou "improcedente" dúvida suscitada em virtude de recusa de registro de escritura de inventário, adjudicação e partilha extrajudicial dos bens deixados por Emirene Felicio (fls. 04/09), a qual envolve o imóvel da matrícula n. 2.694 do Oficial de Registro de Imóveis e Anexos da Comarca de São Pedro/SP (fls. 04/09 e 55/58), mantendo a exigência da nota de devolução de fl. 35 (prenotação n. 129.628).

Fê-lo a r. sentença, basicamente, sob o argumento de que deve ser realizada a reserva de bens para pagamento das dívidas da de cujus, cuja exigibilidade restou incontroversa. A exigência estaria expressa no artigo 663 do Código de Processo Civil, com previsão correlata no artigo 1.997 do Código Civil, a fixar a responsabilidade da herança pelo pagamento das dívidas da falecida, sendo que a natureza extrajudicial da partilha não exclui a incidência dos dispositivos legais referidos, de natureza cogente.

A parte apelante sustenta, em síntese, que as dívidas da falecida referem-se a execuções fiscais de tributos municipais (ISS fls. 25/31), o que faz incidir o item 117.1, do Cap. XX, das Normas de Serviço da Corregedoria-Geral da Justiça; que não se pode exigir a quitação de débitos para com a Fazenda Pública, tampouco a reserva de bens ou a apresentação de certidão negativa para tributos que não guardam relação com o ato registral perseguido, conforme jurisprudência que colaciona.

A parte alega, ainda, que o Supremo Tribunal Federal já se posicionou pela inconstitucionalidade de atos do Poder Público que se traduzam em exercício abusivo e coercitivo de exigência de obrigações tributárias, conforme as súmulas n. 70, 323 e 547 e jurisprudência; que a exigência representa indevida restrição ao acesso do título à tábua registral, imposta de forma oblíqua e ao arrepio do devido processo legal para forçar o contribuinte ao pagamento indireto de tributos, o que caracteriza limitação a interesses privados em desacordo com orientação do Supremo Tribunal Federal.

Aduz, por fim, que os débitos existentes estão sendo discutidos nas respectivas execuções fiscais, ainda pendentes de julgamento, com garantia de contraditório e ampla defesa, bem como que demais providências devem ser tomadas exclusivamente pelo órgão municipal ou federal que detém o crédito e não pelo notário ou registrador (fls. 76/84).

A Procuradoria Geral de Justiça opinou pelo não provimento do recurso (fls. 100/102).

É o relatório.

De início, vale observar que, embora a dúvida tenha sido julgada improcedente, o comando judicial foi pela manutenção do óbice.

Há que se observar, ainda, que o Oficial dispõe de autonomia no exercício de suas atribuições, podendo recusar títulos que entender contrários à ordem jurídica e aos princípios que regem sua atividade (art. 28 da Lei n. 8.935/1994), o que não se traduz como falha funcional.

Esta conclusão se reforça pelo disposto no item 117 do Cap. XX das Normas de Serviço:

> Incumbe ao oficial impedir o registro de título que não satisfaça os requisitos exigidos pela lei, quer sejam consubstanciados em instrumento público ou particular, quer em atos judiciais.

No mérito, porém, o recurso comporta provimento. Vejamos os motivos.

No caso concreto, o Oficial entendeu pela manutenção da recusa de registro de escritura de inventário, adjudicação e partilha extrajudicial dos bens deixados por Emirene Felicio tendo em vista a indicação de dívidas, de modo que necessária reserva de bens para pagamento de tais obrigações.

O posicionamento foi respaldado por precedente deste Colendo Conselho Superior da Magistratura, no âmbito da Apelação Cível n. 1005161-58.2016.8.26.0019 (fl. 35).

Tal entendimento, no entanto, deve ser revisto.

Veja-se, por primeiro, que não se trata de exigência formulada por ordem de controle rigoroso do recolhimento dos impostos devidos por ocasião do registro do título, a que estão submetidos os Registradores, sob pena de responsabilidade pessoal (art. 289 da Lei n. 6.015/73; art. 134, VI, do CTN e art. 30, XI, da Lei 8.935/1994).

In casu, a exigência é formulada pela necessidade da reserva de bens do espólio em razão de débitos da falecida.

O Superior Tribunal de Justiça já teve a oportunidade de se manifestar sobre a natureza da habilitação de crédito em ação de arrolamento de bens, bem como sobre a necessidade de reserva de bens do espólio no julgamento do REsp. n. 703.884/SC, de relatoria da Ministra Nancy Andrighi:

> [...] o juiz pode determinar que sejam reservados bens em poder do inventariante para pagar o credor, desde que a dívida esteja consubstanciada em documento que comprove suficientemente a obrigação e a impugnação não se fundar em quitação.
>
> Há aqui verdadeira natureza cautelar, pois, havendo prova suficiente do crédito, o juiz pode determinar a reserva de bens para garantia do pagamento após a solução do litígio que foi remetida às vias ordinárias. Nessas circunstâncias a habilitação apresenta feição de arresto, que, como é cediço, garante a solvência até que se resolva em penhora (art. 818, CPC). Dessa forma, se ao final da disputa o crédito se revelar inexistente ou extinto, extingue-se a reserva de bens e se realiza a sobrepartilha. Se, por outro lado, o crédito for efetivamente devido, a reserva dos bens persiste até que, nas vias ordinárias, sobrevenha a penhora.
>
> Vê-se, dessa forma, que a habilitação é procedimento incidental de natureza híbrida. Inicialmente, forma-se como procedimento de jurisdição voluntária ou não contenciosa, mas pode assumir feições de verdadeira cautelar incidental. Porque ressalta essa particularidade da habilitação, deve ser lembrado o escólio de Humberto Theodoro Júnior:
>
> É indispensável o acordo unânime, por que a habilitação, in casu, é não contenciosa. Por isso, não havendo concordância de todas as partes sobre o pagamento, será o credor remetido para os meios ordinários (art. 1.018), ou seja, terá ele de propor a ação contenciosa contra o espólio, que for compatível ao título de seu crédito (execução ou ordinária de cobrança, conforme o caso).
>
> Há, porém, uma medida cautelar que o juiz toma, ex officio, em defesa do interesse do credor que não obtém sucesso na habilitação: se o crédito estiver suficientemente comprovado por documento e a impugnação não se fundar em quitação, o magistrado mandará reservar, em poder do inventariante, bens suficientes para pagar o credor, enquanto se aguarda a solução da cobrança contenciosa (art. 1.018, parág. único) (Curso de Direito Processual Civil. v. III. Procedimentos Especiais. Rio de Janeiro: Forense, p. 2005, p. 267).

A correta percepção da natureza do instituto processual é importante porque daí extraem-se conclusões relevantes. O credor requerente da habilitação pleiteia o pagamento ou, sucessivamente, caso não haja concordância do espólio, a reserva de bens que garantam o pagamento.

Ora, não sendo um procedimento obrigatório, pois, na falta de habilitação, o credor pode, desde logo, buscar a satisfação de seu crédito por meio de ação de cobrança ou de execução movida contra o espólio ou contra os sucessores, há de se concluir que a principal utilidade prática do instituto reside, em última instância, na possibilidade de reserva de bens.

Por isso, caso não seja possível declarar habilitado o crédito, porque a controvérsia entre as partes não o permite, o juiz deve remeter as partes às vias ordinárias de solução de controvérsia, lançando as razões pelas quais entende não ser cabível a providência cautelar de reserva de bens. Nessa perspectiva, deixar de apreciar qualquer dos pedidos subsidiários é fato que significa negar jurisdição, ou melhor dizendo, escusar-se no *non liquet*.

À princípio, duas podem ser as causas que justificam o indeferimento da reserva de bens: a) a impugnação do espólio se funda em quitação; b) a dívida não está consubstanciada em documento que comprove suficientemente a obrigação. A iliquidez do crédito é irrelevante.

Pontes de Miranda, com acuidade, assevera que "sentença passado em julgado, embora sujeita a liquidação (3ª Câmara Cível do Tribunal de Apelação de São Paulo, 4 de março de 1942, R. dos T., 140, 145), ou declaratória (art. 4º), é título bastante para a reserva. Mesmo, aí, apenas se reserva. Só se exige prova bastante da obrigação; não, o ser dívida líquida" (Pontes de Miranda. Comentários ao Código de Processo Civil. Tomo XIV. Rio de Janeiro: Forense, 2006, p. 141).

Mais que declinar as causas porque não é possível a separação e tampouco a reserva de bens, deve-se ressaltar que a habilitação deve ser ajuizada e julgada antes da partilha integral dos bens. Após, o resultado buscado pelo credor passa a ser inútil, pois aí o credor já não terá nenhuma garantia especial, mas apenas, como a própria lei lhe assegura, as forças da herança tal como transmitidas aos herdeiros.

No caso concreto, porém, não se vislumbra qualquer oposição por parte dos credores ao registro, notadamente porque há notícia de que os débitos ainda estão sendo discutidos judicialmente (fls. 25/31).

A partilha dos bens do espólio, ademais, já foi realizada extrajudicialmente, com indicação da existência de dívidas fiscais pendentes em nome da falecida e sem reserva para pagamento (fls. 04/09).

Note-se que não havia qualquer obstáculo para a partilha por escritura pública (item 125, do Capítulo XVI, das NSCGJ):

> 125. A existência de credores do espólio não impede a realização do inventário e partilha, ou adjudicação, por escritura pública.

Assim, se a partilha é possível mesmo quando existem débitos não quitados do falecido, não se pode impor óbice para o seu registro.

Em verdade, uma vez feita a partilha, ainda que extrajudicialmente, não há mais como se falar em espólio.

E deixando de existir a universalidade de bens (espólio) justamente porque operada a divisão patrimonial do acervo hereditário entre os herdeiros (partilha), não há como se exigir reserva de bens.

Serão os herdeiros, na proporção dos quinhões recebidos, que deverão ser acionados para responder pelas dívidas deixadas pela falecida.

Neste sentido, os artigos 1.997 do Código Civil e 642 e 796 do Código de Processo Civil:

> Art. 1.997. A herança responde pelo pagamento das dívidas do falecido; mas, feita a partilha, só respondem os herdeiros, cada qual em proporção da parte que na herança lhe coube.
>
> Art. 642. Antes da partilha, poderão os credores do espólio requerer ao juízo do inventário o pagamento das dívidas vencidas e exigíveis. (...)
>
> Art. 796. O espólio responde pelas dívidas do falecido, mas, feita a partilha, cada herdeiro responde por elas dentro das forças da herança e na proporção da parte que lhe coube.

E, ainda, a jurisprudência (destaques nossos):

> PROCESSUAL CIVIL – TRIBUTOS FISCAIS DEVIDOS – PRECEDENTE HOMOLOGAÇÃO DE PARTILHA DOS BENS INVENTARIADOS – TRÂNSITO EM JULGADO DE RECURSO FORMULADO CONTRA A PARTILHA – ARTIGO 1796, CÓDIGO CIVIL – ARTIGO 1026, CPC. 1. ACERTADA E HOMOLOGADA JUDICIALMENTE A PARTILHA DOS BENS INVENTARIADOS, SEM A PRECEDENTE QUITAÇÃO DAS DIVIDAS FISCAIS DO ESPOLIO (ART. 1.026, CPC), COM AS LOAS DA INSTRUMENTALIDADE DO PROCESSO, A SOLUÇÃO APROPRIADA E FAVORECER A EXECUÇÃO, NÃO MAIS CONTRA O ESPOLIO E SIM RESPONSABILIZANDO OS SUCESSORES CONTEMPLADOS NA DIVISÃO DOS BENS (ART. 1796, CÓDIGO CIVIL). PRECEDENTES. 2. PORÉM, NO CASO, ESSA SOLUÇÃO NÃO PODE SER ADOTADA POR TER SE CONSTITUÍDO, COM PROVIMENTO JUDICIAL ANTECEDENTE, A COISA JULGADA, A RESPEITO DA APLICAÇÃO DO ART. 1.026, CPC. 3. RECURSO PROVIDO (REsp n. 27.831/RJ, relator Ministro Milton Luiz Pereira, Primeira Turma, julgado em 31.08.1994, DJ de 19.09.1994).

A exigência formulada na nota de devolução de fl. 35 não pode, portanto, subsistir.

Ante o exposto, pelo meu voto, dou provimento à apelação para julgar improcedente a dúvida.

Francisco Loureiro
Corregedor-Geral da Justiça
Relator

3.70 INVENTÁRIO EXTRAJUDICIAL. PARTILHA – REGISTRO – PARALISAÇÃO. TÍTULO HÁBIL. QUALIFICAÇÃO REGISTRAL – OBRIGATORIEDADE

CGJSP – RECURSO ADMINISTRATIVO: 1042620-49.2020.8.26.0506
Localidade: Ribeirão Preto Data de julgamento: 03.02.2022 Data DJ: 09.02.2022
Relator: Fernando Antônio Torres Garcia
Jurisprudência: Indefinido
LEI: LRP – Lei de Registros Públicos – 6.015/1973 ART: 188
Especialidades: Registro de Imóveis

Pedido de Providências – Escritura pública de inventário e partilha lavrada pelo Tabelião de Notas – Título hábil para o registro imobiliário – Qualificar e registrar os títulos apresentados, se preenchidos os requisitos legais e normativos, são deveres ínsitos à função delegada ao Oficial de Registro de Imóveis – Deveres, se violados, caracterizadores de infração disciplinar – Recurso não provido.

Recurso Administrativo 1042620-49.2021.8.26.0506

Íntegra

Processo nº 1042620-49.2020.8.26.0506 – Ribeirão Preto – Matheus Neves Brito de Sousa. – Adv: Anderson Rogério Mioto, OAB/SP 185.597. – (31/2022-E) – DJE DE 09.02.2022, p. 6.

Pedido de Providências – Escritura pública de inventário e partilha lavrada pelo Tabelião de Notas – Título hábil para o registro imobiliário – Qualificar e registrar os títulos apresentados, se preenchidos os requisitos legais e normativos, são deveres ínsitos à função delegada ao Oficial de Registro de Imóveis – Deveres, se violados, caracterizadores de infração disciplinar – Recurso não provido.

Excelentíssimo Senhor Corregedor-Geral da Justiça,

Trata-se de recurso de apelação interposto por Matheus Neves Brito de Sousa contra r. decisão que julgou extinto o pedido de providências formulado contra o 1º Oficial de Registro de Imóveis da Comarca de Ribeirão Preto (fls. 50/57).

Alega o recorrente, em síntese, que o 1º Oficial de Registro de Imóveis da Comarca de Ribeirão Preto recusou-se a paralisar o processo de inventário extrajudicial dos bens deixados por Rui Batista de Sousa, seu genitor, do qual foi injustamente excluído da herança por sua irmã Carla Fabiana Morgado de Sousa Silva, mesmo depois de comprovada a sua condição de inventariante judicial, nomeado nos autos do processo nº 1040868-42.2020.8.26.0506, em trâmite perante a 3ª Vara de Família e Sucessões da Comarca de Ribeirão Preto. Se não bastasse, recusou-se também a emitir a certidão do inventário extrajudicial, direito que lhe é assegurado na Lei de

Registros Públicos (art. 16). Frente a isso, requer que o Registrador seja obrigado a paralisar o procedimento extrajudicial de inventário e emitir a respectiva certidão (fls. 76/ 90).

A douta Procuradoria Geral de Justiça opinou pelo não provimento do recurso (fls. 104/ 106).

É o relatório. Passo a opinar.

Preliminarmente, interposto com nome de apelação, o recurso vem sendo processado, como é correto, na forma prevista no Código Judiciário, art. 246, já que o tema versado não diz respeito, propriamente, a um registro stricto sensu, no sentido da Lei nº 6.015, de 31 de dezembro de 1973, arts. 167, 1, 203, II, e 296. De qualquer forma, o mero erro de nominação não prejudicada em nada o recebimento e o exame do recurso administrativo, pois foi respeitado o prazo legal para interposição, aliás, idêntico para essa espécie e para o apelo (Lei de Registros Públicos, art. 202, combinado com o Código de Processo Civil, art. 1.003, §5º, de um lado, e Código Judiciário, art. 246, de outro).

Pretende o recorrente que o 1º Oficial de Registro de Imóveis da Comarca de Ribeirão Preto seja obrigado a paralisar o procedimento extrajudicial de inventário dos bens deixados por Rui Batista de Sousa, seu genitor, do qual foi injustamente excluído da herança, e emitir a respectiva certidão.

Mas não há como lhe dar razão.

Ao Tabelionato de Notas compete a lavratura da escritura pública de inventário e partilha (art. 610 do Código Civil).

As Normas da Corregedoria-Geral da Justiça, nos itens 76 e 78 do Capítulo XVI, prescrevem:

> 76. O Tabelião de Notas será livremente escolhido pelas partes, não se aplicando as regras processuais de competência, nas hipóteses legais em que admitida a realização de separação e divórcio consensuais, inventário e partilha por via administrativa, mediante escritura pública.
>
> 78. As escrituras públicas de inventário e partilha, separação e divórcio consensuais não dependem de homologação judicial e são títulos hábeis para o registro civil e o registro imobiliário, para a transferência de bens e direitos, bem como para a promoção de todos os atos necessários à materialização das transferências de bens e levantamento de valores (DETRAN, Junta Comercial, Registro Civil de Pessoas Jurídicas, instituições financeiras, companhias telefônicas etc.).

Na hipótese em testilha, lavrada a escritura pública de inventário e partilha dos bens deixados por Edna Maria Morgado de Sousa e Rui Batista de Sousa a fls. 37/ 47 do livro 2.674, aos 27 de novembro de 2020, do 4º Tabelião de Notas da Comarca de Ribeirão Preto, o título foi apresentado para registro perante o 1º Oficial de Registro de Imóveis da Comarca de Ribeirão Preto, o qual recebeu qualificação negativa, sendo reapresentado (fls. 58).

O Oficial de Registro de Imóveis apenas recepcionou o título – escritura pública de inventário e partilha – procedendo à sua qualificação, a teor do disposto no art. 188 da Lei de Registros Públicos.

A escritura pública de inventário e partilha é título hábil para o registro imobiliário, para a transferência de bens e direitos (item 78, acima transcrito).

Bem evidenciado então que os pedidos deduzidos, nos seus exatos termos, foram equivocadamente endereçados, posto que o Oficial de Registro de Imóveis não tinha como expedir a pretendida certidão, tampouco paralisar procedimento extrajudicial de inventário, o qual, ademais, já estava findo com a lavratura da escritura pública pelo Tabelionato.

Se o desejado era obstar a qualificação e o consequente registro do título apresentado, o Oficial de Registro de Imóveis não estava obrigado a atender tal pedido, ainda que advindo do inventariante judicial.

O art. 188 da Lei nº 6.015, de 31 de dezembro de 1973, na redação dada pela Media Provisória nº 1.085, de 27 de dezembro de 2021, preleciona:

> Art. 188. Protocolizado o título, se procederá ao registro ou à emissão de nota devolutiva, no prazo de dez dias, contado da data do protocolo, salvo nos casos previstos no § 1º e nos art. 189 a art. 192.
>
> § 1º Não havendo exigências ou falta de pagamento de custas e emolumentos, deverão ser registrados, no prazo de cinco dias:
>
> I – as escrituras de compra e venda sem cláusulas especiais, os requerimentos de averbação de construção e de cancelamento de garantias;
>
> II – os documentos eletrônicos apresentados por meio do SERP; e
>
> III – os títulos que reingressarem na vigência da prenotação com o cumprimento integral das exigências formuladas anteriormente.
>
> § 2º A inobservância ao disposto neste artigo ensejará a aplicação das penas previstas no art. 32 da Lei nº 8.935, de 18 de novembro de 1994, nos termos estabelecidos pela Corregedoria Nacional de Justiça do Conselho Nacional de Justiça.

Aliás, qualificar e registrar os títulos apresentados (se preenchidos os requisitos legais e normativos) são deveres ínsitos à função delegada exercida pelo Oficial de Registro de Imóveis, os quais, se violados, configuram infrações disciplinares sujeitas às penalidades legais.

Em suma, escorreito o agir do Oficial de Registro de Imóveis, não há qualquer providência disciplinar a ser adotada.

Ante o exposto, o parecer que submeto ao elevado critério de Vossa Excelência é no sentido de negar provimento ao recurso.

São Paulo, 2 de fevereiro de 2022.

Caren Cristina Fernandes de Oliveira
Juíza Assessora da Corregedoria
Assinatura Eletrônica

DECISÃO

Vistos.

Aprovo o parecer da MM. Juíza Assessora desta Corregedoria-Geral da Justiça e, por seus fundamentos, ora adotados, recebo a apelação como recurso administrativo, ao qual nego provimento.

São Paulo, 3 de fevereiro de 2022.

Fernando Antonio Torres Garcia
Corregedor-Geral da Justiça

3.71 INVENTÁRIO. PARTILHA. CÔNJUGE SOBREVIVENTE. SEPARAÇÃO OBRIGATÓRIA DE BENS. SÚMULA 377/STF. CONTINUIDADE. ESFORÇO COMUM. QUALIFICAÇÃO REGISTRAL

1VRPSP – Processo: 1047164-66.2022.8.26.0100
Localidade: São Paulo Data de julgamento: 06.06.2022 Data DJ: 08.06.2022
Unidade: 16
Relator: Luciana Carone Nucci Eugênio Mahuad
Jurisprudência: Indefinido
Lei: LO – Regulamenta o art. 3º da CF – 9.278/96 Art: 5
Lei: LO – Novo CPC – 13.105/15 Art: 489 PAR: 1 Inc: VI
Lei: LO – Novo CPC – 13.105/15 Art: 926
Especialidades: Registro de Imóveis
Inventário. Partilha. Cônjuge sobrevivente. Separação obrigatória de bens. Súmula 377/STF. Continuidade. Esforço comum. Qualificação registral.

Íntegra

TRIBUNAL DE JUSTIÇA DO ESTADO DE SÃO PAULO – COMARCA DE SÃO PAULO – FORO CENTRAL CÍVEL – 1ª VARA DE REGISTROS PÚBLICOS

Processo Digital nº 1047164-66.2022.8.26.0100

Classe – Assunto Dúvida – Registro de Imóveis
Suscitante: 16º Ofício de Registro de Imóveis da Capital
Suscitado: Ricardo Nemes de Matos
Vistos.

Trata-se de dúvida suscitada pelo Oficial do 16º Registro de Imóveis da Capital a requerimento de Ricardo Nemes de Matos, tendo em vista negativa em se proceder ao registro de formal de partilha dos bens deixados pelo falecimento de Eurico Marcus Marques Mattos, que tem por objeto o imóvel da matrícula n. 30.793 daquela serventia.

A devolução do título foi motivada pela comunicação do imóvel ao patrimônio do cônjuge sobrevivente, Etles Maziero Marques Mattos, com quem Eurico estava casado pelo regime da separação obrigatória de bens quando da aquisição (súmula n. 377/STF), o que não foi observado pela partilha.

O Oficial informa que a exigência se sustenta no princípio da continuidade; que a partilha não poderia ter abrangido o imóvel integralmente por pertencer ao casal; que não ignora o atual posicionamento do STJ, mas a qualificação observou acórdãos do CSM no sentido de que a súmula estabelece a presunção do esforço comum; que referidas decisões têm caráter normativo; que não ignora o decidido por este juízo no processo de autos n. 1119149-32.2021.8.26.0100, mas entende que o CSM não alterou seu entendimento. Documentos vieram às fls. 04/704.

Em manifestação dirigida ao Oficial, a parte suscitada aduz que, diante da natureza judicial do título, a qualificação deve se restringir somente a aspectos formais; que a distribuição dos bens na partilha não pode ser questionada, porque deliberada por partes maiores e capazes, com homologação judicial; que a atual interpretação dada pelo STJ à súmula 377/STF é no sentido de que, embora se comuniquem os bens adquiridos na constância do casamento pelo regime da separação obrigatória, o esforço comum na aquisição deve ser comprovado; que há decisão desta Vara neste sentido (processo de autos n. 1119149-32.2021.8.26.0100 – fls. 06/08). Em sede de impugnação, a parte suscitada reiterou suas razões (fls. 705/708).

O Ministério Público opinou pela improcedência (fls. 711/713).

É o relatório.

Fundamento e decido.

De início, vale destacar que os títulos judiciais não estão isentos de qualificação para ingresso no fólio real.

O Egrégio Conselho Superior da Magistratura já decidiu que a qualificação negativa do título judicial não caracteriza desobediência ou descumprimento de decisão judicial (Apelação Cível n. 413-6/7).

Neste sentido, também a Apelação Cível nº 464-6/9, de São José do Rio Preto:

> Apesar de se tratar de título judicial, está ele sujeito à qualificação registrária. O fato de tratar-se o título de mandado judicial não o torna imune à qualificação registrária, sob o estrito ângulo da regularidade formal. O exame da legalidade não promove incursão sobre o mérito da decisão judicial, mas à apreciação das formalidades extrínsecas da ordem e à conexão de seus dados com o registro e a sua formalização instrumental.

E, ainda:

> REGISTRO PÚBLICO – ATUAÇÃO DO TITULAR – CARTA DE ADJUDICAÇÃO – DÚVIDA LEVANTADA – CRIME DE DESOBEDIÊNCIA – IMPROPRIEDADE MANIFESTA. O cumprimento do dever imposto pela Lei de Registros Públicos, cogitando-se de deficiência de carta de adjudicação e levantando-se dúvida perante o juízo de direito da vara competente, longe fica de configurar ato passível de enquadramento no artigo 330 do Código Penal – crime de desobediência –, pouco importando o acolhimento, sob o ângulo judicial, do que suscitado (STF, HC 85911 / MG – Minas Gerais, Relator: Min. Marco Aurélio, j. 25.10.2005, Primeira Turma).

Sendo assim, não há dúvidas de que a origem judicial não basta para garantir ingresso automático dos títulos no fólio real, cabendo ao oficial qualificá-los conforme os princípios e as regras que regem a atividade registral.

No mérito, a dúvida é improcedente por dois motivos.

Por primeiro, porque o cônjuge sobrevivente, Etles Maziero, participou do inventário e concordou expressamente com a partilha, reconhecendo que o imóvel não foi adquirido pelo casal em esforço comum (fls. 428/436, 458/475, 511/542), o que foi devidamente homologado pelo juízo competente (fls. 653/657).

Por segundo, porque, como já observado em caso análogo, há que se cumprir o dever de uniformização da jurisprudência, com respeito à sua integridade e coerência. Vejamos, então, os fatos.

A matrícula n. 30.793 indica que o imóvel foi adquirido pelo falecido Eurico Marcus Marques Mattos no ano de 2011 (fls. 702/704), quando estava casado com Etles Maziero Marques Mattos pelo regime da separação obrigatória de bens (fl. 137).

Com o falecimento de Eurico em 18 de agosto de 2020, o imóvel foi partilhado em ação de inventário (processo de autos n. 1082119-94.2020.8.26.0100, 5ª Vara da Família e Sucessões do Foro Central desta Capital), oportunidade em que foi reconhecido por todos os interessados, inclusive o cônjuge supérstite, como de titularidade exclusiva do autor da herança (item 11, fls. 112/126, item 11, fl.458, item 1, fl. 470, item 1, fl. 538 e fls. 653/657).

O Oficial Registrador exigiu, para registro, a retificação do título para respeito à meação do cônjuge sobrevivente (fl. 20), apoiando-se na súmula 377 do STF e em julgados do C. Conselho Superior da Magistratura, como o seguinte:

> REGISTRO DE IMÓVEIS Escritura Pública de Inventario e Partilha Extrajudicial Falecida proprietária casada no regime da separação obrigatória de bens – Bem adquirido na constância do casamento – Cônjuges falecidos – Inventário da falecida esposa por meio do qual a totalidade do imóvel é partilhada – Impossibilidade de registro – Aplicabilidade da Súmula 377 do STF Cabimento da retificação do título – Apelação não provida (TJSP; Apelação Cível 1004533-95.2018.8.26.0505; Relator (a): Pinheiro Franco (Corregedor-Geral); Órgão Julgador: Conselho Superior de Magistratura; Foro de Ribeirão Pires – 1ª Vara; Data do Julgamento: 07.11.2019; Data de Registro: 25.11.2019).

Entretanto, como já visto, na hipótese, a partilha se deu judicialmente, com reconhecimento, pelo cônjuge sobrevivente, de que o imóvel em questão não fora adquirido pelo esforço comum.

Ademais, embora a interpretação da súmula 377 do STJ quanto à necessidade de prova do esforço comum seja tema extremamente controvertido, que leva a interpretações divergentes, inclusive no âmbito do Superior Tribunal de Justiça, a corte em questão já o analisou em duas oportunidades para uniformização.

Primeiramente, nos Embargos de Divergência nº 1.171.820/PR, a corte superior concluiu que o reconhecimento do esforço comum do casal na aquisição onerosa de bens dependeria de prova. Foi nesse sentido o julgamento, que teve a seguinte ementa:

> EMBARGOS DE DIVERGÊNCIA NO RECURSO ESPECIAL. DIREITO DE FAMÍLIA. UNIÃO ESTÁVEL. COMPANHEIRO SEXAGENÁRIO. SEPARAÇÃO OBRIGATÓRIA DE BENS (CC/1916, ART. 258, II; CC/2002, ART. 1.641, II). DISSOLUÇÃO. BENS ADQUIRIDOS ONEROSAMENTE. PARTILHA. NECESSIDADE DE PROVA DO ESFORÇO COMUM. PRESSUPOSTO DA PRETENSÃO. EMBARGOS DE DIVERGÊNCIA PROVIDOS. 1. Nos moldes do art. 258, II, do Código Civil de 1916, vigente à época dos fatos (matéria atualmente regida pelo art. 1.641, II, do Código Civil de 2002), à união estável de sexagenário, se homem, ou cinquentenária, se mulher, impõe-se o regime da separação obrigatória de bens. 2. Nessa hipótese, apenas os bens adquiridos onerosamente na constância da união estável, e desde que comprovado o esforço comum na sua aquisição, devem ser objeto de partilha. 3. Embargos de divergência conhecidos e providos para negar seguimento ao recurso especial (EREsp 1.171.820/PR, Rel. Ministro Raul Araújo, Segunda Seção, julgado em 26.08.2015, DJe 21.09.2015).

Para correta aplicação do precedente, é importante verificar os elementos que envolvem o caso concreto.

Conforme indicado expressamente no corpo do referido acórdão:

> A tese central da controvérsia cinge-se, portanto, em definir se, na hipótese de união estável envolvendo sexagenário e cinquentenária, mantida sob o regime da separação obrigatória de bens, a divisão entre os conviventes dos bens adquiridos onerosamente na constância da relação depende ou não da comprovação do esforço comum para o incremento patrimonial.

Também o fato de o aresto embargado cuidar da hipótese de partilha de bens foi destacado nos seguintes termos:

> Aqui, o fenômeno sucessório é elemento meramente circunstancial da tese ora discutida, o que não afasta a similitude fática entre os arestos confrontados, porque as eventuais peculiaridades da sucessão não foram levadas em conta, pois o que pretendia a convivente supérstite era a meação dos bens.

Naquele julgamento, o Ministro Paulo de Tarso Sanseverino pronunciou voto-vencido, no qual defendeu a aplicação da regra do artigo 5º da Lei n. 9.278/96, que estabelece exatamente a presunção legal do esforço comum na aquisição onerosa de bens na constância de união estável.

A Ministra Maria Isabel Gallotti, por sua vez, seguiu a maioria, lembrando que a lei civil que determina o regime da separação obrigatória para o sexagenário afasta a presunção do esforço comum, sendo que os bens adquiridos antes da entrada em vigor da Lei n. 9.278/96 têm sua propriedade disciplinada pelo ordenamento jurídico anterior, que não estabelecia essa presunção de esforço comum.

Posteriormente, no julgamento dos Embargos de Divergência nº 1.623.858/MG, a necessidade de prova do esforço comum foi reafirmada, com expressa indicação de releitura da antiga súmula 377/STF, fixando-se nova compreensão, com a seguinte ementa:

> EMBARGOS DE DIVERGÊNCIA NO RECURSO ESPECIAL. DIREITO DE FAMÍLIA. UNIÃO ESTÁVEL. CASAMENTO CONTRAÍDO SOB CAUSA SUSPENSIVA. SEPARAÇÃO OBRIGATÓRIA DE BENS (CC/1916, ART. 258, II; CC/2002, ART. 1.641, II). PARTILHA. BENS ADQUIRIDOS ONEROSAMENTE. NECESSIDADE DE PROVA DO ESFORÇO COMUM. PRESSUPOSTO DA PRETENSÃO. MODERNA COMPREENSÃO DA SÚMULA 377/STF. EMBARGOS DE DIVERGÊNCIA PROVIDOS. 1. Nos moldes do art. 1.641, II, do Código Civil de 2002, ao casamento contraído sob causa suspensiva, impõe-se o regime da separação obrigatória de bens. 2. No regime de separação legal de bens, comunicam-se os adquiridos na constância do casamento, desde que comprovado o esforço comum para sua aquisição. 3. Releitura da antiga Súmula 377/STF (No regime de separação legal de bens, comunicam-se os adquiridos na constância do casamento), editada com o intuito de interpretar o art. 259 do CC/1916, ainda na época em que cabia à Suprema Corte decidir em última instância acerca da interpretação da legislação federal, mister que hoje cabe ao Superior Tribunal de Justiça. 4. Embargos de divergência conhecidos e providos, para dar provimento ao recurso especial (EREsp 1.623.858/MG, Rel. Ministro Lázaro Guimarães (Desembargador Convocado do TRF 5ª Região), Segunda Seção, julgado em 23.05.2018, DJe 30.05.2018).

Neste caso, como anotado no acórdão:

> (...) a moldura fática e jurídica dos arestos confrontados é idêntica: saber se a comunicação/partilha dos bens adquiridos na constância de casamento submetido ao regime da separação legal de bens depende da comprovação do esforço comum na aquisição do acervo.

O fenômeno sucessório, tal como no EREsp nº 1.171.820, foi considerado elemento meramente circunstancial da celeuma.

Verificou-se que a súmula 377/STF apenas apregoa a comunicação dos bens, mas não esclarece se a comunicabilidade depende de algum outro requisito, permitindo a presunção pelo esforço comum do casal na aquisição do acervo ou exigindo comprovação desse esforço.

A conclusão foi de que a presunção do esforço comum conduz à ineficácia do regime da separação obrigatória por exigir produção de prova negativa para se comprovar que o ex-cônjuge ou ex-companheiro nada contribuiu para a aquisição onerosa do bem.

A regra, portanto, é a aplicação do regime da separação.

A comunicação dos bens adquiridos na constância do casamento sob o regime da separação obrigatória, embora admitida nos termos da súmula 377/STF, depende do exercício de pretensão e de efetiva demonstração do esforço comum.

Nesse contexto, não cabe ao Oficial Registrador qualificar negativamente o título com base na presunção do esforço comum.

O artigo 489, §1º, VI, do CPC, dispõe que não se considera fundamentada qualquer decisão judicial que deixe de seguir enunciado de súmula, jurisprudência ou precedente invocado pela parte, sem demonstrar a existência de distinção no caso em julgamento ou a superação do entendimento.

Note-se que a Corregedoria Permanente é exercida por órgão judicial, embora em procedimento administrativo, não jurisdicional.

A hipótese ora analisada se enquadra perfeitamente no precedente invocado: embora aquele trate de união estável, envolve a aplicação subsidiária do regime da separação obrigatória, o qual incide no caso concreto, sendo que a presunção do esforço comum prevista na Lei n. 9.278/96 se refere apenas ao reconhecimento da união estável, não se aplicando à situação sub judice.

Ressalta-se, por fim, que, nos termos da ementa do EREsp 1.623.858, a interpretação da Súmula 377/STF é mister que hoje cabe ao STJ.

Assim, considerando que referida súmula é o fundamento básico da orientação firmada pelo C. Conselho Superior da Magistratura do Tribunal de Justiça de São Paulo, se definida sua releitura pelo STJ, toda a jurisprudência deve ser uniformemente orientada, como disciplina o artigo 926 do CPC, o que passou a ser feito por este juízo.

Diante do exposto, julgo improcedente a dúvida suscitada pelo Oficial do 16º Registro de Imóveis da Capital a requerimento de Ricardo Nemes de Matos e, em consequência, determino o registro do título.

Deste procedimento não decorrem custas, despesas processuais ou honorários advocatícios.

Oportunamente, ao arquivo com as cautelas de praxe.

São Paulo, 06 de junho de 2022.

Luciana Carone Nucci Eugênio Mahuad
Juíza de direito

REFERÊNCIAS

ALMADA, A. P. P. L. Registro de imóveis. In: GENTIL, Alberto. *Registros Públicos*. Rio de Janeiro: Grupo GEN, 2022. E-book. ISBN 9786559644773. Disponível em: https://app.minhabiblioteca.com.br/#/books/9786559644773/.

ANTONINI, Mauro. Código Civil Comentado: Doutrina e Jurisprudência. In: GODOY, Claudio Luiz Bueno de et. al.; PELUSO, Cezar (Coord.). 14. ed. São Paulo: Manole, 2020.

ASSUMPÇÃO, L. F. M.; RIBEIRO, P. H. S. *Releitura pelo STJ da súmula 377/STF* – Necessidade de prova do esforço comum para que o cônjuge sobrevivente seja meeiro. Migalhas. Disponível em: https://www.migalhas.com.br/arquivos/2024/3/4914805B2960E1_releiturastj.pdf. Acesso em: 11 abr. 2024.

BALBINO FILHO, Nicolau. *Registro de Imóveis*: Doutrina, Prática, Jurisprudência. 6. ed. São Paulo: Atlas, 1987.

BERTHE, M. M. Da inscrição. In: A. NETO, José Manuel de Arruda A.; CLÁPIS, Alexandre L.; CAMBLER, Everaldo A. *Lei de Registros Públicos Comentada*. 2. ed. São Paulo: Grupo GEN, 2019. E-book.

BEVILÁQUA, Clóvis. *Código Civil Comentado*. Rio de Janeiro: Francisco Alves, 1919. v. VI.

BRANDELLI, Leonardo. *Teoria geral do direito notarial*. 4.ed. São Paulo: Saraiva, 2011.

BRASIL. Constituição da República Federativa do Brasil de 1988. Disponível em: https://www.planalto.gov.br/ccivil_03/constituicao/constituicao.htm. Acesso em: 23 abr. 2024.

BRASIL. Lei nº 4.591, de 16 de dezembro de 1964. Dispõe sobre o condomínio em edificações e as incorporações imobiliárias. Disponível em: https://www.planalto.gov.br/ccivil_03/leis/L4591compilado.htm. Acesso em: 15 nov. 2023.

BRASIL. Lei nº 6.015 de 31 de dezembro de 1973. Dispõe sobre os registros públicos, e dá outras providências. Disponível em: http://www.planalto.gov.br/ccivil_03/leis/l6015compilada.htm. Acesso em: 15 nov. 2021.

BRASIL. Lei nº 8.935, de 18 de novembro de 1994. Regulamenta o art. 236 da Constituição Federal, dispondo sobre serviços notariais e de registro. (Lei dos cartórios). Disponível em: https://www.planalto.gov.br/ccivil_03/leis/l8935.htm. Acesso em: 02 maio 2024.

BRASIL. Lei nº 10.406, de 10 de janeiro de 2002. Institui o Código Civil. Disponível em: http://www.planalto.gov.br/ccivil_03/leis/2002/l10406compilada.htm Acesso em: 15 fev. 2024.

BRASIL. Lei nº 11.441, de 04 de janeiro de 2007. Altera dispositivos da Lei nº 5.869, de 11 de janeiro de 1973 – Código de Processo Civil, possibilitando a realização de inventário, partilha, separação consensual e divórcio consensual por via administrativa. Disponível em: https://www.planalto.gov.br/ccivil_03/_ato2007-2010/2007/lei/l11441.htm. Acesso em: 1º abr. 2024.

BRASIL. Projeto de Lei nº 606/2022. Altera a redação do artigo 610 da Lei nº 13.105, de 2015, Código de Processo Civil, para dispor sobre inventário extrajudicial. Disponível em: https://www.camara.leg.br/proposicoesWeb/prop_mostrarintegra?codteor=2149383&filename=PL%20606/2022. Acesos em: 1º abr. 2024.

BRASIL. Portaria 5914-12, de 08 de setembro de 2021. Dispõe sobre a realização de inventário extrajudicial, em tabelionato de notas, quando houver herdeiros interessados incapazes. Disponível em: https://www.camara.leg.br/proposicoesWeb/prop_mostrarintegra?codteor=2149995. Acesso em: 1º abr. 2024.

CAHALI, Francisco José; HERANCE FILHO, Antônio; ROSA, Karin Regina Rick; FERREIRA, Paulo Roberto Gaiger. *Escrituras Públicas*: Separação, Divórcio, Inventário E Partilhas Consensuais. 2. ed. São Paulo: Ed. RT .

CARVALHO, Afrânio. *Registro de Imóveis*. 4. ed. Rio de Janeiro: Forense, 1997.

CARVALHO, Luiz Paulo Vieira de. *Direito das Sucessões*. 4. ed. São Paulo: Atlas, 2019.

CASSETTARI, Christiano. *Separação, Divórcios e Inventário por Escritura Pública*: Teoria e Prática. 7. ed. São Paulo: Método, 2015.

CENEVIVA, Walter. *Lei dos registros públicos comentada*. 15. ed. São Paulo: Saraiva, 2003.

CHAVES, Carlos Fernando Brasil; REZENDE, Afonso Celso F. *Tabelionato De Notas e o Notário Perfeito*. 7. ed. São Paulo: Saraiva, 2013.

CGJSP; Comunicado: 2251/2010; Órgão Julgador: Corregedoria Geral da Justiça de São Paulo; Localidade: São Paulo; Data do Julgamento: 03.11.2010; Data de Registro: 03.11.2010. Disponível em: https://www.kollemata.com.br/?pagina=1&rows=12&gera-csv=nao&conector=%26&q=&campo%5B%5D=chave&id=&fonte=2251%2F2010&circunscricao=&tipo=&localidade=&relator=&data_do_de=&data_do_ate=&data_de=&data_ate=&legislacao=&legislacao_art=&legislacao_par=&legislacao_inc=&legislacao_let=&legislacao_item=. Acesso em: 04 jul. 2024.

CGJSP; Processo: 104.221/2010; Órgão Julgador: Corregedoria Geral da Justiça de São Paulo; Localidade: Itapeva; Data do Julgamento: 16.09.2010. Disponível em: https://www.kollemata.com.br/?pagina=1&rows=12&gera-csv=nao&conector=%26&q=&campo%5B%5D=chave&id=&fonte=104.221%2F2010&circunscricao=&tipo=&localidade=&relator=&data_do_de=&data_do_ate=&data_de=&data_ate=&legislacao=&legislacao_art=&legislacao_par=&legislacao_inc=&legislacao_let=&legislacao_item=. Acesso em: 04 jul. 2024.

CGJSP; Processo: 2015/50558; Órgão Julgador: Corregedoria Geral da Justiça de São Paulo; Localidade: São Paulo; Data do Julgamento: 28.04.2015. Disponível em: https://www.kollemata.com.br/?pagina=1&rows=12&gera-csv=nao&conector=%26&q=&campo%5B%5D=chave&id=&fonte=50558&circunscricao=&tipo=&localidade=&relator=&data_do_de=&data_do_ate=&data_de=&data_ate=&legislacao=&legislacao_art=&legislacao_par=&legislacao_inc=&legislacao_let=&legislacao_item=. Acesso em: 04 jul. 2024.

CGJSP; Processo: 2015/189848; Órgão Julgador: Corregedoria Geral de Justiça de São Paulo; Localidade: São Paulo; Data do Julgamento: 1º.04.2016. Disponível em: https://www.kollemata.com.br/?pagina=1&rows=12&gera-csv=nao&q=&campo%5B%5D=chave&id=&fonte=189848&circunscricao=&tipo=&localidade=&relator=&data_do_de=&data_do_ate=&data_de=&data_ate=&legislacao=&legislacao_art=&legislacao_par=&legislacao_inc=&legislacao_let=&legislacao_item=. Acesso em: 04 jul. 2024.

CGJSP; Processo: 137.937/2017; Órgão Julgador: Corregedoria Geral de Justiça de São Paulo; Localidade: São Paulo; Data do Julgamento: 11.08.2017. Disponível em: https://www.kollemata.com.br/?pagina=1&rows=12&gera-csv=nao&conector=%26&q=&campo%5B%5D=chave&id=&fonte=137.937%2F2017&circunscricao=&tipo=&localidade=&relator=&data_do_de=&data_do_ate=&data_de=&data_ate=&legislacao=&legislacao_art=&legislacao_par=&legislacao_inc=&legislacao_let=&legislacao_item=. Acesso em: 04 jul. 2024.

CGJSP; Processo: 177.912/2018; Órgão Julgador: Corregedoria Geral da Justiça de São Paulo; Localidade: São Paulo; Data do Julgamento: 23.01.2019. Disponível em: https://www.kollemata.com.br/?pagina=1&rows=12&gera-csv=nao&conector=%26&q=&campo%5B%5D=chave&id=

&fonte=177.912%2F2018&circunscricao=&tipo=&localidade=&relator=&data_do_de=&data_do_ate=&data_de=&data_ate=&legislacao=&legislacao_art=&legislacao_par=&legislacao_inc=&legislacao_let=&legislacao_item=. Acesso em: 04 jul. 2024.

CGJSP; Processo: 27.424/2020; Órgão Julgador: Corregedoria Geral da Justiça de São Paulo; Localidade: São Paulo; Data do Julgamento: 20.07.2020; Data de Registro: 20.07.2020. Disponível em: https://www.kollemata.com.br/?pagina=1&rows=12&gera-csv=nao&conector=%26&q=&campo%5B%5D=chave&id=&fonte=177.912%2F2018&circunscricao=&tipo=&localidade=&relator=&data_do_de=&data_do_ate=&data_de=&data_ate=&legislacao=&legislacao_art=&legislacao_par=&legislacao_inc=&legislacao_let=&legislacao_item=#avancada. Acesso em: 04 jul. 2024.

CGJSP; Processo: 0011489-19.2019.8.26.0309; Órgão Julgador: Corregedoria Geral de Justiça de São Paulo; Localidade: Jundiaí; Data do Julgamento: 15.10.2020. Disponível em: https://www.kollemata.com.br/?pagina=1&rows=12&gera-csv=nao&conector=%26&q=&campo%5B%5D=chave&id=&fonte=0011489-19.2019.8.26.0309&circunscricao=&tipo=&localidade=&relator=-&data_do_de=&data_do_ate=&data_de=&data_ate=&legislacao=&legislacao_art=&legislacao_par=&legislacao_inc=&legislacao_let=&legislacao_item=. Acesso em: 04 jul. 2024.

CGJSP; Processo: 1042620-49.2020.8.26.0506; Órgão Julgador: Corregedoria Geral de Justiça de São Paulo; Localidade: Ribeirão Preto; Data do Julgamento: 03.02.2022. Disponível em: https://www.kollemata.com.br/?pagina=1&rows=12&gera-csv=nao&conector=%26&q=&campo%5B%5D=chave&id=&fonte=1042620-49.2020.8.26.0506&circunscricao=&tipo=&localidade=&relator=-&data_do_de=&data_do_ate=&data_de=&data_ate=&legislacao=&legislacao_art=&legislacao_par=&legislacao_inc=&legislacao_let=&legislacao_item=. Acesso em: 04 jul. 2024.

CGJSP; Recurso administrativo: 1041586-80.2022.8.26.0114; Órgão Julgador: Corregedoria Geral de Justiça de São Paulo; Localidade: Campinas; Data do Julgamento: 13.12.2023. Disponível em: https://www.kollemata.com.br/?pagina=1&rows=12&gera-csv=nao&conector=%26&q=&campo%5B%5D=chave&id=&fonte=1041586-80.2022.8.26.0114&circunscricao=&tipo=&localidade=&relator=-&data_do_de=&data_do_ate=&data_de=&data_ate=&legislacao=&legislacao_art=&legislacao_par=&legislacao_inc=&legislacao_let=&legislacao_item=. Acesso em: 04 jul. 2024.

CJF. Enunciado nº 610 aprovado na VII Jornada de Direito Civil (STJ/CEJ, 2015). Disponível em: https://www.cjf.jus.br/enunciados/enunciado/846. Acesso em: 05 abr. 2024.

CNBSP. Enunciado 10. Disponível em: https://cnbsp.org.br/enunciados/#:~:text=Enunciado%20n%C2%BA%2010&text=N%C3%A3o%20h%C3%A1%20gratuidade%20nas%20escrituras,expressamente%20determinado%20pelo%20Ju%C3%ADzo%20(art. Acesso em: 08 abr. 2024.

CNJ. Provimento nº 73, de 28 de junho de 2018. Dispõe sobre a averbação da alteração do prenome e do gênero nos assentos de nascimento e casamento de pessoa transgênero no Registro Civil das Pessoas Naturais (RCPN). Disponível em: https://www.anoreg.org.br/site/2018/06/29/provimento-no-73-do-cnj-regulamenta-a-alteracao-de-nome-e-sexo-no-registro-civil-2/. Acesso em: 15 nov. 2021.

CNJ; Consulta: 0000409-15.2014.2.00.0000; Relator (a): Gustavo Tadeu Alkmim; Órgão Julgador: Conselho Nacional de Justiça; Localidade: Rio Grande do Sul; Data do Julgamento: 21.06.2016; Data de Registro: 24.06.2016. Disponível em: https://www.kollemata.com.br/?pagina=1&rows=12&gera-csv=nao&q=&campo%5B%5D=chave&id=&fonte=0000409-15.2014.2.00.0000&circunscricao=&tipo=&localidade=&relator=&data_do_de=&data_do_ate=&data_de=&data_ate=&legislacao=&legislacao_art=&legislacao_par=&legislacao_inc=&legislacao_let=&legislacao_item=. Acesso em: 04 jul. 2024.

CNJ; Pedido de Providências: 0000227-63.2013.2.00.0000; Relator (a): Guilherme Calmon; Órgão Julgador: Conselho Nacional de Justiça; Localidade: São Paulo; Data do Julgamento: 23.09.2013. Disponível em: https://www.kollemata.com.br/?pagina=1&rows=12&gera-csv=nao&conector=%26

&q=&campo%5B%5D=chave&id=&fonte=0000227-63.2013.2.00.0000&circunscricao=&tipo=&localidade=&relator=&data_do_de=&data_do_ate=&data_de=&data_ate=&legislacao=&legislacao_art=&legislacao_par=&legislacao_inc=&legislacao_let=&legislacao_item=. Acesso em: 04 jul. 2024.

CSMSP; Apelação Cível: 096477-0/3; Órgão Julgador: Conselho Superior de Magistratura de São Paulo; Localidade: Catanduva; Data do Julgamento: 13.03.2003. Disponível em: https://www.kollemata.com.br/?pagina=1&rows=12&gera-csv=nao&conector=%26&q=&campo%5B%5D=chave&id=&fonte=096477-0%2F3&circunscricao=&tipo=&localidade=&relator=&data_do_de=&data_do_ate=&data_de=&data_ate=&legislacao=&legislacao_art=&legislacao_par=&legislacao_inc=&legislacao_let=&legislacao_item=. Acesso em: 04 jul. 2024.

CSMSP; Apelação Cível: 0051003-05.2011.8.26.0100; Órgão Julgador: Conselho Superior de Magistratura de São Paulo; Localidade: São Paulo; Data do Julgamento: 30.08.2012. Disponível em: https://www.kollemata.com.br/?pagina=1&rows=12&gera-csv=nao&conector=%26&q=&campo%5B%5D=chave&id=&fonte=0051003-05.2011.8.26.0100&circunscricao=&tipo=&localidade=&relator=&data_do_de=&data_do_ate=&data_de=&data_ate=&legislacao=&legislacao_art=&legislacao_par=&legislacao_inc=&legislacao_let=&legislacao_item=. Acesso em: 04 jul. 2024.

CSMSP; Apelação Cível: 0000228-62.2014.8.26.0073; Órgão Julgador: Conselho Superior de Magistratura de São Paulo; Localidade: Avaré; Data do Julgamento: 03.03.2015. Disponível em: https://www.kollemata.com.br/?pagina=1&rows=12&gera-csv=nao&conector=%26&q=&campo%5B%5D=chave&id=&fonte=0000228-62.2014.8.26.0073&circunscricao=&tipo=&localidade=&relator=&data_do_de=&data_do_ate=&data_de=&data_ate=&legislacao=&legislacao_art=&legislacao_par=&legislacao_inc=&legislacao_let=&legislacao_item=. Acesso em: 04 jul. 2024.

CSMSP; Apelação Cível: 0000418-72.2015.8.26.0531; Relator(a): José Carlos Gonçalves Xavier de Aquino; Órgão Julgador: Conselho Superior de Magistratura de São Paulo; Localidade: Santa Adélia; Data do Julgamento: 09.11.2015. Disponível em: https://www.kollemata.com.br/?pagina=1&rows=12&gera-csv=nao&conector=%26&q=&campo%5B%5D=chave&id=&fonte=0000418-72.2015.8.26.0531&circunscricao=&tipo=&localidade=&relator=&data_do_de=&data_do_ate=&data_de=&data_ate=&legislacao=&legislacao_art=&legislacao_par=&legislacao_inc=&legislacao_let=&legislacao_item=. Acesso em: 04 jul. 2024.

CSMSP; Apelação Cível: 0000063-04.2016.8.26.0539; Órgão Julgador: Conselho Superior de Magistratura de São Paulo; Localidade: Santa Cruz do Rio Pardo; Data do Julgamento: 23.03.2017. Disponível em: https://www.kollemata.com.br/?pagina=1&rows=12&gera-csv=nao&conector=%26&q=&campo%5B%5D=chave&id=&fonte=0000063-04.2016.8.26.0539&circunscricao=&tipo=&localidade=&relator=&data_do_de=&data_do_ate=&data_de=&data_ate=&legislacao=&legislacao_art=&legislacao_par=&legislacao_inc=&legislacao_let=&legislacao_item=. Acesso em: 04 jul. 2024.

CSMSP; Apelação Cível: 1027173-17.2016.8.26.0100; Órgão Julgador: Conselho Superior de Magistratura de São Paulo; Localidade: São Paulo; Data do Julgamento: 02.02.2017. Disponível em: https://www.kollemata.com.br/?pagina=1&rows=12&gera-csv=nao&conector=%26&q=&campo%5B%5D=chave&id=&fonte=1027173-17.2016.8.26.0100&circunscricao=&tipo=&localidade=&relator=&data_do_de=&data_do_ate=&data_de=&data_ate=&legislacao=&legislacao_art=&legislacao_par=&legislacao_inc=&legislacao_let=&legislacao_item=. Acesso em: 04 jul. 2024.

CSMSP; Apelação Cível: 1012088-83.2016.8.26.0037; Órgão Julgador: Conselho Superior de Magistratura de São Paulo; Localidade: Araraquara; Data do Julgamento: 15.08.2017. Disponível em: https://www.kollemata.com.br/?pagina=1&rows=12&gera-csv=nao&conector=%26&q=&campo%5B%5D=chave&id=&fonte=1012088-83.2016.8.26.0037&circunscricao=&tipo=&localidade=&relator=&data_do_de=&data_do_ate=&data_de=&data_ate=&legislacao=&legislacao_art=&legislacao_par=&legislacao_inc=&legislacao_let=&legislacao_item=. Acesso em: 04 jul. 2024.

CSMSP; Apelação Cível: 0005393-17.2018.8.26.0634; Relator(a): Geraldo Francisco Pinheiro Franco. Órgão Julgador: Conselho Superior de Magistratura de São Paulo; Localidade: Tremembé; Data do Julgamento: 24.09.2019. Disponível em: https://www.kollemata.com.br/?pagina=1&rows=12&gera-csv=nao&conector=%26&q=&campo%5B%5D=chave&id=&fonte=0005393-17.2018.8.26.0634&circunscricao=&tipo=&localidade=&relator=&data_do_de=&data_do_ate=&data_de=&data_ate=&legislacao=&legislacao_art=&legislacao_par=&legislacao_inc=&legislacao_let=&legislacao_item=. Acesso em: 04 jul. 2024.

CSMSP – Apelação Cível: 1013716-93.2018.8.26.0019. Localidade: Americana Data De Julgamento: 02.12.2019 Data Dj: 11.03.2020 Relator: Geraldo Francisco Pinheiro Franco. Disponível em: https://www.kollemata.com.br/?pagina=1&rows=12&gera-csv=nao&q=&campo%5B%5D=chave&id=&fonte=1013716-93.2018.8.26.0019&circunscricao=&tipo=&localidade=&relator=&data_do_de=&data_do_ate=&data_de=&data_ate=&legislacao=&legislacao_art=&legislacao_par=&legislacao_inc=&legislacao_let=&legislacao_item=. Acesso em: 04 jul. 2024.

CSMSP; Apelação Cível: 0005393-17.2018.8.26.0634; Relator(a): Geraldo Francisco Pinheiro Franco. Órgão Julgador: Conselho Superior de Magistratura de São Paulo; Localidade: Tremembé; Data do Julgamento: 24.09.2019. Disponível em: https://www.kollemata.com.br/?pagina=1&rows=12&gera-csv=nao&conector=%26&q=&campo%5B%5D=chave&id=&fonte=0005393-17.2018.8.26.0634&circunscricao=&tipo=&localidade=&relator=&data_do_de=&data_do_ate=&data_de=&data_ate=&legislacao=&legislacao_art=&legislacao_par=&legislacao_inc=&legislacao_let=&legislacao_item=. Acesso em: 04 jul. 2024.

CSMSP; Apelação Cível: 1013445-56.2019.8.26.0114; Relator(a): Geraldo Francisco Pinheiro Franco. Órgão Julgador: Conselho Superior de Magistratura de São Paulo; Localidade: Campinas; Data do Julgamento: 10.12.2019. Disponível em: https://www.kollemata.com.br/?pagina=1&rows=12&gera-csv=nao&conector=%26&q=&campo%5B%5D=chave&id=&fonte=1013445-56.2019.8.26.0114&circunscricao=&tipo=&localidade=&relator=&data_do_de=&data_do_ate=&data_de=&data_ate=&legislacao=&legislacao_art=&legislacao_par=&legislacao_inc=&legislacao_let=&legislacao_item=. Acesso em: 04 jul. 2024.

CSMSP; Apelação Cível: 1039545-36.2019.8.26.0506; Órgão Julgador: Conselho Superior de Magistratura de São Paulo; Localidade: Ribeirão Preto; Data do Julgamento: 04.05.2021. Disponível em: https://www.kollemata.com.br/?pagina=1&rows=12&gera-csv=nao&conector=%26&q=&campo%5B%5D=chave&id=&fonte=1039545-36.2019.8.26.0506&circunscricao=&tipo=&localidade=&relator=-&data_do_de=&data_do_ate=&data_de=&data_ate=&legislacao=&legislacao_art=&legislacao_par=&legislacao_inc=&legislacao_let=&legislacao_item=. Acesso em: 04 jul. 2024.

CSMSP; Apelação Cível: 1000032-10.2020.8.26.0059; Órgão Julgador: Conselho Superior de Magistratura de São Paulo; Localidade: Bananal; Data do Julgamento: 17.09.2021. Disponível em: https://www.kollemata.com.br/?pagina=1&rows=12&gera-csv=nao&conector=%26&q=&campo%5B%5D=chave&id=&fonte=1000032-10.2020.8.26.0059&circunscricao=&tipo=&localidade=&relator=-&data_do_de=&data_do_ate=&data_de=&data_ate=&legislacao=&legislacao_art=&legislacao_par=&legislacao_inc=&legislacao_let=&legislacao_item=. Acesso em: 04 jul. 2024.

CSMSP; Apelação Cível: 1000075-91.2020.8.26.0302; Órgão Julgador: Conselho Superior de Magistratura de São Paulo; Localidade: Jaú; Data do Julgamento: 20.11.2020. Disponível em: https://www.kollemata.com.br/?pagina=1&rows=12&gera-csv=nao&conector=%26&q=&campo%5B%5D=chave&id=&fonte=1000075-91.2020.8.26.0302&circunscricao=&tipo=&localidade=&relator=-&data_do_de=&data_do_ate=&data_de=&data_ate=&legislacao=&legislacao_art=&legislacao_par=&legislacao_inc=&legislacao_let=&legislacao_item=. Acesso em: 04 jul. 2024.

CSMSP; Apelação Cível: 1001328-44.2020.8.26.0584; Relator(a): Ricardo Mair Anafe; Órgão Julgador: Conselho Superior de Magistratura de São Paulo; Localidade: São Pedro; Data do Julgamento: 02.12.2021. Disponível em: https://www.kollemata.com.br/?pagina=1&rows=12&gera-csv=n

ao&conector=%26&q=&campo%5B%5D=chave&id=&fonte=1001328-44.2020.8.26.0584&circunscricao=&tipo=&localidade=&relator=&data_do_de=&data_do_ate=&data_de=&data_ate=&legislacao=&legislacao_art=&legislacao_par=&legislacao_inc=&legislacao_let=&legislacao_item=. Acesso em: 04 jul. 2024.

CSMSP; Apelação Cível: 1000704-89.2020.8.26.0100; Órgão Julgador: Conselho Superior de Magistratura de São Paulo; Localidade: São Paulo; Data do Julgamento: 05.06.2020. Disponível em: https://www.kollemata.com.br/?pagina=1&rows=12&gera-csv=nao&conector=%26&q=&campo%5B%5D=chave&id=&fonte=1000704-89.2020.8.26.0100&circunscricao=&tipo=&localidade=&relator=-&data_do_de=&data_do_ate=&data_de=&data_ate=&legislacao=&legislacao_art=&legislacao_par=&legislacao_inc=&legislacao_let=&legislacao_item=. Acesso em: 04 jul. 2024.

CSMSP; Apelação Cível: 1083298-63.2020.8.26.0100; Órgão Julgador: Conselho Superior de Magistratura de São Paulo; Localidade: São Paulo; Data do Julgamento: 17.09.2021. Disponível em: https://www.kollemata.com.br/?pagina=1&rows=12&gera-csv=nao&conector=%26&q=&campo%5B%5D=chave&id=&fonte=1083298-63.2020.8.26.0100&circunscricao=&tipo=&localidade=&relator=-&data_do_de=&data_do_ate=&data_de=&data_ate=&legislacao=&legislacao_art=&legislacao_par=&legislacao_inc=&legislacao_let=&legislacao_item=. Disponível em: 04 jul. 2024.

CSMSP; Apelação Cível: 1019035-22.2020.8.26.0100; Relator(a): Ricardo Mair Anafe. Órgão Julgador: Conselho Superior de Magistratura de São Paulo; Localidade: São Paulo; Data do Julgamento: 20.10.2021. Disponível em: https://www.kollemata.com.br/?pagina=1&rows=12&gera-csv=nao&conector=%26&q=&campo%5B%5D=chave&id=&fonte=1019035-22.2020.8.26.0100&circunscricao=&tipo=&localidade=&relator=&data_do_de=&data_do_ate=&data_de=&data_ate=&legislacao=&legislacao_art=&legislacao_par=&legislacao_inc=&legislacao_let=&legislacao_item=. Acesso em: 04 jul. 2024.

CSMSP; Apelação Cível: 1006686-02.2021.8.26.0019; Relator(a): Fernando Antônio Torres Garcia. Órgão Julgador: Conselho Superior de Magistratura de São Paulo; Localidade: Americana; Data do Julgamento: 15.12.2023. Disponível em: https://www.kollemata.com.br/?pagina=1&rows=12&gera-csv=nao&conector=%26&q=&campo%5B%5D=chave&id=&fonte=1006686-02.2021.8.26.0019&circunscricao=&tipo=&localidade=&relator=&data_do_de=&data_do_ate=&data_de=&data_ate=&legislacao=&legislacao_art=&legislacao_par=&legislacao_inc=&legislacao_let=&legislacao_item=. Acesso em: 04 jul. 2024.

CSMSP; Apelação Cível: 1001379-87.2021.8.26.0562; Órgão Julgador: Conselho Superior de Magistratura de São Paulo; Localidade: Santos; Data do Julgamento: 03.11.2021. Disponível em: https://www.kollemata.com.br/?pagina=1&rows=12&gera-csv=nao&conector=%26&q=&campo%5B%5D=chave&id=&fonte=1001379-87.2021.8.26.0562&circunscricao=&tipo=&localidade=&relator=-&data_do_de=&data_do_ate=&data_de=&data_ate=&legislacao=&legislacao_art=&legislacao_par=&legislacao_inc=&legislacao_let=&legislacao_item=. Acesso em: 04 jul. 2024.

CSMSP; Apelação Cível: 1023035-86.2021.8.26.0114; Órgão Julgador: Conselho Superior de Magistratura de São Paulo; Localidade: Campinas; Data do Julgamento: 23.05.2022. Disponível em: https://www.kollemata.com.br/?pagina=1&rows=12&gera-csv=nao&conector=%26&q=&campo%5B%5D=chave&id=&fonte=1023035-86.2021.8.26.0114&circunscricao=&tipo=&localidade=&relator=-&data_do_de=&data_do_ate=&data_de=&data_ate=&legislacao=&legislacao_art=&legislacao_par=&legislacao_inc=&legislacao_let=&legislacao_item=. Acesso em: 04 jul. 2024.

CSMSP; Apelação Cível: 1004185-35.2022.8.26.0506; Órgão Julgador: Conselho Superior de Magistratura de São Paulo; Localidade: Ribeirão Preto; Data do Julgamento: 05.05.2023. Disponível em: https://www.kollemata.com.br/escritura-de-inventario-e-partilha-regime-da-separacao-obrigatoria-de-bens-aquisicao-onerosa-sumula.html. Acesso em: 04 jul. 2024.

CSMSP; Apelação Cível: 1002083-97.2022.8.26.0584; Órgão Julgador: Conselho Superior de Magistratura de São Paulo; Localidade: São Pedro; Data do Julgamento: 26.02.2024. Disponível em: https://www.kollemata.com.br/?pagina=1&rows=12&gera-csv=nao&conector=%26&q=&campo%5B%5D=chave&id=&fonte=1002083-97.2022.8.26.0584&circunscricao=&tipo=&localidade=&relator=-&data_do_de=&data_do_ate=&data_de=&data_ate=&legislacao=&legislacao_art=&legislacao_par=&legislacao_inc=&legislacao_let=&legislacao_item=. Acesso em: 04 jul. 2024.

CSMSP; Apelação Cível: 1001021-78.2022.8.26.0048; Órgão Julgador: Conselho Superior de Magistratura de São Paulo; Localidade: Atibaia; Data do Julgamento: 13.04.2023. Disponível em: https://www.kollemata.com.br/?pagina=1&rows=12&gera-csv=nao&conector=%26&q=&campo%5B%5D=chave&id=&fonte=1001021-78.2022.8.26.0048&circunscricao=&tipo=&localidade=&relator=-&data_do_de=&data_do_ate=&data_de=&data_ate=&legislacao=&legislacao_art=&legislacao_par=&legislacao_inc=&legislacao_let=&legislacao_item=. Acesso em: 04 jul. 2024.

CSMSP; Apelação Cível: 1002083-97.2022.8.26.0584; Órgão Julgador: Conselho Superior de Magistratura de São Paulo; Localidade: São Pedro; Data do Julgamento: 26.02.2024. Disponível em: https://www.kollemata.com.br/?pagina=1&rows=12&gera-csv=nao&conector=%26&q=&campo%5B%5D=chave&id=&fonte=1002083-97.2022.8.26.0584&circunscricao=&tipo=&localidade=&relator=-&data_do_de=&data_do_ate=&data_de=&data_ate=&legislacao=&legislacao_art=&legislacao_par=&legislacao_inc=&legislacao_let=&legislacao_item=. Disponível em: 04 jul. 2024.

CSMSP; Apelação Cível: 1016723-60.2022.8.26.0405; Relator(a): Fernando Antônio Torres Garcia. Órgão Julgador: Conselho Superior de Magistratura de São Paulo; Localidade: Osasco; Data do Julgamento: 29.09.2023. Disponível em: https://www.kollemata.com.br/?pagina=1&rows=12&gera-csv=nao&conector=%26&q=&campo%5B%5D=chave&id=&fonte=1016723-60.2022.8.26.0405&circunscricao=&tipo=&localidade=&relator=&data_do_de=&data_do_ate=&data_de=&data_ate=&legislacao=&legislacao_art=&legislacao_par=&legislacao_inc=&legislacao_let=&legislacao_item=. Acesso em: 04 jul. 2024.

CSMSP; Apelação Cível: 1003838-82.2023.8.26.0565; Órgão Julgador: Conselho Superior de Magistratura de São Paulo; Localidade: São Caetano do Sul; Data do Julgamento: 15.02.2024. Disponível em: https://www.kollemata.com.br/?pagina=1&rows=12&gera-csv=nao&conector=%26&q=&campo%5B%5D=chave&id=&fonte=1003838-82.2023.8.26.0565&circunscricao=&tipo=&localidade=&relator=&data_do_de=&data_do_ate=&data_de=&data_ate=&legislacao=&legislacao_art=&legislacao_par=&legislacao_inc=&legislacao_let=&legislacao_item=. Acesso em: 04 jul. 2024.

DIAS, Maria Berenice. Os alimentos nas separações e divórcios extrajudiciais. *Revista jurídica Consulex* – Ano XI, n. 252, 2007.

DIP, Ricardo. *Registro de Imóveis*: vários estudos. Porto Alegre: Sérgio Fabris Editor, 2005.

DIP, Ricardo Henry Marques. *Lei de registros públicos comentada*. In: ARRUDA ALVIM NETO, José Manuel de; CLÁPIS, Alexandre Laizo e CAMBLER, Everaldo Augusto (Coord.). Rio de Janeiro: Forense, 2014.

FARIAS, Cristiano Chaves de; ROSENVALD, Nelson. *Curso de Direito Civil*: Sucessões. 2. ed. rev., ampl. e atual. Salvador: JusPodivm, 2016.

FIORANELLI, A. A cindibilidade dos títulos. Exemplos práticos. In: AHUALLI, Tania Mara; BENACCHIO, Marcelo. (Coord.). *Direito notarial e Registral*: homenagem às varas de registros públicos da Comarca de São Paulo. São Paulo: Quartier Latin, 2016.

FIUZA, Cezar. *Direito Civil, Curso Completo*. De acordo com o Código Civil de 2002. Belo Horizonte: Del Rey, 2003.

FREITAS, Douglas Philips. *Partilha e Sucessão das Quotas Empresariais*. Disponível em: https://ibdfam.org.br/artigos/833/Partilha+e+sucess%C3%A3o+das+quotas+empresariais. Acesso em: 30 abr. 2021.

GARCIA, Lysippo. *O registro de Imóveis*: A Transcrição. São Paulo: Livraria Francisco Alves, 1922.

GERMANO, J. L. et. al. Um passo adiante. *Migalhas*. Disponível em: https://www.migalhas.com.br/coluna/migalhas-notariais-e-registrais/349886/um-passo-adiante. Acesso em: 04 jul. 2024.

GIGLIOTTI, Andrea, MODANEZE, Jussara. In: GENTIL, Alberto. *Registros Públicos*. Rio de Janeiro: Forense; São Paulo: Método, 2020.

GONÇALVES, Carlos Roberto. *Direito das Sucessões*. São Paulo: Saraiva, 2017. v. 4.

KERN, Marinho Dembinski; COSTA JUNIOR, Francisco José de Almeida Prado Ferraz. *Princípios do Registro de Imóveis brasileiro*. São Paulo: Thomson Reuters Brasil, 2020. Coleção de Direito Imobiliário.

MAXIMILIANO, Carlos. *Direito das Sucessões*. Rio de Janeiro e São Paulo: Freitas Bastos, 1958. v. III.

MEIRELLES, Hely Lopes. *Direito administrativo brasileiro*. 16. ed. atual. pela Constituição de 1988. São Paulo: Ed. RT, 1991.

MELO, Marcelo Augusto Santana de. *Teoria Geral do registro de Imóveis*. Estrutura e Função. Porto Alegre: Sergio Antonio Fabris Editor, 2016.

MELO FILHO, A. Princípios do Direito registral imobiliário. In: DIP, Ricardo; JACOMINO, Sérgio. (Org.). *Registro Imobiliário*: temas atuais. 2. ed. São Paulo: Ed. RT, 2013. Coleção doutrinas essenciais.

ORLANDI NETO, Narciso. *Retificação no registro de imóveis*. São Paulo: Editora Oliveira Mendes, 1997.

PAIVA, João Pedro Lamana. *Procedimento de dúvida no registro de imóveis*: aspectos práticos e a possibilidade de participação do notário e a evolução dos sistemas registrai e notarial no século XXI. 3. ed. São Paulo: Saraiva, 2011.

PASSOS, Josué Modesto; BENACCHIO, Marcelo. *A dúvida no registro de imóveis*. In: PEDROSO, Alberto Gentil de Almeida (Coord.). São Paulo: Thomson Reuters Brasil, 2020. v. III: coleção Direito Imobiliário.

PELLICANI, Roger Benites. Aspectos Relevantes do Inventário Extrajudicial. In: AHUALLI, Tânia Mara; BENACCHIO, Marcelo (Coord.); SANTOS, Queila Rocha Carmona dos (Org.). *Direito Notarial e Registral*: Homenagem às Varas de Registros Públicos Da Comarca de São Paulo. São Paulo: Quartier Latin, 2016.

PEREIRA, Rodrigo da C. *Direito das Famílias*. Rio de Janeiro: Grupo GEN, 2023. E-book. ISBN 9786559648016. Disponível em: https://app.minhabiblioteca.com.br/#/books/9786559648016/. Acesso em: 04 jul. 2024.

PERES, Eduardo Moreira, VALENTIN, Jefferson. *Manual do ITCMD-SP* [recurso eletrônico]: imposto sobre transmissão "causa mortis" e doação ou quaisquer bens ou direitos. São Paulo: Letras Jurídicas, 2020.

PINHO, Humberto Dalla Bernardina de. *Direito Processual Civil Contemporâneo*. 3. ed. São Paulo: Saraiva, 2016.

RODRIGUES, Felipe Leonardo, FERREIRA, Paulo Roberto Gaiger Ferreira. *Tabelionato de Notas*. In: CASSETTARI, Christiano (Coord.). 3. ed. Indaiatuba, SP: Editora Foco, 2020.

RODRIGUES, M. *Tratado de registros públicos e direito notarial*. 4. ed. São Paulo: JusPodivm, 2022.

ROSA, Conrado Paulino da; RODRIGUES, Marco Antônio. *Inventário e Partilha*. 3. ed. rev., atual. e ampl. Salvador: JusPodivm, 2021.

SALLES, Venício. *Direito registral imobiliário*. 2. ed. rev. São Paulo: Saraiva, 2007.

SEFAZ. Resposta à Consulta nº 11711 de 13.12.2016. Disponível em: https://legislacao.fazenda.sp.gov.br/Paginas/RC11711_2016.aspx. Acesso em: 10 abr. 2024.

SEFAZ. Resposta à Consulta nº 19598 DE 29.05.2019. Disponível em: https://www.legisweb.com.br/legislacao/?id=379714. Acesso Em: 03 maio 2021.

SEFAZ. Resposta à Consulta nº 20595 DE 19.11.2019. Disponível em: https://legislacao.fazenda.sp.gov.br/Paginas/RC11711_2016.aspx. Acesso em: 10 abr. 2024.

SENADO FEDERAL. Relatório Geral da Comissão de Juristas responsável pela revisão e atualização do Código Civil. Disponível em: https://legis.senado.leg.br/comissoes/arquivos?ap=8019&codcol=2630. Acesso em: 04 abr. 2024.

SERRA, Márcio Guerra; e SERRA, Monete Hipólito. Registro de imóveis I: parte geral. 3. ed. São Paulo: Saraiva, 2018.

SIMÃO, José Fernando. Código Civil Comentado – Doutrina e Jurisprudência. In: SCHREIBER, Anderson et al. Rio de Janeiro: Forense, 2019.

SOUZA, Eduardo Pacheco Ribeiro de. Noções fundamentais de direito registral e notarial. São Paulo: Editora Saraiva, 2022. E-book. ISBN 9786553620087. Disponível em: https://app.minhabiblioteca.com.br/#/books/9786553620087/. Acesso em: 05 mar. 2024.

STANGRET, R. Herança de cotas societárias: Qual o valor correto da avaliação (e do imposto). Jusbrasil. Disponível em: https://rodela.jusbrasil.com.br/artigos/496332621/heranca-de-cotas-societarias-qual-o-valor-correto-da-avaliacao-e-do-imposto. Acesso em: 01 mai. 2021.

STJ. AgInt nos EDcl no AREsp n. 947.708/PR, relator Ministro Ricardo Villas Bôas Cueva, Terceira Turma, julgado em 21.08.2018, DJe de 27.08.2018. Disponível: https://processo.stj.jus.br/SCON/SearchBRS?b=ACOR&thesaurus=JURIDICO&p=true&operador=e&livre=%28%28+%28PR%29.UF.%29+e+%28+%28AGINT+NOS+EDCL+NO+ARESP%29.CLAS%2CCLAP%2CD-CLA.%29+e+%28%28947708%29.NUM%2CSUCE%2CREG.%29+e+%28+%28%40NUM%-3D%27947708%27+ou+%28%40SUCE%3D%27947708%27+NAO+PROX+%28PG+OU+-VOL%29%29%29%29%29+E+%40CDOC%3D%271753582%27. Acesso em: 04 jul. 2024.

STJ. AREsp n. 1375702/PR, relator Ministra Maria Isabel Gallotti, DJE de 04.12.2018. Disponível em: https://processo.stj.jus.br/SCON/SearchBRS?b=DTXT&livre=%28%28+%28PR%29.TXT1.%29+e+%28+%281375702%29.NUM%2CSEQ%2CREG%2CTXT1.%29+e+%28+%40SE-Q%3D%221375702%22%29%29+E+%2215652+90357610%22.COD.&thesaurus=&p=true&ope-rador=E. Acesso em: 04 jul. 2024.

STJ. AREsp n. 1.171.820/PR, relator Ministro Raul Araújo, Segunda Seção, julgado em 26.08.2015, DJe de 21.09.2015. Disponível em: https://processo.stj.jus.br/SCON/SearchBR-S?b=ACOR&thesaurus=JURIDICO&p=true&operador=e&livre=%28%28+%28PR%29.UF.%29+e+%28+%281171820%29.NUM%2CSUCE%2CREG.%29+e+%28+%28%40NUM%-3D%271171820%27+ou+%28%40SUCE%3D%271171820%27+NAO+PROX+%28PG+OU+-VOL%29%29%29%29%29+E+%40CDOC%3D%271467826%27. Acesso em: 04 jul. 2024.

STJ. REsp n. 1.027.884/SC, relator Ministro Fernando Gonçalves, Quarta Turma, julgado em 06.08.2009, DJe de 24.08.2009. Disponível em: https://processo.stj.jus.br/SCON/SearchBRS?b=ACOR&thesaurus=JURIDICO&p=true&operador=e&livre=%28%28+%28SC%29.UF.%29+e+%28+%28RESP%29.CLAS%2CCLAP%2CDCLA.%29+e+%28+%281027884%29.NUM%2CSUCE%2CRE-G.%29+e+%28+%28%40NUM%3D%271027884%27+ou+%28%40SUCE%3D%271027884%27+-NAO+PROX+%28PG+OU+VOL%29%29%29%29%29+E+%40CDOC%3D%27953895%27. Acesso em: 04 jul. 2024.

STJ. REsp n. 1.196.992/MS, relatora Ministra Nancy Andrighi, Terceira Turma, julgado em 06.08.2013, DJe de 22.08.2013. Disponível em: https://processo.stj.jus.br/SCON/SearchBRS?b=ACOR&thesaurus=JURIDICO&p=true&operador=e&livre=%28%28+ %28MS%29.UF.%29+e+%28+%28RESP%29.CLAS%2CCLAP%2CDCLA.%29+e+%28+%281196992%29.NUM%2CSUCE%2CREG.%29+e+%28+%28%40NUM%3D%271196992%27+ou+%28%40SUCE%3D%271196992%27+NAO+PROX+%28PG+OU+VOL%29%29%29%29%29+E+%40CDOC%3D%271289788%27. Acesso em: 04 jul. 2024.

STJ. REsp n. 1.537.010/RJ, relator Ministro Paulo de Tarso Sanseverino, Terceira Turma, julgado em 15.12.2016, DJe de 07.2.2017. Disponível em: https://processo.stj.jus.br/SCON/SearchBRS?b=ACOR&thesaurus=JURIDICO&p=true&operador=e&livre=%28%28+%28RJ%29.UF.%29+e+%28+%28RESP%29.CLAS%2CCLAP%2CDCLA.%29+e+%28+%281537010%29.NUM%2CSUCE%2CREG.%29+e+%28+%28%40NUM%3D%271537010%27+ou+%28%40SUCE%3D%271537010%27+NAO+PROX+%28PG+OU+VOL%29%29%29%29%29+E+%40CDOC%3D%271590578%27. Acesso em: 04 jul. 2024.

STJ. REsp n. 1.620.705/RS, relator Ministro Ricardo Villas Bôas Cueva, Terceira Turma, julgado em 21.11.2017, DJe de 30.11.2017. Disponível em: https://processo.stj.jus.br/SCON/SearchBRS?b=ACOR&thesaurus=JURIDICO&p=true&operador=e&livre=%28%28+%28RS%29.UF.%29+e+%28+%28RESP%29.CLAS%2CCLAP%2CDCLA.%29+e+%28+%281620705%29.NUM%2CSUCE%2CREG.%29+e+%28+%28%40NUM%3D%271620705%27+ou+%28%40SUCE%3D%271620705%27+NAO+PROX+%28PG+OU+VOL%29%29%29%29%29+E+%40CDOC%3D%271678029%27. Acesso em: 04 jul. 2024.

STJ. REsp n. 1.698.638/RS, relatora Ministra Nancy Andrighi, Terceira Turma, julgado em 14.05.2019, DJe de 16.05.2019. Disponível em: https://processo.stj.jus.br/SCON/SearchBRS?b=ACOR&thesaurus=JURIDICO&p=true&operador=e&livre= %28%28+%28RS%29.UF.%29+e+%28+%281698638%29.NUM%2CSUCE%2CREG.%29+e+%28+%28%40NUM%3D%271698638%27+ou+%28%40SUCE %3D%271698638%27+NAO+PROX+%28PG+OU+VOL%29%29%29%29%29+E+%40CDOC%3D%271831788%27. Acesso em: 04 jul. 2024.

STJ. REsp n. 1.808.767/RJ, relator Ministro Luis Felipe Salomão, Quarta Turma, julgado em 15.10.2019, DJe de 03.12.2019. Disponível em: https://processo.stj.jus.br/SCON/SearchBRS?b=ACOR&thesaurus=JURIDICO&p=true&operador=e&livre=%28%28+%28RJ%29.UF.%29+e+%28+%28RESP%29.CLAS%2CCLAP%2CDCLA.%29+e+%28+%281808767%29.NUM%2CSUCE%2CREG.%29+e+%28+%28%40NUM%3D%271808767%27+ou+%28%40SUCE%3D%271808767%27+NAO+PROX+%28PG+OU+VOL%29%29%29%29%29+E+%40CDOC%3D%271900725%27. Acesso em: 04 jul. 2024.

STJ. REsp n. 1.809.548/SP, relator Ministro Ricardo Villas Bôas Cueva, Terceira Turma, julgado em 19.05.2020, DJe de 27.05.2020. Disponível em: https://processo.stj.jus.br/SCON/SearchBRS?b=ACOR&thesaurus=JURIDICO&p=true&operador=e&livre=%28%28+%28SP%29.UF.%29+e+%28+%28RESP%29.CLAS%2CCLAP%2CDCLA.%29+e+%28+%281809548%29.NUM%2CSUCE%2CREG.%29+e+%28+%28%40NUM%3D%271809548%27+ou+%28%40SUCE%3D%271809548%27+NAO+PROX+%28PG+OU+VOL%29%29%29%29%29+E+%40CDOC%3D%271947613%27. Acesso em: 04 jul. 2024.

STJ. REsp n. 2.017.064/SP, relatora Ministra Nancy Andrighi, Terceira Turma, julgado em 11.04.2023, DJe de 14.04.2023. Disponível: https://processo.stj.jus.br/SCON/SearchBRS?b=ACOR&thesaurus=JURIDICO&p=true&operador=e&livre=%28%28+%28SP%29.UF.%29+e+%28+%282017064%29.NUM%2CSUCE%2CREG.%29+e+%28+%28%40NUM%3D%272017064%27+ou+%28%40SUCE%3D%272017064%27+NAO+PROX+%28PG+OU+VOL%29%29%29%29+E+%40CDOC%3D%272275775%27. Acesso em: 04 jul. 2024.

TARTUCE, Flávio. *Direito Civil*: direito das coisas. 13. ed. Rio de Janeiro: Forense, 2021.

THEODORO JÚNIOR, Humberto. *Curso de Direito Processual Civil*: Procedimentos Especiais. 45. ed. Rio de Janeiro: Gen/Forense, 2013. v. III.

TJMG – Apelação Cível 1.0105.08.285649-0/001, Relator(a): Des.(a) Alvim Soares, 7ª Câmara Cível, julgamento em 14.07.2009, publicação da súmula em 31.07.2009. Disponível em: https://www4.tjmg.jus.br/juridico/sf/proc_resultado2.jsp?listaProcessos=10105082856490001. Acesso em: 04 jul. 2024.

TJ/RS, Ac. 7ª Câmara Cível, Aginstr. 70010714004 Comarca de Porto Alegre, Rel. Des. Sérgio Fernando de Vasconcellos Chaves, J. 18.05.2005. Disponível em: https://www.tjrs.jus.br/buscas/jurisprudencia/exibe_html.php. Acesso em: 04 jul. 2024.

TJSP; Agravo de Instrumento 0085283-55.2004.8.26.0000; Relator (a): Paulo Dimas Mascaretti; Órgão Julgador: 10ª Câmara de Direito Privado; Foro Regional V – São Miguel Paulista – 2. Vara Fam. e Sucess; Data do Julgamento: N/A; Data de Registro: 04.06.2004. Disponível em: https://esaj.tjsp.jus.br/cjsg/getArquivo.do?cdAcordao=2024711&cdForo=0. Acesso em: 04 jul. 2024.

TJSP; Processo: 0005467-28.2014.8.26.0338; Relator (a): Cristiano Cesar Ceolin; Órgão Julgador: 3ª Câmara de Direito Privado; Foro Central Cível – Tribunal de Justiça do Estado de São Paulo; Data do Julgamento: 10.12.2014. Disponível em: https://esaj.tjsp.jus.br/cjsg/resultadoCompleta.do. Acesso em: 04 jul. 2024.

TJSP, Agravo de Instrumento 2118797-42.2016.8.26.0000, 1ª C. de Direito Privado, Rel. Durval Augusto Rezende, j. 09.09.2016. Disponível em: https://esaj.tjsp.jus.br/cjsg/getArquivo.do?cdAcordao=9784481&cdForo=0. Acesso em: 04 jul. 2024.

TJSP. Voto nº 14/16892. Desembargador Luiz Antonio Costa. Agravo de Instrumento nº 2231994-72.2016.8.26.0000. Disponível em: https://www.26notas.com.br/blog/?p=13228. Acesso em: 03 maio 2021

TJSP; Apelação Cível 1002200-58.2017.8.26.0004; Relator (a): Donegá Morandini; Órgão Julgador: 3ª Câmara de Direito Privado; Foro Central Cível – 1ª Vara de Registros Públicos; Data do Julgamento: 11.12.2017; Data de Registro: 11.12.2017. Disponível em: https://esaj.tjsp.jus.br/cjsg/getArquivo.do?cdAcordao=11056640&cdForo=0. Acesso em: 04 jul. 2024.

TJSP; Agravo de Instrumento 2127188-49.2017.8.26.0000; Relator (a): Natan Zelinschi de Arruda; Órgão Julgador: 4ª Câmara de Direito Privado; Foro de Praia Grande – 1ª Vara de Família e Sucessões; Data do Julgamento: 19.09.2018; Data de Registro: 19.09.2018. Disponível em: https://esaj.tjsp.jus.br/cjsg/getArquivo.do?cdAcordao=11832196&cdForo=0. Acesso em: 04 jul. 2024.

TJSP; Agravo de Instrumento 2227101-33.2019.8.26.0000; Relator (a): Maria do Carmo Honorio; Órgão Julgador: 3ª Câmara de Direito Privado; Foro Regional VIII – Tatuapé – 3ª Vara da Família e Sucessões; Data do Julgamento: 24.01.2020; Data de Registro: 24.01.2020. Disponível em: https://esaj.tjsp.jus.br/cjsg/getArquivo.do?conversationId=&cdAcordao=13244399&cdForo=0&uuidCaptcha=sajcaptcha_6e0385a2591a43438a5e8f7fef791abf&g-recaptcha-response=03AFcWeA6JkOJBcnF3mH3-fPKGR0LcGstmezu-fYBq_nlQUHa_rY2CA3WMqIG9iBJ_Wkv5tN6V1Q5GrKkUm9RV-V0yuKnR6G9gbg90pUQ3Xd97VWDNzWgE9RvZMAtaefPU6zoPZlp9M2m6789Jmop-TW_c1KDXdoiYk-zHMaFchIXhRceN5zvH4Dh6PpHr7cTBa9KNnil57W_VQ6XVr2T_Xvr-9z3Of7_dC_N91ZXa3x4djuM7d80sITmHyRm08RXbOt7UdjI0yQyMwQNeMZaW-Kpl1idU-toFkGjZPvNVIOKOcAIgAPLA4MTCnOiKMBzfxTIBf-F9JGuRAxISjHb6E6txiaGVWAlyYYIi2X-vHVue2KPLOt_9DTM5wGBtVMJmdVLTUEvLR8SYxPiyis17BFUJnUFWKZWpUjQfGe-6QaMLZJplGTUUir1Sx-E47eRW_rruXGV_uK8znUSfweQwPuzZwj3efsyEsFRdl4_VAPjv8XVd-VtE91yEU0Jqsly2pNQdmR5Gd0q35SDgQl3-wPzVqlVADrn-5YW21J4ruVd2kcdpP_t5pb4kdBx-TVdmrzQjKISvaRRxGauf68_FAgQawurCMI3MaQHWv1jZVAHugJcPl0FN-hBru61b8Jyt9zUE-FdD-IX3-u39Xs0GNjNJBzGMOvChNGlK9Sy1bifsJDnAJt-Yeg98Meu8lCF2E. Acesso em: 04 jul. 2024.

TJSP; Agravo de Instrumento 2174843-07.2023.8.26.0000; Relator (a): Alcides Leopoldo; Órgão Julgador: 4ª Câmara de Direito Privado; Foro de Martinópolis – 2ª Vara Judicial; Data do Julgamento: 24.07.2023; Data de Registro: 24.07.2023. Disponível em: https://esaj.tjsp.jus.br/cjsg/getArquivo.do?conversationId=&cdAcordao=16971977&cdForo=0&uuidCaptcha=sajcaptcha_639409494c0f4bb0a06b0da4b-75cfc68&g-recaptcha-response=03AFcWeA73sBhy1twmByy3aNEtWmUo_AmCtmU0DPzF4d3wP-cxsdb7tHahyA-I-JEgCSND-cEMJLjZky9YWOp2Go4PIdUFBhYgjT2krU4WuigLb76YjuKxygsPC-qsHwGrHARjBOTDtp_3kuXYgPanBUB21Rs4DTeXhDOOX-emy932rpPH3P2LAAKQOB60PhM-JE-28A8W2ioBJh4XuhjHvl8XU5y8jdxR09eVequSM1aeQmA2TlVaL7FDC0pOdTzBnW58b5uUA-TPrXnJsSVXuhGqzylpfa87-995p-XqyErCgIqjVllIUNPQ56MFoifRHEQDMFCM1XJYlwIPKaCsV_S2jW1E5Gvbw4ormj3TlqBHQwpBumUu1ClysjzlLMlbd1miyimzL2sqCNi5TUkmLWPWam1iEF-QJGRZptR5Dx6-ODSXF-vd-09YbmXhQ3F6H-T4tUxbfSFpbKFwPagmQVUwVM4V1ukUfLIjw-Ru4FMGRODzgby_j7k1w_lc-rHnyaUoJEfLABzWAtLxWtFXx0xPyNtBIawQFLtQJmsjleJxCyr5L-dozPt2Ph0aaMjPGH6GT5rEaSKdN6sPqz4rymsv-H3MTAdrx9m-yZi29lq_KRNbCbkwybR-yUI-kl0L5YZewWfRRxbdf1l5-qvNJw5X8FgQymkxFcnJqVds1yqIwLcWziXqtXif9R01p80. Acesso em: 04 jul. 2024.

VENOSA, Silvio de Sálvo. *Lei do Inquilinato Comentada*. Doutrina e prática. 15. ed. São Paulo: Atlas, 2020.

VRPSP; Processo: 583.00.2007.158823-8; Órgão Julgador: 1ª Vara dos Registros Públicos de São Paulo; Localidade: São Paulo; Data do Julgamento: 04.09.2007. Disponível em: https://www.kollemata.com.br/?pagina=1&rows=12&gera-csv=nao&conector=%26&q=&campo%5B%5D=chave&id=&fonte=583.00.2007.158823-8&circunscricao=&tipo=&localidade=&relator=&data_do_de=&data_do_ate=&data_de=&data_ate=&legislacao=&legislacao_art=&legislacao_par=&legislacao_inc=&legislacao_let=&legislacao_item=. Acesso em: 04 jul. 2024.

VRPSP; Processo: 0011976-78.2012.8.26.0100; Órgão Julgador: 1ª Vara dos Registros Públicos de São Paulo; Localidade: São Paulo; Data do Julgamento: 11.04.2012. Disponível em: https://www.kollemata.com.br/?pagina=1&rows=12&gera-csv=nao&conector=%26&q=&campo%5B%5D=chave&id=&fonte=0011976-78.2012.8.26.0100&circunscricao=&tipo=&localidade=&relator=&data_do_de=&data_do_ate=&data_de=&data_ate=&legislacao=&legislacao_art=&legislacao_par=&legislacao_inc=&legislacao_let=&legislacao_item=. Acesso em: 04 jul. 2024.

VRPSP; Processo: 1056727-89.2019.8.26.0100; Órgão Julgador: 1ª Vara de Registros Públicos de São Paulo; Localidade: São Paulo; Data do Julgamento: 18.12.2020. Disponível em: https://www.kollemata.com.br/?pagina=1&rows=12&gera-csv=nao&conector=%26&q=&campo%5B%5D=chave&id=&fonte=1056727-89.2019.8.26.0100&circunscricao=&tipo=&localidade=&relator=&data_do_de=&data_do_ate=&data_de=&data_ate=&legislacao=&legislacao_art=&legislacao_par=&legislacao_inc=&legislacao_let=&legislacao_item=. Acesso em: 04 jul. 2024.

VRPSP; Processo: 1065105-63.2021.8.26.0100; Órgão Julgador: 1ª Vara de Registros Públicos de São Paulo; Localidade: São Paulo; Data do Julgamento: 28.07.2021. Disponível em: https://www.kollemata.com.br/?pagina=1&rows=12&gera-csv=nao&conector=%26&q=&campo%5B%5D=chave&id=&fonte=1065105-63.2021.8.26.0100&circunscricao=&tipo=&localidade=&relator=&data_do_de=&data_do_ate=&data_de=&data_ate=&legislacao=&legislacao_art=&legislacao_par=&legislacao_inc=&legislacao_let=&legislacao_item=. Acesso em: 04 jul. 2024.

VRPSP; Processo: 1059454-50.2021.8.26.0100; Órgão Julgador: 1ª Vara de Registros Públicos de São Paulo; Localidade: São Paulo; Data do Julgamento: 06.07.2021. Disponível em: https://www.kollemata.com.br/?pagina=1&rows=12&gera-csv=nao&conector=%26&q=&campo%5B%5D=chave&id=&fonte=1059454-50.2021.8.26.0100&circunscricao=&tipo=&localidade=&relator=&data_do_de=&data_do_ate=&data_de=&data_ate=&legislacao=&legislacao_art=&legislacao_par=&legislacao_inc=&legislacao_let=&legislacao_item=. Acesso em: 04 jul. 2024.

VRPSP; Processo: 1065105-63.2021.8.26.0100; Órgão Julgador: 1ª Vara de Registros Públicos de São

Paulo; Localidade: São Paulo; Data do Julgamento: 28.07.2021. Disponível em: https://www.kollemata.com.br/?pagina=1&rows=12&gera-csv=nao&conector=%26q=&campo%5B%5D=chave&id=&fonte=1065105-63.2021.8.26.0100&circunscricao=&tipo=&localidade=&relator=&data_do_de=&data_do_ate=&data_de=&data_ate=&legislacao=&legislacao_art=&legislacao_par=&legislacao_inc=&legislacao_let=&legislacao_item=. Aceso em: 04 jul. 2024.

VRPSP; Processo: 1016518-73.2022.8.26.0100; Órgão Julgador: 1ª Vara dos Registros Públicos de São Paulo; Localidade: São Paulo; Data do Julgamento: 30.03.2022. Disponível em: https://www.kollemata.com.br/?pagina=1&rows=12&gera-csv=nao&conector=%26q=&campo%5B%5D=chave&id=&fonte=1016518-73.2022.8.26.0100&circunscricao=&tipo=&localidade=&relator=&data_do_de=&data_do_ate=&data_de=&data_ate=&legislacao=&legislacao_art=&legislacao_par=&legislacao_inc=&legislacao_let=&legislacao_item=. Acesso em: 04 jul. 2024.

WOLFF, Martin. Derecho de Cosas. In: ENNECCERUS, Ludwig; KIPP, Theodor; WOFF, Martin. *Tratado de Direito Civil*. 2. ed. Trad. Blas Pérez González e José Alguer. Barcelona: Bosh, 1951. v. I.

ANOTAÇÕES